清代御批案

柏桦 著

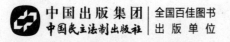

中国出版集团

中国民主法制出版社

全国百佳图书
出版单位

图书在版编目（CIP）数据

清代御批案 / 柏桦著. —北京：中国民主法制出版社，
2022.6

ISBN 978-7-5162-2839-5

Ⅰ.①清… Ⅱ.①柏… Ⅲ.①案例—中国—清代
Ⅳ.①D929.49

中国版本图书馆 CIP 数据核字（2022）第 081100 号

图书出品人：刘海涛
出 版 统 筹：石　松
责 任 编 辑：姜　华

书　　　名／清代御批案
作　　　者／柏　桦　著

出版·发行／中国民主法制出版社
地址／北京市丰台区右安门外玉林里 7 号（100069）
电话／（010）63055259（总编室）　　63058068　63057714（营销中心）
传真／（010）63055259
http：//www.npcpub.com
E-mail：mzfz@npcpub.com
经销／新华书店
开本／16 开　710 毫米×1000 毫米
印张／38　　字数／525 千字
版本／2022 年 6 月第 1 版　2022 年 6 月第 1 次印刷
印刷／三河市宏图印务有限公司

书号／ISBN 978-7-5162-2839-5
定价／98.00 元
出版声明／版权所有，侵权必究。

⟨ 前　言 ⟩

　　这是笔者在中央广播电视总台《法律讲堂》（文史版）播出的节目《明清御批案》的清代部分讲稿，现在结集出版。自2005年开始，我先后录制《明清妙判》《明清奇案》《明清御批案》等系列节目。其中《明清御批案》共计百余集，按明清两代独立成书，此为《清代御批案》。

　　有清一代若是从后金开始，共计12个皇帝，即：太祖努尔哈赤（天命）、太宗皇太极（天聪、崇德）、世祖福临（顺治）、圣祖玄烨（康熙）、世宗胤禛（雍正）、高宗弘历（乾隆）、仁宗颙琰（嘉庆）、宣宗旻宁（道光）、文宗奕詝（咸丰）、穆宗载淳（同治）、德宗载湉（光绪）、溥仪（宣统）。按传统的说法，自顺治进入北京才成为正统王朝，从1644年到1911年，历经268年。案件选择则是在顺治到嘉庆年间，这个时期在大体上还能够依据法律，即便是由皇帝裁决，也不是任意而为，却也反映出统治者地位日渐式微。道光以后，随着特殊授权范围扩大，特别是咸丰三年（1853）《就地正法章程》出台以后，地方死刑案件多由地方官决定，上奏者越来越少，即便是上奏，皇帝的裁决也显得软弱无力。这个时期的案件特殊性日益明显，且碍于篇幅，本书没有选择道光以后的案件。

　　孟德斯鸠《论法的精神》讲道："当一个君主征服了一个大国的时候，有一个极好的办法，既可以缓和专制主义，又利于保持征服地；征服中国的人们曾经适用过这个办法。"孟德斯鸠认为清王朝实行的制度是很明智的，一方面吸取明王朝成功的制度，另一方面又融进自己的制度，才有可能用一个很小的官员编制，来统治如此众多的人口。平心而论，清代的皇帝都比较勤奋，可以说是事必躬亲。因为清代的文书档案基本上没有遭受人为的毁坏，所以留下皇帝批示的案件也多于前代。在难以计数的案件之中，经过皇帝亲自裁决，并且形成条例、成案者也不在少数，因为条例、成案事关法律，所以在选择的时候优先考虑这样的案例。

古代皇帝号称"以身为天下先"，所以关心天下所有事，即便是民间小事，只要是关乎王朝的大政方针，皇帝都不会置之不理。因此，皇帝批示的这些不起眼的案件，不但能够反映出皇帝对不同案件的态度，还能体现出王朝施政原则；同时，更会导致法律制度的变化，在很大程度上还可以体现皇帝的施政方略。也可能这些不起眼的案件太小了，很容易被人忽略，但仔细分析，这些案件不但具有重大的历史意义，还富有传奇色彩，更关乎广大人民的利益。

本书选择的御批案，都不是为人熟知的大案、要案，而是一些涉及低级官吏或平民百姓的案件。之所以选择这样的案件，一是便于叙述，使每个案件基本上都能够单独成集；二是从这些不起眼的案件中，既可以看到皇帝的用意，也可以从细微方面分析皇帝处理案件的不同之处，总结其相同之处，进而了解当时的司法情况；三是可以从皇帝的批示来了解当时的法律，虽然君主的谕旨也是法律，但毕竟有《大清律例》在，如何在《大清律例》的基础上，去应对复杂的案件，也可以弄清当时的法律体系。在这种情况下，将各个皇帝批示的一些案件进行解析，不但可以看到历史的原貌，了解历史发展的进程，还可以总结利弊得失，从中寻找有益的启示。

以通俗的语言重现曲折的案情，再加上批示的解析，不但可以使中国传统文化得以普及，也可以了解历史概况，同时，还可以通过细节了解当时的社会生活。清代皇帝批示的案件，即便是因为历史记载不全，其数量也相当可观。在众多的御批案中，选择一些具有代表性的案件，尽管这些案件可能带有笔者个人的主观意识，也有制度方面的原因，更有历史的局限，但对于读者了解历史，仍颇有助益。

个人的主观意识，当然是选择自己能够理解，而且有相关史料支持的案件，这样便于写作，也便于分析。制度方面的原因，是历史研究的局限性，从古至今，有些在那个时代能研究，有些在那个时代不能研究，因为历史总脱离不开现实。历史的局限，这是社会发展所带来的必然，有些内容在当时认为是先进的，而现在则认为是腐朽落后，也不得不予以抛弃。

御批案的选择，既有天理、国法、人情的交融，又有情、理、法的碰撞，更有皇帝的善恶智慧。身为皇帝，能够晓之以情，喻之以理，威之以法，将天理、国法、人情有机地融合在一起，进而实现明刑弼教、辟以止辟、刑期于无刑的总原则。皇帝如果能够把握住天理、国法、人情的尺度，既可以维护法律的尊严，又可以理顺民心，还可以驾驭官僚队伍。通过解析御批案，可以看出法律本身就是天理、国法、人情的有机统一，因为良好的法律应该合乎天理，顺乎人情，能够被社会公众自觉信服和自愿遵守。即便是至高无上的皇帝，也不会违背这种原则，如果违背，必然会带来各种各样的问题，以致影响江山稳定，威胁到自己的统治。

《明清御批案》自 2015 年 7 月 12 日在中央广播电视总台《法律讲堂》（文史版）陆续播出，这里将录制讲稿结集出版，既希望能够与广大观众和读者分享其中蕴含着的政治法律文化，也希望为弘扬中华优秀的传统文化而尽微薄之力。

柏桦于安徽理工大学

目 录

无恶不作人贩子（上）

清顺治九年（1652），京城发生数起拐卖满洲妇人子女的案件，因为事涉满洲人，八旗旗主奏报皇帝之后，引起顺治帝的高度关注，他指示刑部，一定要禁止人贩子，如果发现人贩子，一定要治以重罪。

清入关前后买卖人口是合法的，当时规定，旗下买卖人口，赴各该旗市交易。入关以后，买卖人口更是盛行，在全国各地都有人市。明末清初的谈迁在《北游录》中写道："顺承门内大街骡马市、牛市、羊市，又有人市。旗下妇女欲售者丛焉。牙人或引至其家递阅。噫！诚天之刍狗斯人也。"人市是官府允许的，对买卖人口还抽取税款，官府还给卖身契加盖官印，使契约成为"红契"，便得到法律的认可。买卖人口，甚至要脱衣验齿。所谓"女姬姜，买自漳。去袓衣，肤凝脂。着眼看，无疤痍。买如一犊，卖得一斛"。这是在当时被清兵掳掠的福建漳州女子，在人市被公开拍卖的记录，妇女要公开裸体检验，而且价格相当于一条小牛犊，仅仅值粮食一斛，也就是不到六十公斤。既然允许人口买卖，为什么顺治帝还要禁止人贩子呢？人贩子与人牙子、牙婆有什么区别呢？清代对处置人贩子有什么法律呢？且从一起拐卖满洲孩子案件谈起。

且说清入关以后，将八旗都安置在北京内城，镶黄旗居安定门内，正白旗居东直门内，镶白旗居朝阳门内，正蓝旗居崇文门内，这四旗称为"左翼"。正黄旗居德胜门内，正红旗居西直门内，镶红旗居阜成门内，镶蓝旗居宣武门内，这四旗称为"右翼"。当时的八旗兵生活比较富足，除了朝廷按月发放给他们俸银禄米之外，还在北京郊区强行圈占土地，分给八旗官兵，称为"旗地"。每个旗丁分地三十亩，不用向朝廷缴纳粮食，也不准买卖。这些八旗官兵除了征战之外，平日训练巡防，生活也算是安逸。

正黄旗有个护军校，姓关佳，名巴图鲁。巴图鲁是满语音译，意思是勇敢能干，后来成为朝廷赏赐臣下的名号，也就是英勇之士。护军校属于军官，秩正六品，每年俸银为六十两，禄米为三十石，城外拥有旗地也有几百亩，在当时乃是富足之人。常言道，有子万事足。巴图鲁常年征战，一直没有孩子，如今成为禁卫军，生活安定，好事也就来了。其妻居然一产三男，按照规定，朝廷要予以旌表，赏给米五石、布十匹，可以说是阖家，乃至全族都以为荣耀。

这三个孩子出生的时候，都没有啼哭，巴图鲁认为孩子们是哑巴。其妻说："这也未必，这是上天赐给我们的宝贝，自然会有上天保佑，且看以后如何。"巴图鲁没有说话，却怕妻子奶水不足，便去外面找奶娘。那个时候正逢战乱，人民流离失所，谋生不易，卖儿鬻女，乃是家常便饭，要找个奶娘也很容易。恰巧正黄旗包衣双喜得了时疫，传染给孩子，结果是父子双亡，留下妻子玉红，奶水还算充足，所以巴图鲁雇她为奶娘，也算是照顾寡妇。似乎是上天眷顾，巴图鲁的妻子乳汁如泉，三个孩子都吃不完。做母亲的都爱孩子，一直坚持自哺，玉红也就是帮着带带孩子，偶尔给其中一个孩子喂喂奶而已。说也奇怪，这三个孩子都不会哭，却会笑，满月以后，也长出模样，眉清目秀的，非常招人喜爱。巴图鲁夫妻与奶娘玉红，都把孩子视为珍宝，放在一个大摇篮里，你摇完了我摇，不时抱起来玩耍，尽享天伦之乐。

玉红有个弟弟名叫憨郎，在人市当人牙子。所谓的人牙子，就是贩卖人口的中间经纪人，在市场上为买卖双方说合、介绍交易，并抽取佣金，专门为大户人家签约长工、仆役、婢女、小妾，女性干此行业的称为"牙婆"。别看憨郎长相憨厚，为人却非常凶狠，只要给钱，让他杀人都不会眨眼的。当中间商也就赚取些佣金，还是不能够拿大头，所以他一边充当中间商，一边物色可以买卖的人，自己直接进行买卖。那个时候四处打仗，逃难的人群犹如无头的苍蝇一样，四处逃窜。这些人为了躲避战乱，抛家舍业，无以为生，也只好卖儿鬻女，为了得到一斗粮食，三岁儿就给人了，因此憨郎的生意不错。

憨郎的姐姐成了寡妇，身为弟弟的他不得不有所照应，因此常常来看玉红，每次都带些糕点水果，一些给姐姐，一些给巴图鲁的妻子。有时候巴图鲁在家，两个人还喝上二两烧酒，聊聊天。巴图鲁一家把憨郎当作亲人一样看待，也没有想到会出事。

有一天，憨郎来到巴图鲁的家，看到院子葡萄架下有一个摇篮，里面有三个孩子，小脸红扑扑的，着实招人怜爱。憨郎摸摸三个孩子的脸，三个孩子居然笑了起来，更加可爱。此时巴图鲁妻子与玉红不知道去干什么了，没有在孩子身边，憨郎却生了歹念。他想："这样可爱的孩子，拿到人市，一定能够卖出大价钱，尤其是那些富足之家，往往不能够生育，买个不懂事的孩子承继香火，是他们的梦想，肯定会出大价钱的。"这人要是一出现贪念，连祖宗八辈都可以出卖的，还管什么姐姐、朋友。憨郎看见四周无人，便把摇篮解了下来，提起来就走，来到人市，很快就出手了。

当时，巴图鲁的妻子和玉红将孩子喂饱，看着孩子睡了，玉红就到后院厨房去做饭，等巴图鲁巡防回来好有热饭吃。巴图鲁妻子刚刚生育不久，而且要给三个孩子喂奶，也是疲倦，就回里屋去睡觉了。玉红炒完一个菜，端到正屋，路过葡萄架时，见摇篮已经不见了，以为是巴图鲁妻子把孩子搬到里屋了。玉红放下菜，进里屋一看，见巴图鲁妻子还在睡觉，便将其推醒，问孩子放在哪里了？巴图鲁妻子迷迷糊糊地说："不是在葡萄架下摇篮里吗？"玉红说："我刚刚路过葡萄架，没有看到摇篮，我还以为是娘子搬到屋里呢？"巴图鲁妻子说："我一直睡觉，何曾去搬摇篮？"便马上起床，与玉红一起来到葡萄架，却只见几根绳子，摇篮不见了，三个孩子也不见了。巴图鲁妻子见状，当场瘫软在地，半晌才对玉红说："你看见有什么人进咱们的院子没有？"玉红说："我在后厨做饭，没有听见什么动静，也没有看到什么人。"巴图鲁妻子急得没有了主意，便号啕大哭起来。玉红安慰道："好端端的三个孩子，难道会插翅飞了不成！娘子不用急，我去问问街坊四邻，看他们见到孩子没有。"说罢就到邻居家询问，此时正值黄昏，家家户户都在忙着做饭，而男人们都去巡防了，还没有回来，所以都说没有看见孩子。

不久巴图鲁回家，得知孩子不见了，大骂妻子与玉红一顿后，便召集手下的旗丁，到附近去寻找，哪里找得到呢。天将傍晚，憨郎来到巴图鲁家，手里提着两瓶烧酒、二斤蒜泥白肉，准备与巴图鲁一醉方休，却见巴图鲁一家忙前忙后地找孩子。憨郎一副憨相，也故作着急，同旗丁一起去寻找，让人根本看不出是他偷了孩子。

众人忙了一夜，也没有发现孩子的踪影。第二天一早，巴图鲁来到旗主家里，告知昨日孩子丢失之事，恳求旗主帮忙寻找。旗主因为巴图鲁妻子一产三男，已经将此事报知朝廷，礼部刚刚发下来旌表文书及米、布领券，正准备转交给巴图鲁，却没有想到巴图鲁的孩子丢了，也是很急，便写信札送到各位议政王大臣手中，希望议政王大臣能够知照五城御史及兵马司，在全城寻找。议政王大臣们请示顺治帝批准，行文五城御史及五城兵马司寻找丢失的孩子，并且悬赏千金，务必要在十日内找到孩子，否则予以参处。

北城兵马司有个名叫马骧的老捕快，在前明的时候就充当捕快，所以北京城内眼线很多，而且他最有眼力，惯于冷处窥人。若有一些心虚，劈空一喝，自然胆战心惊，露出马脚，立时拿住。所以，盗贼歹人都难逃他的眼睛。兵马司指挥让马骧寻找孩子，捉拿偷孩子的窃贼，勒限三日，每过一日责打二十大板，如若十日不能够找到孩子，捕获窃贼，就将其革役问罪。

马捕快深知窃贼偷了孩子，绝对不会自己养活，肯定要将孩子变换成银子，所以便盯住人市。马捕快通过眼线，打听人市这几天是否有人买孩子与卖孩子。眼线回报有买卖孩子的，但都是三岁以上的孩子，并没有嗷嗷待哺的婴儿。这令马捕快很失望，眼看就要到期限了，找不到孩子，抓不到窃贼，就要挨板子了，马捕快只好亲自到人市查看。

马捕快走到憨郎的人牙行，见憨郎伏桌而睡，并不急着揽生意，觉得可疑，便走上前去劈空一喝道："好大胆的窃贼，居然敢偷孩子！"憨郎本来就没有睡，只是见马捕快在那里游荡，心里发虚，故意伏桌假睡，以便躲过马捕快的询问，却没有想到马捕快悄悄走来，一声大喝，顿时脸色就变了，半晌说不出话来，许久才说："马老爷你开什么玩笑呀！我们这里卖孩子，都登记在簿，朝廷的税收不少，上下两家钱财不亏，用不着去偷孩子。"

马捕快冷笑说："你别以为我不知道，四天前有人看见你抱着一个大篮子，上面用布盖着，莫非是你将孩子就放在其中？"听到马捕快说到篮子，憨郎有些惊慌，急忙说："一个篮子如何能够放得下三个孩子呢？我那篮子不过是一些不值钱的东西，出去变卖，换点酒喝。"见憨郎说到三个孩子，而篮子又换酒了，马捕快就已经知道其中必然有诈，所以一定要憨郎交出那个篮子。憨郎如何肯交，马捕快便叫手下动了私刑，逼出憨郎交代篮子的下落。马捕快找到篮子，发现就是一个大摇篮，便将摇篮拿与巴图鲁辨认，得知就是放三个孩子的摇篮，便铁证如山了，就将憨郎押赴刑部审讯，算是交差了。

此案经过皇帝批示缉捕，也就是御案了，按例要由三法司会审，而且是一定要用刑的。刑部领衔会审，知道犯人会在堂上抵赖，不肯招供，所以施了计谋。当憨郎被押到法堂，刑部堂官让他先跪在一边，然后带上一名死囚，当堂将其用夹棍夹起，逼他招供。死囚嘴中被塞了麻核桃，如何能说出话来呢？因此不能招供。于是，刑部堂官下令狠夹，疼得死囚的脸都扭曲了，依然是狠夹不止，直到断气，刑部堂官才令行刑皂隶将死囚抬出，然后再把憨郎夹起。刑部堂官说："你看到了，不招供就是死，若是招供还有可能不死，也能先免去痛苦，还不从实招来！"憨郎当场见到死囚被夹死，已经是魂飞胆破了，知道难以抵赖，只好把自己如何从巴图鲁家偷了孩子，然后转卖他人之事交代出来。

憨郎为了逃避纳税，根本就没有写什么契约文书，也没有询问买家的情况，全都是现金交易，使官府难以找到孩子的踪迹。刑部堂官不得不下令用刑，逼憨郎讲出所卖之人的特征。憨郎将孩子分别卖给三家，有山西口音者，也有南方口音者，还有京师口音者，想必孩子已经分散开来，寻找也就困难了。议政王大臣传达顺治帝谕旨，是要找到孩子，将偷孩子的窃贼治罪，如今窃贼是抓到了，而孩子却很难寻找，三法司官员也不想因此拖延时间，招致顺治帝不满，便决定先给憨郎拟罪，但在引用律例上却出现了麻烦。

谕旨讲的是偷孩子窃贼，按照《大清律例·刑律·贼盗》"窃盗"条规定，窃盗要计赃定罪，一百二十两以上，绞监候。憨郎交代卖孩子所得才三十两，若依此额度量刑，最多也就是杖九十，显然是轻纵，所以三法司不能够将憨郎视为窃盗。按照《大清律例·刑律·贼盗》"略人略卖人"条规定，凡设方略而诱取良人，及略卖良人为奴婢者，皆杖一百，流三千里。显然都不能够将憨郎处死，最多也就杖一百、徒三年。若是按照"将腹里人口，用强略卖与境外"为例，可以比依将人口出境律绞。三法司将憨郎拟为绞刑，奏报顺治帝，请求圣裁。

三法司显然是避重就轻，认为处置了憨郎，就可以交差。但也怕顺治帝追问孩子下落，所以列举京城近日发生多起私自贩卖人口的案件，特别是被称为人贩子者，他们不守本分，不是诱拐良家子女，就是从外地拐带人口来京贩卖，当然也有一些更为胆大者，居然敢诱拐满洲妇人子女。还有一些人贩子，诱拐不成，就自卖其身或子女，得到钱以后，就在同伙的帮助之下逃走，让卖家找不到人，与同伙一起分赃。更有可恨者，还有一些人贩子建立窝点，称为窑口，也叫土窑，将诱拐的人关押在内。他们或用迷药拐妇女孩子，称为拍花子；或用强掠取，称为强横子；或用计谋取，称为老谋子；或趁中途无人于人身后打闷棍，称为闷棍子。诸如此类，数不胜数。人贩子所建窑口都非常隐蔽，虽然大多都设在来往通途，以便于交易，但都是正规店铺，表面上干正常营生，实际上贩卖人口，也最难查禁。《大清律例》虽然禁止略人略卖人及收留迷失子女，但律例处置太轻，罪不至死，而贩卖人口无本大利，故此人贩子众多，而且非常猖獗。以至京师百姓谈人贩子而色变，即便是白天也不敢让孩子到街上玩，虽然是壮汉也不敢于无人处行走，妇女更不敢单独行走。似此人贩子，若不从严惩治，京师难有宁日。此外，在各省也存在人贩子，而且更加猖獗，形成指引、捆拐、藏匿、递卖的一条龙服务，将人口转卖到外省，地方官很难破获。这正是：

被卖子女皆无辜，心狠人贩岂有情。

此案乃是满洲子女被人贩子略卖，而且是刚刚得到礼部旌表的一产三男。正黄旗旗主也是议政王大臣之一，顺治帝还亲自过问，三法司仅仅将偷拐孩子的憨郎拟罪，却不用心去追回被贩卖的孩子，显然不会使议政王大臣们满意，更不会让顺治帝满意，其被批驳也是在情理之中。

无恶不作人贩子（下）

人贩子憨郎将正黄旗护军校巴图鲁妻子所生的一胎三个男孩偷走，贩卖给不知名的人。三法司仅仅将憨郎拟罪，并且陈述京城及外省普遍存在人贩子的情况，上奏皇帝，请求对人贩子从重治罪，却没有用心去寻找丢失的孩子。此案因为涉及满洲子女，且经过议政王大臣会议，顺治帝亲自过问，这样仅仅处置人贩子，而忽略寻找被贩卖的孩子。三个刚刚满月的男孩，转眼就不见了，护军校巴图鲁身为父亲，当然不能就此罢休，所以恳请正黄旗旗主，一定要帮助他把孩子找回。正黄旗旗主当然要维护本旗属下的利益，因此在议政王大臣会议上力主要找回孩子，因为按照《大清律例·刑律·贼盗》"略人略卖人"条规定，（受寄所卖人口之）窝主及买者知情，并与犯人同罪；（至死减一等）牙保各减（犯人）一等，并追价入官。不知者，俱不坐，追价还主。不但要严惩窝主，对知情的买者也要与略卖者同罪，虽然没有死刑，减一等也要杖一百、流三千里，即便是不知情，也要追回被略卖的人，并且将卖人的钱还给被略卖之家。

议政王大臣会议的提议，得到顺治帝的支持。于是，根据条例规定，凡抢妇女，拐骗幼童，此等光棍，严行五城巡捕营、步军副尉等查拿，除本犯从重治罪外，系旗下人，将佐领及伊主一并治罪，如所属地方不行查拿，被旁人拿获者，该管承缉官亦治罪。也就是说，这种抢夺妇女、拐骗小孩的行为，都定性为"光棍罪"，用现代的话来讲，就是"流氓罪"。清代有专门惩处这些流氓的"光棍例"，凡是光棍，往往是不分首从，得财与未得财，皆斩，处置非常严厉。如果这样的光棍是八旗之人，管辖佐领及其主人也要治罪，而负责巡捕的各官，如果不能将这样的光棍拿获，或者被其他人拿获，也要治罪。

制定这样严格的条例，负责缉捕的衙门当然不敢怠慢了，但这仅仅是针对缉捕人贩子而言，没有提及如何追回被略卖的人，也没有明确的责任，各衙门对此便可以管，也可以不管，管与不管，全凭良心了。

玉红因为弟弟憨郎偷走了三个孩子，自己虽然是不知情，也觉得对不起主人。如今弟弟被捕获，自己无法再在主人家过活，即便是回到自己家，也会被千人所指，难以在众人面前抬起头，所以便趁人不注意，上吊自杀了。

人是死在巴图鲁家，巴图鲁不得不报案。北城兵马司指挥带领件作来验尸，马捕快也随同前来。看到玉红惨死，又见到巴图鲁夫妇因为丢失孩子而痛不欲生的样子，马捕快心里也是难受。巴图鲁夫妇知道是马捕快拿获罪犯憨郎的，此时见到马捕快，如同见到救星一般，夫妇双双跪倒在地，拉着马捕快的衣衫，恳求他帮忙找回孩子，即便是倾家荡产，也在所不惜。见到此状，马捕快只有好言安慰，答应帮助他们寻找孩子。

在清代的公文及笔记小说中所记载的捕快，不仅贪财，而且是养盗为患，毫无怜悯之心，更何况有些捕快本身就是盗贼。所谓的"贼充捕，捕养贼。衣贼衣，食贼食。县官捕贼贼不得，岂知贼在捕家匿"。捕快贪赃枉法的记载不能说俯拾皆是，也可以随意就能查找到。这些捕快都是没有文化的人，他们没有话语权，所以不能将他们用心缉捕的事迹写成文字，只有通过某些当事人，才能讲出一些他们是如何用心办案的，又是如何有同情之心的，马捕快就属于这些为数不多中的一人。

马捕快在明末就已经充当捕快，如今干这行已经三十余年，之所以能够在衙门立住脚，也是因为他捕获了许多大案要案的罪犯，才能够在改朝换代之后，也得到官府的重用。当捕快的多是心狠手辣，缺少同情心，因为他们所见都是残忍，所闻都是哭声，也就变得麻木了。马捕快与其他捕快不同，其心狠手辣乃是为了缉捕罪犯，下手果断而毫不留情，但其同情心却从来没有泯灭，所以才能够答应帮助巴图鲁夫妇寻找孩子。

虽然马捕快答应，官府却没有答应，没有官府的认可及指令，马捕快寻找孩子就成为私自行为了。这时的马捕快也顾不得这些了，将自己三十余年建立的眼线全部调动起来，按照憨郎交代买者的特征，勾勒成像，让他们去打探，还把三个孩子也绘成画像，寻找孩子的下落。

马捕快让眼线四处打探，其中一个眼线，发现通州有一个名叫南宫本赤的富豪，最近生了个儿子，正准备给儿子大办百日。南宫本赤原本是个破落户，因为清军入关，攀上了满洲权贵，带领八旗兵在京城四郊到处跑马圈地，从中赚了一笔钱，之后便在通州开绸缎店、典当铺、酒楼，家财逐渐丰厚起来。发了家也就威风起来，娶了一妻，纳了七妾。也可能是上天的报应，其妻妾成群，却也生不出一男半女来。为此，南宫本赤四处求医问卜，不知道吃了多少药，烧了多少香，就是生不出儿女来。他怎么能突然生子了呢？一个盼子多年的人，孩子刚刚出生，一定会高兴得忘乎所以，肯定是逢人便讲。南宫本赤生孩子的时候没有声张，满月也没有大办，却大张旗鼓地要大办百日，能不令人生疑吗？眼线打探到此事，告知马捕快。

马捕快听说此事，也觉得有些蹊跷，但他并没有急于捕人。马捕快先是找到曾经给南宫本赤治疗的医生，仔细打探其具体病情，得知他患有隐疾，根本就不能生育。这男性要是不能生育，即便是妻妾成群，也是不可能有后代的，因此可以确定这个孩子不是其生养的。

马捕快确定南宫本赤不能够生育之后，再仔细查看其面貌，发现他并不是憨郎描述的样子，想必不是他亲自与憨郎交易，定有他人从中说合。按理说，偌大的北京城，要找到说合之人是不容易的，但干贩卖人口这行的人，毕竟是有限的，以此为突破口，也是不难寻找。马捕快将京城所有的人贩子、人牙子、牙婆都梳理一番。人贩子、人牙子、牙婆有什么区别呢？人贩子属于第一层次，他们四处购买人口，转运到人市，然后通过中间商，也就是人牙子将人口转卖。牙婆则是专门买卖妇女的中间商，多是妇女充当，在官的称为官媒，在民的称为牙婆。这是一条龙服务，都是靠买卖人口赚钱。因为当时买卖人口是允许的，都必须立有契约，官府要求必须红契交易，也就是官府认可的买卖，因此买卖人口，官府是要收税的。

马捕快发现有个名叫屠六的人牙子，突然富裕起来，买了一处大宅院，足足花了上千两银子，这在当时可是一笔巨额财产。当时人市里交易人口，都很便宜，一个十七八岁的大姑娘，最多也不过值三两银子，人牙子从中说合，收取佣金，最多是得三成，卖一个大姑娘，人牙子所得还不到一两银子，哪里有上千个大姑娘让他去卖呢？马捕快因此锁定屠六就是嫌疑人，当即就将其缉拿，到刑部大狱要憨郎辨认，最终确认就是屠六从憨郎手中买去的孩子，就将屠六交兵马司刑讯。屠六说不出巨额财产的来源，又受不住兵马司的酷刑，只好招认以一千五百两银子卖给了南宫本赤。兵马司指挥得知，当即令马捕快将南宫本赤逮捕到案听审。马捕快领命，带着一班捕快前往通州。此时南宫本赤正在大办宴席，为孩子庆贺百岁，却没有想到马捕快等人赶到，不由分说就将他拿下，还把孩子也带走了。

兵马司指挥让屠六与南宫本赤对质，他也只好承认是从屠六那里买来的孩子。兵马司指挥呼唤巴图鲁夫妻前来辨认孩子，见到孩子还是笑脸，似乎从来就不会哭，则可以确认这就是三个孩子之一。这个孩子也是的，遇到这样的磨难，居然还是笑脸。其实孩子哪里知道发生什么事情呢？巴图鲁妻子将孩子抱起，孩子居然牙牙欲语，根本就不是哑巴。

找到一个孩子，另外两个孩子则不是屠六经手，显然已经被贩卖到外省，这就不是马捕快能力所及的了。即便如此，巴图鲁夫妇能够找回一个孩子，已经是意想之外的事了，所以要重谢马捕快，而马捕快坚辞，说只找回一个孩子，实在愧对巴图鲁夫妇，岂能接受谢礼。兵马司指挥深感马捕快办事能力，为人义气，特写申文为其请功，却不想因此使马捕快丧了命。这是什么原因呢？

原来，当时正逢明清易代之际，天下还没有完全统一，各种反清势力，除了在外省进行武装抗清之外，还潜入京城，刺探情报，诛除为满洲效力的官吏，刺杀满洲大员。这些人被清王朝称为"汉奸"。也就是说，凡是反对清王朝统治的，在当时都是"汉奸"。若是从这个角度来说，清初的"汉奸"都是汉族的民族英雄，而汉人心目中的"汉奸"则是为满洲人效力的"走狗"。马捕快为了满洲人的孩子而不遗余力地破案，在这些

"汉奸"的眼里，他就是满洲人的"走狗"。如今朝廷明令嘉奖，还准备授予他官职，当然引起这些"汉奸"的关注，就在路上，趁马捕快不备，用枪将其射杀了。可怜马捕快，只是一心破案，何曾想到满洲人与汉人有什么不同？却惨死在同胞之手。

且不说马捕快如何冤死，回头再讲三法司将京城及外省人贩子猖獗的情况奏报以后，顺治帝的反应。顺治帝想，这些人贩子也太猖狂了，如不予以"严打"，将会威胁到王朝的统治，所以向刑部发出谕旨云：商贾贸易原为裕国便民而设。今有一等市棍，称为人贩子者，不守本分，贸易时或诱拐无知，私自禁锢在土窑中，从而外贩；或将满洲妇人子女，圈诱贩卖；或掠卖民间子女。更有一种强悍棍徒，以卖身为名，将身价集体瓜分者。似此恶习，如不严行禁止，为害匪浅。自今以后，将人贩子各色，永行禁止，如有故违，后被发觉，定行治以重罪。也就是说，设立人市属于商贾贸易，并没有违法，但被称为人贩子的人，乃是市棍，他们不进行正常人口买卖，却大肆诱拐人，还开设土窑，将诱拐的人关押在内，并且向外地贩卖。他们或者圈诱贩卖满洲妇人子女，或者略卖民间子女，可谓是穷凶极恶。还有一种强悍棍徒，诱拐不成，就自卖其身或子女，得到钱以后，就在同伙的帮助之下逃走，让卖家找不到人。像这种恶劣的习俗，如果不严行禁止，危害是巨大的。从今以后，永远禁止人贩子，如果还有人贩子不顾禁令，公然诱拐贩卖人口，一经发觉，一定治以重罪。值得注意的是，顺治帝仅仅认为是"恶习"，属于坏习惯、坏习气，并没有认定是一种罪恶及犯罪，这就给"严打"人贩子蒙上了一层阴影。

顺治帝定下基调，刑部就要拟定具体的处置标准。经过三法司核议，最终由刑部上奏条例，由顺治帝批准，通行于全国。

条例一：凡伙众开窑，诱取妇人子女藏匿勒卖事发者，不分良人奴婢，已卖未卖，审系开窑情实，为首者照光棍例拟斩立决，为从发回城等处为奴。按照这条规定，屠六就属于开窑藏匿勒卖者，可以按照光棍例，予以斩立决。

条例二：凡聚众抢夺路行妇女，及以药饼等项邪术迷拐男妇子女，或卖、或自为奴婢者，审实，凡伙谋之人，照光棍例，俱拟斩立决。买者知情，减正犯一等。按照这条规定，憨郎属于诱拐他人子女贩卖，虽然没有用迷药，但孩子太小，理应加重处罚，所以也应该予以斩立决。问题是南宫本赤是买者，关键在于其是否知情，如果是知情，则要被绞立决的。有钱能使鬼推磨，南宫本赤买通上下，坚称自己不知情，就是因为没有子嗣，想买个孩子以承继香火，并不知道是他人拐卖来的孩子。刑部堂官说，南宫本赤不仔细询问孩子的来历，已经是不应，虽然按照《大清律例·刑律·贼盗》"略人略卖人"条规定，不知情者不坐，但也要承担不应的责任，按照不应轻罪处置，应该予以笞四十。律例规定追价还主，将屠六的财产籍没，房产拍卖，仍然不足一千五百两银子。刑部裁定，不足者由南宫本赤补足，将一千五百两银子交付巴图鲁。南宫本赤想买个孩子承继香火，却没想到人去财空，孩子还给失主，银子追不回来，还被罚补一些银子，挨了几十板子，也只有自叹命苦。这正是：

为人须要存心正，害命贪财惹祸端。

清代的奴婢来源主要有：一是满洲军队的抢掠人口，以占据辽沈和入关前对明作战时俘获的壮丁为多；二是投充人，畿辅之民或害怕圈地，或为逃避赋役，被迫携带土地，投充旗下；三是买卖的人口，入关前后均准许满洲买卖人口为奴；四是罪犯及其家属被没为奴婢者。奴婢属于私人财产，法律规定是可以买卖的。此外，因为战争、灾荒，人们难以为生，卖儿鬻女者也是允许的，而个人难以为生，也可以插上草标自卖其身。"草标插头泪满眼，冻饿迫人行卖儿"，以至于"百钱鬻一男，千钱鬻一女"。正因为清王朝允许贩卖人口，就给人贩子以自由的交易市场。特别是遇到灾荒之年，这些人贩子四处买人。荒岁市不通，来有买人船。船不上码头，常泊野水边。买女不买男，口不惜多钱。似贾却非贾，时亦著衣冠。对于这些人贩子，清代法律却不予制裁，只是禁止诱拐、迷骗、抢夺，显然是治标不治本，给予人贩子许多机会。当然了，我们不能够强求古人。在贩卖人口合法的当时，对于诱拐、迷骗、抢夺等恶劣的贩卖人口行为实行严厉打击，对指引、捆拐、藏匿、递卖一条龙也有清醒的认识，并且将这些人按照"光棍例"，采取不分首从皆斩的方式，在一定程度上打击了非法贩卖人口，还是值得肯定的。特别是对于买家，如果知情则与人贩子同罪，即便是不知情，也要追价给主，使买人者人财两空，从而杜绝非法买卖人口，值得予以借鉴。

清初涉黑第一案

　　清人小说中有一段老螃蟹与虾妖讨论横行之道的论说。老螃蟹说，是道最易学习，尔不见世上人乎，在有财帛时，尚能顺理。一至无财无帛，用度空乏，则横行矣。虾妖说，横行于子孙与横行于外人，有区别否？老蟹说，于子孙前是正横行，于人则偏横行也。也就是说，有钱有势横行往往还能够有理，他们是达官权贵、富商巨贾，横行虽然也触犯法律，但凭借关系网，往往能够逃脱法律制裁，所以称为正横行。若是无权无势，就当强盗，虽然杀人越货，横行无忌，只要朝廷不剿灭他们，还是可以称霸一方，因此称为偏横行。要是地方恶势力与达官权贵、富商巨贾相结合，横行霸道则危害巨大，清代称之为无赖光棍，现在称为黑社会团伙，乃是正横行与偏横行结合在一起，即黑势力与恶势力在一起的黑恶势力。清顺治九年（1652），盘踞京城正横行与偏横行的犯罪团伙，因为作恶多端，最终在顺治帝的干预之下，将首恶及其子侄全部枭首于市。这个犯罪团伙是如何破获的呢？顺治帝为什么要亲自过问此案呢？其中有什么隐秘呢？且看案情及处置经过。

　　清军入关，定都北京。那时候的北京，刚刚遭受李自成军队的洗劫。当时李自成为了筹措经费，逼迫明朝王公贵族及文武官吏捐助军饷，内阁大臣要捐十万两银子，京卿及锦衣卫要捐三万到七万两银子，科道官要捐五万两银子，翰林学士要捐一万两银子，各部司则数千两银子。如果不能照数缴纳，即被夹打。对待勋戚尤为酷暴，家产完全籍没。拷掠一事，由大将刘宗敏等人负责，于是，一班无赖有了生财之道，他们引导李自成军四处寻找比较富裕的官吏缙绅，然后勒索财物。李自成在京城只停留四十二天，吴三桂便引清兵入关。

改朝换代，对于无赖来说，并不是什么坏事，他们可以卖身投靠，唯利是图。一些无赖在李自成匆匆出京城的时候，得到一大批金银财宝，顿时暴富。当看到清军入城，便率先打着欢迎的旗帜，引导清军搜查李自成的残余势力，因此得以结交官府，把持行市。当时有三股黑恶势力横行于京师，一是诨号"黄骠李三"的李应试，因为喜欢骑黄骠马而得名。在北京南城一带横行，不但向前三门一带的铺户商行收取常例钱，也就是保护费，而且在崇文门税关外私设关卡，强征私税。二是诨名"潘习之"的潘文学，独霸德胜门外的马市，也就是马甸，凡在此交易者要向他缴纳"马头税"，并且私贩马匹以接济远近盗贼，倘若不从，便被他的手下人收拾。三是诨名"黑五爷"的刘长龄，独揽阜成门外的煤市，每月向各煤铺例行收取"碳税"，如若不交，轻则赶出煤市，断绝运输，重则抢去存煤，打杀当事人。这三股黑恶势力，都善于勾结官吏，打点衙门，包揽不公不法之事，任意兴灭，甚至文武官员多与投刺会饮，道路侧目，莫敢谁何。

三股黑恶势力中势力最大的当属黄骠李三，他乃是通州人士，崇祯时期在吏部充当书办，因为买卖官爵而犯罪，被关押在刑部大狱。李自成军入京，刑部大狱被打开，罪犯除了投靠李自成军之外，大都鸟兽散，而黄骠李三在吏部工作过，深知各部文书的重要性，所以趁着大乱，召集一帮无赖，专门收集各部文书。大乱之时，各部人员都逃走了，此时出入各部，犹如逛菜市场一样，随便进出，因此黄骠李三将各部文书偷盗殆尽。这些文书都是历年的"案例"，是各部赖以办事的规则，当时没有人知道这些文书的作用。

清入关以后，来不及制定各种规章制度，连《大清律例》都是照抄《大明律例》的，而各部院办事，也要按照明代规章制度办理，在这种情况下，黄骠李三偷盗的各部文书就成为宝贝，俨然成为"专家"，各部官员也要仰仗于他。

要是黄骠李三仅仅收取商铺的保护费，私征一些关税，在官府的保护伞下，还不至于犯事，但黄骠李三热衷于政治，在南城的家中，按照六部建制，分建宅院，挂上各部牌子，对应朝中各部。凡是来京办事者，必须先经过黄膘李三，才能够畅行无阻。比如，官吏选授、封勋、考课、袭荫、退休等事，要经过黄膘李三的吏部院；户口、田赋、钱粮收支等事，要经过黄膘李三的户部院；礼仪、祭祀、宴飨、贡举、学校等事，要经过黄膘李三的礼部院；武职选授、品级、封赠、袭荫、考课、马政等事，要经过黄膘李三的兵部院；大案要案，各省疑案，要经过黄膘李三的刑部院；各种工程及经费，要经过黄膘李三的工部院。黄膘李三的家，俨然成为第二朝廷，还笼络了一大帮死党，替他办事，杀人越货，无恶不作，为他人讨债，替仇家买命，只要给钱什么都干，早晨得罪了他，晚上就会被杀。

黄膘李三横行于北京多年，没有官府问罪，却有许多文武官员与他"投刺会饮"，从中得利。彼此也就是递上名片，一起喝酒，与他称兄道弟，成为他的保护伞。其中兵科给事中李运长，本来是纠肃法纪的官员，却与黄膘李三的侄子李天凤结拜为兄弟，因此称黄膘李三为叔父。他不仅给黄膘李三贩私通行方便，还通风报信，一有风吹草动，使黄膘李三早就有所准备，所以每次都能够化险为夷。顺治六年（1649），李天凤于闹市杀人，兵马司将之逮捕，黄膘李三逼迫死者家属撤诉，而李运长担保，李天凤出狱以后，依然横行于市。可以说黄膘李三势焰熏天，不但百姓称他为李三太爷而畏之如虎，就连满朝文武官员也畏惧三分而缄默不语，但他没有想到遇上对手，那就是洪承畴。

洪承畴（1593—1665），字彦演，号亨九，是个有争议的人物，背负"汉奸"之名，为满清开国重臣，却被乾隆帝称为"贰臣"，就因为他叛明降清。顺治八年（1651），洪承畴招抚南方功成以后，回到京城，兼管都察院左都御史事。左都御史是都察院的长官，他甄别诸御史，分为六等，进行升转降黜，因此得罪一批朝官，结果被御史张煊等弹劾为密谋反叛，经过核实，以"实难悬拟"为由，没有追究洪承畴之罪。张煊以"密谋反叛"罪名弹劾，这可是灭门大罪，洪承畴虽然被免于追究责任，但也不能够置之不理。经过调查，洪承畴发现，乃是黄膘李三宅院出的主意。顺治九年（1652），洪承畴罗列黄膘李三的罪状，告知顺治帝。

在京师居然有这等横行霸道的人物，顺治帝如何不恼火，当即命令巡城御史与顺天府尹联合查办。黄膘李三的案件确实难办，因为在抄家时，除了大批金银古玩外，还发现了许多高层官员的名刺以及来往信件，足足两大箱，牵扯人数甚多，所以巡城御史与顺天府尹不好审理，以为这样一个民事案件，皇帝不会认真查问，拖延一下，也就风平浪静了。三个月后，顺治帝居然还过问此案，不但痛斥巡城御史和顺天府尹无能，而且任命掌管内三院的皇叔郑亲王济尔哈朗督办此案。

爱新觉罗·济尔哈朗（1599—1655），为努尔哈赤之时的八大和硕贝勒之一，皇太极的四大亲王之一，顺治帝的重要辅臣。在多尔衮去世以后，主持朝政，成为顺治帝最信任的人之一。身为皇叔，且为亲王，当然无所顾忌。

济尔哈朗与诸王公会同大学士及刑部共同审理，发生了令人吃惊的一幕。在场的大臣们只有济尔哈朗厉声诘责、讯问，黄膘李三侃侃而谈，对所犯罪行供认不讳，毫无惧色，参与会审的王公、大学士们皆默无一言。罪证清楚，应该拟罪，济尔哈朗征求在座的意见，大家你看我，我看你，最终大学士陈之遴主张将黄膘李三立即正法，而众人认为应该报请皇帝圣裁。

陈之遴（1605—1666），字彦升，号素庵，浙江海宁人。崇祯十年（1637），陈之遴获得榜眼，授翰林院编修，因其父顺天巡抚陈祖苞革职逮捕后自杀，而被罢官，永不叙用。清入关以后，他率先投靠，凭借阿谀奉承之术，取得多尔衮的信任。不久升为礼部右侍郎，因为他善于顺风转舵，巧妙地躲过多尔衮一案的株连，荣升礼部尚书，此时为弘文院大学士。陈之遴深知此案涉及在朝文武官员甚多，若是追究下去，不但会牵连更多的人，更重要的是会使自己卖身投靠多尔衮的事情败露，所以力主杀掉，却被一些官员认为他是杀人灭口。

此案上报以后，顺治帝认为，黄膘李三罪大恶极，举国官民人等，皆言其罪当死。因此下令"并伊子侄，俱行枭斩"。同时被斩首的还有兵科给事中李运长，似乎此案算是结案了，却没有想到顺治帝念念不忘。清顺治十年（1653）正月十四日，顺治帝在内院会见大学士们的时候说："黄膘李三，一小民耳。廷臣畏惮不敢举发，其故何也？"也就是说，黄膘李三这样一个小民，在朝的官员为什么不敢举报他？究竟是什么原因呢？陈之遴说："如讦奏其事，皇上睿明，即行正法，诚善。倘宥其死，则讦奏之人必隐受其害，是以畏而不敢言耳。"也就是说，如果在朝官员举报此事，皇帝能够将其即行正法，当然是好事，问题是如果赦免其死罪，则举报之人一定要受其祸害，所以都畏惧而不敢说呀！顺治帝很生气地说："身为大臣，见此巨恶，不以奏闻，乃瞻顾利害，岂忠臣耶！"这样一说，陈之遴只好满面羞愧，不能再说一句话了。

顺治帝命令济尔哈朗继续穷追此案，将与黄膘李三私下往来、同流合污的官员都绳之以法，但令人吃惊的事情又发生了。两大箱名刺及来往书信，涉及人数太多，如果全部治罪，朝廷几乎可以为之一空。顺治帝也不想扩大事态，仅将三十余名与黄膘李三关系密切的官员，革职的革职，充军的充军，其余名刺及书信则全部烧毁。顺治帝之所以这样做，还是从稳定大局考虑，毕竟清王朝初建，笼络人心很重要，若是把明朝降官都处置了，则难以统一天下，因为沿海及西南、西北地区还没有被纳入版图，需要这些降官效力。

清顺治十年（1653）正月三十日，文武群臣在太和殿行庆贺礼，顺治帝在朝堂又提起："黄膘李三为民大害，诸臣畏不敢言，鞫审之日，宁完我、陈之遴默无一语，叔和硕郑亲王诘责之下，之遴始云：'李三巨恶，诛之则已，倘不行正法，之遴必被陷害。'观之遴此言，岂非重身家性命乎？"

听到顺治帝的指责，陈之遴不敢说话，大学士陈名夏只好辩白说，李三虽然是恶人，但朝廷派一个御史，足可以将其治罪。臣等身为朝廷大臣，这种发奸摘伏的事情，并不是臣等的职权范围，更何况黄膘李三神通广大，四处都是其耳目，一旦言出，必定祸随。再说了，顾惜身家，也是人之常情呀！如今皇上每天召见臣等，这是满汉一体，视如家人父子的关系。自今以后，诸臣一定是同心报国，不再有所顾惜了。

听到陈名夏的辩白，顺治帝再问，黄膘李三乃孑然小民，为什么官民都害怕忌惮他呢？

陈名夏说，黄膘李三对于国家而言，真的不是什么大害，官民确实非常害怕，这是因为都城是五方杂处，如黄膘李三者，尚不乏人。今日一个黄膘李三被正法，明日又出来一个黄膘李三了。黄膘李三与各衙门胥役，结纳甚广，有官府为背景，所以使人们都害怕他。要想根除黄膘李三这样的人，最好是拔本塞源，令人皆凛凛不敢效尤，彼黄膘李三者，何足论也。

陈名夏的对答，不无道理，像黄膘李三这样的黑恶势力，如果没有官府的纵容，是很难生存的，但要在制度上进行较大的修正，也不是一时半会儿就能够办到的事情，而如今汉族大臣为黄膘李三之事，惶惶不可终日，若再纠缠不休，恐怕他们无心办理政务，所以顺治帝说："李三一小人，勿谓朕屡言及之。朕之所以屡言者，欲诸臣改心易虑，有所见闻，即行陈奏耳。朕今以后，不更言李三矣。"

不再谈黄膘李三之事，并不意味着顺治帝置黑恶势力于不顾，所以颁布上谕云：自今以后，凡大奸大盗，各衙门应缉捕者，亟行缉捕，应参奏者，指名参奏，勿得徇纵，以取罪戾。内外文武大小官员，除已往不究外，如再有与奸盗往来者，事发，定行连坐，决不姑贷。在严惩黄膘李三的同时，德胜门外马霸潘文学和阜成门外煤霸刘长龄等，也被正法了，史称民皆称快，京师为之肃然。京城的社会秩序得到很大改观，也树立了大清王朝的形象。这正是：

作恶多端有报应，远在儿女近在身。

黄膘李三之所以能不管黑道、白道、无间道，全部通吃；无论官场、江湖、生意场，都能摆平，就是因为他有钱有势。黄膘李三以钱买势，所以他结交官府，顺天府、大兴县、宛平县、五城御史、五城兵马司的长官们都能够与他称兄道弟，而这些衙门的书吏及衙役都为义子义孙，听他指使，也是用钱买来的。有了势利之后，再通过势利以谋钱，南城商铺向他交保护费，崇文门税关他能够自立税卡收税，违禁物品他能走私。常言道，嘴大吃八方。黄膘李三不仅依靠官府，还远交南方反清势力。为他们提供情报，交结近京城的盗匪，为他们销赃换钱，买卖违禁物品，进而牟取重利，再以重利结交官府，贿赂书吏衙役，豢养打手。就这样以钱买势力，以势力谋钱，周而复始，得以横行霸道，乃是官匪一家。黄膘李三这样的黑恶势力比较特殊，不但有官方背景，而且涉足政治。在与官府及大批官员形成利益链条时，一旦出事，自然会有许多官员出面，使他们能够化险为夷。涉足政治则牵扯朝政，使六部办事离不开他们，还能够因此挟制六部，甚至操纵大臣生死于手。若不是洪承畴揭发检举黄膘李三等人，顺治帝也无由得知，也不会亲自过问此案。值得注意的是，顺治帝对于黄膘李三这样一个小民，居然让满朝文武害怕忌惮而表示不解，一而再、再而三地提及此事，并且怀疑汉族大臣是否忠心。殊不知，这些黑恶势力都是亡命之徒，如果除恶不尽，他们会施以报复的，那么以官爵为性命，以钻刺为风俗，以贿赂为交际，以嘱托为当然，以循情为盛德，以请教为谦厚的官僚们，当然不敢与黑恶势力公开叫板。不在制度上进行完善，在法律上实施严厉制裁，仅仅凭借皇帝一时关注，对部分黑恶势力进行毁灭性的打击，是不能够持久的，正如陈名夏所说，如不拔本塞源，今日一李三正法，明日又一李三出矣。亦可见打击黑恶势力必须有长效机制，仅仅依靠"严打"，是很难消除黑恶势力的。

严刑峻法诛贪官

清顺治十二年（1655），顺治帝颁布了一个严厉惩贪的条例，规定官员犯赃十两、衙役犯赃一两以上者，除了予以流放之外，还要抄家籍没财产，情节严重者，处以斩绞之刑，其严酷超过朱元璋。顺治帝为什么要颁布如此严酷的条例呢？群臣对这个条例有什么反应呢？条例公布以后的效果又如何呢？且看条例出台的经过。

清初的扬州府江都县，地势平坦，河湖交织，通扬运河横穿东西，京杭大运河纵贯南北，乃是水路交通要道。南来北往的人多，出现的纠纷也多，所以在这里当知县的人，除了钱粮、商税、鱼税等征收的陋规收入之外，办理词讼也是其主要收入。

清顺治十一年（1654），江都张知县已经年过六十，虽然没有到退休年龄，却因年老而不能升迁了。当时的明清易代，各种文书档案丧失殆尽，新依附清王朝的官员，都自己填写履历，张知县便将自己的年纪改为五十岁。年纪可改，岁月不饶人，所以须发皆白，为了遮掩，他便用药染黑。毕竟是年老体衰，虽然不想升迁，却也想久任。毕竟江都是鱼米之乡，富庶之地，可得的陋规很多。既然没有升迁的希望，张知县便一心想要多赚银子，以便将来回家养老造福子孙。这年老之人，一旦贪上钱财，也就不顾什么名声，所以事情不论大小，也不问有理无理。只要能够银子到手，无理也是有理；没银子送来，有理也是无理。板子、夹棍，都是他赚钱的家伙，真是连地皮都剥去了。

这样一个又贪又酷的知县，百姓们如何不怨恨呢！甚至有人想要活剥了他的皮。他是知县，百姓恨也没有办法，不能够剥他的皮，他却剥皮不止，所以人们给他取个诨号，名为"张剥皮"。每日在县里人们交谈的话题，都和张知县有关，说什么"张剥皮可曾坐堂""张剥皮可曾出门""张剥皮可曾回衙"。其一举一动都在百姓的眼中，他却全然不顾，不到半年，丧心的银子赚了七八千两，也不知冤屈了多少事，更不知坑陷了多少人，真是怨声遍地。

百姓们怨声载道，有胆大的便写匿名书信，将他告到江宁巡抚那里。按照《大清律例·刑律·诉讼》"投匿名文书告人罪"条规定，写匿名书信告人罪，要处以绞刑，当然这是在查找到写匿名书信人的前提下。匿名文书官府不能够受理，受理者要予以杖八十。江宁巡抚周国佐，正黄旗汉军，曾经当过吏部右侍郎，应该熟悉法律，所以没有受理，但他也不能够视而不见，所以写了一封密札，派人直接送给张知县。密札写道：

> 本都院查该县到任方始半年，物议沸腾，民心丛怨。偏听左右，则滥击无辜；权归胥役，则事多寝搁。贿赂公行，官箴大坏，昏庸如此，万民汤火。应即参拿，姑宽谕饬。该县自今日为始，即速洗剔肺肠，痛改前非。若或仍前迷混，虽欲归老首丘，岂可得乎！勿谓本院言之不预也。慎之毋忽！

密札写得很明白，不是别人匿名控告你，乃是本巡抚自己查访到的。你这样又贪又酷，贿赂公行，显然是犯了罪，但不讲你有罪，只说你败坏官箴，应该参劾拿问，却不拿问，仅仅训斥，要他痛改前非。值得耐人寻味的是"仍前迷混"四个字，其中的暗示很明白，你不是想安全退休吗，如果办不到，是不可能的。问题是这个"迷混"所暗指的东西，乃是滥系无辜，勒索钱财，却个人私吞了，本巡抚岂能容你。这里渗透着当时官场的潜规则，上台礼仪不少，同僚好处不缺，张知县怎么就不明白呢！

张知县看完密札，也就明白了，便把自己的儿子叫来商议："周巡抚的密札虽然说得严厉，但也不是没有给我们以转圜的余地，看来我们需要破费一大注银子了。眼下已是四月，按例应该到省城去奏销，将国家赋税交到省里，报销各种开支。我可以趁这个机会，带着银子前往苏州，如果能够面见周巡抚，将礼银呈上，求他庇护我。要是周巡抚收了银子，我就可以放心了，否则恐怕我这个官难保。"张公子说："要是周巡抚不见你，我们的银子也送不出去，岂不是麻烦？"张知县说："当官不打送礼的，你没有看到周巡抚密札讲迷混吗？就是向我们索贿，这银子还能够送不出去吗？"张公子说："就算是周巡抚暗示我们，到底给他多少银子合适呢？"张知县说："周巡抚官大，又是在旗之人，给少了，恐怕他看不上，不能够庇护我；给多了，则是我们露财，周巡抚还要寻趁我。所以多了不行，少了也不行，我看三千两银子就差不多了，毕竟我才当了半年多知县，能够得到多少银子，周巡抚也应该心里有数。"

张知县父子商议之后，决定带着三千两银子前往苏州。张知县先办完公事，将钱粮奏销，入银归库，然后来到巡抚行辕，递上手本求见，却没有想到周巡抚三日不见，张知县不由得心里发慌。周巡抚为什么不见呢？这是张知县不知道旗人的规矩，要想见主人，必须要给看门的门包。大清王朝兴于门包，也亡于门包。兴于门包，是吴三桂贿赂多尔衮的看门人，得以见到多尔衮而定下入关大计。亡于门包，是辛亥革命的时候，告密者到两湖总督瑞徵那里揭发革命党，因为没有带钱，不能给门包，所以没有告成密，才使辛亥革命成功。当时清王朝刚刚夺取天下，这种潜规则还没有家喻户晓，张知县更不明白，一个看门的有什么权力，居然敢阻拦知县见巡抚呢？却不知道这是旗人的习俗。

张知县见不到周巡抚，只好另寻门路。他发现吴县知县与周巡抚关系最为密切，便前去拜访吴县知县，托他将礼银送给周巡抚，并且希望周巡抚能够会见他。张知县送给吴县知县百两银子，另出千两银子让吴县知县转交周巡抚，结果周巡抚还是不见，只好加码，最终给了三千两银子，周巡抚才答应一见。此时张知县所带的银子已经不够，只好在苏州借高利贷，再拿二千两银子去见周巡抚。果然银子起到效用，周巡抚会见张知县时和颜悦色，寒暄几句，便说："该县回去吧！一定要改过自新，本部院定会另眼相看的。"说罢，便端茶送客，而张知县如同遇到大赦一般，叩头行礼，然后离开巡抚行辕。

张知县高高兴兴地回到公寓，准备打道回江都县，却见到自己两个家人从江都县赶来，张知县还以为是儿子怕他在苏州用度不足，派他们来送银子的，却没有想到家人带来了坏消息。

原来，自张知县前往苏州以后，第三天夜里，来了一台由八名轿夫抬的大轿，跟随着六个彪形大汉，都是广纱袍套，装束整齐，口称是北京来的某部某大老爷前来会见。看门的家人说："我们老爷不在，如今前往苏州公干了。"坐在轿子里的人说："知县既然公出，但朝廷有紧急的事，就请公子出来，当面告诉他吧！"家人看这阵势，知道这些人不好惹，只好通知张公子，将这些人迎入县衙，到花厅见面。大轿抬入县衙，在花厅前停下，从轿里走出一个头戴双眼花翎的大官，上前拉住张公子，用刀抵住其咽喉，而六个大汉，连同八名轿夫，将家人、衙役全部扭住。只见那个大官说："我们都是好汉，久知你父亲贪赃枉法，贪得许多昧心银，快快拿出银子来买命，如果稍迟片刻，便结束尔等性命。"张公子此时已经吓得魂不附体，只好说："家里没有银子，只有正项官银六千余两，现在县署后库。那可是官银，如果抢夺，乃是灭门之罪。"大官说："我管你什么官银、私银，快让人抬出来，否则就要你的命。"张公子没有办法，只好让家人把银子拿出来。六个大汉将银子装入轿中，依旧由八名轿夫抬着轿子。大官拉着张公子，让他拿出一支令箭，护送他们出城。有知县令箭，又有张公子陪同，看守城门的军士只好开门放行。众人押着张公子，来到二里外的港口，将大轿抬入船中，才将张公子释放，然后扬帆远去。

张知县刚刚免祸，又遇大灾，六十多岁的年纪，如何受得住这样的打击，当下急得直蹦高，忽然口吐鲜血，晕倒在地。家人连忙喊医救治，却已经是不省人事了，汤水不下，未到半日，便一命呜呼了。家人急忙呈报吴县知县，派来仵作验尸，然后令家人买棺入殓。家人来得匆忙，所带银两有限，只好买个薄棺收殓，等候张公子处置。跟随张知县的差役，得知知县已经死了，也没有什么值得留念，纷纷赶回江都，准备迎接新知县上任，给新知县留个好印象，远比给死知县送葬要实惠。

吴县知县将张知县病故的事情禀告周巡抚，他岂管一个知县的死活，当即委员到江都县去署理知县。委员得令，当即带着家人赶往江都县，三班六房齐来迎接。委员到县，第一件事便是盘查仓库，第二件事则是将张公子及张知县的家眷全部锁拿送狱，第三件事就是抄没张知县所有财产。最终将张知县所得银两全部算进去，库房还亏空八千余两银子，粮仓亏空粮二千余石。委员感觉事态严重，马上通报上司，继续追究。不久行下文来，将张公子家属严逼，勒追所亏空的款项。

张公子此时父死家破，哪里去筹划这上万两白银？开始的时候他还能够把老家的房产变卖，偿还一些，而房产全部变卖，也抵不上亏空，所以每个月要挨二十板子，进行比责，再限期偿还。就这样，张公子坐了半年牢狱，挨了数次板子，还是拿不出钱来。俗话说，病急乱投医。张公子想：父亲前后送了周巡抚五千两银子，如果将这些银子讨回，亏空就可以全部偿还，因此托人到苏州去求助周巡抚，却不想周巡抚已经被免职了。顺治帝谕旨云：朕览江宁巡抚周国佐历来章疏词语模糊，意见游移。此必事事假手左右，胸中漫无主持。苏松重地，岂容阘茸之人因循贻误！周国佐著解任回旗。说周巡抚才力不济，实际上是不想追究其责任。

张公子因为不能偿还亏空，最终病死监狱，只讲顺治帝将周巡抚免职以后，翻阅该省参劾贪官的本章，发现贪官所贪都是盈千累万，最终贪官全部得以免死，因为贪官都将贪污之事归罪于衙役。按照《大清律例》规定，衙役属于无禄之人，而无禄之人贪赃枉法银达一百二十两者绞，不枉法者贪赃银一百二十两以上，罪止杖一百、流三千里。衙役不能决定司法，所以只能算是不枉法，最终仅仅是将他们革役，便可以结案了。这些衙役被革之后，改名换姓，还可以到别的衙门去谋职，依旧纵横盘踞，播恶遗臭。因此顺治帝下令，嗣后内外问刑衙门，审究蠹役，计赃定拟，不许援引无禄轻条。凡情罪重大者，分别绞斩，其余俱着流徙。

顺治帝看到江都张知县死了以后，官府向其家属追赃，而一些贪官所贪更多，最终仅仅革职流放，并不查抄其财产，这明明是欺负死者而放纵生者，因此谕刑部云：贪官蠹国害民，最为可恨。向因法度太轻，虽经革职拟罪，犹得享用赃资，以致贪风不息。嗣后内外大小官员，凡受赃至十两以上者，除依律定罪外，不分枉法不枉法，俱籍其家产入官，著为例。也就是说，这些蠹国害民的贪官非常可恨，以前因为法度太轻，虽然将他们革职定罪，但他们还能够享用贪污所得，所以才能够贪风不息，因此要实行"严打"，只要贪赃达十两以上，也不管他是枉法、不枉法，全部抄没其家财产入官。

对于这样的"严打"，一些官员认为立法过重。比如，凤阳巡抚林起龙就认为，这样的立法，会促使贪官抵死不招，便定不了罪，不能够定罪，也就追不成赃，最终也不能够将这些赃银作为军饷，实在是得不偿失。顺治帝将林起龙的奏章交与刑部等衙门讨论，刑部会议认为，今后贪官犯赃，仍照律追拟，以助军需。此议当即就遭到顺治帝的批驳："贪官蠹役害民，屡惩弗悛，不得不特立严法，冀人人畏惧，省改贪心，始不负朕惩贪救民之意。"如今林起龙说法重，你们说照律拟罪，就是因为贪官不认罪。"夫与其畏法不招，何若使其畏法不贪。与其餍足贪腹，以赃济饷，何若使其不贪，民得丰裕，国赋亦充。朕明知立法既严，于贪官蠹吏有所不便，必怀怨心。但轸念民生，即为贪蠹所怒，亦不遑恤。若不如此，贪风何由止息，小民何日安生。仍著遵前谕行。林起龙所奏与尔等所议，俱属不合，著严饬行。"在顺治帝看来，只有严刑峻法，使贪官蠹役有所畏惧，才能够使他们不敢贪污。特别是在明末贪风盛行，天怒人怨的时候，顺治帝这种严厉惩贪，不但要扭转贪风，更重要的是安抚人民，同时也树立清王朝的廉洁形象，也巩固了政权。这正是：

贪官污吏黑心肠，天理难容国法杀。

顺治朝当鼎革之始，又在征战未息之时，城市化为废墟，村舍成为焦土，而民族隔阂尚深之际，顺治帝以严法惩贪，对贪官污吏进行了大规模的清理。不仅在明代没有过，即便是在其后康熙、雍正、乾隆、嘉庆时期也未曾有过，不能不承认是一盛事。历代治术证明，以严刑峻法打击官场贪婪风气，确实能收到一定的效果，也有利于树立廉明清正之风。不过，也应该清醒地认识到，单纯使用严刑峻法，其成效是有限的，更是不能持久的，必须在制度上予以完善，从源头上遏制贪官污吏。贪污是官僚政治的共生物，也是吏治是否清明的重要标志，只有遏制官僚政治，才有可能有效地控制贪污。顺治时期既保留明代的旧体制，沿用旧的规章制度，又处于改朝换代之际，无可避免地还会滋生贪污腐败。不改变政治体制，虽然有严刑峻法，也很难真正廓清污浊。

总督审理匿名帖

　　《大清律例》是不允许投匿名文书告人罪的，凡是以匿名的方式告人罪，一经查出，即处以绞刑。官府一旦发现匿名文书，就应该马上烧毁，不烧毁者要杖八十，而且规定官府不允许受理匿名文书，一旦受理，就要予以杖一百。法律规定得十分清楚，退休大学士金之俊居然把匿名文书上交总督，要求查找书写匿名文书者予以治罪，江南江西总督郎廷佐不但受理了，而且还要大规模进行追查，并且将匿名文书呈报皇帝。此时刚刚十六岁的康熙帝，在朝廷有明确的法律规定，而大臣公然不顾的情况下，是如何处置此案的呢？不受理匿名文书，为什么还要就匿名文书的内容争论不休呢？大规模地追查书写匿名文书的人，是否牵连许多无辜之人呢？且从案情谈起。

　　康熙元年（1662），身为大学士的金之俊致仕回乡了。金之俊（1593—1670），字岂凡，江南吴江人。明万历四十七年（1619）进士，官至兵部侍郎。入清之后不但为官如故，而且屡屡升迁，官至大学士，并且加了太傅衔，乃是一品高官。

　　金之俊投降清王朝，为多尔衮、顺治帝出谋划策，干了几件大事：一是疏请重开科举以笼络人才，稳定士人之心，进而取得士人们对清王朝的拥护。二是监斩了所谓的"伪太子"，实际上是真太子。崇祯帝自缢殉国以后，年方十六岁的太子朱慈烺神秘失踪，其下落有各种版本，以至于难辨真伪。孟森先生曾经考证，认为清王朝自以得天下是正统，本来是应吴三桂之请来驱逐李自成，如果明太子存在，清立朝则不正了，所以不论真伪必杀之，但也不能说成是真的，所以强调是"伪"。三是献策十从十不从，也称为十降十不降，在一定程度上稳定了当时的社会秩序。所谓的

"十从十不从"，即男从女不从，生从死不从，阳从阴不从，官从隶不从，老从少不从，儒从而释道不从，娼从而优伶不从，仕官从而婚姻不从，国号从而官号不从，役税从而语言文字不从。四是江南的"奏销案"，金之俊率先上疏认罪，交纳钱粮，使清王朝可以肆无忌惮地对江南士人下手。所谓的"奏销案"，乃是著名的政治事件，即顺治十八年（1661），清廷将上年奏销有未完钱粮的江南苏州、松江、常州、镇江四府并溧阳一县的官绅士子，不问是否大僚，亦不分欠数多寡，在籍绅衿都按名黜革，秀才、举人、进士，凡钱粮未完者，皆被革去功名出身；现任官概行降两级调用，共计黜降一万三千余人，江南绅衿士子功名尽黜，衙役虎狼比迫追呼，斯文丧尽。

受到打击的江南绅衿士子，不敢公开反对朝廷，但对那些身为江南人，却一心为王朝卖命的人恨之入骨。金之俊回到吴江县，享受朝廷最高的退休待遇，在家乡营建太傅第，榜其后街为"后乐"，前巷为"承恩"。吴江人恨金之俊仕宦三朝，祸害江南士人，所以不知道何人，趁黑夜在其家门口写了"后乐街前长乐老，承恩坊里负恩人"的对联。后乐即是金之俊以宋朝名相范仲淹而自居，标榜自己后天下人之乐而乐。长乐老，即冯道，在五代时侍奉五朝八姓十一帝，不离将相三公之高位，在乱世能够容身保位，晚年自称"长乐老"，民间称他为"不倒翁"，史称其为无耻之人。以"长乐老"比之，讽刺可谓深刻。"负恩人"则是指金之俊叛明、迎李自成、投清，辜负明王朝对他的恩宠。

知道吴江士人痛恨自己，金之俊也不敢声张，只好派家人将对联涂抹干净，却不想今日涂去，明日又有对联出现。比如，"仕明仕闯仕清三朝之俊杰，纵子纵孙纵仆一代岂凡人"。以三朝之俊而直呼其名，用岂凡人直指其字，说他有奶便是娘，在明朝为官是臣子，在李自成那里为官是孙子，在清王朝为官是奴仆。还有什么"一二三四五六七，孝弟忠信礼义廉"。这里故意少一个"耻"字，即是"无耻"，而没有第八字，就是"忘八"，也就是百姓平常骂人的"王八"之意。

面对涂抹不尽的对联，以及满大街张贴的辱骂揭帖，金之俊想诉之官府，让官府进行查禁，捉拿写匿名揭帖的人，予以治罪。但其夫人却劝他忍一忍，毕竟金之俊缺少气节。为什么金夫人敢说丈夫没有气节呢？那是因为金夫人在明代就是诰命夫人，而金之俊入清为官以后，清廷又赐给金夫人诰命，金夫人不肯接受，还说"我自有诰封"，认为自己还是明代的诰命夫人。不仅夫人看不起他，就是他的子侄往往也不为礼，其侄子就曾经指斥金之俊监斩二王。

在夫人与子侄的劝说下，金之俊开始还是隐忍下来，但匿名揭帖如雪片一般，不但铺满吴江县，还散发到苏州、镇江、常州、松江等府。金之俊实在难以忍受了，便力主要将这些匿名揭帖送官查办。此时夫人及子侄的劝说，非但不能够起作用，反而激怒了他。金之俊认为，"尔等能够有今日的荣华富贵，不都是我拼命挣来的吗！你们说我没有气节，难道全家都被问斩，你们才会心甘吗！我已经七十多岁了，还能活多久呢？如若不将这些写匿名揭帖的人治罪，你们将来还能在人前抬头吗！我们家族还能够在吴江立足吗！我若向写匿名揭帖的人示弱，也有失我这个大学士的身份"。

见到金之俊发火，夫人与子侄也不敢说话了。自己曾经是堂堂的大学士，又为太傅，等于是皇帝的老师，若屈尊去找吴江知县，也未免太失身份了，所以他直接来到南京，找到江南江西总督郎廷佐，将这些匿名揭帖交给他，希望能够捕获那些书写匿名揭帖之人而"穷治之"。

郎廷佐，字一柱，汉军镶黄旗人，世籍广宁。其父郎熙载，明诸生。努尔哈赤攻打广宁时投降，编入汉军旗。郎廷佐是郎熙载第二子，征明有功，历任江西巡抚，福建、江南江西总督，兵部尚书，打败过进攻长江的郑成功军，稳定江南半壁河山，所以深得朝廷信任。

退休大学士求自己，郎廷佐总不能不给面子，于是，大张旗鼓地查找写匿名揭帖的人。在总督的督促下，地方官不敢不办，很快就抓住一个名叫施君礼的人，他正在张贴投掷揭帖，被捕役抓个正着，乃是人赃并获。地方官不敢怠慢，急忙将施君礼递解到江宁，也就是南京。

施君礼原本是个生员，在奏销案时，因为拖欠钱粮，被革去生员功名，也就断送他的前程，此生再也不能够通过科举而改变自己的一生了。明王朝优待生员，免除生员个人的赋役，清王朝取消这个待遇，即便是生员本人，也要缴纳钱粮，如果拖欠不缴，与老百姓一样，都要挨板子而受到责比。因此这类人对清王朝最为不满，但身为秀才，手无缚鸡之力，也只有逆来顺受了。他们不敢与朝廷作对，却怨恨那些在清王朝得到好处，而置他人于不顾的人。金之俊身为清王朝的大臣，率先拥护朝廷的决策，而且揭发检举他人，其招怨也是难免的。吴江有士子写匿名揭帖辱骂金之俊，深得吴江百姓及士子们的拥护，施君礼自然也就加入其中，一是可以展示自己的学问，二是可以发泄心中的不满，所以也撰写揭帖，投贴到金之俊门前。

施君礼被押到，总督郎廷佐亲自审讯。施君礼何曾见过这样大的官，早已经是魂飞魄散，现在只有推卸责任以求自保了。施君礼只承认自己有投掷匿名揭帖的行为，却不承认自己是书写者，试图避重就轻。对于施君礼的狡猾，郎廷佐是很有办法的，所以把大刑陈列在堂前，先进行威慑，再让其交代是何人所写。大刑陈列在前，施君礼吓得瘫软在地，为了避免受刑，只有胡乱攀咬他人，所以供出施商雨等多人所为。

郎廷佐见施君礼揭发了许多人，知道此案不能在短期结案。按照规定，郎廷佐必须先奏报朝廷，得到批准，才能够按照谕旨办理，所以他一面奏报皇帝，一面按照施君礼的交代，按图索骥予以缉捕，以便继续追查。

此时的康熙帝，虽然还没除掉鳌拜集团，但已经是亲政了。鳌拜是满洲镶黄旗人，郎廷佐是汉军镶黄旗人，应该属于鳌拜管辖范围。郎廷佐如今军功卓著，统领江南富庶之地，若是听命于鳌拜，对于康熙帝来说，实在不是什么好事，所以他决定以此案试探一下郎廷佐的态度，并且可以观察鳌拜的举动。康熙帝非常仔细地阅读奏章，寻找郎廷佐的错误，以便予以处置。

按照《大清律例·刑律·诉讼》"投匿名文书告人罪"条规定，凡投（贴）隐匿（自己）姓名文书告言人罪者，绞（监候。虽实亦坐）。见者，即便烧毁。若（不烧毁）将送入官司者，杖八十。官司受而为理者，杖一百。被告言者，（虽有指实）不坐。若（于方投时）能连（人与）文书捉获解官者，官给银一十两充赏。此案金之俊将匿名揭帖送入官府，已经是触犯刑律了。郎廷佐不治金之俊的罪，却为之受理，也已经触犯刑律了。施君礼是在张贴匿名揭帖时被捕役抓获，属于连人与文书捉获解官，捕役可以给赏，而施君礼也可以治罪，但其所揭发检举施商雨等人，并不是抓获现行，如果穷追下去，必然会牵连许多人，也难免使一些无辜之人身受其害，以至于造成社会的恐慌。

康熙帝仔细权衡律例之后，便发下谕旨云：匿名帖乃奸恶之徒造写陷害平人，如见其投掷，拿获理应照律从重治罪。今施君礼称为施商雨所作，乃不自行持首，将帖掷于金之俊门首，事属可疑。若因此匿名帖察拿究问，则必致株连无辜。且律载收审匿名帖者，将审问之人治罪。施商雨等，俱不必察拿究问。金之俊系大臣，将匿名帖送总督究审；郎廷佐系总督，将匿名帖收受，察拿生事，不合。著议处。也就是说，凡是写匿名帖者，都是奸恶之徒，他们罗织罪名以陷害平人，如果发现他们投掷匿名帖，当场拿获，就应该按照律条的规定予以从重治罪，予以处绞。如今施君礼说匿名帖不是自己所写，乃是施商雨等人所作，他并没有拿着匿名帖去自首，反而将匿名帖投掷在金之俊的门前，这个事情本来就可疑，如果因为施君礼的攀咬就去穷追不舍，势必会株连许多无辜之人。更何况律文清楚地说，凡是收审匿名帖者，就将审问之人治罪，显然郎廷佐是有罪的。既然律条规定明白，施商雨等人，都不必再察拿究问了。金之俊原本是朝廷大臣，竟然违律将匿名帖送总督究审，显然是有罪的。郎廷佐系总督，将匿名帖收受，察拿生事，更是不应该的，所以要将这两个人议处。

康熙帝把这个皮球踢给鳌拜，看他给金之俊、郎廷佐定什么处分。当然，鳌拜自己不能出头，就让吏部依据康熙帝确定的原则进行议处。按照刑律，金之俊的罪责应该是杖八十，郎廷佐的罪则是杖一百，按照职官刑罚可以折成处分的原则，应该根据罪责，区分公罪与私罪，予以罚俸、降级、革职的处分。吏部认为金之俊、郎廷佐都属于"不应"，按照不应轻罪的处罚，也就是笞四十，如果是私罪，应该罚俸九个月，公罪罚俸六个月，所以吏部按照公罪，拟定给予金之俊、郎廷佐罚俸六个月的处分，然后上奏皇帝批准。

康熙帝深知官员们官官相护，也知道他们是有意从轻处分。这明明是有律可依的，吏部不按照"投匿名文书告人罪"的规定议处，却按照"不应"轻罪议处。按照"投匿名文书告人罪"的规定，金之俊应该是杖八十，郎廷佐应该是杖一百，不属于公罪，折成处分，金之俊应该降三级调用，郎廷佐应该革职离任，显然是吏部官员避重就轻，所以康熙帝下旨：金之俊着革去宫保衔，郎廷佐于病痊起用日，降四级调用。也就是说，退休的金之俊，革去太傅的职衔。郎廷佐当时正在养病，等病体痊愈，重新任职的时候，降四级调用。

康熙帝明显是加重了处罚，但也轻重有别。金之俊按照杖八十折成处分，应该是降三级调用，但他已经退休，没有实际的职务，而职衔乃是荣誉，如今将他的职衔革去，相当于革职，明显是加二等处罚。郎廷佐按照杖一百折成处分，应该革职离任，如今被降四级调用，显然是减二等，因为降级最高是降五级调用，这也是格外开恩了。

金之俊原本想让总督郎廷佐为自己出口恶气，却不想被康熙帝革去太傅职衔，心里非常郁闷，回到家中，便闭门不出，于次年病故。曾经身为大学士，朝廷的重臣，按例要报朝廷，由礼部予以谥号。按照惯例，文臣的谥号都以"文"字开头，以文正为首，文贞次之，依次是文成、文忠、文端等，而文通则排名文字号的第二十八位。朝廷最终给予金之俊以文通的谥号，其鄙夷意义也是明显的。

按照清代的处分原则，降级可以用加级来抵消的，郎廷佐因为有加级，最终被降二级调用，调任为四川布政使。次年便升为河南巡抚，毕竟他是朝廷的可用之才。在鳌拜集团被翦除以后，也没有什么怨言及举动，其受重用也是在情理之中，最终在平定"三藩之乱"的时候再任总督，但出师未捷身先死。康熙十五年（1676）死于浙江金华军中。这正是：

官官相护是痼习，赏罚分明在君主。

纵观此案的处理，康熙帝不但严格按照律例办事，而且非常有技巧。他明明知道处罚郎廷佐有可能招致鳌拜的不满，但他援引律文，便无懈可击。康熙帝没有按律文来量刑，却要议政王大臣会议议处，以便观察鳌拜等人的反应。吏部拟定罚俸处分，是按照"不应"来确定的，明显从轻，而且是按照公罪予以减等，官官相护的行为很明显。康熙帝采取革去职衔，降四级调用，是按照私罪进行裁断的，于情、于理、于法，都很恰当，不但使官僚们挑不出任何毛病，加等与减等也恰到好处，充分显示出其统御全国的才能。更值得称道的是，康熙帝没有因为匿名揭帖而兴大狱，如果因为匿名揭帖而穷追不舍，不但会造成江南社会的恐慌，威胁到王朝的统治基础，而且不利于收买人心。康熙帝对写匿名揭帖的人网开一面，也就使江南绅衿感恩戴德了，使他们顺从清王朝的统治，不但为他后来六下江南奠定了基础，而且也揭开了"盛世"的序幕。

救弟殉夫被旌表

康熙三年（1664），一个满族妻子，为了救殴死其丈夫的小叔子，赴京叩阍，请求朝廷将小叔子免于处死，以保证夫家的香火能够延续。此事被康熙帝得知，虽然答应该女子的请求，但是命令她当即自尽，然后予以旌表，刻石立碑，大力宣扬。那个时候的满族，虽然还有殉葬的习俗，但仅限于贵族，也没有要求所有的妻妾都殉葬，康熙帝为什么要让寡妇自尽呢？按照《大清律例》规定，弟殴兄死者，是要斩立决的。《大清律例》规定，独子可以存留养亲，是针对父母年老而言，给父母养老送终以后，依然还要服刑，这个弟殴兄死的罪犯并没有父母存活，不将其杀之，也没有正当的理由，康熙帝为什么要违律格外开恩赦免他呢？且从案情谈起。

满洲镶白旗有一家人，乃是普通的旗丁，父亲在征战中阵亡了，长兄沙木哈就成为家长。兄弟三人，二弟博木博，三弟三太。当时清王朝还没有完全统一，八旗兵四处征战，凡是成年男子，都必须参与征战，不久二弟博木博也战死在沙场了。失去二弟，沙木哈觉得自己没有尽到家长的责任，因此对三弟特别娇惯，几乎是有求必应，从来不施以颜色。常言道，受宠则骄，失宠则怨。家长若是对孩子太宠爱了，一旦让孩子觉得不再被宠爱，便会招来无穷的怨恨，甚至会有叛逆行为出现。

沙木哈在二十三岁时娶哈氏为妻，哈氏也是满洲人，此时年纪刚刚十八岁。用当时的话讲，哈氏乃是美貌无双，令人喜爱，性情温柔，极其贤惠的女人，与沙木哈家门当户对。八旗男儿要随军征战，女子一般也泼辣强悍，承担家里各种事务，成为家政之主。哈氏虽然不泼辣，但家里的大事小事，都能够做主。俗话说，娶了媳妇忘了娘。如今哥哥娶妻了，弟弟并不高兴，因为他怕哥哥移爱于妻子而冷落自己。三太是家中最小的，父母非常宠爱，哥哥也凡事让着他，可以说是娇生惯养。特别是父母去世之后，二弟又战死，沙木哈对这个比自己小八岁的弟弟，几乎是视为珍宝，事事顺从。

年方十五岁的三太，因为父兄的娇惯，往往任意胡为，不是寻人打架，就是斗鸡走马。打伤了人，沙木哈要出头露面给人赔不是，还要出钱给人疗伤。斗鸡走马往往有赌博性质，输了钱，沙木哈要给他补上。对于弟弟，沙木哈什么事都是让着他，与其说是手足情深，不如说是宠爱有加。

按理说，小叔子乃是嫂子的天然盟友，特别是没有结婚的小叔子，对嫂子往往会有依赖性，所以说长嫂如母。三太却不同，嫂子刚进门，他就把嫂子当仇人，以为哥哥娶了嫂子，就不再喜欢他了。却没有想到哈氏很会做人，不但能够哄三太高兴，而且时常用小恩小惠来拉拢他，逐渐使三太消除反感。本来哈氏就与三太年纪相差不多，彼此容易有共同语言，因此叔嫂关系非常和谐。

按理说，沙木哈一家三人，彼此亲密无间，生活应该是美美满满的，却不想流言蜚语害了他们一家。一个十五岁的半大小子，整天与一个十八岁的嫂子在一起，能不招人议论吗！常言道，叔嫂通情，世间尽有。叔嫂之间不但容易有暧昧关系，而且经常会成为人们谈论的话题。

谈论归谈论，如果叔嫂之间真有了暧昧关系，在古代社会是不能够容忍的。按照《大清律例》规定，若是叔嫂相奸，叔嫂都要被判绞刑。小叔子如果是强奸，要被判斩刑，嫂子因为是受害者，所以可以不论。一些好谈论是非的人，专门爱拿别人家的事情取乐，说三道四，唯恐天下不乱。三太与嫂子哈氏说得来，爱嚼舌头的人就说他们叔嫂有奸情，添枝加叶，说得头头是道，连难以见到的夫妻之间床笫之事，也绘声绘色地讲个不休，实际上是把自己家里的那些丑事，安在别人身上而广为传扬。这种无根之言，最容易传播，很快就传到沙木哈耳中。

自古就有三人成虎之说，当旁人传言纷沓而至的时候，不由得你不相信。如果相信了，实际上已经深受其害了，是所谓的"被人传言起灾魔"。

沙木哈因为特别宠爱弟弟三太，对这种传言根本不相信，因为他相信哈氏，更相信自己的弟弟，所以没有把此事放在心里。三太就不同了，少年气盛，当传言到了他耳中，情况就大不相同了。

三太听到别人说自己与嫂子有一腿，非常生气，找到自己少年的伙伴，让他们打听是谁最先嚼舌头的。少年人要是聚在一起，很容易惹是生非，可以成为一伙恶少年。聚在一起不惹是生非，专心学问，则可以相互促进，又可以成为一群令人羡慕的好少年。其实一般少年人在一起，往往是好坏全有，就要看带头人是否善良。三太的这帮少年，崇尚义气，为朋友两肋插刀，介于好坏之间。三太让少年伙伴打探，这些伙伴都很尽力，很快就打听到是前庄佟嫂最先编造的谣言。三太是少年性子，听说之后，便怒不可遏，当即就带着几个少年去找佟嫂，准备教训她一番。哈氏见三太怒气冲冲地与几个少年伙伴出门，急忙喊他停下，三太哪里听话，带头前行。哈氏追赶不上，就拉住一个少年，问清事由。自己是一个年轻妇人，既惹不起这帮少年，更惹不起好搬弄是非的恶妇，所以急忙将家门锁上，跑到军营去找沙木哈，让他赶紧去前庄看看，别让三太闯下大祸来。

佟嫂是个有名的长舌妇人，又是有名的泼妇，不但能够伶牙俐齿地说长道短，而且稍不如意就出去骂街。因此，邻里替她起了两个外号，一是"母大虫"，二是"搅屎棍"，一般人都不敢沾惹她。佟嫂见三太等一帮半大的孩子要教训自己，如何会害怕呢？屁股往地上一坐，便呼天抢地骂了起来，什么脏字她都敢说，这帮少年岂能说得过她。说不过就动手，三太拿起一根柴棍就打，那佟嫂也不示弱，把衣服一脱，赤条条地扭住三太，然后大喊："打人了！奸人了！杀人了！救命呀！"这一举动反而使这帮少年不知所措，谁也不敢上前。就在此时，沙木哈赶到，看见三太与佟嫂厮打，便过来拉架。如何拉得开呢？佟嫂这边是赤条条的，沙木哈不能够去碰，只好抱住三太不放，而三太一面挣脱哥哥沙木哈的搂抱，一面挥舞柴棍去打佟嫂，却不想挥起的柴棍正好击中哥哥的头颅，沙木哈顿时倒在地上，鲜血直流。躺在地上的沙木哈，不顾自己的伤痛，一边让三太马上回家，不许惹事，一边从地上抓起一把黄土，捂住自己的伤口。三太见自己惹了祸，急忙把哥哥沙木哈搀扶起来，送回家中。

哈氏见丈夫满头是血，急忙把他扶到炕上，打来一盆热水，为他清洗伤口。那个时候的人受伤以后，像沙木哈那样用黄土捂住伤口的，比比皆是，条件好的用香灰止血。若是香灰，经过高温消毒，止血以后还有可能不感染，用黄土止血就不好说了。哈氏更是不懂，用水清洗伤口，固然可以将血迹擦拭干净，可是更容易感染。那时人们还不知道会得破伤风，但也知道受伤以后因受风死的人很多。

沙木哈伤情日益严重，不能够出操，而三太殴打哥哥的事情却通过佟嫂及众少年之口，早就传扬开来。镶白旗的佐领当然不能够坐视不理，当即将三太逮捕起来，要治以殴兄之罪。按照《大清律例·刑律·斗殴》"殴期亲尊长"条规定，凡弟妹殴同胞兄姊者，徒二年半，伤者徒三年，折伤者流三千里，刃伤不论轻重及折肢，若瞎其一目者，绞监候，入于秋审情实以上各依首从法，死者不分首从皆绞立决。沙木哈受伤，三太至少要杖一百、徒三年。问题是沙木哈病情日渐严重，如果是受风死了，就算是弟殴兄死，按律是要被斩首的。

眼见伤口不断恶化，沙木哈知道自己将不久于人世了，但他心中放心不下弟弟。在临死之前，拉着哈氏的手说："贤妻，我恐怕是活不长了，我放心不下你们呀！"哈氏安慰丈夫说："你没有事，过几天就会好的，如果你哪天不在世了，为妻我愿意同你葬身一穴，定会追随你去。"沙木哈说："你别说傻话了，你替我殉葬，这个家怎么办呢？我父生了我们三个儿子，二弟战死沙场，我若死了，三弟也会被斩首，你又没有生下一男半女的，我们家的香火岂不是中断了，还有子孙为我们上坟烧纸吗！你要是我的好妻子，我死以后，你一定要三太活下来，他是我们家的唯一希望，他要是死了，我们家真的就绝后了。"哈氏说："我一个妇道人家，如何能够救出三太呢！夫君还是不要再说什么死不死的，让人听着怪伤心的。"沙木哈说："我知道你做事泼辣，特别能干，三太那样调皮的孩子，被你调教得服服帖帖的。我若死了，你就到官府，求他们放过三太，说我们家不能够因此绝嗣了，官府允你的求情，一定会放过三太的，我们家就有指望了。"见丈夫如此说，哈氏也不好再说什么了。

其实，以沙木哈的意思，如果三太能够活下来，哈氏就嫁给他，将来生了孩子，也可以承继给他那一支。那个时期的北方少数民族习俗，兄死收嫂，弟死收弟妹，是太正常不过的了，而在汉族，对于这样的事情是不能容忍的，认为这是蔑伦悖理之事。如《大清律例·户律·婚姻》"娶亲属妻妾"条规定，若兄亡收嫂，弟亡收弟妇者，不问被出、改嫁，俱坐，各绞。兄死收嫂要被处以绞刑的。《大清律例》完全承袭《大明律例》，这是针对汉人而言，满洲人虽然还保留这种习俗，但入关以后，汉化很快，也同汉人一样，开始认为这种收继婚是一种蔑伦悖理的行为了，尤其是满洲官员，更是如此，所以沙木哈的打算，根本就不现实。

沙木哈苟延几日，便一命呜呼了。哈氏将丈夫装进棺材，便到佐领那里去恳求饶恕三太之罪。这样的事情，佐领是不能够做主的。哈氏无奈，只身一人来到北京，到都察院击鼓鸣冤，要告御状。都察院上奏，按例转交刑部核议。刑部认为，沙木哈确实是被弟弟三太殴伤致死，哈氏也曾经发誓要为丈夫殉葬，但丈夫临死之前，嘱托他告到官府，不要让三太抵命，如今哈氏叩阍告御状，乃是为了完成丈夫的遗愿，应该准许她的请求，但这种事情，律无明文，只好恭请皇上圣裁。

康熙帝此时刚刚十二岁，却已经接受了各种文化教育，特别是儒家经典的教育，使他把汉文化深深地印刻在脑海里。当时是鳌拜等四大辅臣辅政，重大政务由辅臣议定，报请皇帝核准，也只不过是走一走程序。不过，一些不重要的事情，辅臣们也有意识地让康熙帝办理，让他慢慢地熟悉政事。一个寡妇为小叔子求情，这原本不是什么大事，刑部把理由都说明白了，康熙帝即便有些主张，也不至于影响政治大局，所以将此事奏报康熙帝核准。康熙帝阅读奏章之后，当即批示：宽宥，哈氏即自尽，应予旌表。也就是说，三太可予以宽宥，哈氏立即自尽，然后予以旌表。

哈氏按照丈夫沙木哈的遗嘱，一定要想方设法让小叔子活下来，以延续他家的香火，为此哈氏几乎跑遍各级官府衙门，不顾一切地到北京都察院去叩阍，可以说是历尽艰辛，最终得到少年皇帝十一个字的批示，丈夫的遗愿算是完成了，小叔子三太得到宽宥，但少年皇帝要她自尽，而且只有自尽才能够予以旌表。言下之意，哈氏必须自尽，如果不自尽，小叔子就可能不予宽宥，丈夫的遗愿也不能够完成，哈氏目前只有一死了。没有留下哈氏是如何自尽的史料，也不能够胡乱推测她是如何自杀的，也不可以想象，一个不到二十岁的寡妇，在无助的情况下，是如何饮下那杯毒酒，或者是粉颈纳入白绫套内的，只知道她的死，让少年的康熙皇帝非常感慨，随即命令，在哈氏的墓上立碑，书写其事迹，刻在墓碑上，并且要求一定大力宣传哈氏的贞烈精神。

从少年康熙帝这短短的十一个字批示，可以看出他此时不但受到儒家文化的熏陶，也受到满族文化的教育。他让哈氏自尽殉夫，则是满族风俗，予以旌表则是汉族惯例。康熙帝之所以这样做，一是可以避免汉人最厌恶的弟收兄嫂的行为，使汉人也能够尊重满人；二是将满汉文化有机地结合，试图在促进两个民族和平共处的情况下，增强汉人的认同感。其意义重大，因此《大清历朝实录》《康熙起居注》中都记载此事，至于为哈氏所立之碑，上面写了什么文字，文献没有记载，而坟墓历经沧桑，早已经不知道消失在哪里。这正是：

生则同床死同穴，为何妇女去殉夫。

清王朝入关以后，勒定旌表制度，完全是因循明代，所谓的"定旌格，循明旧"，又在明代的基础上有所发展。本来旌表是古代惩恶扬善、和谐社会的一种制度，自秦汉以来就不断完善，对所谓的义夫、节妇、孝子、贤人、累世同居、急公好义等行为进行表彰，赐以匾额，或由官府造牌坊，以彰显其事迹。这原本是一种非常好的制度，但在具体实施过程中，往往看重义夫、节妇、孝子，特别是针对妇女的旌表尤多，却把旌表制度引向歧途。例如，康熙五年（1666），安徽省宣城市绩溪县有个名叫胡嘉芝的姑娘，凭媒与本县的曹明订婚，却没有想到曹明病故了。胡嘉芝听说以后，便要自尽殉节，被家人拦下之后，她便到夫家去料理未婚夫的丧事，然后为未婚夫选择继嗣，便绝食自杀了。巡抚认为应该予以旌表，上奏朝廷。少年康熙帝批示云：胡氏合卺未成，一闻夫死，几欲自尽，径往夫家成服立嗣，不食数日而死。与已娶死节妇人不同，著地方官建坊旌表。可以想象，对于这种行为进行旌表以后，会给社会带来什么影响。按照律例规定，男女订婚，并不是事实婚，虽然订婚受法律保护，但在具体问案过程中，没有事实婚是不能够按照婚姻来看待的。订婚之女也要殉夫，已婚之妇更要殉夫了，此后大清王朝掀起了殉夫热潮，已经长到壮年的康熙帝意识到这种政策的失误，不但对于殉夫的行为不再予以旌表，而且还实行严格禁止的政策，则可以看到随着康熙帝亲政实践，逐渐认识到世间人命最重，各项政策必须以保证生存权为首位。

慎重人命改律例

康熙二十年（1681），在蒙古发生了一起偷盗马匹案件，理藩院按照《蒙古律例》，将盗马贼阿毕大等五人拟为斩立决，并且将盗马贼的家产与妻子儿女断给失主。理藩院具题之后，康熙帝认为人命关天，若因为几匹马而将五个人斩首，未免过重，因此进行批示，在将盗马贼们免死以后，更定了《蒙古律例》。康熙帝所谓人命关系重大的理论依据是什么呢？盗马贼在《蒙古律例》规定中属于什么罪名呢？康熙帝更改既定的律例又有什么理由呢？且从案情谈起。

蒙古原来没有内外之分，清王朝在建立之初及以后，征服了一些蒙古部落，而漠北的喀尔喀等部落并没有被征服，而是臣服。满洲人将征服的蒙古部落称为内蒙古，臣服的蒙古部落称为外蒙古。内蒙古分为二十四个部，编为四十九旗。外蒙古喀尔喀分为四部，编为八十六旗，此后厄鲁特等部归附，又设十一个部，编为三十四旗。清王朝设置理藩院，主要管理蒙藏事务，在内外蒙古则实行盟旗制度，限制迁移，以便予以控制。盟旗制度完全仿效满洲人的八旗制度，各旗有固定的疆域，不能选择居住地和牧场。为了对内外蒙古实行有效管理，清王朝实行会盟制度，即合数旗而成一盟，设盟长一人、副盟长一人，每三年盟长召集各旗札萨克会盟，履行比丁、练兵、清查钱谷、审理重大刑名案件等职责，但无发兵权，不能直接干涉各旗内部事务，也无权向各旗发布命令，只是对盟内各旗札萨克实行监督，有责任随时告发札萨克的不法或叛逆行为。会盟时理藩院派官参加，并且监督会盟事宜。为了便于管理，也尊重蒙古习俗，编订《蒙古律例》，分为官衔、户口差徭、会盟行军、边境卡哨、盗贼、人命、首告、捕亡、杂犯、喇嘛例、断狱等部，陆续修订有律例二百多条，凡是涉及蒙古地区的案件，原则上适用《蒙古律例》，其他地方适用《大清律例》，特别的情况则由皇帝来裁决。

早在皇太极的时候，因为蒙古是马背上的民族，马匹对蒙古人民非常重要，所以制定条例，凡是偷盗蒙古马匹者，均杀无赦。康熙帝继承乃祖的遗志，修订《理藩院则例》，凡蒙古偷盗他人马驼牛羊四项牲畜，一人盗者不分主仆绞决，二人盗者一人绞决，三人盗者二人绞决。纠众伙盗者为首二人绞决，为从者鞭一百，罚三九。其正法之盗犯妻子畜产，皆籍没给事主。这种处罚可谓严厉，盗马贼确实有所减少。

在内蒙古科尔沁右翼前旗外，有一个名叫阿毕大的人，因为跟随蒙古八旗参与统一战争，转战到山东、河南等地，见过世面。战事结束之后，回到本旗，因为结识的人多，便干起倒卖马匹的事情。那个时候，很多地方缺少马匹，特别是能作为战马的蒙古马，价钱很高，若是从蒙古运到各地，获利相当可观。若是人一贪利，今天得到一分，明天就想得到二分，更会想到无本获利，所以阿毕大便干起盗马贼的勾当。

盗马贼也分三六九等，一般的盗马贼，往往不能够将马顺利偷走，因为马有灵性，认得主人，是不会跟陌生人走的，若是陌生人拉它，挣扎嘶叫，往往会惊动主人，不是将盗马贼赶走，便会将盗马贼捉获。上等的盗马贼则不同，他们不但熟悉马性，而且会使用迷药，总能够使马乖乖地跟着走。蒙古马多是以群牧养，马群中也有头马，若是将头马控制住，其余马匹会跟随头马走。阿毕大就是属于上等盗马贼，时常盗马，从未失手。

马匹被偷以后，马主肯定会拼命寻找，因此结成团伙快速销赃，则是盗马贼得以发财而确保安全的选择。阿毕大所盗的马匹，有数条销赃的渠道，将马匹贩卖到山西、河南、东北等地，而手下有数十人，分别进行打探、销赃、保护偷盗等，他们都有明确的分工。因为是团伙作案，偷盗一般牧民几匹马，牧民势单力薄，也只好吃哑巴亏。更何况一般牧民多以放牧牛羊为生，很少养马，即便是有些马，也是用来驮物及放牧，与战马相差很远。阿毕大的盗马团伙以盗战马为主。

阿毕大因为建立了销赃网络，参与的人多，不但开销增大，而且需要大量的马匹，小偷小摸，是不能满足需求的，也是不能支付开销的，因此要发展壮大，生意才能如日中天。能够拥有大量马匹的，都是蒙古贵族，他们拥有广阔的牧场，有奴仆及属户为他们牧养各种畜群，其中有不少马群。偷盗蒙古贵族的马匹，是很危险的，因为贵族都有自己的卫队，有精壮的勇士，并且熟悉地形，能够辨别方向，查找蛛丝马迹，会随着痕迹寻找，将盗马贼拿获，交与主人惩治，所以一般的盗马贼是不会偷盗贵族家的马匹。阿毕大因为有销赃网络，所以对马的需求量很大，零星偷盗已经供应不上他的供需市场，这不得不使他们铤而走险。

　　科尔沁右翼前旗的札萨克拥有千余属户，数百名奴仆为他放牧牲畜，供应毛皮及奶制品；还有二百多人的卫队，除了看家守院之外，百余名精骑，都曾经在沙场征战过，本旗各小部落也要听命于他。札萨克拥有数百匹马的马群四五个，放养两千多匹马，除了每年向朝廷纳贡之外，也趁着纳贡之时，将马匹贩卖过去，马匹成为札萨克财富的主要来源之一。

　　阿毕大需要大量马匹，自然会想到札萨克的马群，虽然他也知道偷盗札萨克的马匹风险大，但利润更大，所以值得冒险。阿毕大等人到札萨克的马场刺探，发现一个马场防卫比较薄弱，除了四五户牧民之外，守卫的骑兵不过十余人。阿毕大觉得有机可乘，便与团伙商议计策。

　　蒙古是游牧部落，地广人稀，由于清王朝限制内地汉民与蒙古人民交往，不允许汉民到蒙古地区做生意，即便是旗与旗之间，也是限制往来，故此游牧的部落，除了在大集会的时候进行交易之外，平常很少能够见到外人。蒙古人都非常好客，若是有人路过，都是热情款待，有些地方还有以妻子女儿接待客人的习俗，她们陪客人睡觉，如果客人不接受，则认为是一种耻辱，愤怒者往往会因此将客人杀掉。蒙古人都好喝酒，远来的客人来到，杀羊喝酒是必备的礼节。

　　阿毕大等也是蒙古人，深知蒙古人的习俗，但他们因为倒卖马匹，走南闯北，也沾染了许多坏习俗，已经失去蒙古人那样纯真朴素的本质，所以他们在商议计策的时候，就想到利用蒙古人的好客，实施他们盗马的计划。

阿毕大指使众人以走亲戚为名，带着米面及马奶酒等物，经过札萨克的马场，就说错过住宿，天将傍晚，难以前行，让马场的人留他们住宿，而马场的人必然会设宴款待，待将马场的人灌醉以后，可以趁他们酒醉之时全部杀死，然后赶走马群，便可以人不知鬼不晓，稳稳当当地得到一个大马群。众人认为不妥，说我们意在得到马群，而不在杀人，为了一个马群而杀几十个人，未免有失人性，更何况万一有人没有喝醉，到时候打起来，谁胜谁负，也难以预料，所以反对阿毕大杀人的计划。其中有一个人，刚刚从山西回来，带回许多蒙汗药，还有解药。他认为，我们求宿，马场之人肯定会答应，到时候肯定要喝酒，我们在马车上多载马奶酒，将蒙汗药搅在里面。在喝酒之前，我等先将解药服下，与他们一起饮带有蒙汗药的奶酒，他们一定不会察觉，到时候将他们麻翻，我们便可以从容地将他们的匹马带走。众人都认为这个主意不错，便去分头准备。

阿毕大等人黄昏时候来到马场，请求住宿，马场的人果然很爽快地答应了，立即杀羊招待，却拿出他们自己酿制的马奶酒。阿毕大等人说自家车上正好载着上等马奶酒，不如拿出来，大家一起喝，不想马场的人反对。远来的都是客，马场的人如果要喝客人所带的酒，则显得不够热情，也缺乏诚意，更何况自家也有酒，也不能够承认自家的酒不如客人的酒，便断然拒绝喝阿毕大等人带来的酒，也使他们的奸谋难以实现。

蒙古人喝酒豪爽，大碗喝酒，大块吃肉，对客人很热情，缺少防范之心。阿毕大见前计不成，便在酒酣之际，向其他人使了个眼色，趁马场的人不注意，将蒙汗药放入酒中，而他们却先在喝奶茶之时，将解药饮下。马场的人们哪里知道这些人心怀歹意，频频与他们喝酒，最终都被麻翻了。看到马场的人们都倒地不起，阿毕大等人来到马圈，将马群赶出，向其贩卖的窝点赶去。

第二天，马场牧民及骑兵醒来，发现马群及客人都不见了，才知道上当，急忙禀告札萨克。札萨克大怒，先将骑兵小头目鞭打二十，然后责令他带领牧民一定将马匹找回，否则就让他们赔偿。札萨克不放心，待小头目走了以后，再派五十名骑兵跟随，要他们务必追回马匹，擒获盗马贼，否则将他们问罪。

数百匹马所留下的痕迹是明显的，这些骑兵领命之后，便顺着马群留下的痕迹追赶过去。马群行走与骑兵追赶完全不同，马群一路吃草，需要驱赶，很难统一行动，而十几个人驱赶数百匹马，也是顾东不顾西地狼狈奔跑。骑兵则不同了，他们一人二马，策马前行，前马累了，换后马，可以不用歇息，飞快赶路。众骑兵追赶了一日一夜，终于追上马群。阿毕大等人见到札萨克骑兵追赶过来，便分散成几个组，将马匹向不同的方向赶，试图以弃卒保车的策略，将大部分马匹带走，却没有想到札萨克派来五十名骑兵，这种四散而逃，正好有利于骑兵分别追捕。阿毕大等人图穷匕见，抽出刀来抵抗，哪里是训练有素骑兵的对手，当场就被杀死三人，其余全部活捉。

骑兵们押着盗马贼，驱赶马群回来，将阿毕大等人交给札萨克处置。阿毕大等人拒捕，札萨克的骑兵可以将其斩杀，是不承担任何责任的，如今被擒获，札萨克只能够按照《蒙古律例》处罚了。札萨克拥有一般刑罚权，可以直接判决鞭打，但死刑必须要呈报理藩院，报请皇帝核准。按照《蒙古律例》，阿毕大等人乃是团伙盗马贼，可以将其为首二人斩首，其余的鞭一百，但阿毕大等人偷盗马匹甚多，在骑兵追捕的过程中，居然还敢拒捕，属于罪大恶极，理应重处，将他们全部斩首，但这不是札萨克权限范围之内的事，需要在会盟的时候提出，由盟主及各札萨克共同审理，然后由理藩院具题皇帝核准，才能够决定。

会盟的时候，有些札萨克提出，按照《蒙古律例》应该斩首其中为首的二人，其余处以鞭刑。有些札萨克则认为阿毕大等人乃是盗马惯犯，偷盗札萨克马群，仅仅是其中一起，若以团伙群盗而言，一起斩二人，而多起通算则应该将他们全部斩首，并且抄没他们的财产与妻子儿女，给付被盗之家。众札萨克意见不统一，理藩院参与会盟的官员与盟主、副盟主商议，认为应该从重处罚，首犯应该全部予以斩首，财产全部给付被盗之人，罪犯妻子儿女给付被盗之人为奴，从犯按例予以鞭刑。

理藩院官员回京之后，与堂上官一起进行会议，然后将处置意见具题云："盗马罪犯阿毕大等五人，应立决；家产妻子，请给失马之人。"这种处置完全依据《蒙古律例》进行判决，按例皇帝予以核准即可执行。康熙帝看到具题，当即批示云：朕念人命关系重大，每于无可宽贷之中，亦以法外得生之路。《尚书》所谓"罪疑惟轻"也，阿毕大等家产妻子，既给失马之人，若本犯免死，给予为奴，则失马者得人役使，于法未为不当。嗣后著为定例。也就是说，朕思量人命关系重大，所以在勾决人犯的时候，每每在不能够宽贷之中，想到法外开恩，给予他们以生路。正如《尚书》记载，罪疑惟轻。怀疑人的罪，应该是从轻考虑，而不是从重思量。阿毕大等人，他们的家产及妻子儿女已经断给丢失马匹之人了，如果将犯罪者免于处死，给予丢失马匹之人为奴，这样丢失马匹者可以得到人役使，对于法律也没有什么不合适的。从今以后，著为定例。

蒙古人依靠牲畜为生，清王朝尊重蒙古习惯，制定《蒙古律例》，将偷盗牲畜者予以重处，特别是对偷盗马匹者，不但予以斩首，还要将财产妻子给予失马之人，其处置远比《大清律例》要重。从世界的发展历史来看，进入奴隶社会以后，人们对于财产特别重视，财产高于生命，也是社会发展的过程。应该承认，满洲兴起以后，最初实行的是奴隶制，所制定的政策与法律，具有奴隶制的特点，财产高于生命也势在必然。满洲入关以后，接受先进文化，承袭明王朝的制度，一些原本落后的政策与法律也逐渐地予以修正，奴隶制的特征不断消除，生命高于财产的认识，既是社会的进步，也是满洲民族的进步。这正是：

世间万物人为大，生命可贵法所重。

此案阿毕大等人乃是盗马团伙，按照《大清律例》的规定，对于团伙犯罪也是予以从重量刑，会将首犯处死，但不会牵连家族，是打了不罚。按照《蒙古律例》，不但为首者斩，还要将财产妻子给付失马之人，乃是罚了又打，注重财产而轻视人的生命。康熙帝认为人命关天，尊重人的生存权，这是难能可贵的，既改变满洲原有的落后意识，也接受中国传统尊重人生命的理念，在办理具体案件的过程中，以保存生命为第一位，应该说是历史的进步。这种理念在一定程度上促进各民族共同进步。康熙帝的这种理念为其继承者所承袭，雍正、乾隆等帝，不断修订《蒙古律例》，最终取消了盗马贼的死刑，而以财产刑替代，这就是历史的进步。

八旗兵放债辱官

康熙二十一年（1682），杭州城北关外有一群八旗兵，逢人便打，遇物便抢，市民商贾纷纷逃避。当时杭州没有战乱，对于八旗兵聚众"打砸抢"行为，官府当然要予以制止。杭州知府及杭严道台，调集三班衙役前往弹压。这些衙役平日欺压百姓还可以，如何能够弹压剽悍的八旗兵，结果被打得落花流水，而杭州知府及杭严道台挺身而出，却不想这些八旗兵将他们肆意辱骂，还将他们的八抬大轿砸得稀烂。杭严道台狼狈逃窜，跑到浙江总督李之芳那里告变。李总督当即调动亲军督标，前往弹压，并要杭州八旗驻防将军一起前去，八旗兵才纷纷离去。李总督原本以为将闹事八旗兵驱逐，就可以平安无事了，却没有想到杭州商贾罢市，要求官府还他们以公道，其原因就是这些八旗兵强行放债，欠债者不能够还钱，就把其子女拉去顶债，要求官府严惩放债者，归还掠走的子女。八旗兵聚众"打砸抢"，商贾罢市，市民聚集，这都是重大案件，李总督一面答应市民的要求，让各铺户马上开张买卖；一面会同八旗驻防杭州将军马哈达，将闹事八旗兵控制起来，然后火速上奏皇帝。面对这样一起由八旗兵聚众"打砸抢"引发的商贾罢市、市民聚集的重大事件，康熙帝是如何进行批示的呢？李总督、马将军又是如何执行的呢？

康熙二十一年（1682），清王朝调集大量人马，齐集闽浙一带，准备收复台湾，杭州则成为重要的补给基地及兵员转运站。杭州有八旗兵驻防，设有杭州将军统辖，时任将军为马哈达。

浙江在平定耿精忠叛乱时，兵骄将横，特别是满洲兵，骚扰百姓，强夺民财，汉族官役根本就不敢管，而受害百姓也不敢申冤，更无处申冤，因为这是战乱之时。李之芳虽然是总督军务，但也很难遏制骄兵悍将，特别是满洲兵将骚扰百姓。害民则失国，进士出身的李之芳是深明此理的，所以他与杭州将军图喇结拜为兄弟，试图取得他的支持。有一次，李之芳发现一些满洲兵强夺民财、强奸民女，当场将他们捆绑起来，送给杭州将军图喇处置。汉族官员不敢处置满洲人，满洲人自己处置满洲人，也是很严厉的。当时正值战时，所以杭州将军图喇将这些犯法的满洲兵，全部军法从事，一军为之肃然。自此以后，满洲兵也开始畏惧李之芳了，不敢轻易骚扰百姓。

朝廷要出征台湾，调集大军，各处军队来到闽浙。而原杭州将军图喇已经调任，新任杭州将军为马哈达。满洲兵逐渐又恢复常态，经常骄横不法，骚扰百姓，欺行霸市，地方官对他们也只能视而不见、听而不闻，不敢过问满洲兵之事。受害的百姓，无处申冤，只能四处躲避，以至于流离失所。

却说满洲兵有个王和尚，随军来到杭州。这里可是繁华热闹，不但商贾云集，而且风景秀丽。杭州西湖世人皆知，是千古有名的好去处，想当初苏东坡有诗云："水光潋滟晴方好，山色空蒙雨亦奇。"西湖不论是晴天，还是雨天，都值得人们游览。自古以来，西湖也是美人聚会之处，官宦人家的女眷，富商巨贾的娇妻美妾，以及他们家中的闺秀，常常来此游玩，更为神奇的是，那个时候在西湖上摇船的少女居多，也都资质秀丽，所以杭州美女也是一道美丽的风景。

商贾云集，到处充满商机，也需要大量的金钱，因此那里的借贷与典当业相当发达，利息也比别处高。美女如云，自然会吸引许多人，试图自由恋爱寻找终身伴侣的富家子弟有之，故此明清小说中多有才子佳人在西湖恋爱的情节；试图购买美妾的达官权贵、富商巨贾有之，他们以买到杭州女子为荣耀，因此买卖妇女的生意也很兴隆。

杭州可赚钱，杭州出美女，满洲军人来到此处之前，就已经有所听闻。他们来到以后，没有钱也就娶不上，或买不上美女，因此，他们认为赚钱还是第一位的。

骁骑校王和尚来到杭州以后，通过一些投充的汉人，了解到放债不但可以赚钱，而且还能够得到美女，因为借债人还不上钱，就用他们的子女来抵债。借债不难，逼债难，这是借贷的通病。满洲兵不怕逼债难，因为他们有权势，不怕借债人不还。王和尚让旗丁们凑了些钱，通过投充汉人去放债，至期不还，王和尚便带着旗丁去逼取，还不上就把欠债者的女儿掠去，也就得到美女了。

官府畏惧满洲人，更畏惧满洲兵。有史料记载，那个时候，满洲人把汉人拉到官府，要知县责打汉人，知县自然要问汉人到底犯了什么罪？而满洲人不让问罪，只是逼着知县责打汉人，知县稍微迟疑，满洲人就敢当场打知县的嘴巴，以至于一些知县不堪受辱，辞职还乡者有之，自杀者有之，甘为奴仆者有之。直到雍正帝时，才基本扭转这种满洲民族的强势，通过出台律例，规定满洲人见官必须下跪，即便是见汉官，也必须下跪回话，与汉人一视同仁，这种民族之间的差异才逐渐取消，民族矛盾也随之缓和。

这样的债，什么人敢借呢？开始有些人不知道，通过投充汉人借钱，上了当以后，才知道这是满洲人的钱，便没有人借了。骁骑校王和尚得知，便通过投充汉人去打听谁家的姑娘长得漂亮，然后就去其家放贷。人家不愿意接受，他就采取强借行为，先来一个加三，再扣去一个月利息，逼迫该人签字画押，然后将钱放下就走，到时候便带领旗丁去逼债。加三扣息是很大的盘剥，比如，借你一百两银子，加三仅给你七十两银子，按照三分利，一个月利息六钱银子。有人会问，这样的高利贷谋利方式，当时的法律允许吗？当然是不允许了。根据《大清律例·户律·钱债》"违禁取利"条规定，凡私放钱债及典当财物，每月取利并不得过三分，年月虽多，不过一本一利，违反者要予以刑罚。放债人是很会规避法律的，加三是不会写入契据的，即便是告状，也是无凭无据，官府也无可奈何。八旗兵这样放债，实际上就是抢夺，还不上债的人，就用子女顶替，许多市民商贾不堪其扰，甚至有人因此自杀。

一些市民商贾实在忍无可忍了，就将这些八旗兵及投充汉人告到官府，请求官府公正裁断。杭州知府不敢追究八旗兵的责任，却可以整治投充的汉人，也就是被百姓称为"汉奸"的人。这些"汉奸"，依恃满洲人势力，狐假虎威，欺压百姓，无恶不作。人们恨这些"汉奸"，远比恨满洲人要深。杭州知府认为都是这些"汉奸"引导满洲人作恶，所以派衙役逮捕那些"汉奸"，准备次日开堂公审，而漏网的"汉奸"，却将官府抓人审讯之事告诉王和尚。

王和尚不过是一个小小满洲军官，哪里懂得朝廷法律，听说杭州知府要审判投充他的人，便带着手下的军士数百人，前往杭州府，向杭州知府施压。八旗兵来到杭州府衙，驱赶围观听审的市民商贾，逢人便打，遇物便抢。杭州知府调集三班衙役维持秩序，要这些八旗兵不要咆哮公堂，殴打众人，衙役哪里能够震慑住这些八旗兵呢？结果被这些满洲兵丁打得落花流水。杭州知府急忙从后门逃出，向杭严道求救。杭严道道员王梁坐着大轿，带领几十名亲丁，前往杭州府衙去调停，却不想被八旗兵痛加辱骂殴打，还将其所乘八抬大轿砸得稀烂，若不是亲丁死命相救，恐怕是性命难保。王道员在情急之下，请求李之芳帮助弹压。李之芳一面调动亲兵督标前往弹压，一面派人请杭州将军马哈达赶赴现场。

杭州将军马哈达带领亲丁赶到，满洲兵丁才不敢再闹事了。马哈达让王和尚等人滚回军营，并没有进行处置。被害的市民商贾，见官府并没有将王和尚等人问罪，便向官府施加压力，于次日全体罢市，还聚集数百人到总督行辕静坐示威。李之芳怕造成更大的混乱，便一面会同杭州将军马哈达审理王和尚等人，一面传谕市民商贾停止静坐与罢市，答应他们一定从严处置，向他们有个交代。李之芳虽然答应处置满洲兵丁，但自己是汉人，不好对满洲兵丁进行拟罪，便与杭州将军马哈达一起，将此事奏报皇帝，请求处置。

康熙帝得到李之芳与马哈达的奏报以后，当即批示云：旗丁土棍，放债害民，逞凶辱官，大干法纪。王和尚等，著该督等严究具奏。也就是说，这些满洲兵丁与当地的土棍结合在一起，放债祸害百姓，还敢逞凶殴辱官员，完全不顾法纪。因此要李之芳等人，将王和尚等人，严加究问，然后将处置结果具奏。

按照《大清律例·户律·钱债》"违禁取利"条规定，凡是放债而以人妻妾子女抵债者杖一百，强夺者杖七十、徒一年半，因强夺而奸占妇女者绞。显然王和尚等人有强夺而奸占妇女的行为，可以处以绞刑。按照《大清律例》规定，若吏卒殴本部五品以上长官，杖一百、徒三年。伤者，杖一百、流二千里。折伤者，绞。王和尚等人殴打了王道台，道台是四品大员，因为没有明显的伤，最多也就是杖一百、徒三年。按照《大清律例》规定，若吏卒骂本部五品以上长官，杖一百。满洲兵丁数百人都骂了王道台，显然也要承担责任。

王和尚等人都是满洲兵丁，若是按照《大清律例》进行量刑，只能够从轻，还要等待刑部复核请旨，就需要时日了，但此时杭州市民商贾人心浮动，若拖延下去，还不知道会发生什么事情。军人是可以按照军法从事的，所以李之芳与杭州将军马哈达商议，决定将王和尚及被杭州人称为"汉奸的土棍"，全部予以斩首示众，其余的满洲兵丁各责十军棍，算是平息了民怨，安抚住市民商贾。

李之芳与马哈达将具体处理的情况上奏，得到康熙帝的赞许，认为他们都是难得的人才，便将李之芳升任兵部尚书，马哈达升任正白旗满洲都统。李之芳在外转战十余年，此时已经年过六十岁了，还朝之时，公卿士大夫看到他须发皆白，莫不相顾叹息，康熙皇帝亦为之动容。李之芳去世以后，康熙帝还多次提起李之芳"虽不谙骑射，执刀立于船首，率众突前，大破敌人，以立功绩。彼时同出征者回京，俱称李之芳之勇"。李之芳"领兵亲战，岂可谓汉人中无其人。但如此等人甚少耳""李之芳守衢州，亦是身先士卒也"。可见康熙帝对李之芳评价之高。这正是：

官兵之来本为民，民畏官兵甚于寇。

此案的满洲兵丁王和尚等伙同"汉奸"土棍，放债害民，准折子女，贻累亲邻，使杭州市民商贾不得安生。他们公然行凶，殴打市民商贾，抢夺财物，连知府、道台这样的高官都敢进行辱骂殴打，居然将官轿捣毁，可见他们气焰之嚣张。李之芳面对满洲兵丁肆恶多端，自己难以弹压的情况下，请出满洲驻防将军，稳住形势，并且同驻防将军一起上奏，请求皇帝予以处置。康熙帝并没有护短，定性为"旗丁土棍，放债害民，逞凶辱官，大干法纪"。实际上已经授权李之芳与马哈达可以军法从事了，他们处置起来也就没有什么顾虑了。值得回味的是"旗丁"与"土棍"。在康熙帝看来，旗丁之所以为恶，实际上都是土棍教唆的，若是没有土棍教唆，旗丁是不会为恶的。李之芳与马哈达领会了康熙帝的意思，仅将旗丁首恶王和尚一人斩首，而将土棍全部斩首，进而转移人们的视线，不是满洲兵丁为恶，乃是"汉奸"土棍为恶。正如驻防将军马哈达发布的告示中所云："本将军威令素严，旗丁绝无此事，此必无赖土棍假冒旗丁所为。"明明是王和尚等人通过土棍放债害人，马哈达却说决无此事。王和尚率领数百人打砸抢，不但捣毁王道台的官轿，而且辱骂殴打汉官，却说成无赖土棍假冒旗丁所为，公然不承认满洲兵丁有错。从清初多尔衮、顺治帝，到康熙初年的辅政四大臣，一直把维护满洲利益作为朝廷第一要务，一切政策的制定，也无不以维护满洲贵族利益为标准。随着政治空前统一，各种意在突出满洲特权，保护满洲贵族利益的政策，在专制主义中央集权制度高度发展的情况下，已经不是主要问题，继续维护满洲特权，保护满洲贵族，不但不利于政治上的统一，还会激化民族矛盾。康熙帝是深明这些道理的，他对一些满洲贵族及满洲兵丁进行惩处，不但不会使满族有"失落"的感觉，还会给汉族以"公平"的感受，还显得他是一视同仁。

诬良为盗害良善

康熙二十四年（1685），直隶易州知州韩文煜，因为诬良为盗，被害人家属通过各种关系，找到刑科给事中纠劾，使康熙帝得以干涉，将易州知州韩文煜革职，命令刑部严审拟罪。刑部将韩文煜拟为边远充军，康熙帝同意刑部所拟，他认为品行不端的官员，使百姓蒙受冤屈，虽然应该予以严惩，但今后如何能使善良百姓不再受这些官员的迫害呢？康熙帝想到了立法，因此命令九卿、詹事、科道官们进行集议，制定相关的条例。不但对那些品行不端的官员实行严惩，还明确了督抚大员要承担的责任。易州知州韩文煜为什么要诬良为盗呢？康熙帝提出立法是出于什么考虑呢？立法以后在司法程序上又出现了哪些变化呢？且从案情谈起。

易州位于太行山北端东麓，山地多而平原少，山地多则容易藏匿盗匪。在康熙初年，大规模的战争还一直在延续，朝廷也没有能力与精力去专门整治盗匪。平定"三藩之乱"以后，政治局势基本稳定，社会秩序则成为重要的问题，所以惩治与清剿盗匪，乃成为各级官员工作的重中之重。

朝廷要惩治与清剿盗匪，所以在对地方官的考核上，重点强调惩治与剿灭盗匪，以抓获盗匪多少为考核依据。为了保住自己的官职，谋求升迁，地方官不得不在惩治与清剿盗匪方面下功夫。惩治与清剿盗匪谈何容易？如果有大股盗匪，朝廷可以派兵清剿，若是小股及零星盗匪，朝廷就不会派兵围剿了，需要地方官利用民间力量，配合捕役进行清剿。对于民间力量，地方官多怀有戒心，认为他们只会窝盗纵盗，不会真心配合官府，甚至还与官府为敌，所以不去利用，或者不敢利用，也只有依靠捕役了。

对于地方官来说，大盗结伙山居，州县势单力薄而难以对敌，只好请示朝廷调兵围剿；小盗出则为盗，居则为民，州县捕役额少人单，不但难以排查，而且容易产生弊端。特别是一些捕役往往也是盗匪，即便不是盗匪，也有一些盗匪做他们的眼线。地方官在回避制度下，都是外来之人，不熟悉乡土民情，只是知道捕役是专门缉捕盗匪的，所以勒令他们限期捕获，但到了限期，他们一个盗匪都没有捕获，即便是地方官可以责打他们，还是不能够完成捕获盗匪的任务。朝廷对于盗匪案件特别重视，如果一件盗匪案件不能捕获盗匪，地方官就要被降级调任；如果两三件盗匪案不能捕获盗匪，就要被革职拿问，对于地方官来说，这是关系前程的大事。

韩文煜就任易州知州，正值朝廷大举清剿盗匪之时。易州虽然没有大股盗匪，但零星盗匪却很多，朝廷不会派兵清剿。在盗匪案件频发的时候，如果不能够拿获一些盗匪交差，自己的官职也就难保了。韩知州限令捕役必须要捕获盗匪，如果十日之内不能够捕获盗匪，就将捕役杖责二十大板，此后每十日杖责一次。捕役们为了不受杖责，便拿出他们的看家本领，就是诬良为盗。

却说易州捕头张金山，在知州严厉催逼之下，也捕获一些小蟊贼，权当盗匪交差。张捕头是个心狠手辣的人，经常索取盗匪的钱财，也就不会去缉捕盗匪，一有风吹草动，他还给盗匪通风报信，知州带兵役前往围剿，总是无功而返。若是知州严责张捕头等必须捕获盗匪的话，他不是以一些小蟊贼充数，就是拿一些无辜良民交差。平日里打听谁家富有，便诬指其为盗匪，或者诬指为窝家，然后进行讹诈。如果当事人不能如其所欲，他就告官说这个人素行不轨，踪迹可疑，要官出票缉捕。这些被冤枉的人都是老实巴交的，很少见过官，在大刑伺候的情况下，往往就屈打成招了。官员因为有捕获盗匪的任务，见当事人招供，便可以向上司交代，因此这些人不是被斩首于市，便是瘐死狱中，即便是有幸被平反，也是家破产尽。要是张捕头本人为恶，迟早还有败露之时，若是他与盗匪豪强势力混在一起，事情做得就更加隐秘，也就很难败露。

在易州城里有个恶霸，名叫平君赞，以放高利贷为生，养了一帮打手，勾结盗匪，交结捕役，祸害良善，横行街市，却不想遇到了死对头，那就是退休官员，大乡宦宋琪生。宋琪生曾经当过三品道台，不知道赚了多少昧心钱，光小妾就纳了十七个，家人奴仆有数百人，不但在易州有豪宅大院，而且在北京也有生意，家中有数不清的钱财，朝里有他的门生故旧，所以历任易州知州都把他当神看，诸事都依着他。

宋琪生年近七十，妻妾成群，如何能够照应呢？年轻的小妾们不甘守活寡，便常常出外购物以打发日子。出外必定招摇，打扮得花枝招展，也难免引人注意，结果一个小妾与平君赞勾搭成奸，被宋琪生家人发现而告密。宋琪生非常恼怒，把平君赞送到易州衙门惩治。自己的小妾与人家通奸，宋琪生都敢告到官府，也不怕自己出丑，也可以见其为人了。通奸不是什么大罪，知州韩文煜按照《大清律例》，将奸夫淫妇各杖八十。小妾被宋琪生嫁卖到京城，平君赞则因为受杖出丑而怀恨在心。

这一天，平君赞见张捕头抓了几个蟊贼充当盗匪，便找到张捕头，想让这些蟊贼攀咬宋琪生是盗匪窝家。张捕头听罢直摇头，认为宋乡宦家里有钱，朝中有人，若是攀咬他为盗匪窝家，恐怕偷鸡不成反蚀一把米。平君赞说："目前朝廷'严打'盗匪，即便是他朝里有人，谁敢为窝藏盗匪者鸣冤呢？他曾经在朝为官，若是窝藏盗匪，朝廷会认为他是要谋反的，你不知道朝廷对退休的汉人官员防范很严吗？若是朝里有人替他说情，肯定会被当今圣上认为是朋党，连他们也会被处置。再说了，落魄的凤凰不如鸡，一个退休的老头子，还有什么可以张狂的！反正这事也不能够让你白干，在下愿意出银千两要他的命，不知捕头意下如何？"

常言道，重赏之下必有勇夫。见平君赞肯出如此大的价钱，张捕头也就心动了，便应承下来，然后找到盗匪头目冯铁头，对他说："如今有一笔大财，不知道你肯不肯发？"冯铁头说："你且说是多大的财，如何去发？谁跟银子有仇呢！"张捕头说："足足五百两，我二你八，只是你要吃些苦头。"冯铁头说："我的娘耶！五百两银子，别说吃些苦头了，就是搭上性命，我也在所不辞。"张捕头便把让他攀咬宋琪生为盗匪窝家一事讲出，冯铁头满口应许。

那时候捕获盗匪都要大刑伺候，既要追问盗伙，又要追问盗匪窝家。冯铁头在重刑之下，攀咬宋琪生为盗匪窝家。宋琪生乃是本州有名的乡宦，韩知州岂肯相信，又给冯铁头上了夹棍，叫其交代实情。冯铁头乃是惯匪，不但能够熬刑，而且能够编造谎言，一口咬定宋乡宦就是窝家，令韩知州不得不信。

韩知州令衙役请宋琪生到案对质，而宋琪生自恃为乡宦，见到韩知州站立不跪，还质问他为什么平白无故地将本乡宦带至公堂。韩知州大怒说："好一个致仕乡宦，也曾经在朝当过三品道台，殊不知窝藏盗匪乃是死罪，却敢当堂质问本官！"宋琪生说："不知此话从何说起，本乡宦自致仕以来，遵纪守法，在家中安养余年，从不滥交匪人，怎么会有窝藏盗匪之事，想必知州听信别人诬陷，误将老夫带到。"韩知州并不听宋琪生辩白，当即让冯铁头与他公堂对质。

宋琪生看了冯铁头一眼，根本就不认识，便说："我与你从来没有谋过面，为什么要说我窝藏盗匪呢？你说我是哪一年、哪一月窝你的！你好没有良心，不怕伤天害理，得到报应吗？"冯铁头说："就是你窝藏的，你假装不认识我，我却认得你。你想呀，易州有多少人家，我为什么不扳倒别人，唯独来扳倒你呢？你自己好好想一想吧！如今在知州大人面前就别抵赖了，还是从实招认了吧！"宋琪生说："你满口胡言，本人在朝廷也曾经为官，你这样的人我见得多了，攀咬乡宦，定是有人指使教唆，到底是何人指使教唆你，速将此人告诉知州，将他治罪！"

韩知州见宋琪生不肯认罪，却逼问冯铁头说出幕后指使者，便说："宋老爷子，你现在是官，还是我是官呀！有无指使教唆，本官早就问得明明白白了，还用宋老爷子盘问吗？你是乡宦，本官不能够动刑，待我申报上司，请示朝廷，再审你不迟，今天就有劳宋老爷子在州衙先住上几天，等待朝廷示下，再做打算。"说罢，令衙役先把宋琪生关在吏房厅舍之内。为什么不把宋琪生关在监狱呢？因为宋琪生是退休官员，没有朝廷的命令，是不能够予以逮捕的。

韩知州行文上司，申报朝廷，康熙帝让议政王大臣会议。议政王大臣们对汉人官员多不信任，听说是退休汉人道台窝藏匪徒，都认为应该严惩，便奏请皇帝，行文直隶巡抚，要直隶巡抚崔澄亲审具奏。崔巡抚因事务繁多，并没有亲审，便行文要韩知州审问明白。

有了崔巡抚的行文，韩知州便有了尚方宝剑，立即将宋琪生刑讯。年近七十的宋琪生，如何能够熬刑，便屈打成招了。韩知州将宋琪生、冯铁头打入死牢，然后将审讯经过及供词申详直隶巡抚，上报朝廷，等候处置。

且说宋琪生的儿子宋飞英在北京经商，听到家人带来坏消息，便在京城大肆活动，试图为父亲平反申冤。宋飞英找到刑科给事中杨尔淑，诉说父亲如何冤枉，并且许下重金，要他上疏弹劾易州知州韩文煜诬良为盗。纠劾违失与错误，乃是给事中之责，杨给事中弹章一上，康熙帝便让刑部核议。刑部委员与直隶巡抚的委员一起到易州，先行将韩知州革职，然后再对相关当事人分别审讯，得知冯铁头攀咬宋琪生，乃是张捕头所教，再查出平君赞主谋，便将张捕头、平君赞、冯铁头都拟为斩立决，宋琪生无罪开释。平君赞为了私怨而出重资诬陷人死罪，却没有想到自己反而成为死罪，不但白白花费千两白银，还失去性命。张捕头贪财纵盗，并且教唆盗匪攀咬善良，本来就是自寻死路，所得钱财也无福消受。冯铁头身为盗匪头目，即便是不攀咬他人，也是死罪，却想从张捕头那里得到四百两赃银，殊不知张捕头明知他要被处死，即便是得到银子，也要身首异处，更何况张捕头并没有想给他银子。

按照《大清律例·名例律》"职官有犯"条规定，五品以上官犯罪，要由刑部开具所犯名，实封奏闻请旨。因此韩知州的命运掌握在皇帝之手。《大清律例·刑律·诉讼》"诬告"条规定，凡是诬告平人死罪，已经处决者要抵死；诬告平人死罪未决，杖一百、流三千里，加徒役三年。所以刑部提出：易州知州韩文煜等诬良为盗，应革职遣戍，知府以上，降革有差。不但韩知州丢官发遣，还牵连上司降级革职。

按照一般惯例，刑部具题的案件，皇帝都是采取如部议，同意刑部的拟罪。康熙帝虽然是按照惯例批示"此案可如所议"，但是进一步指出："不肖官员，止为一己考成，诬良为盗者甚多，百姓受冤莫诉，深可悯恤，自后应作何立法劝惩，俾善良得安，民无冤抑，庶不负朕祥刑之意。其令九卿詹事科道，集议以闻。"也就是说，品行不端的官员们，往往是为了自己在考核中能得到上等，很多人都是诬良为盗，使百姓受到冤屈而无处申诉，实在令人可怜。从今以后，应该立什么样的法对这种行为进行劝惩呢？以便善良之人得以安处，人民没有冤抑，或许也不辜负朕善用刑罚之意。就让九卿、詹事、科道官们，集体商议，拟定条例奏报给朕吧。

经过九卿、詹事、科道官的商议，制定出条例：凡有盗案，其关系人命之事，该督抚亲加详审，务得实情，使无辜良民不致冤抑。如有地方不肖官员，仍有诬良为盗，并关系人命之事，该督抚亲行审出，据实题参，将诬良官员，照律例从重治罪，督抚免其议处。若督抚不自审出，或部院衙门察出，或被良善之人告发，将督抚一并严行议处。这个新条例出台，直隶巡抚崔澄也因此被降四级调用，从此淡出官场。这正是：

人鬼关门但一纸，死生呼吸微乎微。

此案为诬良为盗之案，因为宋琪生没有被处决，所以韩知州得以免除死罪。康熙帝认为像韩知州这样品行不端的官员很多，他们为了自己在考核中能名列上等，就不惜以诬良为盗的手段，大搞株连，使一些善良的百姓蒙冤。为了严惩品行不端的官员，以儆效尤，康熙帝认为应该予以立法，从制度上遏制这种不良行为。通过立法，将盗案及人命案件的审理权收归督抚，地方官便没有权力审理强盗与人命案件了，在一定程度上减少了诬良为盗的事情发生，而督抚在亲审过程中，如果发现品行不端的地方官有诬良为盗行为，要按照律例予以从重治罪。为了对督抚进行监督，凡是被别人揭发及当事人告发的诬良为盗案件，督抚都要承担责任，予以从严议处。

贪官之罪不可宽

康熙二十四年（1685），康熙帝看到刑部拟定贪官罪责的题本，将一些贪官予以革职，却没有刑罚处置，便召见刑部官员，明确了他对贪官处置的态度，要刑部制定条例，一定要严惩贪官，不能因为他们贪污钱少，就将他们免于治罪，更不能将天生有限之物力，民间易尽之脂膏，尽归贪官之私囊，因此出台了失察贪官例。康熙帝是如何看待贪官问题的呢？所制定失察贪官例的具体内容是什么呢？且从案情谈起。

明清易代之际，固然有许多明代遗民，如顾炎武、黄宗羲等人，不肯在清王朝当官，但更多的人还是到新朝为官，毕竟他们十载寒窗苦，为的是当官发财，光宗耀祖。明末进士耿文明，在明王朝曾经为知县，入清以后升为知州，此后官运亨通，历任府同知、知府、广东督粮道、广东布政使。

耿文明是个巧宦，深明官场处事之道，那就是自己所贪钱财从不独吞，拿出大部分与上司分润，再拿出一部分来修建政绩工程，投资慈善事业，笼络书吏衙役。这样既可以得到上司的青睐，也可以建树功绩，还可以得到士绅们的美誉，当然也就官运亨通了。

耿文明贪污有术，其来财的大宗是钱粮征收。自明末以来，地方官在征收钱粮的同时，征收耗羡已是不成文的规定，朝廷原则上是允许加收二成损耗，以保证朝廷的正项不缺。既然朝廷有原则，地方官便可以灵活掌握，居然有将损耗加至七成者，除了上交朝廷赋税之外，剩余都被各级官吏瓜分。加至七成，百姓必然怨声载道，耿文明不会干这种傻事，但不加损耗，上上下下靠什么发财呢？耿文明灵机一动，张贴告示，声称本县、本州、本府只收损耗三成，但要百姓一定缴纳足色银两及圆熟粮食，并且明定标准，不许胥吏作弊，自己却派家人去监督收银收粮。百姓以为父母官清廉，额手称庆，却不想上了耿文明的当。

那时候官府征收银两，都要铸成五十两大锭，在上面錾刻官府标记。官银要达到十足成色，纯度要达到百分之九十九，称为足色。大锭官银很少流通，百姓所用都是散碎银两，即便是大锭，在交易过程中也会不断被剪小。这些散碎银两没有足色的标记，是否达到足色，全凭收银者裁定。耿文明派家人去收银，百姓交的银两，他们都认定是潮银，也就是成色不足，如果定为七成，十两银就变成七两了。百姓无法说明成色，只能够自认倒霉，多交许多。官府征粮以斛斗计量，耿文明派家人去征粮，个个会踢斛淋尖。所谓的踢斛淋尖，就是在斛斗装满粮食以后，用脚踢斛斗，经过震动，粮食紧凑，一斛至少多装二斤。斛斗都是方形的，装满粮食以后，应该用一个平尺刮平，若是淋尖，则高于斛斗的水平线，又多装一些粮食。经过踢斛淋尖，交一斗粮食至少要准备一斗二三，才能够交足。耿文明要百姓交粮圆熟，若是稍微有些干瘪霉变，就要降低等级，百姓又要多交。除此之外，收粮家人往往以粮食不干、带有皮壳为由，要百姓交湿耗、扬耗。理由是要重新晾晒及扬场，还要缴纳因此产生的运费及工费，算起来比多征收七成负担都重。

地方官以钱谷、刑名为要务，钱谷是地方官的主要财源，刑名也是榨取钱财的好机会。耿文明特别会贪赃，与三班六房胥吏沆瀣一气，再加上自己的家人，办理案件犹如做买卖一样，把那些乡绅富户良善居民，不管贵贱，一起当作人证抓起来。因为当时只要是有诉讼，无论是原告、被告、证人，都要拘押起来，等待开堂审理。所以耿文明今天交保释金放了张三，明天又拘押李四，大肆株连，凡是有碗饭吃的人家，他便千方百计地搜刮，借个因由，把人逮到监中，大开着门子要钱，直把人弄得家产尽绝，方才罢手，真是敲骨吸髓，百姓怨声载道，却也奈何不得他。

耿文明有一张打不怕、骂不怕的皮脸，能够三七分钱，三分结识人，七分收入己，上台礼仪不缺，京中书帕不少。所有的上司，从地方到京城，他靠打点关系维持局面，也能得到这些上司的庇护，即便是百姓怨声载道，他依旧升官。就这样刮了一个地方的地皮，再刮另外一个地方的地皮，十几年下来，所得赃银也有十万余两。当时有诗云："世情真好笑呵呵，三载赃私十万多。"耿文明当官十几年，才得十万余两，这是为什么呢？就是因为他也常常以捐俸的名义，修建一些政绩工程。例如，他在宁夏中卫修建玉溪桥，并且扩建大士庵，至今还有歌功颂德的碑刻。在署理广东布政使任上，他捐俸银七百两代买耕牛，发给难民开垦荒田。类似的事情很多，不将赃银全部占有，干一些修学校、立贤祠、建仓廒、修监狱、缮城垣、恤贫民的事情，都可以成为自己的政绩，自己所得虽然少了些，对前程却很有利，所以他总能够升迁。

耿文明贪赃事发，是在广东督粮道任上。康熙平定"三藩之乱"，是清初重要事件。在统一战争中，清王朝封吴三桂为平西王，镇守云南、贵州、四川、陕西；耿精忠为靖南王，镇守福建；尚可喜为平南王，镇守广东。康熙十二年（1673），平南王尚可喜主动申请撤藩归老辽东，康熙帝在答应尚可喜请求的情况下，果断撤藩，历时八年的平定"三藩之乱"，以三藩彻底失败而告终。在平定"三藩之乱"时，许多官员首鼠两端，既不得罪朝廷，又与三藩暗通款曲。耿文明身为广东督粮道，办理军粮调配及运输事务，乃是当时的肥缺。清军与三藩的战争也互有进退，粮草乃是双方的急需物资，耿文明掌握朝廷大军的粮草，乃是紧俏物品。俗话说，人无粮则饥，马无草难行。战争除了阵前拼杀之外，决定胜负的乃是粮草供应，因此在战争中，战略物资都要实行管控。耿文明手里有这样多的战略物资，当然不肯放过眼前的利益，便打起粮草的主意。要知道在战争时买卖粮草，往往要军法从事，何况是监守自盗粮草了，那可是灭族的大罪。

常言道，人为财死，鸟为食亡。金钱的诱惑，使耿文明铤而走险，但他不是个傻瓜，在官场上打拼了几十年，贪赃不少，每次都能够化险为夷，靠的就是政治关系网，如今要赚钱，也就不得不动用这个关系网了。耿文明先是找到耿精忠的部将，与耿精忠攀上同宗，答应卖给他们一些粮草。耿精忠部将大喜，立即派人与耿文明协商价钱，并且预先交付了定金。价钱好议，定金易收，问题是如何交付。当时双方是敌对，若是将粮草送给敌方，明显是资敌，一旦被发现，就会被就地正法。再说，大批粮草运输需要大量的骡马车队，如何通过自己的防区而进入敌方的防区呢？耿文明不是军官，手下只有看守粮草场的兵役，根本不能够打仗，更不可能武装护送，因此交付粮草是最困难的。

如何交付粮草，耿文明可费了一番心思，他先将粮草转移到备用粮仓，留下进行交易的粮草，让耿精忠部将派遣精骑偷袭粮仓，然后在粮仓附近堆放柴草，将看守粮仓的主要兵役调到备用粮仓，留下少数人看守柴草，交代他们如果有人抢劫粮仓，立即就将柴草点燃，再飞报附近的军营，要他们派兵救助。安排妥当之后，耿文明来到军营，说押送粮草需要军队护送，如果粮草有失，不但自己要被杀头，军营统帅也脱不了干系，因此他请求派兵。除了威胁之外，耿文明还出银三万两。统帅权衡利害关系，便拨给他两营兵马，大约千人。

到了约定之日，耿精忠部将率领藩兵来袭，果然粮仓守备空虚，攻入粮仓，将粮草装载，撤回自己的营地。骡马车队出发，却见粮仓周围火光四起，部将不敢久留，催促粮车赶路，约莫走了三十里，后面追兵赶来，部将只好派部分人断后，自己督促骡马车队前行。走到一处三岔路口，大路上又来了一队官军阻截，部将只能率兵与官军对敌，让手下人押着骡马车队走小路回营。当骡马车队进入一个山谷，又杀出一队官军来，为首的正是耿文明。藩兵此时已经是分兵三处，押运骡马车队的兵少，哪里是这些虎狼官军的对手，结果被杀个精光，骡马车队都被官军劫走。按理说这是官粮，缴获之后应该归官方所有，耿文明却将粮车押运到一个小镇，在那里卖给了粮商，又足足赚上一笔。

耿文明令官军砍下藩兵的首级，便到钦差大臣处请罪说："卑职看守粮仓，遇敌来袭，寡不敌众，只好将粮仓烧掉，不能够以粮资敌。卑职幸亏事先有所防备，已经将大部分粮草转移到备用粮仓，因此大军粮草尚能够供给。卑职烧了粮仓，乃是死罪，既然不能够活了，索性战死沙场，因此率领官军追击藩兵，赖皇上之神威，钦差指挥有方，卑职侥幸获胜，斩首百余级，已经带到行辕之外。卑职丢掉粮仓，烧毁粮草，其罪难恕，故此来行辕请死，还望大人赐卑职个全尸，卑职感恩不尽了。"说罢跪在地上，不断磕头。

钦差大臣扶起耿文明说："耿粮台，你何罪之有呀！寡不敌众，将粮草烧毁，这也是大功一件呀！若是将这些粮草资敌，使我军粮草匮乏，敌军粮草充足，那可是大麻烦。要知道，三军未动，粮草先行。没有粮草，他们能够打仗吗？因此烧毁粮草无罪，还应该记功。你料事如神，将粮草转移备用粮仓，能够使大军粮草无缺，也是大功。粮仓失守，亲率官军追敌，斩首百余级，更是大功。你有此三件大功，即便是丢失粮草，也不能够将你治罪。本钦差这就上书朝廷，为你请功，待圣上旨下，再特令嘉奖。"说罢便端茶送客，耿文明退出，随即给钦差大臣送上一份厚重的大礼。

仅此一件事，耿文明就赚了几百万两银子，大部分都用来打点上下关系了。银子是身外物，功名是现实的，所以当广东布政使出缺以后，钦差大臣力保耿文明署理此官，却不想以钱打点需要面面俱到，也需要分个轻重缓急，更需要做事周密。耿文明原以为耿精忠部将会被杀死，却没有想到他侥幸逃生了，更没有想到耿精忠投降了。在清查耿精忠各部的时候，部将交代了这次粮草买卖，并且拿出交易的证据，耿文明也因此锒铛下狱了。

身陷囹圄的耿文明岂能够甘心领罪，让家人不惜重资打点，买通人证，贿赂预审官员，结果在下旨抄家的时候，家里的财产不足十万两，若是大贪，不应该仅有这些。得人钱财与人消灾，预审官员努力为耿文明脱罪，居然将耿精忠部将的证据认定为耿文明诱敌自投罗网，毕竟粮草没有被藩兵抢去，而抢粮草的藩兵几乎被全歼。至于耿文明当初收取藩兵的定金，本应该上缴朝廷，自己私自扣下，原本也是重罪，但他以此犒赏了官军，才能够使官军死力杀敌，也只能算是"不应"了，按照"不应"重罪，应该杖八十，以处分当之，降四级调用。

预审官员的审理，显然不能使康熙帝满意，所以又派钦差审理，务必让耿文明交代赃款去处，有无同党，是否行贿，一定要审问明白。耿文明在官场打拼，深明官场规则，若是交代有同党，恐怕活不过明天，要是承认行贿，更难活过当日，因为当时庇护及受贿的上司，现在多是大权在握。耿文明避重就轻，大赃一概不承认，小赃低头认罪，只承认在为地方官期间，收取陋规，私增火耗，这些在当时是世人皆知的事情，哪个地方官不是如此呢？

钦差审理也收效不大，但可以计赃量刑。按照《大清律例·刑律·受赃》"坐赃致罪"条规定，凡官吏人等非因枉法、不枉法之事而受人之财，坐赃致罪。各主者，通算折半科罪；与者，减五等。官官相护是当时官场的陋习，钦差也不想扩大事态，但按照坐赃致罪给耿文明量刑，明显从轻；按照监守自盗，显然耿文明必死；所以按照因公科敛量刑，拟为绞监候，等待皇帝开恩，赦免其死，对耿文明来说，这算是很好的结果了。

这类的罪不必单独向皇帝请示，刑部在秋审的时候，交给九卿会议审理，然后奏闻请旨，就可以处置了。没有想到康熙帝最恨贪官，当即批示云：凡别项人犯，尚可宽恕。贪官之罪，断不可宽。此等人藐视法纪，贪污而不悛者，只以缓决故耳。今若法不加严，不肖之徒，何以知警？也就是说犯有别的罪的人，是可以给予宽恕的，但贪官之罪，绝对不能够宽恕。这些贪官藐视法纪，贪污而不知道悔改，就是因为有暂缓执行的规定。现在要不以法予以严惩，这些不肖的贪官，怎么会知道警惕呢？所以指示将贪官耿文明等正法。耿文明贪赃无数，花钱上下打点，原本想能够保住一命，却不想康熙帝不能够容许贪官苟活于世，最终身首异处。这正是：

只为贪财坏国法，哀哉狗命该呜呼。

在耿文明是否为大贪的问题上，有些官员认为他所贪不多，因为落实为贪的金额，不足以将之处死，所以九卿会议虽然拟定其为死刑，但是暂缓执行，不久就可以免除死刑。康熙帝认为贪官贪污不在所贪多少，只要是贪，就会败坏吏治，若是此等贪官不加诛戮，众不知警，吏治永无清明之日。康熙帝认为清官陈瑸说得好，"贪官不在所取之多寡，取一钱，即与取千百万金等，必一钱不取，方可谓之清廉"。陈瑸曾经当过知县，认为，任县令便不至于穷苦，即不取一钱，衣食亦能充足。当时官员俸禄虽低，但有各种补贴，其收入足以让他们过上体面的生活，所以有知县"不贪不滥，一年三万""三年清知府，十万雪花银"之说。有如此优厚待遇，也遏制不住官员的贪心，如果再以贪污多少而论罪，如何清除贪官呢！清初贪官受赃至十两以上者，不分枉法不枉法，俱籍没家产入官，仍依律定罪。康熙时虽然不再籍没家产，但贪官所贪只要达到十两，就流徙边远地方，发现有贪污的行为，都要按照"贪官例"予以革职，然后再进行议罪。对于不能够查出贪官的上司，还有"失察贪官例"，分别予以降级、罚俸处分。康熙帝认为贪官之罪不可宽，其理念是正确的，但他认为官员衣食都很充足，却没有将各种补贴合法化，使官员收入透明化，就无法从制度上遏制贪污，也无怪乎此后贪官越来越多。

烈妇殉夫不旌表

康熙二十七年（1688），山西省一名烈妇殉夫了，山西巡抚按例向礼部申报旌表。礼部造册之后，报请皇帝核准。康熙帝认为，当今朝廷已经禁止妇女殉夫了，为什么各省还不断申报礼部予以旌表呢？要知道天底下人命至为重大，而丈夫生死有命，若是早于妻妾而死，也是正常的，为什么要妻妾殉葬呢？这不是正常的现象，应该予以永远禁止。如果还有妻妾不顾一切要殉夫者，一定要由礼部及该管各官具奏，由皇帝进行裁定。本来有妻妾殉夫传统的满族，入关以后为什么要禁止妻妾殉夫呢？康熙帝是如何看待妻妾殉夫这件事的呢？他又出台了什么政策呢？且从案情谈起。

且说山西省榆次县有个名叫常冶秋的人，乃是本县生员，醉心于科举，却屡考不中，不知不觉已经二十五岁了。科举三年一次，而不孝有三无后为大，父母实在等不得他考中举人再娶亲了，便凭媒娶了本县荆秀才之女荆玉蓉为妻。玉蓉时年已经二十二岁了，在当时也算是晚婚了。

说起荆玉蓉的命，应该算是很苦的，年幼之时死了父亲，母亲守寡。荆玉蓉的母亲在夫家难以生活，便回到娘家，与弟弟，也就是荆玉蓉的舅舅一起生活。玉蓉从小就极为聪明，不但生得貌美，而且喜欢读书，诗词歌赋一看就会，《孝经》《列女传》一读就明白。舅舅非常喜欢玉蓉，对姐姐说，一定要给玉蓉找个好人家，不要找一般的人家把玉蓉给毁了，因此耽搁几年，直到二十二岁，才凭媒说合，嫁给一个生员，也是读书人，算是才子配佳人了，实际上是才女配庸人。

常言道，才女多薄命。玉蓉嫁给常秀才，论学问她要比常秀才深，可惜是个女子，不能够参加科举，若是允许女人科举，她定能够考中举人、进士，而常秀才自叹不如妻子。只有努力读书，才能做出个人样来给妻子看看，从此读书更加刻苦。俗话说，命里八斗，难求一升。常秀才只会死用功，不知道学习是循序渐进的过程，不能急于求成，居然累得呕血而死。刚刚结婚一年，夫妻甚为恩爱，丈夫撒手西天，玉蓉也是痛不欲生，当时殉夫于地下的心都有。那时她已经怀孕，无论是男是女，毕竟都是常家的骨血，只好忍住悲痛，等待怀胎月满，能够生下遗孤。却不想因为悲痛过度，胎儿先天不足，女儿刚刚生下来便死了，此时的玉蓉更是万念俱灰，时时有寻死之心。

玉蓉从七岁就会写诗，八岁就会画画，平日里积攒的诗稿画卷多达数百纸，如今她把刚刚出生的死婴埋在丈夫坟边，一边哭、一边将自己的诗画焚烧，哭到伤心之处，自作诗云："凭君为作嫁衣裳，双手纤纤晓夜忙。泉下从今无处用，漫穿红线绣鸳鸯。"诸如此类的诗多达十二首，人称"十二别诗"，哀悼丈夫及没有见过人世的女儿。

玉蓉这样年轻貌美的才女，在榆次县实在罕见，常秀才的同窗好友李秋鹤曾经看过玉蓉的诗画，其艳羡之心溢于言表。俗话说，朋友妻不可欺。彼此是同窗，即使是艳羡，也是不可能得到。也许是天赐机缘，常秀才死了，玉蓉成了寡妇，给予了李秋鹤机会，但玉蓉那时正在怀孕，也不便托媒去说，却不想玉蓉生了死胎。李秋鹤认为这是上天赐才女与他，便找媒人去提亲。媒人认为玉蓉夫丧未半年，女死未满月，在丧期去和人家提亲，这是断子绝孙的事情，要李秋鹤再等等。不说必须守孝三年，至少也应该守孝一年半载的，好歹对死人有些交代，至少让活着的人心里好过一些，所以回绝了他。李秋鹤见托媒不成，便想私下往来，时常在玉蓉家左右转悠，伺机向她表白。

这日，玉蓉来到常秀才父女坟前祭奠，一边诵读诗文，一边焚烧诗画，李秋鹤觉得可惜，看四周无人，便上前拦阻，夺下诗稿，并且不顾一切地向玉蓉表白。玉蓉虽然不是大家闺秀，却也自幼读书，哪里容许他人在自己热丧之时说这些令人肉麻的话呢？顿时银牙紧咬，狠狠地瞪了李秋鹤一眼，转身便跑回家中。在李秋鹤看来，玉蓉那狠狠的一眼，比那回眸一笑都动人。可惜玉蓉不等他再说什么便跑走了，李秋鹤既觉得有些失落，又觉得有些希望，对玉蓉的心思更重了。

却说玉蓉回到家中，在摆放丈夫牌位的灵堂哭诉，说自己并非怕死，因为当时有孕在身，为了常家的骨血，不得不苟且偷生，万万没有想到，所生一女也夭亡了，妾本应追随你们父女于地下，但想到妾若是死去，何人给你们父女上坟祭祀呢？所以准备服孝三年，然后再追随你们于地下。人们常说，寡妇难过活。丈夫死了才半年，女儿死了刚半月，宗族亲族就开始算计寡妇的财产，而李秋鹤又死命追求，更贻他人口实。

却说常秀才的族弟常进朝，在常秀才死了以后，就想把自己的孩子过继给常秀才，这样便可以得到常秀才的产业。玉蓉当时有孕在身，也不知道男女，据理向族长力争，说所生不论男女，都是常秀才的后嗣，男孩固然可以承继香火，女孩也可以招赘女婿以承继香火，不能够以快出五服的远房侄子来过继。因为玉蓉说得有理，族长也不能强逼，常进朝的奸谋没有得逞，却等到玉蓉产下死胎，心里暗暗高兴，以为这次能够让自己的孩子过继了，不想玉蓉断然拒绝。玉蓉有什么理由拒绝以丈夫族人继承呢？因为《大清律例·户律·户役》"立嫡子违法"条规定，夫亡立嗣，应该以丈夫同宗由近及远选立后嗣，但妻子却有权拒绝，立自己所爱。也就是说，妻子可以自主选立三岁以下孩子为继嗣，即便是异姓，只要改为夫姓就可以。因此，在选立后嗣问题上，妻子是有决定权的，若是妻子不同意，即便是族长，也不能够将族人过继给未亡人。如果未亡人改嫁则不同了。"其改嫁者，夫家财产及原有妆奁，并听前夫之家为主"。也就是说，如果改嫁，前夫所留财产，以及妻子结婚时的嫁妆，都要留给前夫宗族，也就是净身出户。

常进朝让自己的儿子过继给常秀才不成，因此非常痛恨玉蓉，便想逼迫玉蓉早早嫁人，那样常秀才的家产就要归宗族处置，自己属于近支，最有可能得到常秀才的家产。玉蓉上坟的时候，常进朝躲在暗处观看，发现李秋鹤向玉蓉表白，心中暗喜，认为玉蓉如果改嫁，自己的机会就来了。

按照旧的礼仪，嫂溺，叔不能援之以手。也就是说，嫂子掉进水里，小叔子不能用手去拉。在这种情况下，常进朝是不能直接跟玉蓉讲婚姻之事的，他便让其妻前去打探口风。有其夫必有其妻，常进朝妻见事生风，喜欢打听人家私事，然后添枝加叶地四处张扬。比如夫妻拌嘴，吵了一架，经过她传扬起来，不是丈夫在外面养小妾，便是妻子养汉子，所以才吵架拌嘴，被她描述得绘声绘色，很快就会三人成虎，令人不得不信。好人家妻女避之犹恐不及，好事生非的妻女与之同流合污，专门搬弄是非。

玉蓉喜欢独处，不愿意与其他妇人来往，因此不知道常进朝妻之恶，在与其闲聊之时，提到李秋鹤向其表白之事。常进朝妻故意顺着玉蓉说，而肚里早就编派出许多是非。离开玉蓉家，常进朝妻便来到村中大槐树下，与一帮妇女说玉蓉在丈夫坟地与李秋鹤偷情。有人说："丈夫刚死半年，小寡妇就守不住了，在丈夫坟前与人偷情，那死鬼要是看到，一定会死不瞑目的。"常进朝妻说："人家就是让那死鬼看，因为死鬼不中用，这个情人可是一表人才呢！"可以说什么丑事都能编派出来，什么脏话都加在玉蓉身上，并且通过这些恶妇人四处传播，很快就传到玉蓉的耳朵里。

可以说玉蓉连遭不幸，丈夫去世，女儿夭亡，自己又遭人中伤，不但众人不理解玉蓉的痛苦，就连玉蓉的父母兄弟也不理解，埋怨玉蓉不知道检点。受了委屈的玉蓉，思前想后，彻底失望了，就在丈夫的牌位前，将根绳子拴在房梁上，脚踏牌位几案，用力一蹬，几案倒下，玉蓉一缕冤魂也随之而去。

三天以后，族人才发现玉蓉上吊了，居然颜色如生，绝无一丝秽气。族中有人略知常进朝夫妻为了使自己的孩子入继，故意造谣中伤，使玉蓉难以忍受，才导致其轻生的，便告知族长，希望能将常进朝夫妻处以族规，以慰玉蓉冤魂。族长将常进朝夫妻喊来问讯，夫妻俩一口咬定玉蓉与李秋鹤有奸。常进朝说："我亲眼看见李秋鹤向玉蓉表白，想必他们之间有奸情，这玉蓉肯定是因为奸情败露而死，并非我们夫妻中伤。再说了，我们中伤玉蓉，对我们有什么好处呢？要知道玉蓉家没有子嗣，按照族规，我们的孩子应该过继给她，其家财产也就成为我们家的了。我们为什么要中伤她死呢？如今她一死，其家财产就成为族产了，我们还冤屈呢！族长不要听闲人议论。如今人死不可复生，如果认为是我们夫妻逼死玉蓉，非但我们夫妇难以在族中立脚，就是族长您也难在榆次县为人了。您想呀！族长怪罪我们夫妻造谣中伤，又谁能说清楚玉蓉与李秋鹤到底有没有奸情呢？此事若是声张出去，非但我们夫妻难过，族长您也脱不了干系，族中出现这种事，也是我们全族的羞耻。"常进朝的诡辩，使族长也没有了主意，于是常进朝说："玉蓉已经自杀，这是在其夫死女亡之后，我们不如说她去殉夫了，上报官府，请求旌表。如果得到朝廷的恩准，肯定会发下官银为玉蓉立牌坊。您想呀！我们族中出现贞节烈女，这不仅可以免去我们夫妻的嫌疑，也是为您老争光，更能给全族带来好处。您老看着办吧！"族长认为有理，当即请本族秀才写了公呈，次日便送到榆次县衙。

榆次知县接到常氏宗族的公呈，便逐级上报到礼部，奏请皇帝予以旌表。康熙帝得知，当即批示云：夫死而殉，日者数禁之矣。今观京师及诸省，殉死者尚众。人命至关重大，而死丧者，恻然之事也，夫修短寿夭，当听其自然，何为自殒其身耶？不宁唯是，轻生从死，反常之事也。若更从而旌异之，则死亡者益众，其何益焉！也就是说，丈夫死了，妻子殉葬，此前已经多次予以禁止了。如今见到京师及各省还有不少妻子殉夫者，可见官吏们推行不力。要知道，人的生命是最重要的，有人死丧也是令人伤心之事呀。要知道人的生命短长，应该遵循自然规律，为什么要自己残害自己的生命呢？不仅仅如此，这种轻生是追随别人去死，乃是违背人之常礼的事情，如果还予以旌表，就会导致更多的妇女死亡，这对国家与社会有什么好处呢？

礼部以为地方已经申报，此次可以予以旌表，然后下不为例。康熙帝认为，既有前例，必然会误导百姓，以为朝廷禁止妇女殉葬乃是虚文，依然会殉葬不已，所以下令云：此后夫死而殉者，当已其旌表，王以下至于细民，妇人从死之事，当永远严禁之。若有必欲从死者，告于部及该管官，具以闻，以俟裁定。也就是说，这个先例不能开，从今以后，丈夫死后，妻子殉夫者，应该不予以旌表。以后诸王以至于平民百姓，凡是妇女殉夫之事，都应该永远严行禁止。如果有特别想殉夫者，必须要告于礼部及该管各官，具状上报给朕，至于旌表不旌表，治罪不治罪，都听候朕的裁定。就这样，荆玉蓉没有被旌表，常家宗族想通过玉蓉的死，扩大本族在当地影响的设想没有得逞，却使许多无辜的妇女不再畏于宗族、家族的压力而被迫殉夫。殉夫不仅仅得不到旌表，弄不好还要治罪。这正是：

自古多少冤屈女，含恨贞节牌坊中。

自秦始皇旌表巴寡妇清贞节以来，历代都有旌表节烈妇女的规定，官府大力提倡，民间争先效仿，不知道有多少妇女在这种旌表制度下失去生命。所谓的"节"，就是要求洁清自守，从一而终，终身不允许改嫁，直到含辛茹苦守寡多年，朝廷才予以旌表。所谓的"烈"，一是夫死殉夫，二是在遭受强暴逼迫前捐躯殒首，三是遭受强暴后以死明志。也就是说，贞要求从一而终，烈要求捐躯而死，总的来说，都是建立在妇女屈辱之上。因为旌表既可以为家族带来经济利益，又可以带来政治上的声誉，所以在丈夫死后不允许妻子改嫁，甚至逼迫妻子殉夫。若是妇女遇到强暴必须以死拒之，如若力不能拒而受辱，必须自裁，完全没有考虑到妇女个人的意志。可以说历代对妇女的旌表，实际上是对人性的摧残。康熙帝能清醒地认识到世间人的生命最宝贵，不但不再旌表殉夫的妇女，而且严行禁止，这对于曾经有过殉葬习俗的满洲人是难能可贵的。康熙帝不仅仅禁止一般平民百姓殉夫，对于王公大臣，特别是满洲王公大臣，要是按照旧习俗殉葬的话，必须要奏报皇帝批准。对于日理万机的皇帝来说，万事丛集，所办的事情众多，而申报手续烦琐，若要呈递到皇帝之处，至少半年，而随着时间的流逝，人们的哀痛也会逐渐地衰减，其逼迫妇女殉节的情况也会得到缓解。

见义勇为遭诬陷

康熙二十九年（1690），有人到都察院击鼓鸣冤，因为他在邻居被强盗打劫的时候，挺身而出，结果被强盗砍掉右臂，邻居不肯补偿。官府说其多事，如今残废，不能为人耕作或佣工，无以为生，只有恳求康熙帝为自己做主。此事奏闻以后，康熙帝要地方官予以奖赏，赡养其终身，并且制定条例，对这种见义勇为者予以奖赏。康熙帝是如何看待见义勇为的呢？他是基于什么考虑而让刑部制定条例呢？且从案情谈起。

却说南昌府武宁县中，有一乡绅，名叫霍晋，曾在四川当过道台，因为办事不力，也可能是不会走门路，所以在大计之年，考核时定为"疲软无力"，被勒令致仕了，如今归乡养老，实际上还不到五十岁。霍晋虽然是乡绅，家中也饶有钱财，但一生勤俭持家，从没有穿过一件新鲜衣服，吃过一味可口东西；也不晓得花朝月夕，同个朋友到名胜古迹游玩一番；更不甘四时八节备个粗筵席，会一会亲族，请一请乡党。终日在家，粗茶淡饭。事事亲自打理，从不假手他人。房中桌上，除了一个算盘和几本账簿之外，更无别物。日夜思算把银钱堆积上去，要撑破了屋子，方得快心，分文不舍得枉费。就是在至亲兄弟面上，也锱铢必较，还说什么亲兄弟明算账。这样吝啬的人，如何在官场立足呢，也无怪乎其被勒令致仕了。

霍晋有两个儿子，长子霍如泉，人才出众，天资聪明，若使读书，也可图得上进。霍晋深知官场险恶，也不想让他再读书做官，所以读了几年书，就让他辍学管理家事，却是井井有条，诸事妥当。至于钱财出纳，也遵守严父家训，算是个克肖之子。所以霍晋以这个长子为左右手，一刻也少他不得。次子霍如源，生得秀美，风流洒落，不喜欢读书，也不想管理家事，却深得父母喜欢，尤其是母亲，对他总是有求必应，却养成他膏粱气质，说话纨绔腔调，做事不明不暗，显得缺少调教。

少年子弟，宁可终身不读书，不可一日近小人，若是近了小人，总会被小人带坏的。武宁县有几个无赖光棍，都各自起了诨号，叫什么穿山虎、坐地虎、爬山虎、笑面虎、跳涧虎，号称"五虎"，还有八个帮闲，号称"八狼"。他们每日打听谁是乡绅后裔，谁是财主儿子，他们家里有多少产业，父兄是否能够管教，然后引诱他们赌博嫖娼。霍如源这样的膏粱子弟，当然逃不过他们的法眼，很快就被他们拉下水。

在霍晋宅院后面，住着一个单身汉，名叫陶尚志，父母双亡，又无兄妹，家有几亩薄田，不足以糊口，农闲时给别人打工，以贴补生活。这陶尚志生得面如重枣，两道浓眉，身长七尺有余，肩宽背阔，是个壮汉。他从小就练武，刀枪棍棒，件件皆精，而且勇力过人。自己虽然穷困，却也出手大方，济困扶危，即便是倾家荡产，也在所不辞。凭借一身好武艺及强壮的身体，再加上他仗义疏财，所有的大户人家都愿意雇他打工，也曾经重金聘他来看家护院，但他都拒绝了，愿意过那种闲云野鹤、无拘无束的生活。

那时候在扬州城隍庙有一副对联云："刻薄成家难免子孙浪费，奸淫造孽焉能妻女清贞。"这可以作为格言，因为与世俗相吻合。霍晋吝啬，儿子霍如泉却会生财，凭借乡绅的家庭，四处放高利贷，常于每年三四月间，粮食青黄不接之时，借米一担与人，到秋来还米一担五斗，名为"借担头"。只隔四个多月，就加米五斗，利息竟然敢超过律例规定"利不得过三分"。乡中但有穷人无粮的，没奈何，不顾重利，只得借来应急。倏忽秋来，他就带着家丁沿村取讨。若或稍迟，小则嚷骂，大则拳打，动不动就要拉去见官。乡民知道其父曾经当过道台，与县官关系甚好，如何敢同他去见官，即便是卖儿鬻女，也不敢拖欠他的钱粮。

霍晋父子的悖入，也必然悖出。二子霍如源被"五虎八狼"引诱，吃喝嫖赌抽，五毒俱全，这些都要银钱。父母虽然宠爱他，但父亲吝啬，哥哥好财，如何肯让他花钱如流水呢？母亲娇纵，把自己的体己钱给他花用，但母亲能够有多少体己钱呢？没有钱，"五虎八狼"就借给他，基本上按照朝廷规定的三分利，但利滚利的话，时间长了，债务也是越积越多，他几次想从家中偷钱，无奈父兄看管很严，难以得逞。家里不给钱，又欠一屁股债，"五虎八狼"还日夜逼迫，霍如源苦苦哀求，难免被他们打骂，也就英雄气短了。五虎之中的笑面虎，是口内说着仁义道德，心中藏着刀剑水火的人，其阴险贼狠，甚于他人。笑面虎让霍如源讲出其家财宝藏于何处，宅院有几个人防守，四周可有巡夜更夫，邻居有无强悍之人。将霍家虚实打听清楚，"五虎八狼"便合计深夜带着霍如源去霍家打劫，如果霍家家丁拼死拒敌，就以霍如源当人质，逼迫他们退让。要是官军衙役来援，万一被捕，就以霍如源为主谋，不信霍晋肯置自己亲生儿子于死地。笑面虎认为，押着霍如源去打劫，不如让他作为内应，到时打开大门，众人再以其当人质，谅霍乡绅防范贼人，也不会防范儿子。

"五虎八狼"等设计妥当之后，便在一个月黑风高夜，来到霍晋的宅院，霍如源从内打开宅门，"五虎八狼"一拥而入，护院的几个家丁高喊"有贼"，却看到二少爷被贼人拥着，因此不敢动手，只有节节后退，让他们进入后院。"五虎八狼"将睡梦中惊醒的霍晋、霍如泉及家眷们赶到院里，逼迫霍晋交出库房的钥匙。霍晋爱财如命，如何肯交出呢？"五虎八狼"便用刀架在霍如源的脖子上。此时霍如源的母亲及哥哥，跪倒在地，恳求霍晋把钥匙交出来，以保全霍如源性命。霍晋正在犹豫间，忽听得一声叫喊，从后院蹿出一个人来，飞起一脚，踢飞架在霍如源脖子上的刀，将其推到人群中去，手持木棍，与"五虎八狼"对打起来，此人便是住在霍宅之后的陶尚志。

那日陶尚志尚未入睡，听到前面霍家宅院有人喊"有贼"，便抄起一根木棍，来到霍宅后墙查看，见到"五虎八狼"劫持霍家二少爷，还举刀威逼霍家的女眷，便不顾个人安危，翻墙而入，冲了过来，与"五虎八狼"打将起来。霍晋见有人来救，急忙喊家人助阵，双方打了起来。"五虎八狼"平日人多势众，行凶撒泼，武宁县的人无不怕他们的，要是真的打起来，也是中看不中用，早就被陶尚志打倒数人，也被霍家人擒拿住二三。因为陶尚志武艺出众，"五虎八狼"一起围攻他，而家丁们手持刀枪，却不敢向前。俗话说，好虎架不住群狼。陶尚志顾前而不能顾后，结果被跳涧虎从后面偷袭，一刀砍在右臂上，将整个臂膀砍了下来。陶尚志负痛，用左手举棍劈向穿山虎的头顶，打得他脑浆迸裂，顿时一命呜呼了。这时候巡夜更夫敲起铜锣，村众们也纷纷拿着镰刀、镐头前来救助。穿山虎是"五虎八狼"的首领，如今已死，村众们又来援助，剩余的无赖光棍见势不好，纷纷逃窜，而村众们也害怕伤了自己，只是叫喊，不敢上前厮杀，无赖光棍顺利逃走。陶尚志右臂已断，此时鲜血直流，初时尚且以棍支撑不倒，见贼人逃去，一时放松，便昏倒在地。霍晋怕再出人命，急忙叫家人为陶尚志包扎伤口，然后将其送回陶家。

天亮以后，霍晋令家人押着被捕获的四个无赖光棍，抬着穿山虎的尸体，邀集邻居证人，亲自来到武宁县衙告状，要县太爷追查余党，严惩盗贼。霍晋是退休的高官，县太爷哪敢得罪？根据无赖光棍的交代，将"五虎八狼"全部擒获，押入囚牢，申报各级上司，等候按律惩处。

在审讯过程中，"五虎八狼"等众口咬定霍如源就是首谋，按照《大清律例·刑律·贼盗》"强盗"条规定，凡强盗已行而不得财者，皆杖一百、流三千里。"五虎八狼"抢财不成，还不至于是死罪。霍如源是首谋，属于"造意"，按律当斩。县太爷虽然照顾乡绅的情面，但也不能放弃眼前的钱财，所以向霍晋索要霍如源，要按律予以定罪，言下之意是索要钱财。霍晋当过官，怎能不明白这个规则？此时他虽然心疼钱，但也不能不顾儿子的命。再说了，儿子成为强盗之首，自己就是盗贼窝家，按照"盗贼窝主"条规定，窝主也是斩罪，弄不好还要丢去自家的性命。为了保儿子的命，也是为了保自己的命，霍晋只好出血，这就是悖出。霍晋花了近万两银子，才买得县太爷的首肯，以"五虎八狼"挟制霍如源为人质，不能够自主为由，定其无罪。

霍晋到县衙告状，从来未提及陶尚志见义勇为之事，只说家丁奋力拒敌，杀死穿山虎。按照《大清律例·刑律·贼盗》"夜无故入人家"条规定，主家登时杀死者，勿论。因此家丁无罪。若是见义勇为的陶尚志杀死强盗，按照《大清律例·刑律·捕亡》"罪人拒捕"条规定，即便是将罪人格杀之，也是勿论的。而按照《大清律例·刑律·贼盗》"强盗"条规定，常人捕获强盗一名，应该赏银二十两，强盗五名以上应该赏一官。陶尚志与家人杀死一名，捕获四名，按例除了给赏银之外，还应该赏陶尚志一个官职。

霍晋不提陶尚志见义勇为，县太爷也不彻查此事，已经残疾的陶尚志，居然没有人管。这个霍晋也真可气，陶尚志救了他们一家，即便是官府不管，他也应该管呀！但他却以没有请陶尚志来相救，是他自己前来相救为由，不给陶尚志一文钱，还说陶尚志深夜进入其家，非偷即盗。霍晋不给钱可以，但诬蔑自己非偷即盗，这与名誉有关，陶尚志哪里能咽下这口恶气，便来县衙控告，却不想县太爷庇护霍晋，坚持说他不该深夜进入霍家，因为霍家有防守家丁，足以拒敌，不用他多管闲事，一顿乱棒将他赶出县衙。

陶尚志受此屈辱，当然不肯善罢甘休，便只身来到南昌府告状，却不想官官相护，知府以他没有人证物证，不能听一面之词，维持县太爷的意见。陶尚志再到巡抚行辕去告状，被守卫兵丁拦在门外，他只好等候巡抚出来，然后喊冤，以为巡抚能够主持正义，却不想巡抚认为此事不归他管，将其移送到按察使衙门，由按察使办理。按察使"掌振扬风纪，澄清吏治"，主管监察与刑事案件审核，按理说他应该公正办理，但按照当时的制度，如果府县办理案件出现错误，他也要承担相应的责任，若是更正府县的审理，便等于是承认错误。如果陶尚志是个有钱有势的人，能得到某种利益，承认一些错误也不算什么。问题是陶尚志就是一个单身穷人，无亲无故，为这样一个人去承认自己的错误，按察使如何肯呢？所以还是维持府县的意见，认为陶尚志是无理取闹，派人将他押回原籍看管。

此时陶尚志真是叫天天不应，叫地地不灵，如今自己已残疾，不能种地，也没有人再请他佣工，只能沦落成为乞丐。有人知道陶尚志的冤屈也可怜他，在施舍之余，跟他讲官贪吏污，一个穷百姓如何斗得过官府呢？认为当今皇上圣明，若是告到皇帝那里，或许能申雪冤屈。众人都这样认为，陶尚志也就相信了，反正自己孤身一人，已经是乞丐了，到哪里要饭都一样。陶尚志在看管人疏忽之时，逃出武宁县，一路乞讨，辗转来到京城，到都察院登闻鼓击鼓鸣冤。

凡是击打登闻鼓告状的案件，都要将案情奏报给皇帝。康熙帝得知案情，当即召集刑部官员，对他们说："劫盗被邻居之人，及众人擒获，或为被盗之家人擒获，皆应赏励。盗若抗拒，捕者被创，应依行间受伤例赏之。"也就是说不管是什么样的人，只要能够擒获劫盗，都应该予以奖赏鼓励，如果因为捕获劫盗而受伤，应该按照军人在战场上受伤一样，不但予以奖赏，还应该予以赡养。康熙帝要求刑部议定条例，以便将来有法可依。刑部遵旨会议，最终议定条例云：嗣后擒获强盗之人及拒捕被伤之人，俱分别一二三四等给赏银两，著为定例。得到康熙帝的批准，并且提出陶尚志即按此例给赏，江西巡抚、按察使、南昌知府、武宁知县等，凡与此案有关的官员，均交吏部予以分别议处，霍晋取消其退休待遇，为民闲住，等于是革职为民。这正是：

见义勇为遭劫难，袖手旁观享清福。

陶尚志的冤屈被昭雪了，但刑部没有完全按照康熙帝的旨意勒定条例，因为康熙帝要将抓捕强盗受伤者，按照军人战场受伤的待遇，除了给予赏金，还要赡养终身。按照刑部议定的条例，即便是按照一等予以给赏，也不过是银百两，对于一个残疾人来说，百两银用完以后，又如何生活呢？康熙帝曾经意识到捕盗受伤者今后生活的问题，但刑部官员要考虑官府的财政支出，一次性给赏容易，长期赡养的负担，财政是很难承担的。这些官老爷们为什么不想一想，康熙帝提出"邻居之人及众人"，这些人显然不是被强盗打劫的事主，他们能够帮助事主擒获强盗，乃是一种见义勇为的行为。对于这种见义勇为的行为，官府固然可以出钱奖励，用以弘扬正气，但事主之家就没有义务吗？如果条例增加有关事主应该承担的义务，不但使见义勇为者减少后顾之忧，也可以使见义勇为的行为得到弘扬，更不会让事主成为袖手旁观之人。可惜朝廷官员没有这样长远的设想，所以在清王朝时，一旦发生强盗打劫案件，邻居之人及众人，碍于律例邻居不前往救助便有罪的规定，不得不出来救助，也就是齐声喊叫强盗而已，很少有人出头去抓强盗，以免自己死伤，所以强盗才能够横行无忌。

考场作弊出命案

　　康熙五十二年（1713），在顺天府科举考试时，有一个名叫周启的人考中了举人，正在阖家欢庆的时候，却不想五城御史带着衙役将周启带走，说是有人检举他在科举考试过程中，有请人代笔，串通誊录所及受卷所的吏役，通同作弊的行为，犯了弥天大罪。周启乃是步军统领托合齐的奴仆周三之子，有步军统领为后台，所以上下打点，不但将检举人杀死灭口，而且大肆行贿。最终机事不密，被御史弹劾，康熙帝得知此事。在康熙帝的过问下，周启、周三都被斩首了。此事还牵连一大批官员及书吏，分别责任轻重，重者予以绞监候、杖徒的刑罚，轻者予以降级、罚俸。康熙帝认为考场官员，不能够查出作弊，仅仅予以降级、罚俸处分，乃是轻纵，显然不利于严肃考场纪律，因此下旨将考场所有官员全部予以革职问罪。步军统领托合齐因为在案发时已经去世，最终也被康熙帝下旨抄没所有家产。清王朝对科场作弊一直持严惩的态度，作弊一经查出，总是严惩不贷。清王朝为什么特别关注科举考试纪律呢？康熙帝将考场官员全部革职问罪，有没有法律依据呢？为什么严惩作弊而科场作弊还屡禁不止呢？且从案情谈起。

　　男儿若遂平生志，六经勤向窗前读。那个时代的读书人，考秀才、中举人、得进士，不但能改变个人命运，也可以改变家庭乃至家族的命运，有了举人、进士功名，就可以当官，而且仕途畅达，很快就成为既富又贵的人。既可以光宗耀祖，又可以享尽荣华富贵，个人与家庭、家族完全是另外一种景象。

　　却说内务府包衣托合齐，乃是和硕安亲王岳乐的家人，因此得到重用，曾经在内务府广善库担任司库郎中。管库乃是肥缺，来钱容易，而有了钱再走关系，凭借关系谋求利益，也就改变了他的命运。包衣为满族语，即包衣阿哈的简称，又作阿哈，即奴隶。汉语译为家奴、奴隶、奴仆、奴才、家人等。他们原本地位低下，是满族贵族的奴仆，但他们可以为官，虽然当了官，也不能够改变奴仆身份，要对主人行礼，并且替主人操办家中各种事务。内务府包衣办理皇家各种事务，也容易得到皇帝的信任，让他们担任重要的官职，托合齐就是在康熙四十一年（1702），被任命为步军统领的，俗称九门提督，负责京城治安。奴仆一旦为高官，便不可一世了。托合齐经常用亲王仪仗出行以壮自己的声势，公然索贿以营私舞弊，所以屡遭科道官们的弹劾，因为康熙帝对他宠爱有加，不但没有追究其罪责，还斥责科道官捕风捉影而毫无证据。

包衣虽然为奴仆，但其手下也可以有奴仆。如今托合齐身为步军统领，其奴仆也沾主人的光，并且效仿主人所作所为。在托合齐的奴仆中，有一个名叫周三的人，其祖上是被满洲兵丁从山东掠入东北而沦为奴仆的。只要是当了奴仆，就要世代为奴，不能够改变身份，除非得到主人的释放，或者用钱去赎，才有可能脱离奴籍。谁甘心情愿地给人当奴仆呢？因此稍有能力的奴仆，都希望能够脱离奴籍，并且试图跻身于显贵之列。

周三因为自幼为奴，根本不识字，但他见到一些穷人，因为孩子中举人、得进士，便跻身于富贵之列，自己也就动心了，便努力培养自己的儿子周启，希望他也能够中举人、得进士。科举谈何容易，每三年一次，一个省仅有二三百人能够中举，全国也只有二三百人能考取进士。不能够说考中举人、进士都是人中俊杰，但一路考来，如果没有真才实学，也是很难侥幸得中的。

奴仆的孩子，没有家学渊源，攻读举业则犹如登天，更何况周启也不是读书的材料，其考中府学生员，取得参加科考的资格，都是花大价钱得到的。周三身为步军统领托合齐的奴仆，仰仗主人的地位，为人说事通贿，赚了不少昧心钱，虽然身为奴籍，却也非常富有。那个时候，生员进入府县学之后，就要备赞仪相见学师。那赞仪多寡，却有规则，分为超户、上户、中户、下户、贫户五等，超户及上户，每年要给学师几十两银子，中户及下户也给几两银子，只有贫户，不但不给学师银子，还可以申请助贫补助。周启家并不贫穷，却领取助贫银子。周三与周启也都不在乎这几两银子，因为穷困生往往会得到特别关照。周三为了周启能够年年得到上考，常常是成百两的银子往学师那里送，而学师以贫困生为名，定周启为上考，还能够在上司那里赢得公正之名。

眼见就要到大比之年，周三担心周启不能够中举，特地找到府学教授，要他预测孩子这次能不能考中。常言道，白锭有时科第有，怨声高处利名高。有钱就好办事，哪里管他人的怨言？平日里周启在府学里，周三今天几十两、明天上百两，给府学教授送银子，每次考试都能得个一等、二等的，若是参加科举，府学教授就不能照应了，至少要凭着真本事去考。府学教授见周三来找，知道他是当今步军统领托合齐的奴仆，手眼通天，所以不敢得罪。府学教授若是保证周启能够考上，万一考不上，周三将自己受贿的事情张扬起来，这个官也就当不成了；若是说不能够考上，自己的银子得不到，很有可能得罪周三，将来在北京城也是难混。府学教授权衡再三，决定向周三说实话："以令郎的才能，要想考中举人，根本就是不可能的，不过有银子就好办，实在不行就找人替考，反正银子是用来花的，功名是自己得的，就看您老肯不肯出大价钱。"周三听到花钱可以，顿时喜笑颜开地说："能够花钱办到的事，就不算事，你要多少银子都可以，只要我儿子能够考中举人，哪怕是金山银山，我也给你搬来。"

当时的科场考试，存在各种弊端，以至于有谣言道："七十九公，公子、公孙、公女婿；八十同怨，怨祖、怨父、怨丈人。"也就是说，考中者百分之七十九都是公，全部是王公贵族、达官权贵的子孙亲戚。没有考中者，百分之八十都有怨言，不怨自己学问不济，也只能怨恨自己没有生在王公权贵家，没有攀上王公权贵亲戚。还有谣言道："白马紫金牛，骑出万人羞。问道谁家子，雪白五千头。"不是王公权贵，只要是有钱，就可以去结交王公权贵，以至于贿赂公行，科举买卖都敢公然去做，有门路的，打通关节，不用亲身去科考，找人代考，获取功名以后，照样好官得做，骏马得骑。

府学教授见周三答应爽快，便把打通关节，找人代考的事情兜揽过来，周三当即就给付三千两银用作定金，并且答应事成之后另有重谢。身为府学教授，对府学中的学生都非常了解，其中有个名叫王廷铨的学生，论学问乃是本府学之首，论家境则本府学之末。因为没有门路，即便是家里穷得揭不开锅，也得不到助贫补助，更没有钱去拉拢感情，只有代同学写写文章，做做诗文，换两个钱来度日。有才能而没有关系，院考得不到一等、二等，连参加科举的资格都得不到，只有怨自己家苦、命苦。府学教授找到王廷铨，答应给他二百两银子，让他替周启去参加科举，如果能够得中，再给三百两银用来酬谢，并且答应下次科举的时候，一定给他定为一等、二等，准许他参加科举。这一大笔钱对于王廷铨来说，乃是天文数字，更何况府学教授还答应让他参加下次科举，如何能够不答应？自己替人代考，一是可以挣一笔钱，二是可以检验一下自己的能力，以便将来自己一举成名。

仅仅找人代考，也难免名落孙山，并不完全保险，所以府学教授又找到誊录所书吏阿亮公、受卷所书吏钱灿如，让他们关注周启的考卷情况。那个时候乡试、会试，考生的卷子都要送到誊录所，由书吏进行誊录，使考卷成为统一的文字，犹如现在的打印稿一样，阅卷官仅知道编号，而不知道是何人所做，也不可能辨认笔体，查找卷面标记。受卷所负责收卷子，将试卷按旗分、府分、省分提取号簿比对，将卷中添注及涂改字数贴出并登记于簿，以备磨勘，因此知道考试者姓名。考卷交到誊录所，考生姓名都要糊上，誊录者只知道编号，而不知道姓名。府学教授打通誊录所、受卷所的关节，万一替考的王廷铨马失前蹄，还可以通过关节把考卷偷出来重新写。至于阅卷官，都是朝廷钦点的官员，不容易活动，也不好去活动，因此没有打通他们的关节。

找人替考，又打通关节，所以一切顺利，发榜以后，周启名列在榜，成为顺天府的举人。要想人莫知，除非己莫为。周启在府学，固然可以结交一些狐朋狗友，但真正有学问的人是看不上他的。其中有一个名叫邵文卿的人，自幼聪明颖悟，志大才高，刚刚十六岁就进入府学。常言道，才高难合庸流身。邵文卿自恃有才，对周启这等纨绔子弟，根本就看不上眼，未免有些矜傲之色，再加上他不肯趋炎附势，与周启意气不相投。此次科举，邵文卿原本以为自己取功名如拾草芥，没有想到连字都认识不多、文章写不来的周启高中了，自己却名落孙山。当然恨从心起，便四处打探，得知府学教授为其打通关节，王廷铨给他代考，便一纸诉状，将周启告到顺天府。

周三正为儿子考中举人而庆贺，准备再打通关节，使儿子联捷，一举考中进士，却不想有人将他儿子告了。顺天府府丞李法祖将邵文卿告状之事告诉周三，要他速作打算。周三要李府丞务必暂时将此事压下来，先别让顺天府尹审理，然后由他想办法平息此事。

周三打着步军统领托合齐的旗号，在北京城横行霸道，骗得不少昧心钱，不仅贪财，而且心狠手辣。那个时候去官衙告状，在没有审理之前，无论是原告、被告，都要先关押起来，所以周三找到顺天府司狱司周司狱，要他将邵文卿灭口。作为监狱管理者，要想在监狱中弄死个人，是太容易不过的事情了。如今周三肯出大价钱买邵文卿的命，更何况他们还是本家，所以周司狱满口应承下来。回到监狱就上报邵文卿得病，顺天府尹批准派医生诊治，这些医生都是周司狱的亲信，他们将邵文卿毒死，便上报顺天府说他病故。顺天府再派仵作验尸，仵作也受贿了，并说是因病而死。顺天府便可以让当事人家属，出具甘结，领状埋葬了。一切都是按照程序执行，看似严谨，实际上都是由周司狱掌控。可怜的邵文卿，自以为才高八斗，却因为与一个不通学问的周启争意气，命丧黄泉了。

一切做得都似乎天衣无缝，却不想步军统领托合齐因为太骄横了，引起一些科道官的不满，在上疏弹劾托合齐擅用亲王仪仗时，随便提到他纵奴为恶，讲到周三请人代考，使儿子得中举人之事。对于托合齐的骄横，康熙帝并不以为是，但有人敢在科举中作弊，却是不能容忍的，因此命令议政王大臣严查此事，敕令刑部予以严惩，而恰巧此时，托合齐病故了，周三也失去了靠山，议政王大臣与刑部也就没有什么顾虑了。

案件因没有什么阻力，也容易调查审理。在掌握周三等人的犯罪证据后，刑部等衙门进行会议，拟定罪名。按照《大清律例·吏律·职制》"贡举非其人"条规定，考生只要是有怀挟文字、与人换写文字等行为，都要取消考试资格，革去功名，枷号一个月以后治罪。不能拿获作弊的考场人员，官员罚俸，吏役充军。对于乡会试考试官、同考官及应试举子，有交通、嘱托、贿买、关节等弊，全部予以斩决。刑部考虑交通、嘱托、贿买、关节不是举人周启，而是其父，因此将周三拟为绞监候。周司狱听人贿嘱，将告状人邵文卿灭口，性质恶劣，予以斩立决。从中说事通贿的府学教授等，以及誊录所书吏阿亮公、受卷所书吏钱灿如，都应该予以绞监候。替人考试的王廷铨，予以杖一百、徒三年。问题是主管科场事务的官员如何处置，按照律例应该是不知情者不坐，但也应该承担失察的责任，因此刑部议定予以管理科场事务各官，各自降一级、罚俸一年。拟定之后，具题呈报皇帝。康熙帝批示云：周三、周启身系奴仆，肆行贿赂，紊乱科场大典，情罪可恶，俱著即处斩。……等系专司科场事务官员，怠玩疏忽，不行严察，殊属溺职，著革职。余依议。也就是说，周三、周启这种身为奴仆之人，居然敢大肆行贿，紊乱科场大典秩序，情罪非常可恶，所以应该予以斩立决。那些主管科场事务的官员，虽然不知情，但也玩忽职守，没有进行严察，纯属溺职，全部予以革职。其余的都按刑部所议办理。就这样，周三、周启被押赴菜市口斩首，而协助周三说事通贿的府学教授等，也于秋后予以绞决了。已经死了的步军统领托合齐，也没有逃过制裁，其家全部财产被抄没入官。这正是：

　　一心只想黄金榜，哪管性命难瓦全。

　　自从科举考试出现以后，诸如，买号、雇倩、传递、割卷、怀挟等种种弊端就一直存在。清王朝在沿袭前代科举取士制度的同时，也沿袭了科场弊端。为了杜绝这些弊端，选拔真才，清统治者不仅制定了相当完备的科场条例，而且严厉惩办那些徇私舞弊，特别是交通嘱托、贿买关节的人员，一经发现，全部予以斩立决，其处理之严，打击面之广，为科举制实行以来从未有过的。之所以这样严厉处置，一方面是为了安抚人心，另一方面要建立公正无私的形象，更重要的是，不能使天下人失去对朝廷的信任。康熙帝对于托合齐及其奴仆们骄横，是可以容忍的，因为其影响面小，也威胁不到王朝的统治，但对于科举这种朝廷公典，却从来不会掉以轻心，因为这关系到天下士子之心，若是引起士子不满而闹事，势必会威胁到王朝的统治。孰轻孰重，在康熙帝心里是有一杆秤的。杀两个行贿作弊的奴仆，罢免涉及管理科场事务的官员，而能够稳定住天下士子之心，何乐而不为呢？

偷掘明陵如祖坟

康熙五十五年（1716），北京昌平明皇陵发生了一起偷盗陵墓事件，是一个名叫韩七的人与同伙一起盗掘的。当时看守明皇陵的都是明王朝时期的陵户，子子孙孙忠于职守，看守着皇陵，他们发现有人盗掘，当然不能坐视不理，所以集众将盗墓贼抓获，送交官府处置。当时明王朝已经灭亡七十多年了，作为前朝皇帝陵寝的明皇陵，已经不被清王朝重视。此时大清王朝的根基已经稳固，已经不怕有人公开反对。那么，康熙帝是如何看待明皇陵的呢？对于这伙盗掘明皇陵的盗墓贼又是如何处置的呢？明皇陵被盗掘以后，有没有采取保护措施呢？且从案情谈起。

清入关以后为收买人心，笼络汉族乡绅阶层为清廷效力，下令重新以礼改葬崇祯帝，并且营建思陵地上建筑。顺治十六年（1659），顺治帝曾经到过思陵祭拜，并且申明要保护明皇陵，命原来的陵户世代看守，岁时派遣大臣前往祭祀。毕竟是前代的陵寝，不可能受到特别重视，在官僚政治下，对于皇帝指示也不可能切实执行。康熙十四年（1675），康熙帝经过昌平州，见到"明朝诸陵，殿宇虽存，户牖损坏，附近树木，亦被摧残"。这是在顺治帝下令保护才十几年的时间，明皇陵就如此残破了。见到这种情况，康熙帝当即命令礼部，严饬守陵人户敬谨防护，还要求地方官不时前往稽查。此种口头上的严令，没有财政经费支持，实际上也是很难持久的。正是因为朝廷对明皇陵关注不足，才给予一些盗墓贼以可乘之机。

却说顺天府良乡县，有个盗墓贼，名叫韩七，他祖上就从事盗墓这一行。明王朝轻视蒙古人，也殃及金人，所以对金代的陵墓保护不力。金皇陵在良乡县，韩七的祖上可以依靠偷盗金皇陵谋生。清王朝自己承认与金人有渊源，因此加强了对金皇陵的保护，不但重新修葺地面建筑，还派陵户及官兵加以守护。到了韩七这一辈，再想靠金皇陵谋生，也就不容易了。于是，韩七开始盗掘前朝官宦人家的坟墓，用偷盗的陵墓物品换取银钱，走私地下文物，并且结成团伙。

韩七等人都是盗墓高手。他们如果看上谁家的坟墓，首先是观察坟墓周围是否有沟壑，再看沟壑与坟墓之间的距离，若是在二三里的范围，他们就会趁着黑夜，在沟壑上挖个洞，挖二三十丈长以后，就不再向外运土了，然后再趁无人的时候，潜入洞中，手戴铁指甲，往后刨土，在洞上部留有半尺左右的通风口，一直往墓的方向挖去，直到偷到陵墓中的财宝之后，再顺着原洞往回挖土，最终再从沟壑洞口出来。这样做，在地面的坟墓上面不留任何痕迹，谁也看不出坟墓被盗。这件事说起来容易，做起来是极难的。那个时候没有定位仪，在漆黑的洞里如何辨别方向呢？二三里距离，如果位置偏离，就不会挖到坟墓。盗墓贼完全凭自己目测，然后凭着感觉去挖，如果没有十年以上的功夫，是万万做不到的。

偷盗一般官宦的坟墓，所得陪葬物品不多，不但很难发大财，还有可能被人家发觉，如果告到官府，处置就严重了。按照《大清律例·刑律·贼盗》"发冢"条规定，凡发掘（他人）坟冢见棺椁者，杖一百流三千里；已开棺椁见尸者，绞（监候）；发而未至棺椁者，杖一百，徒三年。招魂而葬亦是。若冢先穿陷及未殡埋，而盗尸柩者，杖九十，徒二年半；开棺椁见尸者，亦绞。其盗取器物砖石者，计赃，准凡盗论，免刺。也就是说，只要是挖掘别人的坟墓，见到棺椁，就杖一百、流三千里；若是见尸，就要处以绞刑。即便是塌陷的及未埋葬的棺椁，如果被挖掘与偷盗，至少也要杖九十、徒二年半。偷盗陵墓器物，哪怕是砖石，也要计赃量刑，可以说处罚很重。按理说祖坟是自家的，后代如何处置是他们自家的事情，但该律例规定，子孙盗挖自己家的祖坟，是要被判斩刑的。因此，那个时候盗墓就是掉脑袋的事情，要不是亡命之徒，是不会以此为业的。韩七能够世代相传干盗墓这一行，可见他既身怀盗墓绝技，又是个亡命之徒。

韩七等人深知明皇陵埋藏众多珠宝，前朝看管很严，不可能被盗掘，但还是打起偷盗明皇陵的主意。明十三陵坐落于天寿山麓，总面积一百二十余平方千米，地处东、西、北三面环山的小盆地之中，陵区周围群山环抱，中部为平原，陵前有小河曲折蜿蜒，山明水秀，景色宜人。如今明十三陵成为世界文化遗产，受到重点保护。现代的陵寝建筑，虽然不如明代那样金碧辉煌，却也是在历经沧桑之后，得以幸存的，弥足珍贵。

　　却说韩七等人游览明皇陵，观察地形。从盗墓的角度来看，长陵是最难盗发的，因为其在陵区之上方，四处没有沟壑，即便是有，离陵墓的距离也太远，很难从旁边挖掘进去，而一般的盗墓贼，也不敢明目张胆地在陵上挖掘。明代在嘉靖时期最为奢华，官员都盛行厚葬，想必嘉靖帝的陵陪葬品最多，因此韩七等人盯上了嘉靖帝的永陵。

　　永陵位于阳翠岭南麓，营建于嘉靖十五年（1536），历经十余年才告竣，其规模仅次于长陵。那时候的明永陵虽然还有陵户看守，但清廷仅仅免除陵户部分赋税的待遇，已经不再给予什么补助了，所以陵户要靠自己种植瓜果梨桃等维持生活，平日里最多是轮流派人打扫一下，清除一些杂草而已，也不可能尽心尽力，因为官府很少管理此事，即便是偶尔来查看祭奠，也是走马观花，不可能仔细检查。见到明永陵的陵户不太用心守护，官府也很少来，韩七等人便锁定了这个目标。

　　他们勘察地形，决定从阳翠岭开始挖掘，此处离陵墓也就五六里地，韩七等人认为最多用半个月的时间就能挖到陵墓底下。只是韩七等人高估自己的能力了，阳翠岭是座灰石山，用铁手指根本挖不动，需要用钢钎铁锤，动静也就大了。

　　他们白天勘察好地形，黄昏时候潜入阳翠岭，开始他们还可以用镐头、铁锹来挖，动静还小，守陵的人们也没有察觉。过了几天，洞里的石头太坚硬，韩七等人只好使用钢钎铁锤。在荒山野岭的寂静深夜，有一点动静就能传得很远，忽隐忽现的钢铁碰击声，引起陵户们的警觉。一连几天，陵户们都听到钢铁碰击的声音，觉得有些蹊跷，他们便聚集在一起商议对策，决定组织所有的陵户丁壮，到陵区四周仔细搜查。有人在阳翠岭

发现一些新发掘的土石，便告诉村长。村长当即带人沿着新土石的痕迹寻
找，发现韩七等人开掘的盗洞，于是将盗洞堵住，找些柴草在洞口烧了起
来，用烟将韩七等人熏了出来，全部予以拿下，共计五人。村长也不便处
置，便将韩七等人全部捆缚起来，押赴昌平州，交与官府处理。

若是一般盗墓，知州按照律例予以拟罪，申报上司，就可以定案，而
如今所盗乃是明皇陵，当今朝廷还有祭祀先朝皇帝陵的礼节，每年都派遣
大臣来祭祀。虽然大臣很少到永陵来，但毕竟也是先朝皇帝陵，不能按照
一般盗墓贼来量刑定罪，所以昌平知州立即申详顺天府，将人犯分别关押
在单间牢房，以防止他们逃脱。韩七果然是一身好本领，居然在夜间挖个
洞逃跑了。这也怪陵户及衙役们，他们没有仔细搜身，使韩七得以用铁指
甲挖洞。昌平知州觉得事态严重，急忙再写申文，派快马送到顺天府。

顺天府尹怕承担罪犯越狱的责任，便嘱咐来人，让他告诉昌平知州，
就说捕获偷盗明皇陵的贼犯，贼首韩七已经脱逃，并不是从昌平州狱中逃
走的，这样可以推脱责任。昌平知州心领神会，再写申文，将陵户捉获盗
墓贼，而盗首韩七先已经闻风逃跑了，目前正在通缉，限期将其捕获的事
情申报。

顺天府尹接到昌平州的申文，便报知刑部，请求如何处置盗墓贼。刑
部按照《大清律例·刑律·贼盗》"发冢"条规定，予以从重拟罪，将为
从之王五等人，拟为绞监候，秋后处决。本来按照律例规定，发掘历代帝
王坟墓的从犯，予以发配充军，刑部认为挖掘明皇陵罪更大，所以将从犯
加等拟为绞监候，并且声明是从重。对于为首之韩七，因为正在脱逃，等
到捕获之日，另行定罪。拟罪完毕，具题上奏。

康熙帝看到题奏，认为这些百姓以前都是明王朝的百姓，为什么要盗
挖明皇陵呢？岂不是挖他们自家的祖坟，因此下旨云：偷掘先朝陵寝，即
与掘伊祖父坟墓相同，韩七着该管官严缉务获，获之即处斩。王五等从犯
着立绞。也就是说，这些罪犯偷偷挖掘明皇陵，就是等于挖掘他们家的祖
坟，因此要予以从重处罚，即便是从犯，也是绞立决。韩七被捕获以后，
立即就可以处斩。

明王朝已经灭亡七十余年，许多人已经不知道明王朝是什么样子，但在还有民族歧视的康熙朝，因为满族人的骄横，致使汉族人还时刻怀念明王朝，也叮嘱子孙，不要忘记过去。如今居然敢有人偷掘明皇陵，如何不引起广大汉族人的痛恨，所以当官府张榜通缉韩七的时候，大多数人都予以关注，莫不切齿痛恨。

却说韩七从昌平州监狱逃出来，餐风饮露赶回良乡，却没有想到良乡已经传开，是韩七偷掘明皇陵，人人恨得咬牙切齿，四处寻找他，要将之送官法办。韩七知道自己难以在良乡居住了，便趁夜间偷偷溜回自己的家中，带上一些盗墓所得的珍宝，准备外出躲避，却没有想到通缉他的文书已经发到直隶及山西了。有几次，韩七在住宿吃饭的时候被人认出，告官抓捕的时候，他侥幸逃脱了。从此韩七再也不敢明目张胆地住宿吃饭，只有晓行夜宿，在山野里歇宿。盗墓的人，吃这些苦并不算什么，但他万万没有想到在山野之中，居然会有人把他认出来，因此如丧家之犬一般，到处藏躲。韩七来到娘子关，见关口张贴通缉他的榜文，上面有他的画像，当然不敢冒失过去，便打算趁着黑夜翻山越岭爬过关口。没有想到自己被一个放羊娃发现，告知守关的军士，将他从山洞中抓获，由当地官府衙役及营兵一起，将之拿押回顺天府，一路上不断有人对他唾骂。有皇帝的批示，不用再审讯，直接押到菜市口问斩，围观者无不称快，由此可见当时的人们还没有忘记明王朝。

康熙帝不遵守律例规定，采取律外用刑，将偷掘明朝陵寝的罪犯全部立即处决，是有通盘考虑的。在他批示立即处决偷掘明朝陵寝的罪犯以后，曾经对诸皇子及领侍卫内大臣等语重心长地说，先帝曾经以礼安葬了明崇祯皇帝，还念及太监王承恩尽忠，让大学士撰写碑文，将之安葬在崇祯皇帝陵侧。对于明王朝其他皇帝的陵寝，先帝也亲自洒酒祭奠，并且命令人进行看守，以后年年予以祭祀，已经成为国家制度。最近拿获了偷掘明代陵寝之贼，刑部按照律例，将为从者拟以充军发遣。朕思，今日之百姓，皆明代所遗之百姓也，此与掘伊祖父之墓何异！因此发下谕旨，将首从诸贼，俱行处死。但明代诸陵年久，或看守之人不谨，亦未可定。尔等往各陵祭奠，务详细查明具奏。在明皇陵被偷掘之后，康熙帝不放心，所以派遣诸皇子及领侍卫内大臣前往祭奠。

一个改朝换代的二代皇帝，还这样关心前朝皇帝陵寝的情况，岂不是值得称道的事情，所以在诸皇子及领侍卫内大臣祭奠明皇陵回来，礼部具题，请将此事"宣付史馆"，载入史册，以传永远。康熙帝当即下旨云：明朝十三陵，朕四十年前曾经亲往，今已多年，恐看守人等疏忽，陵寝或有毁坏之处，故遣诸皇子等往奠。据回奏云：宫殿与一切屋宇，修葺坚整，历年虽久，毫无动坏。看守人等，亦俱谨慎。此所奏，已知之。也就是说，康熙帝四十年前曾经到过十三陵，当时殿宇虽存，户牖损坏。附近树木，亦被摧残。经过康熙帝的申饬，如今已经有了较大的改观，正因为如此，韩七等人的偷掘才没有成功。这正是：

俙思一代帝王盛，更有青山挂朝晖。

此案看起来是一件普通的盗墓案件，即便是偷盗皇陵，因为不是本朝的皇陵，也自有律法规定在，刑部按照律例规定予以拟罪。作为皇帝，一般以"知道了""如部议"的批示即可，用当时的术语，叫作"从之"。康熙帝没有简单地从之，是有他的长远考虑。康熙帝认为今天的老百姓，都是明代所遗留下的老百姓，他们挖掘明皇陵，就是挖掘他们的祖坟，所以在现行的律例基础上，予以从重处罚，全部予以立决，并且派皇子们前往查看明皇陵的情况。之所以这样大张旗鼓，就是向天下宣示，大清王朝不但是大明王朝的合法继承人，而且是满汉一体，进而争取广大的汉族民众支持，消除汉民族的独立意识，以使大清王朝能够长治久安，因此康熙帝对此案处置的意义重大。从韩七潜逃，处处遭人围捕，最终没有逃脱法网的情况来看，这种众人参与缉捕罪犯，在清代是非常罕见的，也可见明王朝在百姓心中的地位。康熙帝以此案因势利导，对消除满汉民族的隔阂起到促进作用。康熙帝的治国理念与在具体案件处理上的主见，不但产生深远的影响，而且影响到他的继承者，实为盛世开创之君。

模范老农成恶霸（上）

清代自实行滋生人丁永不加赋，也就是免去人头税以后，人口得以迅猛增长。雍正帝即位之时，已经出现耕地缺少、粮食不足的问题。为了解决民生，雍正帝大力发展农业，责令督抚以课农为主，并且下令在每乡选择一两个勤劳苦作的老农，予以嘉奖，而且每个州县选择一个优秀老农，给予八品顶戴荣身，让这些老农宣讲农业生产经验，以期推动全国农业的发展。没有想到实施几年以后，这些老农大部分都成为豪强地主，不但没有促进农业发展，反而加剧两极分化。模范老农为什么会成为豪强地主呢？为什么会加剧两极分化呢？仅以一个案例来分析。

雍正二年（1724），雍正帝发布谕旨云：我国家休养生息，数十年来，户口日繁，而土地止有此数，非率天下农民竭力耕耘，兼收倍获，欲家室盈宁，必不可得。也就是说，清王朝经过几十年的发展，人口大幅度增加，而土地却不能够扩展。要想解决人口与土地的矛盾，只有提高生产能力，大幅度增产，才能家给人足。如何才能够实现这个目标呢？雍正帝要求督抚们大力发展农业，凡是妨碍农业发展的政策与设施都予以废除。房前房后，荒山旷野，都要根据土宜合理种植经济作物，再从每乡选择一两个勤劳苦作的老农，优其奖赏，以示鼓励，以期做到人尽其力，地尽其利，如此"不惟民生可厚，风俗亦可还淳"。不久又责令督抚们，在每个州县，择取一名老农之勤劳俭朴，身无过举者，给予八品顶戴荣身，以示鼓励。于是，以劝农为首务，一场大规模发展农业生产的运动，也就由此展开了。

却说在河南省卫辉府获嘉县某村有个农夫，名叫祝其嵩，刚刚三十岁，上有老下有小，中间有兄弟，一家八口，全靠家里的二十几亩旱田过活。农家靠土地为生，这二十几亩旱田全靠他和两个弟弟耕种。小农人家，男耕女织，寡母和妻子在家织布，再养上几只老母鸡，圈上两头母猪，是古代理想的"一人耕，九人食，乐且无饥"的田家生活，完全可以过上无忧无虑的生活。话又说回来了，谁人不想过上更好地生活呢？钱多粮食多，也是农夫梦想的事。

俗话说，人勤地不懒。庄稼一枝花，全靠粪当家。除了人勤粪足，庄稼离不开水。获嘉县地势平坦，黄河、海河两大河流也流经其地，境内还有大狮涝河、大沙河、西孟姜女河等，但祝其嵩所住村庄难得其惠，土地基本上靠天吃饭。祝其嵩为了解决水源问题，兄弟几个一起在地头打了井。为了解决粪源，除了家里的猪圈以外，兄弟几个在村头村尾搭建了几个厕所，免费向人们提供草纸。在自家的房前房后，种了一些桑树、枣树，地边也栽上桑树，养上几箔蚕，自家缫丝、织布。一家男女齐上阵，可谓人勤、地肥、水足，因此他家田里的产量至少比别人增加一倍。

雍正元年（1723）十二月，获嘉县一连下了三场大雪，这是瑞雪兆丰年。祝其嵩家里的田地正好种植小麦，腊雪培元气，把麦根培植得根牢蒂固。到了雍正二年（1724）正月，又下了三场时雪。大雪如被，也保证开春田地水足。刚到清明，麦苗已经长得一尺有余，甚是茂盛。祝其嵩兄弟又在麦陇之间播种玉米，按时除草。过了四月，麦苗已经齐腰，麦穗长得四寸余。一根麦穗有六十粒麦子，就是十分的好收成，祝其嵩家的麦穗多的有八十余粒，少的也有七十余粒，肯定是个大丰年。雨雪足，桑枝长得也好，祝其嵩家增添至三十箔蚕，桑叶不缺，蚕食充足，结成蚕茧，都是上茧。所谓的上茧，蚕丝长度达一千米以上，强度好，伸度佳，用它做成的任何产品，都是光泽如珍珠般自然美丽，当然价格就高。

老天助人也害人，到了农历四月二十前后，麦子有七八分熟的光景，却下起雨来。雨大的时候，无夜无明，倾盆如注。雨小的时候，也是稀稀拉拉不住点。这是阴雨连绵，农令有云，撺火秀麦也要雨，拖泥秀谷也要晒。淫雨不晴，麦子连秸带穗都会沤烂，而蜀黍、棉花、黍、稷、谷、稻之类，被水所浸，也难生长。眼见得夏麦不收，秋禾绝望，农家只有哀声怨天。祝其嵩兄弟不甘到手的丰收失去，兄弟齐心，冒着大雨给田地排水，保住庄稼不被水浸，挨过淫雨，便是艳阳高照。过了几日，麦子收割，祝其嵩家依旧是个丰年，而其他庄户人家可就惨了，麦子沤烂在地里，恶臭四溢，其他作物也被水冲得十不余三。原本指望大丰收，却不想阴雨连绵，一下变得奇荒极歉。富者凭借积蓄，尚可度日；贫者家无担石之储，忍不住饥饿，就要典当衣裳，出卖儿女了。在无可奈何的情况下，百姓们只好成群合伙，向县衙门呈递灾伤状，请求官府减免税收，发粮赈济。

河南总督田文镜一直是向雍正帝报喜不报忧的。省里出现一些好事，诸如拾金不昧、尊老爱幼、贞节妇女，一定是广为宣传，要皇帝及全国都知晓；要是省里出现坏事，诸如强盗打劫、图财害命、水旱蝗灾，就勒令下属保密，特别是不许让皇帝知道。如今发生这样大的灾荒，田文镜如何肯上报呢？既然隐瞒了灾荒，钱粮自然要照旧征收，朝廷也不会发下赈济粮款。为了交纳赋税，州县官们只好勒限责比。五日一限，交纳不上，便拶子夹棍一起上。百姓们如何惹得起这些虎狼呢？宁可是忍饥饿死，也不敢拖欠官粮。能够交上皇粮的，即便是卖儿鬻女，拆房典地，也还算是喘得气的人。交不上皇粮的穷人可就惨了，先是被官府拿去，打顿板子，再勒限缴纳。再交不上，就将两三个人连枷起来，棒疮举发，又没饭吃，十个定死五双。穷人倒霉，保甲长们的日子也不好过，本保甲完不成皇粮任务，也要被官府拿去打板子。获嘉县成为人间地狱，满眼里看见的，不是戴枷的花户，就是拖锁的良民；不是烂腿的保甲长，就是枷死的残尸骸。

祝其嵩看到本村百姓受此之苦，于心也是不忍，便找到保长，得知本村尚欠皇粮一百零三石，便盘算起来。自家二十几亩地所收粮食，不过五十余石，好在今年蚕丝价格甚好，卖了好价钱，若是买粮，也能够得到六十余石。若是替本村百姓交纳，所余粮食也够一家八口挨到秋收，按照三分利，既可以免去村民眼前之困，又可以期待来年之利，还有可能得到官府的褒奖。算计已定，祝其嵩告诉保长，自己愿意为本村百姓交纳皇粮，来年若是丰收，百姓再还不迟。保长见有人能够解困，不由得大喜，星夜赶往县城，将此事禀报知县。知县果然高兴，当即批准，并发布告示。略云：祝其嵩节衣缩食，搜括累年藏贮，愿代穷民以完正额，乞将欠户释放。本县据此义举，合亟行晓谕，为此示仰保甲税户人等悉知：既有祝其嵩为尔等代输粮米，此后免行赴比，倘尔民良心不死，明岁收成，照数还补，以无负该民好义之美。特示。

获嘉知县将此事上报总督，田文镜闻之大喜。日前皇帝刚刚下旨，让各州县择取老农，给予八品顶戴荣身，并且树为模范，以传授农经，促进农业发展。祝其嵩在众人皆受灾害之时，自己田地依然能够丰收，想必务农非常有经验。能够在灾荒之时，替村民交纳皇粮，想必深得民众爱戴。这完全符合皇帝选择"老农"的标准，所以田文镜指示获嘉知县，将祝其嵩选为"老农"，送到省城，本督亲自接见，然后行文吏部，请授予祝其嵩八品顶戴。

祝其嵩家世代务农，从来没有出现过一个当官的，如今代村民交纳了一百零三石粮食，朝廷居然授予他八品顶戴，这可是天上掉下来的馅饼，所以喜不自胜。但又一想，自己就是个农夫，如今要到省城去见总督大人，万一失礼，惹总督大人生厌，岂不是性命难保？古人云，祸兮福所倚，福兮祸所伏。这天上掉下来的馅饼，不知道是好事，还是坏事。

且不说祝其嵩心里打鼓，获嘉知县也心里不安，他深知田总督对待下属十分严厉，稍不如意，就马上参奏，而当今圣上非常信任田总督，所请必允。此次选择一个村农为老农，授予八品顶戴，还要送省面见总督，若有闪失，这个村农被褫去顶戴事小，自己因此丢官事大。为了以防万一，获嘉知县把祝其嵩请到县里，亲自教授他面见总督的礼仪，嘱咐他哪些可以讲，哪些不可以讲，反复叮嘱演练了近半个月，总算没有什么问题，才将祝其嵩送到省里。

经过培训的祝其嵩，果然不负所望，拜见知礼，对答有方，田总督非常满意，就令祝其嵩到本省所属各个州县去宣讲农业生产经验。祝其嵩如释重负，遵照田总督的指示，开始巡行各州县宣讲。最初祝其嵩非常紧张，因为农家那点活计，谁人不知，何人不晓。人勤、肥足、水足，耕种以时，除草施肥恰当，诸如此类，是个农民都懂得，宣讲这些有什么用呢？最初祝其嵩是这样宣讲，但听者不是官员，便是保甲长，真正的农民没有几个，更何况没有体现皇帝谕旨精神，岂不是有负圣上爱民之意，辜负田总督要本省百姓都成为良民的期望，所以又对祝其嵩反复开导，并且许给很优厚的宣讲费。在官场混了小半年，祝其嵩也逐渐精通官场之道，每次宣讲，先恭读上谕，再陈述田总督的精神，主恩宪眷，满口常称颂，总以教化风俗为先，至于农业生产经验，那只不过是茶余饭后，与宴请他的官员们谈笑之资，也都不是什么正经经验，都是农村趣闻。什么老母猪一产二十崽，奶水不足，以羊奶喂之，最后小猪学会羊叫。老母鸡不下蛋，必须找凶猛好斗的大公鸡，母鸡们为了争宠，就会不断产蛋。田地里有田鼠，要在秋收以后去挖田鼠洞，那个时候不但能够得到田鼠洞里的粮食以喂猪羊鸡鸭，还会把田鼠气死，因为田鼠气性大，丢了粮食，觉得无以为生，就会自杀。哪里有什么农业生产经验，却成为祝其嵩骗吃骗喝骗钱的本领。就这样，祝其嵩遍历本省各个府县，而其他省份的督抚得知田文镜深得雍正帝的宠爱，为了讨好田文镜，也请祝其嵩到他们省里去宣讲。一个在河南的农民，连水稻都没有见过，到江南去讲农业生产经验，能够讲出什么呢？不过是走走样子，显示地方官们如何重视农业生产而已。

就这样，祝其嵩巡回宣讲了近三年，到过大半个中国，游览无数名胜古迹，不但吃遍各地名菜，而且所得酬谢银居然有数万两之多，一下就成为获嘉县的首富。凭借他宣讲赚来的钱，以及八品顶戴身份，他开始购买土地，放高利贷。不但建起深宅大院，还豢养数十名打手，从此逼债讨租，欺男霸女，无恶不作。他身穿官服，出入衙门很自由。俗话说，官府不打送礼的。祝其嵩把银子送到衙门里，凡事都有官府保护，再加上全国巡行宣讲，认识许多头面人物，又是总督田文镜树立的模范，官府也乐得巴结，与之称兄道弟，凡事都照顾他。有了官府为后台，他便可以横行无忌，奸小奉之如神明，百姓畏之如强盗，真成了《水浒传》里的祝家庄，不但有良好的政商关系，还有家族式的黑帮势力。

祝其嵩妻张氏，其家也是个农户，原本是门当户对。一个农家的女子，哪里懂得什么风情，再加上生得不漂亮，张氏不黄不白的头发，也不用心打理。她穿着一双男人鞋，走起路来也不跟脚，一蹭一蹭的，有如八十岁的老太婆。整日里喂猪养鸡，一身鸡屎猪粪味。按理说张氏是个勤劳的妇女，在祝其嵩没有发迹的时候，支撑全部的家务活，八口人的饭食，五头猪的饲料，采桑养蚕，缫丝织布，每一件都需要张氏来打理。如今祝其嵩发迹了，张氏本应该也享清福了，但她穿不惯绫罗绸缎，吃不惯山珍海味，戴不惯金银首饰，就喜欢干家务活，这对已经发迹的祝其嵩来说，是难以容忍的。常言道，糟糠之妻不下堂。张氏当年嫁过来，祝家还很贫困，经张氏用心操持，家里才有起色，如今祝家发达了，也不能抛弃发妻。按照《大清律例·户律·婚姻》"出妻"条规定，妻有三不去，即与更三年丧，前贫贱后富贵，有所取无所归。也就是说，妻子娶过来为公公婆婆服过三年丧，男方是不能离异的；娶妻的时候贫贱，后来富贵了，男方是不能离异的；妻子娘家没有人了，男方也是不能离异的。张氏这三件事都具备，祝其嵩再不喜欢她，也不能离异。若是离异，至少要被杖八十，官府还要裁定赡养终身，更何况张氏还为祝家生了儿子，祝其嵩哪敢想出妻之事呢？

祝其嵩不能出妻，又不喜欢她，如今有钱了，又有了八品顶戴，纳妾是合法的。好在张氏贤惠，不与他计较，居然听任他纳了四个妾。祝其嵩虽然没有读过什么书，却也羡慕读书人。时人称他有两大嗜好：一是溺于女色，所以见到俊美妇人，不论是处女寡妇，他都不肯放过。二是敬佩读书人，只要是有些文采，他都欣然起敬。于是，他在家里开设了一个文馆，招纳所谓的贤才，让他们读书，教授孩童，月给生活之资。

古人云，文人无行，是指那些喜欢玩弄文字而品行不端正的文人。这种文人也可以称为"马屁文人"，在权贵面前，天生一副贱骨头。为巴结讨好上司，不惜昧着良心说假话，惯于粉饰太平、歌功颂德。这样的文人在古代比比皆是，他们为了生存，乃至于过上更好地生活，还不能对他们过分苛责。如果是文人无耻，那就可怕了。文人无耻为权贵出谋划策，不但害国，而且还害家害人。

且说祝其嵩延揽的文人当中，有一个名叫蒋公度的人，在县里是个生员，因为自幼失教，染上一身坏毛病，吃喝嫖赌，样样都喜欢，把祖上留下的产业，没有几年就花费罄尽。一无所长，难以为生，就干起包揽词讼的活计。凭着生员的身份，为人打点衙门，书写诉状。得知祝其嵩招纳贤才，便凭着他那张能谈天说地的嘴，以及不知抄改哪位古圣贤的诗文印成的诗集，居然进了祝其嵩的文馆，每个月可以获得二两银子，也算是衣食不愁了。如果蒋公度老老实实地在文馆里研读，也有可能考个举人，混个前程，但他无耻图谋，如何肯用心读书呢？当他知道祝其嵩有两大嗜好的时候，不由得心中大喜。这正是：

近朱原本能变赤，近墨更会就成黑。

大凡无耻的文人，有一分文采，能够显示出十分；有三分容貌，便有十分风流。他们考场上不得意，情场上常失意，但有一种邪心，弄奸作弊，淫占他人妻女，却是一把"好手"。

模范老农成恶霸（下）

　　祝其嵩成为模范老农，在官场上染上恶习，回到家中买地建房放高利贷，结交官府，为非作歹，逐渐成为恶霸。他假装斯文，开设祝家文馆，延揽了一些无行无耻文人，而无耻的生员蒋公度，在了解了祝其嵩的嗜好以后，便想到投其所好，把祝其嵩拉下水。蒋生员用什么手段能使祝其嵩乖乖就范呢？被拉下水的祝其嵩又干了些什么坏事呢？面对这样一个模范老农堕落成为一个无恶不作的恶霸，总督田文镜是如何处理的呢？雍正帝又是怎样看待的呢？

　　却说生员蒋公度，得知祝其嵩有溺于女色的嗜好之后，也就留了心。有一天，蒋公度为人办理词讼，到县衙门找人去打点，在途经一口老井的时候，看到一名女子正在井栏边打水。远远望去，那女子体态轻盈，婀娜多姿；窈窕飘逸，犹如仙子临凡；丰姿绰约，有若天仙起舞。见到此况，蒋公度心不由得为之一颤，便走上前去近看。只见那女子，脸若桃花，恰似芙蓉笼雾；两弯眉黛，有如春山含绿；明亮双眸，恍若盈盈秋水；云鬓蓬松，更显天然媚丽。真是风流出众，风采焕然，绝世美娇也。蒋公度想上前去搭讪，却不想那女子当即挑起水桶，头也不回地走了。蒋公度怎肯放过，便跟在那女子身后，眼见着她走入一家用柴草扎成的院子，院里有三间草房。女子进了草房，再也不出来，蒋公度望眼欲穿，也无可奈何，便向四邻打听这是谁家。得知乃是农夫董明绪的家，那个女子名叫若兰，如今已经十八岁了，许配新乡的赵君甫，双方约定，明年过门。

　　蒋公度了解到董若兰的底细之后，先到县衙门办事，然后回到祝家文馆，恰巧见祝其嵩一人在文馆自斟自饮，好像有什么不愉快的事情。蒋公度早就探知，祝其嵩昨日因为给小妾买了新衣服，却忘记给正妻张氏也买一件，因此夫妻斗嘴，张氏急了，还把祝其嵩的脸抓出一道血痕。这要是以前，祝其嵩有一把力气，张氏如何是他的对手，现如今他成为模范老农，已经多年没有干过农活了，更是沉溺于女色，早已经不是当年之勇了，要是打架，绝对不是张氏的对手。

蒋公度见祝其嵩一个人喝闷酒，便凑上前去，与之一起饮酒。蒋公度的一张嘴，把死人都能说活了，也最会揣摩别人的心理。顺水推舟，奉承色笑，总会让人开怀一笑；因风吹火，信口雌黄，专会怂恿别人干坏事。见话说得投机了，蒋公度便把董若兰的美貌添枝加叶地夸奖一番，直说得一笑倾人城、再笑倾人国的李夫人都失去了颜色。天生丽质难自弃，回眸一笑百媚生的杨贵妃也少了风采。使祝其嵩听得目瞪口呆，直流口水，恨不得即刻就看到董若兰。

蒋公度答应带祝其嵩去探看，而祝其嵩却急不可耐，即刻就要去。两个人便一起来到农夫董明绪家，假借讨水喝，进了院子，只见董若兰迎了出来，问他们要做什么？这一举一动一说话，真是杏疏雨，柳摇风，无非红紫芳菲；百舌巧，莺语娇，好似笙簧迭奏。祝其嵩看到董若兰，又听到其娇媚的声音，魂都被勾去了，如何能够答话？还是蒋公度见过世面，献出殷勤，说明来意，一是想讨碗水喝，二是想一睹姑娘的芳容，想用言语调戏，却不想董若兰是个贞烈女子，如何能让这两个恶人调戏，顿时高喊起来，村众纷纷赶来，把蒋公度、祝其嵩二人围了起来。这时董明绪赶到，他认识模范老农祝其嵩，这是获嘉县的名人，田总督亲自接见，到许多省份去宣讲，如今是八品官服可穿，高头大马可骑，已经是今非昔比了，有钱有势，一般百姓谁敢沾惹他。

董明绪认出祝其嵩之后，便向村民们讲："这是模范老农祝大人，你们都应该听说过。祝大人现在已经是咱们获嘉县的首富，有的是银子，有的是地，连县太爷都与他称兄道弟。不知道祝大人为什么到了寒舍，是路过呢，还是专门来看望我们，向我们宣讲农业生产经验呢？小女不知，多有得罪之处，还望祝大人海涵。"

董明绪这一番话，既怕祝其嵩恃强要横，又怕村民不知厉害，万一打了祝其嵩，自家肯定要倒霉，更重要的是给祝其嵩台阶下，这样就可以息事宁人了。果然祝其嵩听出门道，便说："我和蒋秀才到县里办事，路过此地，讨口水喝。蒋秀才年轻不懂事，说了些不该说的话，让令爱恼羞成怒，喊来众人。都是我们的不是，董大哥大人大量，原谅蒋秀才吧！"祝其嵩把自己的责任推得一干二净，蒋公度只好打拱作揖赔不是，使村民们都离去，然后脱身离去。

虽没有占得董若兰一点儿便宜，还险些被村民们一通殴打，祝其嵩与蒋公度如何能咽下这口气，陷害董明绪，夺走董若兰，便成为他们的心事。俗话说，不怕贼偷，就怕贼惦记。祝其嵩与蒋公度既然惦记上董若兰，总能够找到机会。先是蒋公度发现董明绪因为母亲去世，借了一笔官债，历年已经还过本利，还有一些债尾没有还清。什么是债尾呢？也就是负债的一些零头，通常债主是可以免去一些零头，以示大度。董明绪就想免去这些零头，却不想官家账目，不能容你欠少分毫，还是逼迫董明绪还钱。按理说这也不是什么大事，但在蒋公度眼里，是可以大做文章的事情。

蒋公度将此事告知祝其嵩，要他疏通官府，将讨债的事情揽过来，请祝其嵩派打手，自己亲自去办理，保证让董明绪乖乖地把女儿董若兰送到祝家，来当五姨太。祝其嵩听到可以得到董若兰，如何不答应，当即到县里官钱局，把这笔债尾的事揽过来，并且得到官钱局的印纸，使讨债就具有了官方的性质。一切就绪，祝其嵩派二十名打手跟着蒋公度去讨债。

打手们将董明绪捆了起来，声言要送官法办。董明绪挣扎，哪里敌得过这些凶恶的打手。若兰见父亲被捆，就向街坊四邻求救，来了几十个人，一看他们带有官印纸，也不敢用强，只是为董明绪求情。若兰拉着父亲不放手，这时候蒋公度出来，挥掌就打了扭住董明绪的打手几个耳光，打得打手们只好放开手。蒋公度喊道："朗朗乾坤，还有没有王法！纵然董大叔欠下官债，也不应该如抓强盗一般，动不动就把人捆了。本人是个生员，连县太爷都要尊重几分，尔等要是用强，我和你们到县太爷那里讲理去。"打手头说："蒋秀才，你不要管这闲事，要知道欠债还钱，天经地义，到官府也容不得你不讲理！我看你还是让开，让我带董明绪见官。"
蒋公度说："我蒋公度不过是一个穷书生，也不想与官府作对。其实我蒋
某也不怕见官，只是这欠债小事，弄得沸沸扬扬的，不但伤了和气，也给
县太爷添麻烦，终究是两败俱伤。以本秀才的意思，不如私了。今天本秀
才做东，到城里聚贤楼饭庄，与你们共同商议这钱债的事情如何？"打手
头没有言语，而董明绪急于解困，便说："有蒋秀才做主，我愿意私了，
你就安排吧。"众邻居也怕惹事，便纷纷赞同。

　　蒋公度带着一帮打手及董明绪，还有几个德高望重的四邻，一起来到
聚贤楼饭庄，摆上三桌酒席。打手头说："只是古语说得好，还债须还债
尾巴。这项债负必须还清，取回借契，才能够终局。"蒋公度说："这事好
办，本秀才自会到官局去说合，你们且先喝酒吃饭，饭后各自回去，听我
的好消息吧！"于是这些人推杯换盏，尽欢而罢。

　　次日午后，蒋公度来到董明绪家，拿出借契说："我今天到官局走了
一遭，见借契还欠银十一两七钱，凭我的面子，他们可以清除尾欠，再加
上昨日的宴席花银一两二钱。我想这尾欠不还，终非了局，更怕他们过后
不认账，也唯恐董大叔一时筹措不及，所以就从祝财主那里借了银子，替
你把借契讨回。这是借契，董大叔看看有什么问题吗？"董明绪接过借契
仔细查看，确实是原契，便将之撕掉说："蒋秀才果然是热心人，我是个
穷人，只有一个女儿，每每被人欺侮，若不是蒋秀才庇护周旋，岂能够免
去被人鱼肉。这些银子我一定加利还你，今日让小女弄几个菜，我这里刚
好有一坛好酒，一起喝酒如何？"蒋公度说："银子还不还，什么时候还，
这都是小事，只是我向祝财主借银，尚少个中人，不知道董大叔是否愿意
做中呢？喝酒就不必了，我还有事要办，这酒等将来再喝不迟。"董明绪
哪里知道这是计谋，便答应做中人，在借契上按了手印。原来蒋公度知道
董明绪不识字，假意让他做中人，实际上是让董明绪成为借钱人，其债权
就转到祝财主那里。董明绪被蒙在鼓里，还以为自己遇上天大的好人。

　　过了两个月，祝其嵩上门讨债，董明绪才知道上当，再找蒋公度，哪
里找得到他的踪影。董明绪说自己没有欠债，也从来没有和祝其嵩打过交

道，就把祝其嵩赶出家门，却没有想到过了两天，县里派来差役，把董明绪抓进监狱，逼讨钱债。此时，家中只有董若兰，既要按时给父亲送饭，又要照顾地里的庄稼，婚嫁的事情也就延期了。

董明绪进了监狱，董若兰一个人在家，蒋公度认为机会来了，就让祝其嵩前往逼娶。蒋公度惯会包揽词讼，早就写就一张婚约，托狱卒交给董明绪，说是县太爷审讯记录，要他签字画押。董明绪不认字，又迫于狱卒的虎威，也只好画押。有了婚书为凭，祝其嵩娶董若兰为妾便成为合法的了。祝其嵩带着婚书前来，街坊四邻即便是怜悯董若兰，也毫无办法。此时的董若兰既怨恨父亲把自己卖了，又怨恨蒋公度骗了他们父女，如今父亲身陷囹圄，自己孤女无助，祝其嵩又来逼婚，其刚烈之性起，拿起一把镰刀，放在自己的脖子上，要祝其嵩等人滚出去。祝其嵩以为董若兰不过是拿刀吓人，上前去夺刀，却不想董若兰真的抹了脖子，顿时倒地殒命。祝其嵩见势不妙，急忙逃走。

街坊四邻听到董若兰的叫骂声，又看见祝其嵩等人匆匆离去，便来到董家查看，却见到董若兰倒在血泊之中。四邻中有个名叫董近泉的人，也是个生员，见到此状，义愤填膺，便带着村民到县衙门为董若兰鸣冤。人命关天，获嘉知县亲自带着仵作前来验尸，有感董若兰刚烈，当即派衙役将祝其嵩拘押起来。祝其嵩如今有八品顶戴，也就是官了，知县不能参与审讯，只好申报知府，请求如何处置。一个田总督树立的模范老农，知府也不敢做主，便禀报了总督田文镜。

田文镜得知此事，也感觉到棘手。要是如实报上去，自己亲选的模范老农成为恶霸，皇帝肯定会认为自己选人不当，弄虚作假，这些年自己促进农业生产的成绩也就成为泡影。惩处祝其嵩事小，问题是惩处这样一个连皇帝都知晓的模范，皇帝绝不会不过问，若是皇帝派人清查此事，查出自己报喜不报忧的事情，恐怕自己性命难保。还是师爷有主意，认为此事完全可以将"强奸"的罪名加于蒋公度身上，祝其嵩就可以按照"不应"之罪予以罚赎，这属于自理事情，不用上报。倒是董若兰之事可以大做文章，说她拒奸不污，被刃殒命，朝廷肯定会旌表。那个时候，皇帝会认为总督在河南省教化有方，民知礼让，女知贞烈，而杀掉蒋公度，也是明刑弼教。这样既可以平息民愤，也可以保住模范老农的声名，并且让他有所警诫。更重要的是，通过表彰董若兰的事迹，会使皇上感觉到河南省实行教化的成绩显著，可谓是一举多得。

田文镜听从师爷的建议，先行文礼部，请将董若兰予以旌表，然后请出王命，派人到获嘉县，将蒋公度即刻斩首，以免将来刑部核查，蒋公度再次供出祝其嵩来。什么是"王命"呢？就是皇帝授予一些督抚大员以专杀权，由朝廷授予他们以旗牌若干，这些旗牌就是"王命"，如果督抚认为必要，就可以恭请王命，即行正法了。田文镜深受雍正帝的宠爱，当然有此权力了。

礼部按例具题请旨，雍正帝见是河南省的事情，也没有按照制度，每年在统一的时间将全国旌表事务一起办理，而是特批给银建牌坊，并且允许将董若兰的牌位放入烈女祠，春秋享受官府的祭祀。至于田文镜为什么不待奏报，交刑部核准，皇帝勾决，就先把强奸犯人蒋公度给杀了，雍正帝也没有过问，毕竟是杀死奸恶之人。就这样，模范老农祝其嵩得以平安无事，只是不敢在获嘉县住了，举家搬到省城，过着富翁般的生活。这正是：

瞒天害理官场事，掩耳盗铃谁不知。

雍正帝推行老农制度，意在以模范带头的作用，推动农业发展，以解决人多地少的矛盾，其本意是好的。殊不知在君主专制政体下，官僚政治是难以克服的弊端。各级官吏根本不会关注民生，只关注自己眼前的利益，弄虚作假，欺上瞒下，所做的都是"面子工程"，以至于老农制度推行不久，就弊端百出。雍正七年（1729），雍正帝对内阁大臣说："朕闻直省之举老农也，州县凭绅士之保举，绅士纳奸民之货财，上下相蒙，苟且塞责。而强有力者幸邀顶戴之荣，遂成暴横之势。"也就是说，选举老农已经起不到模范带头作用了，一些老农已经成为暴横的豪强，因此要求各省督抚清查冒滥，并且改一年一举为三年一举。雍正帝去世以后，深知老农制度之弊，且痛恨田文镜经常欺瞒君主的乾隆帝，即位伊始就废去"老农"制度，并且清查"老农"的不法行为。祝其嵩原本是一个农民，一直以勤劳致富，他能够代替本村缴纳皇粮，虽然是想得些利息，但毕竟为村民解去燃眉之急，还是值得尊敬的。当祝其嵩被选为模范老农以后，逐渐沾染官场习气，没有了农民的质朴，多了几分奸诈，最后发展成为恶霸，在总督田文镜的庇护下，还能够逃脱法律制裁。殊不知恶人能侥幸逃过法网，也难保证今后不受到法律制裁。乾隆帝在废除老农制度之后，对原有的老农进行清理与清查，祝其嵩之事也就暴露了。清朝自定鼎以来，综理政务，乾纲独揽，威权生杀之柄，唯上执之的乾隆帝，当然不允许祝其嵩逍遥法外，除了惩处与此案相关的各级官员之外，还亲自核准，将祝其嵩正法，也算是他应有的下场。

合族公愤施家法

　　清雍正五年（1727），江西省吉安府永新县发生一起弟弟屡次行窃不改，哥哥便同自己的儿子一起，动用家法把弟弟打死的案件。按照《大清律例》规定，哥哥打死弟弟虽然不是死刑，但也要承担刑事责任，而哥哥的儿子打死叔叔则必死无疑。此案上报之后，谁也没有想到雍正帝竟然违背《大清律例》的规定，不但赦免打死人者，还要求刑部增设条例承认家法族规的效力。雍正帝为什么要违律赦罪呢？面对雍正帝这种公然违背《大清律例》的行为，刑部又是如何在不违抗皇帝圣旨的前提下，以确保《大清律例》的权威呢？且从案情经过谈起。

　　清代江西省吉安府永新县某村，有朱姓一族，虽然世代没有出过什么高官大吏，但也是甘当良民。这个村的民风淳朴，大家小户不懂得什么吃斋念佛，不过他们逢年过节都会到祠堂祭祀祖先，算是尊敬先祖，训导族众了。本族孝顺父母，兄良弟悌，没有忤逆的行为。不用说对自己的伯叔兄长，就是对父辈的朋友，乡党中不认得的高年老者，少年们遇着的，也是逊让有礼，不敢轻薄侮慢。村里人家都以务农为生，最多是做一些挑葱卖菜的小买卖，没有游手好闲的人，也没有什么偷鸡摸狗的事。村民们春耕夏耘，秋收冬藏完毕，必定先交纳皇粮，剩下的方才自己食用。保甲长分散纳粮由帖，也不让人杀鸡做饭，而村民们按时纳粮，官府也不用催促。村里从来没有犯罪的村民，也不知道县里还有监狱。家家能自给自足，村民们很少出村，有人至死也没有去过县城。该村犹如世外桃源一般，人人质朴，这是因为朱家的族规家法甚严，如有不遵守约束的村民，一经发觉，有酗酒、赌钱、骂人、殴打、私出、推诿、偷盗等情况，即以族规家法重惩。

三尺之内，必有芳草；百步之内，必有恶苗。好逸恶劳也是人类难以克服的弱点，不劳而获也是一些人的渴求。朱姓宗族里，有一家兄弟三人，老大朱理三，老二朱伦三，老三朱宁三。朱宁三在排行中最末，母亲四十多岁才生下他。也许是父母喜欢最小的孩子，因此特别宠爱，好吃好喝，好穿好用，总是先让着他。干了坏事，父母从来不怨他，总是让哥哥们顶罪。朱宁三凭着父母的宠爱，目中无物，狂妄放肆，专一做那损人利己的事，而父母却说他聪明伶俐。正因为父母的宠爱，使朱宁三经常目无尊长，稍不如意，居然连父母都敢骂，其父母也能够容忍，还说小孩子天真。怙宠者骄人，挟宠者侮人。有父母为他撑腰，朱宁三对哥哥们也从来不尊敬，更未想过今后如何自己生活。

　　父母总不能照顾子女一辈子，朱宁三在十岁那年，父母同时去世，他只好在大哥朱理三家过活。朱理三比朱宁三大二十多岁，早已经娶妻生子，儿子朱三杰与朱宁三同岁，是婆媳同日生产，叔侄同年同月同日生，在当时村里也传为美谈。俗话说，长嫂如母。大嫂王氏因为与婆婆同时生孩子，婆婆因为年纪大了，奶水也不足，王氏也常常给这个与自己孩子同龄的小叔子喂奶，因此待他如己生。小孩子之间虽然很少猜疑，但也有嫉妒，见母亲喜欢叔叔朱宁三，朱三杰非常怨恨，常常找碴儿打架，而父母总说他不应该不尊重叔叔，要知道长幼有序，侮慢叔叔就是失了伦序。就这样，朱宁三失去了父母宠爱，又得到兄嫂的宠爱，依然我行我素，好逸恶劳，过着衣来伸手、饭来张口的日子，不知不觉也长到十八岁了。

　　朱宁三的二哥朱伦三，比他大十二岁，父母上重长子，下爱幼子，唯独对他从来不给好颜色。弟弟犯错，父母责怪他没有照顾好弟弟，轻则辱骂，重则殴打。父母对哥哥、弟弟是有求必应，对他总是挑三拣四，如果要什么东西，总要刨根问底，一定说出所以然来，要是说不出原因，肯定是一顿打骂。受气包似的朱伦三与同样感觉受气的侄子朱三杰十分要好，彼此有什么不愉快的事情，相互倾诉，也算是同病相怜吧。

　　朱家的家境并不算太好，朱伦三都三十岁了，还没有娶亲，哥嫂也不为他张罗，却四处托媒，给刚刚满十八岁的朱宁三提亲。因为朱宁三的名声不好，所以没有一家姑娘愿意嫁给他，这是为什么呢？就是因为朱宁三手脚不干净，经常干小偷小摸的事。而名声在这个淳朴的乡村，比性命都重要。

平日里，朱宁三到人家的院子田地里偷些瓜果梨桃，被人家抓到，交给其哥哥，兄嫂给人家赔不是，花几个钱算是对付过去。朱宁三不以为戒，越偷越大，还沾染上喝酒赌博的坏习气。有一次，朱宁三偷偷地潜入一户人家，把该家妇人的首饰偷走了，来到县城典当了首饰，然后先到酒馆要上几个肉菜，喝了两壶米酒，再到赌场赌钱，输了个精光，酒气熏天地回到家中。丢东西的人家看到朱宁三从他家翻墙而出，故此找上门来。朱理三、朱伦三兄弟，与人家理论，到底有什么凭据可以证明弟弟偷了妇女的首饰，不要以为弟弟有小偷小摸的事情，一丢东西就认为是他干的。那家人说，村里几代都没有出现过小偷小摸，除了朱宁三，还没有听说谁敢干这种事呢！所以不依不饶，彼此争吵之时，朱宁三回来了。那家人坚持要朱家兄弟搜身，却不想朱宁三没有把当票毁了。有了当票，也就证据确凿，朱家兄弟不断赔不是，答应将首饰赎回偿还。这次卖了二亩水田，才算把首饰赎回来。仅仅把首饰还给人家是不可以的，按照族规，必须摆酒席，宴请合族人众，当面赔礼道歉。朱家兄弟只好杀猪宰鸡，宴请族众，一面赔礼谢罪，一面承认自家管教不严。

花了这样的代价，受到这样的羞辱，大哥大嫂忍了，朱伦三却不能忍，他把朱宁三带到后院，捆在一棵老树上，用鞋底狠狠地抽打。朱宁三拼命呼叫，还是大嫂把他救下。这人一旦沾上恶习，要改也难，朱宁三伤痛还没有好，又把别人家祖传的宣德炉偷去当了，还是喝酒赌博，花个精光回来了。这次害得兄弟俩卖了五亩水田，又杀了一只老母猪，才算是把事情平息下去。朱伦三更加气愤，喊上侄子朱三杰，把朱宁三捆在后院老树上，用皮鞭狠狠抽打。大哥大嫂这次没有再出面拦阻，因为他们也怨恨朱宁三屡教不改，如果这样下去，这个家早晚会为他赔光的，所以任凭朱宁三杀猪似的号叫，他们也权当没有听见。朱伦三叔侄俩，把平日的怨恨都发泄出来，直打得朱宁三遍体鳞伤，方才住手。

一直受到父母兄嫂宠爱的朱宁三，躺在床上近半个月，此时他还不知道悔改，却怨恨大哥大嫂在他挨打的时候不出来救他。好不容易能够起床了，他还不老实，偷了自家一些衣服，到县城去赌博，不但输个精光，还欠下了高利贷。父母兄嫂宠爱，处处让着他，债主就没有那么客气了，岂能容忍他欠账？将之捆打还不算，还用竹签往其手指上钉。朱宁三受不住酷刑，只好答应三天之内一定还钱，可他哪里去弄钱呢？

从赌场里出来，朱宁三漫无目的地在路上行走。极目望去，田野雾蒙蒙，正值晌午之时，附近村庄炊烟成林，田间地头也没有人影，只有几只水牛在田边吃草。见没有人，朱宁三来到水牛边，解下缰绳，拉着水牛就走。农家的水牛都很驯服，从不知反抗，所以朱宁三顺利地把水牛牵到牛马市，卖了钱，还了赌债，却不想他偷牛的事情，被村里几个孩童看见，所以当他回村的时候，被孩童们认出来，失主便押着他来找朱理三索赔。

牛是农家的命根子，而牛马市人来人往，哪里能够找到已经被卖出去的水牛呢？朱家只能让失主自己在牛马市选头水牛，他们出钱买下还给失主，其价钱远比朱宁三偷卖的价钱要高得多，朱家也自认倒霉，只好把朱理三刚刚七岁的女儿给别人当童养媳，才凑足牛钱。大哥大嫂能够容忍朱宁三屡教不改，朱伦三则实在不能忍受了，便同侄子朱三杰一起，把朱宁三捆了起来。以前都在自家的后院里殴打，大哥大嫂看不过去，就出来救助，所以这次朱伦三没有把他带到后院，而是带到父母的坟前，让朱宁三跪在父母坟前磕头请罪。朱伦三一边数落，一边用树枝责打，朱宁三不服，反而辱骂哥哥。朱伦三恼火了，拿起锄头把子就打，没有几下，朱宁三就倒地不起了。朱伦三还不解气，又踢了几脚，却发现朱宁三一动不动了，用手在鼻下一摸，已经没气了。

出现人命案件，村里就不敢隐瞒了，保长叫上几个村民，把朱伦三叔侄绑缚起来，押赴县衙首告。永新知县当即带领仵作前往检验尸身，讯问邻居，证实是朱伦三叔侄将朱宁三殴打致死，便回到县里，写了详文，申报各级上司，经过藩、臬二司复核，最终上报江西巡抚迈柱，由他领衔上奏朝廷。

迈柱（1670—1738），满洲镶蓝旗人，笔帖式出身，此时以吏部侍郎衔署理江西巡抚。根据藩、臬二司的拟罪，本案身为哥哥的朱伦三是首犯，属于大功尊长，按律减等处置，应该杖一百、流三千里；朱三杰是侄子，如果是首犯，应该斩首，但其仅听从叔叔之命，实施捆绑，并未下手打人，是否可以宽免，还请巡抚裁定。迈柱认为，侄子固然没有下手打人，但绑缚叔叔，也是目无尊长，律例既然有尊卑名分，就应该按律予以杖一百、徒三年。

此案经过刑部复核，认为迈柱所拟无误，便按律具题请旨，却不想雍正帝对此案写下二百余字的批示。雍正帝云：从来凶悍之人偷窃奸宄，怙恶不悛，以致伯叔兄弟重受其累，本人所犯之罪，在国法虽未至于死，而其尊长族人翦除凶恶，训诫子弟，治以家法，至于身死，亦是惩恶防患之道，情非得已，不当按律拟以抵偿。也就是说，从来这种凶悍的人，偷偷摸摸，为非作歹，乃至于怙恶不悛，致使他们的伯叔兄弟受到牵累。从他们本人所犯的罪来看，按律例规定，还不至于是死罪，但他们的尊长族人，为了翦除凶恶之人，训诫本家本族子弟，用家法处置过重，以至于身死，这也是惩恶防患之道，不到万不得已的时候，不应该按律让尊长族人抵偿。雍正帝为了说明这个道理，便举此案为例："朱伦三因伊弟朱宁三屡次犯窃，累伊鬻男变产，代赔赃银，又复偷牛被获，故将朱宁三致死。朱三杰并未与谋，着将朱伦三、朱三杰徒流等罪俱从宽免。"也就是说，朱伦三故意将弟弟朱宁三打死，因为其怙恶不悛，算是罪有应得，因此不予以治罪。圣旨予以免罪，总要有理由吧！所以雍正帝批示云，"嗣后凡遇凶恶不法之人，经官惩治，怙恶不悛，为合族所共恶者，准族人鸣之于官，或将伊流徙远方，以除宗族之害。或以家法处治，至于身死，免其抵罪"。也就是说，自此以后，这样凶恶不法之人，只要是合族所共恶，用家法族规将他们处死，族长、家长，乃至于族众、家庭成员都没有刑事责任。

自古以来，杀人偿命，欠债还钱，是社会最普遍的认识，而刑杀大权归国家所有，也是最基本的道理，雍正帝这种违背当时常理的批示，固然是基于惩恶防患，但将刑杀大权归于宗族家族，终究是不妥，所以九卿等在按照雍正帝批示精神议定条例的时候，必须站在国家的立场上，但也不能不按照皇帝的指示来办，所以议定条例如下：

一、本族如果有凶悍之人，必须呈明地方官，照所犯罪科断。若已经官惩治，仍不悛改，该地方官查明过犯实迹，将凶悍之人流三千里。

按照这条规定，在处置凶悍之人的问题上，应该以官府为主导，族人有呈报的义务，具体处置则由官府负责，这与雍正帝批示相符合。

二、如果事起一时，合族公愤，处以家法致死，该地方官审明所犯，确有应死之罪，将为首者照罪人应死而擅杀律予杖。若罪不至死，将为首者照应得之罪减一等，免其抵偿。

这条虽然也是按照雍正帝的指示，但也确定用家法族规处死人，一定要承担一些责任，只是不让他们偿命而已，以示刑杀大权必须由朝廷说了算。

三、若本人并非凶悍不法，无过犯实迹，而族人诬捏殴毙者，将为首之人，仍照本律科断。

这条重申《大清律例》的规定，用家法族规处死人是要进行抵偿的，但明确了该人必须有犯罪的事实，族人不能够诬捏，至于是否有犯罪事实以及族人诬捏，这就要由官府进行裁定了，在很大程度上维护法律的权威。这正是：

惩恶扬善扶正义，倒行逆施违常理。

家法族规乃是以父系家长族长特权为基础的，以道德规范与强制性来规范家族宗族成员，总体上不违背国家律法精神，但在某些方面也超出律法规定的范围。因为家法族规不违背国家律法精神，历代统治者都予以提倡，特别是在明清时期得以迅速发展。在统治者的大力扶持下，家法族规不但起到维护家庭秩序和等级名分的作用，也发挥着国家与法律难以奏效的社会功用。从家法族规的主要内容来看，一般有诛不孝、正过失、息争讼、勤职业、供赋役、尚节俭、防犯罪、禁盗贼、惩顽凶等内容，涉及家庭内部秩序、家族与家族关系、履行对国家的义务等问题。家法族规非常严厉，对某些行为是可以予以处死的，诸如，游惰、博弈、好酒、私爱妻子、货财、好勇斗狠、纵欲等被认为是忤逆的行为，只要父母检举，族长是可以将该人处死的。按照《大清律例》的规定，上述行为虽然都是社会不安定的因素，但都不是死罪，家法族规将之列入处死范畴，显然违反国家法律。统治者为了维护统治秩序，往往置国家法律于不顾。从雍正帝的批示可以看到，他允许人民用家法族规来惩恶扬善，虽然是维护某种正义，但也失去了社会的常理，不但使国家的权威难以维护，在特殊时期还会出现社会失控的现象。有清一代普遍存在的宗族械斗，以及乾隆后期出现的团练，公然藐视国家的法律，我行我素，未尝不是统治者所促成的。

杀夫娶妻二命抵

清雍正五年（1727），刑部按例在年底将案件汇总具题，恭请皇帝勾决的时候，雍正帝看到一起奸夫与奸妇同谋害死亲夫的案件，发现奸夫最后娶了奸妇，福建巡抚与刑部仅仅将奸妇拟为死罪，而奸夫却拟为斩监候，而奸夫已经监候近一年，按例应该予以免勾，予以流放而已。雍正帝认为这个奸夫也太恶劣了，杀了人，又娶了其妻。如果仅是横刀夺爱，逼迫其将妻改嫁，也只不过是威逼，尚有情可原。如今杀夫而娶其妻，性质恶劣，却得以免死，于情于理都说不过去。按照《大清律例》规定，亲夫于奸所将奸夫奸妇登时杀死无罪，是维护家庭伦理关系。奸夫奸妇同谋害死亲夫，奸妇凌迟处死，奸夫斩监候，是基于传统的一命抵一命原则。雍正帝不顾这个原则，亲下谕旨，责令刑部增加条例，必须将这样的奸夫予以斩立决。雍正帝基于什么理念要把奸夫予以斩立决呢？该妇女已经被定为死刑，而又将奸夫斩立决，这不是一命二抵吗？为什么不赦免该妇女呢？且从案情经过谈起。

福建省闽清县城关镇，在雍正时期是个比较冷清的地方，该地人口也就几百人，好在离县城比较近，镇民除了耕作之外，也做一些小生意。却说城关镇有一个名叫林瑄的货郎，时年二十五岁，尚未娶妻，每日里挑着货郎担，走村串户，卖些针头线脑、胭脂香粉之类的小商品。作为货郎，油嘴滑舌，打情骂俏，是他们向妇女推销货物的本事。

有一天，林瑄挑着货郎担走到闽清县城西厢，被一个妇人喊住，向他买绣花线。林瑄见这妇人一身重孝在身，年纪也就二十二三岁。虽然是一身缟素，洗尽铅华，但貌美来自天然。林瑄看那妇人柳腰袅娜，姿态嫣然，眉眼风流，虽然没有涂脂抹粉，却也是脸晕桃花，即便是孝服在身，更显得有别样风流。林瑄心想，既然该妇人身穿孝服，家里应该死了人，若是其丈夫死去，就应该是个寡妇，而如今自己尚未娶妻，能够娶到这样的寡妇，人生也应该无憾了。

妇人买了绣花线，根本不与林瑄搭讪，头也不回就走了。林瑄向四邻打听，得知该妇人姓王，已经是二嫁了。最初嫁了个农夫，不上半年，其夫就得痨病死了。这次嫁了个粮店伙计，刚满一年，又得痨病死了。连嫁二夫，也没有生下一男半女的，看来是个克夫之命，还不利后嗣，想必将来没有人敢娶她了。林瑄心里想，我如今是光棍儿一人，以货郎为生，尚可度日，只是家境不好，至今都二十五岁了，还说不上一个媳妇。俗话说，贫不择妻。我一个穷货郎，还有什么可挑剔的呢？这个妇人因为克夫，无人敢娶，我若托人说媒，想必应该能成。林瑄只想妇人美貌，根本不管她克夫不克夫，所以托媒说合，很快就成了，便将王氏娶进门，夫妻也算是和美。

林瑄自从娶妻之后，走街串巷少了，在家的时候多了，毕竟王氏还带来一些嫁妆，衣食无缺，也就不思上进了。这个妇人果然是克夫，刚刚结婚半年，林瑄就得了哮喘病。哮喘说起来也算不上什么要命的病，但很难治好，若发作起来，咳嗽、胸闷、呼吸困难，有时候还会因气短而大汗淋漓，胸痛难忍，严重时会昏厥过去，如果不及时救治，有可能致命。这个病不但难以根治，还受天气的影响，晴天好一些，阴天则咳嗽胸闷不已。

林瑄得病，就请郎中吴高来治病。北宋名相范仲淹曾经说过："不为良相，愿为良医。"要为良相就要以天下为己任，但手握大权，操人生死，则难以为良，所以良相是不可为的。医生悬壶济世，虽然也握人生死，但治病救人，终究是医生追求，所以良医是可为的。只可惜，这个世上真正要为良医者的太少了。这吴高也不知道从什么地方得了一本秘方，凡疑难险症，别的医生所不能医治的，他都敢医治，而且用了他的药，大多数能够痊愈。医生之名全靠病人传播，一来二去，其声名远播，却不知道他有医术而无医德，乃是一个以蛇蝎为心、豺狼成性、贩毒害人、全无良心的恶人。

却说郎中吴高来给林瑄看病，见到王氏，只觉得这个妇人有一种活泼之气，袅袅娇媚之态，一双眼睛勾人魂魄，千般妩媚，万种妖娆，好似那出水芙蓉红艳艳，朱唇小口色鲜鲜，有一种狐媚态。用骆宾王讨武则天檄文的一句话说"狐媚偏能惑主"，这种狐媚最能勾引不正经的男人。吴高给人治病，可以说阅人无数，大姑娘、小媳妇也见过不少，从来没有见过像王氏这样迷人的妇人，便有心勾搭。王氏已经三嫁，并不是什么从一而终的主，也不会守身如玉，林瑄已经病了几个月，别说与她亲近了，就是平常也是气喘吁吁，自顾不暇。男有情、女有意，要想勾搭成奸，是再容易不过的事情了，更何况吴高可以借看病的名义，堂而皇之地来到林家，街坊四邻也无话可说。

这奸情的事情，虽然是隐秘，但也容易被人察觉。林瑄见王氏与吴郎中眉来眼去，已经很气愤了。后来看到他们拥抱接吻，更是怒火中烧，只是因为病体衰弱，也难以去与他们理论，想等病好了以后再说，却不想这病越治越不见好，反而沉重了，居然卧床不起。眼睁睁地看着自己的媳妇与吴郎中混在一起，心里有气，却也说不出。就这样挨了两个月，吴郎中几乎天天来家，根本就不给他看病，只是与王氏缠缠绵绵，哪里管林瑄死活呢？哮喘之病，在晴天的时候会好一些。这一天，秋高气爽，林瑄觉得呼吸顺畅许多，见吴郎中不在，便对王氏说："我做货郎多年，虽然是小本生意，却也是清白人家。你须存些体面，我是不肯戴绿帽子的。倘若你哪天出乖露丑，别怪我无情，到时候一刀两头落，你们后悔也晚了。"王氏如何肯承认自己与吴郎中有奸，便胡搅蛮缠地说："你这个人真没有良心，看到你病得厉害，我好心为你延医治病，你却说我看上了吴郎中，好没有道理。我白天为你做饭，晚上给你熬药，我容易吗！人家吴郎中号称神医，要不是看我的面子，岂肯为你一个小货郎看病。吴郎中给你下方开药，刚刚把你治得好一些，你就诬捏人家，还不顾你媳妇的清白，胡说八道，你对得起谁呀！再说了，谁给你戴绿帽子了，你要是看不上我，当初就别娶我呀！我是三嫁之人，也不是什么贞节烈妇，你要是猜疑我，现在你就可以把我杀了，去做你的清白人家吧！"王氏又哭又闹，寻死觅活，林瑄反而束手无策，赌气出门了。

林瑄出门，吴郎中进门，王氏就把林瑄所说的话告知。吴郎中说："既然你丈夫得知此事，我今后还是少来为妙，看来不能经常和你在一起了。"王氏说："现在我心里只有你，彼此的感情如何割得断呢？我现在一时一刻都不想离开你，你却狠心想不来看我，看来男人没有一个好东西。你要走就走吧！我也不拦着你，只可惜我对你的一片热心，贴了你这个冷屁股。"说罢便梨花带雨地哭泣起来，弄得吴郎中不知所措，只得好言慰抚，亲吻搂抱才使王氏安静下来。见王氏一心跟他，吴郎中不由得心生毒计，便把一包药交给王氏，让她每天在茶汤内放上少许，这样林瑄吃了，就会卧床不起，还说不出话来，到时候再出入林家，即便是公开与王氏同床共枕，林瑄也只能够看着，动不得，也说不得。吴郎中的计谋可谓是狠毒，想不到王氏更加狠毒，她根本没听吴郎中的嘱咐，就把一包药都放了进去，想即刻让林瑄卧床说不出话来，却不想此药乃是剧毒，林瑄饮后，七窍流血，一命呜呼了。

天亮以后，王氏发现林瑄已经死了，便号哭起来，引得街坊四邻前来询问。街坊四邻都知道林瑄久病，所以没有起疑心，便忙前跑后地帮助王氏料理丧事，草草地将林瑄埋葬了。王氏再度穿起孝服，却少了以前曾经有过的悲哀表情，三七还没有过，便与吴郎中公然住在一起。按照礼制，固然要求妇女要为丈夫守制三年，但法律上却没有明文规定，一般守孝三个月，便可以再嫁了。三个月后，吴郎中迎娶王氏到家，他们成为名正言顺的夫妻，本以为平安无事了，哪里会想到平地起风波呢？

林瑄有个哥哥，名叫林琛。因为家穷，入赘到温州府，给人家当上门女婿。那个时候当上门女婿，犹如妇女出嫁一般，没有社会地位，还要写下类似生死文书的契约，一般开头都有："小子无能，愿随妻更名改姓，顶丧架灵。"然后罗列几十项约定，诸如，生子姓女家姓，不能够擅用妻家财，不能够回父母家探视，不允许违逆妻子，伺候岳父岳母如媳妇孝敬公婆等。正因为如此，林琛自入赘以后，就没有回过家。好不容易熬到岳父岳母全都死了，林琛少了羁绊，对妻子说要回家看看。毕竟已经在一起生活了十几年，丈夫这点请求，妻子还是能够答应的，便准许其回家看看。林琛回家之后，得知父母早已经亡故，而弟弟林瑄也于半年前去世，其妻已经改嫁，等于是家里没有人了。林琛不甘心，便找到以前的老邻居及故旧打听弟弟的死因。吴郎中与王氏奸好，谋杀亲夫的事情，也有人传说，但都没有真凭实据，只是王氏在夫死才三个月就嫁给吴郎中，确实令人怀疑。林琛根本不相信弟弟年纪轻轻的就得病身亡，听到这些传闻，便坚信弟弟是王氏与吴郎中害死的，于是具状到闽清县衙，控告王氏伙同奸夫谋杀弟弟，王氏不为弟弟服丧，仅仅三个月就嫁与奸夫，请求县太爷将奸夫淫妇正法，为我冤死的弟弟雪恨。

因为是状告谋杀亲夫，乃是重大案件，闽清知县当即审理，先申斥林琛无端兴讼，既然状告王氏有奸夫，为何不讲明奸夫姓名？家住温州，为何弟死不回？只身控告，为什么没有人证？说王氏与奸夫杀死林瑄，是如何杀死的？这样一批驳，就把林琛置于诬告罪内，将之治罪，也符合律法。林琛辩解：自己因为入赘，十余年没有回家，如今觉得弟弟死因可疑，弟妹三个月便改嫁，再加之道听途说，所以坚信弟弟死于非命。对于林琛的辩解，闽清知县照样可以进行驳斥，但他觉得王氏在夫死刚三个月就出嫁，一定有什么见不得人的事，也就受理了。闽清知县把当地的保长及邻居传来审讯，得知林瑄埋尸所在，就带领仵作开棺验尸。闽清县乃是湿热之地，虽然刚死半年，但尸体早已经腐烂，只能够采取蒸骨滴醋的办法，仵作根据骨殖颜色就可以断定是中毒而死。闽清知县当即就派衙役将王氏与吴郎中逮捕到堂，进行审讯，王氏与吴郎中当然是抵赖不招。按照《大清律例》规定，人命、奸情、强盗等案件，是可以使用刑讯的。王氏被上了拶指，熬不住疼痛，也就招认了。吴郎中被上了夹棍，见王氏已经招认，再抵赖也没有用，也就只好招认了。验尸为凭，又找到原熬药的药锅里残留的药渣为证，再加上两个人的口供，可谓是铁案如山了。

按照《大清律例·刑律·人命》"杀死奸夫"条规定，其妻妾因奸同谋杀死亲夫者，凌迟处死；奸夫处斩，监候。若奸夫自杀其夫者，奸妇虽不知情，绞，监候。此案吴郎中给药，王氏显然知情，所以闽清知县按律将王氏拟为凌迟处死，吴高拟为斩监候，申报上去，各级上司也觉得没有什么问题，福建巡抚便领衔申报刑部。按照惯例，这类案件只是在年底前由刑部汇总成册，交皇帝勾决，称为勾决册。在勾决册上，仅仅简单写明所犯之罪，没有详细情节，故此皇帝根据刑部拟定，简单勾决就可以了。雍正帝以察察为明，发现册上写道："福建民林琯妻王氏。与吴高通奸，用毒药谋死亲夫，吴高复将王氏谋娶。王氏应凌迟处死，吴高应斩监候。"毒死人夫，又娶人妻，这个奸夫未免也太无法无天了。在雍正帝看来，离人父子夫妇，淫人妇女，掘人坟墓，都属于重罪，如果是官兵有犯，官员以下，即以军法从事，枭首示众。这个吴高，不但淫人之妻，还杀其夫，却能够幸免于死，这如何能惩淫凶而正民风呢？所以当即下旨云：吴高情罪可恶，著改为立斩。余依议。嗣后有因奸谋死亲夫，复设计谋娶奸妇为妻妾者，俱改为立决。也就是说，凡是谋死亲夫而娶奸妇者，不必按照"杀死奸夫"律中"一命一抵"的规定，可以将奸夫奸妇全部处死，而奸妇更重，要凌迟处死。这正是：

正人伦以彰风化，立国法以顺人情。

这个案件在清代众多谋杀亲夫案中，也没有什么特别之处，其手段也不是特别残忍。但从情罪上看，其可恶之处在于这个吴高，凭借手中的秘方，不去治病救人，却想害人，特别是想到将林琯弄成残疾，让其不能说话，也不能走动，眼睁睁地看着自己的妻子与他同床共枕。这种心理上的折磨，不是常人能想象出来的，可谓是无耻至极。王氏贪恋吴高，急于别抱檀郎，将药一次与林琯服用，看上去也是心狠毒辣，但对林琯来说，也未免不是一种解脱，因为不必再受心理上的折磨了。雍正时期，西北用兵，大军所向，不无骚扰，故此雍正帝多次颁布谕旨，申明军纪，毋得骚扰百姓，毋得淫人妇女，毋得离散人之父子夫妇，毋得损坏人之坟墓室庐，毋得强取货物，毋得驱役平民。此乃是其谕旨必说的事情，而这些在当时人们的思想意识中，是最为不能够让人容忍的事情。雍正帝对吴高与王氏谋杀亲夫案的态度，并且立法以一命两抵，在今天看来，可谓是过为严厉，而实际上是顺应当时社会的民情，也算是法顺人情。

见利思义应褒奖

　　清雍正六年（1728），河南省归德府商丘县，有一个走街串巷贩卖面粉的穷人，忽然拾到二十四两银子。在雍正时期，这些银两足以成为中人之产，因为那个时候，一亩地也就是二两银子。一个穷小贩拾到这样的钱财，而且是人不知鬼不觉，据为己有也在情理之中，但他并不贪心，却带着银子追赶失主，历尽千辛万苦，终于将银两还给失主，并且谢绝了失主的酬谢。按照《大清律例·户律·钱债》"得遗失物"条规定，人们得到遗失物以后，应该上交官府还给失主，官府在还给之时，失主必须给拾捡人一半的报酬。若是拾捡人私吞，一旦被发现，就要按照盗窃罪量刑。这个穷小贩为什么不将银两直接交到官府，而是直接还给失主呢？一件民间拾金不昧的事情，又是如何让雍正帝知道的呢？雍正帝知道此事以后说了些什么？又作出什么决定呢？且从案情说起。

　　归德府商丘县有个名叫陈怀金的人，世代以务农为生，家道原本还算是丰足，并且读了几年私塾，娶妻张氏，生有一子。陈怀金虽然没有什么学问，但在庄户人家看来，也算是个提得起笔来的人物。不料自他双亲死后，就交了败运，人家庄稼有收成，偏是他家一无所获，时常不是有灾病，就是有急事，三五年中，把个小小的产业花了多半，只剩了几亩薄田，将就度日。谁知祸不单行，一日坠入深沟，摔断了腿，请医来治，虽然止住疼痛，却没有医治好腿，成了瘸子，连地也不能种了，日子过得更艰难了。张氏是个妇道人家，孩子年纪又小，能够有什么营生之道呢？用不上二三年的光景，那几亩薄田也卖了出去。陈怀金无以为生，就离开乡村，来到商丘县城西厢租了三间破茅草房，每日里从乡村里赊借一些面粉谷子，运到商丘城里沿街贩卖，赚取一些辛苦钱，赚得多了能吃上三餐，赚得少了只能吃上两顿，赚不来的日子，一家人也只好忍饥挨饿了。

陈怀金虽然成了残疾之人，家里也很贫困，但他毕竟是读过书的人，什么饿死不食嗟来之食，君子好财取之有道之类的圣贤祖训，也是牢记在心，从来不会想到坑蒙拐骗偷。妻子张氏也是通情达理，具有传统妇女美德之人，不因丈夫有钱而献媚，更不会因丈夫贫穷而怨恨，自甘贫贱，勤俭持家，无怨无悔，可以说夫唱妇随，相得益彰。

有一天下了大雨，眼见天晚了，雨还下个不停。陈怀金原指望雨晴之后到乡下赊些面粉谷子，送到城里卖了换钱度日，看来是无望了，只好将余下的一些面粉谷子，熬粥做饼吃了。哪里想到老天似乎专门与他作对，阴雨连绵，一连三日都不放晴，家里的面粉谷子全都吃光了。孩子不懂事，哭哭啼啼地喊饿，张氏也只好耐着性儿把孩子抱在怀中哄。陈怀金坐在一边，听着甚是难受，便长叹一声说："老天！我陈瘸子前生造下什么孽了！如今把家里弄得犹如阴曹地府一般，求生不得，求死不能。要是我一个人受罪也就罢了，偏偏还有那娇妻幼子，让我如何忍心看着他们受罪呢？"便对张氏说："你听我的话，别再跟我这个瘸子了。如今你才二十九岁，不如寻一个年貌相当的善主，带着孩子嫁人，这样孩子可以活命，我也可以得些彩礼钱，总比我们一家三口活活饿死好吧！"陈怀金说到伤心之处，不由得泪流满面，而张氏也随着哭泣，半晌才说："夫君！你说的这是什么话。要知道嫁鸡随鸡，嫁狗随狗，妇人从一而终的道理我还是懂的。如今日子过得虽然苦了些，但毕竟我们还是一家三口。你不要伤心，天无绝人之路，我们今后会有好日子过的。"张氏一边安慰丈夫，一边哄着孩子，猛抬头，忽然发现窗前有个人影，便让丈夫出外观看是何人。

陈怀金擦了擦泪水，推门出来，只见一个人怀里抱着一个红包袱，正在房檐下避雨。张氏放下孩子，也随着出来，见到以后，就让丈夫把那个人请到屋里避雨。进门才发现来人是个哑巴，红包袱里有个婴儿，正在熟睡。陈怀金夫妇让哑巴把婴儿放在炕上，也没有什么可以招待客人的东西，只好弄了碗热水给哑巴喝。看到孩子饿得直哭，张氏把所有的面粉口袋都用力抖了抖，弄出一小把面粉，便将之熬成糊糊给婴儿吃。哑巴连连作揖致谢，却不能说话。陈怀金想："老天真会捉弄人，我一个瘸子，他一个哑巴，让我们这两个残疾人走到一起，是不是老天让我们彼此有个照应呢？"所以把东厢房腾出来，让哑巴和婴儿住，自己与老婆孩子到西厢房住。陈怀金肚里无食，难以入睡，辗转反侧，好不容易睡了，也不踏实。清晨时分，雨停了，陈怀金蒙眬中听到张氏开了门，哑巴便抱着孩子从东厢房出来，哈哈几声，向张氏作揖致谢，抱着婴儿离开了。

陈怀金因为昨日一天都没有吃饭，饿得体软心慌，还在炕上躺着。听到哑巴离去，便喊张氏说："雨停了吗？你给烧点热水，我喝上几口，洗洗脸儿，好出去做买卖。"张氏说："天虽晴了，只是地面泥泞，你先睡会儿，等等再去不迟，我这就去烧水。"说着来到中堂灶前，却发现灶台上有一个布袋子，顺手提起，感觉沉甸甸的，倒出来一看，乃是一个手绢包裹，打开手绢，却发现里面有两个银元宝及一些散碎银子，大约有二十两。张氏急忙来到丈夫面前说："你看看这些东西，一定是那个哑巴丢的。"陈怀金一看，大惊道："不是他丢的，还能够是谁呢？老天是不会凭空把这些银子丢在我们家的。你知道哑巴到什么地方去了吗？赶快追上他，把银子还给他。"张氏说："他一个哑巴，又不会说话，我怎么知道他到什么地方去了呢？只是看见他往西北方走了。"陈怀金听罢，一个骨碌爬了起来，一边穿衣服，一边对张氏说："一个哑巴带着一个孩子，原本就不容易，如今丢了银子，万一他想不开，寻了短见，我们岂不是害死两口人吗？快把银子给我，我去追赶那哑巴，把银子还给他。"张氏说："我真没有嫁错人！你虽然贫困，但不贪不义之财，为妻我敬重你，赶紧去吧。"说罢，拿来拐杖，把装银子的布口袋塞进丈夫怀里。

陈怀金起身出门，往西北方向赶去。刚刚天晴，道路还非常泥泞，路不好走，更兼他是个瘸子，走起来非常吃力，走了一个时辰，也没有看到哑巴的身影。陈怀金不由得心急，便小跑起来，却不想踩上一块石头，摔了一跤。说来也巧，旁边正好有一个深坑，这一跤便把他跌入坑里。此时的陈怀金，只觉得两耳生风，遍体疼痛，许久才缓过气来，想爬出深坑。这个坑深大约一丈多，坑壁湿滑，陈怀金无论如何也爬不出来，便高喊救命，四处哪里有人影？陈怀金喊累了，也爬累了，浑身是泥，瘫软在坑中。此时陈怀金想："老天真是不开眼，我陈怀金从来没有做过亏心事，却家道中落，连老婆孩子都养活不起。如今得到这些银子，乃是不义之财，我好心要把银子还给人家，却不想跌入这个深坑。如今是爬也爬不上去，喊人也无人答应，莫非是老天非要我死不成吗？我死不足惜，只是苦了我那贤妻娇儿了。"陈怀金越想越伤心，此时正是早春天气，天气寒冷，再加上从昨日起他就没有吃饭，如今是泥水满身，腹中饥饿，真是饥寒交迫，要想挣扎出来，根本就不可能，所以只好在深坑内等死。

且不说陈怀金在深坑内胡思乱想，挨饿受冻，单说那个哑巴，名叫王盛立，家住归德府城，父亲开了个绸缎庄，每年也有几十两银子的进项，可以说是个富裕人家。只是王盛立生下来就是哑巴，好在其家有钱，花钱为他娶妻李氏，刚刚生了个儿子，却不想李氏早已经心有所属，只是因为家里贫困，由父母做主把她嫁给王盛立。俗话说，强扭的瓜不甜。李氏既然是心不在王盛立身上，也就没有什么可留恋的了，在情夫的帮助下，带着孩子私奔了。按照《大清律例·刑律·贼盗》"略人略卖人"条规定，那个情夫至少要杖一百、徒三年。而按照《大清律例·户律·婚姻》"出妻"条规定，李氏背夫在逃者，要杖一百，从夫嫁卖；要是因逃而改嫁，就要被判以绞刑。可以说这李氏与情夫都是重罪。因为王盛立厚道，不让父亲告到官府，却找到李氏情夫私了，要回孩子，得到二十四两赔礼金，就把王氏休掉了，自己抱着孩子回家。路上遇到大雨，到陈怀金家房檐避雨，好心的陈怀金夫妇让他们进屋，还安排他们住宿，王盛立心怀感激，却说不出来。王盛立原想给陈怀金夫妇一些银子，却不想刚刚起来，张氏便过来照应他们父子俩。王盛立只顾得感谢张氏，就把银袋子丢在灶台上，既忘记了给谢银，又忘记拿银袋子。王盛立早上赶路，也没有吃饭，走到一个镇子，找个饭馆吃饭，付钱的时候，却发现银袋子不见了，这才想起来，可能丢在陈怀金家了。吃白食是不行的，王盛立只好把孩子身上戴的玉佩做抵押，然后抱着孩子沿旧路赶回，至于能否找回来，心中也是没底。王盛立急着赶路，便雇了一辆马车，一路扬鞭疾驰。

陈怀金在深坑内等死之时，忽然听到赶车的声音，便振作起来，高喊救命，被车夫听到，停下车来，叫上王盛立一起来到深坑边查看。陈怀金发现哑巴，非常高兴，急忙喊道："哑巴兄弟，可算是见到你了。你把银子丢在我家了，我来追赶你，却不想掉入深坑，爬也爬不上去。你们快把我拉上去，我把银子还你。"常言道，十聋九哑。王盛立却例外，哑而不聋。见到陈怀金浑身泥水，脸有伤痕，也是怜悯，急忙同车夫一起把陈怀金拉了上来。陈怀金被拉上来以后，急忙从怀里掏出银袋子，还给王盛立，要他查看是否缺少。王盛立打开银袋，发现一文不少，当即拿出十两一锭的大银给陈怀金作为酬谢。陈怀金说："我来还银，是因为不义之财不可取。如今追你还银，也不是为了酬谢。你如果非要给在下，岂不是坏了我的名头？"因此无论王盛立怎么硬给，他就是不收，却让王盛立带着孩子赶路，免得家人惦念，自己却拖着瘸腿回到家中。

王盛立是个哑巴，也无法与陈怀金讲理，只好乘着马车走了，在路上赎回玉佩，然后回到归德府，将此事告知父亲。王盛立的父亲懂得哑语，得知儿子遇到善人，收留儿子住宿还不算，拾到银子还追赶归还，不收酬谢。要知道受人滴水之恩，当以涌泉相报。儿子是这样想，老子也是这样想，便来到归德府衙投告，认为《大清律例·户律·钱债》"得遗失物"条规定，得到遗失物送官以后，一半给予得物人充赏，一半给还失物人。知府应该按照这条法律，将他们酬谢的十二两银给付陈怀金，因为他们曾经酬谢，陈怀金不要，所以请官裁断。归德知府得知本府居然还有这等善人，便答应王盛立父亲的请求，亲自派人将这十二两银送到陈宅。陈怀金认为自己还银，从来没有想过得到酬谢，自己当时只怕哑巴寻了短见而害死二命，故此才前往追赶，若是我收了银子，就坏了我的名声，我此前的好心也就化为乌有了，所以拒而不收。归德知府便将此事禀报给河南总督田文镜。

田文镜（1662—1733），字抑光，汉军正蓝旗人，因功被雍正帝将之抬入汉军正黄旗。田文镜之所以深得雍正帝喜爱，并被称为"模范疆吏"，就是因为他善于揣摩雍正帝的心理，特别会投其所好，如今知道有陈怀金这样的人和事，上奏上去，肯定会让皇帝高兴，便将此事的原委用奏折奏报上去。果然，雍正帝见奏非常高兴，当即批示道：朕训诲臣民，唯以正人心、厚风俗为首务。期于薄海内外，去浇漓之习，敦仁让之风。也就是说，朕施政的原则，最重要的就是正人心、厚风俗了，更期望海内外都没有那种浮薄的社会风气，能够使仁爱谦让的行为蔚然成风。如今据田文镜的奏报，河南省有许多拾金不昧的事情，特别是商丘县陈怀金的行为，实在令人敬佩。为此，雍正帝云：见利思义，暗室无欺，古称难得之事。并且认为这是扭转社会风俗的大好契机，便不无得意地说："朕心深为慰悦，陈怀金，著给予九品顶戴，赏银五十两，以旌其善。"这正是：

种福寻常倚上天，不欺暗室便为贤。

有了皇帝的圣旨，又可以身穿九品官服，还有皇帝亲赏的五十两银子，陈怀金终于时来运转，做事也就一帆风顺了。先是在商丘城开了一家米面店，因为有朝廷的表彰，人们也钦佩他的义行，所以都来他的米面店买粮食。几年下来，陈怀金赚了不少银两，便来到归德府开设一家更大的米面店，与王盛立的绸缎庄为邻。王盛立因为坚持要给陈怀金酬谢，为此还惊动官府出头，也为归德府百姓所尊重。不久便又娶妻，生有一女，后来许配给陈怀金的儿子，两家结为秦晋之好，共同经商，结果两个人都成为归德府的大富翁，这真是仁心交好运。田文镜也因此事而更加受雍正帝的宠信，升为河南山东总督，节制两省。那一年，河南省遭遇百年不遇的大灾荒，田文镜不上报，却把陈怀金等人拾金不昧的事情大肆张扬。雍正帝以为褒奖了陈怀金等人，就可以改变社会风气，殊不知田文镜隐匿河南省灾荒，使人们得不到朝廷的救济，百姓在无以为生的情况下，只能铤而走险。所以在田文镜去任以后，河南省盗贼猖狂，即便是窃取升斗的粮食，也都是明火执仗，与劫盗一样强取，造成社会动乱。

强行征地官枷号

　　清雍正六年（1728），直隶蓟州大兴农田水利，负责督建农田水利的效力主簿梁文中，急于立功，强行征地，并且把百姓田地里所种的豇豆、高粱等作物强行拔去。百姓们认为兴修水利是利民大事，但此时刚到五月，不等庄稼长成，全部拔去，如何甘心，便一起来到总理营田水利事务衙门来告状，主管该衙门事务的是怡亲王允祥，便将此事奏报。对于官员强行征地，拔去地面未成熟的庄稼，雍正帝是怎么看的呢？最终又是如何处置的呢？且从案情说起。

　　雍正帝为了发展北方的农业生产，即位伊始便在北方兴修水利，推广种植水稻，任命自己的弟弟怡亲王允祥总理营田水利事务。允祥，即胤祥，避雍正帝讳而改胤为允，因为深得雍正帝的信任，所以下旨让他不必避讳。允祥主管事务繁多，深得雍正帝的倚重，所以雍正帝感慨地说："朕实赖王翼赞升平，王实能佐朕治平天下。"允祥没有辜负雍正帝的信任，经过一年多的勘探规划，制成水利图进呈。经奏准，设立了营田水利府，将直隶诸河分为京东、京西、京南、天津四局，治河与营田并举，兴水利，种水稻，改变了北方不种水稻的习俗，也提高了亩产量。

　　营田水利府是临时机构，没有正规编制，允祥只能从一些候补官员中选择一些既懂水利又能干之人，效力主簿梁文中被选入，负责蓟州水利勘探与营建事务。梁主簿的官阶只是正九品，还是效力之员。什么是效力呢？这是清王朝任用和处分制度的一种方法。在任用上以效力为名，实际上类似现在的实习，效力期满，得以授予真正的职位。用于处分者，则类似一种罚赎，如发往军台效力赎罪，发往新疆效力赎罪，发往乌鲁木齐效力赎罪，发往黑龙江效力赎罪，发往城工效力赎罪，发往河工效力赎罪，戴罪效力，因公诖误人员效力等。效力赎罪亲身前往者，有差事、苦差、折磨差事之别。不亲身前往者，有出资、出半资、出全资之别。比如，罚你去筑城，出资一般是筑城费用的十分之一，出半资则是筑城费用的一半，出全资便是筑城费用的全部。

从史料上看，梁主簿应该不是被处分的官员，乃是实习人员。实习除了有一定年限之外，工作好坏也是转正的重要依据。梁主簿为了取得成绩，期望在得到实授的情况下，能够立功，得以升迁，毕竟他的顶头上司乃是当今圣上最信任的亲弟弟怡亲王允祥，有怡亲王的一句话，当个知县，应该没有什么问题。知县这个位置，对于梁主簿这样杂途出身的人来说，是最大的梦想了。知县这个官不比别的，一来是有生杀之权，二来是可以发财的。那个时候，地方上的人见了知县，一般都曲意逢迎，即便是知县不贪赃枉法，奉承的礼钱，一年五六千两银子是很平常的，"不贪不滥，一年三万"，这可不是白说的。除了收礼，还有各项陋规收入，若是贪赃枉法，就难以数计了。

蓄水种稻，必须选低洼之地，蓟州孙家庄就是理想之处。孙家庄村三面环山，一面平地，据说是个风水宝地，明成祖朱棣行军路过此处，曾经想在此营建陵墓，因为庄北有座山，名老虎山，老虎可以吃猪，所以才没有在此地建陵。有山下雨就有流水，还有一些山泉，若在此地挖池修渠，水源充足，种植水稻肯定没有问题，后来的蓟县水库就是在这里修建的。梁主簿将勘察结果上报，怡亲王大喜，随即委任梁主簿主管蓟州水利营田事务。梁主簿非常高兴，以为建功立业的机会来了，却不想自己因此丢官卸职。

原来孙家庄的百姓世代都以种植豇豆、高粱等作物为生，庄里的人大部分一生都没有吃过大米，听说官府要在这里挖池蓄水，让百姓改种稻米，便议论纷纷。庄里有个大户人家，主人孙常富，人称"孙老财"，也见过世面。他到过江南，吃过大米，看过种水稻，听说官府要在此地修整稻田，就举双手赞成。孙老财为富不仁，以放债盘利，没有银子还他，就要人将田地、房产折价。凭你卖老婆、卖儿女，他也不饶分毫。本庄有个名叫孙福来的人，与孙老财论起辈分来，算是出五服的叔叔。那一年孙福来的母亲死了，没有钱办丧事，只好向孙老财借钱，却没有想到利滚利，总是还不上。孙老财便打起孙福来女儿的主意，逼他将女儿嫁给自己作妾。万般无奈，孙福来只好把女儿许给孙老财，却不想孙老财的大老婆是个极为凶悍的人，一直反对丈夫纳妾，结果丈夫不听劝阻，纳了孙福来女儿为妾，顿时怒火中烧，即便是娶过来，也不许丈夫与妾同房，将妾封禁在密室，只从小洞中递送饮食，就如监禁一般。孙福来的女儿从来没有受过这等虐待，一时想不开，居然解下腰带，悬梁自尽了。

孙福来得知女儿自尽，就找孙老财要人，彼此吵闹，告到官府，怎奈孙老财有钱，官府断定孙老财没有威逼之行，乃是小妾自己轻生，判定孙老财无罪。孙福来惹不起官府，对于裁决，不敢不从，但也从此痛恨官府及孙老财了。

孙福来人缘很好，又是庄里的长辈，所以在庄里能够一呼百应。得知官府要在庄里修池蓄水种水稻，他便率先反对，认为这里祖祖辈辈都是种豇豆、高粱，从来没有种过水稻，也不会种水稻，万一种下去，将来毫无所获，岂不是全庄百姓挨饿。孙老财家里有钱，即便是颗粒无收，也饿不着他，更何况孙老财与官府勾结害人，绝对不能够听从他的安排。

孙老财就不同了，他之所以赞同修池蓄水种水稻，并不是因为他喜欢吃大米，而是官府征地会给许多钱。孙老财多次宴请梁主簿，也送了不少土仪，使他在规划的时候躲开自家的良田，多占自家的荒地，这样既可以保住自家的良田，也可以得到官府征地的银钱，至于其他人的良田，就不是他考虑的事了。梁主簿听从孙老财的建议，重新进行规划，当然多征孙老财的荒地，而不管别人的良田。朝廷征地是有标准的，荒地与良田价格不一样，得人钱财与人消灾，梁主簿将孙老财的荒地按良田计价，而将他人良田按荒地给钱，就引起民怨。

要想人莫知，除非己莫为。梁主簿与孙老财相互勾结，更激怒了孙福来，他便纠合庄民阻止官府征地。若是反对征地，就是反抗朝廷，孙福来等人也知道罪责很重，他们只是提出等秋收以后再行征地，田亩荒熟，以秋粮多少来计算，也算是合理要求，问题是梁主簿无法实行水利营田计划，也就不能够急切立功，转正升官也就没有了指望。如果梁主簿能够把水利营田计划细心讲给庄民们听，弄些大米来，做成米饭给庄民们吃，让他们体会一下，是大米饭好吃，还是高粱米饭好吃，大多数庄民应该还是能够接受的，对于田里的庄稼，也可以按照时价赔补一些损失，百姓的怨言也可以平息，但梁主簿没有这样做。

别看梁主簿仅仅是个效力的官，其官架子可不小。这种位卑职小的官，在官场上为上司所轻视，对他们施以辱骂责罚乃是家常便饭，但他们毕竟是官，所以在上司那里受了气，便找贫民百姓去撒气，他们往往像野兽一样疯狂，贫民百姓视这类小官如虎，避之犹恐不及。梁主簿平日欺负百姓惯了，哪里怕庄民闹事，便带着几个衙役，率领一群挖池修渠的工役，来到庄里强行施工。孙福来率领数十名庄民，拦住梁主簿等人，不让开工，说他们家地里的庄稼刚刚长成，秋后还指望地里的庄稼养家糊口呢！梁主簿见状，非常恼火，便令衙役将孙福来等几个带头的人拿下，先带回衙门。百姓眼睁睁看着孙福来等人被梁主簿抓走，要知道那时候的官威至上，谁敢和官府作对呢？要是他们救人，就意味着身家性命也要拼进去，因此无人敢拦阻。

孙福来等人被抓进衙门，挨几板子是小事，家属受到牵连是大事。孙福来等人是轻罪，官府不管饭食，要由家属送饭，牢头狱卒需给些好处，否则饭食送不进去，这也是司空见惯的事情。家属每日往返于官府及乡村，耗费时日，家里的农活谁来做呢？没有办法，只好哀求梁主簿放人。梁主簿答应放人，但前提条件是要将施工所在田地里的豇豆、高粱全部拔去。庄民们无奈，只好答应。梁主簿看着庄民们把庄稼全部拔去，才将孙福来等人释放。

孙福来回到孙家庄，心里已经是难以咽下这口气，却不想孙老财还对他冷嘲热讽，一下把孙福来的新仇旧恨都勾出来。孙福来想："我就不信天下无处讲理了！修池蓄水种水稻，这不是马上就能够办到的事，秋后再施工不行吗？好好的庄稼都被拔了，官府也不赔偿，没有收成，来年如何生活呢？当官的不讲理，皇帝总会讲理吧！我不如上京城找皇帝去讲理。"孙福来就这样寻思几日，终于打定主意到京城去告状，便带着两个侄子，趁夜深人静的时候，出了孙家庄，直奔京城而来。偌大一个京城，到哪里去见皇帝呢？孙福来等一路打听，得知有一个营田水利府，乃是当今圣上弟弟总理，就来到该衙门，呈递诉状。怡亲王允祥得知此事，亲自询问前因后果，好言安抚孙福来等，说修池蓄水种水稻是利民利国的良策。要知道种高粱，一亩地最多收百十来斤，种水稻一亩地至少收三百斤，更何况大米比高粱米好吃。允祥让手下人打来几碗米饭，让孙福来等人品尝，他们都说好，也理解朝廷的良策，只是庄稼被拔去，来年难以为生。允祥答应一定会有所补偿，皇上也绝不会让百姓挨饿的。孙福来等人心满意足地离去，回庄等候消息。

　　送走孙福来等人，允祥当即就写下参奏，说梁主簿因为民间不理解修池蓄水种水稻的真正用意，故此观望。梁主簿不耐心劝导，却差拘责比，逼迫民人将地里的豇豆、高粱等拔去。似此劣员，应该将其革职，交直隶总督审拟定罪。弟弟的参奏，雍正帝如何不重视，当即下旨云：凡兴修河渠田亩等事，朕意本欲惠养斯民，为地方永赖之利，然使差往人员等奉行不善，则转为闾阎之扰。这个梁文中，不行晓谕于事先，却将已经长成的禾稼，逼令百姓抛弃，显然是违理妄行，就是想阻挠政事的执行，非无心错误可比。既然是梁文中犯罪事实清楚，也不用让直隶总督审拟定罪了，就直接将梁文中革去职衔，在施工之地予以枷号示众。至于那些毁坏的豇豆、高粱等，就从梁文中名下，照数追赔。有了圣旨，怡亲王允祥就令相关部门实行。圣旨讲枷号示众，但没有讲枷号多长时间，按照律例规定，有枷号一个月、枷号三个月、枷号一年、永远枷号等差别。既然让梁文中赔补损失，这已经是罚了，既然罚了就应该减少打，因为律例的原则是罚了不打，打了不罚，如今对梁文中实施又罚又打，已经是从重处置了，因此允祥令将梁文中枷号一个月。

且说梁文中此时，后悔不迭，心怀羞惭，身戴二十五斤重的木枷，在施工之地站立，没有人为他送水送饭。梁文中心想："我平日对孙老财不错，多征其家荒地，也没有少给他征地粮款，如今我受难，他却视而不见，真是人心不古，世态炎凉于此可见。"梁文中正在胡思乱想，却见孙福来提着饭罐走到他身边。梁文中以为孙福来是来羞辱自己，便把头扭了过去。却听见孙福来说："梁老爷，不对，您已经被革职了，我不能够再呼您老爷了，还是叫您梁兄吧！我说梁兄，不是我说您，要是当初您对我等讲明修池蓄水种水稻的好处，少许赔偿我们一些损失，我等何尝不愿意呢？您却把我等抓了起来，逼迫我们拔去庄稼，这是常人难以接受的事呀！无论如何，是我们害得你丢官卸职，在下也于心不忍。看您在这里站了半晌了，肯定很劳累。您还是坐下吧，吃些东西，喝点水。"说罢将一个草蒲团放在地上，扶梁文中坐下，然后劝他把饭菜茶汤吃了。梁文中此时感慨万分，想不到被我祸害的人，居然有如此善心。自此以后，孙福来等人轮流送饭，使他朝飧晚膳，未尝有缺，而孙老财却从来没有露面。等到限满放枷之日，梁文中来到孙福来家致谢说："梁某若不是你们照应，肯定是一命难存。我因为家在外乡，父母兄弟、宗族亲戚都不能前来照应，而官场势利，谁会照应一个失势的人呢？我平日结交都不是良善，如今受难，居然没有一个人为我送水送饭。我曾经害过孙兄，想不到您古道热肠，茶饭不缺，伺候我一个月，梁某实在惭愧，在此给您谢罪了。"孙福来连忙扶起说："梁兄堂堂正正，想不会就此一蹶不振，但能改过自新，将来会有官复原职之日。"梁文中说："孙兄不用劝我，此事使我知道世态炎凉，我也无心于官场，辞了孙兄，我便出家当和尚去。"说罢便拜别孙福来，飘然而去。这正是：

世态炎凉难计较，人情冷暖比晴阴。

雍正帝在北方兴修水利，推广稻米种植，政策取向是好的，但通过官僚而采取自上而下的推行，也难免会出现不根据实际情况而强制实行的事情，导致百姓的不满或抗拒，不但出现许多偏激，而且造成不必要的损失。雍正五年（1727），直隶水稻丰收以后，却因为北方民间吃不惯稻米，导致米贱而杂粮贵，致使朝廷拨款收购，百姓价款所得，还不如种杂粮获利更多，可见任何制度的实施，既不能脱离社会现实，也不能忽略执行制度的人，更重要的是要顺应民意，实实在在地为人民着想。

知县扳倒大巡抚

清雍正六年（1728），江西巡抚布兰泰弹劾清江县知县牛元弼及临江府知府吴恩景，说他们只知道享乐而不理政务，请求皇帝将此二人革职，却没有想到雍正帝非但没有处置知县与知府，却把巡抚布兰泰调回京城，在严加训斥的情况下，将之改调。有清一代，督抚权力甚重，他们参劾下属，没有不成功的，地方官也把督抚视为天，有一种呼天呼地，不如呼我宪台的感受。宪台是地方官对督抚的尊称。在督抚权势熏天的当时，知县与知府为什么敢不听从巡抚的指令而遭巡抚参奏呢？以察察为明的雍正帝为什么庇护知县、知府而怪罪巡抚呢？且从案情说起。

雍正六年（1728）春夏之交，江西省发生了旱灾，清江县尤为严重。当时正逢插秧之时，却是烈日当头，密云不雨，眼见得草木枯槁，有如秋深景况，而河流干涸，水田龟裂，哪里能够取水浇地，插秧种稻呢？不能够及时插秧，一年收成也就无望，百姓忍饥挨饿也在所难免。人们只有祈祷上苍，四乡村众，到各处庙宇寺院，诵佛呼天，以祈雨泽。

按照清代制度，如果是天不降雨，皇帝要遣官到天神坛、地祇坛祈祷云雨风雷之神降雨，甚至皇帝以身作则，亲自祈雨。如康熙十七年（1678），康熙帝亲自到天坛去祈雨，从西天门一直步行到坛，在行礼的时候，甘霖大沛，被传为佳话，写入史册。正因为如此，地方官在本地干旱少雨的时候，都有亲身祈雨的职责。在祈雨之前，先要禁屠沽，也就是禁止屠宰及饮酒，然后要斋戒三日，在本府本县城隍庙搭设祭坛，然后躬身前往祈雨，只要是不下雨，每天都要前往，有时候还把本地龙王庙里的龙王爷塑像请出来在日下暴晒，再不下雨，就把龙王爷塑像用铁锁锁起来，甚至对龙王爷塑像施以杖刑，待下雨以后再将龙王爷塑像送回庙中，打坏了就重塑金身。

　　且说清江县知县牛元弼，按照制度规定祈雨，却不见苍天显灵。久祈而雨不下，牛知县深感回天乏术，便来到临江府，向知府吴恩景请求方略。吴知府笑着说："要想让老天下雨，也不是什么难事。"见吴知府认为不难，牛知县有了希望，便请问方法。吴知府说："你让人抬着一只小狗崽子，给狗崽子穿上衣服，戴上帽子，然后从四乡八寨找一帮年轻的男女，让他们跟着狗崽子到四乡八寨去游转，选几个带头人，让他们募化粮食，等到下雨以后，以谢苍天之助。俗话说，笑犬必雨。抬着狗崽子游行乡村，就是让人发笑耳。"

　　听到此，牛知县不觉得为难地说："狗崽子是低贱的动物，如何能够感动苍天而下雨呢？卑职认为这样祈雨，恐怕不能感动苍天，却会触怒苍天，怎么能用这种方法呢？卑职老家祈雨，都把龙王爷金身抬到烈日之下暴晒，龙王爷怕晒，自然也就下雨了。"

　　吴知府说："本府适才与你开个玩笑，抬狗祈雨与抬神像祈雨，都是儿戏，如何能够祈雨呢？要知道下雨与否乃是天时，即便是祈雨偶然能够得中，也是天该下雨，要知道刮风下雨都是自然而成，我等也不能逆自然而行。"

　　牛知县说："听老大人的意思，我等只能够祈雨无术，任凭旱魃肆虐了。要是这样，朝廷任命我等府县官何用？不能够为民消灾祈福，我等岂不是妄为父母官了吗？"

　　吴知府说："贤契为何说此等话呢？要知道身为父母官者，以教化为先。要知道民无教化，就不知道礼义廉耻，不忠不孝，乃至犯上作乱之事也敢做。贤契看历史上贤良循吏，莫不是以教化为先。如汉代文翁与黄霸，之所以能够以治行为天下第一，都是因为厉行教化，以德化为理。教化行而卧可治之，贤契不明白这个道理吗？"

　　牛知县说："老大人，我是向您讨教如何能够祈雨，您却扯到教化上了。要知道教化行、风俗美，这不是一朝一夕能够办到的，需要潜移默化，以身作则，树立模范，使百姓逐渐领略教化的甜头，才能够改变百姓的意识，更何况民以食为天，衣食足而知荣辱，如今旱魃肆虐，百姓无法耕种，秋后肯定无收，到时候哀鸿遍野，我等府县官如何面对呢？"

吴知府说："贤契误解我的意思了。要知道百姓无知，以为上天不下雨，乃是上天惩罚，认为烧烧香、磕磕头，上天便可以饶恕他们的罪过，所以纷纷到庙宇寺院祈祷。我等正好可以利用此以行教化耳！"

牛知县说："老大人越说，卑职就越不明白了。百姓固然愚昧，遇到上天不下雨，就把神像抬到烈日下暴晒，或者是杀狗宰羊以祈祷神灵，这也是他们望雨心切，虽然可以认为他们是戏侮上天，但上天也不过念他们无知，最终也会原谅他们的。百姓祈雨心切，也希望我等父母官以身作则，亲身祈雨，以救苍生。老大人不亲身祈雨也就罢了，卑职回去自己祈雨，即便是被烈日晒死，也心甘情愿，都这个时候了，老大人就别再与卑职讲教化之事了。"

吴知府笑着说："怎么不谈教化呢？本府看这天气，不出一二日，定会有一场雨，我等不去祈雨，上天也会下的。本府想利用祈雨的机会，使百姓们改恶向善。为恶者许其悔过，为善者予以表彰。你且附耳过来，本府教你如何去做。"说罢就与牛知县耳语片刻，牛知县连连点头说："谨遵老大人教诲，卑职回去立刻就办此事。"

牛知县回到县里，便把各乡的保甲长们都喊来训话说："本县亲自到府上向知府大人请教祈雨方略，目前已经得到祈雨之术。本县不日将大施法术，定会使上天下雨。要知道今年之所以天不下雨，都是因为本县百姓有不仁不义的行为。什么是不仁不义呢？身为男子，往往听信妻子谗言而忤逆父母；身为女子，常常因为斗气而不孝顺公公婆婆；要不然就是姒娌不和、兄弟反目，因为鸡毛蒜皮的小事便大打出手；更有叔伯子侄，不念宗亲之谊，为了些许财产，打得头破血流，以至于对簿公堂，本县不知道处理了多少类似的案件。以上是家庭宗族的不仁不义，更有一等莠民，因为不务正业，凭着一身力气及鬼聪明，敲诈勒索，无恶不作。他们经商而以骗人钱财为宗旨，替人办理婚丧事而追求新奇，实际上是费人钱财而败坏风气；替人出头露面办理词讼，而上下打点以求利，甚至与衙役勾结；

还有甘当棒槌刺客，杀人越货，不惜以身试法者；更有设局骗人，背后指挥，杀人骗财从不露面。他们有求必应，无事不做，乃是刁顽之徒，危害百姓，祸害地方。本县由此想到四乡八寨、市井闾阎，类似这样不仁不义的人定是不少，所以上天才示警而不下雨。本县知道尔等保甲，多多少少都会有这等不仁不义之人，你们回去，将本县所讲告知，让他们各书姓名，各改旧过，具结永不再犯甘结，只要他们实心改过，本县绝不追究。尔等将这些改过文书甘结送到县衙，本县对天焚化，告知上天，吾民改恶向善，若再犯此恶，上天殛之。本县保证上天定然普降甘霖，不误吾民之农时矣！"

保甲长们回去传达知县指示，村人争书名姓，下注改过之语，并且发誓赌咒，永不再犯。保甲长们将这些文书送到县衙，牛知县对他们说："百姓改过，实出甘心，自兹以还，切毋重蹈覆辙。尔等告诉他们，苍天有眼，即便是本县不治他们的罪，上天也会降罪于他们的。"保甲长们纷纷应诺，牛知县便带着他们，到城隍庙将这些文书焚化。当天晚上，天忽生云，雷声震动，倾盆大雨，沟洫皆盈。阖县百姓，纷纷称颂知县，认为他是神人。

牛知县以祈雨为名，对百姓有不仁不义行为的人进行一次大普查，并且借助上天之名，要他们改恶向善，达到教化的目的，因此十分得意。大雨之后，牛知县把吴知府请到县里，大摆筵席，并且请来戏班子在城隍庙唱三天大戏，其扬扬自得之情，溢于言表，却不知道巡抚布兰泰的耳目就在身边。

雍正帝唯恐官员不作为，且生反侧之心，因此对官员的控制极严，将自己的亲信以各种身份混到一些重要官员的身边，监督他们的所作所为，扩展了自己的耳目，因此官员的一举一动，都在其监督之下。如翰林院有个叫王云锦的庶吉士，就是在科举殿试以后，除了一甲的状元、榜眼、探花之外，其他人都进行一次"朝考"，成绩好的被派到翰林院学习，称为"庶吉士"。庶吉士三年以后，也就是在下一次科考前，举行一次"散馆"考试，合格者优先授官，他们号称"老虎班"，无论任职，还是升迁，都优于一般进士出身。可以说庶吉士是高级人才，将来前途无限。这一年春节放假，王云锦因为家在外地，便找了几个朋友一起在家过年，吃过饭以后，几个人便在一起玩叶子戏，也就是一种纸牌。玩了几局，忽然少了一张，怎么也找不到，也就没办法玩了，便散场各自回家。假期过后，雍正帝接见王云锦，问他是如何过节的。王云锦毫不隐讳，把过节的经过说出，雍正帝很高兴，便从袖子里拿出那张纸牌说："俾而终局！"王云锦顿时冷汗透背，他万万想不到皇帝在他身边也安插了耳目，幸亏没有隐瞒，若是有所隐瞒，恐怕此时就身首异处了。王云锦回家，越想越怕，便以母亲年老为名，申请回家侍奉母亲，从此以后再也没有回到京城，甘愿做个平民百姓。对于一个还没有任何官职的庶吉士尚且如此监视，其督抚藩臬等大员，更是难逃雍正帝的监视了。

上行下效，雍正帝有自己的耳目，督抚藩臬等大员也有自己的耳目，牛知县的所作所为，很快就被巡抚布兰泰知道。时逢干旱，全省官员都想方设法祈雨，并且禁止屠宰。牛知县不亲身去祈雨，而当雨下过以后，屠宰刚刚解禁，牛知县便敢大摆筵席，唱三天大戏，显然对政务漠不关心。巡抚布兰泰通知吴知府，要他申饬牛知县，却没有想到吴知府不明潜规则，没有给布兰泰上贡，却为牛知县辩解，便惹恼了布兰泰，所以他上奏弹劾牛知县"不理政务"，吴知府"代为隐饰"，请皇帝将他们一并革职，却没有想到雍正帝对他进行申饬云："牛元弼于屠宰开禁之后，开筵唱戏，不比祈祷之时；若牛元弼平日性好声歌，耽于逸乐，则布兰泰何以不早行参奏。至所参政务不理，亦当实指其废弛者何事。"也就是说，牛知县开筵唱戏不是在祈雨之时，而是在屠宰开禁之后，如果牛知县平日喜欢声歌，沉湎于逸乐之中，布兰泰就应该在此之前参奏。至于参奏的不理政务，就应该明确讲明是什么政务废弛。在雍正帝看来，布兰泰就是因为一时意气就把知县参奏了，还牵连知府。按照律例规定，属员犯贪赃重罪者，知府徇庇，及失于觉察，其处分止降级调用。如今就是因为属员唱戏，就想把知府革职，布兰泰显然"有作福作威之意矣"。雍正帝不能容许大臣作福作威，从此次参奏的情况来看，还不确定布兰泰是否作威作

139

福，但"布兰泰之存心，虽无私徇，而少知人之明，且琐屑不识大体"。雍正帝再申饬之后，要布兰泰仔细清查该知县、知府在任期间是否有亏空公款、贪污受贿之事，如果没有这样的罪责，就将他们二人送部引见，候旨另用。

布兰泰哪里知道，牛知县、吴知府与布政使王承烈关系密切，其弹劾之事，早就被王布政使用密折报告皇帝，说其独断专行，信任幕友，专门以细小的事情苛责下属，实际上是需索贿赂，当然引起雍正帝的不满，当即下令让布兰泰来京请训，其巡抚一职也由他人替代，实际上就是将之免职。俗话说，落架的凤凰不如鸡。江西省大小官员联名控告布兰泰做事过于严苛，不知体恤下属，独断专行，没有查明情况便胡乱参劾人。在雍正帝看来：布兰泰本一微末之人，因为居心谨慎，才升任其为湖南巡抚，又因为他识见褊小，才改调江西巡抚，本次将其调回训谕，他却说："臣在江西所办事件，往往从重从严，待皇上敕改，使恩出自上。"可以说布兰泰这种媚取上悦、阿谀逢迎的做法，已经是无以复加了。雍正帝对内阁大臣说，朕一闻此语，心中为之战栗，不觉汗流浃背。原来在你们这些大臣的眼里，我就是个严厉的人吗？你们如何知道朕是严厉的人呢？要知道一些巡抚对于他们所办的事务也不是一一奏报，却预先猜测朕是严厉之人，要知道朕本是中正无偏之人，办事在秉公得理，而布兰泰如此看朕，实在是"深负朕恩，溺职已甚，著革职"。就这样将布兰泰革职了，不久将之发配到多伦淖尔去修建庙宇。这正是：

难思难解难猜度，唯有君王狐疑心。

陈登原先生认为雍正帝行政特色有三："一是有所必为，不惮府怨。二是严惩贪墨，修明庶务。三是令行罚果，不肯姑息。要之亦奸雄之行，非平庸之辈。"雍正帝在主政期间，对国家政制、财制、文教政策等都进行了大幅度兴革，无情地摧毁政敌，猛烈打击朋党，严厉整顿吏治，对官吏有很大震撼，居官者畏于雍正帝的察察为政，不得不洗心革面。史称当时官吏不敢贪污而崇尚廉洁，不是他们不想贪污，愿意廉洁，是畏于严刑峻法，不得不为也。此案的牛知县没有按照国家定制亲身祈雨，在吴知府的授意下，借祈雨为名而行教化，可以起到稳定地方的效用，取得效果以后，忘乎所以，摆酒唱戏庆祝，这在当时是忌讳的，可是雍正帝认为这类小事无关大体。而身为巡抚大员对国之大体毫不关心，却醉心于这些鸡毛蒜皮的事情，并且敢胡乱猜疑君主以严厉为政，这也是一个小小知县能够让一个大巡抚丢官卸职的原因。布兰泰专横跋扈，自以为身为巡抚，便可以说一不二，却不知道左右都是雍正帝的耳目，身边的布政使、按察使都可以写密折向皇帝告状，其伤害君主的行为，才是其丢官卸职的主要原因。罢免布兰泰以后，雍正帝将凡是被布兰泰参劾的官员，让吏部查明实情，带领引见，亲自进行甄别，以示大权不能够旁落，时人认为："泉下之鬼未由申其冤枉也。"亦可见雍正帝崇尚的是权力，并没有在意为冤枉者申冤，也并没有彻查布兰泰。乾隆时期，布兰泰死了，有人查报布兰泰的儿子运载二十万两银子回乡开当铺，可见布兰泰当时也赚了不少昧心钱，而雍正帝只是关心督抚大员对自己是否忠心，却不关心督抚大员是否中饱私囊，这对其后吏治的影响是很大的。

假冒职官必贪赃

清雍正六年（1728），河道总督齐苏勒查出一起监生假冒考职州同，即考取职务的从六品州同知，来河工谋职的事情。按照《大清律例·刑律·诈伪》"诈假官"条规定，若无官而诈称有官，有所求为，或诈称官司差遣而捕人，及诈冒官员姓名者，杖一百、徒三年。因为该监生假冒考职未遂，按律可以减等，允许赎免，因此齐苏勒请旨予以宽免，却没有想到遭到雍正帝的申饬，不但没有赦免假冒考职之人，还勒定条例，凡是这类假冒官员的人，一旦查出，即便是遇有大赦，也不能够赦免，一定从重处置。监生为什么能够假冒考职州同呢？河道总督齐苏勒按律办理，为什么要遭到申饬呢？雍正帝是如何看待假冒职官之人的呢？且从案情说起。

清王朝开国以后，四处用兵，财政困难，所以自顺治六年（1649）就允许捐纳。开始的时候，只是捐一些监生、吏典、承差等功名及一些无关紧要的胥吏之职。康熙时则开始捐纳实官，仅仅实行三年，捐纳知县就有五百余人，花钱买的知县居然占整个知县缺额的近一半。后来略加整顿，不再捐纳实缺职官了，但捐纳监生功名及职官职衔的制度还得以保存。雍正初年，不仅用兵青海，又大开捐例，要各省督抚鼓励民间捐纳钱物，以助军饷，而且不限所捐之物，米粟、马草、鸟枪、布帛等都可以折成银两计算，捐个生员是几十两银子，捐个监生则百余两银子，捐个知县职衔也就是三百两银子，不过实缺官职限制比较严，价钱也比较高，一个实缺知县要花七千两银子。

却说山东省兖州府济宁州鱼台县，有个名叫火政升的土财主。虽然目不识丁，但看到本县的穷监生身穿儒服出入县衙，见了知县也不用下跪磕头，作个揖就可以了，而自己饶有钱财，见了知县下跪还不说，知县连正眼都不看自己，稍不如意还打他的板子。那个穷监生，寒酸得很，家里常常吃了上顿没下顿，知县却对他礼貌周到。火政升心想，我家里富有，税负不缺，知县还总挑我的毛病，说什么纳粮潮湿，纳银色潮，总要多交些才能够免责，这也太不公平了。

有一天，火政升在镇里看到朝廷开捐告示，得知监生是可以买的，便到县衙申请捐个监生。鱼台知县正发愁巡抚下达劝捐的任务完不成，听说火政升愿意捐监生，很快就为其办理了捐纳手续，发下国子监的监照，火政升便也可以身穿儒服出入衙门，见县太爷也不用下跪，作揖就可以了，因此非常得意。

且说火政升出钱买监生之事在鱼台县传开，有一个名叫李连义的生员得知，以为财神爷来了，应该好好地赚他一笔银子。这李连义有个绰号，名叫"李六头"。什么是"六头"呢？也就是骑马在前头——为有钱有势的人开路；走路在后头——跟随有钱有势的人有如走狗；坐席是横头——有钱有势的人请客吃饭当陪客插科打诨；吃的是骨头——专门吃有钱有势之人的残羹剩饭；用的是搭头——所穿所用都是有钱有势之人买东西时所搭配的次等货；奉承是鼻头——阿谀奉承有如奴仆奴颜婢膝奉承主人一般。这个鼻头在明清时为狐假虎威、狗仗人势的奴仆别称，用现代的话来讲，就是浪迹江湖的小混混，找到机会就骗几个钱花的人。

李六头得知火财主肯出钱买监生功名，就知道他羡慕当官的，若是诱导他捐个官，定然不会吝惜钱财，那时候即便是赚些谢金，也定然不会少，更何况火政升不过是一个目不识丁的土财主，根本不懂得官场办事规则，骗他一些银两，也应该不是什么难事。李六头打定主意，便来到火财主家。

火政升捐了个监生，好不得意，托本县刘举人写了个匾，把自家门口改为"监生第"，也有当官的气派。挂匾之日，宴请乡邻，也学起监生气派。什么是监生气派呢？清代有许多笑话讽刺这些监生。如有个人考中监生，非常得意，身穿儒服，头戴圆帽，在穿衣镜前欣赏自己，左看右看，不忍离开穿衣镜片刻，正好妻子过来，便对妻子说："你看镜中那个人是谁?"妻子说:"臭乌龟!亏你还是个监生呢。"再如,有人家道殷实,花钱买了个监生,却大字不识几个。有一天知府要衙役去买东西,给了衙役一张清单,衙役不识字,便请教该监生。身为监生,不能说自己识字不多,便连蒙带猜地说:"知府让你买两只鸡、一只兔,可能是知府怕你欺压百姓,所以让你买两只鸡而免去一只鸡。"衙役听了,便买了一只鸡交差。知府大怒说:"本府让你买两只鸡、一只兔,你为何仅买一只鸡呢!"衙役说是监生告诉他买两只鸡、一只兔,却不知他把兔字认成免字了。类似的笑话很多,可见自捐纳制度实施以来,这种目不识丁的监生比比皆是,而他们却个个得意扬扬而不知耻辱。

李六头来火政升家祝贺,这可是给足了火家的面子,要知道李六头是个秀才,在县里算是体面人,平日里土豪劣绅想巴结他们替自己在衙门里打点,还难以找到门路呢!如今秀才登门,固然火政升买的监生要比秀才高一等,毕竟是买来的,底气不足,所以让李六头上座,紧挨着火政升坐下。酒过三巡,菜过五味,李六头看准机会便问了火政升的生辰八字,然后拿出一个三寸宽、四寸长的小本子,翻了翻说:"好!好!这才是入格会局的大八字,这是真正飞天禄马格!"火政升问:"何以见得?我的八字真有这个命相吗?"李六头说:"那是当然。古人云,飞天禄马贵非常,辛癸都来二日强。无庚丙戌生官禄,逢合冲官近圣王。利禄俱显妙名扬,酉丑一位最高强。运逢己午凶实起,岁岁年年受祸殃。我不是奉承您,看来这是一二品之命,妻财子禄俱旺,更喜父母俱是高寿。"

听到李六头的奉承,火政升虽然很高兴,但也知道自己的斤两,所以说:"李秀才,别拿我开玩笑了。我买一个监生功名,只不过是买一个屁股盖子,要知道有了监生,县太爷就不能够随便打我板子了,我见了县太爷,也不用下跪了,仅此而已,还有什么奢望当官呢?你刚刚所讲古人云中,有一句岁岁年年受祸殃,莫不是我有什么凶运?"

李六头说:"在下是读书人,哪里会开什么玩笑呢?您怎么会有凶运呢?禄相上有云:辛癸冲官亥日重,巳中丙戌禄来崇,更逢酉丑申居命,得一合神便贵荣。您这生辰八字,就应该荣显。您想啊!您家世代都是土财主，没有一个能够得到功名的，如今朝廷开了捐例，您一下就捐了个监生，比我这样的生员还高一等呢！岂不是荣？这要想贵，就必须当官，如今朝廷捐例是可以捐官的。您有那么多银子，为什么不捐个官当当呢？若是当官，岂不是与相书所说吻合？我说您有一二品之命，岂能是虚言？"

火政升说："捐官之事，我问了县太爷，他说县里只能办理捐生员、监生等功名之事，不能办理捐官。我想捐官之事一定很难，若是我能够捐个知县，板子能够打得，钱财能够赚得，这是我巴不得的事呢！只是我不知道这个官如何捐，需要多少银子。"

李六头说："捐官之事，在下略知一二。这捐一个知县要七千多两银子，不过自康熙爷时有五百多个捐纳知县以来，大臣们纷纷陈诉捐纳之弊，朝廷进行了整肃，处置了许多捐纳知县，如今不轻易让人捐知县等正官了，倒是佐贰官没有限制，而且价钱也远比正官便宜。您若肯花钱捐官，我看还是捐个州同，最多也就四千两银子。您想啊！州同是从六品官，比知县还高一级呢！如果干出一些成绩来，将来升个知州、知府，前程也就有了。"

火政升说："州同我听说过，是个佐贰官，人们说那可是清冷的衙门，好事正官不让他干，赔钱的事偏派他去干。赔钱事小，弄不好还会丢官，这个官不好当。要是这样，我还不如扛着监生的功名，在乡里当个富翁呢。"

李六头说："您老怎么聪明一世，糊涂一时呀！您说的州同是在知州之下当副手，当然要受知州的管制了。我说的州同不一样，是相对独立的，很少受正官节制。如今圣上大兴农田水利，任命齐苏勒为河道总督。要知道齐大人是满洲正白旗人，深得圣上的宠信，如今委以治河大任，朝廷大把银子都交给他，您若捐个州同，到齐大人那里效力，独管一处河工，不但有大把银子赚，将来大堤合龙，齐大人肯定保举有功人员，您若名列其中，弄个知州、知府，还不是如拾草芥一般。"

李六头凭借三寸不烂之舌，把火政升说心动了，便求他帮助办理捐官之事，另给谢银四百两，算是提成了。火政升哪里知道朝廷如今只允许捐官衔，不允许捐实官，捐官衔者要想得到实官，必须先捐候补官，再通过考核，才能够授予职官，所以被李六头忽悠了。

朝廷为了解决财政危机，鼓励百姓积极捐纳功名及官衔，为此还打折促销，所以弄个官衔很容易。李六头跑了一趟京城，在吏部给火政升捐了个州同衔，也就花了不到一千两银子，自己足足赚了三千多两。如果再加钱捐个候补州同，李六头所赚恐怕只有谢银四百两了。钱到手里，如何肯再拿出？所以李六头只是将州同官衔的官凭取回，这样火政升便可以身穿六品顶戴，连知县都要向他行礼，称他为大人了。

火政升花了大价钱捐官，并不想仅仅得个官衔，是想当实官的，所以催李六头办理实缺之事。李六头给火政升买的是官衔，把候补官的钱给花没了，如今火政升要当实官，他也不好说没有买候补资格，只是说要到河工效力，必须参加河道总督齐苏勒主持的考职，合格之后，才能够被任命为实官。李六头的心思是火政升识字不多，肯定是考不上，不能够考上，也就怨不得他了，却没有想到考前还有资格审查。火政升完全不知道，便前往参加考职，因为仅有虚衔，不符合资格，当即被主考官员拘押起来。

主考官员将此事禀报河道总督齐苏勒，他也就将火政升等数名没有资格的人按律拟罪。这些人虽然只有虚衔，毕竟也算是官，按例应该奏请上裁。以齐苏勒的心思，朝廷目前正劝百姓捐功名、捐官，若是把火政升等都判以杖一百、徒三年，将来百姓都不敢捐官了，所以奏请予以宽免，却没想到雍正帝批示云：大小官职，皆国家名器所关，假冒之人，欺君罔上，盗窃名器，其罪较十恶不赦者，亦不为轻。在雍正帝看来，官职就是国家合法性所在，关系到国家的名声与权力，如果有人敢于假冒，就是欺君罔上，盗窃国家的权力，所以认为这种罪应该比十恶都严重。为什么说比十恶都严重？雍正帝解释道，此等之人，若侥幸得官，出身先已不正，何以为百姓之表率。且狡诈性成，罔知信义，必至于贪赃坏法，无所不为。也就是说，这样的人如果侥幸得到官职，他们的出身已经不正当了，又如何能够成为百姓的表率呢！更何况这些人敢于假冒，就是没有信

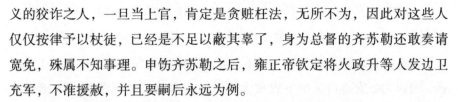

义的狡诈之人，一旦当上官，肯定是贪赃枉法，无所不为，因此对这些人仅仅按律予以杖徒，已经是不足以蔽其辜了，身为总督的齐苏勒还敢奏请宽免，殊属不知事理。申饬齐苏勒之后，雍正帝钦定将火政升等人发边卫充军，不准援赦，并且要嗣后永远为例。

处置火政升等人之后，雍正帝认为这种假冒现象应该很多，所以通行晓谕各督抚大员云："现在各省官员，杂职内若有假冒顶替之人，著自行出首，朕开恩免其治罪，但令革职回籍，倘仍恋职潜藏，将来或被纠参，或被告发，则于边卫充军之外，加等治罪。"也就是说，让这些假冒职官的人自首，现在可以免罪，仅仅革职回籍而已，如果不自首，只要是查出，要加等治罪，最少也要发边远充军了。雍正帝这里讲的是"杂职"，而没有讲正官，这是因为雍正帝大权独揽，连知县他都亲自接见，更别说知府、道员、督、抚、藩、臬等要职了。只有这些杂职，制度规定不是全部引见，其用人之权在吏部及督抚大员之手，雍正帝当然不放心了。

火政升被皇帝钦定为发边远充军，当然是刻不容缓的事情，刑部按例选定充军之地，让河道总督齐苏勒即刻押送其去直隶蔚州充军。齐苏勒不敢怠慢，当即行文府县，派两个长解，押送火政升前往蔚州。火政升在被拘押的时候，曾经向官府讲自己被李六头欺骗了，但官府不想扩大事态，对此置之不理。火政升惹不起官府，所有怨恨都放在李六头的身上，暗自发誓一旦回去，定然拧下李六头的狗头，看他到底有六个头没有，却不想齐总督不许他回家，直接押赴充军之地。一个可以在乡下作威作福的土财主，如今成为罪犯，到了蔚州，还不知道军官如何虐待他，如何能够咽下这口气。俗话说，有钱能使鬼推磨。火政升许诺长解许多银子，然后同长解一起回家取银，在家里稳住长解，自己便提刀，来到县城，找到李六头，不由分说，举刀便一通乱砍，恨不得将之剁为肉泥。杀了李六头，火政升只身来到县衙自首。青天白日于闹市杀人，其罪深重，知县火速上报，等候上裁，当然是斩立决。可怜火政升官没有当成，因为杀人还丢去性命，最终是家破人亡。这正是：

升官发财原是梦，祸事临头却现实。

火政升本来可以在乡下当土老财，虽然被官府呼来喝去，但毕竟还有好生活，就是因为艳羡当官的，买了功名还不算，还听信李六头的蛊惑，去买什么实官，结果是春梦一场还未醒，祸事却临头了。李六头赚了昧心钱，自以为心安理得，却不想被火政升乱刀砍死，所得的银子又给谁花呢？不知道升官与发财，往往都伴随着危机，到祸事临头之时，连后悔药都没有地方买。河道总督齐苏勒算是办事谨慎的人，雍正帝曾经评价他："历练老成，清慎勤三字，均属无愧。"也就是说，齐苏勒乃是个贤良的官员，即便如此，雍正帝也绝不宽容他半分。他请求给假冒职官者宽免，是不晓事理，而所派的长解居然私自带着犯人回乡，还出现人命，雍正帝当然不能够轻饶，将齐苏勒降二级留任，等于是戴罪立功，亦可见雍正帝驾驭官僚之一斑。

故杀亲侄图脱罪

清雍正六年（1728），福建巡抚奏报本省建安县民故意勒死自己十三岁的亲侄子，按照《大清律例》规定，叔叔杀死侄子，要杖一百、徒三年，故杀者杖一百、流二千里，例内规定可以发附近充军，福建巡抚按律拟罪，将该犯拟为杖一百、徒三年。雍正帝览奏以后，认为按律拟罪也应该注意情理问题，特别是事关伦常与风俗之案，一定要关注社会影响，因此要刑部官员修订条例，该犯即按新条例处置。建安县民为什么要勒死自己的亲侄子呢？福建巡抚上奏有什么情节而引起雍正帝的感慨呢？刑部出台的新条例又是如何规定的呢？且从案发及处理过程谈起。

福建省建宁府建安县（今建瓯市），属武夷山东延余脉，乃是低山丘陵地区，资源丰富，原本人口众多。因顺治五年（1648），明宗室郧西王在那里率众抗击清军而惨遭屠城。此后经过几十年发展，才逐渐恢复元气，人口慢慢增多，土地与房产纠纷也多了起来。

且说建安县某村有魏姓兄弟二人，老大魏华亮一家三口，老二魏华音一家五口，已经分家单过。老大魏华亮有十几亩水田、一处山场，一家人勤勤恳恳地种地挖笋。赶上这几年风调雨顺，家里确实也积攒了一些钱，又买了几十亩地及一处山场，还翻盖了新房，毕竟将来孩子也要娶媳妇。魏华亮的儿子魏樟茂已经十三岁了，生性异常聪明，并且十分强健，从小就跟随父母下田进山干活，春天挖笋、夏天割麦、秋天收稻、冬天打柴，手足都长满了老茧，从来没有叫过一声苦。所以魏华亮夫妇很喜欢他，老早就给他盖了新房，过几年就准备为他娶媳妇。

老二魏华音也有十几亩水田、一处山场。常言道，人勤地不懒。老二魏华音一家没有老大一家勤快。老大魏华亮的田地冬种麦子，夏种水稻，一年两熟，还可以插空种些蔬菜；山场上春天采笋也注意间隔，冬天可以收竹子之利，除了种些成材的杉木、红松之外，还种植枇杷、荔枝、龙眼之类的果树；这样有计划的种植与收获，自然能够获利。老二魏华音则不同，种一季水稻，插好秧以后就不管不顾了，人家一亩地产五百斤水稻，他家一亩地也就产二百斤水稻；山场采笋也是竭泽而渔，全部采光，别说竹子了，就连明年的笋都长不出来了。为了换钱，山上成材的树木都砍了，也不及时补种，没有几年就成为秃山了。

看着哥哥的日子越过越红火，而自己家却江河日下，已经到了变卖产业的地步，魏华音甚是丧气，便向哥哥借钱借粮。常言道，好借好还，再借不难。魏华音以为是亲哥哥，每每借贷不还，也就惹得哥哥不满，开始是推托没有钱粮，以后便断然不借了，兄弟俩也因此反目成仇。

魏华音见哥哥不肯借贷，便时常到哥哥的山林挖笋、摘果、砍木，去哥哥的田地偷割稻麦菜，被哥哥发现之后，斥责辱骂，但屡教不改，哥哥一怒之下，将他扭送到保长那里进行管束。按照《大清律例·户律·田宅》"擅食田园瓜果"条规定，凡于他人田园，擅食瓜果之类，坐赃论。是要计赃论罪的，最重可以杖六十、徒一年。若是保长将魏华音送官，肯定要治罪，但保长认为魏华音所挖、所砍、所割都是亲哥哥的产业，送官治罪定会伤兄弟和气，所以只是教训一下而已，并没有将他送官法办。见保长也无可奈何，魏华音越发胆大，只要看到没有人，便到哥哥的田地收割农作物。哥哥无奈，只好与儿子魏樟茂一起带着几个长工日夜巡逻。长工与魏华音无亲无故，发现魏华音偷盗，不但夺回所盗物品，而且还痛加殴打。魏华音因为理亏，也不敢找哥哥理论。

那个时候的建安县，因为山林密布，人口稀少，时常有老虎出没。因为有老虎伤人，官府便出告示悬赏，并且勒令猎人按期捕获。魏华音在县城看到告示之后，回到村里，便到处讲老虎已经来到本处山林，邻村已经有人在大白天发现了老虎，看到老虎吃人了，特别是晚上，老虎四处游荡，见牛吃牛，见人吃人，好生了得。哥哥魏华亮听到魏华音到处传言，便斥责他说："老虎都在深山老林，我们这里人口众多，哪里有什么老虎？

分明是你造谣生事，扰乱人心，我告诉保长，让他把你送到县衙，治你一个惑乱人心之罪，看你还敢再胡说八道！"魏华音说："蝼蚁尚且贪生，为人岂不畏虎！不是我胡说八道，县里有告示，前些日子，南边村子的猪被老虎拖走了，北边村子的牛被老虎咬死了，东边山里有打柴人被老虎吃了，县城里已经闹得沸沸扬扬，我们村地处偏僻，难保老虎不来我们这里捣乱。我告诉大家，乃是好意，让大家小心，不要丢了性命。"哥哥魏华亮听罢大怒道："虎在哪里？青天白日，你在这里捣鬼。我们村几十年都没有人见过老虎，山林里现在连野鸡都很难见到，老虎到我们的山林，没吃没喝的，饿急了能用竹笋树木充饥吗！"魏华音不敢辩白，但在晚间发现哥哥与侄子并没有带着长工巡山看地，也知道他们胆怯了。便想："哥哥他们若是不敢巡山看地，我便有了下手的机会。如今稻谷已熟，枇杷也开始黄了，正是好时机，如果把老虎这件事弄实了，长工们顾惜性命，不再巡山看地，我夜间便好下手，只是要他们一定相信有老虎。"魏华音的狠招想得出来，也做得出来，当即找来一根松木，把梢头雕成虎爪状，趁着黑夜，在自家田塍道上，模仿老虎的步伐，或稀或密，一拄两拄，滴滴团团，四处皆有。然后回家将所雕虎爪藏在自家门后。

次日，天刚蒙蒙亮，魏华音走出门，故意高喊起来，村民都出来看究竟。只见魏华音说："我说有老虎，我哥哥还不信，如今满地都是虎爪，看来老虎已经来到我们村了。"村民在县里也有看过告示的，于是附和起来，要大家各自小心，夜间谨守门户，白天千万不要一个人进山。哥哥魏华亮也带着长工们来巡看虎迹，谁也没有见过真老虎，如今虎爪痕迹明显，胆小的长工们当然害怕，就是魏华亮也是心虚。长工们可以借此为由，不用披星戴月巡地看山，且可以晏起早歇，何乐而不为。常言道，三人成虎。大家都说有虎，魏华亮也只能以人命为重，不敢再让长工巡地看山，不到日上三竿，也不敢带长工进山采摘。

魏华亮的儿子魏樟茂，别看才十三岁，但生性聪明。魏樟茂来到田地，东张西望，揣摩虎爪来踪去迹，心想："为什么虎爪都在叔叔的田地呢？别处为什么没有痕迹呢？听说老虎喜欢独来独往，看那密密麻麻的虎爪印，一是不像是一只老虎，二是老虎四只脚，而虎爪印好像是只有一只脚。再说了，老虎不可能总在一个地方打转，若是从田地走出，也应该带有泥迹，如今这虎爪印既无来处，又无去处，莫非其中有弊？更何况叔叔昨天说有老虎，今天就有老虎到他们家的田地了，是不是太巧了？"魏樟茂把自己的想法告诉父亲，魏华亮也就留心了。过了几日，魏华亮发现自家山林里的枇杷被人折去不少树枝，丢失不少枇杷果，虽然树下也有虎爪的痕迹，但老虎乃是肉食动物，肯定不会偷吃及祸害果树的。魏华亮觉得蹊跷，想让长工们继续巡山，但长工们都不敢去，魏华亮也无可奈何。自此以后，不是山林果树被偷，就是稻田里的稻谷也被人偷拔，而所被偷盗之处都有虎爪的痕迹。是不是老虎改了习性，不食肉了？魏华亮情知不是老虎所为，但捉贼见赃，如今没有拿到赃物，也没有抓个现行，更不敢冒险巡夜，也只好吃哑巴亏。

常言道，初生牛犊不怕虎。魏樟茂本来就不相信村里来了老虎，再看到自家山林果树、田地稻谷被偷窃，更加坚信乃是有人故意扰乱。在长工们不敢巡夜的时候，他居然不听父亲的劝阻，自己一个人巡夜。大约在午夜时分，魏樟茂发现自家的稻田有物在动，以为是老虎走过，还是年轻气盛，居然敢悄悄地接近，却发现根本不是什么老虎，乃是一个人正在拔他们家的稻谷。魏樟茂毕竟是个孩子，也不敢一个人上前去捉拿。但见那个人弄了两捆稻谷，挑起来就走。魏樟茂在后跟随那个人，却发现他走进叔叔魏华音的家，也就不再害怕了，便推门而入，发现偷稻谷的人就是叔叔，他手中还拿着根松木雕的虎爪，便高喊起来："原来是你干的好事！我这就告诉我爹爹去！"魏华音见状，急忙拦住魏樟茂说："臭小子，我干什么事了？我们都是一家人，拔两捆稻谷还不是应该的吗？"魏樟茂说："你岂止是拔两捆稻谷！还毁我家山林果树，造谣有老虎，使全村人都不敢早起劳作，耽误农时，影响收成，要是告诉保长，定把你扭送官府治罪！"魏华音说不过魏樟茂，想拦住他，却不想他转身就走，还高喊有贼，便一时恶向胆边生，举起松木雕的虎爪照魏樟茂脑后打去，只见魏樟茂一个前扑，倒在地上，但见背脊骨上动了两下，便呜呼哀哉了。魏华音见侄子死了，开始也是害怕，但见没有人影，便把松木雕的虎爪放在侄子手中，然后将其背到稻田，回到自己家中，把稻谷藏好。

第二天清晨，村里有人发现魏樟茂的尸体，便喊来魏华亮及村众。人们发现魏樟茂手中有松木雕的虎爪，就纷纷议论，是不是魏樟茂伪装老虎，被人给打死了，但是谁打死的，却没有人出头承认。出了人命案件，总要禀告官府，建安知县带来衙役、仵作前来勘验尸身。建安知县分别审讯村众，得知是魏华音率先发现的尸体，而审讯魏华音，却言语支吾，细心的仵作则发现其衣服上有血渍。建安知县便以大刑威慑，要其交代实情。魏华音承认是自己打死了魏樟茂，说自己发现虎爪痕迹，便顺着虎爪找来，黑夜中发现有物在动，以为是老虎，便举棍打去，却不想是自己的侄子，因为害怕，故此当夜未敢声张。

建安知县如何肯信，还是动用了大刑，魏华音只好交代是偷拔哥哥家稻谷，被侄子发现，怕侄子叫喊，故此举棍将其打杀，但侄子伪造虎迹而恐吓村庄，自己杀死他，也是为民除害。建安知县如何相信一面之词，询问村众，得知乃是魏华音声称有虎，再说以虎爪印的深度，也不是一个十三岁孩子能够做到的。再用刑威逼，魏华音也只好承认是自己所为，加上仵作认定凶器乃是松木雕的虎爪，其杀人灭口，诬赃陷害的罪证也就明白了。

虽罪证清楚，但量刑却是不能按常人来对待。因为按照《大清律例·刑律·斗殴》"殴大功以下尊长"条规定，尊长殴杀同堂弟妹、堂侄及侄孙者，杖一百、流三千里。魏华音最重也就是流刑，虽然该律还规定，"故杀者，绞监候"，但按照亲疏远近，还应该减等。建安知县认为魏华音杀人图赖，而所杀乃是其哥哥唯一的孩子，属于罪大恶极，便拟为绞监候，申报各级上司。

福建巡抚常赍认为魏华音乃是尊长，不应该抵死，改拟杖一百、徒三年。申报刑部具题请旨，却不想遭到雍正帝的批驳，认为《大清律例》所规定的尊长致死卑幼，乃是为了维护伦常名分，如今魏华音就因为自己偷割稻谷之事，将亲侄子殴杀，还诬赖侄子伪造虎迹，要知道侄子是其亲哥哥的独生子，年仅十三岁。殴死还不算，居然以为诬告图赖之计。似此凶恶惨毒之人，已在伦常之外，安得尚论尊卑长幼之名分乎！于是，雍正帝批示道：朕意，凡因家务及卑幼有过而致死者，仍照旧例。其将卑幼致死，以脱卸己罪，及诬赖他人者，应另定治罪之条，正所以重伦常而厚风俗。著九卿详悉定议具奏。也就是说，尊长如果是因家中纠纷，卑幼本身有过失，将卑幼殴打致死者，是可以按照律例的规定，不必将尊长拟为死罪。若是尊长将卑幼致死，是为了脱卸自己的罪责，或者是因此图赖他人者，应该重新制定条例，将他们从重治罪，因此要求九卿举行会议，制定新的条例。

经过九卿会议，最终制定条例云：有因己身有罪，或与他人有隙，将期亲卑幼致死以脱卸己罪，及诬赖他人者，应照亲伯叔夺兄弟之子房产等情故杀例，拟绞监候。也就是说，期亲尊长致死卑幼，如果是为了自己脱卸罪责，或者是图赖他人，就按照尊长谋夺卑幼房产而故杀例，拟为绞监候，入情实册内予以勾决。按照谋故杀例，除了绞监候之外，还要将财产一半断付死者之家。就这样，魏华音于当年秋天被勾决了，其财产一半归其哥哥所有。毕竟是血脉相通，魏华亮失去唯一的儿子，也失去唯一的弟弟，好在弟弟家尚有三子。在家破人亡的情况下，魏华亮将侄子过继到自己名下，以延续魏家的香火，魏家的家谱也从此除去了魏华音的名字。这正是：

平平天理任人为，曲曲人心只自迷。

有一篇言语，单说那势利的人情，世无弟兄，财是弟兄。人无亲戚，利是亲戚。伯伯长，叔叔短，不过是银子在那里扳谈；哥哥送，弟弟迎，无非是铜钱在那里作揖。在钱财面前，血缘显得是那样微不足道。此案的魏华亮与魏华音是亲兄弟，魏华音不善经营，却指望哥哥，常常借贷不还，借不来就想着偷盗。居然挖空心思伪造什么虎迹，在侄子发现他偷盗及伪造虎迹之后，他原本可以给哥哥认个错，想必哥哥念是一奶同胞，即便是责怪，也不会加害于他。魏华音不顾兄弟情谊，居然残忍地将侄子杀死以推卸罪责。正如雍正帝所认为，乃是凶恶惨毒之人，哪里还管什么伦常名分？因此对他就不能论伦常名分。雍正帝深知，要维护伦常名分，不能仅仅靠倡导尊卑有序，必须要以法律来维护这种伦常名分。人不是没有良心，但在金钱面前，亲亲之谊则显得那样的虚伪。不要怪世态炎凉，就是因为你不发迹。要知道世情冷暖，普天下千篇一律，如果没有法律的约束，伦常名分是不能制止人们的贪欲之心的。雍正帝认识到伦常名分维持当时社会秩序的重要性，但也知道不可能避免以伦常名分来谋财及图赖，更应该关注对社会安定带来的影响，之所以提出修订条例，也是顺应社会的发展，也可以看到法律顺应社会发展的一面。

凶残继母无恩谊（上）

清雍正七年（1729），江西省临江府清江县（今樟树市）发生一起继母虐杀前妻所生儿子的案件。按照《大清律例》的规定，继母也是尊长，忤逆继母如同忤逆亲母一样，若是殴打继母，就要被判斩刑，要是将继母打死，就要凌迟处死。继母殴打前妻所生子女，无罪，即便是故意将前妻所生子女打死，最多也就是杖六十、徒一年，还允许赎免。不过，律中规定，嫡母、继母、慈母、养母故意杀死非所生子女，致令丈夫绝嗣者，也要判处绞刑。此案继母虐杀前妻所生之子未遂，并没有令丈夫绝嗣，但手段残忍，性质恶劣。刑部按律难以判处继母死刑，只好具题上奏，恭候皇帝裁决，没有想到雍正帝为此发表自己的见解，要求刑部重新修订条例，希望自此以后，天下继母不再有残忍之心，更不能有残忍之行。此案何处使刑部难以量刑呢？雍正帝认为采取什么措施，才能使天下继母都不会有残忍之心呢？且从案情经过谈起。

清江县是五代时设置的县，大概是由于建县稍迟的缘故，当时经济并不发达，也比较闭塞。北宋诗人梅尧臣诗云，"三江卑湿地，北客宦游稀"。清王朝因为滋生人丁永不加赋，人口逐渐增多，而为了生存，人们不得不以各种手段来谋生。因此，除了农业以外，手工业、商业也逐渐发达。清江县因为是临江府所在地，也就开始繁荣起来。

且说清江县城西有个名叫王国卿的人，年轻的时候曾经在湖广一带贩卖粮食，赚了许多钱，就在清江县开了两家典当铺，雇了六个伙计打理，自己只在家中受用。王国卿娶妻邢氏，为他生了两个儿子，长名王普，年方七岁，次名王通，邢氏在生产的时候难产身亡，如今雇乳母哺育。王国卿年轻的时候出外行商，将近四十岁才娶妻，如今可算是中年丧妻，领略人生三大不幸之一。常言道，老年丧子，中年丧妻，幼年丧母是人生最大的不幸。

一个富翁死了妻子，如何不引人关注呢？说媒的人很快就找上门来。王国卿担心给孩子找个后母，将来受到虐待，所以挑三拣四的，终究没有续弦。眼见得王通已经七岁了，王普也十四岁了，如今自己也五十多岁了，身边没有个知冷知热的人，也觉得孤单寂寞。这时候媒婆孙氏前来说媒，说城里棺材铺陈木匠有个女儿陈大姐，今年才二十二岁，尚且待字闺中。王国卿说："都二十二岁了，还没有出嫁，莫非是个寡妇？"孙氏说："陈大姐此前是曾经嫁了个武举人，这个武举人凶恶，彼此不相得，被武举人休了，也是个可怜之人。不过论人倒也标致，脸像朵花儿似的。再说了被休的女子，肯定是在夫家受到虐待的，如今再嫁，你只要对她好点，她肯定会加倍对你好的，更何况她也还没有生养，待你两个儿子也会是如同己出，小孩子总不能没有娘吧！"王国卿说："听你说得天花乱坠的，耳听为虚，眼见为实，我要亲自相亲才可以。若陈大姐是个黄花大闺女，我不好去相亲，寡妇总是可以看看吧！"孙氏说："这个我可做不了主，要知道自古以来都是父母之命，媒妁之言，男女没有拜堂成亲，是不能让人看的。既然王财主不放心，我就去她家说说媒，试试吧。"

孙媒婆来到陈木匠家，对陈家讲："王国卿家富贵无比，满柜的金银，整箱的罗缎，僮仆林立，婢女成行，陈大姐进门就可以做主母。"陈木匠没有什么意见，倒是陈大姐先说："这个王国卿多大年纪了，有没有子女。"孙媒婆说："属狗的，如今才二十八岁，大儿子十三岁了，小儿子刚六岁。"陈大姐一听就知道媒婆撒谎，便说："大孩子十三岁了，他十五岁就生了孩子，结婚可够早的呀！"孙媒婆说："你看我错说了，这两个孩子是王国卿的侄子。王国卿至今还没有成亲呢。"陈大姐母亲说："你就说实话吧！我女儿花枝招展的，可不能嫁一个老头子。"孙媒婆见瞒不过，便说："实不相瞒，王国卿是属狗的，今年已经五十多岁了。其实您也不应该挑剔，毕竟陈大姐也不是黄花大闺女了。"陈大姐说："您说这话就不中听了，我不是黄花大闺女，但也不是嫁不出去的人，老不老的无所谓，只要他人品好，身体强壮，我也敢嫁。我不能听你一面之词，要亲自见见，才能决定嫁与不嫁。"孙媒婆说："我说你们有缘嘛！王国卿的意思也是先看看再说，你们俩真是天生的一对。如果你们陈家不反对，我这就安排你们相亲如何？"陈大姐红着个脸答应了，父母也不反对。

经媒婆撮合，王国卿身穿新衣来到陈家，陈父不在家，陈母与陈大姐把王国卿迎进屋里。陈大姐举目望去，王国卿是中等相貌，腮边一部络腮胡须，却也精神飒爽，有男人的雄姿。王国卿看陈大姐，身穿猩红春缎连衣裙，紧束腰身，有如轻摆杨柳，婀娜多姿；一双杏眼楚楚动人，真乃是樱唇翠黛芙蓉面，目如秋水露神光。见到陈大姐这种美貌，王国卿十分中意，而陈大姐看到王国卿富家之态，也心有所属。王国卿对陈母说："在下房中没有人，专娶令爱过门为正，不知能肯俯就否？"陈母说："姑娘大了不由娘，能不能嫁给你，还要看姑娘自己的意思，我可做不了主。"没有想到陈大姐十分中意，当下就说"要嫁人家，只要有缘，还管什么年纪不年纪。"王国卿见陈大姐答应这样爽快，心里倒也迟疑起来，陈大姐似乎看出王国卿的心事，就扯起其他话题，而王国卿贪陈大姐美貌，也没有即刻离去的意思。陈母见女儿愿意，也怕王国卿另生别意，便把预备下的酒菜，搬在桌上，暖了酒，让王国卿上座。王国卿说："喜事还没有说定，就先叨扰，还是我来做东好了。"陈母说："买卖不成仁义在，管他喜事说得定说不定，吃顿便饭总是可以的。"这王国卿平日好酒，所以客气几句，也就入座了。媒婆与陈母不停劝酒，不知不觉也就醉了。媒婆与母女商议，是喊人把王国卿扶回家呢，还是让他在陈家住上一晚呢？媒婆试探母女的口风，如果是满意，不如生米煮成熟饭，省得将来王国卿反悔。陈家母女贪王家的财产，岂能不答应！送走媒婆，陈母就让陈大姐把王国卿扶到她的房间去住。

第二天，王国卿醒来，发现自己搂抱着陈大姐，知道自己昨天失态，如今若是不答应这门亲事，张扬出去，自己还有何脸面在清江县生活下去。再看陈大姐此时杏眼微睁，双颊红晕，朱唇微张，更显妩媚之态，也就死心塌地了，便急忙找媒婆定日子迎亲，娶陈大姐过门。

五十多岁的老头，娶了二十二岁娇妻，如何能应付，不到两年，王国卿便得了痨病，挨了一年，居然得病身亡。陈大姐号丧出殡，也不觉得伤痛，只是怨恨自己没有生下一男半女的，好在王国卿留下万贯家财，足以供她享受挥霍。这陈大姐自嫁过来，倚娇作势，折毒孩子，打骂丫头，无恶不作。王国卿虽然千方百计看顾儿子，怎奈她撒娇耍泼，寻死觅活，也只叹自己当年不检点了。如今王国卿死了，陈大姐拿出在娘家的旧性，无所不为。王普刚刚十六岁，王通年满九岁，本应该入学，陈大姐却不让他们读书，打骂加倍。在那个时代，妇女应该讲究三从，在家从父母，既嫁从夫，夫死从子，是"家有长子，国有大臣"。陈大姐应该听从王普主持家务才是，但这两个孩子被陈大姐吓破了胆，如何敢说这个继母呢？更何况继母也是尊长，违逆了她，也是忤逆不孝，身犯十恶大罪了。

　　自从王国卿死了以后，陈大姐的胆子一天比一天大，根本没有什么忌惮，整天打扮得娇模嫩样的，四处招摇，逢人结拜姊妹，到处俱认亲邻，可以说是丑声四溢。陈大姐自己不检点，也只是她个人的名声，但她总嫌两个孩子碍眼，难以任意胡为。陈大姐与本县的一个富家子弟刘有源勾搭成奸了。刘有源刚刚二十六岁，与陈大姐年纪相当，因此男欢女爱，彼此情浓，也就顾不上其他的了。有一次在大白天，陈大姐与刘有源不避嫌疑，在房间里睡觉也不插门，恰巧被王普看到。

　　毕竟王普已经十六岁，父亲在时也读过几年书，看到继母与人通奸，本想推门而入，但又一想，继母凶狠，那情夫又是个壮汉，若是进去，说不定会被他们打死。俗话说，家丑不可外扬。万一被别人知道，自己也难以做人。王普还算是有主意，回到自己的房间，写了张字条，贴在继母的房门上。字条云：王普是顶天立地男子汉，眼里揉不进沙子。何处亡八，肆无忌惮。今后改过，尚可饶恕，若仍怙恶不悛，勿谓我无杀人手段也。特此谕知。

　　刘有源开门出来，发现门上的字条，看过之后，也是胆战心惊，便藏了起来，自此两个月有余，没有再来找陈大姐。王普暗暗得意，以为自己恐吓有效，却不想险些招来杀身之祸。

有一天，王普与一帮年纪相当的孩子出外游玩，在一个树林里捉迷藏，小伙伴们不知道藏在何处，却见两个大汉钻了出来，把王普劈胸扭住，用绳索将其绑住。王普吃了一惊，见是劫道的好汉，便苦苦哀求他放过自己。一个大汉用刀指着王普的鼻子说："谁叫你违拗母亲的命令，不肯孝顺。今日我们杀了你，是你母亲的主意，与我们无关，我们只是得人钱财与人消灾。"王普听罢，哭着说："好汉！我现在的母亲虽然是继母，但我从来不敢违拗她的意愿，即便是她打骂我，也是逆来顺受。再说了，如果我违拗继母的命令，她完全可以名正言顺地把我告到官府，治我忤逆之罪。为什么要你们二位私下把我杀了呢？我死不足惜，但还有个弟弟，如今刚刚九岁，他没有我这个亲哥哥的照顾，恐怕活不下去。如果继母再虐待他，万一被打死了，岂不是让我们王家绝了后。"说罢，放声大哭起来。

那两个大汉听王普说得悲伤又恳切，一时起了恻隐之心，便将绳索割断说："看你也是个可怜的孩子，我们现在把你放了，你还能回到你继母那里吗？"王普擦了擦眼泪说："两位好汉饶命，我感恩不尽。如今得罪继母，自然不敢再回去了。敢问尊姓大名，日后也好图个报效。"那两人叹口气说："其实不必瞒你，今日要害你，就是你那继母及情夫刘有源的主意。我们原本想杀死你这个不孝子，却不想你的命如此凄惨。作为杀手，留什么姓名！只是我们生平不肯妄杀无辜。刚才听你说得可怜，我们才放了你，并不想图什么报效，这是买你的命钱，我们看你还是拿着银子，远走高飞吧！留下你王家一条根，将来娶妻生子，延续香火。我们不能杀人，也不能向雇主交代，如今我们也只好远走他乡了。"说罢，两个人头也不回地大踏步而去。

王普见两个大汉远去，也不敢再回家了，便径直来到清江县衙，状告继母陈氏买凶杀人，欲使王家绝嗣，恳请县太爷为他做主，以全自己及弟弟的性命。按照《大清律例·刑律·诉讼》"干名犯义"条规定，凡子孙告祖父母、父母，妻妾告夫及告夫之祖父母、父母者，杖一百、徒三年；诬告者绞。王普虽然年仅十六岁，但《大清律例》规定十五岁以下才算是幼童，可以按照成年人对待。清江知县也不提讯陈大姐，因为按照律例规定，妇女除了奸盗之罪以外，不得上公堂，而王普状告继母，就是干名犯义，直接判他杖一百、徒三年，是按律裁断，但知县无权决定，只能将审拟意见上报到省里。

江西按察使申斥清江知县，说王普控告继母买凶杀人，就应该有凶手为证，如今不查凶手是何人，也不提讯陈氏，显然办案不力。妇女不上公堂，但陈氏有父亲在，可以提讯其父，也可以提讯王氏宗亲核实情况，如何不问究竟，就将王普定罪呢？王普虽然十六岁了，若不是继母陈氏虐待，怎么能够干名犯义呢？要知道继母告子不孝，条例里规定要行拘四邻亲族人等，审勘是实，依律问断的。如今子告继母杀人，也可以行拘四邻亲族人等，清江知县草率，应该到县重审。巡抚同意按察使的意见，委派临江知府审理。

临江知府将四邻亲族人等带到府衙亲审，得知陈氏平日对王普兄弟有打骂行为，但不至于将他们兄弟杀死，至于陈氏是否有情夫，众人怕惹是生非，众口一词地予以否定。临江知府也不能因奸罪将陈氏带到公堂亲审，只有追问王普，要他交代杀人凶手何在，如果没有凶手，则不能证明王普的清白，按照律例规定，就是诬告，应该处以绞刑。当初王普问两个大汉姓名，二人没有说，而如今又不知去往何处，王普现在纵然有百口，也难以说清楚。就这样，临江知府将王普拟为绞刑上报，等待刑部核准，秋后处决。这正是：

冤沉黑海情何在，侠肠豪气冲九霄。

王普因为哀求，使两个大汉饶了他性命，而当时两个大汉让他远走他乡，他没有听，居然一时气愤，将继母陈氏告到公堂。原本以为官府能为自己做主，却不想触犯"干名犯义"之条，知县裁断他杖一百、徒三年，而知府没有替他脱罪，却判他绞刑，秋后处决。此时的王普，真是叫天天不应，叫地地不灵。年纪轻轻，只好在监狱里等死。要知道清代死刑申报由督抚具题，而刑部复核，最终由皇帝勾决，王普最终会被处死吗？

凶残继母无恩谊（下）

　　王普状告继母雇凶杀人，因指不出凶手是何人，现在何处，触犯了"干名犯义"之条律，被判为绞刑，秋后处决，只好在监狱里等死。此事传扬出去，被放掉王普的那两个大汉得知，他们心想："我们饶了这小子一条性命，却不想是我们两个害了他的性命。官府找不到凶手，就认为是这小子诬告，如今只有我们出头，才能免除他的死罪。若是到官府自首，固然可以减罪，但我们受雇杀人，是得有钱财的。按照谋杀人律规定，要同强盗一样处置，不分首从皆斩，即便是可以免除死罪，至少也要杖一百、流三千里，为这样一个孩子，值得不值得。"两个大汉思量许久，最终义气占了上风，便来到江西巡抚行辕自首。凶手出头，案件性质也就全变了。

　　此时的江西巡抚是张坦麟（1677—1750），字画臣，湖北省汉阳县人。康熙五十年（1711）举人出身，宦途平坦。雍正六年（1728），被雍正帝破格提拔为山东巡抚，不久调往江西。上任伊始，便上奏江西省在处理各类刑名事件存在许多陋习。诸如案件多不速行结案，以至于拖毙人命。自理词讼，将原告、被告、证人等拘押候审日久，使奸役得以趁机高下其手；胥吏犯赃，官怕承担失察之罪，往往代为隐匿，等等；官逼民反，常常出现百姓哄堂，挟官抗粮的事情。对于这种恶劣的风气，应该亟为惩创，得到雍正帝的赞赏。

　　新官上任三把火，刚刚到任，就遇到王普控告继母案，有凶手出头为之翻案，张巡抚觉得这是整饬江西吏治的大好机会，当即委派布政使审理此案。刑名案件，按理说应该交给按察使办理才是，而张巡抚认为此前按察使曾经手此案，恐怕其徇私舞弊，故此交布政使李兰审理。

李兰（1691—1735），字汀倩，号西园，直隶乐亭县人。康熙五十七年（1718）考中进士，朝考一等，为翰林院检讨，进入高级人才储备地，官运也就亨通了。他历任户科给事中、江右督粮道、湖南按察使。雍正六年（1728）升任江西布政使，基本上是一年一升官，前途看好。张巡抚委派他审理此案，也是对他充分信任的。

李布政使审讯两个自首的好汉，得知他们名叫王忠、李义，结拜为异性兄弟。因为自幼习武，不善持家，缺少生财之道，就替人看家护院，充当打手。两个人在富豪刘有源家里充当护院家丁。那个时候的家丁，地位如同奴仆，全听主人的召唤，让他打东，绝不打西，基本都是助纣为虐的人。王忠、李义二人则不同，尚且有些道义，因此主人若是干些歹事，还是好言相劝。因为讲义气，也未免疾恶如仇。刘有源与陈大姐勾搭成奸的事情，他们并不知道，但也有所耳闻，却不知道是真是假。

有一天，刘有源对王忠、李义二人讲："王国卿继室陈氏的命可真苦，二十二岁嫁给一个五十多岁的老丈夫，原本想生下一男半女的，将来也好有个依靠，却不想老丈夫不中用。结婚两年多，没有生孩子不说，老丈夫还死了，年纪轻轻地守寡，本来就很可怜，如今丈夫留下前妻所生的两个孩子。要是孩子小，继母的话也许还能听进去，可是那个半大小子王普，今年十六岁了，继母如何管得了他呢？这个王普痛恨父亲给他找了继母，经常同父亲拌嘴，活活地把他父亲气死了。如今他又以'家有长子，国有大臣'为词，把家里的财产全部把持着，对这个继母非打即骂，还经常不给饭吃。可怜的陈氏，每天只能以泪洗面。陈氏本想到县里告这个逆子忤逆不孝，无奈妇女不能上公堂。陈氏知道我乐善好施，助人为乐，便想让我跟王普说一说，让他善待继母。我找到王普，本来想好言相劝，却不想他说我私闯寡妇门，要图奸陈氏，把我骂了出来。你们说可气不可气！我真想为陈氏除掉这个不孝之子。"

王忠、李义二人原本就疾恶如仇，挡不住主人的花言巧语，就随声附和说："这样的逆子该杀！要知道继母也是母，不能因为不是亲生的，就把继母当奴仆看待，竟敢打骂继母，不给饭吃，实在可恶。刘老爷，您说怎么办吧！我们全听您的。"刘有源便把早就想好的计谋说出，要他们人不知鬼不觉地除掉王普，这样陈氏得以更生，抚养幼子，将来继承家业，必能感谢继母养育之恩，以全孝道。不但王氏血脉不断，而陈氏也算是老有所养了。

王忠、李义二人听信主人的话，就在树林旁等候王普，当他们把王普绑上，准备杀死他的时候，却没有想到王普哭诉着说出实情，一时心软，便放了王普，还把刘有源给的十两银子送给了王普，要他到外乡去逃命。王忠、李义二人因为背叛主人，也不好再回去，便离开清江县，到省城南昌找活计，在一家当铺充当护院。省城来往人多，信息也灵通。当王忠、李义二人听说王普控告继母不成，被判绞刑，秋后处决的时候，当时恼恨王普不听他二人之言，远走他乡去躲避，竟然到县衙告继母，如今是自寻死路。但又一想，王普控告继母与刘有源雇凶杀人，乃是实情，只是不知道凶手姓甚名谁，如今在何方，才被临江知府定为诬告继母的，若是我二人自首，定能救他活命。佛家有云：救人一命，胜造七级浮屠。即便是我们受雇杀人，应该是死罪，但我们并没有杀人，所得银两也给了王普，官府应该会赦免我们，所以到巡抚行辕自首。

李布政使得知案情始末，碍于承办此案的都是自己的同僚，而前任巡抚布兰泰如今刚刚被皇上召回京城，准备重用。若是全盘翻案，显然上下都受牵连，现任张巡抚却可以因此立功。听说张巡抚曾经上奏说：江西省所有官员，上智者少而中材者多，不是让幕客操权，便是任蠹胥舞弊，说大小官员上下相蒙。这也未免太目中无人了，所以李布政使试探张巡抚的口风，把皮球踢给了他。

张巡抚不知深浅，当即委派候补官员重新审理此案。候补官员为了能尽快转为实职，因此非常尽责，不听一面之词，而是拘拿所有人证，召集街坊四邻，反复勘问。进而得知陈氏与刘有源通奸，致使刘有源谋杀前妻所生之子，王普告继母事出有因。按照律例规定，刘有源应该比附因奸杀死亲夫未遂律，杖一百、流三千里。陈氏应该比照"非理殴杀子女未遂律"加等杖六十、徒一年。前后承办此案的大小官员，应该列名参劾，请求将他们交部议处，事情当然也牵扯到前任巡抚布兰泰。雍正帝正因为其他事情，把布兰泰调回京城训斥，如今又见张巡抚的奏报，不由得说出"深负朕恩，溺职已甚"的话，将布兰泰革职。但也不能让张巡抚得意扬扬，所以针对继母虐待前妻所生之子的事情，对九卿等官员发表一通议论。略云："夫子之于继母，其奉养承顺，服制礼节，一切与本生之母无异，此伦常之道也。则为继母者，亦当视如亲生，顾复抚养，方为交尽其道。"也就是说，儿子照顾继母如生母，才符合伦常之道，因此，继母也应该把前妻所生的儿子，当成亲生的一样看待，这才符合人伦之道。接着又说，乃有一等妇人悍恶性成，不明大义，常存分别之心，偏爱其所生之子，而薄待前母之子。若己未有子者，又或怀嫉妒之念，而憎恶前母之子，或显加之以凌虐，或阴中之以计谋，以致其子不得其死，甚至绝其夫之宗祀而不恤，是不但母子之恩已绝，并视其夫如仇雠矣。有一些继母，不知道伦理纲常，只知道偏爱自己所生的孩子，而不能够善待前母所生之子。即便是继母没有生子，也有因为嫉妒而凌虐前母所生之子的，甚至将前母所生之子致死，使丈夫家断了香火。要是这样，就是母子恩爱已绝，还把丈夫当仇人了。对于这样的继母，如何处置呢？按照目前的《大清律例》规定，继母没有抵罪的条款，因此雍正帝想到勒定新的条例。

勒定新条例的原则是什么呢？雍正帝提出，朕意若继母于前母之子，有凌逼谋害等情，至于身死者，将情由审讯确实，以其所生之子，议令抵偿。若继母未生子者，则令归其母家，不得承受夫家产业。如此，庶使秉性凶悍，不顾大义之妇人有所儆戒，消其残忍之心，而保全其母子之恩谊，似属有益。也就是说，如果有继母谋害前母之子致死者，就让继母所生之子给予偿命。要是继母没有生子者，就把继母赶回娘家，净身出户，使她得不到应有的财产。这样继母顾及自己孩子的性命，碍于财产，就会有所警惕，其残忍之心也就会有所收敛，用这种方法来保全母子的恩谊，应该是有益无害的。

九卿根据雍正帝指示精神，议定了新条例。因为律内有规定，继母将前母之子杀死，致令其夫绝嗣者处绞，所以不必再出台严惩之条。在于父故之后，继母将前母之子，任意凌虐，殴杀、故杀者，地方官不允许援引继母可以收赎的律文，除了将继母所生偏爱之子、议令抵偿之外，继母仍拟绞监候。要是继母肆行凌逼，致前妻之子情急自尽者，将继母之子杖一百、流三千里。如果继母没有生子，勒令归其母家，不得承受其夫之产业，所遗财产，俱归死者之兄弟及死者之子均分。

继母犯罪，以继母之子抵罪，这在当时叫作"罪坐夫男"。也就是说，妇女犯罪，由家中的丈夫和成年的儿子承担法律责任。在《大清律例》中也有许多律例直接规定罪坐夫男，基本上是除了妇女犯奸盗等罪名之外，都以夫男来坐罪。新增条例将继母故意杀死前母所生之子，以继母所生之子偿命，而且还将继母予以绞监候，显然是从重处罚，而威逼前母之子自杀，以继母所生之子杖一百、流三千里，都是按照罪坐夫男的精神制定的。按照新条例规定，继母没有生子，勒令归其母家，不得承受其夫之产业。根据这个规定，江西张巡抚就可以裁定陈氏净身出户，由王普兄弟继承王家的全部财产。此时的陈氏被官府逐出王家，其父母已经去世，刘有源又被官府杖一百、流三千里，不知道流放何处。陈氏如今除了身上的衣服，一无所有，上无亲，下无眷，竟似乞婆一般。邻里因为陈氏素行不端，凌虐前母所生之子，纵淫无忌，也都不肯施舍帮助她，以至于流落街头。倒是王普，感念陈氏曾经是继母，虽然想方设法要谋害他，但毕竟是尊长，总不能让她饿死荒郊，这样也对不起死去的父亲，因此将陈氏接回家中赡养，一日三餐无缺。陈氏经过这场变故，已经收敛许多，从此安心照顾王普、王通的饮食起居，让王通去读书。后来王通考中了举人，大挑为知县。王通为继母请封，陈氏被封为七品孺人，也算是朝廷命妇了。

王普一家重新和睦。王忠、李义两位义士，也因为自首，仅仅予以杖一百的处罚，并且允许收赎，也没有花多少钱便出狱了。因为他们讲义气，南昌府的富商们争先请他们给自己当管家，也算是好的结果了。案件当事人各自有了着落，原本此案应该结案了，谁承想官场却因此兴起了风浪。

张巡抚因为这样一个继母雇凶杀人的案件，把原江西巡抚及诸多的官员都列入参劾奏章，致使按察使以下数十人受到处分，这些人如何肯善罢甘休呢？所以寻找张巡抚的短处，不断向雍正帝告状。碍于江西省官员群起反对张巡抚，几个月之后，雍正帝把张巡抚召回京城，让李布政使署理江西巡抚印务。直到此时，张巡抚才明白，是李布政使向皇帝告他的状，所以在上奏为自己辩解的时候，也告了李布政使一状，总不能让他顺利取代自己的位置。雍正帝本来就善于利用官僚之间的矛盾，刻意让他们互相攀咬，以便驾驭他们。看看张巡抚不过是"冒昧陈奏，妄事纷更，甚属不合"而已，并没有严厉惩处。只是将其调往浙江修海塘，恰巧此时张巡抚的母亲死了，按例应该丁忧三年，实际上是二十七个月。丁忧期满，依旧让他办理海塘事务，结果是海塘被风潮冲决，部议处分将张巡抚降一级调用，雍正帝开恩，从宽免其调用，仍令其督修海塘工程。乾隆即位，本想重用他，却不想被科道官弹劾，最终被降级为安徽按察使。不久，他因疾病去职还乡，从此不问政事，悠闲自得十余年而卒。

李布政使的命运也不济，原本以为自己能够顺顺当当地当上巡抚，却没有想到朝廷另任巡抚，自己却被降为按察使。当他再度升为安徽布政使时，却因为屡遭谗言，于雍正十三年（1735）自杀身亡了。这正是：

争向仕途觅捷径，谁从宦海识迷津？

说起此案，并不复杂，一个继母因为不喜欢前母所生之子，再加上继母本人行为不端，嫌前母所生之子碍事，或许有之，但说她与奸夫共同雇凶杀人，未免缺乏证据。王普是写了纸条贴在她门上，但是刘有源发现后，他并没有告诉陈大姐纸条上写的什么，陈氏应该是不知情，官府调查此案，一直忽略这个情节。虽然按照"杀死奸夫"律规定，奸妇即便是不知情也要被判绞刑，那是针对杀人已遂而言，这是杀人未遂，又不是针对亲夫，按律是可以减等的。张巡抚诉说继母之恶，让雍正帝发表一通感慨，最终要九卿勒定条例，对继母实行其所生之子及财产制裁，以为这样便可以消继母残忍之心，让悍恶继母有所忌惮，其出发点是基于当时的伦理道德，也有一定可取之处。问题是在官僚制度下，具体实施者往往不以伦理道德为根本，仅以皇帝及上司的意旨办事，也就失去传统法律惩前毖后、治病救人的根本原则。地方官按例将陈氏逐出家门，却不管其娘家是否有人。按照"出妻"条规定，有所娶无所归，属于三不出之列，官府完全可以在训斥陈氏的情况下，将其留在夫家，也可以实现雍正帝保全其母子之恩谊的理念。但他们却不顾现实，若不是王普还有良心，陈氏冻饿而死，王普也会落下"不孝"之名，这在强调孝道的当时，王普也很难在清江县生活下去。雍正帝也不是真正关心这些小案，而是借助这些鸡毛蒜皮的小案，达到驾驭臣僚的目的，也难怪有人说当时冤狱丛生了。

考试优劣责教官

清雍正七年（1729），到各省主持生员院考的学政们回京了，雍正帝按例检查各省院考的情况，发现去年的院考没有优秀之人，也没有低劣之人。由学政主持的院考，生员按例应该分为六等，一、二等可以升贡，也就是从县学升府学，从府学升国子监；三、四等留在所在学；五等警告，如果次年还是五等则予以开除；六等直接除名，取消生员资格。没有优劣的院考，便可以维持现状，乃是皆大欢喜。雍正帝认为对士子们的考试，乃是国家移风易俗的大道，不但关系到人才的选拔是否合理，更关系到社会的风气是否得正，所以就此事发表了议论，并且指示制定新条例，以法律形式规范学校考试。学政、教官们主持考试为什么会出现无优无劣的情况呢？雍正帝是如何看待无优无劣的问题呢？其钦定新条例的理念又是什么呢？且从案情说起。

按照清代的制度，每年从各部院抽调一些官员，并且从翰林院、詹事府遴选一些学士等充当各省的学政，清查各省的学校及提督院考。所谓的"院考"乃是科举的资格考试，也是整顿府县学的考试，离省城近的府县生员及刚刚录取为童生的人到省城考试，离省城远的到所在府里考试，学政先是坐镇省城，然后再到各府按临考试，童生合格录取者为生员，生员优等的允许参加乡试考举人，或者予以升贡到府学或国子监。考生要交一定的费用，学政可以从中领取一定数量的规费，考生多的，这一趟差可以得三十余万两银，少的也得十余万两银，对于没有实职的翰林院学士、庶吉士来说，乃是肥差。

却说这年钦点的各省学政，都是翰林院的编修、检讨及朝考名列前茅的庶吉士，他们都是朝廷高级人才的储备，如今被钦点为学政，享受正三品官的待遇，虽然是临时差事，但主管一省教育、科考，俗称学台、提学，与布政使（俗称藩台）、按察使（俗称臬台）为平行职官。因为学政是钦点的差事，就是钦差，所以连督抚也要礼让三分。又因为学政乃是理学表率，在重视教育的当时，其在省里的地位很高，以学政到省以后的欢迎宴来说，就可以看到学政的气势。

在学政到来之前，巡抚就要安排接待事宜。第二天清早，巡抚把布政使、按察使、各道员、各知府及州县官、教官、佐杂官等都集合起来在行辕门前恭候，然后巡抚差官到学政住处送上了大请柬，自己亲自来公馆门外恭候学政出门。学政出门上八抬大轿，顿时鞭炮齐鸣，起轿上路。省城的府县佐杂等官员，率领差役维持街面秩序。仪仗队排开，先是两人抬大锣鸣锣开道，此后是回避、肃静、官衔牌，接着是铁链、木棍、乌鞘鞭，一对又一对的仪仗前行，然后才是大轿，轿后跟随百余名兵丁，队伍长达二三里地。但见金瓜开其先，尾枪拥其后，一柄题衔大乌扇，一张三檐大黄伞，罩着一顶八抬大轿，学政稳坐其中，心安理得地让路人观看。离巡抚行辕二三里，行辕面前便放起闪光连珠炮，一直到学政轿子到了面前才停，在省城的各类官员分列两边欢迎，有跪迎的是级别低的，有作揖的是级别与学政差不多的。要是一般官员，在行辕门前就下轿了，学政特殊，只是在轿子上向两边欢迎的官员抱拳答谢而已，直到大堂门前才下轿，巡抚率布政使、按察使出迎，彼此拖地一揖，呵呵大笑。然后巡抚挽住学政袍袖，穿暖阁而进。布政使、按察使率各官由东门随班而进。挨次行礼，各个逊谢谦恭。学政在上座，巡抚在陪座，布政使、按察使列座。奉了一遍调匙茶点，也说了些客套语，什么观瞻太尊贵了，仪度太整齐了，规格太高了等一类的官场客套话，然后就相互敬酒，也就没有什么正事了。

别看这仅仅是官场客套，彼此都不谈什么正事，却都在相互揣摩对方的心理。学政观察各官能否给自己什么好处，各官观察学政会有什么举措。按理说学政仅仅主持该省的院考，乃是学校之事，与各官没有什么利害关系，但学政有钦差性质，可以将所见所闻单独上奏皇帝，若是说些什么坏话，当然会影响他们的前程，所以才会有如此大规模的欢迎宴会。学政多是翰林院里选派出来的，翰林院官在京城算是清水衙门，除了俸禄之外，就是靠给别人写些碑传文章、题写些字画捞些外快，收入也有限。这一趟学政差事，能否赚更多的钱，全靠地方的规礼了，因此他要观察各官如何与他分润，送给他什么土仪，这里仅以江苏学政为例。

今年钦点的江苏学政，乃是老翰林了，因为事涉隐私，姑且不讲其姓名籍贯，仅以官名尊称的"学台"称之。这位学台在翰林院做事二十多年，以读圣贤书为业，人称"理学老先生"。虽然看上去迂腐，但是做起事来也非礼勿视，非礼不言，谁也不知道他的脾气秉性。学台到省，先要见巡抚，之后先在省城主持附近府县生员的考试，再到较远的府州厅主持考试。这是院考，除了决定生员能否参加科举考试之外，还要根据成绩优劣进行黜陟。除了主持考试之外，作为钦差，如果发现地方有什么不公不法之事，可以直接向皇帝进行弹劾，故此督抚也畏惧学台三分，道府官畏惧五分，州县官则畏惧七分，教官要畏惧十分。

却说学台拜见江苏巡抚，巡抚对他说，考试日程安排已经妥当，到时候与相关人员商量办理即可，自己公务繁忙，也就不过问院考之事。这是心照不宣的事情，也就是说学台完全可以放心，少管事而多玩一玩，所以设宴款待。酒过三巡，菜过五味，饭食吃罢，泡上茶来。因为学台刚刚来到，筹备宴会的官员也不知道学台喜欢什么，但都知道巡抚喜欢看戏，便走到巡抚面前半跪禀道："请大人赏戏。"巡抚点头，早已经准备好的戏班子便奏起乐来。

这个戏班子乃是苏班，习惯伺候官场，鼓乐一响，先出来四个仙童，各执小黄幡儿，在戏台上走一圈，然后分班对列；接着出来四个玉女，则各执小红幡儿，与仙童混列在一起；然后出来一个天官，锦绣蟒袍，站在正中，唱一曲《鹧鸪天》。曲罢鼓乐大奏，两对童男童女导引玉皇大帝出场，鼓乐停止，玉皇大帝念了四句引场诗，居中而坐，童男童女在后打着两柄日月扇，仙童、玉女侍立两边，之后大鼓大锣齐鸣，大铙大钹乱响，出来值年、值月、值日、值时四神，在台上乱舞乱跳，之后手执奏折交与天官，转达天听。玉皇垂览，传降玉音，四位功曹到四天门传宣敕旨，于是，生旦净末丑一起登场，同声高唱，也听不来南腔北调，只觉得如出一口。唱毕，天官拿出一幅手卷，交与玉皇大帝，二人展开，乃是四个描金大字"天下太平"。众人合唱尾声，拉下大幕。这就是开场的热闹戏，然后戏班学徒到听戏官员处讨赏，送上戏单，请求点戏。学台只好让手下人打了一个四两的赏封，陪饮的巡抚、藩司、臬司、道台、知府、知县等也各自打了赏封。六个如花似玉的旦角，拾起赏封，磕了几个袅娜头。

巡抚把戏单交给学台说："适才俗优不堪入目，可否再演一出戏呢？"学台说："弟素性不甚识戏，看一出已略观大意。"两个人在互相打探对方的底细，却不想在一边的河道插话说："听说这个苏班能够唱《西厢记》全本，想必学台大人能够喜欢。"哪知学台乃是个理学名儒，固执大臣，一听此言，便有所不快，认为《西厢记》乃是诲淫诲盗之作，身为朝廷大臣，应该严禁，如何在官家戏台上演此类的戏呢？巡抚听罢，觉得很没有面子，便说："本官近日访得不肖州县，竟有豢养戏班以图自娱者。宴会宾客，已非官守所宜。如今下属不知朝廷禁例，居然张灯悬彩，当堂唱戏，实在不知事理，让学台见笑了。"学台说："这样的劣员，就应该弹劾，要知道今日官员一起乐，明日民间一路哭！"巡抚说："那是当然，已经将他们列入弹章，不日将有圣旨下，将这些官员罢职还乡。"巡抚今天演戏佐酒，其实自己也未能免俗，见学台如此说，即令河道退下，把戏班赶走。

这戏班班主伺候官席，并不是希望得到重赏，而是指望听戏的各位大老爷们抬举，便能够声誉倍增，地方官们也会极力奉承，其中有说不尽的好处。万万没有想到，遇上学台这样迂腐的人，非但没有得到抬举，还被赶了出来，戏班上下好不沮丧。其实最沮丧的是河道，他想："为什么一本《西厢记》，就把我害得这样苦呢！难道学台不食人间烟火，不懂得男欢女爱？刚才明明他给了戏班赏，也看得津津有味，现在却说什么一起乐、一路哭的事情，弄得我下不来台，巡抚为了避祸，肯定拿我开刀。"此时河道真是心中有苦说不出，只得默诵子曰："侍于君子有三愆：言未及之而言谓之躁，言及之而不言谓之隐，未见颜色而言谓之瞽。"也就是说，孔子说道："侍奉在君子旁边陪他说话，要注意避免犯三种过失：还没有问到你的时候就说话，这是急躁；已经问到你的时候你却不说，这是隐瞒；不看君子的脸色而贸然说话，这是瞎子。"

酒足饭饱，学台起身告辞，巡抚送出大门，司道官们来到轿前等候学台上轿，学台客气，再三拱让，司道官们后退半步，学台上了八人抬大轿，此时礼炮齐鸣，轿子起行，出了巡抚行辕大门，各府县官及教官、杂职官们在路边跪送，学台举手高拱而过。这就是各省接待学台的规格，即便是学台喜欢世俗，也不能够表示出来，毕竟他们是读圣贤书的楷模，其实在官场内人人明白，读圣贤书的人也要吃五谷杂粮，也要生活，也有人的本性，只不过更要面子而已。

学台按例到各府督考，至期张贴告示，申明场规，禁止夹带，严拿枪手，厘正文体。各行各款，都是厚纸装潢，以便通省各府悬挂方便。明人认为："庖之拙者则椒料多，匠之拙者则箍钉多，官之拙者则文告多。"也就是说，蠢笨的厨师用的作料多，蠢笨的木匠用的钉子多，蠢笨的官员发的告示多，而且是大贪、大拙者，都藏在告示之中，故此人们常常以告示开玩笑。如某衙门有井一口，时常有百姓前来打水，就有人作告示嘲笑云："示仰邻居担水妇人，不许擅登公座上缠足；如违，本官亲咬三口。"可见时人对告示的轻视与嘲笑，亦可见告示往往律人不律己。

学台督考，不过是装个样子，收取考费，得些规礼。考生多的省份，学台往往能得三十余万两银，考生少的省份也能得十余万两银。这是正常所得，算不上贪污受贿，但得人钱财，为人消灾，人家都交了考费，若让人不及格，则有些过不去，故此学台督考往往是走个过场，来一个皆大欢喜而已。更有一些学台贪得无厌，受贿索贿，在考试成绩上作弊，常常是怨声载道，在院考之后就会有人散发匿名传单以诉不平。我曾经见到一份清代传单写道："总以朝廷之冠裳，滥充金穴之腥臭。"说某某学台得到一些童生贿赂而让他们进入县学，某学生员行贿得以成为廪生，也就是公费生，某某生员行贿得以参加科举，某某生员行贿白卷可以成为优等之类的事情。传单虽然写得有些夸张，但也反映出一定事实。

这一年各省学台督考完毕，回到北京销差，雍正帝发现他们所考生员，既没有优等，也没有劣等，便认为学台们草草塞责，"如此，则善者何由而劝，不善者何由而惩"。于是传谕内阁云："学臣者，教官之表率也。教官多属中材，又或年齿衰迈，贪位窃禄，与士子为朋俦，视考课为故套；而学臣又但以衡文为事，任教官之因循怠惰，苟且塞责，漫不加察。所以倡率之本不立，无怪乎士习之不端，风俗之未淳也。"也就是说，学台为各级学校教官的表率。要知道教官大多数是中等才能之人，有许多年老体衰，贪恋职位及俸禄的人，他们与读书士子为至爱亲朋，贪图他们的规礼，把考试当成儿戏，作为学台往往只看文字，对教官们因循怠惰，苟且塞责，都视而不见。就是因为学台们不能够提倡表率，才会出现士习不端，风俗不能淳朴的现象。

于是传旨云：嗣后，若教官沽名邀誉，纵容劣生，不行举报者，经学臣察出，立即指参，将教官照溺职例革职。若学臣瞻徇情面，不行纠参者，一经发觉，将学臣照徇庇例降级调用。著将此永著为例。

雍正帝勒定条例，若考试不能分出优劣，就把教官革职。学台不能查出为什么没有优劣，就把学台降级调用，因为朝廷考试，乃是举优黜劣之典，这关系到移风易俗，若不予以严惩，士习如何能够端正，民风如何能够淳朴，只有这样，才有可能收到风俗丕变的效果。这正是：

宁可终身不读书，不可一日学作弊。

读书明理，读书人不但要念书工文，也要学会如何做人。那个时候只要是多读书，多作文，就必须考举人、中进士，方可称为豪杰，至于用什么方法得到举人、进士，则不是人们所关心的事。于是便有人作弊，通关节，不但败坏学校学风，也使世风日下，以为只有作弊才能够成功，使真正的学者垂头丧气，更加剧官场的腐败。雍正帝能清楚地看到学校不但是培养人才之地，更是正风俗之本。如果学校教书育人，把这些士子都培养成为崇尚道义、砥砺廉隅的好人，他们不但能自律其身，而且让百姓们都能看到他们的善行，听到他们的善言，百姓也都会倾心向善，社会风俗也不难改变。士子既然是风俗之本，而教官、学台若不能导善，就有愧于职业，也有愧于朝廷，更有愧于百姓，乃是天理不容。在这一点上，雍正帝的认识还是值得称道的，生不教，师之过；师不良，官之责。只有营造良好的教育环境，才能够改变教育媚俗的不正学风，进而倡导好的风俗。

长兄杀弟又杀妻

　　清乾隆元年（1736），顺天府良乡县发生了一起哥哥杀死弟弟及自己妻子的案件。按照《大清律例》的规定，哥哥杀死弟弟是杖一百、流二千里，丈夫杀死妻子是绞监候，按照二罪并发从重论的原则，刑部将该哥哥拟为绞监候，奏请皇帝裁决。乾隆帝仔细研读案情，认为手足之情应该重，夫妻之情应该轻，为什么杀死弟弟之罪却要轻于杀死妻子之罪呢？因此要九卿会议制定新的条例。身为哥哥杀了弟弟，为什么还要杀自己的妻子呢？乾隆帝为什么要提出兄弟之情重于夫妻之情呢？九卿按照乾隆帝的意旨又是如何修订条例的呢？且从案情经过谈起。

　　顺天府良乡县乃是旗庄林立的地方，那是清初旗人大量圈占土地和接受投充的缘故。这些土地通称为旗地，有皇庄、王庄、官庄、旗庄之分，各设庄头进行管理。庄头负责管理庄内的田土，督促耕作以及主管招佃分租等事务，除了向庄主定期定额上缴包括粮食、禽畜、果菜等实物及银钱等款项之外，还掌管本庄的生息钱粮。庄头通过开垦闲地、盗典庄地、勒索丁佃、役使丁佃、私吞赈银、谎报灾情等手段进行敛财致富，进而变成独霸一方的地主。庄头有由内务府派充的，也有自己投充的。内务府派充的则属于官派，乃是皇庄、王庄、官庄的庄头；自己投充的则是原土地所有主，在暴力圈占的形势下，主动将土地贡献给旗人的人，仍保有耕作使用权，除定额定期向被投充者交缴租息外，仍可享受剩余的收益，多为旗庄的庄头。从身份上看，庄头仍是奴仆，经常会受到主子的额外勒索，增收租息，甚至会受到吊打锁禁、拆毁房屋、抄没家产等方面的凌辱虐待。从现实来看，庄头乃是旗地所有主的代理者，实际上具有二地主的身份，因此挟持旗势，狐假虎威，作恶多端者也不在少数，而大多数庄头都是非常富有的。为了维护旗地庄园能持续稳定地经营管理，清王朝的庄头都实行世代继承，采取长子嫡孙接替职务的办法，但也有例外，那就是通过钻营行贿等手段，买通主管衙门的官吏及庄主，以谋夺庄头之缺，乃是因为利益所在。

顺天府良乡县正黄旗包衣戴福保管领下的旗庄，老庄头去世了，能够取得继承权者，一是老庄头的弟弟张维，二是老庄头的儿子张扬成。按照嫡长继承制，张扬成继承庄头之位应该是没有什么问题的，但也有兄终弟及之说。故此张维带着几千两银子来到京城，上下打点，试图谋取庄头之位。张扬成当然不想让自己的叔叔谋取庄头之位，也就紧锣密鼓地活动起来。

张扬成的妹妹嫁给了正黄旗领催摆哈为妻。领催是管理佐领内的文书、粮饷等事务的低级官员，虽然级别不高，但毕竟是在佐领手下干事，也能给他说上话。张扬成先让母亲王氏进京城，以看望女儿的名义，走女婿的门路，保险安稳。之后他也带着几千两银子来京城活动，毕竟自己曾经与父亲一起来京城给庄主送过时鲜和银钱，多次见过庄主戴福保。别看戴福保是正黄旗包衣，其身份也不过是个奴仆，但他可以为官，也可以拥有权势。比如，年羹尧就是雍正帝的包衣奴才，依然可以成为骄横的大将军。戴福保如今在内务府为员外郎，在内务府也能说上话，而庄头的派充，乃是内务府庄头处经管，张维就是通过庄头处来谋充的，张扬成也不会不知道，便通过庄主戴福保找到庄头处的头目来活动。

叔侄俩都来到京城活动，而按照朝廷规定的嫡长继承制度，张扬成是嫡长子，本应该顺理成章地接替庄头的位置，张维则明显处于劣势。论钱财，张扬成带来的银子不比张维少；论门路，张扬成的关系也比张维硬；论亲戚，张扬成与正黄旗领催有联姻；论关系，张扬成与庄主戴福保熟识。若是凭借这些条件，张维是很难谋得庄头之位的，只有拿出一些非常手段，才能够达到目的。

张维知道自己斗不过张扬成，便通过内务府的关系，媒孽张扬成之短，说他的老婆徐氏乃是：鸡蛋新剥的脸儿，桃花新绽的腮儿，鲍犀新削的齿儿，樱桃新破的口儿，香粉新捏的项儿，玉笋新织的手儿，是良乡县出了名的美女。这张扬成舍下娇妻而不顾，在这京城一住就是半月有余，其母亲也来京城看女儿，就是给他弟弟张洪仁腾地方，要知道这徐氏与小叔子张洪仁奸好，已经非止一日了，庄内到处传闻。要想让人相信，必有相信之事。这张维知道要让传话人相信，这种听闻之事是不足以打动人心的，便说："我哥哥得病的时候，我到哥哥家去探望，不想走到后院，看到张扬成的老婆徐氏与小叔子在一起饮酒，要知道叔嫂有嫌，他老婆为什么与小叔子在一起饮酒呢？我挡不住好奇心，便在窗下偷听，却听到张洪仁说：'嫂嫂，我十分爱你，没奈何，你就救救我吧！'要是徐氏没有与小叔子有奸，听到这话，肯定是恼怒。我没有听到徐氏的斥责，反而听到徐氏说：'好没有良心的，嫂子对你还不好吗？什么救与不救，小心你哥哥听到，打断你的腿。'那张洪仁说：'我才不怕哥哥呢！他如今就是想着当庄头，哪里管嫂嫂的死活？我就是爱嫂嫂，跟嫂嫂在一起，我感觉到快活。'徐氏说：'自古盗嫂就有罪，你不要再说了，若是这样的话，你就是找死。'张洪仁说：'嫂嫂可怜我，今日就让我死一回吧！'接着便是他们两个滚在一起亲嘴的声音，你说这是不是色胆包天！"

这种艳情之说是酒席间助兴之语，若是仔细分析，乃是破绽百出的。你去看望哥哥，怎么会走到后院呢？还能在人家内宅窗下偷听？一个作为叔辈的人，披露自己侄子的艳情，就不怕人说他别有所图吗？常言道，家丑不能外扬。这侄子的事情也是他家的事情，怎么能大言不惭地对人说这种事情呢？再说了，眼见为实，耳听为虚，张维所说都是听到的，这种听到的事情很难说不是他故意编派的。对于这种话语，一般人是不会相信的，但也有不少人会信以为真，还到处传扬，特别是庄头处的人，见到张扬成前来，难免窃窃私语。从众人的议论中，张扬成感觉到是针对自己，便请处里相识之人饮酒，在酒酣耳热之时，打听众人议论他些什么。这人便将这些传言添枝加叶地说给他听，本来是耳闻的事情，如今已经变成许多人从窗户向内看到的，那些床笫之事也被说得活灵活现的，使你不得不信。

张扬成听说弟弟张洪仁与自己老婆徐氏有奸，便思量起来，因为平日见徐氏与弟弟关系不错，彼此也没有吵闹过，这不是眉来眼去是什么！也不思量是否真有其事，便连庄头的事也不顾了，急忙赶回良乡县的旗庄，已经是三更时分了。张扬成也不敲门，翻墙而入，先从厨房找了一把杀猪刀，再摸到老婆徐氏的房间。黑暗之中，也没有点灯，便摸到炕边，一下摸到了两双鞋，便相信徐氏与弟弟有奸情。又向炕上摸去，却只摸到徐氏一人。黑夜之中有人在炕上摸自己，徐氏不由得惊慌，便叫喊起来。张扬成怕惊动他人，竟然用杀猪刀乱刺，只听得徐氏无声无息了，他便点起灯来，发现徐氏已经死了，再看炕边的那两双鞋，却是徐氏与自己的，因为那日进京城，换了新鞋，并没有把旧鞋拿走。

张扬成无缘无故地把老婆杀了，按律要予以抵罪的，他思量只有杀奸，才能够免罪，便拿着杀猪刀来到二弟张洪仁的住房。张洪仁与刚刚十三岁的小弟张保睡在一起，恰巧张保起夜，来到屋外小便，黑暗之中见大哥拿着杀猪刀踢开房门，进屋便砍二哥张洪仁。一时害怕起来，急忙开了院门，也不顾夜黑路静，直接到京城去告诉母亲。到了京城，已经是天亮，城门也开了。

母亲王氏听到家中有变，急忙赶回旗庄，却得知张扬成带着儿媳妇及二儿子张洪仁的头颅，已经到良乡县衙自首去了。抵不住的伤痛，便失声痛哭起来，之后便随同小儿子张保一起来到县里打探张扬成的情况。良乡知县正要找人证，王氏与张保不请自来，正好予以审讯。按照张保所供：那日他与二哥张洪仁睡在一个房间，哥哥进入他们的房间，张扬成杀奸的说法就不能成立。按照母亲王氏的说法，其正在京城女儿家，应该不是见证人，只好讯问平日徐氏与张洪仁的关系如何？王氏说："我那儿媳妇与二儿子张洪仁，平日并无戏谑之言，也没有见过他们有什么出格的举动，怎么会有叔嫂通奸之事呢？不知道是哪个没有良心的人，胡乱编派，讲什么叔嫂通奸，致使大儿子杀了儿媳妇，还杀了二儿子。"再审问张扬成，据供："我本来也不相信是叔嫂通奸，怎奈有人传言，也就将信将疑。记得有一次，我与弟弟因为继承庄头之事争吵，我那女人不向着我说话，却为我弟弟开脱，也就心疑起来，之后就看他们不顺眼，总觉得他们两个眉来眼去的。那日黑夜回家，在炕下摸到两双鞋，就坚信女人与弟弟有奸，一时气愤，就把女人给杀了。捉奸见双，杀了女人之后，我又去杀弟弟，小弟弟张保跑了，二弟弟被我杀了。这天晚上他们没有在一起行奸，却保不住他们趁我不在家的时候行奸。"

经过审讯，叔嫂通奸之事是难以确定的，那日夜晚，叔嫂并没有在一起，这种杀奸的说法就难以成立。即便是叔嫂真的有奸情，按照《大清律例·刑律·人命》"杀死奸夫"条规定，叔嫂通奸有指实，本夫得知，不于奸所而杀二命，依本犯应死而擅杀。也就是说，即便真的是叔嫂通奸，没有在奸所杀死二命者，还要按照擅杀罪来量刑，更何况这种道听途说，根本没有见证的事情，当然要予以严惩了。问题是杀死二命，一个是老婆，一个是弟弟，如何引用律例定罪呢？良乡知县难以裁断，便申报各级上司，最终由刑部裁定。

按照《大清律例·刑律·斗殴》"殴期亲尊长"条规定，兄姊故杀弟妹者，杖一百、流二千里。而按照《大清律例·刑律·斗殴》"妻妾殴夫"条规定，夫故杀妻者，绞监候。那么根据二罪并发从重论的原则，张扬成就应该予以绞监候，秋后处决。按照《大清律例·刑律·人命》"同行知有谋害"条规定，凡知同伴人欲行谋害他人，不即阻当救护，及被害之后，不首告者，杖一百。小弟弟张保也应该承担责任，因为他"虽同张洪仁共宿，但年幼无知，惊惶奔出，并非不行救护，应毋庸议"。也就是说，张保以年幼无知是可以免责的。

刑部按例具题请旨，乾隆帝看到以后，批示云：朕思弟乃手足之亲，较妻为重。兄故杀弟，残忍已极，今杀妻拟抵，而杀弟转轻，于情理未协。其如何更定律例之处，著九卿会议具奏。在乾隆帝看来，兄弟之情要大于夫妻之情。因为在传统的意识中，兄弟如手足，妻子如衣服，衣服破了尚可缝，手足断了安可续。基于这种认识，乾隆帝认为法律规定不合理，哥哥残忍地把弟弟杀了，也仅仅是杖一百、流二千里。这样凶恶的哥哥，不能让他去抵命，却要以其杀妻来抵命，这在情理上说不过去，因此他要求九卿重新修订律例。

根据乾隆帝的意旨，九卿进行会议，最终勒定条例云："故杀期亲弟妹，照故杀大功弟妹者律，均拟绞监候。至故杀期亲弟妹，既更定拟绞，则殴期亲弟妹至死者，亦应请改正，照本律满徒加一等，杖一百、流二千里。"也就是说，兄姐故意杀死弟妹者，加等为绞监候，而殴打致死弟妹者也相应加等为杖一百、流二千里。有了此条例，张扬成便不再按照杀妻予以绞监候了，而是按照故杀弟弟予以绞监候，最终在秋后予以处决了。

此案是因为争夺庄头之位引起的，作为叔叔张维，在竞争不占优势的情况下，居然想到以叔嫂通奸的事情来中伤自己的亲侄子，编造无根之言，且不想通过自己之口而让侄子得知，以人言可畏。他通过各种关系散播流言，使原本亲密无间的兄弟出现了猜疑，乃是导致张扬成杀妻戮弟的元凶，却也因为找不到谣言的源头，未对他进行任何惩处，反而顺利地谋到庄头的位置。可见造谣中伤的人最可恨，他们不但能逍遥于法外，而且还获得利益于其中，也就方知谣言最可怕，杀人不用带血刀。这正是：

睚眦杀人虽狠恶，离间骨肉更凶残。

张扬成因为听信谣言，也不追究谣言来自何方，就轻信了谣言，最终酿成杀妻戮弟的悲剧，直到临死前还执迷不悟，怨恨自己当时太心急了，若是等到妻子与弟弟通奸的时候再下手，就可以免于一死了，真是一个愚夫。乾隆帝对于这样的案子，认为在法律适用方面，杀了弟弟反而不如杀了妻子的罪重，显然是不符合传统，要九卿议定新的条例，其实也有他的打算。乾隆帝是雍正帝第四子，与第五子弘昼年纪差不多，当时人们猜测能够继承皇位的，也就是他们兄弟两个。当乾隆帝即位以后，弘昼的心里不平衡，特别是乾隆帝强化军机处的权力，却不让皇族进入军机处，反而让弘昼去主持宗人府的事务，乃是有职无权。弘昼不好有怨言，却时常把自己的棺材放在正堂之上，让丧乐仪仗队敲锣打鼓给自己办丧礼，人称"荒唐王爷"。为了平息民间传闻兄弟不和的谣言，乾隆帝特别强调兄弟之谊，在此案批示讲兄弟之情要重于夫妻之情，其实也是有所指的，无非是强调兄弟之谊的重要，也是给弘昼吃一粒宽心丸。

图财害命分首从

　　清乾隆二年（1737），在四川省重庆府发生一起图财害命的案件，受害人侥幸没有死。按照《大清律例·刑律·人命》"谋杀人"条规定，若谋杀人而得财者，无论杀人与否，都要同强盗论，不分首从皆斩。也就是说，即便是受害人没有死，图财害命的人也要全部处死。乾隆帝认为这样处置过重，便亲自指示九卿议定新的条例，即图财害命为从监候之例。既然不分首从是律有明文，乾隆帝为什么要提出区分首从的问题呢？其区分首从的立法理念是什么呢？九卿们又是如何在乾隆帝指示精神下，既不违背律的精神，又没有完全按照乾隆帝的意旨而议定条例的呢？且从案情说起。

　　重庆府大足县因为有大足石刻而闻名中外，一直是游客游览的地方，专门去游览观光者不用说，但凡到重庆府的人，都会想到去大足县看一看。以现代的交通而言，一百三十多公里不算什么，清代则不同了，即便是乘马车，也要两三天的路程。想到大足县游览的人多，自然车脚行的生意兴隆，他们不但载客人前往大足县，还充当导游。赚钱的买卖大家做，车脚行也不止一家，彼此竞争，价格也有差异，游客可以货比三家。

　　常言道，钻天洞庭，遍地徽州。徽州人经商乃是风俗，所以说徽州商人遍天下。那时候的徽州男子多在外地做生意，几十年不回家乡。或有新婚离家，白首未归的。或有子幼相别，到老不见的，而家中妻小亦以男人远行为常，绝不阻留。却说徽州府歙县有个名叫汪九锡的人，十八岁娶妻，不到一年，其父亲就让他出外经商，而妻子此时已经怀了五个月身孕。汪九锡想等妻子生产以后再出外经商，却不想遭到父亲的呵斥，说什么"好男儿应该志在四方，岂能够死在妻儿枕边"。汪九锡只得拜别父母，哭离妻房，带着五百余两本钱，前往投奔重庆府的叔叔，做些赚钱的生意。

重庆府是一个大码头，可以说天下客商聚集于此。凡是官船、粮船、盐船、货船都到这里装载分运，所以开行开店的很多，而车脚行生意也多聚集在码头一带。汪九锡是读书识字的，从小读过经商做生意之类的书，了解经商的基本知识，但他也读过《徐霞客游记》之类的书籍，向往自己有朝一日出外行商，不能错过旅游的机会。

汪九锡到了重庆府，先在叔叔家安顿下来，并且在叔叔的指引下，摸索重庆府的行情，以便做些生意。年轻人好玩，先游览重庆府附近的名胜古迹，后又想到周边走走，毕竟商机处处都在，一边游览，一边寻找商机，也是很好的选择，而大足县是汪九锡早就向往的地方。大足县虽然隶属于重庆府，但离府城二百余里，总要找车脚行。

朝天门码头原来是为官员迎接皇帝圣旨的地方。自南宋以来，一直是官家码头，不许民船停泊。清代已经开放，故此官民之船云集，周边人行如蚁。沿江两岸都有街巷，虽以棚户、吊脚楼居多，可也热闹成市，商业繁盛。朝天门内街巷棋布，交通四达，更是商贾云集之处。汪九锡到朝天门寻找车脚行，而朝天门内各家都有铺面，要价自然高一些，他货比三家，价格都不能如意。他便走到朝天门外寻找，这里都是零散车脚夫，两三个人，或者一个人，拉着一二辆骡车，在那里招揽客人，要价比朝天门内车脚行要便宜很多。汪九锡贪图便宜，问了这家，问那家，最终选中一个叔侄俩的骡车。汪九锡谈完价钱之后，便询问这叔侄俩的底细，得知叔叔名叫赖廷珍，时年三十六岁，长得比较彪悍；侄子名叫赖可年，刚刚十六岁，却生得瘦小如柴，看上去也就十一二岁的样子。这两个人都是大足县人，专门揽载游客去看大足石刻。他们说刚刚载了两个客人到朝天门码头，如今要回大足县，空车返回总是赔本，如果顺便搭载客人回家，总能够赚些草料辛苦钱，所以开价很低。

汪九锡打听仔细，也觉得有理，便雇用了这辆骡车，当日下午就前往大足县。二百余里，岂能一日赶到，路上当然要住宿。骡车走了几十里，天色渐渐暗了下来，一行人来到一家歇店。所谓的歇店，就是客店、旅舍，设施比较简陋，有几间客房，一个牲口棚，大一些的店雇两个伙计，小一些的店都是夫妻经营。这家歇店的老板名叫王茂荣，三十来岁；妻子二十多岁，有两个孩子，大的刚会走路，小的还在喂奶。车脚夫赖廷珍在这个歇店门口停下车，与王老板打招呼，看来他们是老相识了。按照书中所写，大凡车脚夫与歇店相识，客人要慎重入住，一怕他们合伙敲诈钱财，二怕他们合谋图财害命。汪九锡见赖姓叔侄与歇店老板很熟，也起了疑心，本不想在这家歇店入住，但见王老板身边有娇妻弱子，为恶之人不可能让妻子儿女在身边，也就放松了警惕之心。此时又已经将近黄昏，赖姓叔侄说天黑之前肯定赶不到下一家歇店，汪九锡无可奈何，只好听从安排，但也是怀有戒心。

王老板端上热水，让汪九锡洗了手脸，然后准备饭食。汪九锡因为有戒心，不敢吃店里的东西，只让王老板给赖姓叔侄做饭，自己却吃从重庆府带出来的干粮。王老板也不勉强，炒了两个菜，烫壶烧酒，让赖姓叔侄吃。见赖姓叔侄尽情吃喝，汪九锡也想要上两个菜，最终还是忍住了。汪九锡不是不舍得花钱，只是本着小心驶得万年船的意念，抑制自己的欲望。干吃干粮，未免难以下咽，拿起身边自带的水袋，却也在路上喝完了。心想酒菜不能吃，要壶热水应该没有问题。汪九锡向王老板讨壶开水，把自己从家乡带来的绿茶泡上，边喝茶，边吃干粮，以为这样便可以安全。汪九锡哪里知道王老板在开水里放了蒙汗药，干粮还没有吃完，就昏倒在桌上。

原来赖姓叔侄与王老板是同伙，专门算计来往过客，讹诈些钱财，想不到汪九锡被算计，车脚费斤斤计较，连吃饭都不肯，处处省钱，便想查查他的底细，以便在路上再算计些钱财。赖廷珍搜检汪九锡的行李，发现其行囊中竟然有五百余两银子，也算是有钱之人，即便是在路上可以敲诈一些，也不可能全部得到，图财害命之心油然而生。赖姓叔侄与王老板将银子分了，然后将汪九锡抬进房间，趁着天黑，赖廷珍用绳子勒住汪九锡的脖子，眼见没有气了，赖廷珍与王老板就把尸体抬上骡车，赶到一个僻静之处，挖个坑给埋了。此事做得人不知鬼不觉，这三个人得意扬扬，回到歇店再度喝酒庆祝。

也许是汪九锡命不该绝，当时他被蒙汗药麻翻，丝毫没有反抗能力，又被赖廷珍用绳子一勒，便昏厥过去，而赖廷珍检查也不仔细，他与王老板挖坑又浅，刚刚掩盖尸体而已，所以当汪九锡醒来，一坐便起。汪九锡呆了半晌，方知自己被贼人算计了。眼见天快亮了，汪九锡哪敢回歇店？便一路狂奔，赶回重庆府，告知叔叔，然后具状告到重庆府，说车脚夫赖姓叔侄与开歇店王老板图财害命，将自己勒杀，埋尸荒野，若非神灵保佑，自己早已委身于野狗。重庆知府查汪九锡脖有勒痕，也就受理了。要查找车脚夫不容易，他们行踪难以确定，歇店则不同，店铺不能移动。重庆知府派出差役，循着歇店的线索，捕获了王老板，再追问赖姓叔侄下落，也就容易了。没过三天，就把人犯带到重庆府衙，知府按例赏赐差役等银十两。

人犯捕获了，搜出赃银，供认明白，就可以依律定罪了。按照《大清律例·刑律·人命》"谋杀人"条规定，只要是图财害命，无论杀人与否，都要不分首从论，皆斩。依此，赖廷珍等三人都要被处斩，这是五百两银子三条人命，未免也太残忍，究竟如何处置，四川总督也拿不定主意，只好请示刑部如何处置。刑部认为律内虽然规定不分首从，但汪九锡没有死，若是处死三人，显然是情轻法重，能否从宽处置，将赖廷珍等三人改为斩监候，等待秋后勾决呢？一般来说，秋后勾决如果在勾决黄册之内没有注明"情实"的，基本上不会被处死，几年下来，便可以改为杖一百、流三千里，可以保住性命。由于律有明文，情有可原，刑部也无法决定，只好奏请皇帝裁决。

乾隆帝仔细阅读奏章，也觉得这样杀了三个人，有些过重，因此批示云：朕思图财害命，原同强盗之例。查盗案尚有分别，不尽立决，而谋财之案，或以数人而抵一人之命，于法未免稍重。也就是说，图财害命是按照强盗之例办理的，所以不分首从，而在强盗案件中，也不是完全不分首从，那么谋财害命的案件，却要数人为一个人去抵命，法律规定未免稍微重了一些。如何解决这个问题呢？乾隆帝认为："大凡图财害命者，若无起意为首之人，必不能行事。今若将起意为首者一人立置重典，其余改为监候，使天下人人知起意之罪，不同于胁从之人，难缓须臾之死，不敢造谋纠约，则此等凶恶之事，无倡先之匪类，未必不渐次减少。"也就是说，一般来说，图财害命的案件都有出主意的人，要是没有出主意的人，很难出现谋财害命案件。现在如果将图财害命案件中出主意的人为首犯，将之施以重刑，其余人犯改为监候执行，也可以使天下人知道出主意的罪责不同于胁从之人。凡是出主意的一定是斩立决，绝不轻饶，就会使出主意的人有所顾忌。如果没有人出主意，这样凶恶的图财害命案件，就有可能逐渐减少。在乾隆帝看来，坚持首恶必办，也能起到重典惩恶的功效，因此要九卿议定条例。

九卿议定的条例要点有二：一是，凡是图财害命案件，因为性质恶劣，总体上不能够轻饶，但可以区分首从，而以造意者为首犯，动手的是从而加功，两者都要依照律文规定，予以斩立决；只是没有动手的从而未加功者，可以改为斩监候，秋后处决。二是，图财害命案件没有将人致死者，因为他们已经事先存有害死人之心，法律也不可能轻饶，因此应该将造意者为首犯，予以斩立决；动手者可以改为斩监候，秋后处决；未动手者，可以按照情有可原例，减等发遣。

九卿们既要听从皇帝的指令，又不能擅自更改既定的法律，在区分首从问题上，依照强盗律的规定，分为三类犯罪，即首犯、从而加功、从而未加功。实际上是将出主意的、动手的、未动手的区分开来，从某种意义上看，九卿的考虑要比乾隆帝的考虑全面。乾隆帝认为图财害命案件以数人为一个人去抵命，未免过重。因此提出将首犯一人斩立决，而首犯就是出主意的人，但他没有考虑到动手之人杀死人命，是具体杀人者，若是具体杀人者都不能处死，也难免使杀人者缺少顾忌，所以坚持将具体杀人者也斩立决。只有在被害人没有死的情况下，具体杀人者才能斩监候，对于没有具体杀人者也按照情节依次减等处置，这样分出轻重，也便于具体实施。

按照新的定例，赖廷珍既是出主意者，又是具体杀人者，理所当然要被斩立决。王茂荣下药，又与赖廷珍一起埋尸，就是从而加功，按照新例，予以斩监候，秋后处决；赖可年已经十六岁，也不可以减免，属于从而未加功，按照新例，可以按照情有可原而减等为杖一百、流三千里。图财害命是比照强盗罪来量刑的，除了抵命之外，还要抄没财产。清代的抄家素称严厉，不但要抄没所有财产，人口也纳入财产的范畴。王茂荣的娇妻弱子，被官府发卖了，王茂荣虽然有可能免于一死，但已经是家破人亡。汪九锡侥幸免于死，失去的银子也得以归还，也使他明白一个道理，贪图便宜的人，往往为便宜所误，如果他不图便宜，找官府注册的车脚行，路上就不可能出现如此凶险，真是贪小便宜吃大亏。有了这个教训，汪九锡在以后经商的时候，从不投机取巧，虽然赚钱不快，但日积月累，也成为腰缠万贯的富翁。他在衣锦还乡时，修建起了大宅院，至今屹立在乡村，成为县级文物保护遗产。这正是：

害命心藏千样巧，贪财人使万般奸。

有清一代严惩图财害命，因为这些人违背人之常理，也就是要财不要命，要命不要财，而以害命来图财，确实是凶残之犯。乾隆帝认为律文规定图财害命者一命数抵，处置过重，意欲以区分首从的方式，针对出主意的人实行严惩，便可以使这类犯罪逐渐减少，却不知道在具体办理这类案件过程中，找出造意人最为困难。法律之所以将图财害命案件比照强盗律，采取不分首从处置，就是这类犯罪往往都是团伙犯罪。团伙犯罪不但威胁人们的生命安全，而且扰乱社会治安，最终会威胁到统治。乾隆帝以区分首从而达到这类案件逐渐减少的愿望最终没有实现，却在山东、河南、直隶、山西、陕西，乃至湖广地区出现老瓜贼、卦子贼，专门谋害过往行人，他们劫杀更为惨毒，又是团伙犯罪，以至于大人吓唬孩子都说老瓜贼来了，孩子就不敢哭泣了。针对老瓜贼、卦子贼横行无忌，乾隆帝不得不发动一场旷日持久的剿灭老瓜贼的运动，却不想老瓜贼越剿越多，终乾隆之世，也未灭绝。

理不可宽罪难恕

　　清乾隆六年（1741），当朝一品大学士福敏的孙子福海将赎身家人常德一家五口打死了，并且焚尸灭迹。因为家人就是奴仆，属于家主的财产，按照律例规定，家主也就杖责，而且准赎，实际上也就罚几个钱完事。只是因为常德已经赎身，本不应该再按家主殴死奴仆来论处，刑部却比照家长杀奴仆非死罪三人律，将福海发遣黑龙江。乾隆帝得知，当即认为此案发生与办理，都是出于天理人情之外，在申饬刑部官员之后，对福海予以重处。乾隆帝所谓的天理人情是指什么呢？从重处置福海，其祖父是否承担连带责任呢？且从案情经过说起。

　　大学士福敏（1673—1756），富察氏，满洲镶白旗人。康熙三十六年（1697）进士，选为庶吉士，曾经是乾隆帝的老师，乾隆帝当然对他另眼相看，所以即位以后，不断给他加官晋爵，为武英殿大学士，加太子太保衔，乃是当朝一品官。这样的官，当然是田连阡陌，奴婢成群。清代的奴婢主要来源有：一是满洲军队的抢掠人口，以占据辽沈和入关前对明作战时俘获的壮丁为多；二是投充人，畿辅之民或害怕圈地，或为逃避赋役，被迫携带土地，投充旗下；三是买卖的人口，入关前后均准满洲买卖人口为奴；四是罪犯及其家属被没为奴仆者。可以说八旗从权贵到士兵都拥有奴仆，除家中供驱使及出征时随从之外，大多数是用来从事农业和手工业生产，还有许多被用来买卖交换财物。男的称奴，女的称婢，清代早期，"以奴婢与物同论，不以人类视之，生杀悉凭主命"，家主可以随意打死他们，甚至以奴婢殉葬。因为奴婢与物品相同，只要缴纳一定数量的银两，是可以赎身的，取回卖身契约以后，也就可以成为平民了。

却说大学士福敏家的奴仆常德，其先祖乃是山东仕宦之家，皇太极入侵山东的时候，被掠为奴仆，传到常德已经是第四代了。总不能世代都为奴仆吧！从常德的祖辈就开始把主人赏赐的钱积攒起来，希望有朝一日可以赎身。作为奴仆，积攒钱财实在不容易，好在大学士福敏身为高官，不但饶有钱财，而且颇有见识，常说，不要以奴仆为贱人。想当初盘古开辟混沌的时候，不过就是盘古氏一人，此后人口增加，才分为彼此，出现阶级。于是，大德者王天下而管万民，大才者辅大德共成盛世，至于那些负担推车、执鞭随镫者，乃小才之人也。天之生人，如生万物，有美玉便有燕石，有明珠就有鱼目，有梅梓即有杨柳。牡丹无野花，何以见其尊？朱砂非红土，何以显其贵？万物以备万用，皆天之所生也。今天下四海亿万无数之人，天子、王侯、官民、下役、奴仆、乞丐，推其根本，皆盘古氏一人之后也，有何彼此可分？有何贵贱可别？假使天下之人尽是帝王之才，也就没有士农工商及操作之人了。人能悟彻这个道理，何必凌辱下人？再想那些为仆之人，原因生而无能，贫穷难过，万分无奈，卖身投主，以求衣食，挨打受骂，忍辱低头，无可控诉，岂不可怜？焉知那奴仆的祖宗，不是昔日的富翁也曾经使过奴仆，只因过于凌下，导致自己的子孙今日为仆，照样受辱。人若能作设身处地之想，未曾凌下，先思我之后人，可能永为人主乎？正是基于这种认识，福敏对奴仆从不横加指责，也没有鞭打过他们，每逢年节，还会赏赐他们一些银两。

常德能够遇上福敏这样的主人，也算是万幸，但毕竟是奴仆，子孙也没有希望，所以一直想着赎身。家里三代所攒积蓄，再加上福敏大学士的一些赏赐，终于凑够了赎身的钱，便赎了身，成为平人。赎身以后，也就别无财产，常德凭借福敏大学士的名声，从一些商家赊些货物，自己与母亲、妻子做些风车、拨浪鼓之类的小玩意儿，干起货郎的生意。常言道，人勤地不懒，致富道路宽。常德一家凭借勤快和用心，没过几年，就在东直门内租了一家铺面，开起了杂货铺，生意也还不错，又过了几年，把铺面盘了下来，改成茶馆。

那个时候，北京的茶馆生意兴隆，但也分有等级。上等茶馆，布置着瑶草琪花，大堂粉壁上，可以任由人题字写诗作画，雅间之内则多是名人字画，客人主要是一些文人骚客聚集来谈诗论文，富商巨贾们来洽谈生意，官员显贵们进行密谋关节，所以价格高昂，一般人消费不起，也不让他们进入。中等茶馆，装饰比较世俗，大红大绿，涂抹得花里胡哨，不但卖茶点，而且卖酒菜，请一些卖唱的人来给客人助兴，这算是老实的店家。若是不老实的店家，还偷偷地设有赌局、藏有暗娼，客人主要是八旗闲散之人、土财主、小商小贩及下等官员，价格适中，也比较实惠。下等茶馆，装饰比较简陋，卖一些粗茶淡饭，客人也多是平民百姓及八旗闲散兵丁，价格便宜，薄利多销，属于穷人茶馆。常德刚刚积攒一些钱，开不起中上等茶馆，只能开下等茶馆，赚几个钱，养家糊口，供孩子读书，指望他将来参加科举，或许能够改变家族命运。

古人云，君子抱孙不抱子。按照当时的认识，父亲对儿子应该是严父。父之教子重在身教，自己用实际行动为儿子树立榜样，所以要有威严，诸如孝顺父母、友爱兄弟、和睦夫妻、诚信朋友等，都可以潜移默化。次在言教，就是要用言语去教诲指引，道理不明白的，为他分析；世故不通晓的，为他指点。有好事好人，教他学样；有不好事不好人，叫他引以为戒。这是传统的认识，但对于孙子则不然，因为他关系到祖宗血脉的延续，故此爷爷对孙子往往是慈祥和蔼，宠爱有加，却不想会误了孙儿。

福敏大学士有个长孙，名叫福海，是他亲自取的名字，意在将来能承继自己的事业，也能入朝为相，却忽略了对他的教育，事事都由着他。若是儿子呵斥福海，福敏大学士一定是骂儿子；若是儿子打福海，福敏大学士一定是打儿子。儿子怕老子，也就由着福海的性子，不敢再管他。福敏大学士找了几个亲信家人照顾福海，凡是教导他为善的，他必定恼怒，开口便骂，抬手便打，最终还让爷爷把他们发配出去干苦工。凡是能顺从他的，他必定欢喜，开口便笑，抬手便赏，最终对他们信任有加，让爷爷赏赐他们。这些家人深知，只要把这个小少爷伺候好了，就能够得到好处，因此想尽办法让福海高兴。这人要是学好不容易，要是学坏则再容易不过了。家人们诱导福海提笼架鸟，穿梭于酒楼茶肆，游走于赌场妓院，只要是能把福海伺候高兴了，就能让自己不受罪，还能得到些赏钱，吃些山珍海味。做这些事情都要有银子的，即便爷爷身为当朝一品，对孙子宠爱有加，若是知道他把钱花在这些地方，也不会给他钱的。福海开始从母亲、奶奶那里要些银子，后来被父亲知道，教训了他一番，开始控制其开销，财路也就不畅通了。福海仰仗着爷爷的宠爱，也曾经从爷爷那里骗到些钱财，但钱财用于正经事，能够花去多少呢？久而久之，福敏大学士也略知一二，只是和颜悦色地教训他不要学坏，把两个家人给处置了，不再给他很多钱财。

一分钱难倒英雄汉，福海即便是当朝一品的孙子，若是没有钱财，酒楼、茶肆、赌场、妓院也是不会欢迎的，更不能总是赊账。福海缺钱花，也就想生财之道。若是他能够帮助一些官员升迁、免罪，确实能得到很多钱，但毕竟自己不是当朝一品，也很难向爷爷提出这种请求。伺候他的家人们，都是奴仆，也没有钱财，更少生财的门路，但他们熟悉那些已经赎身的奴仆。常德赎了身，没有几年，居然成为茶馆老板，一些原来认识常德的奴仆，常去打秋风。常言道，救急不救穷。人若有急事，救助他一些钱财，当忙过急事以后，肯定能归还，即便是不能够归还，也会常怀感恩之心。人穷则不同了，既没有努力赚钱的本事，也没有谋生的本领，一旦得到些救济，很快便花完了，却总仰仗着救济，这就是无底洞，填入多少，都是有去无回，一旦得不到救济了，便会招来怨恨。以前常德与他们同为奴仆，现在自己赎身了，奴仆们把自己当成钱窖，时不时借些钱，就是肉包子打狗，一去不回头。如果不愿意借，他们就来茶馆喝茶吃点心，却总不付账。常德是小本生意，如何养得起这些奴仆呢？时间久了，当然也不会给他们好脸色。奴仆们从常德那里得不到好处，便引导福海去敲诈。别看福海出身于当朝一品之家，却十分下贱，来到常德的茶馆，见平民百姓及八旗闲散兵丁们把自己奉承为神仙，还有许多游走卖唱的人唱些淫词小调，插科打诨之人说些笑话，便喜欢上了这里。他一有空就来常德的茶馆，常常是一整天，要吃要喝，时不时还赏赐卖唱与说笑话的人，都让常德出钱。常德因为他是自己的旧主人，也不敢不从，但架不住福海带着几个奴仆天天在自己的茶馆吃喝，也曾经恳求福海多少付些账。福海高兴的时候，也给一些银子，但远远不够他们消费的。

福海常常来茶馆，所欠的钱也就越来越多，常德实在有些承受不起，也不敢不让福海一伙人来光顾，只能想办法省些钱，茶水从极品降到次品，再降到等外，点心由精细到粗制，惹得福海十分不高兴，时常打骂摔茶碗，常德也只能忍气吞声，思量把茶馆盘出去，回山东祖籍，以逃避福海等人的勒索，便把茶馆关了。

过了几天，福海来茶馆，见关张了，已经很生气了，再加上身边的奴仆们挑唆，说常德忘记旧主，不仁不义，把福海的少年气性勾了起来，带着家人便冲进后房，把常德一家人捆了起来拷打，让其说出茶馆关张的理由。常德自以为已经赎身，不再是奴仆了，旧主人就不应该向自己发威，情急之下也难免顶撞几句。这下惹恼了福海，他抄起一根柴棍，就把常德一家人一通乱打，打累了，就让奴仆接着打。奴仆们也怨恨常德，有主人的命令，岂能留情，没有多久就把常德一家人打得头破血流，福海还不解气，自己上来又打，居然把这一家五口人都打死了。见出了人命，奴仆们也有些害怕，福海却毫不在乎，说什么主人打死奴仆，天经地义，就是天王老子也不能把他怎么样，便让奴仆把尸体抬走，拉到城南乱葬岗子焚烧埋了，便心安理得地回家了。

东城兵马司指挥见所管辖区死了五个人，也不得不管，询问左邻右舍之后，得知是当朝一品大学士福敏的孙子打死人命，而且是焚尸灭迹。按理说就应该抓捕凶犯，但兵马司指挥如何敢去抓捕，只好禀报五城御史，请示如何处置？御史身为监察官员，有弹劾百官之责，当即写了弹劾奏章，呈递给皇帝。乾隆帝看到奏章之后，非常气愤，认为京师乃是四方瞻仰之地，岂能随便将人活活打死，而且是一毙五命，所以当即敕令刑部将福海拿下，按律予以惩处。

刑部得旨，拘捕了福海，也是供认不讳，但如何量刑，却很费周章。此时的刑部尚书是来保（1681—1764），喜塔腊氏，满洲正白旗人，为议政大臣，赐紫禁城内骑马，也是深得乾隆帝信任之人。在来保看来，福海是大学士福敏的孙子，福敏曾经是皇帝的老师，现在深得皇帝信任，若是从重量刑，会不会得罪福敏，乃至于得罪皇帝呢？来保与刑部官员揣摩许久，决定比照家长杀奴仆非死罪三人律，将福海发遣到黑龙江，然后具题上报，却没有想到乾隆帝大怒，当即斥责云："福海此案，出于天理人情之外。刑部办理此案，亦出于天理人情之外。常德系福海已赎身之家人，非现在服役者可比，而本人又无过恶。"也就是说，福海杀人已经是罔顾天理人情了，刑部办理此案，更是不顾天理人情。要知道常德乃是赎身之人，已经不再是奴仆了，更何况他并没有什么过错与罪行，福海怎么能随便将人打死，而且还是打死一家五命，并且肢解焚尸，残忍狠毒，骇人听闻，还有什么情有可原之处呢？又有什么可以从宽处理的理由呢！在乾隆帝看来：此案若出于平常之人，刑部必不如此办理。只以福海系大学士福敏之孙，任意从宽，颠倒错乱，虽三尺童子，亦知其非也。作为刑部堂上官的来保，办理此案，居然"有心瞻徇，不揆情理，实为朕意料所不及"。于是，将来保及承办此案的官员交部严加议处，再让他们按律裁断。《大清律例·刑律·人命》"杀一家三人"条规定，凡杀一家非死罪三人及支解人者，凌迟处死，财产断付死者家属，妻子流二千里。从犯斩。若是如此，福海是要牵连家族的，刑部拟上，乾隆帝开恩，将福海及帮凶奴仆全部问斩，死者已经没有家族了，财产也不必断付，妻子也不必流放。这正是：

处事虽兼情与理，审时须分公和私。

乾隆帝不能容忍官官相护，即便是自己老师的孙子，如今做出这样惨绝人寰的事情，也不应该予以宽贷。作为自己信任的大臣，居然揣摩上意，给凶恶的罪犯网开一面，既不想得罪大学士福敏，又想给乾隆帝卖人情的机会，若是一般君主，也就草草核准，乐得清静。史称乾隆帝办理刑事案件，总是"精核再三，勿使畸轻畸重"，即便是"特施法外之仁"，也是秉着宥过无大的原则。正因为如此，他才不会因为福海是自己老师的孙子而免其一死，但也不能对不起老师。孙子被处死了，福敏因此得病了，乾隆帝亲自到福敏家中去探视，这在当时是格外之恩，非常之荣了。福敏死后，乾隆帝还亲自祭奠，将其塑像放入贤良祠。师恩不能忘，但国法不能废，这是乾隆帝即位以后，励精图治的一种表现。可惜乾隆帝不能够持之以恒，特别是到了晚年，也是蔽于权幸，倦于朝政，史家也为之叹息焉。

户部尚书被奴杀

清乾隆十年（1745），户部尚书、尚书房行走阿尔赛被家人杀害了，此事引起乾隆帝的高度重视，他发现该家人是因为赌博欠下巨额高利贷，在偷盗主人家财的时候，被阿尔赛发现，因怕主人处置，就先把主人杀了。乾隆帝亲自过问此案，除了将凶手处以极刑之外，还将救护不力的随从也分别治罪。对于乾隆帝这种法外用刑的行为，汉人给事中提出一些异议，结果被乾隆帝斥责，为此还掀起一次"严打赌博"的运动。阿尔赛是如何被家人杀害的呢？乾隆帝是在何处法外用刑的呢？汉人给事中又为什么会遭到斥责呢？且从案情说起。

阿尔赛，汉军正黄旗，本名崔枝禄。曾经在水师营为千总，因军政考核为卓异，被保送到兵部简用，后来被外放为广东盐巡道，这是个肥缺。雍正时期受到重用的阿尔赛，先为福州副都统，不久升福州将军，署福建总督，兼福州陆路提督。乾隆初年，调广州将军，又升任湖广总督。乾隆九年（1744）升任户部尚书，不久又让他在尚书房行走，可谓是官运亨通，前程见好，却不想最终死在家人手里。

清代规定地方官上任是可以带家人的，少者十余名，多者百余名，甚至有数百人者。这些家人在地方官府"宅门内用事者，司阍者曰门上，司印曰金押，司庖曰管厨；宅门外则仓有司仓，驿有办差，皆重任也"。实际上是地方官具体事务的承办者。除此之外，还有许多跟班侍奉左右，出门供使令。阿尔赛当了湖广总督，家人有数百名，除了替他办理各种事务之外，很多是专门照顾他的生活。阿尔赛官运亨通，屡屡升迁，但他有一个毛病，就是喜欢男色。上有好焉，下必甚焉。下属得知阿总督有此爱好，纷纷贡献男色。某知县就因为送了一名男色，被阿总督保举，破格任命为知府。这位男色名叫秀郎，是一个极美貌的小官人，别看他刚刚十五岁，却也是一个风流少年，不但吟诗作赋，而且精于音律，琴棋书画，无所不能，特别能够善解人意，把阿总督伺候得美美的。阿总督对秀郎宠爱有加，以至于当时武昌府流传一个歌谣云："湖广行辕门向南，不好女色只好男；家有娇妻独自宿，卖瓜小鬼夜夜欢。"那个时候的地方官府，乃是"黑押押的六房，恶碜碜的快手，俊生生的门子，臭哄哄的皂隶"。凡是当门子的，大多数是男色。阿总督因为喜欢秀郎，就让他当门子，诸事多顺从他，家里出入银钱，掌管礼物，都是他一人支管，等于是一个管家。因为掌管钱财，手头就宽裕了，觊觎他的人也就多了，便有人引诱他赌博。当他在武昌赌博时，人们看他是总督面前的红人，也不敢过分赢他的钱，时不时地还让他赢上一些，以便求他到总督跟前美言几句，替他们办事。如今阿总督升任户部尚书，来到京城，秀郎也随之来到京城。

　　这人要是沾上赌博，就犹如吸毒一般，很难戒掉。所以学会了赌博，便如心窝里长着疥疮、癣疮，闲的时候便会痒起来，非赌一下才能够解痒。如果再输了，弄出饥荒来，或发誓赌咒，或摆席请人，说自己断了赌，也有几个月不看赌博的。这就如疥疮挠破了流出血，害疼起来，所以再不敢去挠。不久疮口略好了些，这心窝里发出自然之痒，又要重蹈覆辙。秀郎在武昌，人们知道他是总督的红人，在赌博上都让他三分。京师则不同了，即便主人是户部尚书，在京城比主人官大的至少有几十人，再加上王公贵族、皇亲国戚，也轮不上一个户部尚书在京城横行，所以奉承秀郎的人也没有了。

　　京城的赌场都有背景，想在赌场赖账，门儿也没有。赌场雇一些腰缠黄带子的皇族、腰缠红带子的宗室，何人敢惹他们！轻则辱骂，重则殴打；还有一帮混混，专会用私刑，折磨欠债者求生不得，求死不能，哪怕是倾家荡产，卖儿鬻女，也要还赌债。本来赌博是犯法的，如果告到官府，也会将开赌场的、参与赌博的都治罪，但何人敢告呢？这些人后台硬得很。

　　秀郎输了钱，开始是拆东墙补西墙，在管账上做些手脚，后来输多了，这些亏空补不上了，逐渐被阿尚书发觉，便不让他再管账了。接手管账的人一查账，发现被秀郎挪用不少，便禀告阿尚书，请求处置。大胆奴才，竟敢偷盗如此巨额钱财，阿尚书十分恼怒，当即派人把秀郎带到花厅，亲自讯问。阿尚书平日宠爱秀郎，而秀郎百依百顺，所以阿尚书并没有让手下人把秀郎捆绑起来，也没有让人在旁边看护，而是单独讯问。将主人家数万两白银偷走输掉了，按照清代制度，主人完全可以将家人直接打死，不用交官府惩处。阿尚书拿出家法，也就是紫檀木大杖，亲自执行家法。阿尚书此时已经是六十多岁的人了，秀郎才是十七岁的小伙子。阿尚书自己执行家法，原本也没有想把秀郎打死，只是想教训他一下，却不想秀郎怕打，夺过家法，回手便打，一棍下去正中头颅，阿尚书连喊都没有喊一声，便倒地身亡了。秀郎见阿尚书倒地，便夺门而逃，早被守在门前的几个家人拿下，押进房里一看，阿尚书已经死了。

家人们不敢怠慢，急忙禀告公子，将秀郎送到步军统领衙门，等候官府前来勘验。步军统领派来仵作验尸，确实是秀郎将阿尚书打死。此案不但是奴仆杀主，而且死者乃是当朝一品，步军统领急忙具奏，听候皇帝裁决。

乾隆帝闻讯，勃然大怒，当时敕令三法司从速定拟其罪。按照《大清律例·刑律·斗殴》"奴婢殴家长"条规定，凡奴婢殴家长者（有伤无伤，预殴之奴婢不分首从），皆斩；杀者（故杀、殴杀，预殴之奴婢不分首从），皆凌迟处死。所以三法司按律将秀郎拟为凌迟处死。乾隆帝认为，此案杀阿尚书者，虽然只有秀郎一人，但其他家人也不是没有责任，至少是"救护不力"。按照《大清律例·刑律·人命》"同行知有谋害"条规定，凡知同伴人欲行谋害他人，不即阻挡救护，及被害之后，不首告者，杖一百。即便是这些家人救护不力，也不至于死。在乾隆帝要求严惩的情况下，三法司按律予以加等拟罪，将在门口守候的为首家人拟为杖一百、徒三年，另外两个人拟为杖一百。乾隆帝亲改为首家人斩监候，另外两个人发乌鲁木齐与兵丁为奴，也不必等到秋后处决，立即将秀郎押赴菜市口凌迟处死。

乾隆帝将救护不力的三名家人处以重刑，显然是法外用刑。再说了，这几个家人听从阿尚书之命，在门外守候，也不会想到秀郎敢夺过家法回殴主人，如何前去救助呢？乾隆帝在"震怒"之下，也失去理智，才会有这种裁断，三法司畏惧，不敢提出异议，只好遵旨实行。乾隆帝这种法外用刑，引起江西道监察御史李慎修的注意。

李慎修，字思永，山东章丘人。康熙五十一年（1712）进士，曾经当过十余年刑部郎中，所以非常熟悉《大清律例》，见乾隆帝法外用刑，自己也不好公开反对，便上疏云："此案乃是旗人事件，虽然不必大肆声张，唯恐闻之中外，有伤旗人体面，但刑部仅仅用清字完结，恐中外人更加猜疑。"也就是说，此案事关旗人体面，怕天下人知道，所以用满文公布罪行，这样更会引起天下人猜疑，言外之意是要乾隆帝以汉文昭告天下，以消猜疑之心。

那时候，凡是事关旗人的事件，都用满文书写，李御史认为让刑部以满文了结此案，天下知道满文的人不多，若不将此事向天下公布，恐怕人心不服，不如用汉文宣示，使人人皆知恶奴杀主，必遭严惩。但他触犯了旗人的忌讳，若大力宣传，则会影响旗人的形象，更改制度。李御史所讲乃是阿尚书宠男色之事，这是不好明白公布之处，恐人们猜疑其中有暧昧之情。因此惹恼了乾隆帝，所以当即斥责云："此一事，在京之黄童白叟，无不知之，将来传之外省，亦无不共知之，其中并无暧昧不可告人之处，何必为之隐讳掩饰耶！"也就是说，阿尚书被杀之事，京城连小孩老人都知道，将来外省人也会人人得知，这就是恶奴杀主，没有什么暧昧不可告人之处，也用不着隐讳掩饰。李御史此说，"甚属昏愦"。如果用满文公布此事，可以掩人耳目，李御史又是从哪里听说的呢？如今上奏此事，显然许多汉人都知道，有必要再用汉文公布而更改祖宗之制吗！

李御史在江西道，主查户部事务，若是单独谈阿尚书案有隐讳之情，显然是越俎代庖，所以随便举例说督抚们报喜不报忧，地方灾荒多不上报。这种说法也被乾隆帝批驳一通说："朕御极以来，旰食宵衣，勤求民隐，水旱灾荒乃民生第一切务。朕为未雨绸缪之虑，夙夜焦劳，无时或释，训饬督抚大臣，至再至三，伊等亦知讳灾必获重谴，不敢自蹈罪戾。"

也就是说，乾隆帝自登基以来，非常重视民生问题，特别关注水旱灾荒，因此要求督抚大臣不许隐瞒，如果发现督抚所报有问题，马上派遣钦差大臣前往视察，一旦查出奏报不实，立即予以严处。因此督抚根本不敢隐瞒，也没有什么"朕不乐闻"的事情，更没有督抚"故为隐忍"的事情，李慎修岂不知道？乾隆帝说，"夫人非圣贤，孰能无过。""朕日理万机，岂能无过？所赖诸臣绳愆纠谬。然喜闻过者，未有不自省也"。也就是说，朕一直是闻过则喜，常常自省，即便有过失，马上就改正，但对于"灾伤一事，实恐闻之不切，救之不力。十年以来亦既殚心竭力，日夜焦劳，意谓中外臣民，宜无不共知共见者，而李慎修犹为此奏，实令朕寒心"。本来嘛！你说朕有错误，就直接指出来，为什么遮遮掩掩，而以民生这样大的事情，来影射朕喜欢阿谀奉承，不爱听逆耳之言呢？在乾隆帝看来，李御史"今日之奏，未必非挟夙怨，然彼欲窃忠直敢言之名，而识见卑庸，兼多私意"。挟有私意，沽名钓誉，识见卑庸，这是科道官最大的罪名，虽然不会有刑事处罚，但至少不能再让该人担任科道官了。乾隆帝这样指斥，还不解气，乃说李御史这种"吹毛求疵"，是为了"以博市井小人之称赞""其用心亦诈而巧矣"。因为李御史以阿尔赛家奴一案来比拟外省报荒之政，乃是不伦不类，"全不知朕视民如伤之苦衷，而横加以厌闻灾祲之谤议，诚不知其是何肺腑也"。李御史竟然敢"以君上为立名之地，不顾理之是非，不审事之虚实，存心险薄，其过不止于狂瞽而已"。也就是说，李御史想利用皇帝出名，所以不讲道理，不问虚实，不但存心险恶，也十分浅薄，就是狂人、瞎子。于是，将"李慎修著交部严加议处"。科道官是言官，即便是如乾隆帝所指斥的"狂瞽"，即疯子、瞎子，也不会将之治罪，因为他们有言责，皇帝应该是虚怀若谷，不能阻塞言路，因此也不能够严厉处分。吏部将李慎修调外任，为湖南衡郴永道道员，从此再也没有回到京城。后来他因病退职，于乾隆十二年（1747）死于家中。这正是：

臣僚伴君如伴虎，君主驭臣如驭马。

此案秀郎杀死阿尚书，固然是秀郎穷凶极恶，但阿尚书也有不可推卸的责任。秀郎偷窃主人钱财去赌博，按照清代规定，主人完全可以将之处死，而没有任何罪责，即便是主人下不了手，送到官府，也不会轻饶。阿尚书不肯将秀郎交到官府，可能是怕秀郎将自己好男色之事张扬开来，完全可以用家法处置，但他不必自己亲自动手，因为手下家人数百，随便找个家人行家法，也足以将秀郎打死，为什么非要自己动手呢？实际上还是怜香惜玉，并未想置秀郎于死地，秀郎却从没有顾念阿尚书对他的好处，居然夺过家法，把阿尚书打死，将之凌迟处死，算是罪有应得。问题是在门外守候的家人，在事发突然之时，如何去救护呢？乾隆帝却以他们救护不力，一个斩，两个发遣为奴，确实比较冤枉，也没有律例进行比拟，可以说是法外用刑。面对乾隆帝这样任意，在朝大臣没有一个敢提出劝谏，李御史虽然敢于直言，却不得要领。要说乾隆帝法外用刑，就直接提出来，何必拐弯抹角说不该用满文结案呢？满文当时号称"清文"，乃是国语。李御史对国语提出质疑，岂不是犯了大忌讳，遭到乾隆帝一通羞辱，也是自找的。要说乾隆帝不能容忍，这也不对，因为只要是不牵涉旗人利益，即便是驳了皇帝的面子，乾隆帝还是能容忍的。如元宵节，乾隆帝让诸王大臣与他一起在琼华岛观烟火，李御史就上疏说这样会"玩物丧志"的，乾隆帝不过一笑置之。乾隆帝好作诗，也让群臣写诗，李御史进言，认为皇帝若在诗文上劳心费力，一定会妨碍政治，乾隆帝也没有怪罪他，还把他奏疏中的"恐以文翰妨政治"写入诗中。李御史身材短小，相貌丑陋，乾隆帝曾经开玩笑说："是何眇小丈夫，乃能直言若此？"李御史说："臣面陋而心善。"乾隆帝听罢也是哈哈大笑，如今这样羞辱李御史，是他说了不该说的话，怎么能够说旗人之短呢？也可见乾隆帝驾驭臣僚之一斑。

拉奸弟媳伤胎死

　　清乾隆二十一年（1756），直隶遵化州发生了一起大伯杀死弟媳的案件。因为弟媳当时怀孕，等于是杀死二人，刑部则以威逼人致死，将大伯拟为斩监候，奏请皇帝核准。乾隆帝认为这位大伯"强暴败伦"，怎么能够按照威逼人致死律量刑呢？分明就是有伤风化嘛！刑部以威逼人致死量刑的依据是什么呢？乾隆帝所强调的有伤风化又是什么罪名呢？且从案情经过谈起。

　　在遵化城西门外，有个富户，名叫陆振乾，开了个绒毡皮货店，生意甚是兴隆。生有二子，老大陆君贵，娶媳鱼氏，生得面麻身粗，却喜欢勤俭治家，智胜于猛男子。老二陆君德，娶媳李氏，生得身材小巧，骨骼轻盈，却喜欢梳妆打扮，举止乃是俏娇娘。陆振乾要老大帮助做生意，要老二学习儒业。若论读书，当时的遵化州有才者不多，老二跟私塾先生读书，学问总没有长进。私塾先生为了赚钱，却说老二的文业日进，功名有望，而三次参加童试，都是名落孙山。陆振乾急着光宗耀祖，便要老二到京城去读书，花了四百多两银子，捐纳个监生，可以到国子监读书，将来或许可以考个举人，中个进士，陆家门楣也就光大了。

　　做父母的，总愿意给孩子做安排，却不管孩子是否喜好。老二不喜好读书，父亲却让他读书。刚刚新婚不久，父亲非要他到北京去读书，要离开自己的小娇娘，当然是十分不舍，彼此珍重道别，也难免如胶似漆，在离别那日就怀上身孕，陆君德还不知道呢！

　　老大陆君贵生得风流倜傥，妻子鱼氏虽然喜欢持家，却也是不怒自威，连戏谑的话都听不进去，更别说夫妻之事了，所以与丈夫甚不相得。夫妻不和美，丈夫便借故生意忙，出外日多，在家日少，鱼氏倒也不在意。因为父亲尚在，兄弟俩并没有分家，一家人住在一起，如今老二去了北京，李氏孤独一人，幸亏有嫂子鱼氏照应，也还算是不寂寞，这妯娌俩很是要好。

以前老二在家的时候，老大经常不在家，如今老二去了北京，老大却常常在家，鱼氏甚是疑惑。到底是什么原因让丈夫留恋起家来？鱼氏仔细观察，却发现丈夫总是围着弟媳的身边转，找着机会就献殷勤。看到丈夫那肉麻的光景，鱼氏心中十分鄙薄，等到夫妻俩在一起时，便劝说丈夫尊重些，一个做大伯的，在弟媳面前献什么殷勤，不怕人家笑话吗？要知道图奸弟媳，乃是死罪。丈夫被老婆说得脸一阵红、一阵白，欲待发作，却也被老婆抓到短处。本来他就有这个心思，但抵死也不能承认，便大怒道："你胡诌什么！我是看弟弟去了北京，弟媳一个人寂寞，安慰她几句怎么了！你却往图奸方面想，你丈夫我是那样的人吗？再胡说八道，看我不撕烂你那张破嘴！"鱼氏见丈夫恼怒，也不甘示弱地说："安慰弟媳，有我在呢！用得着你这个大伯吗？还有脸说我呢！你弟弟在家的时候，你经常不回家，如今你弟弟刚去北京不久，你就门也不出了，天天在后宅转悠，我看你就是不怀好意，说你图奸，冤枉你了吗？你说不过我，还要打我。咱俩去找你爹给评评理，有丈夫为弟媳之事打老婆的吗？走呀，现在就去见你爹去！"见鱼氏撒起泼来，陆君贵也不敢耍威风，毕竟这件事张扬起来，父亲是绝对不会轻饶自己的，若是让弟媳听到，面子上也过不去，便说："好男不跟女斗，我惹不起你这个泼妇，还躲不起吗！"说罢便头也不回跑了出去，好几天没有回家。

常言道，女人的感觉最准。鱼氏的感觉是没有问题的，她丈夫确实是对弟媳有意，但不知道弟媳是否也有意，便趁丈夫不在家，旁敲侧击地套问这件事。只见鱼氏说："夫妻本有同心结，是月下老把两个人拴在一起，解也解不开，你怎么舍得让丈夫独自一个人去北京读书呢？"李氏说："嫂子你没有听说过，父让子死，子不得不死，公公让我男人去北京读书，他敢不去吗？我们女子在家从父，既嫁从夫，夫死从子，命运都在这三从的男人身上，丈夫碍于父命不能带我到北京，我也只能听从丈夫的呀！我能有什么办法，只好在家盼着他早些回来呗！"鱼氏说："可也是呀！刚刚新婚，你男人便出远门，你独自一个人，就不觉得寂寞吗？"李氏说："幸好有嫂子陪伴我，倒也不觉得寂寞，只是每到夜间，嫂子不能陪伴我，看到嫂子夫妇恩爱，也未免有些嫉妒。你们夫妇多好呀！大伯在家里守着家业，嫂子执掌家内事务，夫唱妇随，其乐融融。"鱼氏说："快别提我那个死鬼了，乃是个不长进的人，只知道做生意，并不顾家，还借故生意忙，三天两头不回家，不知道他在外面都干了些什么见不得人的事情。你看他见到漂亮女人走不动的样子，就知道他不是个好东西。"李氏说："你别这样说大伯呀！大伯也是为了这个家，男人在外面忙一些，总比在家里守着妻子有出息。最近大伯不是经常在家吗？我看他现在很少出去，嫂子你对他好点，若是能生下儿子，就是陆家嫡长孙，你不就有依靠了吗？"鱼氏说："快别提什么生儿子的事了，我比你早一年进陆家的门，至今都快两年了，还没有怀上，是不是我有什么问题呀！"李氏说："嫂子能有什么问题呀！还是你们俩的问题，你经常不在一起住，怎么能够怀上孩子呢？"见李氏说到自己的痛处，鱼氏有些尴尬，便说："他不愿意找我，难道还要我死缠着他不成，死缠着男人的事情，我可做不来，由他去吧！"李氏说："这就是嫂子的不是了，夫妻之间还分什么你我呀！大伯不主动，嫂子就不能主动一些吗？"鱼氏说："我可没有那么下贱，主动找男人的事情，我是做不来的。"李氏说："嫂子这样说就不对了，若是找别的男人，那叫贱，找自己的丈夫怎么能说贱呢？我就贪恋丈夫，所以我现在怀有身孕，已经快三个月了，那是君德去北京前怀上的，他还不知道呢！若是大伯有空给他写封信，把这事告诉他，还不知道君德会多么高兴呢！"

常言道，女人之间是非多。那李氏与丈夫恩爱，又怀了孕，所生虽然不算是嫡长孙，但毕竟是长孙，自己若是不能生子，将来这陆家的产业，还不是李氏孩子的。想到此，鱼氏心中乃是五味杂陈，嫉恨之心也油然而生，便虚与委蛇地支吾几声后离去，却已经相信弟媳对自己的丈夫有好感。

鱼氏听到李氏的一席话，也觉得生孩子事大，便找到丈夫，请他回家来住，也未免有些低声下气。要知道夫妻不好，就是冤家，很难同心同德。这夫妻两年多都没有在一起说过交心的话，如今鱼氏主动找来，陆君贵却没有往好处想，反而觉得有些厌恶。这鱼氏原本是因为李氏怀孕才对丈夫好的，如今见热脸却贴了冷屁股，当然也受不了，便说丈夫在外边偷女人，惦记着弟媳，将那些无影无形的话压在丈夫身上来，而陆君贵反骂鱼氏不知羞耻，夫妻俩便大闹起来，乃是欲求恩爱反成仇。

这陆君贵确实也不是什么好人，他看不上自己的妻子，却对弟媳不怀好心，时常将妻子与弟媳比较。论穿戴，妻子总不如弟媳穿得合体；论长相，妻子不如弟媳长得漂亮；论说话，妻子不如弟媳温柔；论举止，妻子不如弟媳优雅。总而言之，妻子处处都不如弟媳，分明就是情人眼里出西施，仇人眼里出东施，总拿弟媳的长处来比妻子的短处，夫妻俩能不生怨恨吗？

常言道，不怕贼偷，就怕贼惦记。这老大陆君贵确实是惦记弟媳李氏，只是老婆看得紧，没有机会让他接近弟媳。即便是神仙，总有打盹儿的时候，陆君贵既然惦记起弟媳，总会找到机会的。

不久，父亲陆振乾为了一批皮货，去了口外，而鱼氏的弟弟娶媳妇，娘家接她回去，只有弟媳李氏一人在家。鱼氏不放心丈夫，非要丈夫与自己一起回娘家，陆君贵没有理由拒绝，但心里却惦记着弟媳。女婿是老丈人家的贵客，女婿到来，老丈人家总是要热情招待，女婿则难以脱身。今日则不同了，老丈人家娶媳妇，全家人都在忙碌此事，对女婿也就不那么关注了。陆君贵趁人不注意，从老丈人家里出来，就赶回自己的家，他不想放弃这个能与弟媳单独相处的机会。

陆君贵自以为弟媳心里有他，实际上就是剃头挑子一头热，那李氏根本就没有与他相好之意。陆君贵进门以后，便来弟媳的房间，送上早已经准备好的金钗脂粉，却用言语调戏。李氏如何能听得这样的语言，便说："大伯，请你放尊重些！嫂子没有在家，这些话若是被嫂子听到，又要与你争吵。"陆君贵说："别提我那个泼妇，一点儿风情都没有，看上去令人厌恶，哪里像弟媳你呢？细语娇声，说起话来，是那么好听。"李氏说：

"大伯这是说的什么话！你要是再这样说，我可就喊人了！"陆君贵说：
"我的心肝，你生起气来都那么可爱，要是温柔起来，还不是更让人销魂。
如今家里就你我二人，这深宅大院的，即便是你喊破了喉咙，也不会有人
听见。你就可怜可怜我吧！我都想死你了。"说罢就上前来搂抱。李氏急
了，一边喊叫，一边要夺门而出，却被陆君贵紧紧地抱住，难以挣脱。李
氏急于脱身，便张口咬住大伯的手腕。陆君贵负痛松手，李氏开门就想往
外跑，又被大伯抱住往里屋炕上拖。这李氏此时就是想摆脱，却忘记自己
已经有了四个月的身孕。弟媳越挣扎，大伯越抱得紧，怀孕的女人如何能
这样用力气呢？弟媳李氏觉得肚腹疼痛，歇斯底里地喊了一声："痛杀我
也！"头便低了下来。陆君贵见状，松开手，却见李氏下身鲜血淋漓，而
口中却只有游丝，眼见得要断气了，也许是害怕，便把李氏扔在地上，匆
忙地跑出家门，装作若无其事的样子，来到老丈人家接妻子回家。

陆君贵与妻子回到家中，鱼氏因为惦记弟媳，便拿着喜糕到其房间来
看，却见弟媳倒在血泊之中，仔细一看，知道是流产而死。好端端的，怎
么会流产呢？鱼氏查看弟媳的身体，发现其口中有血，却没有见到其口
破。流产下身有血，不会把血弄到嘴上。再看自己的丈夫，手腕用布包
裹，衣服上还有血渍，马上就想到可能是丈夫干的好事。若是夫妻关系
好，即便是丈夫干了这种见不得人的事，作为妻子也要为丈夫遮掩一二。
正因为他们夫妻不和，鱼氏居然不管不顾，到外面把街坊四邻都喊来，说
自己丈夫强奸弟媳，导致弟媳伤胎而死。这样一来，也就是人命案件了，
街坊四邻也怕受到连累，急忙喊来保长，让他尽快报官勘验。地方出现命
案，若是保长隐瞒不报，就是知而不举，最少要被杖一百，弄不好还会与
犯人同罪，保长当然是不敢不报了。他当即令保丁把陆君贵捆缚起来，让
几个妇女看守房门，以保护现场。

遵化知州接到人命报案，便带着仵作来勘验尸体及现场。仵作检验，
李氏身上有青紫痕迹，下身血污，且有未成形的胎儿，口中有血却无伤破
之处。检验陆君贵腕上伤痕，与李氏牙齿痕迹吻合，再加上众人做证，可
以确定李氏乃是因拉奸伤胎致毙。在证据确凿的情况下，陆君贵供认不

讳，遵化知州便可以按律拟罪了。

按照《大清律例·刑律·犯奸》"亲属相奸"条规定，奸兄弟妻者，奸夫、奸妇，各绞。若是和奸，双方都是绞刑；若是强奸，妇女不坐，奸夫斩；但也有强奸未成，发近边充军的规定。陆君贵显然是强奸未成，若是如此，他就不是死刑了，于是，遵化知州按照《大清律例·刑律·人命》"威逼人致死"条规定，若因行奸为盗而威逼致死者，斩监候。因为这种奸是不论已成与未成，都可以拟为斩监候的。

遵化知州将所拟逐级申报，刑部最终题请皇帝核准。乾隆帝批示云："陆君贵拉奸弟妇李氏不从，致李氏伤胎殒命，实属强暴败伦。且夫兄弟妇，即系和奸，律内尚俱绞决。今该犯蔑伦伤化，拉奸弟妇以致伤胎立毙，淫恶已极，何得仅以常人因奸威逼致死律科断。该部所拟未协，著发还另议具奏。"也就是说，陆君贵因拉奸致使弟妇李氏伤胎殒命，乃是一种强暴败伦的行为。按照法律规定，大伯与弟媳、小叔子与兄嫂，即便是和奸，都是要判处绞立决的。如今对这种蔑伦伤化、淫恶已极的罪犯，为什么仅仅按照常人因奸威逼致死律来量刑呢？刑部所拟不妥，将之驳回，重新审拟具奏。

根据乾隆帝的旨意，刑部按照《大清律例·刑律·犯奸》"亲属相奸"条规定，将陆君贵拟为斩立决，却在题奏上更改了一个字，即将"拉奸"改为"强奸"。若是拉奸，可能是强奸未成，按例是可以发近边充军的；强奸则不同了，按律奸不论已成与未成，都按照强奸罪论处，将之斩立决则是按律裁决，而回避了已成与未成的问题，陆君贵则难逃一死了。这正是：

伤天害理行万恶，罪应凌迟万剐身。

古人云，万恶淫为首，神天不可欺。这里所指的"淫"，乃是不正当的男女关系，是违反当时社会规范的行为。对于这种淫，不但社会予以不齿，官府也是不容，特别是对那种淫恶已极、蔑伦伤化者，均斩立决。在明清时期出现了风化罪，所谓的风化，即违反当时社会上公认的道德规范。明清的风化罪，一是违背伦理的性行为，二是造成很坏的社会影响的奸淫事件。明清时期对于风化，没有专门而明确的定义，但对于非礼制所允许的性行为，特别是乱伦者，均予以严惩，而对于那种伤风败俗影响甚大者，还有凌迟处死的规定。乾隆帝认为陆君贵的行为，已经是二者皆有，既有蔑伦悖理，又有伤风败俗，将之斩立决，已经是情重法轻，并没有关注"拉"与"强"的区别。值得一提的是，陆君贵妻自杀了，因为她"不义"而遭世人的唾弃。所谓的妇人不义："及闻夫丧匿不举哀，若作乐，释服从吉及改嫁。"这是针对夫死而言，作为可以相为容隐的妻子，若不是关系到国家的安危，揭发检举丈夫便是干名犯义，是可以处死的。鱼氏把丈夫拉奸弟媳伤胎死的事情张扬出来，对于弟媳则不会含冤于地下，但把丈夫送上了断头台，怎么能够让世人理解呢？其自杀可能是唯一的选择。说到这里，也不得不评论一下陆君贵妻，她已经看出来丈夫对弟媳心怀不轨，不是采取正言相劝，却以撒泼的方式来对待。即便是不能使丈夫贼心不死，也可以劝弟媳正颜厉色回绝丈夫，让丈夫断了念想。二者她都没有采取，最终酿成悲剧，想必她也应该有一定的责任。

七旬老母被子殴

清乾隆二十七年（1762），江西省九江府彭泽县发生一件儿子殴打母亲致死的案件。子殴母致死，这在当时乃是重罪，儿子是要被凌迟处死的。江西巡抚按律拟罪，呈报刑部具题，报请皇帝核准。乾隆帝仔细阅读案情，不由得勃然大怒，认为此案"实非人类中所应有"，不但申饬江西巡抚及刑部办案不力，还钦定将其他的儿子全部斩决。乾隆帝为什么说此案"实非人类中所应有"呢？他钦定处死其他的儿子有什么法律依据吗？且从案情说起。

《诗经·凯风》云："睍睆黄鸟，载好其音。有子七人，莫慰母心。"也就是说："婉转黄鸟，乃献好音。我娘儿子有七个，不能安慰亲娘心。"是呀，母亲有七个儿子，这七个儿子又何曾想到母亲的养育之恩呢？若不念养育之恩，致使母亲伤心，也还算情有可原，因为养儿方知父母心，将来他们也会明白母亲不易。但有一等人，即便是养了儿子，也不会念父母之恩，仅仅看顾自己的小家庭，还把父母当成累赘，甚至殴打虐待父母，也就无情可原了。

却说彭泽县某村有吴姓一家人，吴老与妻王氏生了五男二女，这在当时乃是令人十分羡慕的事情，人们都以为吴老夫妇从此可以高枕无忧了。吴老在世时，以为儿子们哪里会有不孝敬父母的呢？就把产业全部分给儿子，却没有想到这些儿子们分得财产，就不顾父母死活了。儿子们轮流供养老两口，却是成年不动酒，论月不开荤。没过几个月，吴老就熬得骨瘦如柴，再加上心情不爽，很快就撒手人寰，抛下老妻归西了。此时的王氏已年近七旬，既不能下地干活，又不能操持家务，五个儿子谁也不愿意养活她，而在传统社会，又不能够投奔女儿。按照当初的协议，二老由儿子

们轮流供养，在每个儿子家住上两个月，到时就搬到另外一个儿子家
去住。

王老太太这把年纪，身边又没有什么钱财，孤身一人，又不能够干
活，儿子们都嫌弃她。到了日子就赶她走，即便是在家里住，儿子们也是
冷眼相看。儿子一家人有吃有喝，却不让老太太上桌，他们一家吃完了，
给老太太些剩饭，就算是恩赐了，若剩饭很少，老太太也只好忍饥挨
饿了。

古人云，家贫出孝子。那些贫穷的家庭，家无担石之储，吃了上顿愁
下顿，生出来的儿子，倒还有些孝意。这是什么原因呢？因为他们没有家
业可传，努力种田，挣钱养家，也是从小养成的习惯，这样习以为常，也
不知道这样做是对父母的孝，而实际上却尽了孝道。富贵之家的儿子就不
一样了，从小吃惯用惯了，以为那些田地金银，就是他们前世应该拥有
的，与其父母毫无关联。如果父母略微分给他们少一些，就会产生怨恨，
就如剥夺他们的财产、割他们的肉一般。如果稍稍知道父母的不容易，
也就不会不孝父母，但富贵之家的孩子，又有几个知道父母不容易呢？
所以人的孝心，大半都被那些膏粱纨绔子弟沦丧了。所以古人常说，不
可把金银产业当作传家之宝，既为儿孙做马牛，还为儿孙仇恨父祖留下
隐患。这乃是有家业传与子孙，子孙未必尽孝；没家业传与子孙，子孙
未必不孝。

吴老在世时，把财产全部分给儿子，却没有给自己留下养老之财，而
王老太太更没有从丈夫那里得到半文钱，如今在儿子们的家中，有一种寄
人篱下的感受。古语有云："五十非肉不饱。"王老太太已经七十岁了，整
天清汤寡水的，吃些剩菜剩饭，肚中难免饥饿，只觉得眼中金苍蝇乱冒，
便到后院菜地里摘了两根黄瓜充饥，却被二儿媳妇看到了，上前就把黄瓜
抢下来，开口便骂。二儿子看到，非但没有说媳妇不对，却说王老太太不
应该偷黄瓜。王老太太一肚子委屈，也没有地方去诉说，而二儿子一家自
此以后，就如防贼一般防着她，休想再找些什么食物充饥。

好不容易熬到轮换的日子，来到三儿子家，却没有想到依然如故，饭

不多给，菜是咸菜，还说什么老年人半饥半饱才能够长寿，粗食素餐才有利于健康。王老太太总吃不饱，却见三儿子一家吃饭，有酒有肉，宁可把剩饭喂狗，也不给她吃。王老太太饿极了，就与狗争食，被三儿媳妇看到了，便告诉三儿子。三儿子把王老太太着实训斥一番，说她故意这样做，不但丢他们的脸，也丢祖宗的脸，还把王老太太关进柴房，即便是粗饭咸菜，也不按时供应。

王老太太终于等到日子，来到四儿子家，心想总会吃饱吧！却没有想到四儿子从哥哥那里得知他偷黄瓜、抢狗食之事，整日里也防范着她。饭食虽然比老三家好一些，但从来没有个油水，白水熬青菜，加上些盐巴，比咸菜还难吃，而四儿子一家却肉食不断，煮肉的香味随风飘来，王老太太也只能吞咽口水了，连肉汤都别想得到一勺。

王老太太来到五儿子家，按理说这个最小的儿子，乃是父母最为疼爱的，此时应该报恩才是，但在分家的时候，父母并没有多给他一分，所以时常怨恨。按照《大清律例》规定，若同居尊长，应分家财不均平者，罪亦如之。按律应该予以杖刑，所分家财不均之数按银计算，十两，笞二十，每十两加一等，罪止杖一百。因此吴老分家的时候，也不可能偏袒所爱。其实按照规定，吴老夫妇也可以分得一份，但他们没有留下自己的一份，全部分掉了，才使王老太太寄人篱下。因为怨恨，五儿子也不会善待老母，偶尔给老太太一些鸡骨头，算是让她开荤了。可怜老太太，牙没剩几颗，如何啃得动骨头呢？只好在嘴里含着咂摸滋味了，却被五儿子一家嘲笑为老不尊。

到了大儿子家，这乃是长子长孙，按照传统的继承制度，他是长房，吴家的家业应该由他继承，但那是宗法社会，在继承爵位及荫袭父祖之职才有效用，在家产分割上，却没有特别照顾。如果父祖将家产分给子孙，自己留下一份，死了以后则可以由长子长孙来继承。问题是吴老在分家的时候，自己没有留下一份，大儿子也就无望得到这份财产，因此他怨恨父母最深。在这种情况下，王老太太来到大儿子家，能有好日子过吗？王老太太吃不饱，饥饿难忍，趁大儿子一家没有注意，从厨房偷了一碗肉吃了。许久都没有吃过肉了，饥肠辘辘，狼吞虎咽地吞了下去，肯定受不了，结果是上吐下泻，被大儿子发现，就是一通辱骂。

这一日，大儿子喜得一个孙子，要过满月，按理说有王老太太在，便是四世同堂。大喜大庆的日子，一家人欢庆也是应该的。大儿子把弟弟们都请来了，并不是什么兄弟之谊，乃是贪图弟弟们的贺礼。既然是四世同堂，总会让王老太太坐在首位。这王老太太自从丈夫死后，从来就没有上过桌吃饭，也从来没有见过这样多的菜肴。挡不住饭菜香气的诱惑，王老太太还没有等儿子们入席，便下手把菜肴往嘴里送。这下惹恼了大儿子，伸手就将王老太太手中的食物打掉在地，张口便骂。王老太太很生气，认为自己是长辈，为什么不能先吃呢？王老太太以为有儿子们在场，定会支持他，所以反骂大儿子，却不想大儿子恼火，挥手便打，其余几个儿子却在旁边看着，谁也不说话。王老太太见儿子们谁也不帮助自己，更是气愤，便大声叱骂儿子们不孝，将来肯定会遭到报应的。大儿子见状，挥拳便打，一拳打在王老太太的面门，这一拳力量也太大了，王老太太哪里承受得住，仰身倒下，头碰在房前的台阶上，顿时头破血流而身亡了。

出了人命，就不是兄弟们能够隐瞒的事情了，地方保甲长急忙将吴家兄弟看管起来，然后派人到县衙投诉。彭泽知县接到报案，亲自率领仵作前来验尸，发现王老太太臂有瘀青，面有殴痕，后脑有碰伤，伤为大儿子所殴无疑，死则因碰撞台阶所致。彭泽知县立即将大儿子打进死牢，然后根据《大清律例·刑律·斗殴》"殴祖父母父母"条规定，凡子孙殴祖父母、父母及妻妾殴夫之祖父母、父母者，斩。杀者皆凌迟处死。将大儿子吴华国拟为凌迟处死，申报各级上司核准，最终报到江西巡抚处。

江西巡抚汤聘核对各个情节，认为彭泽知县所拟之罪无误，也就按例报请刑部复核。刑部则认为吴华国殴母为众人所见，虽然死因是因后脑碰撞台阶所致，应该子殴母按律处斩，但是子殴母性质恶劣，更何况其母头碰台阶而死，乃是其子殴打所致，便同意江西巡抚所拟凌迟处死，具题请示皇帝批准。

乾隆帝仔细查阅具题，发现吴华国在殴打母亲的时候，诸位弟弟都在场，却没有一个出头劝阻哥哥行凶的，当即斥责刑部官员说，此案"甚属错谬"。也就是说，这个案件办理错误及荒谬之处甚多。为了证实刑部及江西巡抚审断的错谬，乾隆帝指出：吴思民等以一母之子，目击七旬老母为恶兄毒殴，以致毙命，乃既隐忍曲从，又为附和掩饰。吴思民等就是王老太太的二儿子等人，他们都是一母所生，居然眼睁睁地看着凶恶的哥哥毒打自己的母亲，导致母亲毙命。母亲死了以后，他们非但不揭发哥哥的恶行，还替哥哥隐瞒，说什么母亲自己倒地，头颅碰到台阶而死，并不是哥哥殴打所致，既不想让哥哥抵罪，又想撇清他们的责任，这是什么样的行为呢？乾隆帝十分气愤，当即批示道：似此罪大恶极，实非人类中所应有。尚可意存姑息令其稍缓须臾，俾得视息于光天化日之下乎？也就是说，这种罪大恶极的人，实在是人类之中不应该有的，你们这些官员还这样存心姑息，想让这些非人类所应有的人，觍颜活在世上，让他们还生活在光天化日之下吗！要知道这样伦常逆恶之犯关系重大，不仅公开违背我朝以孝治天下的原则，也关系到人的伦理纲常。想当初黄帝就因为枭鸟长大以后吃母亲，就下令将这种枭鸟杀死，悬挂在木杆之上，让国人看到这种食母之鸟必然惨死，也更不能允许人杀其母了。对于这样违反人道的事情，你们这些官员都假装视而不见，还存在什么救生不救死的念头。要知道救生不救死，是因为死者不能复生，而活者也不能给世上带来祸害。无害于世，乃是让罪犯活下来的理由，而这种杀害与虐待母亲的人，如果让他们活在世上，再让他们得意扬扬，这个世界岂不是人人以杀母为荣？这将成何世界！

乾隆帝孝顺母亲是大张旗鼓的，为了给母亲过六十大寿，他下令把昆明湖挖成寿桃形，寓意仙桃献寿；下令把"瓮山"改名为"万寿山"，寓意万寿无疆；下令修建清漪园，寓意太后将过上清闲的日子。不管政务有多忙，只要有空闲，乾隆帝一定陪伴母亲。仅《清高宗实录》中记载，乾隆帝向皇太后问安就达两千五百余次，问候起居，照顾饮食，寒暑不怠。所以他最不能够容忍的就是有人虐待母亲了，更何况是殴杀母亲了。

斥责了刑部官员及江西巡抚汤聘之后，乾隆帝钦裁云："所有案内之吴思民、吴英奇、吴山岳、吴湖杰俱著即行斩决，以正伦纪而肃刑章。"也就是说，老大吴华国照拟予以凌迟处死，老二吴思民等兄弟四人，也全部予以即行斩决，其目的在于"正伦纪而肃刑章"。如果说是"正伦纪"，乾隆帝说得有道理，这样虐待母亲，弟弟们眼睁睁地看着哥哥殴打母亲，不出一言相劝，也不上前予以制止。当母亲死了以后，为了洗清自己的责任，还隐瞒案情，不说哥哥殴打母亲，却说母亲自己跌倒而死，确实也太没有良心了。他们被处死，也不会有人同情。问题是"肃刑章"，必须有法律依据。老大出手殴打母亲致死，按照"殴祖父母父母"条规定，予以凌迟处死，是按法律办事。其余四个兄弟没有参与殴打，若是按照"殴祖父母父母"条规定，则不是死刑，若是按照参与同殴，毕竟他们没有上手。这四个兄弟有骂母亲的行为，按照"骂祖父母父母"条规定，"凡骂祖父母、父母，及妻妾骂夫之祖父母、父母者，并绞"。这条律的前提是父母必须亲告，罪名才能够成立，而王老太太没有举告。固然王老太太因为身死，不能够控告，若是查出有辱骂母亲的罪行，也仅仅是绞刑。乾隆帝将他们全部处斩了，虽然可以视情节加重，但不分轻重，将这四个兄弟全部杀死，也有法外用刑之嫌。这正是：

母有怀胎哺育恩，儿蒙抚养应孝顺。

随着清王朝统治的渐趋稳固，在汉族文化的影响下，爱新觉罗家族的文化教育也继承了汉族的传统，儒家经典是他们的必修之课。他们不但继承了传统以孝治天下的原则，而且身体力行。以乾隆帝而言，孝顺母亲是首务，即便是南巡，也要母亲同行，每天问安，照顾饮食起居，从无怨言。即便是有时不能亲自前往，也要派左右代自己去问安，母子关系可谓融洽。因为履行孝道，乾隆帝为母亲做寿而大兴土木，臣下没有人提出劝谏，说什么铺张浪费，毕竟孝在当时是高于一切的。在乾隆帝以身作则，向全国宣扬孝道的时候，彭泽县居然出现儿子殴杀母亲的案件，乾隆帝为之愤慨也是在情理之中。对于弟弟们眼睁睁地看着哥哥殴打母亲，在乾隆帝看来，这就是助纣为虐，乃不是人类所应该有的事情，一怒之下，将弟弟们全部处死。要是别的案件，三法司、大臣、科道官们往往会据理力争，能够少杀人就少杀人，毕竟救人一命胜造七级浮屠，唯独此事，没有一个臣子提出异议，亦可见中华传统之孝道在当时根深蒂固。

官绅勾结酿冤案（上）

清乾隆二十九年（1764），广东省雷州府遂溪县发生一起儿子亲手掐死母亲的案件，经过逐级上报，最后广东巡抚按律将儿子拟为凌迟处死，上报刑部具题，报请皇帝核准。乾隆帝孝母在当时是人所共知的，这种杀母案件，肯定是一核即准，决不待时。乾隆帝十分自负，从不轻信人，但信任和珅却到了无以复加的地步。在他看来，似乎所有官僚都有欺瞒行为，所以看到此案之后，非但没有如往常那样，一听到杀母，便怒不可遏，却想到可能是地方官有意欺瞒什么，所以没有批示处决，而是让两广总督苏昌核实具奏。没有想到这个案件果然是个冤案，乾隆帝在得意之余，对地方审理大案要案的程序进行调整。乾隆帝是如何发现儿子掐死母亲的情节有问题呢？两广总督苏昌在得到乾隆帝的指令以后又是如何展开调查的呢？案情大白之后，乾隆帝为什么要更改地方大案、要案的审理程序呢？且从案情说起。

雷州府遂溪县，地处雷州半岛中北部，不但林业资源丰富，海洋资源也丰富，因为有地理位置的优势，商业也很发达。且说遂溪县城有个监生，名叫梁举朝，乃是本县屈指可数的富豪，山林有几千亩，渔船有几十艘，房产数百间，在县里还有绸缎庄、当铺、酒楼五六家。那时候的监生，大多数是花钱买来的，有了这个功名，就可以身穿儒服，出入县衙，见到县太爷也不用下跪，还可以从官府中得到好处。当然了，无利不起早，官府也不会轻易出让利益的，当然也会从中赚取钱财，官商勾结毕竟是当时最容易发财之道。

这人一有钱有势，往往就会忘乎所以。梁监生专好结交官府，从县太爷到三班六房，乃至于县太爷的少爷、姑爷、舅爷，他无不奉承，反正有

215

自家开的酒楼，请这些人吃吃喝喝，也不算什么，毕竟还是有求于他们。梁监生通过结交官府，把其他的绸缎庄、当铺都整垮了，自己在遂溪县独家经营，还怕没有钱赚吗？如果梁监生仅仅结交官府，还不至于害人，即便是把别人的买卖整垮了，也算是商业竞争，但梁监生好色。按理说梁监生家有钱财，娶了一妻六妾，应该满足，但他专门喜欢在外边做些寻花问柳的勾当，还振振有词地说什么家花不如野花香，偷吃的饭香甜之类的话。要有钱逛逛青楼妓院，这在当时也无话可说，梁监生却说妓院的妓女肮脏，从不去妓院找妓女，却喜欢闯寡妇门、串街巷，寻找良家妇女。梁监生恃有家财，交结官府，欺良压善，人们都畏惧他的权势，绝对不敢惹他，六个小妾都是这样弄到手的。就这样还不满足，将物色到的女人弄到家以后，他就兴趣索然了，再也没有什么激情，依然到外面去物色对象。

那个时候朝廷禁止妇女到寺庙烧香拜佛，《大清律例·礼律·祭祀》"亵渎神明"条规定，若有官及军民之家，纵令妻女于寺观神庙烧香者，笞四十，罪坐夫男。无夫男者，罪坐本妇。其寺观神庙住持及守门之人，不为禁止者，与同罪。规定不能说不严格，如果让妻女去寺院烧香，其丈夫、父亲、儿子要被笞四十，这是罪坐夫男；没有夫男可以替妇女挨打，妇女也要挨打；寺院若是让妇女入内，住持及守门之人也要被笞四十。但这仅仅是法律的规定，人们大多数不遵守，所以各地每逢节日，妇女们成群结队地去寺庙烧香，寺庙也不舍得让这些女施主不来，毕竟这些女施主出手，往往比男施主还大方。朝廷的法律，人们置若罔闻，而地方官也睁一只眼闭一只眼，充其量发张告示禁止，也不会真的把这些烧香的妇女抓住，打她们的丈夫、父亲、儿子的板子，而各寺院都有官府的背景，更何况每个县还设有僧会司、道会司，由本县有名的和尚、老道担任僧道官，也就很难禁止寺院拒绝女客前往了。

且说遂溪县城东门外有个龙华庵，始建于康熙年间，逐渐成为当地人们烧香拜佛的去所。到了乾隆年间，香火很盛。每年四月初八，相传是浴佛节，遂溪县远近的善男信女，都来这里烧香拜佛，各自祈求他们期望得到的东西。这是香客云集的日子，也是妇女最多的时候，梁监生当然不会错过机会。

南国四月，天气已经很炎热了，妇女们穿着薄衣裙褙，打着各样的花伞，在骄阳下，尽显她们婀娜身段，也招来一帮无赖子弟前来观看，品头论足，伺机调戏美女。梁监生带着几名家人，分开众人，占据最好的位置，以便观看。说是美女如云，其实大多数是村妞、村妇，她们穿红袄绿裤，颜色搭配得极不协调，即便有几分姿色，也被这种不协调的颜色搭配得毫无美感了。这时一名年纪三十五六的妇女进入梁监生的眼帘，只见该妇女所穿肉色衣裙紧束腰身，在一片红绿色中显得非常扎眼。再看她柳腰袅娜，姿态嫣然，翠弯弯的鼻儿，粉浓浓的脸儿，黑油油的鬓儿，红艳艳的唇儿，白花花的腕儿，真乃是不长不矮，不瘦不肥，宜喜宜嗔，宜颦宜笑，早把梁监生的魂儿勾了过去。这名妇女身边跟着一个男孩，看上去也就是十四五岁，生得也是眉清目秀的，一看就知道是那妇女的孩子，长得很像母亲，招人喜爱。

梁监生物色到对象，便起身过去想与那名妇女搭讪。该妇女狠狠地瞪了梁监生一眼，拉着男孩就走。那男孩也怒目而视，临走前向地上吐了一口痰，然后狠狠地用脚踩踏，以示警告。要是别人看见妇女瞪眼，早就退避三舍了，更何况身边还有一个半大小子。梁监生因为贪恋美色，却不认为这瞪眼有多凶，只觉得眼光如醉，眉目含情，其占有之心也就油然而生了。

遂溪县能有多大，没有梁监生耳目所不能及之处，很快家人便打听出来那个妇女的来历。乃是本县陈记木匠铺陈木匠的妻子张氏，前年刚刚死了丈夫，如今同儿子陈国英一起生活。木匠铺的活计因有原来陈木匠的三个徒弟打点，生活还算过得去。陈国英已经十五岁了，他母亲不想让他再当木匠了，所以供他读书，准备明年考秀才。梁监生听说张氏是个寡妇，不由得大喜，认为这寡妇已经是自己的囊中之物，娶来当七姨太是没有问题的。梁监生请来媒婆前去说媒，无奈张氏一心想把陈国英养育成人，从来没有出嫁的念头，更别说给人当姨太太了，所以任凭媒婆说破了嘴，也坚决不答应。

梁监生见说媒不成，就想生米煮成熟饭，先把张氏奸了，到时候还怕她不嫁给自己。主意已定，便带着几个家人，先把陈记木匠铺的几个徒弟赶了出去，然后梁监生直入后屋，找到张氏，不由分说，就将她按倒在床。张氏哪里肯从，拼命地挣扎喊叫，被梁监生掐住脖子。这时候陈国英冲了进来，手拿一根方木，要打梁监生而救下母亲。梁监生一面用张氏当挡箭牌，一面呼喊家人，速将陈国英拿下。家人进来，夺下陈国英手上的方木，将他捆绑起来，而梁监生因为用力过猛，竟然把张氏掐死了。

梁监生图奸不成，反倒出了人命，要是一般人早就逃之夭夭了，而他自恃有官府为后台，即便是杀了人，也会想方设法嫁祸于人。看到红着眼睛要和自己拼命的陈国英，梁监生早就有主意了，就是他了。是你这小子亲手掐死生母，让这小子凌迟处死，看你还敢与我拼命不拼命。梁监生让家人把陈国英绑在柱子上，嘴里塞上破布，然后嘱咐家人，好生看管，莫让他逃走，便独自出门，前往县衙。

这时候的遂溪知县名叫管唯木，举人出身，大挑为知县，也不知道花了多少银子，才谋得此缺。举人出身，要想升官，在当时是很难的，所求便只有捞钱了。管知县为人最爱贿赂，有人告到他手中，不论青红皂白，得了贿赂，没理也就断他有理。当然钱财也不是独吞，一味贪婪，迎合上司，结交乡宦，致力于经营自己的政治关系网。梁监生是本县的富豪，管知县自然对他另眼相看，而三节两寿，梁监生从来没有缺过礼。所谓的"三节"，即端午、中秋、元旦；所谓的"两寿"，即县太爷生日、县太爷夫人生日。这在当时称为常例，本县士绅是一定要送礼的。按照礼俗，士绅送礼，知县也要还礼，一般是所送之礼价值的三分之一，那管知县可是一毛不拔，到时候写几个字，就算是还礼了。所写的字也没有什么新意，只是把朝廷提倡的"清慎勤"三个字抄来，既可以标榜自己清廉、谨慎、勤政，又可以一文不花，因为笔墨纸张都是县里的公产。光三节两寿，管知县哪里能够知足呢？他把父母接到遂溪县，父母之寿也知照士绅们；自己生了孩子，满月、百日、周岁，还是知照士绅们。明明就是索要礼物，士绅们怕知县寻趁自己，也只好忍痛出钱。

每次送礼，梁监生都是大份，平常有什么事求知县的，还另送大礼。管知县把梁监生当成摇钱树，梁监生将管知县当成财神爷，彼此互惠互利，不知道苦了多少商家百姓。梁监生因为行贿，也就自以为抓住管知县的把柄，而管知县也不想失去这个财源，所以彼此沆瀣一气。正因为如此，梁监生图奸杀人之后，才敢卸罪于死妇之子。

梁监生找到管知县，先递上三千两银票，说事成之后，再有谢银三千两。管知县见钱眼开，但也怕事情自己做不来，毁了自己的官职，所以故作矜持地说："这银子虽然是好东西，但也是害人东西呀！本县要是收了你的银子，干些枉法的事，就是贪赃枉法，若被上司查出，这可是要丢掉身家性命的事！贤契，这银票你先收起，先说说此事，本县是否能办。"说让梁监生把银票拿回，却不动手，眼睛一直盯着桌上的银票。梁监生也知道管知县贪财，所以并没有动手去拿银票，笑着对他说："管父母也太看轻在下了，在下能够让管父母去干贪赃枉法的事情吗？我是送管父母一件大功业，如果办成了，肯定会被当今圣上看中，你不但升官有望，而且可以得一大笔银子，这不是升官发财吗？"

管知县听说能够升官发财，不由得眼睛一亮，急忙问这是什么功业。梁监生便娓娓道来，先说当今圣上如何孝顺母亲，挖昆明湖，改万寿山，建清漪园，以此为母做寿，何人不知，何人不晓。然后说当今圣上最恨不孝，凡是有殴母、杀母者，都是凌迟处死，绝不轻饶。最后说地方若是查出殴母、杀母之人，将之正法示众，可以励风俗、兴教化，朝廷自然会另眼相看，那时候升官发财不就是手到擒来的事情了吗？

听完梁监生的一席话，管知县苦笑说："天底下哪里有这样的狠心人，居然敢殴母、杀母呢？要知道《大清律例》规定，杀继母都是凌迟处死，别说杀生母了。"梁监生便把陈国英的事情说出，说他图奸生母，生母不从，便将生母活活掐死。管知县听罢，也是不信，认为一个十五岁的孩子，不可能会干出这样逆伦之事，更何况张氏年纪也正当年，怎么会让一个孩子活活掐死呢？管知县心里也明白此事一定是梁监生干的，但想着银子，所以没有公开点破。梁监生见管知县看出破绽，也不隐瞒，就把事情的经过和盘托出，然后加至万两白银。管知县看在银子的面上，也就答应了。

管知县带着衙役、仵作前去陈记木匠铺检验尸身，确定张氏是被人掐死无疑，当即把地方保长叫来，让他带人将张氏安葬到陈家坟地，然后将陈国英带回县衙审讯。明明是梁监生图奸母亲，并且掐死母亲，如今反而诬赖自己图奸母亲，掐死母亲，陈国英如何肯就范呢？因此高呼冤枉，反复声辩，却不想管知县喝令："大刑伺候！"顿时拥进来七八个彪形大汉，把那三木刑棍立在地上，齐声喝喊："大刑到！"于是，满堂人高喊："用大刑！"这是威吓人犯常用之术，没有见过这阵势的，马上就招供了。陈国英见状高呼："朗朗青天，还没有王法了吗？不找左邻右舍为证，不分青红皂白，竟然使用酷刑！"早有一个皂隶从背后抱住陈国英的头，打了二十个耳刮子。打得陈国英两腮发肿，满口吐血。管知县吩咐用刑，几个皂隶按住陈国英，把裤子、袜子全脱了，光腿把陈国英的脚踝放在三木之内，一声高喝，夹棍就开始收紧，疼得陈国英浑身直打哆嗦。

一个刚刚十五岁的孩子，管知县居然对他使用大刑，三木之下，何事不认？也不得不感叹："官心残忍至此。"陈国英如何能熬得住大刑，无奈之下，只好按照管知县的引导招供了。是他有意乱伦，图奸母亲，母亲不从，便恨从心起，将母亲活活掐死。供认不讳，然后签字画押，算是躲过这场酷刑，却不知道他这样招供，按照法律规定，他还会再受一次惨绝人寰的凌迟之刑。这正是：

贪酷虐民狠知县，百姓头上无青天。

管知县见陈国英招供了，便将其打入死牢，然后按律拟罪，申报各级上司。那时候的官场风气已经开始败坏，官员们很少用心办事，眼睛只知道往上看，谁去管一个无权无势的小百姓死活呢？所以下级报上来，上级看看没有什么大失误，也就按例核准，然后呈报自己的上级。就这样一级一级的呈报，没有一个上级对此案情节有过怀疑，广东巡抚也就依照下级所拟呈报刑部，等待刑部具题，皇帝予以核准，便可以将"恶逆"陈国英正法，去正他们所谓的风俗，行他们所谓的教化了，却没有想到被乾隆帝看出破绽，不但陈国英得以重见天日，涉案人员也难逃惩处。

官绅勾结酿冤案（下）

　　梁监生与管知县相勾结，将十五岁的陈国英定为图奸生母不遂，将生母活活掐死，然后将陈国英拟为凌迟处死，呈报上去，各级上司都没有提出异议，最终被乾隆帝看出破绽。

　　乾隆帝如何看出破绽的呢？首先，他不相信一个孩子敢于在青天白日之下图奸其生母；其次，他不相信一个十五岁的孩子能够下得了这样的狠手；再次，陈母张氏年轻力壮，也不可能被儿子掐住，丝毫没有反抗，若是反抗，母子之间谁胜谁负也难以预料；最后，涉案的人证，梁监生与陈家非亲非故，也不是近邻，他为什么会去充当人证呢？陈记木匠铺有三个伙计，且铺面临街，这样逆伦的事情，众多街邻不可能没有一点风闻，却没有他们的证词。乾隆帝看出这些疑点之后，当即让两广总督苏昌彻查此案，不必声张，直接奏闻请旨。

　　苏昌，满洲正蓝旗人，伊尔根觉罗氏。他是宗室，监生出身，深得乾隆帝的信任，屡屡升迁，仅仅十年时间，就从九品笔帖式升任二品广东巡抚，又用十年时间升任湖广总督，不久调任两广总督，赏加太子太保衔。苏总督接到乾隆帝的朱批之后，也不敢声张，便派出几个亲信前往遂溪县私访。亲信们不辱使命，找到陈记木匠铺的三个伙计，知道梁监生带领家人前来陈记木匠铺行奸，先把他们赶了出去，虽然他们没有亲眼看到是谁掐死的张氏，但可以证明陈国英特别孝顺母亲，从来没有忤逆的行为，岂能图奸其母？显然是被栽赃陷害了。这些证言可以断定陈国英图奸掐死母亲之案不成立，但伙计们没有目睹是谁掐死的，亲信们回去报告苏总督，肯定会遭到申饬。亲信们商议一下，决定从梁监生的家人那里打开突破口。亲信们先是来软的，寻找机会请几个家人吃饭，得知经常跟随梁监生家人的姓名，然后想方设法接近他们，试探口风，但一谈到陈国英图奸掐死母亲案，家人们便全都缄口不言了。亲信们几次试探都没有成功，便采取非常手段，将经常跟随梁监生的家人绑架，动用私刑，使他们招认出是梁监生图奸掐死张氏，陈国英仅是救护母亲未成，反被梁监生诬陷。

亲信们得到实情，也不敢在遂溪县停留，便押着这几名家人，回到广州，向苏总督禀告。苏总督得知，也怕走漏风声，当即从手下的督标之内，抽调百名强卒，将皇帝授予的旗牌交给带兵的军官，让他们火速赶往遂溪县，将管知县、梁监生及陈国英等，连同此案所有人证，一并押到广州听审，自己亲自问案。

旗牌也称为"王命旗牌"，乃是一种权力凭证，持有者有一定便宜行事特权。当时的总督一般都有皇帝授予的王命旗牌若干面，总督将王命旗牌发给下属，让他执行某些任务，持有者就不仅仅是代表总督了，而是代表皇帝去执行任务，其权力也就非同一般了。军官持有王命旗牌，当然是一路上畅行无阻，所有地方官都会给他们提供方便，甚至要听从他们的调遣。

却说梁监生丢了几个家人，便派人四处寻找，却没有找到。过了几天，才有人告知那几个家人被几个不明身份的人带走了。梁监生情知不妙，便想潜逃到南洋去避祸。但他舍不得这偌大的家财，便四处找人出让房产及店铺，即便是价格很低，也慷慨出手，为的是换成现金，到南洋也好使用，却不想也为财所累，不能够马上潜逃，结果被督标的兵丁们擒获。管知县只知道贪财，总督派人私下调查之事，一点都不知情。梁监生丢失家人也没有告诉他，所以在毫无准备的情况下，也被兵丁们拿获了。这些兵丁因为有王命旗牌在手，横行无忌，四处抓人，凡是与陈国英案有关联，与梁监生、管知县有关联的人，统统抓起来，然后进行甄别，敲诈一些银两，放了一些人，还是押着数百人，浩浩荡荡地回到广州复命。

苏总督先委派人初审各方面人证，重要证人留下，其余释放回家，这些被释放的人则纷纷感激苏总督高抬贵手，没有把他们长期羁押在广州。

为了不影响生计，那些兵丁胡乱抓人，苏总督并没有斥责他们，还夸他们办事得力，分别予以赏赐。真是一案发生，牵连人众受累，百姓躲避还来不及呢？又有谁愿意出头做证呢！也难怪案件一旦发生，寻找证人十分困难了。

苏总督先上疏参劾管知县糊涂断案，将其革职，然后再进行审理。管知县时常以大刑加于平民百姓，如今被革职，已经不是官了，苏总督有王命旗牌在手，将大刑陈设在堂，也要他尝一尝大刑的滋味。管知县深知大刑的厉害，不等用刑，就和盘托出了。类似这等贪赃枉法，是要查抄财产的，苏总督一面行文管知县家乡的巡抚，请该巡抚将管知县家乡财产查抄封存，等候圣旨处理；一面派人持王命旗牌，到遂溪县查抄管知县在任所得财产，也予封存，等候圣裁。

梁监生有功名，苏总督先行文广东学政，将其监生的功名革去，然后便可以实施刑讯了。梁监生被革了功名，就不能称为监生了，现在只能直呼其名梁举朝了。梁举朝乃是一方富豪，锦衣玉食，何曾吃过这些苦头，无奈之下，也只好坦白交代了。按照《大清律例·刑律·诉讼》"诬告"条规定，凡诬告人至死罪，所诬之人已决者，反坐以死，未决者，杖一百、流三千里，加徒役三年。如今陈国英没有被处决，按律就应该杖一百、流三千里，就于配所加徒役三年。但梁举朝所诬乃是凌迟罪，就应该加等，所以苏总督将之拟为绞刑。

苏总督将审讯情况及所拟罪名奏报给乾隆帝，没有想到乾隆帝对他所拟相当不满，当即批示道：梁举朝殴毙人命，原系斗殴拟抵之案，其诬蔑他人，希图脱罪，已属狡狯，乃竟反诬尸子以灭伦大逆，寸磔重罪，实系从来未有之事，且其行贿关通，种种不法，均属异常凶狡，若不即正典刑，何以快人心而彰国宪。也就是说，梁举朝掐死张氏，可以按照斗殴杀人罪抵命，而其诬蔑他人若仅仅是为了脱罪，还算是情有可原，因为畏死之心人人有之。这已经是阴险狡猾了，居然敢诬陷死者之子以蔑伦大罪，要将人子凌迟处死，这实在是从来没有过的事情，更何况他还大肆行贿，打通各个关节，凡此种种不法都是异常阴险狡猾的行为，如果不将之立即正法，怎么能够使人心称快，而彰显国宪呢？确实是苏总督考虑不周，因为张氏是梁举朝杀的。按照《大清律例·刑律·斗殴》规定，若殴人至死，自当抵命。梁举朝又有诬告之罪，按照二罪俱发从重论的原则，至少应该将梁举朝判处斩刑，如今仅仅是绞刑，岂能让乾隆帝满意。

得到乾隆帝的申饬，苏总督再次审讯梁举朝，发现梁举朝隐瞒图奸的情节，这样便是三罪了。乾隆帝还特别提到梁举朝行贿关通，完全符合乾隆帝所说的种种不法，不但凶狡异常，而且是作恶多端，所以将梁举朝改拟为凌迟处死。按照诬告与殴死人命的法律规定，殴死人命要将犯人财产一半给付死者之家，诬告人罪者要将犯人财产一半断付被诬之人，两个一半，就是全部。苏总督立即派人查抄梁举朝的所有财产，拿出一部分给陈国英，算是对他进行补偿了，其余全部充公，然后将梁举朝六个小妾发卖，留下一部分财产给梁举朝妻子生活。处置完梁家的财产，苏总督便恭请王命，于广州刑场将梁举朝凌迟处死了。梁举朝作恶多端，一生财产化为乌有，小妾也为他人所有，自身还被千刀万剐，也算是罪有应得了。

对于管知县的处置，乾隆帝也下达指示："至该县管唯木，于此等人命重案，并不悉心研鞫，竟以杀母重罪，妄行审断。若非该督委员另审，几至奇冤莫白。此等劣员，岂容仅以革职完案。著审明该员，是否徇情故入，及有无入己赃私，从重治罪。"也就是说，管唯木若仅仅是不悉心研鞫，妄行审断，革职是可以抵罪的，如果是徇情故入人罪，或者是收取贿赂，就不是革职那样简单了。苏总督按照乾隆帝的意志，严加审讯，查出受贿各情，其"贪赃枉法"的罪名也就成立了。

按照《大清律例·刑律·受赃》"坐赃致罪"条规定，凡官吏人等，非因枉法、不枉法之事而受人之财，坐赃致罪。这条律最高刑罚也仅仅是杖一百、徒三年。因为仅仅是受贿，并没有替人办事，这显然不适合给管知县量刑。若是官吏受财枉法，官员受财达一百二十两银以上，便是绞刑。要是按照"官司出入人罪"条规定，凡官司故出入人罪，全出全入者，以全罪论。……若断罪失于人者，各减三等。管知县受梁举朝之财前后有万余两银子，故意将陈国英定为凌迟大罪，就应该以全罪量刑。按照条例规定，这种贪酷的官员除了处以极刑之外，还要抄没财产。苏总督早就知道要抄家，所以事先已经将管知县家乡与任所财产查封，如今有乾隆帝"从重治罪"的指示，当然不能够轻饶。在将管知县全部财产入官的情况下，酌拨少量财产赡养其家，已经是格外开恩了。处置完管知县的财产，苏总督再次恭请王命，将管知县押赴刑场问斩了。因为管知县贪酷虐民，恶声传扬，所以行刑那日，满城百姓争先观看，道路以塞，万人空巷，无不拍手称快，可见百姓对贪酷之官的痛恨。

苏总督将处置情况奏报给乾隆帝，得到赞许，而乾隆帝也为自己能发现疑点，更正冤案而感到欣慰。但他想到，如今授权督抚以很大的司法处置权，想必还会出现这样的冤案，便对朝廷大臣们说："各省遇有子孙蔑伦重案，令该督抚于审拟定谳后，一面奏闻，即一面正法。原因该犯情罪重大，不便稍稽显戮。"也就是说，对于这种违背道德和伦理的重案，乾隆帝已经授权给督抚了，一旦发生类似重案，督抚就可以一面恭请王命将案犯正法，一面奏闻。如今发生陈国英案，乃是知县妄断，还贪赃枉法、大肆索贿，若非悉心研鞫，遽尔加之寸磔。即使事后别经访出，而其人已罹极典，岂不竟抱奇冤莫白耶。这种程序如果不进行修订，还不知道会有多少人抱奇冤莫白，所以乾隆帝下令：嗣后各省，如遇此等重案，不可不倍加详慎。该督抚等务须亲提人犯，再三确审，以成信谳，毋仅凭州县供详，轻率定案。也就是说，凡是有关人命的重案，督抚不能仅仅听州县官一面之词，必须提取该案人犯，亲自审讯，才能够执行死刑，不能再让死者蒙冤了。

陈国英案，管知县是申详上司的，所有上司都没有进行复审，显然都要承担责任。苏总督一一核实，最终广东巡抚被革职了，布政使被降二级调用了，按察使被降四级调用了，还有数十名道员、知府、知县也被处分了。可以说半个省的官员都受到牵连，他们肯定憎恨苏总督，一定会千方百计寻找苏总督的短处，趁机参上一本，以出出他们心中的恶气。乾隆帝也深知此情，所以案件完结以后，就将苏昌调任闽浙总督，远离这个是非之地。这正是：

争向仕途觅捷径，谁从宦海识迷津。

此案梁朝举之所以能图奸杀人，反诬被杀者之子，固然是他异常阴险狡猾，如果没有管知县的帮助，他的阴谋也难以得逞。说梁朝举阴险狡猾，是他深知当官的心理，他们做梦都想升官，大多数也是见钱眼开。梁朝举此案若是办成，定能升官为诱饵，让管知县神往，再和盘托出自己所犯之罪。管知县为了升官，已经没有了良心，再看到梁朝举递上的白花花的银子，更是目眩神摇，哪里还管他人的死活？管知县贪财，却不独占其财，将贪来的钱财去编织自己的关系网，所以他的申详定案才能一路畅行无阻，最终一直送到刑部，都没有人提出质疑。若不是广东既有巡抚，又有总督，广东巡抚也可以恭请王命，将陈国英正法，将人杀了，乾隆帝即便是再看出疑点，也死无对证了。由此可见，那个时候的官员们最会草菅人命，只想着自己升官发财，何曾想到百姓的死活。乾隆帝认真核查案情，经常能够发现问题，一是他关心这些民间事情，二是借此以驾驭臣僚，行使他的帝王之术。从乾隆帝的批示可以看出，他所关心的是人心与国宪。得人心则一家一姓的江山就能够稳固，彰国宪则利剑高悬，使官僚们不敢过分地胡作非为。乾隆帝晚年曾经"自谓勤政爱民，可告无愧于天下，而天下万民，亦断无泯良怨朕者"。也就是说，乾隆帝自认为勤政爱民是无愧与人民，也认为人民绝对没有怨恨他的，殊不知他盲目自满，极端自负，听不进逆耳之言，才能够信任和珅，以至于那时贪污横行，民怨沸腾，他也应该承担主要的责任。

讼师刺杀县太爷

清乾隆三十二年（1767），广西郁林州陆川县发生一起讼师当堂刺杀知县的案件，在堂书役为了保护知县，被伤四人，致死一人。广西巡抚将此事奏闻以后，却没有想到乾隆帝大怒，认为此等犯上作恶的凶犯，乃是穷凶极恶，应该立即正法，而身为巡抚，办理这样的案件居然事涉姑息。在斥责广西巡抚之后，乾隆帝提出处置原则，要广西巡抚从速结案，务必要逞恶以扬善，真正做到明刑弼教。清代的讼师是非法职业，官府称之为讼棍，一旦查出有教唆词讼的事情，官府可以将之立毙杖下。讼师非法为什么还敢当堂刺杀知县呢？案件发生以后，广西巡抚为什么不敢决断而奏请皇帝裁决呢？乾隆帝对此案是什么态度呢？且从案情谈起。

《大清律例·刑律·诉讼》"教唆词讼"条规定，凡教唆词讼，及为人作词状，增减情罪诬告人者，与犯人同罪。在条律里也规定地方官如果失察讼师，要受到罚俸与降级的处分，因为这些讼师"架词耸听，挟制株连，所关吏治民生者不小"，所以要求予以"严打"。朝廷要地方官清查讼师，一旦发现他们有教唆词讼的行为，可以将之发遣边远地区当差为奴，如果查出讼师有教唆及奸恶行为，即便是将之立毙杖下，地方官也不承担任何刑事责任。

查拿讼师，谈何容易？这些讼师根本就是地下活动，各有公开身份，却暗地里操纵，很难抓住他们。再说了，讼师深明律法，所作所为都在律法框架之内，为当事人出谋划策，地方官也很难抓住他们的把柄。讼师帮助别人打官司，所图的就是钱财，当然手段也很高明，即便地方官员知道是讼师所为，但无凭无据，往往也无可奈何。清人认为讼师为恶，因为现行的律法惩处不了他们，只能够以鬼神报应、雷劈恶人来说讼师不得好报，却也不得不承认讼师手段确实高明。

却说陆川县有个讼师，名叫陈光昇，是个县生员，凭借这个身份，结交官府，包揽词讼，吃了被告吃原告，只要是能够赚钱，哪里管他人死活。他有一个儿子名叫陈应通，子承父业，也干起讼师的行当。父亲是蛇蝎心肠，儿子则有虎狼手段，父子俩被陆川县人视为大虫。有一次，陆川县有一个父亲到县衙控告儿子忤逆不孝，按照《大清律例》规定，父亲若告儿子不孝，儿子就犯十恶重罪了，要是儿子与父亲在公堂上争论谁是谁非，"不孝"的罪名就更不能摆脱了，按照律法，儿子要被杀头的。儿子无奈，只好找陈光昇出主意。陈光昇也认为父亲告儿子，儿子不可能胜诉，而儿子跪地求，并答应出重金，陈光昇便询问他们家具体情况，并且让其用右手写几个字，再用左手写几个字。然后陈光昇说："你把手放在背后，我给你写两个护身符，你握在手里，不许私看，见官以后，官问你为何不孝，你只管哭泣不语。如果官要对你施杖，你就膝行向前，把你手上的护身符让官验看，自然保你无罪。"儿子遵命而行，果然知县大怒，要衙役杖责不孝子。儿子膝行到公案前，把两只手伸向知县，但见其左手写着："妻有貂蝉之貌"，右手写着："父生董卓之心"。原来儿子结婚以后，就娶了媳妇忘了爹娘，对父母不管不顾，所以其父亲控告儿子不赡养，忤逆不孝。如今知县看到这两句话，也就想到父亲要谋奸儿媳妇了。县官也想到可能是讼师所为，所以当即让儿子用左右手抄写这几个字，结果笔迹相同，应该是儿子自己所写，便指斥其父亲云："老而无耻，何讼子为？其速退，勿干责也。"就把父亲赶出衙门，而认为儿子无罪。陈光昇以貂蝉与董卓的典故使儿子获胜，且能够模仿儿子左右手写字，足以见其见多识广，很有才能了。

青出于蓝而胜于蓝，陈光昇之子陈应通的手段更狠。曾经有一个人因为与别人在家发生口角，一时气愤，举刀便砍，就把那个人砍死了，急忙找陈应通想办法脱罪。按照《大清律例》规定，斗殴杀人要抵命的，陈应通要价当然很高了。当谈好价钱以后，那个人要陈应通出主意，陈应通却让那个人再把自己的老婆杀了，还说什么妻子如衣服，杀了可以再娶之类的话。那个人不同意，陈应通说："你若不把老婆杀了，就是神仙也救不了你。到时候你被砍了头，老婆还不是别人的。要知道人不为己，天诛地灭。现在只有杀了你的老婆，才能够保全你的性命。"那个人果然听从陈应通的主意，把老婆杀了，然后再把被打死那个人的衣服脱了，放在被杀老婆身边，伪造通奸现场之后，喊来四邻及保长，说自己杀奸在床，与保长一起到县衙自首。知县带领仵作检验尸体，男女都是被杀死的，按照《大清律例·刑律·人命》"杀死奸夫"条规定，凡妻妾与人奸通，而本夫于奸所亲获奸夫、奸妇，登时杀死者，勿论。知县只能裁断那个人无罪，让其将两具尸体安葬而已，也可见陈应通的手段比父亲更加恶毒。

陆川县一个地主让家人去讨债，家人狗仗人势，横加勒索，欠债人气愤不过，就与家人争斗起来，失手把家人打死了。若是让欠债人抵命，他家穷得叮当响，即便是敲骨吸髓，也榨不出二两油。地主想得到更多的补偿，便找到陈光昇出谋划策。当得知欠债人的宗族内有不少是有钱人，陈光昇就想把这些有钱人也拉入案中，借机敲诈他们，便以光棍群殴致死人命事，书写了诉状，列举凶犯多达三十余人。陈光昇是个老讼师，知道若是控告不实，定会追查教唆词讼之人，就让地主把诉状重新抄写一通，然后将草稿销毁，不留证据。

光棍群殴致死人命，陆川知县就不得不受理了，然后带领仵作前去验尸，却发现尸身上仅有一处伤痕。若是群殴，怎么可能身上就有一处伤痕呢？显然是告状人诬告，便对告状人实施刑讯，问诉状是何人所为，为什么要牵连多人。告状人只好说实话，供出诉状乃是讼师陈光昇所为，其意是在敲诈那些有钱的宗族，以索重贿。知县得知是陈光昇教唆词讼，当即将之拘捕到堂，决打二十大板之后，关押在狱，拟罪为杖一百、流三千里，申报上司核准，就将陈光昇逐出陆川县。知县仅听告状人一面之词，也没有找到陈光昇书写的诉状草稿，匆忙予以定罪，显然也有些欠考虑。

听说父亲被知县打了板子，还拟罪杖流，陈应通非常恼火，便写诉状为父亲鸣冤。知县受理，陈应通当堂辩白云："身为父母官，不知道爱护子民，却诬陷好人。大人是如何知道我父为人做状子？怎见得是我父亲教唆词讼？没有检验笔迹，确定是否为我父所写，仅听一面之词，就将我父决打二十大板，还拟为杖流，就不怕小的到省里控告你滥用刑罚，草菅人命吗？"

知县听了非常恼火，斥责陈光通："大胆刁民，你父亲包揽词讼，教唆犯罪，本县何人不知，何人不晓！本官打他，给他拟罪，自有证据，谁让你来多嘴，再无理取闹，本官连你也拟了罪，与你父亲一起流放他乡。"

陈应通说："路人之言，无根之词，焉能够引以为据？大人讲有证据，就请拿给小人看看，若拿不出证据，大人就是诬陷，按律应该反坐。"

知县说："你是何人？敢向本官索要证据！即便是有证据，也不是你能够查看的。别以为本官不知道你也是讼师，听说你教唆别人杀妻，以捉奸杀死奸夫、奸妇为名脱罪。这个案件是前任所办的，本官现在正在调查，若是属实，定治你出谋杀人之罪。"

陈应通说："大人不要以为你是官，就可以不讲理，天底下总会有讲理的地方。大人无凭无据，诬陷了我父亲教唆词讼，如今又要诬陷小的出谋杀人，小的不服，定会到省里控告你，让巡抚大人治你的罪。"

见陈应通胡搅蛮缠，还敢要挟自己，知县恼火了，喝令衙役将其重责二十板子，赶出县衙。陈应通见状，从怀里掏出早就准备好的屠刀，站起来就冲向公案，欲刺杀知县。皂隶谢谛兴立刻上前抱住陈应通，高喊速救知县老爷，却被陈应通连刺两刀，倒在地上。在堂的书役先是被这个场面给惊呆了，如今见谢谛兴倒地，纷纷冲上前来想将陈应通拿下，又有四人受伤，知县因为用手抵挡，右手也被砍伤了。有两个皂隶用行刑的竹板猛击陈应通的手腕，将刀挡下，众人七手八脚将其按倒在地，然后绑缚起来，再扶起皂隶谢谛兴，他已经断气了。告状人在公堂行凶，试图刺杀知县，并且砍伤书役四人，杀死皂隶一人，还砍伤知县右手，乃是重大案件，知县火速申报郁林州知州，再呈报广西巡抚宋邦绥。

宋邦绥，字逸才，江苏省苏州府长洲县人。乾隆二年（1737）进士，为庶吉士，散馆以后，历官翰林院编修、侍读、湖北学政、山西学政、充日讲起居注官，外放四川川东道，历任河南按察使、广东布政使、山西布政使，山西、湖北、广西巡抚。虽然他历任要职，深得乾隆帝的信任，但也没少被皇帝训斥。宋巡抚将此事奏报以后，意在请旨定夺，却不想乾隆帝认为："此等逆恶凶徒，谋刺本管官，情罪重大，非寻常斗狠伤人可比。"面对这样重大的案件，身为巡抚的"宋邦绥办理重案，未免意存姑息，有拘牵失当之处"。为什么说宋巡抚意存姑息呢？那就是对于这样逆恶凶徒，不能够立即审明，恭请王命而将之正法，却请旨如何办理，显然就是姑息养奸。为什么拘牵失当呢？就是这样的凶徒本应该按照特别司法程序办理，宋巡抚却按照一般死刑复核制度，行文刑部核拟请旨，似此让凶徒得以苟活，则有违《大清律例》的精神，因为"律以积恶逞凶，明正显戮，情法庶为平允"。也就是说，律法中对于这样的逆恶凶徒，也是规定在公开的场合下予以杀掉，情与法之间也能达到公平。要是行文往返，广西地处遥远，若要将凶犯正法，至少数月，让凶犯苟活于世，如何使人们知道警诫呢！

在斥责宋巡抚之后，乾隆帝发出指示："嗣后当自知警省，遇关系重大案件，务执法重惩，以副弼教协中之义。"也就是说，宋巡抚以后应该警醒了，但凡遇有这样关系重大的案件，一定要予以执法重惩，以符合明刑弼教、刑罚适中的大义。当然了，惩罚与奖赏乃是孪生兄弟，重惩罪大恶极的罪犯，是为了使人们知儆，而奖赏力擒罪犯的人，则是为了使人们效仿。乾隆帝认为："至该县书役等，力为救护，各受重伤，尚属能知大义。不独谢谛兴因伤殒命，情堪悯恻，该县自应破格赏恤，即其余受伤之役，该县亦当一体从优加赏，以示奖励。"也就是说，赏罚应该并行，陆川县的书役，能够尽力救护知县，而且是各受重伤，都属于深明大义的人。不但皂隶谢谛兴因伤殒命，情堪怜悯，应该予以破格抚恤，而且其他受伤的书役，也应该予以从优赏赐，以示奖励之不枉也。

陈光昇父子身为讼师，在当时本来就是非法职业。他们凭借法律知识，给当事人以帮助，赚些良心钱，还是值得人们同情的。但他们眼里只知道钱，根本没有什么良心，他们知法犯法，已经是很可恶了。那么他们为了钱财，不惜杀人害人，也未免天怒人怨。陆川知县惩处讼师陈光昇，既有法律依据，也有事实根据，一个打死人命的案件，本来是一个人所为，他非要当事人牵连三十余人，不酿成大狱，誓不甘休，知县对其实施处罚，不应该算是过分。问题是处罚应该有足够的证据，该知县在没有完全掌握证据的情况下，就按照讼师教唆词讼予以量刑定罪，却没有想到讼师之子也是讼师，抓住知县证据不足的把柄进行辩驳。知县在说不过对方的情况下，当场要施以杖责，万万没有想到讼师居然敢持刀到堂，当场拔刀行刺，致使书役四人受伤，一人死亡。正因为如此，乾隆帝仅仅奖赏死伤的书役，却没有奖赏知县，虽然知县也受了伤，但还是以他办事不力，将其革职。自此以后，凡是当事人到公堂告状，进入公堂之前，都要进行搜身，以防止夹带凶器。这正是：

原本无辜犹遇难，况乎杀逆罪通天。

宋巡抚遵照乾隆帝的旨意，将陈应通从重拟罪。按照《大清律例·刑律·人命》"谋杀制使及本管长官"条规定，及部民谋杀本属知府、知州、知县，军士谋杀本管官，若吏卒谋杀本部五品以上长官已行者，杖一百流二千里；已伤者，绞；已杀者，皆斩。均决不待时。若是如此，陈应通最多是绞立决，问题是乾隆帝将陈应通定位为逆恶，也就是谋逆之恶人，属于十恶范畴，应该比附《大清律例·刑律·贼盗》"谋反大逆"条规定，凡谋反及大逆，但共谋者，不分首从，皆凌迟处死。祖父、父、子、孙、兄弟及同居之人，不分异姓及伯叔父兄弟之子，不限籍之同异，年十六以上，不论笃疾、废疾，皆斩。其十五以下，及母女、妻妾、姐妹，若子之妻妾，给付功臣之家为奴，财产没收入官。如果按照这条规定处置，陈应通则要满门抄斩了。比附则应该在所比之律上减等，故此将陈应通予以斩决，陈光昇予以绞决，家属发遣为奴，财产入官。陈应通自恃熟悉律法，想凭律法以救父亲，却没有想到自己冲动的行为成为律法的牺牲者，非但没有救了父亲，反而使父亲也失去性命，弄得家破人亡。

逼死佃户恶地主（上）

清乾隆三十六年（1771），湖南省衡州府安仁县发生一起地主逼死佃户一家五命的案件，刑部援引《大清律例·刑律·人命》"威逼人致死"条规定，要将该地主发遣戍边。乾隆帝仔细查阅案情，认为这个地主仅以欠租之事，就能够逼死一家五命，显然不是一般的威逼。这样罪大恶极的地主，逼死一家五命，却不能够偿命，于情于理都说不过去，所以乾隆帝一面要刑部修订条例，定要将这个恶地主问斩；一面要湖南巡抚彻查该地主与官府的关系，最终将恶地主绳之以法，并且查出官绅勾结的实情，惩处了贪官污吏。乾隆帝是如何发现恶地主与官府勾结的问题呢？在乾隆帝的指示下，刑部又是如何修改条例的呢？且从案情说起。

安仁县位于湖南省东南部，属于半山半丘陵地区，水源充足，所种植的水稻，远近闻名，乃是清王朝漕粮主要产区，许多大米都输送到京城。以农业为主，土地便是农民的生命。由于当时土地兼并问题严重，许多农民失去土地，一些豪强地主却田连阡陌。失去土地的农民，不是流离失所远走他乡，就是给豪强地主当佃农种地。

且说安仁县有一个大地主，名叫段兴邦，家有良田几千亩，县城内有店铺五六家，是本县首富。若仅仅是个地主，没有官府的背景，也就是个土豪，能够保住财产，已经不容易了，因为不知道什么时候会招惹官府，弄个罪名，不让你倾家荡产，也弄得你鸡犬不宁。段兴邦深明此理，花了百余两银子，买了个监生执照。有了监生的身份，就可以出入官府，见到知县也不用下跪，相见作揖分宾主就座，有事相求也不会推托，当然也是看在银子的分上。

段财主虽然为本县首富，但是也没有满足之日。他经常占人田产，夺人房屋，淫人妻女，抢人珍宝，无恶不作。家里养了几名武术教习及几十名打手，动辄将人毒打，关押私牢，使用私刑，因此横行乡里，无人敢惹，百姓称他为"活阎罗"。这样的恶霸地主，如果没有官府的背景，是不可能明目张胆的，仗着捐来的监生功名，他得以结交官府，稍不如意，就让打手们把人送到衙门，让官府打板子，似乎官府就是他家的，受害人只能忍气吞声。

段财主家有一个佃户，名叫周德先，家有老母、妻子、一儿一女。父亲那辈还有几十亩水田，院落一处，因为与段财主比邻，段财主想把自己的田产连成一片，要收买这几十亩水田。土地是农民的命根子，周父如何肯卖，段财主便诬良为盗，说周父勾结盗匪，窝藏匪人，将其送到官府关押起来。为了救父亲，周德先只好把水田卖给段财主，总算把父亲救出来，父亲却因为受刑伤重，回来不久便亡故了。没有土地，如何生活呢？周德先只好在段财主那里当佃户，还是耕种原来的水田，但水田却不是自己的了。

那个时候，自家的田地交皇粮，若是遭到灾荒，朝廷还有减免之时，如今向段财主交田租，不论丰收还是歉收，都要交满租。满租要交收获稻谷的三成，若是收成好，一家的生活还算过得去，但三成是按丰收年计算的。当时水稻亩产量不高，即便是丰收之年，最高产量也就三百多斤稻谷，满租要交一百斤稻谷；若是歉收，除了租金之外，所余也就无几，要是遇到灾荒，连租子也难交上，而段财主却不管歉收不歉收，灾荒不灾荒，只是按照丰年收田租，哪里管佃户们的死活。

这一年，安仁县发了大水。周德先租佃的田地被水淹了，大部分禾苗被水冲走了，没有被冲走的禾苗也大多数沤烂了。水灾之后，周德先采取了补救措施，种植一些晚收农作物，但歉收是不可避免的了，眼看着田租交不上，就连一家吃喝也成问题。无奈之下，周德先只好向段财主恳求减免田租，实在不能够减免，明年再补交也可以。段财主不同意，照样逼租不误。周德先实在交不起，段财主便一纸诉状，说是刁佃赖租，把周德先送到县衙，关进监狱追索欠租。按照《大清律例·户律·钱债》"违禁取利"条规定，其负欠私债违约不还者，五两以上，违三月笞一十，每一月加一等，罪止笞四十；五十两以上，违三月，笞二十，每一月加一等，罪止笞五十；百两以上违三月，笞三十，每一月加一等，罪止杖六十，并追本利给主。

官府一般是不替人追欠私债的，若是告官追欠，比如，十两银，官府会罚原告五两银，被告五两银，然后勒令被告偿还欠银，等于十两银入官，被告则要出十五两银，原告也只能够得五两银。这样做的原因，就是让当事人明白，官府不是讨债机构，私债不要经官断给。段财主勾结官府，要官府追讨私债，所罚之银，权当贿赂官府了，却逼迫欠债人将所罚及所欠银两一起清还。

知县按律裁断周德先偿还本利，也乐得将罚银入官，毕竟赃罚银两是知县可以支配的钱财。官府裁断，周德先不得不服从，而段财主不但要追缴所欠，还认为自己打官司赢了，要周德先出全部罚银。周德先既怕官府，又怕段财主，只好把家里仅有的宅院出典，人们都知道段财主看上这个宅院，谁敢与这个活阎罗相争呢？所以无人肯典这座宅院，周德先只好典给段财主。要知道典与卖是有区别的，典是有期限的，到了期限，业主可以取赎。那时候的人们认为祖宗之产不能够在自己手中败落了，因此用典的方式出卖，还能保留业主之名。当然了，如到期业主无力取赎，所典之物就不能够追回，到时候顶多是再给一些差价，就改典为卖了。典与卖的价钱迥异，周德先不想丢掉祖业，所以将院落出典，价钱也就很低了，勉强能够还上段财主的本租及利息，却交不起官府的罚银。周德先不想典给段财主，但所有的人都畏惧段财主的势力，也不敢典买这处院落。段财主就是想完全霸占这处院落，非要周德先把院落卖给他，所给价钱只能归还所欠。周德先不愿意，段财主便天天派打手前来逼债，声称如果还不上，就将周德先送官法办。已经进过监狱，吃过苦头，还被罚银。那个时候的监狱，一般犯人是不给饭食的，如果家属每天送饭，就要给狱卒例钱，若不给例钱，就不让家属进去，犯人只有挨饿。周德先就是一个佃户，家里哪有什么钱财，即便是倾家荡产，也填不满狱卒的欲壑。此前周德先在监狱的几天，其妻已经将家里能典当的东西典卖一空，如今再把院落卖了，一家人到什么地方去住呢？目前已经是家徒四壁了，若是再进监狱，不但周德先要活活饿死，再罚银子的话，卖儿鬻女，恐怕也还不上。见打手们天天逼债，周母感觉生活无望，趁人不注意，居然上吊自杀了。真是屋漏偏逢连夜雨，债没有还上，老母亲又自杀了，安葬也要花钱，哪里去弄钱呢？周德先在绝望的时候，也想到死，但他又不希望妻子儿女活着受罪，居然先把妻子儿女都勒死，然后自己也上吊自杀了，一家五口就这样命丧黄泉了。

出了人命，地方保长必须投告，不然便有罪了，所以地方保长到县衙投告。此时的安仁知县是高淳德，乃是署理知县。因为署理的时间有限，能够在有限的时间之内，获取最大的利益，乃是署理人员最实际的追求，因此他们能够捞到的好处，绝不会放手的。高知县见保长投告，当即带领仵作、衙役前往检验尸身，确定不是他人所杀，当然要查问死因。询问保长及四邻，得知周德先乃是因为还不起欠债而自杀，而所欠之债是段财主的，高知县马上感觉到会有一大笔钱财到手。因为按照《大清律例·刑律·人命》"威逼人致死"条规定，凡因事威逼人致死一家二命，及非一家但至三命以上者，发近边充军。若一家三命以上，发边远充军，仍依律各追给埋葬银两。依照该律例规定，因为户婚、田土、钱债之事，致使被逼之人自尽而死者，都算是威逼，段财主自然逃不脱干系。

高知县正想发传票拘审，却不想段财主不请自到。毕竟段财主有监生功名，即便是拘审，也要先行文本省学政，革去监生功名，才能够拘审，而如今段财主送上门来，自然是送钱来了。段财主先给高知县深深地作了一揖，然后将一张礼单放在桌上。高知县瞥了一眼礼单，觉得不多，便说："段监生不请自来，还送来礼物，不知道为何？"段财主说："大人何出此语？监生我在大人刚刚上任的时候就来祝贺过，那时候前来祝贺的人多，监生我也不敢多送大人礼物，以免别人议论，如今趁别人不在，且将礼物补足而已，还请大人不要见怪。"高知县说："恐怕没有这样简单吧！是不是听到什么风声了？高德先一家五口人命，总应该是冤有头，债有主吧！要知道逼死五条人命，这罪过可不轻呀！”

段财主见高知县开门见山地说到一家五口人命案，就知道他想索贿了，便说：“大人有所不知，安仁县刁民甚多，他们动不动就抹脖子上吊，就是想赖债。前任知县傅大人深知民风，所以重惩刁顽，治他们图赖之罪，所以深得民心。傅大人离任的时候，本县士绅依依不舍，送他到十里长亭，脱下七八双靴子，想必高大人也有所耳闻吧！”

高知县说：“段监生，还是别东拉西扯了，依现在的世俗社会，谁人不知道呀！知县离任，士绅们依依不舍，还不是拿钱买来的。一是士绅们怕离任知县把他们的丑事张扬出去，二是离任知县也怕士绅们过河拆桥。彼此心照不宣，都是做给别人看的。你没有看到西门内所卖官靴的鞋铺吗？安仁县有几个能够穿官靴的人呢？还不是为当官离任时脱靴用的。当官离任前，每双官靴花五百文钱买的，被所谓的百姓脱了靴，鞋铺一只十文钱、一双三十文钱回收。百姓们为了几文钱，都抢着脱靴，肯定不能够脱一双，你说鞋铺要获多大利呀！百姓不卖给鞋铺，他们也不能私自穿官靴，若是穿了，就是违制，官靴没收还不说，还要挨板子。要知道当今能够发大财，就是有官府为后台，而官府的钱也最好赚。问题是官府的钱是官府的，当官的还不是白白忙活。段监生，你认为如何呢？你说前任傅知县，我想他所惩的刁顽，是不是也与你段监生有关呢？听说他已经被参劾了，弄不好还要治罪呢！”

段财主说：“高大人多虑了，前任傅知县为官清廉，之所以被人参劾，就是不会来事儿。县太爷是民之父母，知府、道台、按察使、布政使、巡抚，便是县太爷的父母。要知道父母为儿女操碎心，做儿女的当然也应该知恩图报了，要不然为什么要孝敬父母呢？儿女对父母重在孝敬，不会孝敬，当然父母就不喜欢了。儿女也不是一个，会孝敬的儿女，肯定会让父母喜欢，这是前任傅知县不会孝敬的原因，被参劾也在情理之中。不过，话还要说回来，儿女孝敬不孝敬，父母可以明言呀！有什么事，直接说出来不就明白了吗？儿女若是不听，就是违反教令，治他们以忤逆之罪，要知道《大清律例》规定，子孙违反教令，父祖即便是将子孙打死，也是勿论的。段某虽然是监生，但也在大人治下，还请大人以父母之心来对待，段某一定听命。"段财主的意思已经说得再明白不过了，要多少钱，高知县你尽管开口，只要把事态平息了，什么都好商量。高知县如何不明白呢？只是他因为是署理，时间有限，若是把事态平息了，而自己离任了，这笔钱找谁去要呢？要想先得到钱，就要打折，段财主与高知县讨价还价，最终以六折，一千五百两银子成交。真是官场如市场，哪里会有什么公正公平可言，全靠金钱铺路。

高知县收了钱财，自然就要替人消灾，便不按照图赖人律例予以裁断，因为周德先已经身死，不追究其擅杀妻儿之罪，尸体交周氏宗亲安葬。念其家人全都死亡，段财主以慈悲为怀，免追所欠，周氏若是不服，定将其合族治罪。这正是：

打通要路号钱神，十万缠腰没笨人。

段财主花了一千五百两银子，将佃户周德先一家五口人命之事摆平，依然横行霸道，鱼肉乡里，所依恃的是钱可通神，所依托的是官府权力。人们往往认为钱是万能的，殊不知有些东西是金钱买不到的，那就是权力。固然钱权可以交易，但关系到权力拥有者生死安危的时候，权力拥有者在权力与金钱面前，首先是要保住权力而放弃金钱，并不意味着他们不喜欢金钱，是因为关系到他们的身家性命，不得不有所舍弃。常言道，铁打的营盘流水的官。段财主在安仁县有良田店铺，搬也搬不走，而知县三年一任，时不时还会被追究责任而不能任满。前任傅知县因为延误漕粮征收，被督抚参劾去官；高知县来署理，不足三个月，新任知县又到任了。段财主刚刚把此前两个知县笼络，如今还要重新笼络，因为他们都是笼络不饱的狼，一不小心会把人吃掉的。段财主以什么理由来笼络新知县呢？平白无故地送钱，必然会引起怀疑，若是不送，万一被新知县拿住什么把柄，也是要命的事情。且不说段财主想什么办法笼络新知县，但说新知县上任，按例审查前任所办的各种案件，发现周德先一家五口，因为段财主威逼而全部自杀，段财主不但没有承担任何责任，而且使周家五口白白死掉，还要周氏一族承担丧葬费用，显然不公平。新知县是进士出身，前程看好，不会为眼前的一些利益而放弃前程，那么急于立功便是首选。新知县看完卷宗以后，摘录疑点数十处，就行文本省按察使，转呈巡抚，要求重新审理。周德先一家五口可以申冤，当时适逢巡抚换人，使此案得以上奏天听。那么乾隆帝知道此事以后，有什么批示呢？他又看出什么疑点了呢？

逼死佃户恶地主（下）

当安仁县新任知县复核卷宗时，发现段财主逼死佃户一家五命，段财主没有承担任何责任。当即行文按察使，转呈巡抚，要求重新审理，正好遇上巡抚换人了，乃是觉罗永德，因为是宗室，所以深得乾隆帝的信任。永德将此事奏报乾隆帝，因为律例中规定威逼人致死，没有死罪，而此案威逼死一家五口，若按例处置，最多是充军发遣，未免情重法轻。之所以永德敢于这样奏闻，是因为此案是在前任巡抚任内发生的，与自己毫无关联。

乾隆帝得知以后，令刑部重新修订条例。刑部根据乾隆帝的指示，修订条例如下："嗣后有豪强凶徒，威逼致死一家三命以上者，改为斩监候。致死一家二命及非一家之三命以上者，改为绞监候。"也就是说，威逼人致死多命者有了死刑，刑部提出湖南段兴邦威逼周德先父子五人身死一案，即照此例核拟，可以将段财主定为斩监候，等待皇帝勾决，即可执行。乾隆帝仔细阅读案情，认为段财主之所以敢逼死周德先一家五命，固然是其倚富逞强，但他为什么敢如此逞强呢？乾隆帝推断出两个原因：一是段财主以豪富监生与该县官往来交好，该县官应该收受了他的贿赂，所以他才敢依恃官府为护符而为所欲为；二是段财主与该县胥吏相勾结，假借他们的势力横行乡里，百姓畏惧他们的势焰，不敢与之相争。乾隆帝认为这是案情关键，为什么地方奏报案情，仅讲段财主之凶恶，没有说他依恃官府呢？固然周德先一家五口全部死亡，但段财主不可能就他一家佃户，即便没有其他佃户，还有附近的农民，为什么没有邻居旁证呢？所以当即命令巡抚永德："即将段兴邦向日，如何与该县交结情事，逐一密访确查，务令水落石出，据实奏闻。"并且威胁说："若再图颟顸了事，或并存心袒护，则是自速罪戾矣。"也就是说，巡抚永德若承办不力，定将之治罪，而此前审理不清，失去重要情节之事，权且记在账上，如果再想马马虎虎地结案，或者存心庇护此前各审案官员，那就是自己找罪了。

有了皇帝的严旨，巡抚永德当然不敢怠慢，当即委派辰沅道富泰专门承办此案。富道台因为持有巡抚授予的旗牌，就有了先决后奏之权。他到了安仁县之后，一面派人将前任已经参革知县傅九锡，及前署理安仁知县，现任零陵知县高淳德，押来听审；一面派兵将段财主家口全部囚禁在段家宅院，把所有的武术教习及打手全部驱赶出去，并且将参与威逼的打手拘捕入县监狱，查封段财主的所有财产。

此前新知县以威逼周德先一家五口之案，将段财主拘捕入狱。段财主还认为有钱能使鬼推磨，以为只要花钱打点，定会消灾免祸，却不想此案奏报皇帝，再打点就难上加难了，如今又被富道台把财产全部查封，等于是分文无有。最初在监狱的时候，段财主还有权势，家丁打手轮流送饭，狱卒也不敢刁难。如今家人都被拘禁在宅院，打手们也都被驱赶走了，何人还能给他送饭呢？狱卒见他失了势，也开始刁难他。段财主开始还跟狱卒说自己肯定没有事，将来出去，定然重谢，狱卒们贪利，还给他饭食，毕竟还有官府配给的狱囚衣粮。后来见段家没有人来了，前两任知县也被押入监狱，狱卒们便翻脸不认人了，每天给口粗饭，让他不死而已，段财主开始尝到挨饿的滋味。

富道台先不审理，而是致力于查证，因为圣旨讲得很清楚，段兴邦平日恃符不法，必不能掩众人之耳目，地方自有公论，无难得其底里。以前因为段财主是恶霸，地方百姓畏惧其势力，根本不敢说段财主半个"不"字，即便是在背后议论，还怕段财主的耳目得知，招来横祸，所以新知县派人查访，一无所获。如今富道台把段家都封闭了，且成为御案，想必段财主难逃法网，故此人们少了顾忌，再查访就比较容易了。果然，段财主罪行累累，夺人田产，占人房屋，淫人妻女，各类证词足有一尺多厚，其中有威逼农户周景福致死之事，乃是在威逼周德先一家之前，看来威逼平民不止一案，逼人致死至少已经是两案了。

原来，段财主看上农户周景福的几十亩水田，早就有霸占之心，曾经借周景福家办丧事之机，借了他一些银两。到期以后，周景福连本带利归还，段财主就是不要，说是自己家里并不缺钱，等来年再还也不迟，却将本利一起重新写了借契，就等着哪天周景福窘迫，再逼他卖地给自己。周景福不知是圈套，以为自己不是还不起债，即便是再欠一年，加上三分利，也不成问题，就把这些银两用来营运生财。

安仁县是漕粮产地，每年漕粮征收之时，若不能够如期缴足，地方官及漕运官都要受处分，所以每当漕船要起运的时候，官府多找一些大户人家，先将他们家储藏的粮米装船，然后再加耗向各户征收。官府给的是官价，在青黄不接的时候，官价比市价要低，官仓出米，是为了平抑物价。在收获季节，官价比市价要高，如果官仓有余，则按市价购买入仓，一是确保官粮无缺，二是用于平抑物价。由于官仓存储有限，再加上年久失修，一些地方官把官价发给一些富户，让他们存储粮米，以备官用。与官府做买卖，既可以稳赚不赔，也可以借官价来盈利。周景福托了许多人，好不容易才揽到这个买卖，恰巧段财主也不急于要债，周景福就用这些银两修建粮仓，存储粮米，不想粮仓刚刚装满，却不慎失火了，连粮米带粮仓都化为灰烬。

粮仓为什么会失火呢？其实是段财主指使打手们纵火，但找不到他们纵火的线索，周景福也只好自认倒霉，但没有想到段财主却前来逼债。粮仓遭火，损失巨大，不但欠段财主的银两，还欠官府的银两，周景福如何拿得出来？欠官府的是不能少的，差役前来逼债，因为还没有到出官粮的时候，还可以想办法挪补，但欠段财主的银两已经到期，不得不还。周景福肯求段财主缓一缓，总不能够趁火打劫吧！却不想段财主不允，还一纸诉状将其告到官府。傅知县因为得到段财主的好处，所以打了周景福二十大板，责令其马上连本带利归还。周景福拿不出钱来，只得把几十亩水田相抵。粮仓被烧了，水田也要被人强占，而这火也烧得很蹊跷，明眼人都看得出来，这是段财主故意所为，但找不到证据。周景福不甘心，便趁着黑夜，来到段财主家门前一棵大树上吊死了，试图以死要官府查出真情。

出了人命，傅知县当然要审理了，如果按照威逼人致死处置，段财主肯定要追究刑事责任的，因为有银子送上，傅知县非但没有追究段财主的刑事责任，还引用《大清律例·刑律·人命》"杀子孙及奴婢图赖人"条规定，若尊长将已死卑幼及他人身尸图赖人者，杖八十。反而将周父治罪，勒令周家自行安葬，所欠之债也必须偿还，最终周家把几十亩水田卖给段财主，才算完事。此时，周家已经是家破人亡了。傅知县帮助段财主打赢官司，得到五百两银子的好处。

富道台掌握证据以后，才提审段财主。但见此时的段财主，身穿囚服，面黄肌瘦，因为饥饿，说话也有气无力。即便是如此，他还是不想认罪，以为揭发检举便可以减罪，所以把安仁县此前十几任知县受贿的事情供出，而这些知县中，有的已经升为布政使、按察使，若是要他们前来对质，必须奏请皇帝，牵连面会很广的。且不说官官相护，那也只能是多一事不如少一事，富道台仅仅将前任傅知县与署理高知县受贿之事纳入供词，其余一概不理。据供：段财主前后向傅知县行贿近千两银子，其中因威逼周景福致死案，行贿五百两银子。向高知县行贿一千五百两银子，是为了威逼周德先一家五命致死案。

富道台将审问结果上报巡抚，由巡抚永德上奏皇帝。乾隆帝对审理结果及所拟罪名很不满意，认为："富泰不过一谨慎之人，未必能发奸摘伏。"因为他不亲自调查，只是听人汇报，更何况这样牵连官员的案件，不可能就是知县二人，其实是不晓事理，因此令吏部议处，予以罚俸一年。巡抚永德也办事不力，委署道台去审理，并不亲审此案，有负皇帝委托，因此予以调任广西为巡抚，湖南巡抚一职由梁国治接替，继续查审此案。

梁国治（1723—1786），字阶平，浙江会稽人。乾隆十三年（1748）状元，因此受到重用，在京内外任过许多官，这次让他就任湖南巡抚，主要是负责征讨大小金川的后勤供应。史称梁国治"平生治事缜密，不徇私情，廉政清俭"。因此，无论是段财主，还是傅知县、高知县，要想通过行贿，或打通各种关系来减罪与免罪，肯定是不可能的。

梁巡抚提审傅知县与高知县，二人供认不讳，即便是证据确凿，梁巡抚也只能开具罪由，恭请皇帝裁决，因为按照《大清律例》规定，州县正官只能奏闻请旨。乾隆帝根据奏状，下旨将傅知县、高知县发乌鲁木齐效力赎罪十年，到时再行请旨定夺，这两位知县实际上也就终老于乌鲁木齐了。知县有罪，其上司应该负连带责任，所管辖的知府、道台、按察使、布政使及巡抚，都应该降级与罚俸，二十余名官员受到处分，罪名也就是"失察"。看来梁巡抚也不想把事态闹大，因为按照当时官场惯例，贿赂上司是公开的，两个知县受贿，肯定不是独吞，更何况只有涉案受贿，没有其他赃款，也难免不是官官相护。乾隆帝心知肚明，也只能见好就收了。

对于官员不能穷追猛打，但对段财主却可以斩草除根。乾隆帝下旨云："段兴邦一犯，虽经刑部照新定条例，改拟斩监候，但该犯仗恃豪富，横行乡里，妄谓财可通神，视人命如儿戏，逞威凌压，连逼五命自戕，其情罪甚为可恶。定案时竟当照光棍例定拟，庶足以雪民冤而申国法。"也就是说，段财主虽然可以按照刑部新定的条例，将之拟为斩监候，秋后予以处决。但他倚仗自己为地方豪富，竟敢横行乡里，还狂妄地认为自己有钱可以通神，把别人的生命当作儿戏，逞其威势而欺凌贫弱，居然逼迫一家五命自杀，其情罪可以说是甚为可恶。对于这样的人，也不必按照刑部新定条例处置了，就按照光棍例定罪吧！这样才能够雪民之冤而申明国法。

清代在明代律例基础上，专门出台了"光棍例"，按现代的意思，也就是流氓罪，特别是光棍团伙，惩处极严。凡是光棍之首，都予以斩立决，从而加功，也就是动手及参与为害之人，都予以绞立决，从犯都发遣边远为奴。到乾隆年间，光棍罪虽然很少予以斩立决，但只要依光棍例定拟，就是予以斩立决。在乾隆帝钦定的情况下，梁巡抚只能将段财主予以斩立决。

乾隆帝最恨为富不仁之人，针对为富不仁者的处置与评价，多见于朱批谕旨。诸如，他认为商人虽然可以获利，但盘剥穷苦之人，就是为富不仁了，"纵国法不便遽加，亦当各自猛省"。当北京城"奸民富户，囤积钱文，勒价昂贵"的时候，乾隆帝认为，此等富户"惟以图利为心，是不奉法之奸民矣"。虽然不能将他们绳之以法，但这种昧于公平之义的行为，也是国法难宽的事情。还有一些豪富，在灾荒之内囤积粮食，并且"借赒恤以行强，尤属刁恶不法"。他们为富不仁，横行乡里，最为可恶。还有一些退休官员，凭借门路，兼并土地，重利放债，侵渔细民。豪富们拥有厚资，田连阡陌，而为富不仁，凌虐细民，乡里侧目。乾隆帝认为，如果这些豪富们犯罪的话，除了治他们应得之罪以外，还可以重罚示惩，所罚之款即留为该地方公用，以快人心。豪富犯法可以酌量罚款，也难免地方官以此欺压富户，徇私枉法，所以乾隆帝下旨，凡是地方豪户罚款之事，都必须奏明请旨，由他亲自批准，认为这样既可以杜借端影射之弊，也可以肃清吏治。

正因为乾隆帝痛恨为富不仁之人，仅仅将段财主杀了，岂能让其解气？所以他又指示梁巡抚云："至该犯既以刻薄成家，又复为富不仁，所有田土资财，未便仍留与伊子孙坐享。并著该抚查明地方应办学舍义田之类，拨充公用。仍量拨所余，给付死者之家定案，折内毋庸叙及。"也就是说，段财主既然以刻薄的行为发了家，又这样为富不仁，他所留下来的田土资财，也不应该留下来让其子孙坐享其财。因此要梁巡抚查明本地方有没有应该兴办的学校房屋及义田等慈善之事，若有，就将段财主的财产充公，兴办这些事情，然后酌量拨些余款，给付死者之家，这样就可以定案了，再上奏折，也就不必再说此事了。乾隆帝的指示，实际上是让段财主家破人亡，认为只有这样，才能使那些为富不仁、横行乡里的豪富有所忌惮，以此警醒豪强不仁者。

按照乾隆帝的指示，梁巡抚清查了段财主的财产，但他想到，若是按照乾隆帝的意旨，全部予以罚没，其子孙难以生活。皇帝的指示是不能让段财主的子孙坐享其成，却没有让其子孙无法生活，所以留下部分房产给其子孙度日，这样既可以使为富不仁者引以为戒，又不至于使其子孙流离失所，无以为生，让其子孙成为普通民户，知道劳动所得不易，别总想盘剥别人获利了。这正是：

为富不仁失天理，抑制豪强顺人情。

一件地方豪强地主逼死佃户的案件，因为官员之间的矛盾，才使皇帝得知。豪强地主，重利放债，兼并土地，逞强悖理，不但危害一方百姓，也使官府的威信下降。豪强地主们为富不仁，凌虐细民，使乡里侧目，若官府听之任之，势必使人们的怨恨转向官府，进而威胁政治统治，因此历代一直奉行抑制豪强的政策。乾隆帝深知打击豪强地主，能够争取民心，即便是超出法律范围，也敢于从重从严。此案将段财主斩立决，固然可以依据光棍例，但抄没其家所有财产，也未免太重。梁巡抚深知此理，便给段财主子孙留下赖以为生的财产，既弥补了乾隆帝的过失，也维护了乾隆帝的尊严，毕竟让段财主子孙能够活下来，也算是皇恩浩荡。

杀弟戕妹恶哥哥

清乾隆三十八年（1773），河南省开封府祥符县发生一起大哥与三弟致死二弟的案件。按照《大清律例》规定，兄杀弟是绞监候，弟杀兄则是凌迟处死。河南巡抚因此将大哥拟为绞监候，将三弟拟为凌迟处死，申报给刑部。按照"一命一抵"的原则，三弟若是被凌迟处死了，大哥就不会被处死，故此刑部将大哥归入缓决册内，过了十年，就可以将大哥赦免了。乾隆帝翻阅缓决册，发现这个大哥不但打死了二弟，还打死了幺妹。身为哥哥，竟然打死弟弟和妹妹，因为是尊长，便可以缓决，实在是不符合情理。乾隆帝认为这个哥哥的心肠实为残忍，若是不予以重处，难称平允，力主将哥哥绳之以法。哥哥为什么要打死弟弟妹妹呢？乾隆帝以什么理由将哥哥绳之以法呢？且从案情谈起。

却说河南省开封府祥符县萧墙街有一户张姓人家，这张家祖上原是江南丹徒县人，顺治年间做了河南灵宝知县，不幸卒于官署，公子幼小，不能扶柩归里，便在灵宝县安葬了父亲。其子孙慢慢经营生意，过了三代，到了张永言这一代，居然成为富家，移居祥符县，置办产业，在萧墙街买了一座大宅院，开起了典当铺。张永言原本是独生子，父亲为他娶妻李氏，生了三子一女，也算是人丁兴旺。有道是，天不足西北，天之缺也；地不满东南，地之缺也。孩子们还没有长大成人，张永言与父亲便相继去世了，留下寡母李氏与三子一女一起过活。

这老大名叫张文科，老二名叫张文甲，老三名叫张文联，最小的妹妹名叫幺妹，年纪才十一岁。这是张永言希望儿子科甲联合一起来，将来可以光宗耀祖，所以取名科甲联。张老大时年二十岁，经营自家的当铺。张老二时年十八岁，张老三时年十六岁，都在县里的私塾读书，张永言要他们考秀才，将来考举人、中进士，则家有长子可挣钱财，外有二子可为官宦。父母为子女谋划未来，如果不看天资，往往是白费苦心。这张老二接连参加六次童试，张老三也参加两次童试，都没有考中，连个秀才都考不到，更别说什么科举了。秀才没有考上，父亲却去世了，张老二与张老三缺了管教，也就不再用心读书了。这人要学好不容易，学起坏来却很容易。

在萧墙街南边打铜巷有一家妓院，实际上是地下赌场。若是不嫖不赌，妓院赌场如何能够赚钱呢？因此引诱浪荡子弟前来妓院赌场，便成为他们挣钱的本领，那些有钱的人家，更是他们物色的对象。以张老二来说，资性原本柔和，若无坏人引诱，成为忠正的好人也是没有问题的。俗话说，近朱者赤，近墨者黑。张老二的同窗中，有一个名叫燕宗冕的人，在那妓院赌场里当帮闲，专管着背钱褡裢，拿赌具，接娼送妓，点灯铺毡，只图个酒食改淡嘴，趁些钱钞养穷家。帮闲就是帮助妓女拉客，给赌场物色赌徒，乃是他们一等一的要务。招揽赌徒，最好是家道丰富，又不精通赌术，并且是软弱可欺的人。家道富有就会有钱，赌术不精则好掌控，软弱可欺则不怕赖赌账。燕宗冕在同窗中物色对象，便看上了家道丰厚的张老二。

十八岁的张老二，正是年轻气盛之时，也是容易被人引诱的年纪，在燕宗冕的诱惑下，进了妓院赌场。这少年一旦沾上了嫖赌，那可是危害非轻，不是弄得倾家荡产，便是家破人亡，因为妓院赌场就是个无底洞，任凭你有金山银山，终究也是填不满的。张老二嫖赌，肯定缺钱使用，而家里的财产都由张老大掌管，他休想从大哥那里要出一分银子。不能从大哥那里得到钱，张老二便惦记起寡母的那些陪嫁，趁寡母不注意，将一包首饰偷了出来，但见里面有一副金镯子、两对金耳环、四根金簪子、一个金项圈，还有四个小金佛，约有百两，按照官价至少值银千两，而按照市价则要值银万两了。偷的首饰不能堂堂正正地进行买卖，张老二将这些首饰在赌场内换成了现银，也就得银八百两。这八百两银子看起来不是个小数，但在妓院赌场里花销，也就算不上什么了，没过几天也就花干净了。

妓院赌场得到嫖客赌徒的东西，总是要换成现银的，毕竟真正的流通之物是银子，所以将这些首饰送到张家当铺。张老大是认识家中物件的，因为那对光灿耀目的金镯，一只镌刻"百年好合"，一只镌刻"万载珍藏"，乃是寡母的陪嫁，寡母曾经给张老大看过，说等到张老大娶了媳妇，就把这对金镯给儿媳妇，毕竟张老大是长子，将来要支撑这个家。张老大见到金镯，便问来人是典是卖，是否为家中之物，还是别人之财？为什么要问这样仔细呢？因为按照《大清律例·刑律·贼盗》"盗贼窝主"条规定，若知强窃盗赃而故买者，计所买物坐赃论。要是买了盗赃，不但要没收所买物件，还要予以枷号一个月，最重可以发近边充军。来人说自己是因为缺钱用，故此把奶奶的金镯拿出来卖掉，看来是破落了，要这东西有何用，爽快地变卖算了。这典和卖是有区别的，典是可以取赎的，到期将所典之银子，外加三分利钱送来，就可以把所典之物收回，故此价钱给得比较低。卖是不能够赎回的，价钱虽然高一些，但永远也不能再归卖者所有，也称为绝卖。张老大见来人要变卖，也故意压低价钱，最终还是以一百二十两银子成交。

张老大买了金镯，当即拿回家中，告知母亲，说自己收了一对与母亲一模一样的金镯，要母亲拿出自家的金镯比对。母亲翻箱倒柜寻找自己的首饰，哪里还能找到呢？再仔细看那对金镯，分明就是自己的陪嫁，金镯上除了镌刻的字之外，还有磕碰的痕迹，那是她做饭的时候镯子碰到了锅沿。这包首饰大约有百两黄金，如今不翼而飞了，而卖金镯的人乃是燕宗冕，谁都知道他是妓院赌场的帮闲，他不可能进入张家偷走这样贵重的首饰，定然是家贼。寡母把三个儿子与幺妹都喊来，要他们交代首饰的事情。这张老三与张老二一起读书，知道二哥的所作所为，但畏惧二哥的强势，不敢把二哥去妓院赌场的事情告诉家里，更恨二哥有好事从来不想着自己，如今见一家人都在，就把二哥之事说了。小小年纪竟然染上了嫖赌，还偷盗母亲的首饰，寡母如何不生气？当即令张老大、张老三把张老二捆绑起来，严加拷讯。这张老二一直对母亲不满，管钱的事情交给张老大，好吃好喝给张老三及幺妹，自己什么好处都得不到，想要几个零花钱，那比登天都难。如今见母亲让兄弟把自己绑了，还让兄弟拷打他，顿时新仇旧恨涌上心头，居然咒骂起母亲来，连老不死的这样的话都能说出来，怎能不惹母亲生气。这些陪嫁是寡母唯一可以全权支配的财产，不但要给将来三个儿媳妇当定情信物，还要给小女儿做陪嫁，本来就心疼得不得了，又见张老二咒骂自己，如何不恼怒呢！所以下令往死里打。

这张老大因为自幼随父亲经营典当铺，很看重金钱，但家中有兄弟三人，还有一个妹妹，财产将来是要均分的。按照《大清律例·户律·户役》"卑幼私擅用财"条规定，凡同居卑幼，不由尊长，私擅用本家财物者，十两，笞二十。每十两加一等，罪止杖一百。若同居尊长，应分家财不均平者，罪亦如之。也就是说，将张老二送官法办，最多也就是杖一百，而将来分家的时候，若不均分财产，弟弟们告官，张老大也要被杖一百，还要责令均分。因为看重金钱，所以张老大恨不得弟弟与妹妹全都死了，自己好独占家产，因此当母亲下令拷打张老二的时候，张老大下手很重。张老三见二哥被打，此时也觉得对不住二哥，毕竟他们是在一起读书，若是有人欺负他，二哥还是能帮助他的，所以跪在地上，请求母亲放过二哥。寡母此时正在气头上，如何听得进去，更不愿意听到张老二的混骂，便令张老大、张老三，把张老二抬到河边，扔到河里去喂鱼。张老大巴不得张老二早死，得到母命以后，就逼迫张老三与自己一起把张老二扛抬起来，来到城外河边，扔到河里。张老二此时双手被绑在身后，两腿也被绑得结结实实，如何能够挣扎呢？很快就沉入河底，一命呜呼了。

张老大与张老三扛抬张老二出门，幺妹便跟在后面，恳求两个哥哥放过张老二，毕竟他们都是同胞兄弟，母亲如今正在气头上，若是还念兄弟之情，就先把张老二放在一边，等母亲气消了，再求母亲放过张老二，岂不是既全母子之爱，又保兄弟之情。幺妹的哀求，张老大全然不顾，还是把张老二扔入河中。幺妹急了，一边哭，一边骂，说张老大就是想独霸家财，所以才杀死张老二。哭骂还不解气，幺妹冲上去，狠狠地咬住张老大的胳膊。张老大平日见母亲特别疼爱幺妹，知道幺妹将来出嫁，母亲肯定会给她许多嫁妆，早就对她不满，如今见幺妹竟然敢骂自己，还敢咬自己的胳膊，于是顿起杀机，用手狠狠地掐住幺妹的脖子，眼见得幺妹憋得脸红脖子粗，还不放手，直到幺妹不再挣扎了，才将其推倒在地，此时她已经断气了。

出了人命，即便是民不告，官也要究。祥符知县得到地方的禀报，当即带领仵作前来验尸。张老二身被捆缚，扔在河里淹死无疑；幺妹脖子有掐痕，被张老大掐死也无疑问。事实清楚，祥符知县便可以依律拟罪了。按照《大清律例·刑律·斗殴》"殴期亲尊长"条规定，弟妹故杀兄姊者，皆不分首从，凌迟处死。其中，兄姊故杀弟妹，杖一百、流二千里。这是维护尊卑等级的服制在法律中的体现。服制是指死者亲属所穿的丧服，是按照亲疏远近而定的，其原则是长幼有序、尊卑有等，所以在同是故杀的情况下，哥哥杀弟弟与弟弟杀哥哥，在量刑上有明显的差别。根据这个原则，张老三有杀张老二的行为，就应该是凌迟处死，而张老大不但杀了弟弟，还杀了妹妹，等于是连毙二命，若是让他杖一百、流二千里，显然是情重法轻，故此祥符知县将之拟为绞监候，等待皇帝勾决。

祥符知县所拟，逐级申报到刑部。因为张老三已经被拟为凌迟处死，不好让兄弟二人都抵命，所以刑部将张老大纳入缓勾册内，报请皇帝核准。乾隆帝特别留意刑事案件，当看到张老大在缓决册内，也就不由得关注起案情来。

这个案情的关键是"听从母命"，若是子孙违反教令，父祖直接将子孙处死，是不承担刑事责任的，即便是非理殴杀，最多也就是杖一百，系尊长，还是准许赎免的。听从母命是他们兄弟可以减轻处罚的先决条件，但同是听从，兄弟俩的表现则不相同。老三张文联在得到母命的时候，"曾经代为求饶，尚有不忍死其兄之心"。老大张文科则不同了，"一闻伊母致死其弟之言，即骑压张文甲身上，用绳反缚其手"。而且是亲手将张老二张文甲推落河中溺毙，已经是穷凶极恶了，见到幺妹哭骂，还"顿起杀机，致死灭口"。显然是"其心实为残忍"。因为张老大分属尊长，但

"问拟绞候，实觉太轻"。张老三是弟弟，因服制所关，拟以凌迟，未免情轻法重。面对这种情况，乾隆帝是如何裁断的呢？他认为，老三张文联应该属于情有可原，但毕竟他是弟弟，杀死哥哥也是罪责难逃，所以乾隆帝将其改为斩监候，俟秋审进册时，再行酌夺。也就是说，在秋天勾决罪犯时，乾隆帝是可以予以免勾，要是十次没有勾决到，老三张文联就可以保住性命了。对于老大张文科，乾隆帝让刑部将其纳入本年秋审情实册内，要求法司"按律核拟"。因为服制攸关，乾隆帝也"自不便意为重轻"。不过乾隆帝申明："朕惟酌理准情，务求平允。"也就是说，皇帝的所作所为都是平允的，你们法司看着办吧！这正是：

兄弟之谊原无价，金钱底下看分明。

此案究其原因，看似是因为张老二偷窃母亲首饰引起的，但其母亲也应该有责任。同样是自己的亲生骨肉，却不能平等对待，给张老二以厚此薄彼的感受，这也是他偷窃母亲首饰以后，死活都不肯认错的主要原因。为了独霸财产，张老大假借母命为由，杀弟戕妹，全然不想兄弟、兄妹之情，连毙二命，还因为是听从母命，身为兄长，可以免去一死，而帮助他行凶的张老三，因为是弟弟，却要被凌迟处死。作为母亲，在气头上可能会做出一些非理性的事情，但总有气消的时候，她怎么能忍心真的把亲生儿子给处死呢？连十一岁的幺妹都看得明白，所以恳求哥哥们放过张老二，待母亲气消了以后再定夺。无奈张老大想独霸财产，根本听不进幺妹之言，这小女孩哪里知道老大的心思，却顾念兄妹之情，咒骂撕咬张老大，就是想救二哥的性命，却不想因此丢了性命，实在令人叹息。正所谓，本自同根生，相煎何太急。在利益面前，兄弟之谊显得那样不值一提，而在金钱面前，兄弟之谊也往往会荡然无存。乾隆帝号称自己能够酌理准情，务求平允，但不允许破坏现行的制度。张老三再情有可原，但作为弟弟也不应该参与杀兄，其钦定为斩监候，就是想在勾决的时候，手下留情，可以免其一死。以不便意为重轻，让法司按律拟定张老大之罪，即便是法司遵守法律，将张老大拟为绞监候，乾隆帝在勾决的时候，也不会

对他网开一面。果然，在勾决的时候，老大张文科被勾了，老三张文联免
勾了，老大张文科被处死，其独霸财产的梦也就化为乌有了。十年以后，
老三张文联遇到了大赦。回到家中，此时的寡母因为接连失去了三个儿
女，哭得伤心，眼睛都哭瞎了，好在皇帝还给她留下一个儿子，算是她终
身的依靠，也算是张家没有绝嗣。

弟弟捉奸杀姐姐

清乾隆三十九年（1774），三法司具题一起弟弟看到姐姐与人通奸，将奸夫与姐姐全部杀死的案件。按照《大清律例·刑律·人命》"杀死奸夫"条规定，弟弟是可以捉奸之人，但卑幼不得杀尊长，犯则依故杀伯叔父母姑兄弟科断。也就是说，弟弟可以捉奸，但不能杀死嫂子、姐姐，如果杀死，就要按照卑幼杀尊长治罪，要予以斩首的。律例一方面规定将奸夫、奸妇于奸所登时杀死者无罪；另一方面规定不能杀尊长，便以情有可原为名，题请皇帝裁决。乾隆帝细阅案情之后，认为此案没有什么情有可原之处，但也要兼顾律例之间的关系，因此提出处置的意见。乾隆帝为什么认为情无可原呢？又是如何兼顾律例之间的关系呢？且从案情经过谈起。

俗语说，庄稼不照只一季，娶妻不照就是一世。也就是说，种庄稼如果不好好照顾，最多是损失一季的收成，娶妻以后要是不好好照顾，损失的就是一生一世。在古代娶妻，男子往往不能自主，全凭父母之命，媒妁之言，直到揭开盖头才彼此看到对方，年貌秉性全不知道。现代人是先恋爱、后结婚；旧社会则是先结婚、后恋爱。因为娶妻之事男子做不了主，但纳妾之事却是男子可以做主，所以才有"农夫家有五斗粮，一个小妾入洞房"之说。男子可以纳妾，女子却要从一而终，如果夫妻不相爱，也没有离异的主动权。男子有妾可宠，妻子却只能独守空房，即便是没有夫妻恩爱，也不能红杏出墙，更不能提出离婚，去寻找自己的幸福。

却说广东省东莞县某村住着一户张姓人家，老两口生有一男一女，姐姐名叫翠姑，弟弟名叫正举。张家说不上富有，却也有水田几十亩，算是个中产之家。张家邻近有个杜姓人家，只有薄田数亩，草屋三间，可以勉强度日而已。杜家有个男孩，名叫杜应国，比翠姑大一岁，因此他们常常在一起玩耍，两小无猜，青梅竹马，也曾经说出长大以后，非你不娶，非你不嫁之类的话。但那个时候，男女婚姻不能够自主，不是两相情愿就可以成婚的。眼见翠姑十五岁了，杜应国也十六岁了，在当时已经是婚嫁的年龄了，杜家便托媒来提亲。

古语云，女嫁高门，妇聘低户。所说的是有女儿的人家，都希望能把女儿嫁入高门，一是可以光耀门楣，二是期望女儿将来生活无忧。再醮之妇则愿意找不如自己富有的人家，既可以使丈夫不能轻视自己，又可以当家做主。杜家的家境不如张家，如今托媒来求亲，岂不是把翠姑当成再醮之妇，张家如何肯答应，便断然回绝了杜家的提亲。张家不能将女儿嫁给穷人，当然要给女儿找个富足人家，张家便托媒把翠姑许配给邻村廖家财主的儿子廖成源。就这样，一对相亲相爱的人不能如愿在一起，杜应国只能眼睁睁地看着翠姑嫁给别人。

廖家富有，家里奴仆就有几十人，仅伺候廖成源的丫鬟就有四个，其中一个名叫海棠的丫鬟，很早就被廖成源收用了。不久，翠姑就嫁到廖家，成为廖家的新媳妇。新婚燕尔，开始夫妻还能彼此尊重，渐渐地丫鬟海棠从中作梗，她伙同另外一个丫鬟，引诱廖成源淫乱，以至于廖成源把心思都放在丫鬟身上，却置翠姑于不顾。翠姑是正妻，乃是主母，打骂丫鬟，在当时也是天经地义的事情，但每当翠姑打骂丫鬟的时候，廖成源总是出面护着丫鬟，为此夫妻发生争吵，却不想廖成源粗暴蛮横，吵不过就动手。有一次居然把翠姑打得足足卧床两个多月。翠姑惹不起丈夫，又管不了丫鬟，眼睁睁地看着廖成源与丫鬟们鬼混，其辛酸苦楚可知。待康复后，翠姑提出回娘家去调养身体，而廖成源巴不得翠姑马上回娘家，他就可以肆无忌惮地与丫鬟们鬼混了，因此同意翠姑回娘家。

女儿受女婿的虐待，若是娘家人有财产势力，或者宗族人众，到女婿家说理打闹，女婿家会有所畏惧，不敢再过分地欺负女儿。然而，张家财产势力都不如廖家，宗族也人少势弱。翠姑只有一个弟弟，如今已经娶妻，也不愿意帮助姐姐出头，更何况姐姐回家的吃喝用度，都是他的钱财，所以总是劝姐姐赶紧回婆家，若是姐姐在娘家常住，也怕弟妹有怨言。父母虽然同情翠姑，也只能后悔当初不应该把女儿嫁给廖家，原想是能攀高枝，却不想把女儿推向火海，如今只能唉声叹气，丝毫帮不上女儿的忙。

张正举是翠姑唯一的弟弟，也是翠姑可以依赖之人，原指望弟弟帮自己去廖家说理，却不想他不肯为自己出头。弟弟势单力薄，不可能到姐夫家去打闹，但可以去讲理，若是说不通的话，就要姐夫把姐姐休了，那廖成源根本不把姐姐当回事，有可能就把姐姐休了。按照当时的规矩，女方提出离婚，不但带不走陪嫁，还要退还彩礼，那样可以使姐姐脱离苦海。现在这些彩礼都是张正举的财产，让他用自己的财产去救姐姐，这比割他的肉都疼，如何能够为姐姐出头呢！再说了，姐姐离婚回来，肯定不能守寡一辈子，还要再嫁，又要给陪嫁，这也是一笔钱财。以张正举的心思，姐姐最好马上回到姐夫那里，免得他供养吃喝，所以常常白眼相向，哪肯答应替姐姐到姐夫家里去斡旋呢！翠姑在娘家仅仅得到父母的同情，却不能帮上她半点儿忙，还要遭受弟弟、弟妹的白眼，可以说一肚子委屈，无人可以倾诉，也就不得不想到自己青梅竹马的杜应国。

杜应国此时已经二十二岁了，一直没有娶妻，一是因为家穷，二是一直暗恋着翠姑。如今杜应国已经长成壮汉，生得面如重枣，两道浓眉，眼睛炯炯有神；身材高大，肩宽背阔，英姿勃勃，有一种不甘居人下的气质。翠姑见到杜应国，如同见到亲人一般，忍不住要将自己的一腔苦水倾诉出来。翠姑的遭遇，使杜应国义愤填膺，即便是身死，也要为她讨个公道，要找廖成源说理去，如果说不通，就把那个可恶的廖成源杀掉，使翠姑不再受虐待。翠姑怎么能让杜应国去铤而走险呢？要知道廖家奴仆数十人，杜应国即便是武艺高强，双拳也难敌众手。再说了，杜应国算是翠姑的什么人？为翠姑之事出头露面，真是"名不正则言不顺，言不顺则事不成"。翠姑劝杜应国要从长计议，却也忍受不住内心的悲苦，便伏在杜应国怀里哭泣。一对苦命的人儿，深深相爱却不能成为夫妻，如今女的在夫家受虐待，男的孤身一人未娶妻，两个人走在一起，似乎也是冥冥注定。

有了杜应国的照应，翠姑生活似乎有了希望，再也不在父母面前难过抹泪了，面对弟弟、弟妹的白眼也能够泰然处之。只要有空，翠姑就去杜家，端茶送水，洗衣做饭，若是遇上天阴下雨，连自己的家都不回了，俨然成为杜家的主妇。

姐姐与情夫公然同居，张正举心里也不舒服，曾经劝姐姐行为要检点一些，毕竟已经是有夫之妇，怎么好背着丈夫与情夫在一起呢？翠姑向弟弟倾诉自己在夫家如何受到虐待，希望弟弟能够理解自己，哪怕是不要陪嫁，退还彩礼，也要廖成源把休书写了。离婚以后，自己嫁给杜应国，即便是他们累死，也会把彩礼钱还给弟弟。却不料弟弟丝毫不同情，还跟她说什么嫁鸡随鸡、嫁狗随狗的道理。姐弟俩谈不拢，为此还争吵起来。姐姐要与杜应国比翼双飞，弟弟毫不留情地要姐姐尽快回到廖家，因此不欢而散。

张正举说不过姐姐，也就想到得过且过，就让姐姐与杜应国这样相好下去，却不想自己的老婆一直容不下这位大姑子在家，整天给他吹枕边风。说什么这女子就要从一而终，若是因为受了丈夫的气，就到外面去找野男人，这成了什么世界了！如果身为弟弟的不管不问，那是纵容姐姐与人通奸。你愿意被人戳脊梁骨，我还不愿意被人冷嘲热讽呢！一个大男人，居然管不了逃婚的姐姐，还允许姐姐与情夫同吃同宿，算是什么男人。要是这样，你以后就别再管老婆了，我也去找个相好的，与他同吃同宿，让你当活王八，看你还能这样坦然对待吗！老婆的怨言与指责，使张正举再也不能够置之不理了。

如何才能阻止姐姐的念想呢？在老婆的怂恿下，张正举想到了捉奸杀奸，毕竟按照《大清律例》的规定，弟弟也可以是捉奸之人。张正举事先准备好牛耳尖刀，得知姐姐住在杜应国的家中，便趁黑夜，悄悄地来到房前。他看见姐姐与杜应国上床，听到他们睡熟的鼾声，便用牛耳尖刀拨开门闩，蹑手蹑脚地来到床边，摸到一条辫子，便知道此人定是杜应国，于是将辫子挽在手中，举刀便直刺咽喉，将杜应国杀死在床，然后推醒姐姐，点起油灯。翠姑醒来，借助灯光，看到杜应国倒在血泊之中，再看弟弟手持尖刀，鲜血淋漓，便知道是弟弟所为，就责骂弟弟胆大包天，竟敢擅自杀人。张正举让姐姐冷静一些，说自己已经把杜应国给杀了，姐姐如果能喊叫是杜应国强奸，引来左邻右舍，自己杀死杜应国就有了理由，这样既可以使姐姐得到清白，又可以免去自己杀人之罪。翠姑与杜应国是青梅竹马，彼此相亲相爱，如何肯说是杜应国强奸呢？便大声辱骂弟弟凶残无耻，而且声音是越来越高。张正举听得左邻右舍有人出门赶来，而姐姐又不肯喊强奸，便一不做二不休，顺手一刀，把姐姐也给杀了。等左邻右舍赶来，所见到的乃是两具赤条条的尸体，知道这是张正举捉奸，也不好说什么。毕竟是两条人命，保长当然不敢私和了，便让人把张正举捆了起来，天亮了以后送到县衙，交县太爷裁断。

东莞知县当即审讯张正举，得知缘由之后，便带领仵作前去验尸，从现场来看，应该是捉奸杀人无疑，便想按照律例予以拟罪。按照《大清律例·刑律·人命》"杀死奸夫"条规定，凡妻妾与人奸通，而本夫于奸所亲获奸夫、奸妇，登时杀死者，勿论。该律明明白白说是本夫，而张正举不是本夫，就不应该是勿论了。本来按照该律规定，弟弟也是可以捉奸之人，也应该可以视为勿论，但他是弟弟，若是杀了姐姐，也就有罪了。律中规定，弟见兄妻与人行奸，赶上杀死奸夫，依罪人不拒捕而杀。也就是说，要按照斗杀伤论，即判处绞刑，而允许收赎，最终是交些钱就可以免罪。这里说的是嫂子与人通奸，弟弟杀死奸夫，并没有说弟弟可以杀死嫂子。如今姐姐与人通奸，弟弟若是杀死奸夫，可以比照这条律例来量刑，但弟弟把姐姐杀死了，如何进行量刑呢？可以说是律无明文，东莞知县也不敢擅自引律，便将此案申报各级上司，请上司进行定夺。

广东巡抚也觉得为难，便将此案咨报刑部裁断。疑难案件，按例都是由三法司进行会审。三法司认为张正举是律例规定可以捉奸之人，即便是杀死了姐姐，也算是情有可原，可以考虑予以减免罪责，拟为绞监候就可以了，至于是否可以收赎，还要恭请圣裁。三法司会审之后，题请皇帝裁决。乾隆帝仔细研读案情，认为三法司所说情有可原的理由不能成立。如果张正举"若于奸所将奸夫、伊姊杀死，则系义愤所激，尚可原情减免"。

问题是张正举在杀死杜应国之后，让他姐姐假装喊叫强奸，希望能借此推卸自己的罪责，只是因为姐姐不答应，才"怒其不肯护庇，辄持刀立毙其命"。这样便不是什么义愤所激了，乃是情同故杀。如果是故杀，"即以卑幼殴大功姊死之条，问拟斩决，亦不为枉"。不过也应该看到此案的张氏犯奸乃是事实，张正举也是律例规定可以捉奸之人，若是将其斩立决，也未免过于从重，所以乾隆帝下旨云：张正举，著改为应斩监候，秋后处决，以昭平允。也就是说，张正举最终也难逃一死，只不过是可以苟延残喘几个月而已。这正是：

同胞姐姐遭磨难，一奶弟弟却无情。

此案翠姑因为父母包办的婚姻而遭不幸，在孤身一人的情况下，寻求娘家的帮助，却苦于家族势单力薄，不能给自己伸张正义。既然不能再与薄情的丈夫一起生活下去，作为弟弟，也应该为姐姐着想，固然不能找姐夫理论，但可以要求姐夫与姐姐离婚，反正姐夫也没有把姐姐当人看，让他写个休书，总是可以的吧！就算是女方提出离婚，按照当时的规矩，女方不能带走陪嫁，还要退还彩礼，毕竟可以使姐姐脱离苦海。但弟弟只顾自己的财产，何曾想过姐姐的幸福。当姐姐与青梅竹马相好以后，弟弟若顾念姐弟之情，努力去争取让廖成源写下休书，促成姐姐与杜应国的婚姻，姐姐得到幸福，自然会感激他一辈子。作为弟弟不为姐姐的幸福着想，还听从老婆的挑唆去捉奸。以张正举的心思，杀掉姐姐的情夫，就断了姐姐将来另嫁他人的念想，最初张正举没有想把姐姐杀掉，却不想姐姐对杜应国情深似海，拒绝配合他，为了自己的私心，更不念姐弟之情，居然下狠手把姐姐也杀了。杀了姐姐，就是想保全自己，却不想乾隆帝明察细微，看到张正举自私利己的一面，虽然没有将之斩立决，却也没有让他活下来。身为妻子，不仅不能教丈夫向善，还进行挑唆，却不想害了丈夫的性命，也不知道在她丈夫被斩首的时候，其妻是怎样的心情。

教人杀母难逃死

清乾隆三十九年（1774），广西巡抚熊学鹏上奏贵县（今贵港市）民人杀死亲母图赖他人，按例应该凌迟处死，问题是教唆该民人杀死亲生母亲的人，是否也从重处置，予以绞立决呢？乾隆帝仔细阅读案情，认为所办甚是，不但褒奖了熊学鹏，还要刑部编纂为条例，通行全国。该民人为什么要听从别人教唆杀死自己亲生母亲图赖他人呢？乾隆帝的所办是有什么理由吗？刑部又是如何编纂为条例的呢？且从案发及审理过程谈起。

却说广西贵县城西有个积年贼，也就是惯偷，名叫李老闷，这人矮小如猴，任你高楼大屋，他将身一纵即上。更有一种本事，只用手指掐着梁椽，空中可行数十步。远近被其偷窃者甚多，失窃者恨不得食其肉、寝其皮，但抓不到他，也无可奈何。常言道，常在河边走，哪有不湿鞋？即便是神偷，也会有失手的时候。

贵县城里住着一户曹姓人家，其祖父是在平定吴三桂叛乱的时候，立有功勋，从一个马卒升为副将。年老致仕以后，带着万贯家私，回到贵县，在城里建了一处豪宅，过起富翁的日子，也还算是平安终老。家财传到孙子曹龙以后，虽然有些败落，还不失为富贵人家。曹龙酷肖乃祖，不喜欢读书，却喜欢舞刀弄枪。十六岁时他考中了本县武生员，却不思进取了，整日里与一帮曹姓子弟在家习武。曹龙练就一身本事，特别是学会了飞石打人，百发百中。曹龙平日里挥金如土，最爱打抱不平，遇人有含冤被屈之事，虽素不相识，也肯出头救援。

这一日，李老闷偷窃，被失主发现，喊来数十人追赶他。李老闷身怀绝技，蹿房越脊，上蹿下跳，众人如何追赶得上他呢？恰巧此时，曹龙路过，随即出手一石，正中李老闷的右小腿，使他从屋脊上翻滚下来，被失主们拿获，捆缚起来，送往县衙惩办。

鼠窃狗盗，所得不多，贵县知县也不能过分处置，便将李老闷重责四十大板，枷号两个月，然后予以释放。李老闷乃是惯偷，被扭送到县衙也不止一次，与皂隶们混得都很熟，也没有少给这些皂隶赏例钱，所以四十板子也不会使其受伤。而曹龙那一石子，却打断了他的右小腿，当时被扭送县衙，又受杖责，没有来得及医治。后来延医治疗，又遇到庸医，没有治好，结果落下了残疾，成为瘸子。

在贵县南门外，有个草头医生，名叫苏观，别看医术不高明，却喜欢刀笔词讼，又专门喜欢嘲笑人，凡见人有一些小毛病，如面麻、眼斜、头歪等类，诗词立就，远近通传，人送他外号"土灰蛇"，说他只要是咬着人则毒恶难救。有一日，曹龙的妹妹患了感冒，请土灰蛇苏观来医治。曹龙怕他玷污妹妹身体，便假装病人躺在床上，伸出手臂让他号脉，之后来到前厅开药方。曹龙跟了出来，问妹妹病症如何？土灰蛇苏观开口便向曹龙道喜，说他妹妹已经有了三个月身孕，将来定能生个龙子。曹龙的妹妹当时才九岁，尚未许配人家，而被号脉者乃是曹龙本人，曹龙如何不生气，所以劈面就是两个嘴巴，便骂道："我是男子，说我育孕，还能生下龙子，什么鬼医生！送到县里，治你一个庸医害人罪。"按照《大清律例·刑律·人命》"庸医杀伤人"条规定，若故违本方，诈疗疾病，而取财物者，计赃，准窃盗论。要是送到县衙，挨板子是肯定的，还会不准其行医。土灰蛇苏观此时羞得满面通红，跪下磕头请罪。曹龙说："你说我有身孕，这还算不上什么，说我妹妹有身孕，乃是关系到她的名节，刚刚九岁的女孩，将来如何嫁人？怎么能饶过你呢！"说罢，就让家人拿来一桶粪水，从头上淋下去，再用煤灰涂抹在他的脸上，然后将之赶出门外。土灰蛇苏观一面走，一面用衣襟在脸上乱擦，哪知粪水与煤灰搅在一处，竟如油漆一样，哪里擦得干净，弄得脸上花花绿绿的，惹得满街人无不大笑。土灰蛇苏观从此无脸见人，躲在家里两三个月不敢出门，其生意惨淡。李老闷的腿断了，全县的医生都不愿意给他医治，只好找到土灰蛇苏观。

以土灰蛇苏观的医术，如何能把李老闷的腿治好呢？没有把腿锯掉，就算是他万幸，也就成为瘸子了。此时两个人都恨曹龙，一个被粪水浇身抹上煤灰而断了自己的生意；一个成为瘸子，再难以施展飞檐走壁的本事，怎么能不恨他呢？但曹龙是官宦后代，家境殷实，且有一身武艺，这两个人就是绑在一起，也挡不住曹龙的一根手指，要想报复他则不是一件容易的事。土灰蛇苏观看病不成，害人的计谋却是最为狠毒，所以对李老闷说："要想把曹龙扳倒，弄得他倾家荡产，一命归西，非下猛药不可！"

李老闷说："莫非你要给他下砒霜？人家身体如狼似虎，无病无灾，不可能服药。若是要下毒，人家住在深宅大院，仅看家护院就有十几个，再加上曹家子弟各个都本领高强，我行窃了这么多年，都不敢到他家去行窃，进不去他家，又如何去下毒呢？"

土灰蛇苏观说："你叫老闷，真是老闷，谁说猛药就是下毒呀！"

李老闷说："不下毒，那叫什么猛药呀！"

土灰蛇苏观说："你可曾听说过'无毒不丈夫'这句话！什么是毒丈夫呢！就是要心狠，有狠心的人，才能够做大事！"

李老闷说："照你这样说，曹龙那厮算是丈夫了，浇你一身粪，抹你一脸煤灰，一石打断我的腿，他就够狠心的了，为什么不考个武状元回来，光宗耀祖呢！还不是与一帮子弟舞刀弄枪，能有什么出息呢！"

土灰蛇苏观说："他算什么狠心！若是我被人愚弄，不把他打死，也给他弄个残疾，浇些粪水算什么？乃是妇人之仁。你当初蹿房越脊地逃跑，那叫作拒捕，杀死无罪。要是我会飞石，就不打你小腿了，直接打你脑袋，要了你的命，你也就不用在这里发牢骚了，早就上西天了，而他还会有功受赏。我看他表面上刚强，其实内心是脆弱的！"

李老闷说："你还有脸说人家呢！被浇粪抹灰，还不是当缩头乌龟，躲在家里不敢出门，你是丈夫，给我做个男子汉大丈夫样来看呀！"

土灰蛇苏观说："老闷，此言差矣！男子汉大丈夫，能屈能伸。君子报仇，十年不晚。不是不报，时候未到，时候一到，一切全报。"

李老闷说："要到什么时候呀！你我就这样下去，靠什么吃喝呀！等不上半年，你我都会饿死，你还有时间可等吗!"

土灰蛇苏观说："你还别说，如今就是时候到了! 就看你我有无狠心来报仇了! 若是有狠心，舍得一身剐，敢把皇帝拉下马!"

李老闷说："仇人见面，分外眼红，我此时恨不得将曹龙生吞活剥了，有什么不敢做的事呢! 只是我的本领没有人家大，好的时候都打不过他，如今瘸了一条腿，更不是人家的对手了!"

土灰蛇苏观说："谁要你跟人家拼命去了! 你不会栽赃陷害吗!"说罢，便附耳对李老闷如此这般地说了一番，只见李老闷连连摇头，土灰蛇苏观起身便要离去，然后说："我给你指了条阳光大道，你若不走，休怪我没有告诉你! 你如今腿断了，鼠窃狗盗之事是干不成了，就等着死吧!"说吧，扬长而去。

土灰蛇苏观耳语是什么毒计呢? 乃是借尸图赖。按照《大清律例·刑律·人命》"威逼人致死"条规定，若因（行）奸（为）盗而威逼人至死者，斩（监候）（奸不论已成与未成，盗不论得财与不得财）。这乃是死罪，轻者罚埋葬银，重者还要将财产一半给付死者之家。土灰蛇苏观说借尸图赖之计，李老闷为什么摇头呢? 原来土灰蛇苏观是让李老闷杀死其亲生母亲以图赖，他如何能答应呢!

两个月枷号期满以后，李老闷一瘸一拐地回到家中。他原本就靠偷窃为生，除此无一特长，家中仅有他与四十余岁的寡母相依为命，如今不能偷窃，只有靠寡母为人浆洗缝补度日。古人云，宁看贼挨打，别看贼吃饭。小偷被人抓获，在被人打骂的时候，确实是可怜兮兮的，但他们来钱容易，得到钱财就大吃大喝，那个气派有如王侯，也确实令人羡慕。之所以说要看他挨打，不要看他吃饭，这是让人铭记人总有倒霉的时候，这样才能让人往好的方向发展。李老闷在外面吃喝惯了，如今靠寡母浆洗缝补挣的钱过生活，他们母子俩稀汤寡水度日已经是不容易了，时不时还有吃了上顿没下顿的时候。李老闷开始思量土灰蛇苏观的毒计，居然趁寡母不注意，将之勒死，悬在房梁上，然后到县衙呈控曹龙因奸逼死母命。

贵县知县见是人命案件，当然不敢耽搁，当即派出捕役将曹龙拘拿到案，自己则带领仵作、衙役前往检验尸身。贵县知县乃是吏员出身，经过纳捐以后才得到这个官缺，因此与那些靠读圣贤书得来的官不一样，事事精明。一般胥吏休想欺瞒他，更何况他对谁都不放心，所以仵作验尸，他并不躲在远处填写尸格，而是亲眼看着仵作检验。仵作报伤之后，他还亲自验看，使仵作不敢有半点虚假。贵县知县发现李母颈上有两道勒痕，与仵作共同会勘，认为乃是先勒死后悬梁的。这个家只有李老闷母子二人，李老闷当然逃不过嫌疑。

贵县知县提讯当事人，但见曹龙乃是翩翩一少年，若是控告他因奸逼死四十余岁的寡妇，也未免有些太荒唐，因此没有用刑，只是让他从实讲明。曹龙讲李母确实为他们家浆洗缝补衣裳被褥，自己见她是个寡妇，很不容易，所以每次都多给她一些工钱，并无威逼之事。想必是李老闷上次行窃，被他飞石打落在地，让失主擒获，扭送县衙，杖责四十，枷号两个月，故此怀恨在心，才杀母图赖，恳请太爷明察。贵县知县此时已经心知肚明，但进入衙门，总不能一毛不拔，因念李母孤苦，儿子又犯重罪，尸体无人安葬，故令曹龙将李母安葬，具结明状，予以释放。

贵县知县再审讯李老闷，不由分说，就先给他上了夹棍，让其交代为什么杀死亲生母亲，是何人教唆？李老闷开始还坚称是曹龙因奸逼死寡母，但听县太爷说颈上有两道勒痕，明明是先勒死后悬梁，知道难以隐瞒，只好交代是自己勒死亲生母亲，乃是土灰蛇苏观教唆借尸图赖之计。事到如今，李老闷也有些后悔，但悔之已晚，听说是曹龙将其母安葬，心里更加愧疚，只好等待判决。

贵县知县令捕役火速将土灰蛇苏观拘拿到案，依然是大刑伺候，再与李老闷当面对质，可以确信就是其教唆无疑，便将二人打入死牢，申详各级上司，请求将李老闷立即正法。李老闷之罪明确，杀亲生母亲乃是凌迟大罪，毫无争议。问题是土灰蛇苏观的教唆，按照《大清律例·刑律·诉讼》"教唆词讼"条规定，凡教唆词讼，及为人作词状，增减情罪，诬告人者，与犯人同罪。若受雇诬告人者，与自诬告同。

案件经过按察司会审，上报广西巡抚熊学鹏。熊巡抚认为土灰蛇苏观，乃是蔑伦重犯，非寻常谋杀人加功者可比。若是让这样的恶人活下来，还不知道他能干出什么坏事来，因此上奏请示皇帝，是否可以将苏观予以绞立决。

也就是说，熊巡抚办理到位，这种蔑伦重犯，本来就为天之所覆，地之所载的人类所不能够容留，将其即时凌迟处死，竟是不能稍缓片刻的事情。至于此案的同谋之人苏观，却毫无良心地帮助逆子戕害其亲生母亲，他就没有母亲吗！真乃与吃母的恶鸟、吃父的恶兽没有什么区别，也应该将之诛杀，而不必再等待勾决。

乾隆帝让熊巡抚接到朱批以后，立即将苏观绞立决，还觉得意犹未尽。当即传刑部官员来见，让他们看完案情之后，对他们说："但此等案情，各省或有相类者，亦未可定。若不明立科条，恐援拟参差，未为允协。嗣后如有此等加功之犯，均照此定拟。"刑部遵旨拟定条例，若是教唆别人杀祖父母、父母图赖他人者，教唆之人予以绞立决，不用请旨，恭请王命，就可以立即正法。这正是：

大逆不道枭獍子，天下凶徒能食人。

此案确实如熊巡抚所说，非同寻常谋杀人可比。作为儿子，为了图财害人，居然忍心将自己亲生母亲勒死，可见其毫无人性。且不论他平日如何对待亲生母亲的，只是从他被打断腿、枷号两个月以后回到家中，其寡母以浆洗缝补的微薄收入，供养他吃喝。对于这份恩情，若是正常人，都会没齿难忘的，而他却听从他人教唆，置这样的慈母于不顾，还能下狠手将慈母勒死，可见钱财能够迷心，仇恨也会迷心。为了复仇，也为了钱财，他杀死亲生母亲，因为身犯重罪，也不能亲手安葬亲生母亲，但从他听到曹龙将母亲安葬以后，那一丝愧疚与感激的眼光，还是可以看到他毕竟是亲生儿子，还是有感情的。土灰蛇苏观真乃是蛇蝎心肠，要想图赖他人，你自己也有母亲，为什么不杀自己母亲去图赖他人，却教唆他人去杀害母亲。在乾隆帝看来，这样的人就是吃母的恶鸟、吃父的恶兽，乃是天之所覆，地之所载，都不能让他容身的人，认为不杀之不足以蔽其辜。本来嘛，教唆人家犯罪，已经情理不容，法律虽然有所惩治，毕竟还是一般犯罪，如今教唆别人去犯如此大逆不道的罪，也就不能不予以重处了。乾隆帝让刑部修订条例，对这样教唆别人去犯大逆不道罪者，予以立即正法，为的是以儆效尤，也符合当时社会的道德规范。

父告子罪是荒唐

　　清乾隆三十九年（1774），钦差大臣舒赫德上奏山东省莘县监生周曰璜，首告其子周振东结党谋反，已经派兵前往缉捕。乾隆帝接到奏折，发现周曰璜并没有后娶之妻，周振东乃是他们夫妇的亲生儿子，身为父亲为什么要控告亲生儿子以谋反大逆的罪名呢？于是批示舒赫德，要其仔细研审，且勿草率定案。父亲为什么要控告亲生儿子谋反大逆呢？乾隆帝怀疑案件的复杂情节是什么呢？最终舒赫德又是如何研审的呢？且从案发及审理过程谈起。

　　却说莘县监生周曰璜，其祖上也是官宦人家，刚刚十六岁，其父就为他捐个监生，原指望他能够认真读书，光宗耀祖，却不想他不务正业，特别喜欢赌博。赌博需要资本，周曰璜偷家里的钱去赌博，被父亲得知，便将他管束起来，并且为他娶妻张氏，要儿媳妇严加看管。在媳妇与父母严控的情况下，周曰璜不能随便出家门，也就不能窥看赌场，不久妻子生了儿子周振东。过了十八年，周曰璜的父亲死了，他本以为自己可以执掌这个家了，却不想母亲独揽大权，分文不许他乱花，凡是家中收租、买卖，全让他的儿子掌管，自己平日连十个铜板都没有，因此时常怨恨。媳妇张氏劝他："你手中就不能有钱，这些年我们看管你那么紧，你还得空就出外赌博，你输钱还少吗？母亲不让你管钱，让咱们儿子管钱，这也是正理。咱俩就一个儿子，将来的家业还不是他的，我看你就别操这个心了。"

　　这人千万不要学会赌博，一旦学会赌博，就有如疥疮长在心窝里，闲时便自会痒起来，忍不住就要去抓挠。进入赌场输得血本无归，等于是把疥疮抓破，鲜血淋漓，疼痛难忍，发誓赌咒，再也不赌了，但疥疮未去，血流之后，又会痒痒，还是忍不住去抓挠，这也是赌徒为什么不见棺材不落泪的原因，戒赌与戒毒一样难，往往比戒毒更难。戒毒之人与毒品隔离一年半载，基本上也就戒掉了。戒赌之人则不同了，即便是将他隔离十年，一见赌场，依然是会赌瘾发作。

这一日，周曰璜来到村头巷口，见一帮无赖小人沿街而赌，不由得心中痒痒，也加入进去。一个监生，是有身份的人，与一帮无赖一起蹲踞在地上赌博，已经是有辱斯文了。若是能够赢一些钱，还不至于受辱，但与无赖赌博，想要赢钱，几乎是白日做梦。周曰璜输了钱，手头却没有钱，无赖们便要剥他身上的衣服。身为监生，所穿青衿，乃是身份象征，若是被人剥去，袒胸露背，成何体统？无奈之下，只好哀求众人，将自己的田产写契变卖换钱，总算保住青衿，没有让他斯文扫地，可以权当无事地回到家中。

过了些日子，到了佃户交租的季节，周振东发现有个佃户今年没有来交租，便禀告奶奶，是不是前去催一催，奶奶让周振东带着两个长工前往。周振东来到佃户的家，只见佃户说："旧田主来了，请里面坐。"周振东心想："田主便是田主，为何加个'旧'字呢？"满腹狐疑地进入佃户家中，稍事寒暄，便说："今年风调雨顺，并没有灾荒，你们为什么不交田租呢？"佃户说："田租早已经交完了，难道你们不知道吗？"周振东说："我家可没有见到你交过一粒粮食。"佃户说："你当然见不到粮食了，你家把田地卖给别人，我的田租自然送到别人家去，怎么会送到你家去呢？"周振东说："我家既不少吃，又不少穿，为什么要卖田呢？且问你是何人写契约？何人做中？不要胡说！"佃户说："是你爹写的契约，朱家大官人是做中人，亲自领人来让我验看的，不信就去问你爹。"此时周振东无话可说，只好回去禀告奶奶，说父亲把田地给卖了。

奶奶把周曰璜夫妇喊来数落道："想当初你爹就知道你是个败家子，不让我把家交给你，如今你真的是败家，偷偷把自家的田地给卖了。我问你，卖的钱都到哪里去了！快说清楚，饶你不死，要不然就家法伺候！"说着便让儿媳妇张氏去取家法，张氏还是心疼丈夫，磨蹭不肯去，奶奶骂道："就是你这个小蹄子，我让你把他看紧了，你就是不听，他是何时跑出门的?"张氏说:"他一个大男人,儿子都快二十岁了,你让我如何管得住呢!"奶奶说:"混账东西!你翅膀硬了不是,儿子大了,有了依靠,也敢和我顶嘴了!还不快自己掌嘴!"周振东见状,便安慰奶奶,让她息怒,问父亲为什么把田地给卖了。周曰璜说:"你以为我愿意把田地卖给别人吗?还不是人家逼得紧,你爹再不济,也是个监生,总不能让人剥光衣服,暴打一顿吧!"周振东说:"这么说,您又去赌博去了,您为了奶奶,也是为了我,能不能别再去赌了!爷爷留下这些产业,不能在我们这里给败了,这样对不起祖宗,也会害了子孙。儿子我还没有成亲呢,您这样赌博,落下赌鬼的名声,人人都知道我是赌鬼的儿子,哪家姑娘肯嫁给我呢?"奶奶说:"你看你儿子多懂道理,你就不为子孙着想吗?"见母亲及儿子都说自己的不是,周曰璜也是后悔,便发誓赌咒,以后再也不去赌博,总算没有受到家法处置。

周曰璜自此以后,确实老实了一些日子,大门不出,二门不迈。过了两个月,忽然县里发来帖子,乃是新县太爷上任了,按例地方上有头有脸的人物,都要到县里参加上任典礼,当然也要凑些份子。按照周曰璜监生这个等级,至少出银二两,多出自便。周家因为周曰璜学无长进,也无求于官府,买个监生,就是避免官府找麻烦,也无多求,故此每逢县里典礼,也就是随大流,从不多出一两银子。周曰璜把帖子给母亲看,然后说:"今年可不同以往,咱们山东正在用兵,这世道很乱,若没有官府保护,盗匪来抢,我们的家产还不是化为乌有!这次到县里,要多送一些礼金,让县太爷派几个兵丁来保护我们村子,盗匪也就不敢来了。"奶奶说:"这县里又不是你一个人有身份,人人都要县太爷派兵保护,县里哪里有这样多的兵丁呢?你也先别骗我,待我与你儿子商议以后再做定夺。"

奶奶把周振东找来,告诉他父亲的意思。周振东认为:"如今官军剿匪吃紧,根本就没有多余的兵丁来保护村庄。再说了,兵丁不要吃喝呀!来到村子,由谁供养呢?父亲出主意请来,当然要我们出钱,更何况这些兵丁平常欺负老百姓还可以,一遇盗匪,比兔子跑得还快呢,指望他们保护,不是痴人说梦吗!现在各村为了防范盗匪,村里的丁壮都组织起来了，日夜巡逻，一旦发现盗匪，鸣锣示警，各村丁壮都来声援，盗匪根本不敢到咱们莘县来，也没有必要巴结官府，还是按往年常例，就给二两银子。如今动乱之时，可能朝廷缺钱，让县里有身份的人捐助一些，也是可能的。我看就给父亲十两银子，再给几百铜钱，做路上开销，若是大家都捐助，就捐助一些，这官府毕竟是不能够得罪的。"奶奶觉得有理，便按照孙子所讲，给了周曰璜银子及铜钱。

虽然周曰璜家中富有，但他手中从来就没有拿过这样多的银子，因为他父亲知道其有赌博恶习，故此管控很紧，他也没有想到父亲死后，自己在家里还是说了不算，事事都由母亲与儿子做主，心里一直不爽快。如今拿着银子来到县城，便想痛快一番。按照《大清律例·刑律·杂犯》"赌博"条规定，是不允许开设赌场的，一旦发现赌场，场主杖八十，赌场入官，但地下赌场依然如雨后春笋一般，疯狂地增长，以至于查不胜查。大凡好赌的人，都知道哪里有赌场，其灵魂似乎被赌场勾去，即便是挨打受骂，也毫无怨悔之心。白天赌咒发誓地说至死也不沾赌场边了，到了晚上又跑到赌场，即便是输得凄惨，被人家赶了出来，一旦兜里再有几个钱，还会回到赌场，所以说赌不可医。

县城的赌场与乡村街巷随地而设的赌摊不一样，装饰豪华，免费供应酒食，接待周到，但前提是必须有钱，若是无钱根本进不去，一旦输了钱，赌场有高利贷可借，若是还不上，打手们则不会轻饶的。周曰璜进入赌场，能有好果子吃吗？没过多久，身上的银子全部输光，却也不甘心，借了高利贷想翻本，却又输个精光。再想借钱，就要先还旧债，再借新债，不知不觉，已经输了三百多两银子。此时周曰璜有些后悔，想不赌了，却欠债累累，只好哀求债主，容他筹措银两。自从上次他私自把田地卖给他人，母亲及儿子对他防范更紧了，他根本拿不到契约，也无法出卖田地房产。赌场对赌徒的家世都清清楚楚，知道周曰璜家中饶有钱财，便给了他三天期限，把钱还上则罢，若是还不上债，十两银子一根手指，欠了三百两银子，若是加上脚趾也不够还债，就要被阉割了。

周曰璜在赌场亲眼看见有人被剁去手指，当时连魂都被吓没了，如今欠下这些债，若是还不上，恐怕性命难保，而债主就给了三天的时间，自己又不能掌管家财，如何能够筹措这些银子呢？向母亲要房契地契，根本就不可能，向儿子要钱，他又会告知母亲，还是得不到。于是，他对儿子说："我看咱们家的粮仓有许多粮食，我们吃一辈子都吃不完，不如把多余的粮食卖了，换成银子。常言道，乱世藏黄金。如今盗匪横行，保不住哪天打到我们村子，这些粮食搬也搬不走，毁了则可惜。"周振东说："粮食本来就是要卖的，但不是这个季节卖，如今刚刚秋收，家家都有余粮，此时怎能卖个好价钱？若是等到来年春天，青黄不接的时候，粮食价钱才能卖高价。至于盗匪，朝廷派了大军，正在围堵，一时半会儿还不会危及我们这里。"

周曰璜吃了个闭门羹，也不敢说自己欠下赌债，为了保命，居然想出一个狠毒的计谋，竟然把儿子告到县里。若是父亲控告儿子不孝，县太爷往往还进行调解，最多是打儿子一顿，不会按照律例的规定，将儿子处死，毕竟人家只有一个儿子，还指望着传宗接代呢！谁也没有想到周曰璜居然控告儿子与盗匪结党，准备于次日举兵谋反。如此紧急，县太爷如何敢耽搁，一面派快马飞报钦差大臣舒赫德，一面调集全县捕役，火速按照周曰璜交代的地点去缉捕人犯。如此紧急的事情，舒赫德也不敢隐瞒，急忙写了奏折，八百里急递送往京城，说自己已经调集军队，四路擒拿，一旦捕获，定然严惩不贷。乾隆帝看完奏折，发现是父亲控告儿子谋反。

也就是说，父子乃是天生的血缘之亲，如果不是为了国家而大义灭亲，怎么会有这种行为呢？更何况根据审讯，周曰璜没有后娶之妻，夫妇俩只有一个儿子，他怎么能忍心将亲生儿子陷于凌迟大罪呢？是不是他们家庭之间有什么见不得人的事情呢？因此要求舒赫德把人犯抓到以后，一定要仔细审讯，千万不能仅听一面之词，要证据确凿。

乾隆帝批示到来，莘县知县早已经将周曰璜开列名单上的人全部捕获了，送交钦差大臣处严审。经舒赫德委派能干官员审理，得知周曰璜因为赌博欠债，要儿子把粮仓的粮食出卖以还赌债，但其母亲不同意，便怀疑是儿子周振东撺掇，故此诬告他谋反。至于周曰璜所控情节，无一属实，当县里派人缉拿，名单上的人没有一个是谋反的，经过搜查，各家也没有兵器等不法物件。审讯官将审讯情况报知舒赫德，才知道这是虚惊一场，急忙再写奏折告知皇帝。乾隆帝接到奏折，也是长出一口气，他原以为这乃是一起惊天动地的谋反大案，已经再派钦差前往协助舒赫德办理，如今看来是没有必要了，所以追回所派钦差，而批示道：看来周曰璜，竟是一极荒唐之人，所告毫无影响。

按照《大清律例》规定，诬告反坐，周曰璜诬告儿子是凌迟大罪，按照规定，如果已经处决则也要凌迟，若是未处决则减一等，也应该是斩刑。因为《大清律例》尊卑有等，再加上乾隆帝已经将周曰璜定位为荒唐之人，也不便予以重处，就按不应重罪，杖八十，折杖三十，释放回家。奇怪的是，周曰璜参与赌博，按律也应该杖八十，还要查没赌场，舒赫德以当前军情紧急，也不想扩大事态，因此舍赌博之事而不问。这正是：

赌场之上无父子，灾祸到来少亲情。

此案周曰璜赌习难改，在母亲、妻子严格管控之下，还是不能改掉赌博恶习，为了赌债，居然将儿子诬陷为谋反，那可是凌迟大罪，乃是要族诛的。固然因为他是首告，可以免去他的连坐，但其母亲、妻子，乃至族人都不能够幸免，也可见赌徒既无德行，又无人性。因为周曰璜诬告谋反，使钦差大臣与乾隆帝都虚惊一场，最终以乾隆帝一句"极荒唐之人"而定了性，又因为《大清律例》的尊卑有等，没有重处诬告人，但一个能够将宗族都置于死地的人，能够得到宗族的原谅吗？后来，周振东把周曰璜的赌债还了，将之禁锢在家，形同坐牢一般，直到死去，此时也没有人说周振东不孝。治理社会，不能仅仅治标不治本，乾隆帝与钦差大臣都没有关注此案乃是因为赌博而起，去根治犯罪的源流，欲求社会安定，显然也不会持久。

蔑伦案中有玄机（上）

清乾隆三十九年（1774），安徽宿州发生一起子杀父的案件，按律应该将其子凌迟处死，安徽巡抚却奏报罪犯乃是因为酒醉昏迷，且事出有因，请求予以缓决。乾隆帝览奏之后，认为这乃是刁恶讼师与猾吏舞文，职官及庸劣幕友心怀积阴德之念所致，在严厉斥责安徽巡抚之后，要求严惩讼师、书吏、幕友、职官，以革刁恶之风。儿子为什么要杀死父亲呢？讼师、书吏、幕友、职官在这个杀父案中是如何舞奸作弊的呢？乾隆帝又是如何看出案中的疑点呢？且从案情说起。

古人认为，居家者以尽孝事亲为根本，因此"不孝"就为诸恶之最。若是有人不孝敬父母，不但乡曲间闾咬牙切齿痛恨，官府也是严惩不贷，因为"不孝"乃是十恶之一，是遇赦不赦的大罪。即便是如此，家丑不能外扬，父母与子女之间出现争执，也是不愿意让乡曲间闾知道，更不想因为自家之事而对簿公堂，故此不出现人命案件，这种不孝的行为往往是不会被揭示出来的。

却说安徽宿州有徐姓一家，父亲徐老大开一个铁匠铺，已经鳏居多年。儿子徐有仁，娶妻王氏，与父亲分居另过。父子各自为生，也很少来往，也就说不上什么孝亲了。徐有仁在州里为贴写书吏，即额定书吏的助手，也就是徒弟，属于在官之人。吏胥为奸乃是朝野共知的事，朝廷没有办法除去吏弊，便称他们为"蠹吏"，也就是蛀虫，要想清除是很难的。地方百姓对他们既恨又怕还无奈，恨乃是因为他们为奸作弊、无所不为；怕乃是因为不知道什么时候，他们会找自己的麻烦；无奈乃是官府离不开他们，想要办事非求他们不可。这徐有仁虽然是个贴写书吏，毕竟是在衙门内办事，那些土豪劣绅一定要与他们结识，更希望联络成莫逆厚交，也就难免吃吃喝喝，久而久之，徐有仁就染上了酒瘾。

要说喝酒，也讲究酒品，特别是酒醉之后，上品酣睡而不语，中品话多而语无伦次，下品则借酒撒疯，属于酒后无德。这徐有仁不孝敬父亲，胥吏为奸，人本下流，酒更下品。徐有仁嗜饮酗酒，因为是书吏，隔三岔五地总有人请他喝酒，每次都喝得醉醺醺，回家就打老婆。老婆挨打之后，无处诉冤，便到徐铁匠那里去哭诉。徐铁匠只有等儿子来看望他的时候才训斥几句，若是徐有仁没有喝酒，听到父亲教训，也是默默无语，只是不愿意听，故此很少去看望父亲。若是在酒醉的时候，父亲教训，他也是不听，还敢跟父亲争吵，说什么我打老婆，与你这个公公何干？莫非你是爬灰，才这样向着儿媳妇说话。儿子居然说出这种龌龊无理的话，徐铁匠如何不生气！便拿出铁匠的本事，有如打铁一般，把儿子臭打一顿。徐有仁一是碍着父子伦序而不敢和父亲对打，二是酒色掏空身子也根本就不是父亲的对手，每到此时，只有溜之大吉，很久不再去看望父亲了。

这一日，有人请徐有仁吃酒，席间有本州的有名讼师在座，显然这酒席不是什么朋友聚一聚，联络感情的，就是为了打官司。常言道，阎王好见，小鬼难缠。要想得到本管官的认可，不把这些书吏们打点好了，怎么能打赢官司呢？这个名讼师名叫周德著，是专门替人家出歹主意的，做的呈子既能挟制官府，又能抓住要害，只要给他钱，各种主意是层出不穷的。周讼师所出的主意，是要以出钱多少为准的，钱越多主意越多，因此没有一个不怕他的。出钱请客的是事主，其哥哥死了，而嫂子原本是二婚，带有前夫的儿子，就这样眼睁睁地看着哥哥的财产归寡嫂所有，心有不甘，就想逐嫂而得财。周讼师乃是凶恶狡诈之人，当下对事主说："这件事再容易不过了，我有上中下三个计策，价格不同，结果也不相同，不知道您打算要哪个计策。"事主说："您有三个计策，但不知道每策的价钱如何？"周讼师讲："你哥哥的财产，我粗略地估算一下，大约值银三万两。这上策是对半分，中策是给我三分之一，下策是给我十分之一，不知道您要哪个计策，若是定下来，当下就立字为据，免得后悔。要是我的计策不行，乃是分文不取。"事主可能是心疼钱财，居然选中了下策，先立下字据，然后恭请周讼师指点。周讼师也不计较，当即说："这下策乃是争立嗣。你哥哥与你嫂子并没有生子，嫂子所带来的孩子与你家没有血脉关系。按照《大清律例》规定，如果无子，应该以同宗昭穆相当之侄承继。你嫂子的儿子不是与你哥哥生的，就算是无子，按照昭穆关系，你最亲近，把你的儿子过继给你哥哥，那财产还不是你家的。这个事要先花些钱财，遍赂宗亲，厚赂族长，以全族之力来逼迫你嫂子听从，还让她带着原来的儿子去嫁人。若是你嫂子不服，你就可以异姓入继，哥哥将不血食来告状，官府总不能不关注这个问题吧。这条计策保你获胜，但开销较大，最终哥哥的财产也不可能让你全部得到。"事主听说此策开销大而不能得到哥哥全部财产，就想改主意，想求中上之策。周讼师微微一笑说："免开尊口，待事成之后给付银子吧！"说罢让事主付了酒账，就让他先离开，说有事要与徐有仁等书吏们商议。事主后悔不迭，知道不能得到中上之策，却也不甘心，便求徐有仁打听一下周讼师的中上之策是什么。因为那事与徐有仁等无关，或许在酒酣耳热之时，当成闲话说出来。当然了，托人办事，也不能够仅凭上嘴唇碰下嘴唇，总要有些实惠，事主给了徐有仁十两银子。

等事主走了以后，徐有仁对周讼师说："你们当讼师的来钱很容易呀！出了这么一个立嗣的主意，就得银三千两。若是那厮向你求上策，你就能够得银一万五千两。这么多的银子，我就是挣上三辈子，也是挣不到的。"

周讼师说："你不知道富贵险中求吗？干我们这行的，就是赚钱，哪里管他人死生呢？我给那人出下策，是不用害人的，财产虽然少得一些，毕竟还不至于撕破脸皮。若是那厮直接就求上策，我得的多，他得的也不少，但是要害人的，弄不好还会出人命，你们也就别打听了，小心隔墙有耳，被人得知。"

徐有仁说："你就别故弄玄虚了，什么隔墙有耳，不就是怕我们听到，告诉给事主，找事主要谢礼吗！我才不管你们的闲事呢！你们当讼师的，能够有什么好主意，没有听外面流传什么断子绝孙是讼师吗？你们除了害人，还会干什么？"

周讼师说："我们讼师虽然是眼里看着钱，但我们也是凭本事吃饭，一部《大清律例》我们能背得滚瓜烂熟，要知道熟悉法律是干我们这行的根本，你们知道有多少律、多少例吗？要知道我朝除了律例，还有许多则例、事例、省例、章程、成案等，若是不熟悉这些，你还敢说自己懂法吗？如今这当官的，有几个能够熟悉这些法律呢？他们不熟悉，就别怪我们在法律中找钱了。"

徐有仁说："大清律有四百多条，我们当书吏的都知道，条例却不知道有多少，经常删改，非熟悉之人难以悉知。你刚才给那人出的下策，不就是《大清律例·户律·户役》'立嫡子违法'条例吗？这争财产还能争出人命来不成！"

周讼师说："这天下之事乃是千变万化的，就好比你喝的水，我若加些盐就是咸的，加些醋就是酸的，加些糖就是甜的，加些黄连就是苦的，加些辣椒就是辣的，若是各种东西都加进去，你还能在这些滋味中分辨出来各种味道的比例吗？这好比争讼，各种因素都有，你们不能分辨，我们却能分辨出来，提出其中至关重要的因素，这就是官司获胜的根本，也是性质转变的关键。譬如，那位事主的事情，其嫂子是个女人，这女人在《大清律例》中什么罪责最重呢？"

徐有仁说："这个我知道，妇女不得到公堂，奸盗人命除外，我想女人的奸罪最重。你想啊，若是盗案、人命案，官府给妇女用刑，是不褪衣的，唯独这奸罪，是可以褪衣行刑的，您说对不对！"

周讼师微微一笑说："若是那个人找个小白脸，许给他一笔钱，让他偷偷地躲在嫂子房里，藏在床底下，然后带人去找嫂子，让人以为她在家里养着奸夫，我们不相信，但是人言可畏，总要证明你的清白，难道我哥哥死了，还要当王八吗？那嫂子问心无愧，自然也不心虚，便可以到其房间，把小白脸从床下捉出来。小白脸承认自己是奸夫，最多不过是杖八十，不是什么重罪，而他可以请宗亲前来，以其嫂子败坏门风，将其驱逐回娘家，那就是净身出户。若是他嫂子不服，告到官府，小白脸承认有奸，嫂子即便是不承认，但这奸情的事谁又能够说得清楚呢？花不了几个钱，官司就能赢了，他嫂子还是要官断回娘家，依然是净身出户，这家财岂不是全部归他所有，谁让他是哥哥的亲弟弟呢？这天机不可泄露，我们不谈那些事了，大家喝酒。"说罢举杯敬酒，再也不谈官司之事。徐有仁打听到上策，还可以再诈些钱财，当然是很高兴。

人逢喜事精神爽。徐有仁不费吹灰之力，得了一笔意外之财，突然良心发现，不由得想起自己的父亲来。散席之后，徐有仁让店小二将一些菜饭打了包，便把这些饭菜送到徐铁匠铺去，也算是孝敬一下父亲。见到儿子来到，徐铁匠很高兴，毕竟儿子还是想着他，并且带来饭菜。徐铁匠不知道这是打包菜，只见菜肴丰盛，也是十分满意，便拿出一瓶烧酒，倒上两杯，一杯给自己，一杯给儿子，要来一个父子同乐。

父子一起喝酒，不可能谈什么朝廷大事，也就是家里的那些琐事。当父亲的总希望儿子快给他生个孙子，算是香火得以延续。谈到孙子，也未免涉及儿媳妇。徐铁匠说："有仁呀！不是我说你，都结婚三年了，也没有给我生个孙子。开始我还怪儿媳妇没有本事，后来去求医打听，才知道不是儿媳妇的事情，是你饮酒过度所致，若是你把酒戒了，等生了儿子以后再喝，为父我就不再管你喝酒了。"

听徐铁匠说为儿媳妇去求医，再加上此前媳妇来父亲这里告状，说他打媳妇，导致父亲打自己，徐有仁也常常引以为恨，便借着酒劲说："你对儿媳妇很关心呀！你儿子没有本事，不能让你儿媳妇怀上孩子，你老爹有这个本事，让你儿媳妇怀上，给我生个小弟弟呀！"

徐铁匠说："混账东西！你是不是喝醉了，怎么能说这样的话！你爹要给你生个小弟弟，也用不着你媳妇呀！我如今鳏居，给你找个后妈，也不是什么见不得人的事，唯独你说我惦记儿媳妇，那可是世人不齿的事，怎么能乱说呢？你平日也不来看我，看我便气我，真是气死我了。"

徐有仁说："你给我找个后妈，我高兴还来不及呢！我妈都死了十年了，你一直不找女人，这是为什么呢？以你的条件，最多能找个寡妇，若是寡妇不带孩子，你就算是烧高香了！我还不知道你的心思，看你儿媳妇年轻标致，不怀好意。我结婚后就不与你同住，你还不明白是怎么回事吗？就是怕你惦记儿媳妇，你赶紧娶个寡妇吧，别总想着爬灰！"当儿子的居然能说出这样混账的话，徐铁匠如何能够忍受？当即拿起掸子就打儿子。若是平日，徐有仁见父亲打自己，急忙躲避，身上也挨不了几下，更何况父亲也不会下狠手。徐有仁原本就喝多了，再加上他总怀疑父亲对自己的老婆不轨，居然抄起一把榔头与父亲格斗起来。榔头与掸子截然不同，掸子打在身上任何部位都不会是致命的；榔头则不同了，不碰到要害都是重伤，若是碰到要害则是要命的。在格斗过程中，徐有仁一榔头打在徐铁匠的头颅上，徐铁匠应声倒地，居然一命呜呼了。儿子杀死父亲，无论是什么原因，按律都是要凌迟处死的。见到父亲死去，徐有仁心里害怕起来，半晌才想起向周讼师求救。

徐有仁把事情经过讲明，再三强调自己不是故意的，是父亲殴打他，自己用榔头格挡，无意碰到头颅而死，求周讼师救他一命，自己愿意倾家荡产，甚至将自己的老婆予以奉送。周讼师听罢，摇了摇头说："这《大清律例》最重视的是父子关系。律条中规定，无论是什么原因将父亲致死者，都是凌迟处死，而且是决不待时，这不是花多少钱能够解决的事情。此前不久，我们一起饮酒，你说我们讼师眼里就知道钱，你有多少钱让我救你的命呢！我今天让你看看我们讼师的手段，却不要你一分钱，只是你必须心狠。嗨！我不该说你，连老爹都敢杀的人，心能不狠吗！你刚才说把老婆奉送给我。要知道朋友妻，不可欺，我们即便是酒肉朋友，也算是朋友，你老婆我怎么能要呢？再说了，我也不缺女人，在下小妾就有七个，一个比一个年轻，一个比一个漂亮，怎么会要别人的老婆呢？不过你为了保命，连老婆都可以不要，如今只能在你老婆身上想办法了，看来只有她才能救你一命，但前提是她必须先没命。"

徐有仁听到能救自己的命，似乎得了救星一般，急忙问周讼师如何在自己的老婆身上想办法，自己杀死父亲时，老婆并不知道，若是找老婆，不等于是不打自招吗？周讼师见状，冷笑一声说："亏得你还在衙门办事呢！这里的事情你都不明白，我看你是在衙门里白混了。你附耳过来，照我所说的去办，保准你没有事。"便在徐有仁耳边说了一番，徐有仁听得是脸一阵红、一阵白，最终也是点头称是。这正是：

小人得志乱癫狂，不管旁观说短长。

清代讼师为恶，几乎是朝野的共识，他们挑拨词讼，诡计多端，骗人钱财，陷害良善，几乎是恶的化身。讼师是朝廷严厉禁止的，称他们为讼棍，按照《大清律例·刑律·诉讼》"教唆词讼"条规定，一旦发现讼棍，就将他们发遣充军。在一定时期还按照光棍例来治罪，不分首从皆斩，而地方官抓到讼棍，即便是将他们立毙杖下，也是不会承担责任的。正因为讼师是不合法的，他们在幕后出谋划策，才更加狠毒，这个周讼师当然也不例外了。周讼师到底给徐有仁出了什么计谋，就可以把徐有仁杀父的责任推卸得一干二净呢？

蔑伦案中有玄机（下）

　　自周讼师为徐有仁出谋划策，要把他杀父之罪推卸得一干二净，提到只有他老婆丢了命，才能解决这个问题。因此附耳把自己的计谋说出，徐有仁听得是脸一阵红、一阵白而点头称是，还要从徐有仁的老婆王氏说起。

　　徐有仁老婆王氏的父亲，在宿州北门外开了一间米酒店。按理说这酒的生意应该是很好做的，毕竟喝酒的人还是很多的，若是席无酒，就不算是筵席，有酒何愁卖不出去。这酒虽然好卖，但卖酒的人若不会经营，也难免生意不济，甚至折了本钱。王氏父亲为人老实，左邻右舍、亲戚朋友前来赊酒，他从来是没有二话，久而久之，酒钱欠多了，资金运转困难。当他向左邻右舍及亲戚朋友讨酒债，能够还上三分的，已经算是仁义了，而一些存心占便宜的人，从来就没有想过还酒债，就是白拿白喝，你若要债，他便拿出强势来，就是不给，存心耍无赖。这些耍无赖的人中，有个衙役，名叫侯朝，生得红面糟鼻，不但贪酒，而且好色，人送外号"老臊狐"。这个老臊狐在王家米酒店赊酒已经三年多了，就是不还钱。按照宿州的规矩，赊欠的钱，是不能过年的，也就是说，要在大年三十以前把赊欠的钱还上，哪怕是正月初一你再赊，也没有关系。这乃是腊月债主催债忙，欠债之人躲债忙。老臊狐已经不按规矩来了，三年未还酒债，王氏父亲再老实，也不能无动于衷。在米酒店资金运转难以为继的情况下，王氏父亲多次到县衙逼债，而老臊狐躲躲藏藏，千方百计地不让王氏父亲找到。

　　这一日，王氏父亲得知老臊狐有一个相好的，便找到他相好的家里，将老臊狐堵在相好的家，索要这三年的酒钱。俗话说："偷妇人要诀有计较、容貌、钱钞、货物。"老臊狐既没有容貌，又没有钱钞，更没有货物，只有计较，那就是谋略与算计。老臊狐凭借自己在衙门里当差，把自己说得天花乱坠，将那妇人骗到手，却从来没有说过自己欠了人家那么多钱，如今见王氏父亲讨债，妇人感觉受骗，当场就把老臊狐推出门外。在相好的面前丢了这么大面子，老臊狐当然非常恼火，非要抓王氏父亲到官府去问罪。欠钱不还，还要官家威风，王氏父亲便与他撕打起来，却不想老臊狐应声倒地，扶也扶不起来，眼见得断气了。逼债逼出人命，那还了得，王氏父亲被带到州衙，等待知州问审。王氏父亲当然要托人找关系，也就找到徐有仁。

徐有仁在衙门当书吏，认识仵作，从仵作那里得知老臊狐并不是被王氏父亲打死的，而是突发心脏病，心里就有底了，便逼着王氏父亲写下借据，声称为他打点。如果能够救命，也就别吝惜金钱了，王氏父亲写下五十两银子的欠条。徐有仁让仵作写个呈状，说老臊狐身上并无伤痕，是突发急病而死，与王氏父亲争吵无关。知州审理时，也就没有追究王氏父亲的责任，但所赖酒债一笔勾销了，还追罚十两埋葬银。这里里外外，王氏父亲等于是赔了百余两银子，原本难以经营的米酒店，如今更难经营了。好在左邻右舍及亲戚朋友们还算是有良心，见王氏父亲有难，便纷纷地把酒债还了，总算是没有让米酒店关张。

米酒店虽然还能营业下去，但欠徐有仁的五十两银子，还是难以还上，王氏父亲只好凭媒，把女儿嫁给徐有仁，算是抵债了。这徐有仁等于是白白地得到一个老婆，他还常常到老丈人那里白拿些米酒，原本应该好好过日子，但他酒后无德，经常借酒撒疯，打老婆、骂老丈人。王氏父亲因为欠着徐有仁的人情，也不敢同他计较，更不能为女儿做主。这王氏只好求助于徐铁匠，让他管束一下儿子，却不想这个浑蛋儿子，居然认为徐铁匠爬灰，导致父子经常争吵，为这事还把父亲给打死了。虽然他不是有心把父亲打死的，但结果是父亲已经死了，按律就是要被凌迟处死，所以求助于周讼师。

周讼师给徐有仁出的计策，就是把他老婆王氏带到徐铁匠铺，用榔头把她打死，然后说徐铁匠图奸王氏，王氏不从，失手把徐铁匠打死。因为徐铁匠是公公，杀死公公就等于是杀父亲，其罪深重，王氏畏罪，故此自杀，这样便可以把徐有仁的罪责推卸得一干二净。周讼师狠心，徐有仁更狠心，居然按照周讼师所教去做，把王氏带到铁匠铺，用同一把榔头把王氏也打死了，然后喊来街邻，一起到州衙投首，并写了状纸。

徐铁匠图奸儿媳妇，乃是蔑伦悖理之事，但必须有实据，按照《大清律例·刑律·犯奸》"诬执翁奸"条规定，凡男妇诬执亲翁，及弟妇诬执夫兄欺奸者，斩。若是查无实据，徐有仁与王氏都是斩罪，如今徐铁匠与王氏已死，这件事则难以查清楚了，可以忽略不计，但是否为王氏遭徐铁匠逼奸而误杀公公，然后畏罪自尽，这要通过尸体检验，才能够弄清楚。经过勘验，徐铁匠的囟门被榔头击中而导致塌陷，显然是一榔头毙命。王氏头颅有三处伤痕，太阳穴一伤乃是致命伤。若是自杀，第一榔头没有毙命，死者负痛，很难再打自己第二榔头，如今却连打三榔头，显然不是死者自己所为。宿州知州以此断定王氏不是自杀，乃是他杀，而当时现场只有徐有仁一人，街邻是在公公、儿媳妇死后才被徐有仁喊来做证的，徐有仁当然是最大的嫌疑人，宿州知州也就不会对他客气了。

宿州知州对徐有仁用了大刑，行刑者都是他的旧相识，也不会下死手，故此他能忍受过去。按照律例规定，用刑不得过三度，换过两次刑具之后，宿州知州只好下令停刑，过几日再行审讯，而将徐有仁打入死牢。

宿州知州看出王氏自杀的破绽，周讼师后悔当初没有告诉徐有仁要一榔头毙命，如今再说王氏自杀，肯定是搪塞不过去了。若是徐有仁忍受不住刑讯，把自己供认出来，这教唆词讼的罪小，谋杀人的罪大。按照《大清律例》规定，凡谋杀人，造意者，斩。主意是周讼师出的，当然他就是造意者。事到如今，周讼师也就不能袖手旁观了。

周讼师先是打通狱卒，见到徐有仁埋怨一番之后，就让他承认是自己杀妻。供认自己见到老婆殴死父亲以后，一时气愤，夺过榔头，连敲三下，将老婆打死。这条计谋也是狠毒的。因为按照《大清律例·刑律·斗殴》"父祖被殴"条规定，若祖父母、父母为人所杀，而子孙不告官，擅杀行凶人者，杖六十。其即时杀死者，勿论。徐有仁见父亲被杀死了，即时把王氏杀了，还是不问罪的。嘱咐完徐有仁，周讼师还是不放心，便把宿州的刑名师爷檀天禄请到酒楼密谈。

这个檀师爷乃是举人出身，曾经任职知县，只因漕粮讹误，被督抚题参，革职为民，就不能再为官了。因为与宿州知州相识，便来投奔，当上刑名师爷。檀师爷当过知县，宿州知州知道他的才能，待之如心腹，遇事无不请教，因此能够左右各种刑案。当师爷的就要为翁主效力，而使翁主逃避责任，乃是他们头等的要务，故此凡遇刑案，他必严格依律定罪，从不马虎，但也免不了要积德行善，秉着救人一命胜造七级浮屠的理念，常常是救生不救死，因为死人是不能复生了，而活人却是可以感恩的，所以遇到命案，能保住当事人的性命，决不将之拟为死罪，因此人送绰号"活菩萨"。周讼师深知檀师爷的心思，所以才把他请出来商量。周讼师开门见山地说："檀师爷，你认为徐有仁的案件如何？是不是他非死不可呢？"

檀师爷说："这个案子很难说，那徐铁匠五大三粗的，王氏一个弱女子，如何能把他打死呢？我看打死徐铁匠的是另有他人，这个徐有仁就很可疑。作为儿子，应该为尊者讳，别说他父亲没有爬灰，就是扒了灰，他也不应该张扬呀！居然大言不惭地对街邻讲父亲逼奸儿媳妇，使儿媳妇误杀父亲，鬼才信呢！"

周讼师说："檀师爷此言差矣！蝼蚁尚且贪生。这徐有仁死了父亲，又死了老婆，自己当然不想死了，情急之下，说出家里丑事，虽然是很可恶，但也是情有可原，若是能让其不死，他肯定今生今世不会忘记檀师爷的大恩大德。"

檀师爷说："你是徐有仁什么人！为什么这样替他说话？这种弑父杀妻的恶人，若是让他逍遥法外，岂不是天地鬼神都不容！"

周讼师说："檀师爷莫生气，我与徐有仁就是一般的朋友，平日他也帮助过我。常言道，多个朋友多条路。我若能帮助他，说不定哪天他也能帮助我呢？周某素知檀师爷信佛好生，故此来为朋友求情，也别无他意。

受人之托，不得不为耳！这是他托我送给您一座金佛，斗胆送上，若是有所亵渎，还望见谅。"说罢拿出金佛，乃是高有尺余，至少值银五千两。这檀师爷一是有救生不救死的理念，二是也喜欢这座金佛，更因为一时贪念，居然同意斡旋。

按照徐有仁的交代，檀师爷写好申文，宿州知州加盖官印以后，便申报上去。这时的安徽巡抚是裴宗锡，山西曲沃人，捐纳出身。这种出身能够得到乾隆帝的重用，就是因为他能看风使舵。乾隆帝曾经说过："宗锡，朕知其为人，颇可造就。"因此很快便升任他为巡抚，且寄以厚望。裴巡抚专心向上，却无心管下，并没有仔细核实案情，居然按照宿州知州所拟罪名奏报给皇帝，却没想到被皇帝看出破绽。

乾隆帝仔细研读案情，认为有许多疑点。一是徐铁匠是否爬灰之事根本没有确定；二是王氏殴毙徐铁匠时，徐有仁在场，不拦阻王氏杀父，却在其父死后擅杀王氏，有杀人灭口之嫌；三是徐铁匠与王氏之死，都没有见证，仅凭徐有仁一人之言，怎么能相信呢？于是，乾隆帝批示云：此乃刁恶讼师猾吏，藉以舞文，而庸劣幕友，复狃于暗积阴功之见，不揆事理之是非，谬为曲说，览之每觉其可鄙。至于父子大伦所系，有犯即法无可宽。也就是说，这些案情都是那些刁恶的讼师与狡猾的书吏们借此舞文弄墨，平庸而恶劣的幕友又秉着暗积阴功的愚昧之见，才不会去管什么情理与是非，使用这些荒谬绝伦的文字，朕看到以后，觉得是非常可鄙的行为。要知道父子乃是人伦之大者，只要是犯这样的罪，在法律上是绝对不能宽恕的。在申饬了裴巡抚之后，乾隆帝又说："此等枭獍逆恶，闻者应无不切齿痛恨，若复稍为悯惜，必其人亦为无父之人，宁身任风教者，所宜出此耶！"当即将此案驳回重审，要裴巡抚务必将此案的讼师、书吏、幕友、职官一查到底，分别予以严惩。

裴巡抚遭到乾隆帝如此严厉的斥责，当然不敢不尽力承办，当即委派一位道台，专门承办此案。既有皇帝的严旨，又有巡抚的死命令，该道台岂敢不用心办理。乾隆帝讲到讼师、书吏、幕友、职官，这些人物当然都是严查的重点。顺序是如此编派，但严查起来却要以反次序。道台先得到裴巡抚的认可，把宿州知州的印信夺了，自己署理宿州知州事，然后追究知州的责任。按照《大清律例·刑律·断狱》"官司出入人罪"条规定，若增轻作重，减重作轻，以所增减论。徐有仁弑父，按例应该凌迟处死，知州以其无罪，以失出论，各减五等，按照凌迟处死、枭首、斩立决、绞立决为序，该知州应该杖一百、流三千里，系职官，也应该发新疆军台效力赎罪。此案做文书的檀师爷，系为东翁效力，其所出谋划策，只是供东翁采用，故不能追究其刑事责任，但东翁坏官，他也就失去西席的位置，在名声重于生命的当世，实际上也是绝了自己的生路。他再也不可能充当幕友了，只能够闲云野鹤地过一生，因为这是他终身的污点，想要洗刷，已经是不可能的了。

朝廷对于官员与幕友的处置，尚且会留有一些情面，毕竟官为朝廷的代言人，幕友为官的参谋，给些体面，也是维系朝纲国体的必然措施。书吏、讼师则不同了，在朝廷看来，他们乃是奸恶的化身，对之予以重处，不但可以以儆刁风，而且可以明刑弼教，故此一直实行"严打"的方针。根据这个方针，该道台将承办此案的书吏，全部予以立毙杖下，以快人心而申国法。讼师则不同了，罗织无辜，牵累良民，憨不畏法，诱惑愚民，教唆诬告，因缘为奸，乃是奸恶的化身，绝不能轻饶。该道台以周讼师是谋杀人造意者，将之拟为斩刑。徐有仁弑父戮妻，狡猾凶狠异常，按律应该予以凌迟处死，决不待时。该道台拟罪之后，申报给裴巡抚，裴巡抚当即将王命旗牌交付该道台，即可以恭请王命，将罪犯即行正法，然后奏闻。乾隆帝也以自己能够察察为明，而颇感得意。这正是：

东手接来西手去，一双空手见阎王。

徐有仁在州衙当书吏，乃是近朱者赤，近墨者黑，沾染上官场习气，既不会顾念父子之情，又谈何夫妻之义。在大祸临头之时，不以弑父而感到罪恶深重，却听信讼师之言，嫁祸于发妻，还残忍地将发妻杀死，诬其父以蔑伦悖理之罪，实属丧心病狂者。身为讼师，虽然不是朝廷承认的正常职业，但精通法律，却不领会法律的真正内涵，千方百计地去钻法律的空当，为犯罪者脱罪，不惜索贿行贿，也应该是死有余辜。檀师爷当过知县，深明官场规矩，却本着救生不救死的理念，轻易地上了周讼师的圈套，固然是狃于暗积阴功之见，但也是见钱眼开，若不是金佛，恐怕其还是有所顾虑的。毕竟保护东翁乃是幕友第一要义，虽然其没有受到法律的制裁，却败坏了幕友的名声，能够过上隐居生活，也算是万幸了。严格按律量刑，这原本是宿州知州义不容辞的责任，但他当甩手掌柜的，听从幕友书吏的摆布，丢官卸职，也算是不幸之中的万幸，得全首领于项上。书吏们明明知道朝廷贱吏，根本不把他们当人看，为了些许利益，居然不惜以身试法，被立毙杖下，也应该是死不足惜。问题是徐铁匠，原本没有爬灰，却背上爬灰的恶名；王氏纯属受害者，既没有洗脱与公公通奸的罪名，又背负着杀公公的罪名。该道台在办理案件时，丝毫没有考虑他们的问题，还是认为死者不能复生，但也不能让死者背负这样的骂名吧！徐有仁则罪有应得，被凌迟处死，也得不到人们的同情，故史称人们唾骂声不绝，亦可见当时人们的认识。若不是乾隆帝明察秋毫，这样一件民间案件，或许也就无声无息了，冤沉海底无人知，奸恶之人自得意，这说明官员若是不以人命为重，出现草菅人命的事情也是不足为奇的。

知县欠下高利贷

清乾隆四十年（1775），承德知县福纲刚刚上任，便勒索本县商人的银两。商人们不甘勒索，到盛京将军弘晌处告状。弘晌上奏皇帝，乾隆帝当即下旨让弘晌把福知县关押在盛京刑部，即刻派钦差大臣阿思哈承审此案，查出福知县乃是因为借了京债，债主到承德来逼债，无可奈何的情况下，福知县只好向商人们挪借，不想商人们认为福知县以官强借，怕他不还，就把他告到盛京将军那里。乾隆帝弄明原委以后，认为福纲可恶，债主们更可恶，亲自下旨将福纲革职，并没有按例查抄福纲的财产，反而对债主们进行了严惩。地方官上任为什么要借京债呢？乾隆帝为什么不严惩借京债的官员而严惩债主呢？这有什么法律依据吗？且从案发及审理过程谈起。

《大清律例·户律·钱债》"违禁取利"条规定，凡私放钱债及典当财物，每月取利，并不得过三分。年月虽多，不过一本一利。违者笞四十，以余利计赃，重者，坐赃论罪，止杖一百。也就是说，按照法律规定，无论是官府，还是民间借贷，每个月的利息不得超过三分，若是年利率，应该是不高的，问题是按月计算，一年下来利息就是百分之三十六，这算是很高的利息，这是法律规定的极限，而且规定不管多少年，最多是一本一利。若是欠上十年，每年利息也仅仅是百分之十，若是欠上五十年则为百分之二，远比现在的贷款利息要低，所以债主都不肯拖欠债务，逼债、讨债则成为债主必须采取的手段。若是到期不还，债主会重新写定借据，将利息算入，就是利滚利了，既回避法律规定的一本一利，又可以获得高额利润。这还算是有良心的，若是违禁取利，增加利息，采取一扣、二扣、三扣，甚至四五扣，获利就更大了。所谓的一扣，就是借你一百两银子，实际上给你九十两银子，借据却写满一百两银子，还是按照一百两银子计息，可见高利贷手段既隐蔽又黑暗，而逼债的手段更是无奇不有，甚至令人发指。

且说满洲正白旗人福纲，被吏部选为承德县知县。按照清代制度，知县这样的官员是不选用满族人的，但东北地区除外。承德原本为热河上营，乃是一个小村落。康熙四十二年（1703），在此修建行宫，人口渐渐聚集起来。而皇帝每年都要到这里来避暑，随行的蒙古王公、文武大臣，也开始建设府邸宅院，工商业也随之发展起来。于是车马喧嚣，行人比肩，酒楼茶铺，鳞次栉比，行政管理则成为必要。雍正元年（1723）设热河厅。雍正十一年（1733），改为承德直隶州，承德之名自此始。乾隆四年（1739），置热河道，领州一、厅三。乾隆四十三年（1778）升承德州为府，陆续增定的六厅改为州县，承德县在承德府，乃是府县同城。因为承德是皇帝前来避暑的地方，故此这里的知县多用满族人。

在清代，凡是被选拔为地方官以后，都要拜会京城各个衙门，送上规礼。如果不拜会，很难能够安全维持一任，因为不知道哪个衙门找出你些许毛病，追究责任，轻者免官，重者问罪，因此谁也得罪不起。在道光时，有个名叫张集馨的人，写了一本笔记，后经整理出版，名为《道咸宦海见闻录》，记载其为知府的时候，光给各衙门送规礼，就花了一万三千余两银子，当道台时花了一万六千余两银子，所送既有军机处大臣，又有各部院大小官员。知县比不上知府，但也要送规礼，数量虽然比知府少，但个别富裕的县，往往要超过穷困县的知府。按照一般规格，知县平均的规礼要五六千两银子。清代知县是不贪不滥，一年三万两银子。也就是说，只要当上知县，一年的收入就三万两银子，如果没有当实缺的知县，就没有收入。清代知县一年俸禄是四十五两银子，怎么会收入三万两银子，还不贪不滥呢？要知道俸禄虽少，但各种补贴很多。比如上班，上午和下午都喝茶，吃些点心，称之为"茶果"，仅这个补贴，一个知县一年就是八百余两银子。补贴名目多不胜数，诸如，菜贴、米贴、肉贴、鱼贴等食物补贴，柴薪、木炭、马料等消耗补贴，家具、纸张、笔砚等办公补贴，皂隶、仆从、使女等服务补贴，可以说是名目繁多，积沙成塔，加起来收入就非常可观了。当然，这些补贴在任时有，退休及离职就没有了。特别是退休，仅拿半俸。以知县而论，一年仅仅几十两银子，与三万两银子相比，乃是天壤之别，所以清代官员非常恋职，最怕的就是丢官卸职了。

福纲得到承德县知县的官缺，那可是个肥缺，因为自避暑山庄修建以来，承德俨然成为一个大都会，号称"塞外京城"。各路商家也看到这里的商机，纷纷地到这里开商号、设客栈、修货仓。官府的税收与日俱增，官员的收入也颇为可观，成为让人向往的官缺。得了肥缺，就要送规礼，而福纲家并不富有，这数千两银子，如何能够凑起来。可若不送规礼，有可能到手的肥缺就飞了，只好去借京债，虽然利息很高，毕竟还能够解眼前之急，而到任以后，也有能力偿还。

按照《大清律例》规定，月息不能超过三分。京城的钱铺放贷从不违反这项规定，但他们有自己的办法，那就是采取扣的办法。一般都是九五扣，也就是说，借一百两银子，给你九十五两银子，借据则写一百两银子，利息按月计算，到期还不上，要不先还利息，本金继续按三分利计算；要不本利全还，将借贷全清；要不然就把利息计算在内，写下新的借据，按月计息，就成为利滚利了。京城钱铺放贷主要对象就是这些新铨选的地方官，他们急于上任，而所送规礼是不能够少的，即便是饮鸩止渴，往往也是在所不惜。这些地方官到任以后收入可观，也怕别人说他们借贷，故此不敢赖账，可以说是最具有信誉的借贷者。京城钱铺借给这些官员钱以后，就派人跟随官员上任，等把债讨完了以后再回京城。跟随官员的人，表面上是官员的家人奴仆，实际上是债主，时称"带肚子家人"。

福知县急需银两，所借多达六千两银子，想借九五扣的三分利，是不太容易的。走了几家钱铺，都是八扣三分利，也就是说，要实得六千余两银子，就要借七千五百两银子。因急于用钱，没有办法，只好从寇姓、李姓、郭姓三家钱铺，各借二千五百两银子，实际上三家各自只出二千两银子。七千五百两银子的月息三分利，每个月利息就是二百二十五两银子，若是利滚利，就很难还上了。钱铺的人都很奸猾，当天写好借据，三天以后再给银子，已经白白地拿到你三天的利息。福知县等于是借了高利贷。

承德知县固然是个肥缺，知县的各种补贴，一年也能够得上三万两银子，但这三万两银子不是一天两天能够得到的，更何况前任把应该得到的补贴都预先支取。要见到收益，至少一年以后，而所借京债乃是利滚利，一年就差不多是一本一利，似此滚下去，那还了得；再说了债主派人跟到承德，不是催还利息，就是催还本钱，要不就将利息加入借据。自古以来，借债时，债主是爷爷，借债人是孙子，必须哀求再三，才能够借到钱。钱借出去，借债人便成为爷爷，债主成为孙子，若是借债人来一个要钱没有，要命有一条，债主反而要哀求借债人还钱了。无赖可以赖债不还，有体面的人则不同了，他们顾全面子，不想把欠债之事弄得世人皆知，官员更是如此。债主抓住官员这种心理，所以到县衙来逼债。那个时候的债主讨债如捕役抓强盗一般，也不管你是什么显宦，都是丧门吊客，再有势焰也是压不住他们的，毕竟欠债还钱是天经地义。债主们在县衙，不但恶语相加，而且声称若不还钱，定要全县百姓人人皆知，所以弄得福知县焦头烂额。

福知县急于把高利贷还上，就想到本县有不少富商，可以从他们那里拆借一些银子，利息当然是不想给了。福知县发下帖子，声称自己过生日，要大摆筵席，款待本县士绅商贾们，无非是借此机会敛些钱财。官员开设宴席，称为四司六局。所谓四司，即帐设司，专管布置宴席会场；宾客司，掌客过茶汤、斟酒、上食、喝揖、安排客人、记收贺礼；厨司，掌宴席生熟食品，按照菜单制作菜肴羹汤；台盘司，专门主管上菜，摆设碗碟等事。所谓的六局，即果子局、蜜煎局、菜蔬局、油烛局、香药局、排办局。这四司六局的人，都是特别熟悉宴会布置及各种礼仪的人，当时设有专门宴席行，犹如现代的婚庆公司，只要有宴席，请他们前来，都能够立可办集，皆能如仪。故当时有谚语云："烧香点茶，挂画插花，四般闲事，不宜累家。"若有失礼节者，是因为办事人不精此道，主家要少付酬劳尔。官员设宴，一般都是先茶酒，次厨司，三伎乐，四局分，五本主人从。在酒过三巡以后，福知县致谢，讲自己刚刚到任，还仰仗诸位帮扶之类的客套话，然后把几个富商请到花厅，直言不讳地向他们讲借钱之事，开口就借万两白银。众富商见父母官公然讲借钱，也不好推辞，胆大的小声讲到利息之事，胆小的面面相觑，谁也不肯马上应允。福知县见状，便说："自古以来，借贷有利，欠债还钱，本官这点道理还是懂的。如今本官遇有急用，实在没有办法，才向诸位开口，还望诸位应允。至于利息嘛，本官还是要给的，来日方长，本官一旦有钱，即时就还。"富商们听福知县讲得客气，但也不无威胁，一句"来日方长"，实际上是告诉你，若是不借，你们也别好过；一句"一旦有钱"，明明就是有借无还。人在矮檐下，不得不低头。诸位富商只好凑了万两银子，借给福知县，而福知县当下写了借据，既不写明利息，又不写明还期，还不写明借期，这分明就是勒索嘛！

商人好利，也好交际，不好利就不能够成商，不交际就很难开辟商路。其中，有一个商人认识盛京将军弘晌。这弘晌乃是乾隆帝的堂弟，如今正得到宠任，得知福知县向商人勒借钱财，便一面奏请，一面将福知县关进盛京刑部大牢。乾隆帝得知，唯恐弘晌弄权，当即派阿思哈为钦差大臣，前往盛京去审理此案。

阿思哈，萨克达氏，满洲正黄旗人。官学生出身，深得乾隆帝的信任，先为军机章京，后历任江西、广东、河南巡抚，升为云贵总督。因在征缅甸之战中配合不力，被发往伊犁效力赎罪。不久他被召回，为都察院左都御史，乾隆帝常常以其为钦差大臣，办理各项事务。

阿思哈到盛京以后，亲自提审各方人证，得知福纲被铨选为承德县知县时，借寇姓、李姓、郭姓等八扣银七千五百余两，到任以后，债主持借据到承德县逼债，福知县无力偿还，就向本县富商勒借清还，便上奏皇帝。乾隆帝览奏大怒，当即批示道：福纲甫为县令，即揭借多金，以致勒索部民财物，其罪实无可逭。于是，下令将福纲在旗家产全部查抄，至于寇姓、李姓、郭姓等，胆敢在京重利放债，并直至承德署，肆意逼索，情实可恶，也将他们拿交刑部审明，按律究拟，以示惩创。

根据乾隆帝的指示，阿思哈查抄了福纲在旗财产及任期内所有财产，提出将福纲所有财产罚没入官。刑部审讯寇姓、李姓、郭姓等债主，按照《大清律例·户律·钱债》"违禁取利"条规定，放债之徒用短票扣折违例巧取重利者，严拿治罪。其银照例入官。受害之人许其自首免罪，并免追息。所以刑部认为，应该按照此例，将违禁取利的银两入官，福知县因为已经自首了，只还本银就可以了，因为借钱给的是八扣，借据上虽然写七千五百两银子，而实得六千两银子，给还本银，也就给六千两银子就可以了。若是让福知县仅还本银，则明显偏袒了官员，使债主们感觉官府欺压商人，所以乾隆帝批示云：今思福纲索借所部银两，固有应得之罪，但究系揭借私债，与侵挪官项者不同，其财产可以无庸查抄。所有勒借铺户等银两，著于福纲、及从中分肥之各犯名下追出，给还原主，再于福纲名下，照数追出一分入官。也就是说，福知县借的是私债，不是侵占与挪移官产，所以不必抄家了，但所勒解的银两要福知县及立借据的中人们偿还，然后再从福知县名下追出一分，也就是百分之一入官。

对于债主放高利贷，特别是以折扣放贷，乾隆帝也很气愤，所以批示云：至放债之寇姓等，以八当十，重利盘剥，甚属可恶。著传谕英廉即照伊等立票银数，加倍追罚入官，以为违禁渔利者戒。也就是说，这些债主实在可恶，居然敢以八当十的重利盘剥借者，不能够不予惩罚，所以要求按借据所写的银数，加倍予以追罚，让那些重利盘剥者有所警诫。按照乾隆帝的指示，借据写明七千五百两银子，加倍就是一万五千两银子，而官断福知县只还实借六千两银子，最终债主们还损失九千两银子。这正是：

债主黑心真刻薄，一月三分律有条。

按照法律规定，借贷每个月的利息不准超过百分之三，这在现代算是高利贷，而在当时却是人们可以接受的利息，而且还规定年月久远，也不得超过一本一利。法律是逼迫人们必须遵守的，但人们在法律面前都存在规避的心理，所以才会出现借据数额与实际给付数额的不一致，以八当十则成为普遍现象，更有甚者敢于以五五借贷。之所以债主们敢于这样做，一是抓住借债人急需钱财救急的心理；二是刑罚规定最高刑罚也不过是杖一百，还能够赎免，最终所罚与所得之利相比，实在是不值得一提。乾隆帝深明法律规定的缺陷，采取加倍罚银的办法，希望能够因此制止重利盘剥，但没有从立法方面考虑如何消除重利盘剥，当然也不能够从根本上消除高利贷，再加上大量的陋规存在，官员们上任需要大量开销，即便是饮鸩止渴，他们也不得不去饮。故此有清一代的京债，不但成为一种社会病，而且成为促使地方官员更加腐败的催化剂。

杀人偿命是天理

清乾隆四十一年（1776），山东省登州府招远县发生一起挟仇杀死两家六命的案件。山东巡抚杨景素将案情及拟罪情况上奏以后，乾隆帝深感震惊，认为这种凶恶惨毒的事情，实属从来罕有，然而按照法律，最重也不过是将罪犯凌迟处死而已。为了达到辟以止辟的目的，乾隆帝居然按照传统的杀人偿命的理念，提出这种凶恶之徒不应该再留有余孽的看法，要刑部修订条例，按照"一命一抵"的原则，要罪犯家属抵命。罪犯因为什么要惨杀两家六命呢？乾隆帝为什么要提出不留余孽呢？刑部最终是如何制定条例的呢？且从案情及处理经过谈起。

却说在山东省登州府招远县西门外三里地方有个村庄，乃是绿野青畴，树木荫翳，再加上当地风俗朴茂，男人辛勤耕作，妇女尽力纺织，颇有世外桃源之感，却也还是世俗社会。这个村庄内有户人家，男主人名叫王之彬，三十多岁，娶妻刘氏，生有一子二女，儿子王小雨年方十岁，大女王二姐年七岁，小女王三姐年刚四岁，家里有十来亩水浇地，两亩桑田，男耕女织，也算是小康人家。

王之彬有个邻居，名叫王瑞来，因为长一脸麻子，故人们叫他王三麻子，久而久之，人们都不知道其大名了。王三麻子娶妻李氏，偏偏不能够生子，有五个女儿，分别叫大妮、二妮、三妮、四妮、五妮。大妮已经嫁人，二妮送给人家当童养媳，三妮十二岁，四妮九岁，五妮四岁，一家人在一起，日子虽然不算宽裕，也还过得去。王三麻子为人天性刻薄，习惯在穷人面前卖弄家产，如果跟他借贷，却又分毫不肯出借。他有一桩不好的毛病，就是极喜谈人闺阃之事。坐下闲聊起来，不是说张家爬灰，就是说李家偷汉。

王三麻子有个莫逆之交，名叫董长海，已经三十岁了，尚未娶妻。董长海有一桩可恶的毛病，那就是在人面前大力赞扬，在人背后又换了一副口舌，竟把别人的话当作笑柄传播，以中伤他人为乐趣。

一个天性刻薄之人，与一个惯于中伤他人的人在一起，能够干出什么好事？有一天，王三麻子与董长海喝酒聊天，当然三句话不离本行，便开始对本村的大姑娘、小媳妇品头论足起来。只听王三麻子说："要论咱们村的美女，当属王之彬的老婆刘氏。那女子别看年近三十，修眉稚齿，媚眼流波，风韵体态，乃是女人之上品，特别是风月之事，非常了得。若是男人见了她，定然是雪狮子向火，顿时迷醉了。"

董长海凑趣说："三哥果然眼光不差。要说那刘氏，也算是本县的美人，小名春桃，她父亲在县城里开个豆腐店，原本生意不好，就因为春桃长得标致，使人人羡慕，说她家的豆腐好吃，都到她家来买，所以生意十分兴盛，每天所做的豆腐，到不了中午就售完了。王家豆腐店以春桃为招牌，县里人送她一个美名，即豆腐西施。这样一位美人，也不知道为什么，竟然嫁给王之彬，成为农家妇，可惜了，可惜了！"

王三麻子说："有什么可惜的！还不是因为春桃怀了别人的孩子，他爹急于将她出嫁，才带孕嫁给王之彬？可怜王之彬，这十年只是给别人养孩子，自己还不知道呢。"

董长海说："原来那个王小雨是别人的儿子呀！不对呀，我记得刘氏嫁过来两年以后才生的小雨，不可能是别人的孩子呀？"

王三麻子说："这你就有所不知了。那刘氏酷好风月，与她相好的男人，不说是成百上千，至少有几十个。最初那个野种，不知道王之彬送给谁了，而如今这小雨也是野种，你看小雨长得像王之彬吗？"

董长海说："我怎么没有听说刘氏有相好的呀！结婚十多年了，我看她很少回娘家，也没有见村里谁与她相好。要说这个小雨，长得确实不像王之彬，但也不能够随便说人家是个野种呀！"

王三麻子说："哪个女人有了相好的，就不顾廉耻地向人炫耀呀！还不是都偷偷摸摸的，暗室之事，怎么能够让别人知晓呢？只有孩子藏不住，长大了，像谁不像谁，一眼便看得出。你仔细看看，这小雨究竟像谁？"

董长海说："偷汉、偷汉，这个汉子是偷的，怎么能够正大光明呢？要说小雨这孩子到底像谁，我一时还想不出，反正我觉得那孩子有些像你，莫非三哥与刘氏有染？看来你与她相好时间不短，至少十来年了。三嫂知道吗？你如今可是有老婆孩子的人，要是让三嫂知道，绝对不会与你善罢甘休，若是王之彬知道，也不会轻饶了你。"

王三麻子说："要说与刘氏相好，还是在她爹的豆腐店里，那个时候她还是个姑娘，比现在长得漂亮多了。你知道刘氏为什么嫁给王之彬吗？还不是为了能够与我常常见面？三哥我不是吹的，那刘氏被我迷得神魂颠倒的，只是三哥我已经娶了妻，更喜新厌旧，后来就不再理她了。我老婆长相虽然比不上刘氏，但比她年轻，而且人好，只是肚子不争气，如今仅仅生了五个女娃，觉得亏欠着我，还要为我生儿子呢！岂能怪罪于我？至于那个王之彬，天生就是当王八的人，知道了如何，不知道又如何？三哥我还怕他不成！"

董长海说："还是三哥威武，有艳福，家有娇妻，外有艳遇。即便是三嫂将来生不了儿子，你也绝不了后呀，那个小雨不是你的儿子吗？要说这男人能够招女人喜爱，那算是本事。三哥你有能耐，比小弟我强多了。你家里抱着娇妻，外头还有艳遇，小弟我如今还光棍儿一人，都三十岁了，还没有娶妻，恐怕今生就要打光棍儿了，羡慕、羡慕！"

这两个人，一个好吹牛，一个好奉承，把一些无中生有的事情谈得有鼻子有眼的，胡编乱造别人，还引以为乐。其实王之彬夫妇感情甚笃，相亲相爱，男人耕作，女人持家，非常和睦，根本没有这两个人所说的那些事。至于小雨的相貌，虽然不像王之彬，但确实是他们夫妇生的。通常来说，头生之子像舅舅。小雨相貌与他舅舅相似，这原本也是没有非议的事情，可到了小人的嘴里，却什么都可以编派出来，哪里管别人的感受呢？

却说与王三麻子胡聊之后的几天，董长海在田地里见到了王之彬，想吃些瓜果，便凑上前去说："王大哥忙着呢！要说咱们村，属你王大哥最勤快，伺候这田地就如同伺候老母一般。你看这庄稼长得绿油油的，香瓜个个如碗大，定是个好收成，今年又少不了要赚钱。俗话说，农夫家有五斗粮，一个小妾入洞房。王大哥这么有钱，还不再娶个小的，生上三男两女的，不就是人丁兴旺了吗？"

王之彬本来就不喜欢董长海这样的人，特别烦他当面奉承人，背后议论人，把一些是是非非传来传去，弄得别人家鸡飞狗跳，自己却幸灾乐祸，所以也不愿搭理他，便说："你少在我这里搬弄口舌，不就是想吃个香瓜吗？摘两个到远远的地方去吃，我没有时间听你饶舌！"

董长海见王之彬不愿搭理自己，便摘了两个香瓜，蹲在地头上，边吃边对王之彬说："王大哥，我知道你烦我，不愿意搭理我，这也没有关系。可是这村里有些事，我还是知道一些的。王大哥你知道这村里是怎么议论你的吗？说你替别人养私儿子呢！谁都不肯跟你说，我看在这两个香瓜的面上，告诉你吧！有人说小雨那个孩子不是你亲生的，是王大嫂带孕而嫁，不知道是谁的野种呢。"

王之彬本来就烦董长海搬弄是非，但听到他讲自己的事情，也就不得不有所上心，便问："是哪个胡说八道，你大嫂结婚两年才生了小雨，怎么会是带孕而嫁呢？谁家的孩子能够怀上两年呢？说书的人讲秦始皇的母亲怀胎也仅仅十四个月，那也是说书人胡编的。"

董长海说："谁说不是呢！可有人说大嫂在县城里的豆腐店就有豆腐西施的美号，相好的多不胜数，也保不住结婚以后还有来往呀！要不然小雨那孩子长得怎么不像您呢？"

王之彬听罢，勃然大怒："是谁这样胡说八道！你大嫂是什么人，我还不知道吗？自从嫁了我，大门不出，二门不迈，如何会有相好的呢？我看你是找死，有话无话地到我这里来骗香瓜吃。"

董长海说："我也不相信大嫂是那样的人，但人家说得有鼻子有眼，让人不得不相信呀！"

王之彬听后，放下锄头，扭住董长海的脖领，逼迫他讲出是何人编派他家之事，如若不讲，绝不轻饶。董长海见王之彬动怒，就把王三麻子所讲之事，添枝加叶地讲了出来。王之彬看上去是个老实人，但咬人之犬不露齿，也是个狠毒之人。他容不得别人对自己说三道四，如何能够听得这样的恶事！一时间恶向胆边生，掐住董长海的脖子不放，眼见得董长海直翻白眼，口吐白水，手脚乱动，还不放手，不一会儿董长海便动也不动，眼见得死了。此时的王之彬被气愤迷心，并不知道害怕，于是，拿着一把镰刀，就来找王三麻子。

王之彬到王三麻子家敲门，开门的是王三麻子之妻李氏。王之彬问也不问，上前就是一镰刀，割断李氏的喉咙。听到李氏的喊叫，王三麻子从屋里出来，看见王之彬浑身是血，一脸怒容，情知不妙，想跑回屋把门关起来，却被王之彬赶上，一脚踹倒在地，上来也是一镰刀，将之杀死。王三麻子的女儿三妮，已经十二岁了，看到王之彬行凶，便上前来夺镰刀，也被杀死了。四妮才九岁，五妮刚四岁，被眼前的光景吓呆了。好狠心的王之彬，连四岁女孩子也不放过，居然把她们都给杀了。

连杀六命，乃是大案，地方保长不敢隐瞒，急忙将王之彬捆缚起来，送到县衙，交官审理。招远知县先是带领仵作勘验现场及尸身，然后把相关人证都带到县衙，以大刑伺候，问出实情，就可以按律拟罪了。按照《大清律例·刑律·人命》"杀一家三人"条规定，凡杀一家非死罪三人，及支解人者，凌迟处死；财产断付死者之家；妻子流二千里。为从者，斩。因为王之彬为人狠毒，居然连杀六命，且有一家五人，核其情节，实在是不足以蔽其辜，招远知县除将王之彬拟为凌迟处死之外，将其妻刘氏、子王小雨，拟发伊犁给兵丁为奴，然后申报各级上司。

山东巡抚杨景素认为此案重大，必须及时处置，便专折上奏皇帝，请求将王之彬即时正法，以惩凶暴。乾隆帝阅览奏折以后，认为："王之彬因受董长海、王三麻子挑拨，持刀将董长海及王三麻子夫妇子女，同时扎死，连毙六命，凶恶惨毒，实属从来罕有。然按律不过凌迟处死，实觉罪浮于法。至于妻刘氏、子王小雨，虽据该抚从重拟发伊犁，给予种地兵丁为奴，尚不足以蔽其辜。夫王三麻子全家俱被杀害，而凶犯之子尚令幸生人世，以延其后，岂为情法之平。若云王小雨年仅十岁，则该犯所杀之王四妮、王五妮，皆孩子无知，尚未到十岁，一旦尽遭惨死，何独凶犯之子，转因其幼而矜原之乎。且此等凶恶之徒，为戾气所钟，不应复留余孽，即四岁之幼女王三姐，亦不宜轻宥。如查明被杀之家，尚有子嗣，即将凶犯妻刘氏及幼女，一并赏给死者家为奴。若现已无人，即发往伊犁给予厄鲁特为奴。"也就是说，这个王之彬，仅仅以一些挑拨离间的小事，就杀了六条人命，实在是罕见的凶恶惨毒。即便如此，按照律例规定，也不过是凌迟处死，显然是情重法轻。山东巡抚杨景素将王之彬妻刘氏、子王小雨，加重处置，发伊犁给予种地兵丁为奴，还是不能够以蔽其辜。这王三麻子一家全被王之彬杀害了，他的儿子王小雨还能够活在这个世上，将来还可以娶妻生子，传宗接代，这岂是人情与法律的公平？如果说，王小雨还不满十岁，不应该承担法律责任，但王之彬所杀的四妮、五妮，都是小孩子，惨死在凶犯手下，为什么凶犯之子因为幼小就不承担法律责任呢？更何况此等凶恶之徒，醉心于残暴，不应该再让他留有余孽，即便是他刚刚四岁的女儿王三姐，也不应该轻饶。

乾隆帝这种非常处置，显然与现行法律相冲突，因此乾隆帝命令刑部重新修订条例，其原则是："此等凶徒明知法止其身，或自拼一死，逞其残忍，杀害过多，以绝人之嗣，而其妻子仍得幸免，于天理人情实未允协。朕非欲改用重典，但为民除患，不得不因事严防，俾凶暴奸徒见法网严峻，杀人多者其妻孥亦不能保，庶可少知敛戢，是即辟以止辟之义。"也就是说，像王之彬这样的凶徒，明明知道犯法仅仅是他一个人承担责任，往往会拼自己一死，逞其凶残，滥杀多命，以至于灭人全家，其妻子儿女还能够幸免，这对于天理人情来说，实在是不公平。不是朕非要使用重典，只要是能够为民除害，就不得不因事而从严设防，或许可以使凶暴奸徒看到法网严峻，再杀多人的时候，知道自己的妻子儿女也不能够保全，或许可以稍稍知道收敛，这乃是辟以止辟之义，就是杀人是为了制止杀人的意义所在。

刑部根据乾隆帝的指示，勒定条例云："嗣后，杀一家四命以上，致令绝嗣者，凶犯凌迟处死，其子无论年岁，概拟斩立决，妻女发伊犁给厄

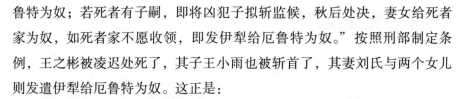

鲁特为奴；若死者有子嗣，即将凶犯子拟斩监候，秋后处决，妻女给死者家为奴，如死者家不愿收领，即发伊犁给厄鲁特为奴。"按照刑部制定条例，王之彬被凌迟处死了，其子王小雨也被斩首了，其妻刘氏与两个女儿则发遣伊犁给厄鲁特为奴。这正是：

惹祸尽因闲口舌，寻死多为坏心肠。

此案缘起不过是闲言碎嘴，不过是说东家长西家短，而且凭空捏造流言。若是一般人，面对这种流言蜚语，多是无可奈何，毕竟嘴长在别人身上，说三道四的，你也管不了，但别遇上狠毒之人，竟敢不顾一切地去杀这些人，还殃及无辜。古人云，闲时莫论人长短，苍天神祇人不容。也就是说早晚会受到报应的，所以劝人们不要议论别人的是非，免得招祸。董长海、王三麻子二人不但因此丧命，而且连妻女都被杀害了。在乾隆帝看来，王之彬因为这些挑拨小事，就敢灭人全家，乃是凶恶惨毒之人，因为这些人不怕拼得一死，以杀一个够本、杀两个赚一个的心理，不惜滥杀无辜，甚至屠灭别人全家，就是因为他们知道杀多少人，大不了就是一死。乾隆帝以为让这些凶恶惨毒之人在行凶的时候，能够想到自己的妻子儿女也要受到株连，或许可以有所收敛。以辟以止辟为名，要刑部修订条例，显然违背当时法循中道的原则。故他承认这是重典，不是常典，但也认为这是循天理、顺人情的做法，也可见当时立法原则之一斑。

处斩之犯能逃死（上）

清乾隆四十一年（1776），广东省嘉应州（今梅州市）发生一起强奸杀人灭尸案，罪犯蔡老三按律应该处斩。刑部具题以后，得到皇帝的批准，就在嘉应州予以处斩，按例要陈尸三日，却不想第二天尸体不见了。两广总督李侍尧得知，严令嘉应知州、道台、总兵官，率领捕役兵丁查找，最终发现蔡老三还活着，捕获以后，再次予以斩首。一个被砍头的犯人居然能够死而复生，显然其中有弊，两广总督李侍尧上奏皇帝，请求处分相关当事人。乾隆帝看到奏章之后，感到十分惊骇，认为这是从来没有发生过的事情，总督李侍尧居然轻描淡写，所以前后下了三道谕旨，并派钦差查核此案，却没有想到十年以后居然又抓住了蔡老三。两次被斩首，蔡老三居然还能够活下来，这到底是什么原因呢？乾隆帝又是如何看待的呢？且从案情说起。

嘉应州在广东与福建交界之处，邻近东海。在康熙年间平定台湾时，实行封海之禁，沿海的居民被驱赶到内地离海百里以外的地方，沿海成为无人区，许多人被迁移到嘉应州。台湾平定以后，封海弛禁了，有人又回到沿海居住，但朝廷依然限制人们下海。百姓建造两个桅杆以上的船只，以军器、铜铁、粮食等物资偷运外境者，均处以斩刑，若是以其他物资接济洋盗，也处以绞刑。朝廷不但限制国人出海，也限制外国人来中国贸易，外国商船只允许到广州交易，还限制船只的数量及交易时间。要知道，越限制交易，交易的利润越高，而由于利之所在，许多人会为之铤而走险。嘉应州本来客家人居多，祖辈因为战乱从北方迁徙过来，因此他们有冒险精神，为了更好地生活，下南洋、走外海的人很多。因为朝廷有海禁，不但限制物资出口，也限制人口出境，因此走私交易及偷运人口出海，成为当时嘉应州最好的生意。

却说在嘉应州城内，有一个名叫蔡老三的人，开有一家杂货铺，表面上贩卖一些杂货，实际上经营海外贸易，凡是外国的香料及珍宝货物，都可以从他那里得到，内地所需要的外国货物，都从他那里批发转运。嘉应州在南洋、海外居住的人很多，现在称为华侨，清代则称为奸徒。因为清代禁止人口出洋，凡是私自出洋者，查获以后都是死刑。已经出洋的人，发了财以后，想要把亲属接出去，也只能通过走私，因此偷运人口的生意很兴隆。蔡老三当然也干这个勾当。

贩私与偷运人口，都是朝廷法律严禁的事情，可以称为刀尖上舔血，是掉脑袋的生意。要想做这种生意，不但海外要有关系，国内也必须有门路。海外关系可以通过生意来建立，走私货物及偷运人口趁黑夜出海，在外海有外洋大船接应。国内的门路，除了要打通官府之外，还要打通沿途沿海各个关卡，这就需要金钱了。俗话说，有钱能使鬼推磨。蔡老三经营走私及偷运人口贸易，利润很高，只要用钱能解决的事情，也就不算事。本州自知州到衙役，本地自总兵到兵丁，没有不接受蔡老三好处的，他们睁一只眼闭一只眼就是钱财，略微帮忙，所得钱财更多。蔡老三既有海外关系，又有国内门路，也就如鱼得水了，买卖是越做越大，生意是越来越好。古人云，富贵不奢华，而奢华自至；贫穷不下贱，而下贱自生。蔡老三因为走私及偷运人口，赚了大钱，不但生活奢侈，而且荒淫无耻。这乃是他个人的事情，毕竟他花钱了，并没有犯王法，但他心狠手辣，杀人不眨眼，这就为王法所不容了，而奸杀本州叶乡宦之女，更是自寻死路。

嘉应州是人才辈出的地方，有不少进士、举人，在外当官的也遍布神州。常言道，落叶归根。那个时候官员退休以后，必须回原籍，他们带回当官时赚的钱，回乡以后建房买地，都是富翁，被称为乡宦。乡宦中家风好的，教育子弟，通过科举以使本家世代簪缨不绝，成为世家；家风不好的，对子弟娇生惯养，使子弟成了纨绔子弟，若是被人引诱为非，乡宦当官赚下的昧心钱，肯定会被败尽花光，时人称为报应。这些乡宦因为失去权势，大部分都能够遵纪守法，不在家乡惹是生非，但也有一些凭借原来官场上的关系，干预地方事务，把持官府而为害乡里。嘉应州有一个叶姓乡宦，在朝时曾经为科道官，也因此结识了一些势要，算是朝里有人，但也怕树大招风，所以闭门不出，在家含饴弄孙。

叶乡宦晚年生有一女，小字满姑，年方二八。满姑生得美丽非常，更兼天资敏慧，女工之外，诗词翰墨，无所不通。叶乡宦爱之如宝，不肯轻易许人，必要对方才貌和她相当方才议婚，因此迟迟未得佳配。恃宠而骄，满姑要星星，叶乡宦不敢给月亮，总是顺着满姑，哪肯说她半分不是。有一天，满姑要去逛庙会，叶乡宦说姑娘家家的不好出头露面，不想让她去，满姑便梨花带雨地哭泣起来。叶乡宦最看不得女儿委屈，只好同意，但不放心，要两个丫鬟、两个奶妈陪着，还派四名家丁跟随，以确保女儿安全，却不想将女儿送上了黄泉路。

满姑长得貌美，再加上丑丫鬟、胖奶妈的衬托，更显得容貌出众，惹得行人喜爱，路人回头，人人争看美娇娘。当然也被蔡老三看到了，一时淫心大发，找了许多帮闲，故意拥挤，将丫鬟、奶妈、家人挤到一边，然后把满姑逼到角落。满姑高呼救命，但人声鼎沸，哪里有人能听见她喊叫，就被几个人捂住嘴，用一个大布袋装了起来，扛起来就走，送到蔡老三的杂货铺，其命运可想而知了。

蔡老三将满姑强奸之后，知道她是乡宦之女，若是放她出去，定会染上官司，竟然把满姑给杀了。叶乡宦丢了女儿，岂肯干休？他亲自到州衙求知州派人寻找，并且把所有家人都派出去查寻。蔡老三得知后，唯恐搜出尸体，便焚尸灭迹，却没有想到叶乡宦的家人打听到是蔡老三绑架了满姑。叶乡宦即刻带领家人把蔡老三绑缚起来，一纸诉状将之送到嘉应州衙，要知州治蔡老三奸杀爱女之罪。

嘉应知州蒋龙昌，虽然曾经接受过蔡老三的好处，但也受过叶乡宦的好处，更何况此前也与叶乡宦有交情，所以接受诉状，将蔡老三关进监狱，却迟迟不审理。叶乡宦多次催促，蒋知州总是托故不理，看样子是想等待原被告的贿赂。叶乡宦见蒋知州推托不办，便来到广州，找两广总督李侍尧来帮助。

李侍尧，字钦斋，汉军镶黄旗人，户部尚书李元亮之子，以荫生入仕，深得乾隆帝的信任，在内为侍郎、尚书，在外则为将军、总督。史称其："短小精敏，过目成诵。见属僚，数语即辨其才否。拥几高坐，语所治肥瘠利害，或及其阴事，若亲见。人皆悚惧。屡以贪黩坐法，上终怜其才，为之曲赦。"也就是说，李侍尧有过目就能够倒背如流的本领，接见下属的时候，只几句话就可以从中看出下属的才干如何。足不出户，在桌前讲所管辖的地方治理利弊，以及属下的隐私之事，犹如亲眼看到一样，所以人人都害怕他。看来他深得统治之要，遍布耳目于内外。李侍尧爱财，在几次总督任上，所贪钱财都有上百万两银子，曾经被刑部三次拟为斩立决，都被乾隆帝改为斩监候，没有几天，就起用为官，依然授将军、总督。《清史稿》中说乾隆帝不杀李侍尧，是怜其有才，却不讲他向乾隆帝贡献金银珠宝无数之事，算是为尊者讳吧！在李侍尧被弹劾贪赃枉法的时候，当时身为给事中的叶乡宦曾经上疏为他辩白，因此交情很好，所以才来相求。

总督李侍尧得知此事，立即派人持旗牌送叶乡宦回嘉应州，催促蒋知州火速办理。旗牌就是王命，蒋知州当然不敢怠慢，只得提审蔡老三，并且与叶乡宦当堂对质。蔡老三如何肯承认奸杀满姑之事，无论怎么用刑，就是不招，还诡辩捉奸捉双，捉贼见赃，要叶乡宦拿出真凭实据来，弄得蒋知州也不好定罪。叶乡宦提出查抄蔡老三的家，搜寻证据，蒋知州也只好同意，便与李侍尧所派之人，连同叶乡宦一起，到蔡老三家搜查。也可能是满姑的冤屈能雪，蔡老三焚尸灭迹，把满姑放在炉内焚成灰烬，使官府查不出痕迹，却不想满姑随身有一个玉佩，却是大火烧不化的。在炉中找到玉佩，则蔡老三奸杀灭迹之事就可以确定了，即便是蔡老三抵死不招，也可以拟罪了。强奸已经是死罪了，杀人更是死罪，还焚尸灭迹，可谓是罪大恶极，蒋知州将蔡老三拟为斩罪，行文各级上司，等待皇帝核准，便可以在嘉应州予以执行了。行文往返需要时间，深明官场规则的李侍尧，知道犯人在此期间会千方百计地寻找门路脱罪，便把蒋知州召到广州，说是面授机宜，实际上是不想让犯人走他的门路，再以什么新证据要求重新审理，以拖延时日，试图逃脱法网。

李侍尧是乾隆帝的大红人，所奏必允，很快就核准将蔡老三即行正法。因为蒋知州人在广州，李侍尧便再次派人持王命旗牌，委署长乐县知县薛阆，会同游击刘永惠，将蔡老三于嘉应州问斩。监斩不是什么好差事，血淋淋的场面，谁也不想看到，所以长乐县知县薛阆就让吏目郑兆麒代替自己去监斩，而游击刘永惠则委派千总刘骏代替自己去监斩；负责行刑的，乃是兵丁黄仕荣、朱振纲。

吏目是该州的首领官，掌管缉捕盗贼、防狱囚、典簿籍等事，相当于现在的市府秘书长或公安局局长。游击为从三品武职，相当于现在军分区司令。千总为正六品武职，相当于现在正团级。游击、千总直接统领的兵很少，都分散在各处防汛，把守关口，维持治安。按照惯例，处决犯人要文武官会同在一起监斩，既寓意文武相互合作，也有相互监督之意，使他们不能够单独行使杀人权力。杀人应该在午时三刻，于闹市行刑，这一干人却在黑夜于荒野行刑。

当叶乡宦得知蔡老三被问斩的时候，已经是次日凌晨了。按例被斩之人要陈尸三日，叶乡宦立即带领家人赶赴刑场，想用蔡老三尸身祭奠满姑冤魂，却不想刑场根本没有蔡老三的尸体。叶乡宦没有亲眼看到蔡老三被杀，如今又没有见到尸体，就认为官府根本就没有将蔡老三斩首，于是，直接找李侍尧所派的人问讯。李侍尧所派之人，传达总督命令之后，就入住公馆，也没有到刑场去监斩。他得知此事以后，立即找长乐县知县薛阆、游击刘永惠问个明白，得知薛知县、刘游击也没有去监斩，而是郑吏目、刘千总监斩的。当即传二人来询问，二人坚称亲眼看到砍头的，但不知道为什么尸体不见了，是不是蔡老三的亲属将尸体偷走安葬了？李侍尧所派之人再提讯蔡老三的哥哥蔡伯龙，则断言并没有收尸，并且不依不饶地要官府归还弟弟尸首。

事情发展到这种地步，李侍尧所派之人不敢怠慢，火速赶往广州向李侍尧汇报。李侍尧将该人痛骂一通，立即让蒋知州回嘉应，并责令该地总兵，与蒋知州一起，调动所有差役及兵丁，务必寻找到蔡老三尸首，如若找不到，就将所有的人治罪。一个被斩的犯人，居然活不见人、死不见尸，肯定是奇闻，李侍尧知道不能够隐瞒，只好将此事奏报给乾隆帝。

乾隆帝翻阅奏折，觉得此事殊堪骇异，实为从来未有之事，当即批示云：处决重犯奉委之知县及该营游击并不亲往监刑，委之吏目、千总微末员弁。黑夜行刑，又不亲验首级，致重囚临刑脱逃，复敢捏报斩讫，实出情理之外。其行刑之兵丁黄仕荣显有贿嘱情弊，不可不严讯重惩。也就是说，知县与游击受委却不亲自监刑，转委吏目、千总这样微末的文武官，已经是有违制度了，却于黑夜行刑，还不亲自检验首级，致使重犯临刑脱逃，竟然还敢捏报已经斩首了，这实在是出情理之外。显然，行刑兵丁黄仕荣等是受贿了，不可不予以从严审讯，严加惩处。因此同意李侍尧将受委监斩的长乐知县薛阆、游击刘永惠、吏目郑兆麒、千总刘骏等予以革职拿问，并将总督、巡抚、提督、总兵、道台、知府等上司，全都交部严加议处。

李侍尧刚刚送出奏折，马上就觉得不妥，因为蔡老三没有下落，则凸显其办事不力。次日，李侍尧又上奏折，说自己得知此事以后，当即将长乐知县薛阆、游击刘永惠、吏目郑兆麒、千总刘骏等看守起来，行刑兵丁黄仕荣、朱振纲已经关押在狱。自己立即委署该管道台及该省总兵，督促州县捕役、守汛兵丁，立即展开搜捕，于今日在水口附近发现蔡老三，当即恭请王命，将之正法。对行刑兵丁黄仕荣等进行刑讯，他们承认接受蔡老三哥哥蔡伯龙等贿赂，于行刑之时并未将该犯头颅砍下，便以斩头见血禀报，而监刑官并未验尸。现在已经将行贿之蔡伯龙逮捕，委派官员严加讯问。这正是：

看是欺瞒全入网，到头方知不如人。

在李侍尧看来，先报受刑人脱逃，很快就能够将脱逃者缉捕，显得他及手下有超强的办事能力，而且追究了相关当事人的责任，应该得到皇帝的夸奖，却没有想到乾隆帝从奏折中又找出疑点，最终派出钦差查办，揭开了地方官欺瞒朝廷的骗局。乾隆帝是如何发现地方官欺瞒朝廷的呢？又是如何处置欺瞒之人及相关当事人的呢？

处斩之犯能逃死（下）

　　罪犯蔡老三的哥哥蔡伯龙贿赂行刑兵丁，没有将蔡老三斩首，致使被斩之犯偷偷潜逃。总督李侍尧奏报之后，也觉得有些不妥，因为让斩犯脱逃，罪责不轻，便于次日再次上奏说已经将蔡老三捕获，立即予以正法了，相关人员都在严审之中，却不想被乾隆帝发现有欺瞒之处，要派钦差前往查办。乾隆帝是如何发现李侍尧有欺瞒行为的呢？发现欺瞒以后又有什么批示呢？且看案件处理进展的情况。

　　首先，乾隆帝对李侍尧报告蔡老三于次日便被捕获正法，深感不满并表示怀疑，因为即该镇道等所报，次日寻获正法之处，亦恐难凭信，并当严密访查，勿使凶恶要犯得以潜踪漏网。也就是说，该总兵、道台等所上报的于次日就将蔡老三捕获正法，恐怕难以作为凭信，你应该严密访查确实，不要使真正的凶恶要犯因此得以潜藏踪迹，逃脱法网。如何才能够得到确实的案情呢？必须是两广总督李侍尧、广东巡抚德保在一起共同审理，最重要的是提审行刑之兵丁黄仕荣等，严审明确，务得实情，从重定拟具奏。然后申斥李侍尧云："粤省文武员弁，办理此等要事，荒唐若此，则其吏治营务之废弛，已可概见。"从这样荒唐的事情，可以看出广东省的吏治与军务是如何废弛的，别的还用说吗？你李侍尧也不能不承担责任，现在居然当作无关紧要的事情来奏报，实在是不晓事理。本来嘛，既然将蔡老三捕获了，为什么不留活口进行审讯呢？匆匆忙忙将之斩首，能不让人产生怀疑吗？

　　其次，此案行刑之兵丁黄仕荣等，为什么不从严审讯？他们是否受贿，故意放走罪犯，还没有审问明白，就说他们行刑时手软，未将罪犯头颅砍下，显然是故意推脱责任。行刑兵丁乃是二人，前者一刀没有将罪犯头颅砍下，后者验看则会补上一刀。如果说行刑兵丁没有受贿，岂能取信于人？因此要总督李侍尧与巡抚德保，必须严切根究确实，迅速复奏。

再次，监刑官监斩，必须检验，若是头颅与尸体没有分离，就应该责令行刑之人再次将头颅割下，他们为什么不亲自验看呢？说他们见不得血淋淋的场面，只是远远看着行刑，没有近前验看，这显然也是推托之词。身为监刑官，见不得血淋淋的场面，为什么还要他们去监刑呢？若说吏目是文职，见不得血腥场面，还情有可原。而身为千总，战场杀敌，总不能够说见不得血腥场面吧！若是如此，还能够当武职吗？原本委派知县、游击去监刑，他们为什么托故不去呢？奏报时没有讲明原因，显然也有包庇之嫌。另外，监刑官员是否也因为接受了贿赂，才故意不亲验尸身，也是案件的一大关键。这些必须严审明白，然后以日行六百里急递奏报给朕，请旨定夺。

最后，应该委派该管道台前往验明蔡老三尸身，看看有无虚假，如果有逃匿及让别人替代之事，或是缉捕之人故意捏报掩饰，都必须查明，若是该管道台办事不力，或故意隐瞒实情，也要严惩不贷。

乾隆帝将朱批以六百里急递送出，又等了五天，还没有见李侍尧奏报后续处理情况。按照当时的交通情况，即便是六百里急递，从北京到广州，文书往返至少要半个月。乾隆帝的意思是，李侍尧如果是个聪明人，就应该把上述疑点解释清楚，不用朕来提醒，而五天过去，李侍尧还没有奏报，显然他并没有关注此事，所以再发谕旨称："岂李侍尧尚视此事为无关紧要耶！"当即派出蓝翎侍卫带着朱批，前往广东督办。至此，李侍尧知道乾隆帝发怒了，若不马上处理，恐怕此案会牵连更多的人。李侍尧当即会同巡抚德保，与蓝翎侍卫一起审讯行刑兵丁黄仕荣、朱振纲。在大刑之下，二人不得不承认接受蔡老三的哥哥蔡伯龙贿银三百两的事实。他们接受贿赂之后，在行刑的时候，先以猪膀胱盛有猪血，在监斩官喝令行刑的时候，黄仕荣将猪膀胱放在蔡老三脖子上，刀下而血流，蔡老三应声倒地，补刀手朱振纲上前验看，高喊人犯已死，请监刑大人检验尸身，监斩官见血流满地，也没有上前验看，便收队回州城了。

见两个兵丁已经招认，李侍尧征求巡抚德保与蓝翎侍卫的意见，便恭请王命，先行将两个兵丁正法了，并且将他们的儿子发往新疆给兵丁为奴。这样新的疑点又出现了，固然行刑兵丁故意放走死囚，应该是死刑，但至少要将受贿过程及他们私下谋议的过程弄明白，追查是否有指使人，然后奏请皇帝裁决，不能够因为他们是兵丁，就先军法从事，也是有杀人灭口之嫌。

因为长乐知县薛闳、游击刘永惠已经被革职，且已经押送刑部问罪，督抚也就不便给他们拟罪，应该由刑部直接审理。监斩之吏目郑兆麒、千总刘骏，也因为受贿，故意不近前检验尸身，不但溺职，而且贪赃枉法，显然是知情故纵，按律当斩。因为他们是职官，只能够恭请皇帝裁决。乾隆帝交三法司核拟，同意斩立决。乾隆帝按例减等为斩监候，秋后处决。

审问行贿之人蔡伯龙，该犯声称，贿赂行刑兵丁及监斩官员，只是想给弟弟蔡老三留个全尸，并没有想行贿以全弟弟之命。如今弟弟已经被再次问斩，实在是罪有应得，自己愿意领行贿之罪。按照《大清律例·刑律·受赃》"官吏受财"条规定，说事过钱者，有禄人，减受钱人一等；无禄人，减受钱人二等，罪止杖一百、徒二年。因此蔡伯龙承认自己贿赂，就因为知道没有死罪，最重刑罚也就杖一百、徒三年，到时候还可以走门路，让官府允许收赎，所花的银两也不多。蔡伯龙的如意算盘没有算好，想不到总督李侍尧并没有引用"官吏受财"条，将其按照说事过钱来论罪，而是按照《大清律例·刑律·捕亡》"狱囚脱逃及反狱在逃"条规定，若罪囚反狱在逃者，无论犯人原罪之重轻，但谋助力者，皆斩监候。认为蔡伯龙是帮助蔡老三脱逃，就是反狱，他乃是谋助力者，应该予以斩监候。三法司核拟，认为蔡伯龙贿嘱行刑之人，帮助罪犯脱逃，情罪重大，应该予以斩立决，得到乾隆帝的核准，于嘉应州斩首示众，此时后悔也来不及了。

总督李侍尧与巡抚德保以及蓝翎侍卫，并没有审讯负责缉捕的总兵及道台。固然，总兵为正二品武职，即便是讯问，也应该是请旨定夺。道台为正四品文职，也不是督抚可以提问的人。按照他们的级别，督抚无权审问，需要奏请皇帝，有旨才能够提审。问题是乾隆帝曾经明确提出镇（总兵）道（道员）所报，恐难以为凭信，至少他们应该将此问题予以核实，才是办案的根本。不能够提审，召集前来，让他们讲明此事，总是可以的吧！如果不核实清楚镇道官在缉捕的时候，是否真的捕获了蔡老三，此案的要犯下落终究还是个谜。即便是镇道官禀报已经将蔡老三捕获，并且当即就以王命旗牌将之正法，但也要检验一下尸体，确认是否就是蔡老三，但他们并没有这样做，还是不能够解疑。

蓝翎侍卫不是不想查问此事，但总督李侍尧坚持只追究监斩官、行刑者、行贿者的责任，故意不提总兵、道台等是否虚报。看在总督李侍尧是乾隆帝红人的面子上，蓝翎侍卫也不敢深究，便向乾隆帝汇报去了。至于蓝翎侍卫从李侍尧那里得到什么好处，史料没有记载，也不好妄自推测，但从后来李侍尧被查劾贪污数百万两银子来看，不可能不给蓝翎侍卫以好处，要不然此案就不会那么容易结案了。

事实上，蔡老三已经脱逃法网，也可以看到镇道官并没有用心缉捕，所杀之人是谁，也是个千古之谜。蔡老三通过哥哥蔡伯龙行贿，得以从刀下逃生，当夜就在蔡伯龙的帮助下，火速赶往三河镇，在韩江码头乘坐小船，来到潮州府，再转乘海船，驶到外洋，上了外国的大海船，来到吕宋，其二兄蔡老二则在港口等候。原来蔡氏三兄弟早就构建了走私货物及偷渡人口的一条龙，蔡老三在嘉应州建立据点，蔡伯龙主管陆运和水运，蔡老二负责在外洋接应，然后将货物与人口转运南洋各地。蔡家有官府为后台，又有洋人撑腰，再以金钱铺路，沿途营汛官兵都收到好处，所以才能够畅通无阻。蔡老三到了吕宋，凭借多年走私及偷渡人口的积蓄，成为当地的富翁，再也没有回到嘉应州。

蔡老三虽然被判处斩刑，也走上刑场，居然能够从刀底下逃生，在乾隆帝看来是殊堪骇异的事情，他也清楚地认识到这是地方吏治败坏、营务废弛所致，也不是不想进行整顿，但在官僚政治下，他也不得不被官僚们所欺瞒。正如法国启蒙思想家孟德斯鸠所讲，在专制政体的国度里，首脑人物多半是不诚实的人，而要求在下的人都是善人；首脑人物是骗子，而要求在下的人同意只做受骗的呆子。乾隆帝自称大权从不旁落，容不得臣下欺骗自己，却看不出臣下是如何欺瞒自己的，虽然不能够说乾隆帝是骗子，但他至少是不诚实的人。李侍尧三次被问斩罪，乾隆帝三次起用他，还将之列入功臣榜，画图紫光阁。和珅贪污数额相当于国家十年收入，却一直被他认为是忠臣，予以重用。仅此就可以看到乾隆帝本人确实存在不少问题，也就无怪乎他要受到臣下们的欺瞒了。

总督李侍尧、巡抚德保都知道，若让一个斩犯出逃海外，肯定会导致乾隆帝的震怒，一定要追究相关人的责任，而为了一个逃犯，让许多官员为之受牵连，实在不值得，所以坚称于次日就将蔡老三捕获了，当即将之正法。本来蔡老三就是斩犯，朝廷已经核准，不能说是擅杀。明眼人都知道，一个被斩首的人，居然能够在刀下逃生，没有掉下来的脑袋里藏有多少秘密，被抓获以后，本应该严加审讯，查出这些秘密，却将之马上杀掉，肯定是杀人灭口。再说了，总督李侍尧、巡抚德保、蓝翎侍卫，都没有验看尸身，仅凭镇道官禀报，怎么就能够确定被杀之人就是蔡老三呢？乾隆帝不是看不出来，也不是不想穷追，但总督李侍尧等坚称已经将蔡老三杀死，也是死无对证，更何况因为此案，已经将兵丁黄仕荣、朱振纲斩首了，监斩的吏目、千总也要秋后处决了，一个斩犯已经使四个官吏兵丁被杀了，完全可以使不良官吏闻之丧胆，已经达到以儆效尤的目的，可以见好就收了。

有人说了，蔡老三奸杀乡宦之女，通过贿赂得以逃死，不但害死哥哥蔡伯龙，还使四个官吏兵丁被斩首，许多官员受处分，却能跑到海外做富豪，也未免太不尽情理了。不是好人有好报、恶人有恶运吗？这样的恶人怎么会有好运呢？当然不会有好运了。蔡老三到了吕宋以后，依然干走私货物及偷渡人口的买卖，后来又勾结洋人，改名换姓，同洋人一起来到广州进行贸易。

乾隆五十八年（1793），英国商人马尔嘎尼号称是女王的使臣，借乾隆帝八十大寿之际，前来北京朝贡，因为不愿意行跪拜大礼，引起乾隆帝的不满，多次颁发谕旨，要地方官不要热情招待他们，认为"此等无知外夷，亦不值加以优礼"，并且直斥英夷之性狡诈。正因为乾隆帝的这种认识，广东对于英国商船最为关注，特别是与英国人有贸易的汉人，都被认为是"汉奸"，查验这些贸易之人的背景，即便是身家清白，正常交易，也要严行管住，如有交易，必须向官府报告。自此，英国商人就成为地方官府最不欢迎的人，时刻严加防范。在这种情况下，蔡老三虽然更名改姓，但与英国商船到广州贸易，肯定会引起官府的高度重视。广州府严查蔡老三的祖宗三代，发现他就是多年前被处斩的罪犯，竟然能够逃死，远走外洋为英夷效劳。广州府将此情况告知巡抚、总督，请示如何处置。若是重翻旧案，显然又要牵连不少的人。原来的总督李侍尧虽然已经死了，但他还是平定台湾的功臣，图像被摆在紫光阁之内，不能再因蔡老三陈年旧案，连累这位死去的功臣，何况还关系到其他官员。总督、巡抚都认为不能按照旧案办理，且就目前而言，其勾结英夷，潜通奸盗，探我虚实，足以按照"奸徒"予以处置。两广总督发下王命旗牌，责令广州府办理。广州府立即派人，趁蔡老三离开英船时，将之拿获，立即予以正法，即便是英国人，在当时也不能够保护他。蔡老三机关算尽，赔了哥哥而保住项上人头，最终还是身首异处。这正是：

木匠造枷枷木匠，监刑监斩斩监刑。

清代曾经有一个木匠，承包了官府木枷制作之事。该木匠痛恨人犯，在做木枷时弄了许多暗器，就是想让被枷之人饱尝木枷之苦，却不想官府以木匠偷工减料、冒领官银，将其枷号示众。木匠戴上自己制作的木枷，饱尝所设机关之苦，于是，有人写了一副上联，即"木匠造枷枷木匠"，一直没有人能够对上下联。这次吏目郑兆麒、千总刘骏监斩，因为没有亲验尸身，被问罪斩首，所以有人对上了下联，即"监刑监斩斩监刑"，时人称为绝对。并且认为，害人的恶因，是种不得的；弟兄手足，是伤不得的；贪官坏法，是做不得的。如此果报，可不凛然！

故入人罪官问责（上）

清乾隆四十一年（1776），安徽省定远县知县倪存谟，在审理一件和尚与民妇通奸谋杀人命案件的时候，不追究和尚与奸妇之罪，却将死者之子进行刑讯逼供，使之承认杀死父亲，却不想被巡抚闵鹗元查访出实情，奏报皇帝，请将倪知县革职问罪。乾隆帝览奏，当即将倪知县革职拿问，但如何处置倪知县，朝臣却出现歧义。在朝臣争执不下的时候，乾隆帝亲自予以裁决，且令刑部制定条例，对地方官故入人罪者，一定要追究刑事责任。倪知县是如何故入人罪的呢？朝臣对地方官故入人罪处罚的歧义点又是什么呢？乾隆帝亲自裁决的用意何在呢？且从案情说起。

《大清律例》是禁止妇女到寺观神庙烧香的，如果妇女入庙烧香，其丈夫或孩子要被笞四十，叫作"罪坐夫男"，而寺观神庙住持及守门人，也要被笞四十。虽然法令甚严，但妇女们依然往来如故。那时候不是所有寺观神庙都以传播教义为己任，坑蒙拐骗偷的和尚、道士也不在少数，所以时常有与妇女通奸的案件发生，故此清人认为，天下最讨便宜的，莫如和尚。那些俗家，男耕女织，终岁勤劳，常有个冻馁之时。唯独和尚，不耕而食，不织而衣，偏自穿得暖，吃得饱，扪腹逍遥，无忧无虑。俗家要住一间房子，好不艰难，按季清还房租，好不烦苦。唯那和尚，住了名山胜境，高堂曲室，镇日清清净净，自由自在。按理说信奉佛教，就应该苦行焚修，参师访道，宣扬佛教真正的精神，但总有一些劣恶不肖之流，坏乱清规，不遵戒律。他们日常酗酒吃肉，见了一个妇女，就如苍蝇见了血一般，千思万想，必要弄到手。要知道万恶淫为首，淫极自杀身，破财伤身害命，往往就是一个"淫"字，而一个"淫"字又不知道多少人因此而被杀身。

安徽省定远县城外有一座叫感应寺的寺庙。寺中只有三位长老，那当家的法名广明，原是广东人氏，自幼出家，随师访道，年方二十五岁，性格聪明，熟习经典，更兼谈锋敏捷，每讲论禅家妙谛，娓娓不休，天花乱坠，真能使顽石点头。因此前来烧香拜佛的人，无论僧俗，莫不礼敬，以为他是有道真僧。后因士绅公启，请他为感应寺住持。

和尚广明天生有一个毛病，就是见了有姿色的妇女，便神魂飘漾，不能自持。自从有了这个病根，遂将那经典做了口诵的虚文，讲经论道做了哄人的套语，善行也成了恶行。但见一个女施主到来，便满面春风，一团和气，就如《西厢记》中的法聪一般。因此人人喜爱，都来施助。有点烛挂幡的，也有求取法名的。日子一天天过去，竟将一个清净的静室，做了热闹的道场。

却说定远县知县倪存谟。乾隆三十年（1765），乾隆帝与皇太后南巡的时候，因为倪存谟接驾有功，曾经被赏给大荷包一对、小荷包两个。后来乾隆帝又让吏部行文调取他来京引见，将另有封赏，但倪存谟不愿赴京，却留恋这个知县之职，这是因为什么呢？乃是他与和尚广明为莫逆之交。倪知县笃信佛教，善作诗文，与和尚广明讲经论道，品文对诗，谈得投机，只要公务有闲暇，不拘早晚，就到寺中，一谈便是通宵。

和尚广明好色，但是出家人，总不能够明目张胆。也可能是机缘凑巧，更可能是孽缘未了。有一天，感应寺来了一个妇人，年纪大约二十岁，和尚广明看去，见她是瓜子脸儿，梨花淡白；弓样眉儿，柳叶新青；自然幽雅，虽不是倾城之貌，却也是态尽妖娆，顿时使和尚广明有了非分之想。那妇人一双媚眼却含情地看了和尚广明一眼，在佛像前烧了三炷香，叩了三个头，摆动柳腰，缓缓地走出了寺院。和尚广明急忙跟上，想看个究竟，但见一个后生牵着一头小毛驴，扶她上了驴背，往县城走去。只因这一面，就让和尚广明得了相思病，晚上躺在僧床上，翻来覆去，一夜不能合眼。次日便敲着木鱼，到定远县城去化斋，其目的是寻找到那位妇人。

曾经见过和尚广明的那位妇人，娘家姓陆，丈夫叫杜如意，公公叫杜正得，婆婆已故。陆氏时年二十三岁，结婚五载，只生了一个女儿，年方周岁，如今与公公、丈夫在一起生活。公公杜正得，时年四十八岁，妻子刚刚死了两年，属于中年丧妻，算是人生一大悲事。杜正得一直做货郎生意，辛苦大半辈子，也只挣得二三十两本钱，如今在县城东街开了一个小杂货铺，生意也很清淡。丈夫杜如意，时年二十五岁，先是帮助父亲打点杂货铺，因为生意不好，便挑起父亲原来的货郎担，出外贩卖针头线脑之类的东西，一年中有五六个月不在家里。陆氏虽是小户人家儿女，倒有几分姿色，粗通文墨，为人伶俐乖巧，侍奉公公，照顾女儿，也还算是本分，只是生性轻浮，多言多笑，给人以放荡的感觉。

　　和尚广明敲着木鱼，在定远县城走街串巷，定要寻找到他在感应寺所见到的那位妇人。也可能是冥冥之中自有报应，那天公公杜正得染病，丈夫杜如意外出贩货，杂货铺需要有人照应，陆氏便在门前放把竹椅子，抱着女儿在那里瞭望，时不时过个熟人，聊几句闲天者有之，打情骂俏者有之，陆氏全然不顾，你有来言，我有去语，人们休想占得她半点便宜。和尚广明在杂货铺门前见到陆氏，便上前搭讪，见四周无人，就开始语言挑逗。大凡端正的妇人，遇着狂妄的男子，言语之间略有不尴不尬，便正颜厉色抢白他几句，那男子就晓得这妇人是踏不入的，此心就已经死了。谁料陆氏是个吃荤不吃素的人，你来挑逗，我全然不惧，男的找女的，想干什么事，你就直接讲出来，老娘我什么没有见过呀！见说得投机，和尚广明便上前搂搂抱抱，做出无数的丑态。见和尚广明来真格的了，陆氏也是吃惊，急忙说："不要如此，若是有人走来，岂不是让人抓住把柄，你这个贼秃，定然会被人打个半死。"和尚广明连忙四下张望，并无一个人影，便把陆氏推进门去，让她放下熟睡的女儿，然后双膝跪下，就要求欢。陆氏说："今日不方便，我公公还在后屋躺着呢，若是让他听见，岂不是让他来一个捉奸成双，改日再说吧。"正在此时，公公杜正得从后屋走出来，还是陆氏手疾眼快，把和尚广明推到一边，高声说："你要买东西就买，我们可没有钱施舍与你。"杜正得平日积德行善，见是个和尚，便从钱柜里拿了五个铜板，放在和尚广明的铜钵里说："我们小家小户，也没有多余的钱，这些聊表心意，以后时常前来，绝不让你空手回去。"和尚广明只好说了声："阿弥陀佛。"单掌向前致谢，然后告别而去。

这女人在偷情的时候是最聪明的，过几天陆氏再听到木鱼声时，就拿几个钱给公公，让他到酒馆里去喝酒。杜正得平日嗜酒如命，因为儿子媳妇掌管家财，手头也不宽裕，便经常找几个知己友人索饮，遂号为酒丐。如今见媳妇给他钱，让他去喝酒，能够还知己友人一些酒债，何乐而不为呢，却不想是陆氏偷情，嫌他碍眼。陆氏打发走公公，就可以与和尚广明偷情了。两个人如胶似漆，如醉如痴，乃是一个色胆包天何惧死，一个忠心贯日岂偷生。

杜正得是勤俭惯了的人，平日里与朋友喝酒，总不肯付账，如今能够请朋友了，一次两次可以，再多了，也就心疼起钱来了。家中原本不富裕，杂货店生意清淡，儿子杜如意到乡下贩卖针头线脑，收入也有限。以前媳妇就怕他花钱，把钱看得很紧，如今变了性情，三天两头地给他钱，让他与朋友喝酒去。起初杜正得还很高兴，可渐渐地觉得不对，若是这样大手大脚花钱，将来儿子回来，肯定会因为钱财之事吵闹，必定会伤父子之情。因此拒绝陆氏让他请朋友喝酒的请求，却不想陆氏因此恼怒，还是赶他出去喝酒。

常言道，要想人莫知，除非己莫为。陆氏与和尚广明相好，街坊四邻都有风闻，只是不敢对杜正得讲。这一日，杜正得与朋友喝酒，在酒酣耳热之际，有朋友讲到感应寺和尚广明，三天两头到杜正得的杂货店，一进门，陆氏就把门关了，生意也不做了，想必是那和尚与陆氏有奸情才会如此。杜正得听到此言，勃然大怒，斥责朋友捕风捉影，胡说八道，心里却将信将疑起来。

过了两天，陆氏又拿钱给杜正得，让他到外面去喝酒。杜正得拿到钱以后，走出家门，却没有去酒馆，而是躲在一个胡同里向外张望，只见和尚广明敲着木鱼走来，进了杂货铺，陆氏便把门给关上了。杜正得亲眼看见和尚广明进了自家门，如何能够忍受呢？过了一个时辰，还没有见和尚广明出来，就走到门前，用脚蹑开大门，在柴堆前拾起一把斧子，向后屋冲去，要去杀奸夫淫妇。

　　和尚广明与陆氏正在寻欢作乐，听得前面踹门声，衣服也没有穿，就跑了出来，正好撞见杜正得，只见他一斧砍来。和尚广明是学过一些功夫的，看到斧子砍来，将身一侧，杜正得砍了个空，待要转身，却被和尚广明在背后踢了一脚。杜正得顿时趴倒在地，斧子也扔了出去。广明拾斧在手，意欲恐吓杜正得闭嘴，没想到杜正得认为自己占理，竟然高声叫喊起来。和尚广明怕惊动四邻，也顾不上佛家不杀生的教诲，上前便是两斧，杜正得也就无声无息了，眼见着是死了。此时陆氏从屋里走出来，见公公倒在地上，血流成河，也不由得跌坐在地。

　　和尚广明扶起陆氏进屋，让她坐在椅子上，安慰她不要怕，然后把杜正得的衣服脱去，放在陆氏的床上，顺手将带血的上衣扔入灶膛里烧掉。和尚广明处置停当，就对陆氏说："如今祸已经闯下，害怕也没有用。今天发生的事情，全靠你配合了，这样将来我们才能够做长久夫妻。"陆氏此时神魂已经回来，听了和尚广明的话以后，便说："我一个妇人家，有什么本事，怎么能够配合你呢？"和尚广明便如此这般地交代一番，最后给陆氏喝了口酒压惊，然后只身回到感应寺。

　　却说杜如意已经出去半个月了，那日回来得早，刚刚进门就听见已满周岁的女儿哭泣，其声音嘶哑，像是哭了很久。待走进后屋，却见陆氏呆呆地坐在椅子上，女儿坐在桌子上哭，她根本不管，便上前把女儿抱了起来，边哄女儿边问陆氏，这是因为什么呢？只见陆氏鼻涕一把泪一把地哭着说："还不是你那丧尽天良的老爹干的好事，你有本事，问你老爹去！"杜如意说："我爹怎么了？他现在哪里？"陆氏指了指床。杜如意走过去一看，见老爹赤条条地趴在床上，脑后及背部血迹模糊，不由得失声痛哭起来，大声吼叫："这到底是怎么回事！是谁杀死我老爹！"陆氏此时止住哭泣，恶狠狠地说："你那没有廉耻的老爹，趁你不在家，就来我这里爬灰。我岂能干那无耻的行径，他就逼我，说我要是不从，就用斧子劈了我。我岂怕那个老不死的，夺过斧子，就把他砍了，现在还趴在床上，你看怎么办吧！把街坊四邻都喊来，让他们评评理。"杜如意听到父亲爬灰，一时有些气短，但不能够认领此事，便说："我爹不是那种人，定是有人故意栽赃陷害！你说是谁杀了我爹，若是讲不出来，别怪我对你不客气！"陆氏见丈夫说话有些气短，就知道他也相信老爹会干爬灰之事，便更加大胆地说："你老爹死在我的床上，人是我杀的，你把我送到县衙，给我一个凌迟大罪，我也不怕，到时候就把你爹爬灰、无耻的事声张出去，让全定远县的人都知道，看你们杜家的脸还要不要！"见陆氏声音越来越高，杜如意反而觉得理亏，虽然他不相信老爹会干出这种蔑伦悖理之事，但母亲已经去世两年，父亲还不到五十岁，身体强壮，也保不准会见色起意，不顾什么廉耻伦理。杜如意说："这人被杀死，总要报官勘验吧！"陆氏说："报什么官，你还怕别人不知道你爹爬灰，被媳妇杀死在床的事情吗？依我之见，买口棺材，风风光光地给你爹发葬，就说你爹得了急症而死，这件事情也就过去了。"杜如意此时没了主意，反而听陆氏的安排，到棺材铺买来棺材，把老爹安葬在城外杜家祖坟。

杜如意安葬了父亲，就再也不外出做货郎生意，因为心情不好，杂货铺的买卖也不用心打理，却常常到酒馆喝酒，借酒浇愁。看到杜如意心情不好，杜正得原来那些朋友们则免不得要把陆氏与和尚广明那些不清不楚的事情讲给他听。杜如意虽然有些怨恨父亲，但毕竟是亲生父亲，所以在得知陆氏与和尚广明有奸情之事后，立即回到家中质问陆氏，要弄清事实真相。这正是：

虚空自有神监察，湛湛青天不可欺。

大凡女子家，凭你有了才情姿色，一经白璧上遭了微瑕，便是才不才、佳不佳的女人了。陆氏已经移情别恋，既然已经听从和尚广明的计谋，把蔑伦悖理之事栽赃给杜正得，又一口咬定就是公公爬灰，如何肯承认自己与人通奸呢？杜如意又如何能够问得出实情呢？无奈之下，杜如意只好求助官府，找人写了张状纸，就来到县衙控告和尚广明因奸致死其父亲杜正得，恳请县太爷将恶僧绳之以法，且严惩淫妇陆氏。杜如意何曾想到，此次告状，非但没有查出杀害其父亲的凶手，自己却成为弑父的凶犯，要被凌迟处死了。

故入人罪官问责（下）

　　杜如意在酒馆里听到和尚广明与自己妻子陆氏通奸，并且因奸杀死自己的父亲杜正得，便回家质问陆氏，没承想陆氏一口咬定就是公公爬灰，一气之下杜如意来到县衙告状，却没想到告人不成，自己反而成为弑父的罪犯，要被凌迟处死，这是因为什么呢？

　　却说定远县倪知县接到状纸以后，不相信和尚广明会与人通奸，更不相信他会因奸杀人，但状纸明明白白写着是和尚广明，他不能不受理。接到状纸以后，倪知县就把杜如意先关押起来，然后派亲信把和尚广明请来，将杜如意所控之事告知。和尚广明一脸委屈地说："贫僧来自岭南，身上不挂一丝，头上不顶寸木，只是为了弘扬佛法，劝人为善，怎么会干那种奸恶之事呢？我佛慈悲，好生之心，昭然若揭，又怎么能够杀生呢？想必是那杜如意平日向贫僧索诈不遂，诬我大逆不道之罪，还望父母官还贫僧以清白，治杜如意诬告之罪。"

　　倪知县说："倪某素知你是个得道高僧，能讲佛法，能文能诗，怎么会干这种污秽佛门之事呢？只不过是民人控告，不得不理。你如果敢诅咒发誓，上不负佛祖，中不负本官，下不负良心，倪某才能够相信。"见倪知县如此说，和尚广明便指天发誓起来，最后说："望父母官你秦镜高悬，这奸人杀人之事，休要屈赖我佛门弟子。"

　　倪知县见和尚广明能够诅咒发誓，便自信其不可能干这种因奸杀人之事。得道高僧，严守戒律，不可能奸淫妇女。佛门好生，不可能杀人。在这种先入为主的理念下，倪知县不审讯和尚广明，却严审原告。按照《大清律例》规定，妇女不得到公堂，但奸盗、人命除外，所以倪知县把陆氏带到堂前问讯。

陆氏还是一口咬定是公公杜正得爬灰，自己不从，夺斧杀死公公。陆氏是个柔弱女子，如何能够杀死正在壮年的公公呢？倪知县便让衙役拿出拶指，不容分说，把陆氏那尖生生的青葱十指入在木棍之内。倪知县吩咐："拢绳！"衙役齐声答应，左右将绳一拢，挽在上面。陆氏疼了个面如金纸，唇似靛叶，浑身打战，体似筛糠，热汗顺着脸直淌下来，浑身发抖地说："青天大人在上，公公确实是爬灰，小妇人身体柔弱，确实制不服公公，乃是我丈夫见公公施暴，一时气愤，杀死了公公。小妇人怕丈夫犯有弑父之罪，故此我一个人担当。小妇人实在忍不住疼痛，如今也顾不得丈夫了，青天大人问我丈夫便知！"

　　倪知县本不相信陆氏能够下手杀死公公，如今见陆氏交代出丈夫，便给杜如意上了夹棍，让他交代杀死父亲的经过。只见倪知县一声令下，衙役如狼似虎地将夹棍紧紧收拢，只听得"咯吱吱"夹棍响声，杜如意先是如杀猪一般号叫，之后便昏死过去。倪知县让衙役用水泼醒，然后再令杜如意交代是如何杀死父亲的。杜如意抵死不招，又被夹得昏死过去。如此三番，杜如意实在是忍受不住了，只好按照倪知县的诱导交代说："那日看到父亲在自家屋里将陆氏按倒在床行奸，被我发现，一时气愤，便用斧子将父亲砍死，因为怕丑事张扬，所以对外声称父亲得了急症身亡，安葬在杜氏祖坟了。后来见陆氏不守妇道，与感恩寺和尚广明不清不楚，一时气愤，才到衙门控告和尚广明因奸杀人，请青天大老爷饶我不死。"

　　既然杜如意交代弑父，倪知县便带领衙役、仵作，到杜氏祖坟开棺验尸，果见斧迹清楚，是被砍死无疑，便算是证据确凿了，也就可以按律拟罪了。《大清律例·刑律·人命》"谋杀祖父母父母"条规定，已杀者，皆凌迟处死。不管是什么原因，只要是杀死父母，都不能被饶恕，所以倪知县将杜如意拟为凌迟处死，申报各级上司。按照"犯奸"条规定，强奸者，妇女不坐。倪知县将陆氏释放，居然遂了和尚广明的心愿。

　　倪知县先入为主，因为相信和尚广明是得道高僧，居然听信陆氏一面之词，相信诅咒发誓，将杜如意屈打成招，给他加上凌迟死罪的罪名。眼见得杜如意就要冤沉海底了，却不想被安徽巡抚闵鹗元访出实情。

闵鹗元（1720—1797），字少仪，号峙庭，浙江湖州府归安县人。乾隆十年（1745）中进士，乾隆四十一年（1776）任安徽巡抚。闵鹗元以文学起家，名扬中外，精于治狱，以清理积案扬名。其之所以能够办案如神，是因为他有自己的亲信。闵鹗元经常派这些亲信微服私访、暗中调查，凡是地方官申报的案件，他从来不轻信，一定派亲信访问出所以然来，才予以批复或上奏。

倪知县申报杜如意因父亲杜正得强奸自己的妻子，气愤不过，砍杀了父亲，按律应该予以凌迟处死。闵巡抚觉得可疑，心想："公公与媳妇有奸，即便是被儿子发现，也不至于下狠手把亲生父亲杀死。虽然说儿子有可能因此事把父亲杀了，但也不至于在官府与大庭广众面前讲父亲奸污自己的媳妇之事，倘若杜如意侥幸能够逃死，他又怎样面对世人的眼光呢？这于情于理都说不过去。"想到这些疑点，便派亲信前往访查，这才得知此案的缘起，乃是杜如意控告和尚广明与陆氏通奸，杀死其父亲；倪知县并没有审讯和尚广明，却听信陆氏一面之词，将杜如意屈打成招。这个倪存谟如此糊涂，怎能再让他为父母官呢？闵巡抚当即上奏皇帝，认为倪知县审理和尚广明因奸致死杜正得一案，不能审出实情，转而将杜如意进行刑吓，误认杀父重罪，屈打成招入狱。因此请旨将倪存谟革职。乾隆帝览奏以后，当即批示云：倪存谟、著革职。这样草菅人命，仅仅予以革职，也未免太便宜了，科道官们纷纷上疏弹劾说，倪存谟将杜如意叠加严讯，以致畏刑诬服，几成冤狱，仅予革职，实乃罪浮于律。乾隆帝认为有道理，下旨云：地方官承审命案，其故入人死罪而已决者，即以其罪罪之，所以儆酷吏而重民命，定例不为不严，唯枉坐人罪，经上司审明改正者，向因囚尚未决，止照草率定案例参革。但遇事关逆伦重案，如此案尸子畏刑诬服，即应寸磔，若非该抚等审出实情，另行定拟，几至沉冤莫雪，自非寻常无心失入人罪可比。仅予革职，实不足蔽辜，但所冤之人究未决讫，其应如何酌定条例之处，著该部详议具奏。也就是说，按照法律规定，地方官在审理命案时，故入人死罪，若是已经将人处决，地方官则反坐以死，这乃是为了惩儆酷吏而重视民命，可以说法律规定不是不严厉。

问题是这种枉坐人罪，已经为上司审明改正，一向都是因为囚犯没有被处决，才按照草率定案，予以革职而已。若是有事关逆伦重案，犹如此案的杜如意畏刑诬服，按律应该予以凌迟处死，要不是该巡抚等审理出实情，另行予以定罪的话，杜如意几乎是沉冤莫雪，也就不应该按照寻常无心失入人罪来看待，仅仅予以革职，实在不足以蔽其辜。但该知县所诬之人终究没有被处决，如何对他进行定罪量刑，需要厘定条例，因此要刑部会议，详细制定条例，奏报上来。之后刑部奏上条例云："凡经上司平反，囚未及决者，即照本律减一等问拟。如故入者，拟以满徒；失入者，拟徒一年；不得仅以革职完结。"也就是说，经过上司平反的案件，要是有故入人罪者，应该予以徒三年的处罚；失入人罪者，也应该予以徒一年；不能够仅仅以革职予以结案。此条例得到乾隆帝的批准，凡是故入、失入人罪者，即便是得到上司平反，地方官也要承担刑事责任。

闵巡抚得到乾隆帝的批示，便委署直隶州倪知州，审理和尚广明因奸致死杜正得案。倪知州仔细查阅审讯记录，发现乃是杜如意撞遇其父亲杜正得奸污伊妻，一时气愤，持斧就砍，但手软不能够毙命，被和尚广明看到，夺过斧子，连砍致毙。问题的核心就在这里，要是杜正得拉奸儿媳妇，就应该在无人之处，可以说是杜如意回家撞遇拉奸，但和尚广明为什么会在旁边呢？杜如意状告和尚广明因奸杀父，和尚广明就是最大的嫌疑人，倪知县不审讯和尚广明，却严刑审讯杜如意，这不仅仅是糊涂，而是包庇，甚至是纵容犯罪，其罪责不轻。

倪知州将和尚广明与陆氏严刑拷打。在事实面前，他们不得不交代罪行，乃是他们通奸，被杜正得撞见，和尚广明才杀人灭口，并且教唆陆氏反诬公公爬灰，胁迫杜如意，乃数罪并罚。按照《大清律例·刑律·人命》"杀死奸夫"条规定，其妻妾因奸同谋杀死亲夫者，凌迟处死，奸夫处斩。此案和尚广明所杀虽然不是亲夫，但是亲夫的父亲，完全可以按照奸夫予以处斩。按照《大清律例·刑律·诉讼》"教唆词讼"条规定，奸夫教令奸妇诬告其子不孝，依谋杀人造意律。按照《大清律例·刑律·人命》"谋杀人"条规定，凡谋杀人，造意者，斩。无论按照哪条法律，和尚广明都应该予以问斩。对于因奸杀人案中的妇女，《大清律例》的原则也很清楚，知情者凌迟处死，不知情者绞。也就是说，妇女只要是有奸情，并且因为奸情而出了人命，无论如何都要被处死的。和尚广明杀死杜正得，固然不是陆氏的本意，其本人也是在事后才看到杀人的，但也脱不了干系；更何况她还听从和尚广明的教唆，诬赖公公爬灰，并且以此要挟丈夫，属于淫恶已极的妇人。故此倪知州将陆氏也拟为斩刑，申报给巡抚。闵巡抚当即恭请王命，即时将和尚广明与陆氏于闹市正法，遂了他们生死相伴的誓言。杜如意释放回家，却因为过度受刑，一条腿已经成为残废，在无以为生的情况下，将自己的女儿卖给别人，然后离开定远县，不知去向。

按照刑部新定的条例，闵巡抚将倪知县拟为杖一百、徒三年，奏请皇帝核准。乾隆帝认为，为县令者，不能悉心讯究，任听凶僧教唆奸妇，串供捏饰，转将尸子刑求，几成冤获，其罪实难轻逭。更何况倪存谟一味严刑诬服，率拟凌迟重辟，又复删改两次控词，捏作访闻，其情节更属可恶，非寻常故入人罪可比，杖徒尚觉法轻情重。倪存谟，著改发伊犁，永远不准回籍，以为州县滥刑诬枉者戒。也就是说，倪知县身为地方官，不能够尽心尽力办理案件，却听任凶恶的和尚教唆奸妇串供掩饰真情，反而将死者之子滥刑逼供，几乎成了冤狱，他的罪责实在不能够轻饶。倪存谟只知道一味严刑诬服，陷杜如意以凌迟大罪，还敢两次删改控词，不说是杜如意告状，却说成自己访闻得知，这种情节更加可恶，不是寻常故入人罪可以比拟的，判处其杖一百、徒三年，还是觉得法太轻而情太重，因此钦定将倪存谟发往伊犁效力赎罪，并且永远不准回原籍，这样也可以让那些滥刑诬枉的州县官们知道有所警诫。

倪存谟是四川省叙州府富顺县人，被发遣伊犁效力赎罪，乾隆帝并没有讲明要他们全家发往，所以倪存谟决定只身前往，而他的两个小妾，方氏与朱氏却自告奋勇地要陪同他去伊犁。不久倪存谟客死他乡。一个犯罪的知县，哪会留下什么财产？方氏与朱氏想将倪存谟的尸骨送回原籍安葬，但苦于囊中羞涩，只好伏尸痛哭，意欲追夫君于地下。此情此景，感动了伊犁将军，他号召官员们，为她们筹办丧仪，凑些银两，使她们能够将倪存谟的尸骨送回富顺县，毕竟倪存谟在富顺县还有儿子在。方氏与朱氏在伊犁将军的资助下，得以将倪存谟的尸骨运回富顺县，亲手交给倪存谟的儿子，然后说："我二人不死者，惧主人骨不归。今归矣，请死。"说罢两个人携手跳入江中。倪存谟的儿子急忙喊人营救，将两个人捞了上来，好生奉养。后来倪存谟的儿子及孙子都死了，方氏与朱氏抚养两个曾孙子长大成人。富顺知县有感于方氏与朱氏的贞烈善行，上书朝廷予以旌表，得到恩准，拨下银两，在富顺县为她们修建牌坊，《清史稿》还把她们的事迹写入《列女传》。倪存谟因此而获罪，倒是他的两个小妾，为他扬了名。这正是：

史传本是春秋笔，千奸百巧总徒然。

倪存谟糊涂问案，草菅人命。《清史稿》却把他的两个小妾编入《列女传》。倪存谟犯罪被惩处了，朝廷却旌表他的两个小妾，其意乃是善恶分明。有恶必惩，有善必旌，乃是历代王朝所秉承的原则。此案原本不难审理，但倪知县因为笃信佛教，且以和尚广明能诗能文，就认为他应该是得道高僧，有意为他开脱，将杜如意屈打成招，险些让他背着弑父的罪名而被凌迟处死，却让真正的罪犯逍遥法外。闵巡抚不轻信知县所审理的案件，能够派人核实详情，最终解救无辜，但也不无喜怒爱憎之心。据一些笔记描述，乃是因为倪知县凭仗乾隆帝南巡曾经召见，并且赏赐荷包，颇为骄傲自满。对闵巡抚有不敬的言语，闵巡抚才千方百计寻找他的短处，查出此案的原委。所以说执法固难，但难在能够自我克制爱憎喜怒，更不能先入为主。乾隆帝以为，身为地方官，就应该慎重民命，对于这种制造冤狱的地方官，就应该予以严惩，力主出台条例，即便是予以平反，没有造成受害人被处死，也不能够仅仅以革职便可以推卸责任，一定要承担刑事责任，对倪知县还特加严惩，可见乾隆帝还是特别关注地方官故入、失入人罪的问题，更不允许酷吏草菅人命。

迷拐幼童罪难饶

清乾隆四十一年（1776），京师巡视中城给事中阿那布等人，查获一起迷拐孩子的案件，起获十六名幼童，当即上奏皇帝，请示如何处置。乾隆帝览奏以后，勃然大怒，巍巍帝京，居然会发生这样的案件，这还了得！在盛怒之下，乾隆帝下旨将迷拐幼童人犯，不分首从，全部处死，并且要求今后对迷拐孩子的罪犯一律严惩不贷。这十六名幼童是如何被人贩子迷拐的呢？迷拐的幼童去向又如何呢？按照律例规定，迷拐案件要区分首从，首犯处死，而从犯发遣，为什么乾隆帝要不分首从，其法律依据是什么呢？且从案情谈起。

清代的北京城有六个名叫老虎洞的地方，一是在东安门大街附近；二是在阜成门内；三是在崇文门外的东茶食胡同；四是在天桥东，也就是现在的天桥剧场一带；五是在永定门内，也就是现在天桥百货商场一带；六是在朝阳区南磨房一带。为什么叫老虎洞呢？那时候已经是众说纷纭。有的说是修马路的时候，在堤形道路下修有涵洞，因为洞内常常有老鼠出没，所以被称为老鼠洞，又因为老鼠不好听，便以其谐音称"老虎洞"。也有的说是胡同内有石雕的老虎，所以称老虎洞。还有的说乃是前明圈养外国贡献老虎的地方，以老虎喜欢山居而挖洞藏之，才称为老虎洞。"老虎洞"之名的由来现在不但无从考证，连老虎洞的名称都在北京地图上查找不到了，更何况现今其地已经全都是高楼大厦。

却说南磨房一带的老虎洞，地处京城东便门外，为当时去往关东的必由之路。乾隆年间，来往关东及京城的多是旗人，因此在老虎洞一带所开设的店铺旅舍，也多是旗人所经营。在众多的店铺旅舍中，有许多被人称为"窑子"的地方。这里的窑子可不是现在人们所认为的妓院，而是指专门贩卖人口的窝点。清入关的时候，北京城允许进行人口买卖，地点就在广渠门外老虎洞，被称为人市。当时八旗奴仆众多，人口买卖也是合法的。顺治九年（1652），因为有人哄骗贩卖旗下妇女，顺治帝曾经下令查禁贩卖人口的土窑，但雷声大雨点小，土窑不减反增。至康熙六年（1667），又进行大清查，凡是聚众抢夺路行妇女，以及用药物及邪术迷拐男妇子女者，均按照光棍例，予以斩立决，知道被抢夺及迷拐而买者，旗人鞭一百、民人杖四十，均流放三千里，不能查获的官兵，也要分别予以治罪。这次"严打"持续了十五年，之后便取消了人市，对人口买卖也严加限制。随着"严打"过去，再加上取消了人市，私下的交易渐渐地抬头。到了乾隆时期，还出现特大案件，那就是在北京南查获一个姓许的人，拐卖良家童男童女二十二名，虽然抓住了拐卖犯，但二十二个童男童女却下落不明了。在北京广渠门外，发现六名被剜去眼睛及心脏的童子，个个都是裸无寸缕，流血满面，胸际刀迹宛然，最终也没有破案。这两件事被乾隆帝得知，除了严饬九门提督、五城御史、五城兵马司、工部街道厅、大兴县、宛平县严加缉捕之外，还罢免和处分了二十余名官员。

在乾隆帝的严厉督促下，新上任的官员们不敢怠慢，对京城进行了大清查，中城巡城御史督领兵丁在灯市口附近，发现一个藏匿迷拐人口的窝点，乃是开小面馆的刘氏。

这个刘氏的丈夫原是汉军镶黄旗正六品骁骑校，后来病故，没有留下子嗣，为了糊口，刘氏就用自家临街的房子开了一家面馆，雇了两个伙计，稍微可以度日。开设面馆，所来客人天南海北的都有，大事小情常常听到。刘氏没有子嗣，听人讲广渠门外老虎洞有许多贩卖人口的窑子，就前往那里，通过窑头刘三，买了一个不到两岁的男孩子，当成儿子养。这一个孩子，花了二百两银子，几乎是刘氏的全部家当，但为了自己将来能够有人养老送终，还是狠狠心把孩子买了下来，取名王进星，安心地抚养起来。

按理说刘氏家有房产，又有面馆，如今又买了儿子，就可以好好地过日子了。俗话说，贪财人刻薄。刘氏好财，若有一毫便宜事，便千方百计定要得到。人口贩子刘三，帮助刘氏买了孩子，便时常光顾刘氏的面馆。刘氏开始是怕刘三把王进星的身世讲出，所以对他怀有戒心，后来听刘三讲，做他们那行的都有规矩，即便是被打死，也不会讲出孩子卖给何人；且讲做贩卖人口的生意，乃是无本万利，说王进星刚刚周岁，就被人偷出来，他花了二十两银子就买下来了，而卖给刘氏则是十倍之利；若是刘氏能够给他弄到孩子，因为是老熟人，得利可以五五开。

刘氏知道倒卖孩子可以获得重利，便心动了，她向刘三讨教迷拐孩子的办法。那时候人口贩子迷拐孩子主要有两种方法：一是哄骗，趁孩子没有和家长在一起，以食物或玩具诱导孩子到偏僻之处，将孩子捆绑起来，偷偷转送到贩卖人口的窑子；二是在食物内放入迷药，当孩子吃了以后，在其颈部或脸上打一巴掌，称为扑项，孩子便会昏迷无知，所以称为拍花子。除此之外，就是入门偷盗，利诱家长，坑蒙拐骗偷，五毒俱全，而且都是无所不用其极。

迷拐孩子，五大三粗的男子不太容易，因为小孩子害怕，不容易接受送来的食物，想要哄骗也比较难。妇女则不同了，一是和蔼可亲，二是容易让小孩子放松警惕，所以刘三将迷拐孩子的药物及方法教给刘氏。

刘氏先是给王进星吃了带有迷药的食物，果然灵验。此后她便常常在四九城走街串巷，看见中意的孩子，无论是男孩还是女孩，先以食物玩具引诱，与孩子亲近，再带到无人之处，给孩子吃带有迷药的食物，待孩子昏迷之后，抱起来就走，然后让伙计通知刘三，把孩子转送到窑子。窑子是关押拐卖人口的地方，也是好吃好喝，特别是一些女孩子，还专门有老鸨婆进行教导，将来好待价而沽，或转卖给青楼。就这样，不到半年，刘氏迷拐了八个孩子，得银五百两，当年买孩子的钱全赚回来不说，还获利丰厚，远比开面馆来钱快，且少了辛苦。那个时候，北京房产不贵，刘氏在胡同深处，花了二百两银子，就买了一处三进三出的四合院。四合院地处隐蔽，便于将迷拐的孩子先关押在那里，也可以与刘三讨价还价，更方便自己直接找买家，可以多赚一些钱。

却说在东城干面胡同，住着一个名叫萨布阿的人，满洲正白旗，纳喇氏，在理藩院充当七品笔帖式，娶满洲镶黄旗钮祜禄氏女为妻，生有一子，小名锁住，年方五岁，生得眉清目秀，唇红齿白，招人喜爱，夫妻爱如珍宝。干面胡同住的都是旗人，邻居街坊也都相互认识，小孩子们也经常在一起玩耍，从来没有丢失过孩子。这一日，萨布阿从理藩院下班回来，没有看到孩子来迎接，却听到钮祜禄氏哭泣，经过询问，知道是孩子锁住不见了。萨布阿便到左邻右舍家去打听孩子的行踪，而邻居们都说没有看到，只是有几个与锁住差不多的孩子，说锁住跟他姑姑走了。萨布阿没有姐妹，何来姑姑？情知不妙，便与邻居们一起四处寻找。那个时候实行夜禁，眼见得天黑了，也没有找到，萨布阿求助巡夜的兵丁，如果发现孩子的踪迹，火速报知，定有重赏，且先给兵丁们五两银子，权当酒钱。都是满族人，不能够乘人之危，兵丁们没有收萨布阿的银子，却也相互告知，在城内四处寻找，还是没有找到，只好在天刚亮时，禀告萨布阿。

孩子一夜没有回来，且与号称姑姑的人一起走了，萨布阿哪里还有心思上班呢？让人替自己请假，便到中城兵马司来报案。按照清代官制，兵马司设正六品指挥，正七品副指挥，未入流吏目，都是汉人充当，只有巡视五城御史，才是满、汉各一人。萨布阿认为汉人不会用心为他寻找孩子，便直接找到巡视中城给事中阿那布，恳请他尽力寻找孩子。按照规定，巡视五城御史任期一年，而前任因为京城出现迷拐案件，已经被革职了，如今皇帝监督严格，现在发生迷拐案件，且在中城地界，若是不能够查获，按例要革职的，弄不好还会承担刑事责任。

巡视中城给事中阿那布，把汉人给事中王猷找来商议，说出利害关系，认为只有全城大搜捕，才能够查到迷拐之人。阿那布认为，萨布阿在理藩院为笔帖式，若是禀告正白旗旗主，上奏皇帝，到那个时候便不好收拾了。王猷则认为，若是大张旗鼓地寻找，罪犯会隐藏更深，弄不好还会杀人灭口，到时候不但抓不到迷拐之人，还会害了孩子，不如悄悄地进行查访，或许会有出其不意之功效。经过讨论，阿那布同意王猷的意见，让他全权负责查找迷拐罪犯事宜。

大凡当官的手下都有几名亲信，有能力的官也能够观察手下有用之人。王猷在当知县的时候，发现手下的捕头张均万非常有能力，所以自己被行取到京为科道官时，便将他带进京城，如今在兵马司挂个缉事名头，实际上听从王猷的调遣。这个张缉事，善于结交朋友，又不吝惜钱财，济困扶危，挥金如土，所结交之人多能为其效力。如今上官把这样一个棘手的案子交给自己，而只知道是个中年妇人，偌大的京城，到何处寻找？张缉事所结交之人，三教九流都有，都是他的眼线，通过这些眼线，张缉事对京城大街小巷之事，无不知晓。

一般迷拐幼童，不是勒索失主，便是将幼童贩卖。张缉事早就知道广渠门外老虎洞一带，贩卖人口的窑子很多。同样是窑子，所贩人口并不相同，有以贩卖被拐骗妇女为主业的，也有以贩卖劳工为主业的，更有以贩卖孩子为主业的。通过眼线，张缉事得知刘三的窑子经常贩卖孩子。若是一般的捕快，得知这样的信息，肯定要去查窑子。张缉事则不同，却派人暗自跟踪刘三，看他都与何人交往，发现刘三经常到刘氏家的面馆。一个面馆有什么吃食，住广渠门外的刘三，也不值得总是走这样远的路，专门来灯市口吃一碗面吧。因为犯罪人乃是中年妇女，张缉事便把注意力放在刘氏身上。这个刘氏，本是个寡妇，死去的丈夫又不是什么高官，孤儿寡母的，如何能够有钱买三进三出的大四合院呢？张缉事的眼线观察刘氏的四合院，地处胡同尽头，行人很少，却经常能够听见孩子的哭声。按理说，王进星当时幼小，受父母责罚，也难免哭泣，但眼线所听到的哭声却不像是一个孩子的，而且声音微弱，便把此事禀告给张缉事。

张缉事得知后，也不敢轻举妄动。万一搜不出孩子，刘氏乃是在旗之人，状告他擅闯民宅，张缉事可得罪不起。张缉事告诉眼线不要乱来，自己则穿上夜行衣靠近观察，趁天黑来到刘氏所住四合院，凭借自己的身手，飞身上墙，伏在房顶仔细观察，却没有听到孩子的哭声。夜半时分，忽然看到刘氏出了房门，来到中院花坛前的鱼缸，用力一推，竟然有一个洞口。刘氏提着一篮子食物，进入洞中。张缉事从房顶下来，伏在洞口细听，隐隐约约听到孩子的哭声，以及刘氏的恐吓声，便知刘氏是把孩子藏在地下室。此时不能够打草惊蛇。张缉事退到墙边，翻身出去，火速赶到中城御史衙门，禀告给事中王猷，请求派兵丁前去搜捕。王猷不敢做主，急忙告知满官阿那布。此事非同小可，阿那布也不敢耽误，当即派人喊来三十名兵丁，让他们听从张缉事的调遣。

张缉事领命，天刚亮就来到刘氏院前，破门而入。刘氏一边披衣，一边高喊："何处蟊贼，胆敢闯寡妇之门！"张缉事也不理睬她，喝令兵丁将刘氏捆绑起来，押至中院花坛前，让兵丁移开鱼缸，下去查看。不一会儿，兵丁从洞口递出孩子，一个又一个地向外递出，居然有十六个孩子，都在五六岁，这着实让张缉事吃了一惊。

张缉事再命兵丁查抄各个房间，搜出一些迷药及点心之类的物品，那些值钱的细软，都被兵丁藏在身上。对于兵丁私藏细软，张缉事只是睁一只眼闭一只眼，知道他们也不容易。搜查完毕，张缉事把院门封了，留下两名兵丁看守，自己则带着其余的兵丁，押着刘氏，抱着孩子们来到衙门复命。阿那布与王猷当即通知萨布阿前来认领孩子，并且知照其他兵马司，凡是有报失孩子的失主，都来中城衙门认领，然后审讯刘氏。证据确凿，人赃俱获，刘氏只好承认迷拐之事，且交代了刘三。阿那布让张缉事率兵丁去搜查刘三的窝子，又查获二十六名幼童。

这样重大的案件，阿那布与王猷当然不敢擅自做主。按照规定，御史与给事中虽然是正七品官员，但他们能够直接上奏皇帝。阿那布与王猷当即写了奏折，联名上奏。乾隆帝看完奏折，当即批示云：用药迷人，拐卖人口，情罪最为重大。刘氏等，胆敢于辇毂之下，迷拐幼童，至十六名之多，尤属不法，一经审实，不论首从，即应从重治罪。著交刑部严加刑讯，务得实情，审明定案之日，一面奏闻，一面将该犯即行正法，以示惩儆。也就是说，这种用药迷人，并且拐卖人口的罪犯，无论是在人情，还是在国法、天理，都是重大的犯罪。刘氏等人，居然在皇城墙外迷拐幼童，多达十六名，乃属于重大的不法案件，绝不能够轻饶，经过审理得到实情之后，应该是采取不论首从，予以从重治罪。乾隆帝令刑部进行审理，特别强调要严加刑讯，在查明实情以后，直接定案，可以一面奏闻，一面即行正法，为的是以儆效尤。

按照《大清律例》"强盗"条规定，若以药迷人图财者，但得财，皆斩。按照《大清律例》"略人略卖人"条规定，若以药饼及一切邪术迷拐幼小子女，为首者立绞。因为乾隆帝明确指示要不分首从，而且是立即正法，因此引用康熙年间事例，凡聚众抢夺路行妇女，及以药饼、扑项、邪术，迷拐男妇子女，或卖或自为奴婢者，审实，凡伙谋之人，照光棍例，俱拟斩立决。因此将刘氏及刘三、夏应奎等八人全部处斩，其余听使之人，均发新疆与穷兵丁为奴。这正是：

生死离别情最苦，顿时哭断父母肠。

清代迷拐妇女儿童的现象较为普遍，一是因为有供需市场。其时遍布城镇的妓院很多，需要大量妇女，而男女比例失调，大多数农村人娶不到妻子，人贩子到偏远地区迷拐妇女，输送到其他地方的现象也很普遍，所以清王朝曾经专门针对云贵川地区出台条例，凡是指引、捆拐、藏匿、递卖人口者，皆斩立决，在犯事地方正法。窝隐、护送、分赃者，不论赃数，不分首从，俱发近边充军。二是当时人重视后嗣，而国家又不能够给孤寡提供有效的救济，需要有人养老送终，因此凡是不能够生育，或者没有子嗣者，都想买不懂事的孩子为后嗣，他们长大后不知道身世，也就没有后顾之忧，堂而皇之地成为延续血脉之人。当时穷人固然可以卖儿鬻女，但所卖之人往往知道买家，难免日后找麻烦，所以人贩子很有市场。这些人贩子迷拐的孩子多送到远处，而且能够为买家保守秘密，故此买家多愿意从人贩子手中买孩子，虽然成本大，但无后顾之忧。清王朝深知迷拐人口会给社会带来恐慌，影响社会秩序，所以一直对人贩子实行"严打"政策，即便是在人贩子较少的时期，按照律例也要将首犯绞立决。而在"严打"时期，往往是不分首从皆斩，但也没有根除迷拐人口的现象。可见除了法律严厉制裁之外，发展经济，完善社会救助体系，改变人们的传统观念，才能够从根本上消除人口买卖，不能够让亲人生死离别，更不能够让父母哭断肠。

命案变成自杀案

　　清乾隆四十二年（1777），安徽省蒙城县发生一起强盗杀人案，蒙城知县李名扬为了逃避责任，将强盗杀人案改为事主自杀案，被两江总督高晋的耳目得知。高晋进行参劾，请求将李知县革职。乾隆帝得知，非常气愤，认为这是关系到事主生死攸关的事情，若是仅仅将知县革职，怎么能够让那些昏庸作弊的地方官们知道警诫呢？因此要求两江总督与安徽巡抚给李知县重新议罪，并且要求刑部修订条例，对这样颠倒罪名的地方官，不能仅仅予以革职，还应该追究刑事责任。李知县是如何把强盗杀人案改为事主自杀案的呢？两江总督高晋为什么避开安徽巡抚而单独进行参劾呢？乾隆帝对地方官们这种避重就轻、讳盗为窃的行为又是什么态度呢？且从案情说起。

　　却说蒙城县有一座观音庵，据说从元代就有了这座观音庵，虽然历经沧桑，但也还香火不断，正是"琪树行行开白社，香云蔼蔼透青香"。寺中有一个老尼，年三十二岁，法名本空；有两个少尼，法名发凡者年二十四岁，法名发有者年十八岁。本空原来是名妓出身，被一位知府赎身为妾，因为无法忍受知府夫人的虐待，便出家为尼，熬了多年，成为观音庵的住持。发凡也是富人的小妾，被主母凌辱逼迫出家，成为本空的徒弟。三个人之中，就数发有最为凄惨，自幼许配给人家，却不想家道衰落，人家悔婚，她一气之下，刚刚十五岁，就到观音庵出家，被本空收留为徒，取法名发有。

　　那个时候的寺院，有土地的可以靠地租维持，没有土地则主要依靠布施与化缘。若是香火旺盛，布施自然就很多；要是香火不旺盛，就要靠化缘了。本来观音庵香火不旺盛，全靠本空与徒弟们去化缘，兜售一些送子观音像或百子图之类，若是有人因此生子，也会得到一些布施。自从发有进入观音庵，情况就不同了。她既年轻，又貌美，而且出身官宦世家，如今被人悔婚，已经闹得沸沸扬扬，更兼她誓不再嫁，就更加引人注目。一些生员们敬佩发有的贞节，时常要来观音庵一睹芳容；一些土豪富商更是不怀好意，常常光顾，欲让发有还俗，成为他们的小妾；更有几个达官显贵也试图染指，还有为她作传者以扬其名。发有本来已经断了尘念，每天早晚到观音像前焚香，除三餐外，便独自在房念佛诵经，根本就不管庵中之事。本空也不强迫她，毕竟她给观音庵带来许多香火布施。

常言道，不怕贼偷，就怕贼惦记。发有名声在外，觊觎者不少，但发有不为所动，不知道回绝了多少人的威逼利诱。过了三年，谋娶她的人们也就逐渐死心了，但其声名却越传越远，也难免被一些恶人惦记。

却说蒙城县有三个霸王，城中霸王姓丁，是个武举，绰号"飞天虎"；东南隅霸王姓刘，是个捐纳的监生，绰号"黑心虎"；西北隅霸王姓刁，捐了个正九品衔，绰号"没毛虎"。三人各霸一方，手下各有一帮打手，以至欺男霸女，暴掠良善，横行无忌，官府莫敢谁何，所以人们又称他们为"坐地三虎"。这三人各霸一方，还可以井水不犯河水，彼此相安无事，但他们时常聚在一起，互相帮衬，其势力就相当可观了，以至于新上任的知县都必须先拜他们的码头，不然就很难平安一任。

尼姑发有洁身自好，不知道拒绝多少官宦人家求婚，声名鹊起，也难免被三虎惦记。这一日，三虎聚会，闲话的时候讲起了发有。飞天虎认为尼姑都是色中饿鬼，不知道有多少相好的和尚，却个个假装看破红尘，在观世音菩萨前念经，肯定是花经。黑心虎则认为大多数尼姑都是逼不得已才这样的，各有辛酸，也都不容易。没毛虎则说尼姑都是骗人钱财的，这个社会有剩男、没剩女，年纪轻轻的，嫁个人有何难？当不成正室，做个小妾应该不是难事，但嫁人则苦乐随他人，不如当个尼姑自在。这三个人将尼姑品评一番，渐渐地就讲到发有，艳羡之情，溢于言表。于是，他们打赌，各自出一百两银子，然后各以三日为期，看谁能够把发有弄到手，这银子便属于谁，还写了文状，各自画押。

飞天虎乃是本省武举第十八名，此人生得一表人才，白白胖胖，大大长长。中了武举以后，他本来可以到总兵标下听用，将来凭借军功，可以混个一官半职的，但当时国家升平无事，想弄个军功也不容易，还不如凭借这个功名，在家乡称王称霸呢。因为有几分容貌，再加上自己是城中霸王，所以他采取色诱的方式，想拉发有下水，却不想发有避而不见。飞天虎逼迫其师父本空带她出见，发有也只是双手合十，闭目念经而已，从不给飞天虎正脸。故此，飞天虎三天没有与发有说上几句完整话，也不可能诱她入套。

黑心虎乃是个生员，捐纳了监生功名，平日里结交官长，出入衙门，包揽词讼，私和人命，行强赌博，是诌上骄下、剥下奉上的好手。他来到观音庵，出具远年的契约，说观音庵曾经欠其祖上银两，如今利滚利，应该还白银百两，如不归还，定然将本空师徒三人告到官府。契约上的名字乃是本空的师祖，连本空都没有见过的师祖所欠，本空如何能够承认？黑心虎便喊来几个捕役，要拿本空师徒三人去见官。本空惧怕官府，只能哀求，这时黑心虎才道出本意，说只要发有陪他睡觉，就可以免追故债。本空求发有答应，发有不从，本空也不好强逼，毕竟发有还是处女，只好退而求其次，在将黑心虎灌醉之后，让大徒弟发凡陪睡，把远年契约要回毁掉。黑心虎虽然占了便宜，但最终没有把发有弄到手。

没毛虎原本是个恶棍，专干无风起浪、诈人银子、陷害无辜的勾当。为了讹诈方便，花钱捐了一个九品官衔，也穿着补服，横行街市。他以诈人为业，终日在街坊觉察。人家有事，幸灾乐祸，一有些许小事，便捕风吹火，弄得满城风雨，便有生意上手了。没毛虎先让同伙假扮有钱的读书人，欲在庵里借间禅房读书，多给房钱，所图的就是清净。本空见此人生得文静，不似坏人，而且房钱优厚，也就将之留下。头两天相安无事，到了第三天清晨，庵门刚刚打开，没毛虎带着五六个蒙面人冲了进来，将该读书人及本空师徒三人捆了起来，说："好个修行清净法门，竟敢为这般污事。如今被我们捉到，一定要送官法办。"读书人假意讨饶，情愿出银求免。没毛虎定要读书人指认与哪个尼姑有奸，意在逼迫发有顺从。发有哪里肯受如此的诬陷，拼命挣扎，没毛虎的手下用力制服，却不想用力过猛，将发有勒死了。众人见出了人命，便纷纷逃散。本空见发有死了，便到县衙状告强盗入室打劫，杀死人命，恳请县太爷缉捕凶犯，为徒弟发有申冤。

这个时候的知县是李名扬，乾隆二十八年（1763）进士，就是个读圣贤书之人。他虽然试图为民办事，但政务生疏，且因本人出身高贵，对左右不假颜色，对上也不肯奉迎，因此常常受左右的愚弄，也不受上司的待见。如今本县出了命案，按例应该带领衙役仵作前往检验尸身，李知县何曾想到衙役仵作都是三虎们的亲信。检验时，仵作说发有是自缢而死。勘验时，衙役们说观音庵尼姑本空师徒败坏佛门，依庵卖奸，丑声外闻。读圣贤书的人，最恨这类人，因此李知县对本空师徒用了大刑，使她们屈打成招，被迫承认卖奸，是徒弟发有不肯顺从，因而自缢身亡。好个读书的糊涂虫，因为有先入为主的意识，并不仔细分析案情，便以自缢身亡结案，具详申报各级上司。

此时的安徽巡抚是闵鹗元，浙江湖州府人，乾隆十年（1745）进士。因为李知县也是进士出身，闵鹗元也没有复审，就具题上报刑部，却不想被两江总督高晋查出端倪，参奏给乾隆帝。

高晋（1707—1778），高佳氏，满洲镶黄旗人，世家出身，为乾隆帝宠信，不数年，自知县累官至文华殿大学士兼吏部尚书、漕运总督，如今为两江总督兼管漕运事务。高晋是靠父祖辈恩荫为官的，那个时候，这种出身是为科举出身的人所不齿的，而靠父祖辈恩荫的人，对科举出身的人也存有偏见，对他们吹毛求疵也是在所难免。身为督抚，人在省会，耳目不能及远，当然要有一些亲信充当耳目，以示烛光所照，无处不及，恩威并在，不敢为非。李知县自恃出身高贵，不肯奉迎上司，办事却有些迂腐，高总督早就有所耳闻。当自己的耳目告知李知县以发有自缢结案的时候，便不知照安徽巡抚，亲自委员前去复审，这才发现发有身上有伤痕，而且观音庵还被抢去一些银钱，显然，李知县有讳盗为窃之嫌。于是，高晋上奏弹劾李知县办案昏庸，应该予以革职。

乾隆帝是个明察秋毫的人，对于高总督弹劾李知县，讲此案乃是总督予以驳饬重审，为什么安徽巡抚没有驳饬呢？地方命案，例系巡抚为政。总督驳饬，安徽巡抚却置之不问。要知道安徽巡抚闵鹗元，系刑部司员出身，刑名谅所谙悉，何以于此等疑窦多端、显而易见之案，全未看出，尚藉督臣逐节指驳？因此乾隆帝要闵巡抚明白回奏，且饬令其与高总督共同办理此案。

在乾隆帝严饬的情况下，高总督与闵巡抚各自委员组成专案组，共同审理此案。尼姑本空讲是六七人清晨蒙面进入庵中，不知道是何人，而将她们捆绑威逼，显然就是强盗，必须缉捕强盗，此案才能够结案。这一时难办，故此高总督与闵巡抚共同上疏，请求捕获凶犯之后，再行审理。乾隆帝深知地方拖延之弊，因此严令速获凶犯，毋使远扬，此案也就成为钦案。

蒙城县"三虎"横行，若是从他们那里入手，此案也不难破获，问题是他们都有功名官衔，而且盘根错节，外来的委员们是难以清查的。于是，高总督与闵巡抚委派候补王道台专门承办此案。这位王道台也是进士出身，但为官多年，深知此案办理好坏，直接关系到自己的前程，所以受委以后，并没有大张旗鼓地赶到蒙城县，而是装扮成药材商人，带上几个亲信家人，在蒙城县微服私访数日，才进入县衙，出示札委，然后调集卷宗，拘捕相关人证，准备严查到底。当日，就收到三张名帖，都是蒙城三虎所送。飞天虎要送铁碗十全，黑心虎要送铁瓶一双，没毛虎要送铁扇一持。王道台早已经查访到蒙城三虎为非作歹，却不知道他们为什么要送这些铁器，找来一些书吏询问，才知道这是暗语，铁扇就是银一千两，铁碗就是银六百两，铁瓶就是银四百两，是这里交结官府的惯例。也就是说飞天虎送银六百两，黑心虎送银八百两，没毛虎送银一千两。王道台得知，勃然大怒，认为自己刚刚承办此案，他们就以财物来愚弄自己，想必他们与此案脱不了干系，于是，让家人到附近驻军调了一百名兵丁，将三虎缉拿起来，严加看管，逐一严审。为什么王道台不派蒙城县捕役去拘捕呢？这是因为王道台深知蒙城县盘根错节，若是让本县捕役去拘捕，恐怕走漏风声，所以才调动了军队。

经查，飞天虎有强夺平民铺面、砍伤事主八人、致死一人的大案在身；黑心虎有抢夺田禾、打死事主一人，毁人坟墓强夺坟地，威逼讨债致欠债人自杀等多案在身；没毛虎有强奸胡某儿媳妇，致一家三人自杀，逼娶良家妇女为妾等多案在身。可以说三个人都犯有重罪，前任知县却以证据不足、事出有因、并非威逼等理由，没有予以治罪，最多判些赔偿而已。至此，王道台明白，这些人只知道自己前来承审案件，并不知道所办乃是专案，才在他刚刚到来就送上贿赂。

经过三头对案，飞天虎诱迫发有是实，但没成；黑心虎逼奸有据，但没有奸占发有；没毛虎率众强奸未成，抢夺银钱，勒死发有，正是此案的凶犯之首。对于飞天虎、黑心虎所犯其他罪行，因为不在王道台权责范围之内，他只能具详巡抚，请求另案办理，而没毛虎是数案并发，此前因强奸致死一家三人，已经是死罪，如今行强勒死人命、抢夺钱财，乃是强盗。按照《大清律例·刑律·贼盗》"强盗"条规定，强盗得财，不分首从，皆斩。王道台将没毛虎及其同伙，按照强盗律拟罪，申详巡抚、总督。两江总督按照授权，当下发出王命旗牌，交王道台在蒙城县恭请王命，立即正法。飞天虎、黑心虎所犯各罪，由府县官审讯，罪证明白以后再申详办理。这正是：

作恶多端终有报，糊涂问案难逃责。

此案勘察并不复杂，李知县读圣贤书，对词讼之事并不熟悉，还有先入为主的理念。在李知县看来，和尚尼姑都是不劳而食者，好人不屑为之，所以对尼姑本空控告抢劫杀死人命，一开始就持不相信的态度，认为出家人一身之外没有其他物品，怎么会招人抢劫呢？因此不清查该庵是否被抢去银钱，而仵作验尸作弊，他也不亲自查看；衙役说尼姑卖奸，他更是轻信不疑，最终糊里糊涂地以自杀案上报，却不想被一直看不起进士出身的高总督查闻，将之弹劾。乾隆帝是明白人，一个原本应该由巡抚参劾的地方官，总督为什么不与巡抚一起参劾呢？想必是督抚不和，因此下令让督抚和衷共济，一起办理此案。这宗案件一是生死罪名，出入所关；二是率混具详，以凶贼尚未弋获为理由拖延，所以督促督抚务必破获此案，并且定为钦案。在这种情况下，督抚都脱不了干系，只能委派能员办理。王道台不辱使命，微服私访已经得到大概情况，看到三虎行贿，更明白此案必然与他们有关，一个搂草打兔子，居然把三虎都拿下，也难怪当时蒙城人编写歌谣云："蒙城有三虎，噬人头不掉。遇着王道台，全部杀死了。以前万家哭，如今万家笑。"

恶子殴母斩立决

清乾隆四十二年（1777），湖南省宁远州发生一起儿子殴打母亲致伤的案件。湖南巡抚富察善得知此事后，认为儿子殴打母亲，乃是天理不容、法律不许的事情，也不顾什么民不告、官不究的原则，随即请旨要将儿子予以正法。乾隆帝得知以后，斥责富察善不懂事理，对这样敢于殴打母亲的人，还用请旨吗？立即正法将其杀死就是了，为此还下达二百余字的指令。可是，其子将母亲的头颅打破以后，经过医治，母亲已经得以痊愈了，并没有引发更严重的后果，难道就因为对母亲动了手，就要儿子丢掉性命吗？好端端的一家人，儿子为什么要殴打母亲呢？在清代，殴打母亲究竟是犯了怎样的罪呢？富察善按例请旨正法，为什么会受到申饬呢？乾隆帝的指令又讲了些什么呢？且从案情及处理经过谈起。

俗话说，家有一条心，黄土变成金。这话虽然俗了一些，但其意味深长。以兄弟来说，不孝敬父母的很少，兄弟不和的却很多。因为不孝敬父母，乃是天地神人所不容，兄弟不和却是人们所能容忍的。兄弟不和的大多数原因是出于姑娌不和，丈夫容易听信妻子的挑唆。常言道，娶了媳妇忘了娘。丈夫因为听信媳妇之言，往往会不孝敬父母，不友善兄弟，甚至因此家庭失和，兄弟反目，乃至于因此而家破人亡。

却说湖南省宁远州有张姓一家人，夫妇俩生了两个儿子，老大张汝振，老二张汝南。夫妇俩把他们当作掌上明珠，从小娇生惯养，要星星不敢给月亮，凡事总是顺着他们，以至于给他们当牛做马，任打任骑，父母也毫无怨言。这样精心呵护孩子的父亲，却没有等到孩子长大成人，就溘然去世了。母亲冯氏中年丧夫，一个寡妇拉扯两个孩子长大，十分不容易。后来，老大张汝振成亲了，分家另过，冯氏便与老二张汝南一起过活。过了几年，老二张汝南也娶妻了，冯氏跟谁一起生活，便成为问题。跟老二生活吧，老二媳妇撺掇老二说："你不是长子，你父亲又没有给你留下什么产业，凭什么要让我们养活你母亲呢？"非要丈夫把婆婆送到老大家里。老二张汝南没有办法，只好与哥哥张汝振商议，却不想哥哥也听从媳妇之言，说什么当初结婚分家的时候，财产分为三份，老大一份，老二一份，母亲一份。如今老二结婚了，母亲那份财产已经在老二名下，母亲就应该由老二奉养，与老大无干。老二则认为，当初分家，并不是按照三份计算的，兄弟各得一份，长子撑门户，如今母亲就应该由老大奉养。兄弟俩因此出现争执，谁都不想奉养母亲。母亲没有办法，只好求助宗族，后经族长协调，让他们兄弟分养。具体办法，就是母亲在两个儿子家各住半年，直到给母亲送终为止。

族长要兄弟俩轮流奉养老母，原本是天经地义的事情，但妯娌俩不和，纷纷挑唆丈夫，认为半年轮换不公平。以上半年来说，正值农忙季节，青黄不接，谁家没有个难处，自家都难以吃饱喝足，何况再添一张口呢？以下半年而言，虽然是收获季节，但一家大小都要忙着收获，又由谁来侍奉不能干活的母亲呢？族长让哥哥奉养上半年，哥哥不干；让弟弟奉养上半年，弟弟不干；让他们自己挑选上下半年，谁也不挑选，结果族长动了怒，就让他们按季奉养，以春夏秋冬为据，写下阄书，让他们兄弟俩抓阄儿决定。结果老大张汝振抓了冬春，老二张汝南抓了夏秋，等于还是各自奉养半年，只不过不再是上下半年了。

抓阄儿不是最公平的办法，但在事情难以解决的时候，往往又是最让人服气的办法。人们相信命运，也只能够听天由命，但并不能因为阄儿是自己抓的就消除彼此的怨言。老大认为冬春有年有节，母亲来了，开销必然要大；老二认为夏秋是农忙，还要分精力来照顾母亲，势必影响生产。总而言之，彼此都认为对方占了便宜，唯独没想到母亲的感受。

人老不值钱，没有钱财的老人更是不招人待见。过去曾经有过这样的诗句："今年花似去年好，去年人到今年老。""始知人老不如花，可惜落花君莫扫。"冯氏如今年老体衰，不能够干活，又没有什么钱财，当然不会让儿媳妇喜欢，在兄弟俩家中，那妯娌俩都把她当作仇人，平日粗茶淡饭还不说，整日跟防贼一样，生怕冯氏偷吃偷拿。冯氏的生活十分凄苦，每每来到老伴的坟前哭诉："你老早就撒手人寰了，留下我们孤儿寡母，我没有辜负你的嘱托，把你那两个儿子都拉扯大了，他们如今都娶了媳妇，有了自己的家，却谁也不愿意管我了。现在他们兄弟分开养我，那老大媳妇从不给好脸看，老二媳妇冷嘲热讽，让我心里很难受呀！你那两个儿子，只是听媳妇的话，从来不向着我说话，你要是向他们讲媳妇不好，他们就和我翻脸，你说我还怎么活下去呀！让我追随你到地下吧！免得我再受你那两个儿子和媳妇的气。"冯氏在坟前哭过之后，觉得气顺了一些，但发泄之后，还是要回到儿子家中，以免被儿媳妇得知哭诉的情况。

张家的坟茔虽然在野外，但也不是荒无人烟。冯氏的哭诉，被人听到，那些好生是非的人，往往添枝加叶地讲给这妯娌俩听，说婆婆在坟地诅咒她们，要两个媳妇将来也和她一样，即便是死了也不得超生。这两个媳妇听到这些话，当然气愤，便向她们的丈夫耳边进谗言。这兄弟俩便禁止冯氏再到父亲的坟前哭诉，只是在清明节、忌日时才陪同母亲前往祭奠。有两个儿子在身边，冯氏也只能够在坟前哭泣，却不敢再哭诉什么了，满肚子的委屈，也只好窝在心里。

冯氏在兄弟俩家中很痛苦。单说这年春节，按照抓阄儿供养，冯氏是在老大张汝振家。过节了，总是要有酒有肉，阖家一起吃团圆饭。老大一家却嫌弃冯氏，不让她上桌，只是给她拨了几样菜，让她在自己的房间吃。看到老大一家的房里灯火通明，一家人有说有笑地吃饭，而自己却孤零零地在屋里的黑暗角落里吃饭。冯氏觉得委屈，但畏于儿子与儿媳妇的淫威，也不敢与他们理论，便把老伴的牌位请来，放在桌子上，算是陪她一起过年吧！要知道无酒不成席，冯氏虽然与老伴已经是阴阳之隔了，但老伴一直活在她的心里，即便是祭奠，也应该有酒吧！想到此，冯氏起身来到灶间，看到橱柜内有一坛酒，拿起看时，也就剩一个坛底，没有多少酒了。有总比没有强，冯氏将酒坛搬到自己的房间，找了两只碗斟上，一碗放在老伴牌位前，一碗端在手里，不由得落下泪来说："老头子，想当年你在世时，我们一家人在一起，那两个儿子围在我们前后，喊爹叫娘的，多么亲热呀！而如今你去了黄泉，儿子都各自成家，我这个孤寡老婆子却成为人见人嫌的人了，他们吃团圆饭都不叫上我，现在只能够跟你这个在九泉之下的人喝酒了，你在黄泉路上等着我，咱们早晚都会在黄泉相聚的。"说罢将酒一饮而尽，再用坛子倒酒，已经没有了。冯氏见牌位前的酒还在，便说："老头子，你怎么不把酒喝了呀！是不是心疼你老婆，省着给老婆喝呢？好呀，为妻我就领你这个情，把这酒给喝了。"说罢拿起碗来，也一饮而尽了。本来冯氏就不怎么喝酒，如今两碗酒入肚，觉得头昏脑涨，便伏在桌上睡着了。

老大张汝振一家也在喝酒，见桌上酒没了，媳妇便到灶间橱柜去取酒，却发现酒坛子不见了。媳妇回来告诉张汝振说："定是你那老娘偷偷地把酒坛子拿走了，你去她屋里看一看。不少她吃，也不少她喝的，她到底想干什么呀？"

张汝振起身来到母亲的房间，一进屋就闻到酒气，但见桌上摆着父亲的牌位，母亲伏在桌上，便把母亲推醒，问她为什么要偷酒喝。冯氏醒来，见儿子气势汹汹的，仗着酒气说："什么叫偷呀！大过年的，我与你死去的爹一起喝酒怎么了，难道还要你这浑小子批准不成？"见母亲竟然敢出言顶撞自己，张汝振一时恶向胆边生，挥拳便打，正中母亲头颅。母亲应声倒地，眼见得额头渗出血来，他害怕极了，急忙回到自己的房间，让媳妇去看看。媳妇过来一看，见冯氏前额流血，急忙找来一些棉花擦拭，用布包裹起来，扶到床上，让冯氏安睡之后，回到自己的屋里，埋怨丈夫，不应该如此鲁莽：要知道今天是除夕夜，明天老二一家肯定要来给母亲拜年，如果让他们看见，你如何向他们解释呢？你好好想一想如何应付吧！张汝振听了只是默默无语。

大年初一，老二张汝南一家到哥哥家拜年，见母亲躺在床上，头上裹着白布，仔细询问，才知道是哥哥打的。见母亲一直喊头晕，张汝南便二话不说，背起母亲，去找村里的郎中看病，这样老大殴打母亲的事情便很快地传遍全村。不久又传到州城，以至于阖城都议论此事，宁远知州当然也就知晓了。

在自己的管辖范围内，居然出现这样忤逆违法的事件，宁远知州当然不能置若罔闻了，即便是民不告、官不究，这种忤逆不道的事情也不能不管。按照《大清律例·刑律·斗殴》"殴祖父母父母"条规定，凡子孙殴祖父母、父母，及妻妾殴夫之祖父母、父母者，皆斩。按照法律处罚不孝子容易，但本州出现这种忤逆之事，官不究则要承担教化不力的责任，若是被上司查出，至少要被罢官免职。为了自己的官职，也为了履行教化之责，宁远知州不敢姑息，当即派衙役把张汝振押入死牢，把冯氏接到州里，请州医医治，务必要保住冯氏性命，因为杀母之事，要比殴母之责更加重大。因为殴打母亲是不孝行为，虽然也属于"十恶"大罪，但可以民不告官不究，即便是官究，是否将不孝子处死，也要听从母亲的意见。儿子虽然可恶，但哪个母亲愿意儿子死呢？考虑到家庭关系，在一般情况下，官府大多是责打儿子，勒令其孝敬母亲，这在地方官权限范围之内，可以不上报上司得知，即便是上报，上司也往往会网开一面。将母亲殴打致死则不同了，那是忤逆大罪，按律应该是凌迟处死，一定要上报到皇帝，地方官也就难逃不能厉行教化之责了，这也是宁远知州的私心所在。殊不知不孝在当时并不是道德问题，而是破坏统治秩序的行为，在当朝以孝治天下的原则下，是绝对不能够姑息的。那时候，即便是辱骂母亲，都要被判处绞刑，何况是殴打母亲了。这种行为若是被以孝母而闻名的乾隆帝得知，会是什么结果呢？

经过州医的细心调理，冯氏的病情转稳。可即便如此，张汝振也要承担罪责，不能姑息。与其让上司查出，还不如自己主动检举，宁远知州便按律将张汝振拟为斩刑，申报各级上司，还特别申明其母已经病情好转，希望上司能够网开一面，饶张汝振不死。

湖南巡抚富察善，对于这样的案件，原本可以一面奏闻，一面将张汝振正法。但他与所有地方官一样，都秉着救人一命胜造七级浮屠的理念，若是皇帝能够开恩，饶张汝振不死，岂不是为子孙积德？于是，便写奏折云：宁远州民张汝振，嗔母冯氏将所剩之酒取饮，出言唐突，复殴伤伊母额颅，旋拨医调治，伤痕平复。请将张汝振照律拟斩，俟奉旨到日，即行正法一折。由此可见富察善的心思，杀与不杀要恩自上出，自己绝不承担杀人的责任。想不到乾隆帝看完奏折，勃然大怒，当即召军机大臣传谕云：今张汝振辄敢用拳殴伤伊母额颅，虽未至于死，按律即当斩决，自应照例绑赴市曹，即行处斩，俾众共知惩儆，又何必俟得旨后始行办理耶！富察善等，殊不晓事，著传旨申饬。仍著将张汝振即行正法，毋使稍稽显戮。也就是说，此案富察善办理得非常不好。因为这种蔑伦悖理的罪犯，竟然将对父母进行伤害，这是天地所不容的事，这种人犯在审明的时候，是可以一面奏闻，一面即将该犯凌迟处死的，为的是能够正人心而维风化。如今张汝振竟然敢用拳殴伤其母亲的额颅，虽然没有致死，但按律规定也是斩决，就应该将其押赴市曹斩首示众，以便使众人都知道警诫，又何必要等候圣旨到了以后才开始办理呢！富察善等人，实在是太不晓事理了，著传旨申饬。张汝振要即行正法，不能够再让他苟延残喘了。这正是：

父母之恩不求报，儿女无情却伤心。

此案张汝振看起来是因为一点儿剩余的酒，就对母亲大打出手，乃是他对母不孝，实在是不可饶恕，但他媳妇也不是没有责任，若不是媳妇平常挑唆，儿子也不至于这样无情。其实做母亲的也有责任，因为养儿防老，并不等于娇惯孩子。常言道，养儿不教难言母，纵子为非是父差。冯氏夫妇从小就娇惯儿子，已经使他们总以自己为中心，根本不管父母的感受，而娶妻之后，妯娌间也是不和，她们不知道丈夫这样对待母亲，等将来他们自己的儿子长大了也会这样对待自己。本来父母抚养儿女，就犹如栽培花木一样，全仗做父母的悉心教化，才能够使他良材成器。自古以来，常常有一些儿女，在幼年的时候，面貌端好，天资聪明，将来可望成才，却想不到长大以后变成了下流之辈。究其原因，都是做父母者娇生惯养而不善教化，致使良材化为废物，美玉变成顽石，让人看到觉得可惜，何曾想到是他们没有言传身教呢？中国古代一直秉持以孝治天下的原则，故此在法律上规定极为严厉，不用说殴打父母法律不容，即便是辱骂父母也是绞罪。而号称孝慈的乾隆帝，特别憎恨打骂父母之人，凡是遇到伤害辱骂父母的案件，都不会让一个不孝子幸存于世。在乾隆帝看来，杀掉这些胆敢伤害辱骂父母的人，就是循天理、顺人情、正国法，不但可以大快人心，而且能够维持风化，还可以收到明刑弼教之功效。

逼妻卖奸又杀奸

　　清乾隆四十二年（1777）八月，按例要由皇帝勾决人犯。乾隆帝发现犯人张丕林杀死其妻徐氏一案的情节有问题，当即驳回刑部所拟，认为按照《大清律例》规定，丈夫故意杀妻应该减一等量刑，但也要看具体情况，如果夫妻之间恩义已绝，就不应该按照夫妻关系量刑了，应该按照常人处理。此案张丕林勒逼其妻徐氏卖奸，因奸夫不肯给钱，却怪罪其妻，而将妻杀死。乾隆帝以为，此案如果处置不当，与维持风化关系很大，所以让刑部重新修订条例，将这样不知羞愧而残忍的丈夫，全部按照凡人故意杀人量刑，不能够再以夫妻名分而减等。乾隆帝是如何发现夫妻之间恩义已绝了呢？对此又发表什么见解呢？刑部又是如何遵照乾隆帝的指示修订条例的呢？且从案情说起。

　　京城乃是五方杂处、各色人等云集之处，其中有一种撞骗之人，称为"放鹰"，南方则称为"放白鸽"。也就是一些人，以自己的妻子、女儿充当寡妇、待嫁女，寻找可以欺骗的对象，以很低的价钱嫁给他人为妻，娶妇之家，稍失防范，妇女便乘隙而出，回归其夫家或父家隐藏起来，然后其夫或父亲再到娶妇之家索要人，百般诈索，满意而止。为什么叫作放鹰呢？因为放出去的鹰，抓到兔子等猎物，就带到主人那里，称之为放鹰，乃是主人能够收放自如。

　　却说在北京菜市口的绳匠胡同有一家人，姓张，兄弟五个合住在祖上留下来的院子里。张姓原本也是个大家，到这兄弟五个的时候，家道已经衰落，其中兄弟四人为大户人家佣工，勉强可以度日；唯独老二张丕林，不愿意给人佣工，就在市面上给人当掮客，从中赚些差价。妻子徐氏是父亲在世时定下的娃娃亲，如今过门，已经二十岁了。明人谢肇淛讲："京师妇人有五不善：馋也，懒也，刁也，淫也，拙也。"这个徐氏虽然不能说五不善皆备，却也好吃懒做，如今嫁了张老二，更是好吃懒做，还不务正业，给人当捎客，收入也没有保障，今日得了钱就大吃大喝，明日得不到钱就忍饥挨饿。弟兄四个也看不上张老二夫妇，虽然同住一个院，却老死不相往来。

有一天，张老二在市场上认识了一个从南宫县来京城贩卖大枣的客商，名叫潘廷璋，排行第三，人们都叫他潘三，年纪二十三岁了，尚未娶妻。别看潘三年纪不大，买卖却不小，北京南城的大枣都是他经营的，漕运回空的漕船所载运往南方的大枣，也都是由潘三批发的，所以相当富有，在绳匠胡同租了一处大四合院，还雇了几个佣人厨子照顾生活。张老二见潘三有钱，就千方百计地接近他，想兜揽些生意，赚些钱用。潘三为人豪爽，就让张老二替自己带领脚夫，把大枣运往通州装船南运，多少也挣些辛苦钱，但总不能够发大财。

张老二做梦都想发财，便想到潘三未婚，若是能够以此事骗他一些钱，岂不是发财最快，而成本最低，就想到"放鹰"之事。张老二把自己的想法与妻徐氏相商，而徐氏见能够赚钱，居然答应丈夫的请求，准备伙同他一起，骗潘三的钱财。夫妻商议已定，张老二便出头请潘三来家，让徐氏作陪，说是自己的亲妹妹，如今丈夫死了，无处可住，只好回娘家与哥哥一起住。

说起潘三，乃是一个风流少年，虽然长得没有晋代潘安貌美，使女子见而掷果，却也号称潘安乃其始祖，不能够说潘安第二，所以号称潘三，自己对相貌十分满意，更何况风流女人了。这一日，潘三头戴瓜皮帽，身穿圆领长袍，金带横腰，足蹬粉底皂靴，打扮得济楚风流，来到张家。徐氏也刻意打扮，虽然不是沉鱼落雁，却也是异样风流，所谓面似桃花红还嫩，眼含秋水更含情。徐氏见到潘三，不由得暗想：这个潘三应该不是什么老成之人，想必也是风流情种。为什么长得英俊又有钱财呢？如果能够同他一起生活，吃喝穿用不愁还不算什么，我们郎才女貌，天生一对，岂不是今生一大快事！徐氏对潘三可谓是一见钟情，早就心有所属。潘三虽然没有结过婚，却也经常出入风月场所，也是风月场中多情有趣的人，与徐氏眼光相对，就可以看到她对自己有情有义了。

俗话说，男人偷女隔重山，女人偷男隔重纸。张老二原本就想让徐氏勾搭潘三，通过放鹰，赚他一些钱，看到徐氏对潘三卖弄风情，虽然也有些嫉妒，但看在钱财的面子上，也只好睁一只眼闭一只眼了。潘三见徐氏有意，但碍着张老二的面子，也不好直截了当，只是说："令妹如今寡居，与兄一起居住，多有不便，且听说兄已经结婚，不知道嫂夫人是否见怪？"张老二说："三哥说得对，只是寡妹无处可去，只好来我处居住，贱内颇有怨言，日前回娘家了，我现在也急着呢！早一日给寡妹找个好人家，贱内自然也就无言了，只不过这样的人家难找呀。"

潘三本来也有意，便说："有剩男，无剩女。天下男子无妻者甚多，兄不用急，肯定会找到合适人家的。"张老二说："不知道三哥娶妻否？"潘三说："只顾忙生意，至今未婚，也不愿意在老家娶个愚蠢村妇，辜负一生。"张老二说："说起来我祖上也是当官的，也算是世家出身了，只可惜到我这辈中落了，虽然没有什么钱财，却也有大家气度。就以我妹妹来说吧，今年才二十岁，刚刚死了丈夫，却没有生个一男半女的，年纪轻轻就守寡。我曾经劝她，随便找个人家嫁了吧！但舍妹从不将就，定要找个心仪的郎君。我看三哥一表人才，舍妹虽然是寡妇，但模样长得不赖，与三哥乃是郎才女貌，不知道三哥以为如何？"潘三听罢，也喜上眉梢地说："我出外经商并未娶妻，令妹天生丽质，我也中意，只是婚姻之事，要父母之命，媒妁之言，这事我目前也难做主。等我回家禀告父母，征得父母同意，再凭媒来说如何？"他嘴上这样说，心里却恨不得马上将徐氏弄到手。

徐氏也明白，见张老二与潘三谈论自己，便躲在门外偷听，看看差不多了，便用托盘端上几个酒菜，温上两壶烧酒，送进屋来，摆在桌上，便要退出。只见张老二说："潘三哥也不是外人，你敬几杯酒也无妨！"徐氏假装犹豫，欲退还留，而潘三巴不得徐氏留下，便说："大妹子敬酒，三哥我当然不敢不喝了，但不知道大妹子如何敬法，是按照我们南宫的规矩，只端酒、不陪酒呢？还是按京城的规矩，你一杯、我一杯呢？"徐氏是京城人，没有那种扭捏之态，便说："我们京城人实在，要喝就你一杯、我一杯，别看我是个女流之辈，论起喝酒，恐怕你潘三哥不是我的对手！"见徐氏不客气，潘三也放肆地说："妹子果然豪爽，不过先别说大话，我潘三别的不行，论起喝酒，我还没有遇到过对手呢！"于是，两个人便一杯一杯地喝了起来。常言道，酒是色媒人。十几杯酒下肚以后，两个人都有些醉意，觉得小杯不过瘾，便壶对壶地又各自喝了三壶。徐氏醉眼蒙眬，酥胸半露，有意挑逗，而潘三也故意以话挑之。张老二知趣，就假借上厕所，离开房间，就等他们成就好事，以便前来捉奸，敲诈些钱财。却不想潘三是极聪明的人，知道张老二不怀好意，正在兴头上，却突然告辞回家，徐氏也没能把他留下来。

见徐氏没有将潘三拿下，张老二便骂她没有本事，居然连一个未婚小伙子都不能够拿下，还有什么脸说自己人见人爱呢！张老二哪里知道徐氏真的爱上潘三了，知道丈夫设计想敲诈他的钱财，所以趁丈夫去厕所之机，就把张老二之计告诉潘三，所以潘三不辞而别，是与徐氏早已经有了约定。此后徐氏背着张老二，直接到潘三家中，成就了他们之间的好事，而张老二想敲诈潘三的事情却没有得逞。

徐氏与潘三来往的事情如何瞒得住，张老二得知，质问徐氏，而徐氏说是丈夫让她勾搭人的，如今自己当王八，那是自找的。见到徐氏已经迷上潘三，张老二此时很是后悔，只好哀求徐氏，好歹也应该诈潘三一些银子，也不枉把媳妇白白送人。此时的徐氏已经与潘三山盟海誓，就准备与他回南宫见父母，然后明媒正娶，去当潘夫人，何曾还念与张老二夫妻一场呢！

张老二放鹰失鹰，当然非常生气，便辱骂徐氏。徐氏也不是善主，与张老二对骂起来。本来嘛，是你让老婆勾搭别人，其责在你，而如今见老婆与别人在一起，即便是别抱琵琶，也不能够怪罪老婆不义。如今指望老婆去赚钱，而老婆还想与新欢一起白头到老，凭什么把钱给无情无义的人呢？徐氏不依不饶，非要张老二马上写休书，让她离开张家。张老二如何肯呢？又吵不过徐氏，只好动粗，而徐氏也不示弱，两个人厮打起来。徐氏被打急了，从厨房拿出牛耳尖刀，想吓跑张老二，却被张老二夺了过去，一时气愤，举刀连刺，徐氏起初还能挣扎喊叫，后来倒在地上，流血不止，渐渐地没有了呼吸。张老二害怕，扔下手中刀跑出门去。兄嫂弟妹们听到他们夫妇争吵，但事涉夫妻隐私，也不好出头去劝，见到张老二浑身是血地跑出门去，急忙来到他们的住房一看，见徐氏倒在血泊之中，已经没有气息了，知道是张老二杀人，急忙告知坊长，呈报南城兵马司。张老二因为浑身是血，早被兵马司兵役发现，带到司里讯问，恰恰坊长报案，兵马司指挥便带着兵役及仵作，押着张老二前往验尸。徐氏被刺死无疑，因为事涉潘三，兵马司指挥也将他带到兵马司审讯。

经过审讯，得知张老二设计放鹰，想坑害潘三，却不想徐氏因为爱恋潘三，没有与丈夫一起坑害潘三，因逼夫写休书，而致争吵，持刀威逼其夫，被其夫夺刀刺死。这样的招供，明显是张老二栽赃死者，是否是徐氏先拿刀，张老二夺刀，也没有旁证，在救生不救死的理念下，兵马司指挥也不再追究实情，便将审讯情况上报顺天府。

顺天府复审，也没有详查是否为徐氏先拿刀恐吓其夫，便认为张老二是出于自卫，杀死徐氏。按照《大清律例·刑律·斗殴》"夫殴死有罪妻妾"条规定，凡妻妾因殴骂夫之祖父母、父母，而夫（不告官）擅杀死者，杖一百。若是徐氏拿刀恐吓丈夫，必定辱骂他的父母，这样张老二杀死徐氏，也就是杖一百。问题是涉及张老二勒逼徐氏卖奸，按照《大清律例·刑律·犯奸》"纵容妻妾犯奸"条规定，凡纵容妻妾与人通奸，本夫、奸夫、奸妇，各杖九十。徐氏虽然也有罪，但张老二、潘三也有罪。潘三量刑比较容易，按照此条，予以杖九十，就可以发落了。张老二则不同，毕竟是杀死妻子，虽然妻子有罪，但他勒逼妻子卖奸，也是有罪，因此不能够按照夫殴死有罪妻妾规定量刑，应该按照《大清律例·刑律·斗殴》"妻妾殴夫"条规定，夫殴妻至死者，绞监候。顺天府将张老二拟为绞监候，题报刑部复核。刑部在复核时，注意到徐氏拿刀威吓张老二的行为，提取人证核实。所谓的人证，都是张老二的兄嫂弟妹，但都不是直接目睹者，而张老二坚称是徐氏先拿刀，自己夺刀以后，一时气愤才杀死徐氏的。刑部动用大刑，张老二抵死也不承认是自己先拿刀杀妻的，刑部也只好认可。如果是徐氏先拿刀，张老二就算是情有可原了，其绞刑就应该缓决。刑部将意见具题给皇帝裁决。

乾隆帝仔细核对案情，认为刑部"所拟尚未允协"。因为此案张老二是携妻徐氏卖奸，因为向潘三索钱不遂，意欲带徐氏躲避，而徐氏不同意。也就是说，是张老二勒逼妻子卖奸于前，所以夫妻之义已经断绝，这样再逞凶杀妻，就不应该按照夫杀妻来量刑，应该按照常人故意杀人罪量刑。在乾隆帝看来，"犹之妻妾因奸谋杀本夫者，律应凌迟。若因本夫纵容抑勒其妻妾与人通奸，罪止斩决，则纵奸之本夫，复杀其妻，即不得以寻常夫故杀妻律拟断。盖其夫纵妻卖奸，已属不知羞愧，又忍而置之于死，情更凶恶，若复拘夫妇名义，稍从末减，何以励廉耻而维风化乎"。也就是说，妻妾因奸同谋谋杀本夫，按照律条规定，应该凌迟处死；如果因为本夫纵容抑勒其妻妾与人通奸，而本夫被谋杀，妻妾罪只是斩决，不加等为凌迟，则纵奸之本夫再将其妻杀死，就不应该按照一般丈夫故意杀妻律来量刑。这是因为其夫纵妻卖奸，已经是毫无廉耻，又忍心将妻杀死，情节更为凶恶。要是这样，还以夫妇的名义，予以减等处罚，又怎么能够奖励廉耻，而维持社会风化呢！因此乾隆帝提出："著刑部将此例，另行斟酌改定，所有张二一案，即著照新例定拟具奏。"刑部按照乾隆帝的指示，勒定新例，凡是以妻卖奸之夫，故杀妻者，以凡论。按照此例，张老二便是故杀平人了，按律应该予以斩立决，张老二最终被押赴菜市口问斩。问斩之地离他所居之地不远，平日都是他来这里看杀人，如今自己却被杀了。这正是：

夫妻三年风流债，全因几两身外财。

此案的张老二与徐氏都是京城的市井小人，好吃懒做，不愿意靠自身的努力去挣钱过日子，居然想到凭徐氏的姿色去骗钱，却不想放鹰也有脱鹰日，雄鹰遇到雌鹰，为了自己的爱情，也会舍主人而去。徐氏就是因为喜欢潘三，不肯诈骗潘三的钱财，张老二若是明白，就应该成全他们，或许还有可能得到一些回报。如今骗钱不成，又丢掉徐氏，当然不肯罢休，但又惹不起潘三，反而怪罪徐氏，与之争吵，也不占理，毕竟是他出的主意让徐氏勾搭潘三。张老二说不过老婆，就开始动手，将徐氏杀死，反诬徐氏先拿刀恐吓，试图脱罪。虽然刑部没有放过张老二卖奸的情节，但还是按照夫殴妻死，予以减等，最终被乾隆帝看出端倪。那个时候，夫杀妻，减一等；妻杀夫，加一等；夫绞、妻凌迟，是为了维持当时的伦理及尊卑等级。在乾隆帝看来，丈夫让妻子卖奸，已经就不是夫妻了，这个时候再杀妻，就不应该再减等处罚了，所以让刑部重新勒定条例，对于这种让妻妾卖奸的丈夫，绝不能再以丈夫看待了，认为这样则有失风化。且不管乾隆帝用意如何，仅就此案的分析来看，确实是入情入理，也可见乾隆帝关注人情之一斑。

族长活埋亲侄子

清乾隆四十三年（1778），福建省永定县发生一起族长下令活埋自己亲侄子的案件，起因是侄子四处行窃，屡教不改，族长便按照族规把侄子活埋了。清王朝对家法族规是默许的，有时候还予以提倡，毕竟家法族规能够维持家族宗族秩序，迫使人们向善，但对于家法族规处罚超出《大清律例》的范畴，也不会置之不理的。侄子行窃，按照《大清律例》规定，不是死罪，但活埋他的是尊长。按照《大清律例》规定，若是子孙违犯教令，祖父母、父母非理殴杀者，也仅仅是杖一百，但杀人者不是父母，乃是身为族长的伯父，如何予以拟罪呢？刑部援引年老可以收赎的规定具题，乾隆帝仔细阅读案情，认为不能够开擅杀之端，对刑部所题的理由一一驳饬，最终将当事人处绞。清王朝允许各家各族制定家法族规，允许用家法族规处置家人族众，为什么乾隆帝在刑事案件问题上不承认家法族规呢？在乾隆帝眼里的家法族规应该是什么样子呢？且从案情说起。

却说福建省永定县某村有吴姓一族，有个名叫吴狗俚的人，乃是个独生子。其父母是晚年得子，所以把他当作珍宝一般，不知道如何宠爱，因此吴狗俚好逸恶劳，贪吃懒做，久而久之，习惯成自然，就知道衣来伸手饭来张口，哪想到父母有一天会撒手人寰呢！吴狗俚十五岁那年，父母双双去世，所留下的田产也不多，他又不会种地，只能够今日典一亩，明日卖二分，靠典卖田地过活，如此怎么能够长久呢？没过三年，田地典卖完了，就卖房子，最终自己在一个草窝棚里住。没有本领，又没有财产，还不愿意出力，吴狗俚便干起偷鸡摸狗的活计。

小偷也分三六九等，根据品行，还可以分为上中下三品。这上等的小偷可以称为神偷，蹿房越脊如走平地，窃人财物犹如探囊取物。其上品专偷达官显贵、富商巨贾，以他们的钱财来周济穷人，在百姓眼里被视为英雄；其中品则专门偷那些为富不仁及贪官污吏，让他们尝一尝苦头，虽然不周济贫困，却也不祸害平民百姓，在百姓眼里他们是豪杰；其下品虽然也针对富豪显贵，但行为不正，在偷窃的时候，往往杀人或淫占他人妻女，被称为江洋大盗、采花贼。

这中等的小偷被称为剪绺贼，于街巷闹市窃取人财，悄无声息，使被窃者不知不觉，也很难发现他们。其上品衣服华丽，看上去不是文质彬彬，便是典雅大方，怎么看都不会认为他就是小偷；其中品则独来独往，看上去与平人无异，使人不防备，得手之后还能帮助被窃者寻找窃贼，看到被窃者凄惨，还能周济一二，使被窃者认为他是热心人；其下品往往是有同伙，窃得财物便转移出去，即便是被抓住，他可以让人搜身，绝无赃物在身，也就无法说其是窃贼。

这下等的小偷，往往是趁乱行窃，事先没有预定目标，见到可以上手，决不放过机会，所窃物品也没有选择，大到金银财宝，小到猪狗鸡鸭，只要能偷，不计价值。其上品是单独行窃，得财之后便大吃大喝，身上只要有钱，就不再偷窃了，只是没钱的时候才窃一些，乃是知足之偷；其中品则是伙窃，一旦盯上目标，便分工合作，拥挤的拥挤，行窃的行窃，最终是为了掩护行窃者不被人抓到，还不至于害人伤人；其下品或是团伙，或是独行，为了窃取财物，根本不管被窃者的死活，轻者殴伤事主，重者杀死事主，一旦被抓获，就不再按照窃贼审理了，而是按照拒捕伤人，以强盗论。

这三六九等的小偷，多多少少也有些本事，学些技艺，能够以此为职业。这吴狗俚则不同了，属于贫极无赖的人，既没有生财之道，又好吃懒做，还没有一技之长。即便是去当小偷，也入不了三六九等，更不知道如何行窃，只是知道偷窃的物品可以换钱果腹，故此无论什么东西都偷，哪怕是一件衣物、一双鞋子，也不会放过。他既没有剪绺贼那样去窃人钱包的本领，又没有同伙为他放风掩护，更没有飞奔逃逸、膀大腰圆的拒捕本事，因此充其量也就算是个蟊贼。

常言道，兔子不吃窝边草。干小偷这行当，最好远离自己所住的地方，即便被人抓住，也不过一通毒打，不会使人人都防范他，还可以从事此行当。吴狗俚快二十岁了，从来没有离开过村子，也不知道村外的天地有多大，最多也就去过附近的几个村庄，赶过几次集市，人们也多是相互认识。开始的时候，吴狗俚还是到集市去偷东西，也常常得手，但常在河边走，哪能不湿鞋，也免不得被人抓住痛打。集市都是附近村庄的人，有人知道吴狗俚是哪个村的，便把他捆缚起来，交到该族进行管束。

吴姓族长叫吴云章，时年已经七十多岁，是吴狗俚的伯伯，当了三十多年族长。身为长房，是为大宗，所以能够统其宗族，合族有大事，只要知照各小宗就可以了，而各小宗有事，必须要请示他。因此他主持祭祖，代祖先立言，代祖先行事，除了控制本族共有财产之外，还可以对触犯族规的族人实施各种处罚和惩治，甚至处死，乃是本族的主宰。按照吴姓族规："盗必干诛，窃亦罹罪，诱拐等事，均犯科条，辱宗甚大。族中子孙，不得有犯。违者，预行逐出，屏勿齿，谱削其名。"如果吴狗俚当了强盗，将之杀死再告官，官府往往不追究责任，但小偷小摸，虽然也是犯罪，却不是死罪，要是窃盗初犯，不过是打几板子释放。按照族规，可以把吴狗俚逐出宗族，但逐出之后，还不能不让他姓吴，到外面犯事，依然会影响到吴姓的声誉，所以吴族长把吴狗俚关进祠堂，令他反省三日，责打三棍放出。教养就应该既教又养，吴族长对吴狗俚只教不养，他没有生活的本事，如何能够防止他不再行窃呢？

吴狗俚每逢集市必来行窃，但其窃贼的名声已经传遍集市，他一现身，人们就防范起来。在众目睽睽之下，如何能够行窃呢？集市不能下手，吴狗俚便到邻近的村庄行窃，也被捉到几次，被邻近村众绑缚送交吴族，依然是反省三日，责打三棍。吴狗俚被放出来后，照样去行窃，以至于邻近村庄的小孩子们都知道他是窃贼，一到别的村庄，看见者都喊贼来了，人们纷纷出来，将他赶走。这样又断了他的生意，无可奈何的情况下，也只好吃起窝边草来。

吴姓村庄从来没有出现过偷窃的事情，一旦有人丢了东西，马上就会想到吴狗俚，将之告到族长，但无凭无据，族长也不能够处罚，只是申饬，时不时再让他到祠堂去反省。吴狗俚从小因父母宠爱，养成顽劣之性，对族长的责罚，哪会心服，故而怨恨之心常常溢于言表。既然别的人家不好偷窃，那么就偷族长家。吴狗俚几次把族长家的衣服、被子偷走换钱花，族长向吴狗俚讨要，吴狗俚抵死不承认，族长也没有办法，毕竟要捉贼见赃嘛！

吴族长的两个叔伯弟弟，名叫吴应元、吴应文，是吴狗俚的缌麻叔叔，即远房叔叔，他们都是地主，每年农忙季节，都要雇佣工人。这一年招了几名短工，吴狗俚潜入他们的住房，将两床棉被偷走，却不想被一个短工发现，高呼抓贼！吴应元、吴应文听到，带领短工追赶，前堵后截，把吴狗俚抓到，当即用草绳把他双手反捆了起来，押送祠堂，再捆在堂柱上，然后禀报族长来处置。

吴族长来到祠堂，便训斥吴狗俚，认为族里多次教训，还是屡教不改，如今不能再按照族规处置了，明天一早就把吴狗俚送官法办。吴狗俚此时是新仇旧恨都记在心里，听说要把他送官，也就不害怕了，便说："你这老不死的族长，就知道骂人打棍子，要知道你把我送官，也不是死罪，最多是打几板子，重了也就是枷号一个月，我还有回来的日子。你们不让我好过，我也不会让你们好过。等我回来以后，我一定把你们都杀了，再放上一把火，把你们的房子都烧了。"吴狗俚此时已经无所谓了，因为他知道自己一经官裁断，就要被刺字，终身也脱离不了这个窃贼的身份，更无法生活了，所以放胆咒骂，却不料此举惹怒了吴族长。

吴族长心想，你屡次行窃，被我训斥责打，不知悔改，还如此记仇，要是把你送官，偷两床棉被，也算不成大罪，顶多是枷号一个月，弄不好打几板子就释放了。若是他从官府回来，这个房无一间、地无一垄的穷光蛋，真的有可能杀人放火，不如现在就把他处置了。所以当即让吴应元、吴应文等人，将吴狗俚活埋，以除祸害。吴应元、吴应文等人领命，就把吴狗俚的嘴堵上，带到村外野地里，挖个坑就给活埋了。

出了人命，地方保甲长不敢隐瞒，便将此事告到县衙。人命案件，知县也不敢拖延不办，便将相关人证拘押到县进行审讯。吴族长声称是按照族规，为本族除害。永定县客家人居多，且往往是聚族而居，因此家法族规也最严厉，时常以自尽、勒毙、打死、沉塘、活埋、逐出宗族、鸣官等方式处理族众。但吴族长忽略了《大清律例》及族规的根本原则，那就是如果准备处死族人，通常需在宗祠里聚族众们集议，必须得到要被处死者的直系血亲允诺，或者由直系血亲来亲自执行。如果直系血亲不允诺，族长与族众可以"责以大义"，对他们施加压力，迫使他们同意。这样的话，即便是官府得知，按照祖父母、父母非理殴杀违犯教令子孙者，最多也就是杖一百，还允许收赎，等于是没有刑事责任。问题是吴族长没有召开族众大会，而吴狗俚又没有直系血亲，也就难免要被追究刑事责任了。

按照《大清律例·刑律·斗殴》"殴大功以下尊长"条规定，其殴杀同堂大功弟妹、小功堂侄及缌麻侄孙者，杖一百，流三千里。故杀者，绞监候。显然，吴族长是故意杀死侄子，所以知县将吴族长拟为绞监候。按照这条法律规定，是可以进行收赎的，故此知县提出吴族长年老，应该予以收赎，也就是说缴纳五钱二分五厘银子而已，也可见知县对家法族规采取的是默许态度。此案逐级上报，最终由刑部具题，由皇帝核准。乾隆帝在仔细研读案情的情况下，当即对刑部进行了驳饬。

第一，此案拟罪"于情理未为允协"。要是"族中卑幼为匪，如果肆窃异族财物，贻害乡邻，有伤合族颜面，为尊长者管教不从，激于公愤，因而致死"，这是情有可原的。但此案不是这样，于情来说，吴族长"并非为除族中窃匪之公心，实系欲免己家受祸之私见"。于理来说，吴族长是吴狗俚小功堂叔伯，吴应元、吴应文是吴狗俚的缌麻服叔，若以睦姻任恤之道而论，均为赡族所应及。如果吴云章等，于其侄时相周济，何致吴狗俚行窃其家？所以律例才规定同族相盗，罪减一等。也就是说，吴族长并没有按照族规的原则，召集族众们公议，没有公愤，而擅自将吴狗俚活埋，而作为吴狗俚的叔叔大伯，即便不是至亲，也应该尽扶养之责，如果能够周济他一些财物，或许他不至于去行窃。

第二，此案审理于法也有误。刑部于此案，将主使之吴云章，既以年老收赎，其听从下手之吴应元等，又仅照为从拟流，是吴狗俚之死，竟无一实在拟抵之人，岂为公当？也就是说，刑部将主使之人，以年老为理由准予收赎了，听从下手者作为从犯，仅仅是杖流，这样便使吴狗俚之死没有人去抵罪了，怎么能够称为公允呢？

第三，此案性质恶劣。吴狗俚虽下流不堪，其罪不至于死，而登时活埋，情殊惨忍。也就是说，即便是吴狗俚所犯是死罪，宗族也不能随便将之处死，更何况吴狗俚之罪不至于死，居然残忍地将其活埋了，不但目无王法，而且手段非常残忍。

批驳之后，乾隆帝提出处理原则，即谓吴云章律应收赎，亦应于吴应元、吴应文二人内，择其情节稍重者，拟以绞候。也就是说，吴族长如果年老，按律可以进行收赎，那么应该在为从之犯中选择一个情节稍重者拟抵，要让人们知道杀人者死。至于如何保护家法族规，这可以在每年秋审的时候，不将他们勾决，便可以维敦睦之谊了。于是，将题本发还刑部，让他们重新定拟具奏，最终让族长吴云章收赎，吴应元拟为绞监候，秋审的时候予以免勾，免勾十次以后，就可以缓刑，最终还不是处死。这正是：

越礼非法别妄为，宗族乡党扬德行。

家法族规在法学界往往被称为民间法，认为与国家法既有冲突，又有互动，但不能够忽略家法族规虽然可以称为准法律，毕竟还不是真正的法律，因此不应该与"法"等同起来，家法族规就是家法族规，不是民间法。固然家法族规中许多条款，诸如禁止子弟赌博、吸毒、宿娼、欺诈、偷窃、抢劫等，也都是在国家法的框架之内，家族宗族内出现这类事情，家法族规的规定也大多是禀官或送官处置，至于家法族规所规定的私刑，诸如勒逼自尽、勒毙、打死、沉塘、活埋等，显然都不为国家法所容忍，一旦官府察觉，还是要依据国家法予以处置的。清王朝鼓励民间用家法族规约束家庭宗族，在政策上也予以倾斜，但不允许家法族规藐视《大清律例》，一旦与《大清律例》冲突，是不会承认家法族规的。乾隆帝所认为的不能开擅杀之端，所希望的只是维护敦睦之谊，可见家法族规在统治者眼里的作用。杀人者抵罪，必须使人们知道这个道理，至于抵罪之后，可以采取免勾缓决，也维护了家法族规在家庭宗族中的尊严。

儿子杀人母自杀

清乾隆四十三年（1778），云南省文山县民打死了人，其母亲因为害怕而自杀。按照《大清律例·刑律·人命》"威逼人致死"条规定，凡子孙威逼祖父母、父母，妻妾威逼夫之祖父母、父母致死者，俱比依殴者律斩。云南巡抚咨文刑部具题，将该县民拟为斩刑，奏请皇帝核准。乾隆帝仔细核实案情，发现情节与拟罪不符，除了责令刑部改拟之外，还让刑部修订条例，以申明刑弼教之义。文山县民因为什么事情打死人呢？乾隆帝因为什么情节而责令刑部改拟呢？刑部又是如何出台新的条例呢？且从案情谈起。

云南省文山县有一户人家，父亲申茂盛，时年五十岁；母亲胡氏，时年三十八岁。夫妇俩生有两个儿子，长子申张保，时年二十岁，已经娶妻生子，因为婆媳不和，便与父母分家另过。次子申张佑，刚刚十岁，与父母在一起生活。分家另过也割不断血缘，所以申张保夫妇时常回家看望父母。不在一起生活，即便是婆媳不和，因为没有什么利害冲突，在表面上还能够维持稳定，彼此之间也能够和和气气，只是申张保的媳妇很少回家而已。

单说胡氏，别看已经是两个孩子的母亲，但徐娘虽老，风韵犹存，也有中年妇女的端庄优雅，翠鬟如裁俏面颜。那时云南刚刚兴起一种时装，是一种洒线衣裙，上绣百花蝴蝶，走起路来是花枝招展，蝴蝶翩飞，动感十足，行人见了，无不驻足观看。胡氏喜欢穿这种时装，这种时装在文山县是很少的，因此胡氏被人称为"百花狐媚娘"。清代人认为这世上有解不出、想不来的男女，就是有的男人往往是见一个爱一个，家里有十分标致的妻子他不爱，却愿意与那不十分标致的女人山盟海誓。解不出、想不来男人如此，女人也不例外，家里有一表人才而温柔体贴的丈夫她看不上，却愿意献身于奇丑无比又无情无义的野男人。按理说胡氏已经与申茂盛结婚二十多年，彼此应该亲密无间才是，但胡氏总是嫌丈夫无能，不会说体贴的话，缺少情趣。

申茂盛在文山县也是数得起的人物，好结识朋友，拜盟弟兄，是个四海春风的人。邻里乡党中有事，拉他出来，说三言两语，人都信服，且推崇他。只是回到家里，见了老婆，却像小鬼见了阎王，他怕老婆。清代人认为这世上怕老婆的有三种情况：势怕、理怕、情怕，各有三种情景。

所谓的势怕，第一是妻家是高官权贵，妻子凭借自己的家世，自然盛气凌人，而丈夫畏惧势力，怕老婆也是常理。第二是妻家有百万资财之富，田连阡陌之广，家满仓箱，豪富一方，妻子凭借家财嫁妆远比丈夫丰厚，而丈夫缺少钱财，希望得到妻家及妻子的资助，当然要怕老婆了。第三是妻子凶悍嫉妒，性情暴戾，身体强壮，再加上掌握丈夫的短处，丈夫打不过妻子，而妻子制服丈夫犹如老鹰捉小鸡，丈夫不得不怕老婆。这三种势怕，无非是权势、财富及性情而已。

所谓的理怕，第一是妻子贤惠，大家闺秀，德行具备，有一种不怒自威的气势，丈夫畏妻子之淑仪典范，敬佩而由衷地怕老婆。第二是妻子才高八斗，学富五车，论文则高高在上，作诗则出口成章，丈夫因为自愧不如，是一种钦佩敬重的怕老婆。第三是妻子含辛茹苦，勤俭持家，孝敬公婆，和睦妯娌，抚养子女，任劳任怨，丈夫无可挑剔而怕老婆。这三种理怕，乃是妻贤、妻才、妻能，处处占理，丈夫不得不理怕。

所谓的情怕，第一是妻子貌美如花，善解人意，性格温柔，情分缠绵，缱绻千态万状，媚得人死去又生，生来又死的，丈夫爱其妩媚才怕老婆。第二是妻子少艾，与丈夫年龄相差很大，妻子花样年华而貌美如花，丈夫老树昏鸦而形貌丑恶，丈夫自愧不如，又怜惜妻子青春年少而怕老婆。第三是妻子轻盈举止，风神飘逸，天生丽质，千般娇媚，百种风流，丈夫不忍逆其性情而怕老婆。这三种情怕，是妻子貌美、年少、娇媚，是妻子占尽天然优势，丈夫爱恋而怕老婆。

申茂盛妻家势力不如自家大，妻家财产不如自家多，妻子也没有自己强壮，因此不存在势怕的问题。胡氏并不贤惠，也没有什么才识，只是为申家生了两个儿子，为公婆送终服丧无缺，所以申茂盛于理上还是不怕老婆。申茂盛比胡氏大十二岁，算是妻子少艾；胡氏盛服美妆，丰姿娇媚，宛若西施，申茂盛浓眉横竖怪眼睁，腮下黄须根根竖起，鼻间麻点密密成潭，半边脸浑如青靛，半边脸犹如黑炭，这样看来，算是妻子貌美。胡氏虽然年近四十岁，生有两个孩子，但体形未改当初，依然是袅娜柳腰勾人胆，燕语莺声锁魂惊。申茂盛虽然刚刚五十岁，却如八十岁老翁，一身是病不说，行走艰难要手扶拐杖，气喘吁吁而常冒冷汗，所以申茂盛对胡氏是情怕居多，理怕居少。

胡氏正当如虎的年纪，却要伺候这样老病的丈夫，平日里未免有怨言，申茂盛也只好逆来顺受，但让申茂盛不能够容忍的，乃是胡氏每天打扮得花枝招展，不是逛集市，就是去寺庙，招摇过市。申茂盛也曾经埋怨过胡氏："都快四十岁了，已经是两个孩子的妈，如今都当奶奶了，还打扮得这样妖娆，整天抛头露面，也不知道害羞。"申茂盛刚刚说一句，胡氏便连珠炮般地回敬他说："快四十岁怎么了？你若有本事，我还能够生七八个孩子呢！两个孩子的妈又如何？你看我的身材和长相，不是吹牛，就是十八岁的大姑娘还不如我呢！当奶奶又算什么？是奶奶就应该老态龙钟的，像你一样半死不活的，没有一点丈夫气概！我就喜欢打扮，人靠衣服马靠鞍，穿上时装就是显得精神，你也穿上些时髦的衣服，陪媳妇出门，我脸上也有光，但你龟胸驼背，其丑无比，再漂亮的衣服，穿在你身上，都如癞蛤蟆披上天鹅绒，根本不配。我这容貌和长相，凭什么害羞呀！只有和你在一起，我才感觉到害羞，没情没趣的，还有脸说我招摇过市。我就招摇过市了，你能够把我怎么样！等哪天我找一个相好的，让你当活王八，你自己害羞去吧！"申茂盛惹不起老婆，也只好听任老婆所为，却没想到胡氏真的找到一个相好的，而且毫不忌讳。

胡氏相好的名叫高应美，是本县无赖公子，父亲在四川当知县，自己在本县为生员。高应美的父亲官虽然不大，但在文山县还算是官宦人家，因此在县学之中也算是个人物，一些无耻的生员奉他为盟主，称他为"高盟翁"。高应美常常穿着新衣服，穿领阔带大袖子直身儿，大红方乌鞋儿，撑着一把锡顶伞儿，拿着刺绣红毡包儿，常常在街上摇摆，好不威风，也可以说是春风得意。但有一件令他不快活的，就是他那位尊夫人，乃是当年父亲为他指腹为婚，娶进家来，才知道是一个又黑又麻又粗蠢的女子。高应美最初嫌她丑陋，动不动就乱喊乱骂，指手画脚，却不想该女子娘家也是有势力的人家，见高应美喊骂，也不甘示弱，反唇相讥不说，动起手来，高应美丝毫占不了便宜。有一次，高应美嫌媳妇做事太笨，抬手打了媳妇一巴掌。媳妇急了，把高应美按倒在床上就是一通臭打，高应美连还手之力都没有，自此以后再也不敢喊骂媳妇。高应美因为怕媳妇，所以常常不回家，与同窗们在一起鬼混。

云贵川广地区信奉二郎神，每年农历六月二十四日，善男信女们都到二郎神庙来烧香。这一年六月二十四日，高应美与几个同窗一起来二郎神庙看热闹，实际上是来看妇女，他们看到那些年少的妇人，轻盈袅娜，如花似玉，就可以评头论足，饱一饱眼福。这样热闹的日子，胡氏当然不能够错过，不但刻意打扮一番，还穿上白春罗细堆纱花的袄儿，湘绣软缎猩猩花红裙儿，樱唇上点了些胭脂，打扮得楚楚动人。胡氏当然会引起高应美的注意，便上前搭讪，殊不知胡氏放荡不羁，知道高应美的用意，主动凑趣，也就难免情投意合了。

胡氏与高应美相好，开始还是偷偷摸摸，彼此躲开双方的家庭，后来便大大方方。高应美怕老婆，不敢把胡氏带回家；胡氏却欺申茂盛软弱，竟然把高应美带到自己家中，打情骂俏，根本就不管申茂盛的感受。

申茂盛惹不起胡氏，有苦难言，便来到儿子申张保家，想让儿子劝劝其母亲，收敛一些。毕竟是有儿有孙的人，哪能这样毫不忌讳地与别人奸好呢？身为儿子，听说母亲与人奸好，当然难以忍受，申张保便找母亲去理论。常言道，捉奸见双。申张保没有捉奸在床，其母亲如何能够承认？开口便骂儿子不孝，娶了媳妇忘了娘，结婚就分家单过，扔下老妈不管不说，居然敢编派老妈与人通奸，天底下哪里有这样的儿子。然后便寻死觅活，非要在儿子面前自尽。申张保仅听父亲一面之词，也没有母亲通奸的证据，当然理亏，只好连赔不是，好言安慰母亲，然后再偷偷地对父亲说，若是母亲真的与别人有染，父亲没有能力捉奸，就来告诉儿子，待儿子捉奸，处置了奸夫，母亲自然无话可说了。

申茂盛让儿子劝说不成，却把自己卖了进去，如今只能生闷气，因此郁结成疾，卧床不起。胡氏自此更加肆无忌惮，公开与高应美在家奸宿。过了些日子，申张保来家看望父母，见父亲病重，母亲又不照看，便要把父母接到自己家去住。以胡氏的心思，自己都当奶奶了，若是让儿子知道自己与别人通奸，面子上也过不去；要是搬到儿子家中去住，就能够和高应美斩断孽缘，因此同意儿子的请求，搬到儿子家去住。

高应美见胡氏搬到儿子家，并没有意识到胡氏是有意与他断绝关系，只是认为申张保逼迫母亲搬离，好拆散他们，便不管不顾地找上门来，声称申张保是他儿子，不能管他与胡氏的事情。申张保曾经听父亲讲过，也曾经劝过母亲检点一些，但母亲不承认，也没有证据。如今高应美竟然找上家来，不但说母亲与他奸好，还敢叫他儿子，申张保如何能够忍受这样的羞辱，便驱赶高应美离去。不想高应美非但不离去，还从地上捡起石头掷打申张保，高声大骂，引来街坊四邻前来观看。申张保血气方刚，如何能够忍受，当即抄起一根木棍，冲上前去，劈头盖脸地一通乱打，高应美倒在地上。申张保还不解气，在其身上乱戳乱打，活活将高应美打死。街坊四邻眼见得申张保打死了人，胆小的偷偷离去，胆大的看住申张保，不让他逃去，怕将来自己受到牵连，明事理的人急忙通知保长前来处置。纷纷杂杂，无人不知道出了人命，也无人不知道胡氏与高应美通奸。众口铄金，申茂盛和胡氏如何能承受这种人人戳脊梁骨的局面呢？申茂盛先服毒自尽，胡氏也跟着服毒自尽了，而申张保被扭送到县衙。

文山县知县按例检验尸身，勘验现场，询问人证，审讯当事人，然后按律拟罪。按照《大清律例》规定，申茂盛乃是允许捉奸之人，因没有在奸所杀人，应该依罪人不拒捕而杀，也就是要判处绞监候。由于申张保父母先后服毒身死，按照《大清律例·刑律·人命》"威逼人致死"条规定，凡子犯死罪，致令父母自尽者，拟绞立决。依照二罪并发从重论的原则，文山县知县将申张保拟为绞立决，申报各级上司，云贵总督咨文刑部，题请皇帝核准。乾隆帝核对情节，认为所拟罪名不符，因为"是此案衅由伊母与高应美有奸，淫恶欺凌，实为为子者所宜恨。且申张保始而劝解其父，继而接母同居，并无不合。迨后奸夫欲往其家，明系图奸其母，而再不心生愤恨，任听其母与人苟且，则竟无复廉耻之心，且将置其父于何地乎？是申张保之殴死高应美，实出于义愤，殊堪矜悯。而申茂盛、胡氏之死，由于奸情败露，愤愧轻生，并非申张保贻累。若亦予以立决，未得事理之平，但非于奸所杀死奸夫，自不能免罪，拟以绞候，亦足矣"。也就是说，此案起因是胡氏与高应美的奸情而起，作为儿子并没有做错什么事，而高应美找上门来，儿子若听任其与母亲苟且，就是没有廉耻之心的人，那么出于义愤殴死高应美，也就情有可原了。至于申茂盛、胡氏之死，并不是儿子杀人的原因，却是由于奸情败露，愤愧轻生，若把儿子绞立决了，于事于理都说不过去。由于申张保没有在奸所杀死奸夫，也是有罪的，绞监候足以抵其罪。乾隆帝亲裁绞监候，实际上就是免死，因为情有可原按例是可以免勾的，几次免勾之后就不再勾决，遇赦还可以释放。

乾隆帝钦裁之后，还意犹未尽，对刑部官员说："朕综理庶狱，无论案情巨细，悉为反覆权衡，折衷至当。如其子自作罪恶，致亲忿激轻生，则当立正典刑，以申明刑弼教之义。若似此案之杀奸因雪耻而成，亲死非波累所致，则不宜即予缳首，致乖明慎用刑之文。内外问刑衙门并当深体朕意，慎重明谳。"乾隆帝自称办理刑狱案件，无论案情大小，都反复权衡，追求情理法的妥当，为的是申明刑弼教之义，但此案情节特殊，不应该予以绞立决，因为这样违背了明慎用刑的原则。刑部根据乾隆帝的指示，修订了新条例。这正是：

父母做主媒人言，十对夫妻九对错。

古代男女婚姻全凭父母之命，媒妁之言，也就怪不得姻缘多错配，以至于清人认为所谓的夫妻，百分之九十都是错配，不可能是恩爱的。那时候，男子有钱有势可以纳妾，妇女即便是富可敌国、才高八斗，也必须从一而终。男子有出妻的权利，妇女则没有离异的自由，这是社会的不公平。正因为如此，妇女红杏出墙便成为奇耻大辱，非要杀之而后快，也不管是什么原因。此案的胡氏，按照过去的常理，有了儿子和孙子，就应该认命了，以家庭为主，为了亲情而牺牲爱情，如今却与别人偷情，便成为天理不容的事情了。若是婚姻自由，或许能够有情人终成眷属，也不会出现杀奸与羞愧自尽的事情，但历史就是历史，违反当时的社会道德，就是违反社会，不但国家法律不能够容忍，就是人民大众也不能够接受。乾隆帝以明刑弼教为目的，以明慎用刑为宗旨，可见在当时社会还是很得人心的。

恶婆婆杀贤媳妇

清乾隆四十五年（1780），刑部具题直隶发生一起婆婆故意杀死儿媳妇的案件，陈述婆婆手段残忍，经过验伤，儿媳妇身上居然有伤痕一百余处，这个恶婆婆，应该按照婆媳恩义已绝，不再以尊卑论罪。乾隆帝审阅以后，很是恼怒，想不到这世间居然有此等残忍的婆婆，如果再按照尊卑名分，使婆婆苟活于世，儿媳妇的冤魂何以慰藉，人们如何能够引以为戒？于是，乾隆帝从情理的角度进行批示，从伦理、人情的角度谈到法顺人情的问题，最终以明刑弼教为由，处决了恶婆婆。一件婆婆杀死儿媳妇的案件，为什么会引起乾隆帝的重视呢？处置恶婆婆为什么要与王朝明刑弼教的总原则联系在一起呢？且从案情说起。

乾隆四十三年（1778），直隶保定府曲阳县某村有一杜姓人家的女儿要出嫁了，所嫁是曲阳县一家酒馆老板刘长乐的儿子刘岚。杜氏时年十六岁，虽然是农家出身，却也举止凝重，言笑不苟，尊老爱幼。丈夫刘岚是个独生子，是个痴呆，不知人事，只会穿衣吃饭，连数目方向，俱不知晓。公公刘长乐是个酒鬼，每天只要能够喝上二两酒，就心安理得，躲在后房睡觉，一个酒馆都由婆婆王氏打理。王氏时年三十六岁，别看儿子都十八岁了，却也是徐娘半老风韵犹存，丈夫是个酒糊涂，儿子是个痴呆人，这个酒馆全靠她来打理。这个王氏不是什么善主，倚门卖俏是她招徕客人的本钱，偷情养汉毫无顾忌。泼悍异常，对丈夫儿子非打即骂，俨然一家之主，以至于丈夫儿子避之犹恐不及，更不敢说她半个不字。

自古道："媒人口，无量斗。"媒人在杜家把刘家说得如花似锦，女婿如何聪明，婆婆如何贤惠，公公如何慈善。要是杜家当日细细打听一番，便不至于把女儿陷入黑暗地狱了。谁知杜家本是庄户人家，没有什么弯弯肠子，听了媒人的夸张言语，便信以为实，将女儿许配给了刘家。

刘家择吉迎娶，灯笼鼓乐，却也热闹。刘家是开酒馆的，来的客人很多，杜氏并不知道客人都是刘家什么亲戚，拜堂之后，婆婆让她遍拜诸客，她也只好顺从。这些人个个色眼眯眯，还说一些不干不净的话，杜氏已经是不爽了；再看王氏与这些人打情骂俏，动手动脚的，更是不快了。虽然心里不爽快，毕竟是婆婆和丈夫的亲戚，杜氏也只好赔着笑脸应付下去。

新妇入门赔小心，丈夫虽然有些痴呆，却也知道疼媳妇，更何况嫁鸡随鸡，嫁狗随狗，杜氏也只好认命。三日入厨下，洗手做羹汤。新婚三日之后，杜氏下厨为公婆做饭。常言道，新来的人，摸不着门。杜氏因为不熟悉，一不小心就打破一个碗，被婆婆王氏看见，她也不管是三朝新妇，当下便厉声呵斥。杜氏不敢违逆，只好连连认错。此时杜氏才知道，媒人所说的婆婆贤惠完全是胡说八道，但木已成舟，只好加倍小心了。

又过了几天，杜氏发现公公每天喝酒，昏昏睡卧在西厢房，而婆婆王氏睡在正房，每晚都同几个客人聚坐房中，张灯饮酒，调笑取乐，全无忌惮。杜氏发现这些客人都是新婚时候来帮忙的人，想当初婆婆让她管他们叫什么叔叔舅舅之类，既然是亲戚，也应该避个嫌，为什么他们总和婆婆在一起呢？杜氏在晚上同丈夫说："这帮人是你们家什么人呢？"痴呆丈夫说："都是我父亲的好朋友，通家往来已经好久了。"杜氏说："既然是你父亲的好友，你父亲为什么不陪他们，却让你娘陪他们呢？要是在店里，你娘招呼客人，也还说得过去，每天晚上在你娘房中聚饮，彻夜不归，岂不被人谈论？"痴呆丈夫说："我娘要这样，我当儿子的怎么好说呢？我们父子已经习惯了，由她去做。你也不要多管闲事，我娘的脾气你还不知道，你新婚三日，打破一个碗，她就那样辱骂你，你要管她这事，她还不把你的皮剥了。"杜氏见丈夫说得淡然，也不敢再说，心中却甚以为羞。

与王氏往来的这帮人，都是曲阳县的恶少，他们出入衙门，把持官府，欺良压善，不守本分。其为首的名叫刘祥，也是王氏最得意的汉子。

这些恶少虽然都与王氏有奸，但都听刘祥的驱遣，王氏与他们群奸群宿已非一日，可以说全县皆知。因为杜家是庄户人家，消息闭塞，才会把女儿嫁到刘家。要是王氏自己为恶，也是她个人的行为，民不告官不究，也不会有人管她，但她看不上儿媳妇，与恶少们算计杜氏，那可就是真正的恶人了。

有一天，刘祥对王氏说："你家媳妇颇有姿色，可是她进门以后，从来不肯与我们说一句话。我看她好像怪你与我们相好，不如把她也拉下水，我们打成一局，然后可以任情取乐，不知你意下如何？"要是一般妇女，见到自己的相好惦记别的女人，肯定会醋意大发。王氏却不同，自己喜欢群奸群宿，也不在乎再多一个女人与他们一起，居然毫无良心地同意刘祥等人的请求。只是碍着面子，王氏不好亲自对儿媳妇讲，所以说："这样的事情，我当婆婆的不好开口，你们各自拿出本事引诱她上钩，老娘我绝不干涉。"

刘祥等人得到王氏的允许，只要一见到杜氏，便用言语调戏。杜氏只当什么都没有听见，每次都愤然走开，有一种凛凛不可犯之气。刘祥见杜氏难以冒犯，便与婆婆王氏商议说："你家新媳妇想必是怕羞，我等以言语挑逗她，却不为所动，看来要拉她下水，还要你这个婆婆帮忙。"婆婆王氏说："你们总是吃着碗里望着锅里，有老娘我在，你们有什么不满足的？这件事我绝对不能帮忙。"刘祥说："你要知道，新媳妇知道你所作所为，必然鄙夷你，我们因为怕她看见，也不能够肆意快活，还是大家一起同乐为好。如果我们让她看见我们快活，她若是脸红而不声张，我们就可以将她拉下水；若是喊叫，你就拿出婆婆的威严，逼她就范，她还敢反天不成？"

婆婆王氏居然答应了刘祥等人的要求。一天在床上与刘祥搂抱时，王氏高声呼喊新媳妇，说自己肚子痛，要新媳妇送些热水来。媳妇杜氏已经知道婆婆王氏行为不端，只要婆婆房中有人，绝对不进去，这次婆婆喊自己，想必是她房内无人，而自己是媳妇，也不能够不照顾，便端着热水进房，却没有见到婆婆王氏。此时婆婆王氏在床上呼唤，媳妇杜氏走过去揭开床帐，却见婆婆与一个男子赤条条地搂在一起，顿时大惊失色，扭身就跑出房间。杜氏找到丈夫哭诉，丈夫却劝其忍耐。媳妇杜氏实在难以忍受，捶胸顿足，失声痛哭，要回娘家。痴呆丈夫无奈，只好把媳妇杜氏送回娘家。见到自己的父母，媳妇杜氏哭诉说："女儿宁可死在家中，也绝不回婆家了。"父母问什么原因，杜氏死活不肯说，他们只好到曲阳县城去打听。得知王氏的恶行，杜氏父母也只能后悔当初没打听明白，将女儿嫁到刘家，如今已经覆水难收了。

杜氏遇到无能的丈夫、无耻的婆婆，还不离婚等什么呢？那个时候，离婚是男家的专利，妇女如果得不到男家的许可，是不能够离婚的，而私自回娘家也是有罪的。《大清律例·户律·婚姻》"出妻"条规定，若夫无愿离之情，妻辄背夫在逃者，杖一百，从夫嫁卖；其妻因逃而辄自改嫁者，绞监候。按照这样的法律规定，只要是刘家不同意离婚，媳妇杜氏逃回娘家居住也是有罪的。最初媳妇杜氏是因为丈夫同意才回娘家的，如果丈夫来接她回去，她不回去，也就有罪了。见媳妇杜氏在娘家不回，刘祥就要婆婆王氏派儿子去接。儿子不敢违背母命，去了几次，也没有把媳妇接回来。刘祥便怂恿婆婆王氏让儿子出头到县衙告状。县太爷派差役前往杜氏家里，要强行将杜氏带回夫家，若杜家不从，就要将杜氏嫁卖，还要送官受杖。杜家如何敢不听差役的话，只好让痴呆女婿把女儿接回去。

杜氏无奈，只好随着痴呆丈夫回到刘家。此时的婆婆王氏自恃有官府做主，更加胡作非为，不但依旧与恶少们在家醉酒胡闹，而且对媳妇杜氏非打即骂。媳妇杜氏时不时地向丈夫哭诉，让丈夫劝一下婆婆，也趁公公酒醒之时，要公公管一管婆婆，不要让她任意胡为。这父子俩不但不以为意，反而将杜氏的话转告给王氏，婆婆因此也对她更加凶狠了。媳妇杜氏此时是呼天不应，呼地不灵，为了保护自己，只好尽量不招惹婆婆，以苟且偷生。

乾隆四十四年（1779）夏天，婆婆王氏要洗澡，就让媳妇杜氏烧热水，杜氏将热水放满浴桶，就出去了。后来听到婆婆王氏喊叫加热水，杜氏便提着一桶热水进入浴室，却见婆婆王氏与恶少刘祥同浴，不由得大吃一惊，放下水便跑回自己的房间，却没想到婆婆王氏与恶少刘祥浴后，赤着身子来到房间，婆婆竟然要她伺候恶少刘祥。杜氏如何肯从，婆婆王氏就让恶少刘祥动手。此前，杜氏见恶少们经常出入婆婆之房，唯恐恶少们打她的主意，早有防备，将一根洗衣棒槌放在炕头。此时见恶少刘祥扑上来，杜氏举起棒槌便打。刘祥伤了手指，而婆婆王氏上来夺棒槌。杜氏碍着名分，怕伤了婆婆，犹豫之间，已经被刘祥按倒在炕。婆婆王氏拿出绳子，将杜氏捆住，逼其就范。此时的杜氏拼死挣扎，所以大声哭骂，当然也连带着婆婆。王氏恼怒，拿起一把剪子就往杜氏身上扎。杜氏如何肯屈服，王氏越扎，她辱骂越狠："你有本事就把我杀死，我也不想与你这个淫妇同在一个屋檐下了！"王氏果然凶狠，用剪子乱刺，致使杜氏浑身上下都是伤痕，最终刺中咽喉，杜氏气绝身亡。

以往婆婆王氏打骂媳妇，街坊四邻听到也不好干预。如今婆婆将媳妇打死了，就是人命案件，如果街坊四邻不举报，按律都要受到杖一百的刑罚，所以他们告知坊长，由坊长报官。人命案件，曲阳知县不敢怠慢，当即带领仵作前往验尸，但见杜氏浑身上下有一百多处伤痕，连下体都没有幸免，其残忍之状可以想象。曲阳知县深感痛恨，当即令衙役将婆婆王氏逮捕审讯，究问出恶少刘祥等四人，全部关押在狱。

犯人捕获，如何拟罪却成为难题。按照《大清律例》规定，婆婆属于尊长，即便是故意杀死媳妇，最多也就杖一百、徒一年，更何况有许多人还证明媳妇杜氏辱骂婆婆。按照《大清律例·刑律·骂詈》"骂祖父母父母"条规定，妻妾骂夫之祖父母、父母者，要处以绞刑。这样杜氏便成为有罪之人，而杀死有罪之人，按律还要减等，这样婆婆王氏最多是杖刑，还允许收赎。但婆婆王氏也太恶劣了，让她逃脱法律制裁，如何顺民意而服众心呢？曲阳知县便援引"义绝"之条，认为婆婆如此残忍，应该是姑媳恩义已绝，不能够再按尊卑论处，应该按照常人对待。按照常人故杀，婆婆王氏应该是斩监候，曲阳知县便按常人故杀申报各级上司。直隶总督认为，曲阳知县拟罪无误，但斩监候仍有可能使王氏免死，便在具题本强调王氏捆殴杜氏，有意致死灭口，特别声明杜氏的伤痕多达一百余处，因此提出将王氏秋后处决。

题本奏报到皇帝那里，已经是乾隆四十五年（1780）春天，即便是秋后处决，也要再等半年。乾隆帝看到题本以后，深感王氏恶劣之行，令人发指，当即指示刑部云：此等伦理灭绝、残忍已极之人，法无可贷。至秋审时，自应问拟情实，即予勾决，以昭儆戒。也就是说，类似这样毫无伦理而又残忍恶毒的人，于法律是绝不能赦免其罪的。这样的人，在秋审的时候，就要按照情实处理，当即予以勾决，以儆效尤。要知道清王朝号称以情折狱，一秉虚公，所以经常是免勾，也就是停止勾决。如果是这样的话，类似王氏这样残忍无道的人，很可能就不能被处死。乾隆帝深知其中的道理，所以进一步指示，对于这样残忍恶毒之人，于本内声明，秋后即予正法，使残忍害命之犯，不致延喘，受害者早得申冤，亦情理之正。也就是说，各省如果出现这样残忍恶毒之人犯罪，督抚在题本中声明就可以了，不用等候秋审勾决，就可以将罪犯予以正法，这样便可以使残忍害命之犯，不能再苟延残喘，而受害者也能够早日得到申冤，于情于理都可以成为正道。按照乾隆帝的指示，王氏就不必等待皇帝勾决了，到了秋天，直隶总督即可下令将其正法，这个恶婆婆最终还是身首异处了。这正是：

举念时明明白白，到头处善善恶恶。

在我看到的明清数万个案件当中，这是一件既无耻又残忍的案件，身为婆婆品行不端，自己作恶尚情有可原，但她要把自己的儿媳妇送给恶少，就无情可原了，其恶也是非常人所能做出的。而面对这样一个恶婆婆，身为媳妇既得不到丈夫、公公的同情，又有婆婆的逼迫，连自己选择离婚的权利都没有，也可见那时候的法律的不公正。因为婆婆的残忍，官员们可以援引"义绝"之条，将婆婆按照凡人来定罪量刑。若母亲逼迫女儿，将女儿致死，就不能够义绝了。这样的恶妇人居然可以逍遥法外，亦可见古代法律面对残忍之人，往往束手无策。无论如何，乾隆帝认识到这样残忍恶毒的尊长，他们不配再为尊长，不能够使其逃脱法律的制裁，希望社会能够予以警诫，并且将死刑权力下放到督抚，而且认为得到情理之正，却没进行法律上的修正，如何能够制止恶婆婆残忍犯罪事件的发生。当然了，我们不能够强求古人，但在了解古人的时候，会更加珍惜现代的生活。

泼妇凶悍夫自杀

清乾隆四十五年（1780），江苏巡抚吴坛审理一件妻子逼迫丈夫自杀的案件。按照律例的规定，将妻子拟为绞监候，此案遭到刑部的批驳，认为吴巡抚引律例不妥当，应该将妻子拟为绞立决。刑部奏报之后，乾隆帝进行批示，在肯定刑部批驳之后，发表了自己的见解，认为此等泼悍之妇应该予以严惩。江苏省承办此案的官员也被议处。吴坛在被革职之后，深感如果官员不能明白律例，不但在办案时候难以维护法律的公平正义，也会丢掉乌纱帽。因此吴坛潜心钻研法律，著有《大清律例通考》，成为后人了解清代法律的重要参考书。一个泼悍之妇为什么能让乾隆帝发出感慨呢？吴巡抚与刑部在援引律例方面出现了什么分歧呢？乾隆帝为什么要处置承办此案的官员呢。且从案情谈起。

却说淮安府阜宁县有个名叫倪玉的人，在县城开了一间贩卖香烛纸马油盐的杂货店，每天也就卖上二三百文钱，是真正的小本生意。倪玉的妻子李氏，也是小户人家出身，彼此相亲相爱，生有二子一女，如今长子七岁，次女五岁，幼子三岁，一家人全靠这间小杂货店为生。虽然生活不太富裕，但是可以将就度日。如果恰逢人情交际，冬夏衣服，就要仔细算计过生活了。这样的家庭，平常生活尚可过得去，如果有病有灾，就难以应付了。俗话说，越怕什么，越来什么。李氏不知何时得了蛊胀病——血蛊。起先吃药也还有点灵验，后来便一天不如一天，不到半年，已是奄奄一息了。李氏自知病情严重，便把丈夫倪玉请到床前，交代后事说："我死了以后，这三个小孩子务必要好好地照顾。你还年轻，我知道你也不会独身，将来再娶媳妇，一定要找能够好好照顾我们孩子的女子，别让我们的孩子受委屈。"夫妻一起生活已经八年，感情甚笃。倪玉惨然落泪，便说："你说的这是什么话！病来如山倒，病去如抽丝。你就安心养病，总会好起来的，你也别想那么多，我如何肯给孩子找后妈呢？"说罢便到店前照顾生意去了。

一天，李氏忽然觉得胸闷气短，便把几个孩子叫到身边，用手摸着他们的头，上气不接下气地说："看你们的造化吧，我是顾不得你们了。"这一句话是分三四段才说完的。刚刚说完，李氏就往后一靠，两眼往上一翻。孩子们哭泣起来，大儿子把父亲喊来时，李氏早已气绝身亡了。倪玉少不了借贷买棺盛殓。

一个男人带着三个小孩子度日，其艰难不用细说。只是倪玉在给妻子治病与治丧过程中，借了不少外债，借钱最多的是本县的顾财主。顾财主有个女儿，时年已经三十二岁了，尚未出嫁。这个顾小姐小的时候，嘴角生了一个疮，这原本不是什么大病，医治好也很容易。医生们都知道顾财主富有，便开出了很高的价钱，而且要先付药本钱三百两银子。顾财主嫌贵，便广求各家医生，其中有个医生，不要药本钱，只说医治好了再给钱，所要价格也只是别的医生的一半。顾财主当然高兴，便请该医生为女儿治疗。这个医生的医术本来很高明，因为顾财主在阜宁县赫赫有名，就格外巴结，想等医治好小姐的病后，让顾财主为自己送上块匾，以此扬名。到那时，在阜宁县自己就可以稳坐头把交椅了，所以他竭尽全力医治。

顾财主可不是什么好人，他交结衙役，包揽词讼，出入衙门，欺良压善，借贷生息，生事诈人，无恶不作，根本不是善良之人。顾财主眼见顾小姐的疮已经结痂，知道病快好了，便心疼起医药费来，便找个由头与医生翻脸，想方设法地把医生送县里去打板子。医生惹不起顾财主，只好四处托人求情，并情愿不收医治小姐的药费。顾财主听医生说不要医药费，这原本是他的本意，但他还要装出自己并不在乎钱财的样子，勒令医生三天要把小姐医得全好。

医生恨透了顾财主，便生了歹心，用一贴催烂的膏药，给顾小姐敷上，然后回家，打点行囊，远走高飞去了他乡。顾小姐的脸又烂了起来，再去找医生，医生已经不见踪影了。无奈之下，顾财主只好延请别的医生。医生们都怕顾财主将来害人，即便是被逼请来，也说自己医术有限，纷纷推辞，结果把病耽误了。顾小姐的烂疮，开始从嘴角烂起，后来烂到脸上，再烂到耳根、脖子，慢慢地向全身蔓延。顾财主此时后悔莫及，只好花大价钱把女儿带到省城苏州去医治。病虽治好了，可是顾小姐的半边脸颊完全凹陷下去，模样如此可怕，谁还敢上门提亲呢？故此三十余岁都没有嫁出去。

倪玉丧妻，还带有三个孩子，要找媳妇也难，而顾财主急于嫁女，即便是倪玉这样的穷家小户，他也无可选择。倪玉欠钱还不上，顾财主答应嫁女免债，还给陪嫁，而倪玉认为小孩子应该有娘来照顾，便答应了这门婚事。婚礼办得风风光光，顾家陪嫁丰厚，还将倪玉的杂货店重新整修，多进货物，要把买卖做大。这应该是件很好的事情，鳏夫娶妇，孩子有娘，若是一家人和和美美，也算是圆了亡妻的心愿。倪玉哪里晓得，顾氏相貌丑陋，内心也不善良，乃是极其凶悍之人。她仗着娘家的势力，对丈夫呼来喝去，特别是对倪玉这三个小孩子，更是把他们当作眼中钉、肉中刺，也不管倪玉如何爱怜孩子，摆出一副做晚娘的架势，不是打，就是骂。所以这三个小孩子见了顾氏，就如同见了老虎一样，不敢亲近她，更不敢惹顾氏生气。

有一天，倪玉出门进货。顾氏把大儿子叫过来，说要教他认字。顾氏不耐烦地教了两遍，便要他认出来。大儿子因为害怕后母，提心吊胆，有两个字想不起来了，顾氏抬手便是一个嘴巴，把大儿子打倒在地，头不小心碰在桌角上，顿时就昏死过去。顾氏见状，管也不管，便扬长离去。倪玉回家后，看到儿子倒在血泊之中，急忙抱起来，替儿子敷药医治，总算把儿子救了过来。倪玉非常气愤，便问顾氏为什么打儿子？顾氏当时就变脸说："小孩子总是要管教的。我教他认字，并不是恶意。教他多少遍，他就是不理我。我说他两句，他还骂我。我是到你家里做孩子们的娘，并不是来做他们的奴才。既然他骂我，我就轻轻地打了他一下；他倒会耍赖，便跑到墙角上碰了碰头来诬我，说我打伤了他。没想到他小小年纪，居然会这样使坏。"

倪玉说："这恐怕未必。我告诉你，做晚娘的总要慈爱小孩子，小孩子觉得亲热，自然就孝顺你了。要是用铁匠的办法，动不动把孩子们打个半死，万一当真失手打死了，便怎么好呢？"顾氏笑着说："你不要我管，我也落得清闲。以后这孩子全归你带，我便百事不管了，让你三个子女自己去称王称霸吧！"倪玉见顾氏气势很盛，也就不敢再说什么，只好自己照顾这几个孩子。

一个男人照顾三个孩子，还要做生意，也实在困难。倪玉低声下气地求顾氏搭把手，哪怕是替自己张罗一下店里的生意呢。一提干活的事情，顾氏便耍起大小姐脾气，张口便骂，抬手便打，每天睡到下午才起床，起来以后自己到外面饭馆去吃饭，反正花自己的陪嫁，丈夫也管不了她。一个男人如何照顾孩子呢？两个月过去，这些小孩子的衣裳鞋袜，都是脏兮兮的样子，还经常吃不上热饭。眼见得孩子们面黄肌瘦，倪玉心急如焚，只好给顾氏下跪，求她帮助照顾孩子。毕竟是丈夫先服软，顾氏总算是答应了。倪玉当然不放心，偷偷观察了许多天，看顾氏对待小孩子甚好，心里也觉得欢喜，才敢出外去进货。

有一天，倪玉进货回来，听到顾氏在后房号啕大哭，进门一看，原来是还不满六岁的女儿被一个倒下的大衣柜砸死了。倪玉觉得蹊跷，一个好好的大衣柜为什么会凭空倒下呢？大衣柜的腿没有坏，地板也没有砸坏，为什么偏偏砸在女儿身上呢？他寻思是不是顾氏故意将大衣柜推倒，砸死了孩子，便试探问了几句，没想到顾氏勃然大怒，数落起来："你这个没有良心的臭男人，穷得叮当响，要钱没有钱，要本事没有本事，要不是我娘家有钱，你们一家人早就饿死了。如今我嫁到你家，过来就当孩子妈，你又没有钱请保姆，我一个人如何照顾三个孩子呢？你不念我的辛苦也就罢了，居然想到我存心把孩子砸死，你好没有良心呀！如今你把我爹叫来，让我爹告到官府。请县太爷前来勘验，要是我把孩子砸死，我替她偿命；要是孩子自己贪玩，不小心把大衣柜弄倒，看我爹如何处置你。"就这样，千数落，万咒骂，使倪玉哑口无言。

到了晚上，顾氏不让倪玉进屋睡觉，将他们父子三人赶到自家店铺去睡。倪玉安顿孩子睡下后，自己坐在柜台里生气，自叹如今娶了个凶悍的丑媳妇，仗着娘家的气势，欺负自己不说，还凌虐孩子。若是这样下去，恐怕那两个孩子也性命难保；若是那两个孩子再有个三长两短的话，自己如何对得起死去的李氏呢！若是倪玉有些男子气，早在顾氏把大孩子打得头破血流的时候，就应该提出休妻。顾财主家虽然有势力，官府检验孩子有伤，当然可以断定离异的。若是告到官府，调查女儿的死因，说不定能够断定孩子就是顾氏故意砸死的，而倪玉知道顾财主与官府的关系，唯恐休妻不成，反而得罪老丈人，将来在阜宁县难以立足。倪玉左思右想，媳妇惹不起，老丈人更惹不起，活着可真没有意思，便想到了死，但一想到两个孩子，也只好打消死的念头。

　　也算是苍天有眼，此时顾氏怀孕了。这女人一有了孩子，脾气也就好一些了，毕竟唤起了母爱。顾家家境殷实，不忍心让女儿受累，请来乳母、保姆，照顾女儿及外孙子。乳母、保姆都是仁慈之人，顺便照顾前妻所生之子，使倪玉少了些忧愁。顾氏的孩子长大了，乳母、保姆都辞退了，倪玉前妻的大儿子也长到十五岁了。继母对待自己生的孩子与对待前妻所生的孩子，很难说一视同仁，顾氏因为有娘家撑腰，实际上是一家之主。顾氏对自己的孩子百般呵护，对前妻的孩子百般欺凌，对丈夫也任意辱骂。顾氏的孩子锦衣玉食，前妻的孩子粗衣剩饭，时常是饥无食、寒无衣。

　　眼见大儿子已经十五岁了，倪玉想让他分出去另过，给他一些钱财，做个小买卖。既可以糊口度日，又可以与弟弟一起生活，免得受继母欺凌。要给孩子钱财，倪玉就不能做主了，只好与顾氏商量，没想到顾氏开口便骂："你这浑蛋东西，还敢提给你那两个混账儿子钱财。要知道这个家都是我娘家的财产，想当初你欠了一屁股债，要不是我们家可怜你，那两个混账儿子早不知道被卖到什么地方了。这些年你们三口人吃我的，喝我的，我容忍你们了，如今却惦记我的钱财，门也没有，要想分家，给我净身出户，一文钱也别想拿走！"顾氏就这样千浑蛋、万无能地辱骂。倪玉争辩几句，顾氏拿起扫炕笤帚便打，倪玉哪敢还手，只好气愤地跑出家门。在路上越想越气恼，一时想不开，居然在一个小树林里自尽了。

本地保长发现尸体，急忙报官，官府勘验，发现遗书一封，乃是不堪妻子辱骂，虐待前妻所生之子，无奈寻死。人命案件，县太爷不得不办，当即拘拿顾氏及街坊四邻审讯，证实顾氏确实打骂丈夫。此时顾财主已经去世，没有人再为顾氏上下打点。知县便根据案情，按照《大清律例·刑律·人命》"威逼人致死"条规定，其妻妾威逼夫致死者，比依妻殴夫至笃疾者律，绞，俱奏请定夺。知县将顾氏拟为绞监候，申报各级上司。按察使复核，认为拟罪恰当，报知巡抚。吴巡抚看后，也没有仔细分析案情，就按照所拟具题了。

刑部认为，这样处置案件，显然不会让顾氏抵命；再说了，断案有律依律，无律依例，律条之内有若卑幼因事逼迫期亲尊长致死者，绞（监候）的规定。此案顾氏将丈夫殴伤，以至于丈夫愤而自杀，完全可以依律定罪为绞立决，不应该照例定罪，请示皇帝，予以改正。乾隆帝得知以后，认为刑部驳斥恰当，顾氏应该予以绞立决，并且指示云："妇之于夫，犹臣之于君，子之于父，同列三纲，所关綦重。律载人子违犯教令父母致自尽者皆处以立绞，岂妇人之于夫竟可从轻？今乃逼迫其夫致令自尽，此泼悍之妇尚可令其偷生人世乎？"在乾隆帝看来，顾氏薄待倪玉前妻之子，还与丈夫吵闹，已经是有失妇道。如今倪玉看到儿子饥无食、寒无衣，想给儿子一些钱财，让他们自己谋生，这乃是人之常情。顾氏竟然因为此事殴骂丈夫，使之愤而自杀，实在是情理难容。按照律例规定儿子违犯教令，致使父母自尽，都处以绞立决，不能因为是丈夫，就使妻子从轻。顾氏凶悍如此，"该抚仅拟绞候，岂明刑弼教之意乎"。如果是不明白律例的官员，尚且情有可原，吴巡抚此前曾经在刑部为官员，按察使塔琦也是刑部外放官员，居然援引不当，显然是失于宽纵，因此将承审官员全部交部议处。结果吴巡抚被革职，按察使塔琦被降调，而顾氏被绞立决了。这正是：

常存天理行文案，自有荣华荫子孙。

此案顾氏仰仗娘家的权势，殴骂丈夫，凌虐前妻所生子女，在男尊女卑的时代，是难以出现的，但经济决定政治，女家有权势，男家即便是有法律保护，也很难诉诸法律。丈夫殴妻，告到官府，只要没有受伤，丈夫无罪，而妻妾殴夫，没有受伤都要杖一百，还可以从夫嫁卖。实际上丈夫被妻妾殴打，若是告到官府，官府会认为丈夫乾纲不振，依然会斥责丈夫，因此丈夫受到妻妾殴打，根本没有申冤的可能。在这种情况下，倪玉若是以妻殴起诉，是完全不可能的。如果他以妻子虐待前妻子女起诉，却是可以的，其长子被殴有伤，而次女被大衣柜砸死，他却容忍了，只知道自己无处申诉，选择自杀，亦可见当时丈夫行列中有许多受虐者。乾隆帝认为虐待丈夫的行为关系到"三纲"大事，将她们定位于泼悍，认为只有杀掉泼悍之妇，才能够维系"三纲"的提法，达到明刑弼教的效果。承审官员一直本着积阴德的理念，认为杀一人则损阳寿、害子孙，所以在拟罪的时候，能不让人犯死就不让其死，宁可失出，也不失入。乾隆帝认为这是关系到人伦国宪的大事，法司唯应执律问拟，不能使国家刑章宪典形同虚设，所以从严处置承审官员，但他缺少男女平等的理念，自然也不会出台法律以维系正常的家庭关系。

媳妇殴杀老公公

清乾隆四十六年（1781），直隶河间府吴桥县呈报一起媳妇杀死老公公的案件。按照《大清律例》规定，媳妇杀死夫之祖父母、父母，要被凌迟处死的，因此按例要奏闻请旨。乾隆帝在阅读奏章时，觉得媳妇杀死老公公的情节存在问题，显然是夫家上上下下及左邻右舍们隐瞒了真情，于是下旨要直隶总督亲审，务必查出实情，既不能让恶妇逍遥法外，也不能使节妇蒙冤。果然，经过直隶总督派官核查亲审，发现这是一个冤案。乾隆帝看到什么情节而怀疑不是媳妇杀死公公，其中的隐秘是什么呢？直隶总督又是如何按照乾隆帝的意旨而展开调查的呢？且从案情谈起。

直隶河间府吴桥县某村有许姓一家人，老头许成平，老婆邢氏，生有一子，名叫许进才，刚刚十八岁，老两口就给他张罗娶媳妇。许家并不富有，老两口省吃俭用许多年，才有了一些积蓄，便给许进才娶了媳妇张氏，年龄也是十八岁。大凡女子出嫁时，见丈夫家贫苦，粗茶淡饭，便有不足之意，乃至于上则公婆不悦，中则姊娌吵闹，下则夫妇不和。许成平家只有薄田数十亩，本是清苦人家，做他媳妇，焉得称心如意？张氏也是穷苦出身，家境与夫家差不多，所以她进门以后，并不偷安贪睡，早起忙一家人的早饭，还要喂猪喂鸡，等吃完早饭，还要下地干活，可以说是家里家外一把手，邻里宗亲都很羡慕许家娶了一个好媳妇。

古人认为，家庭的盛衰兴废，在男子，不在女人。如果男子为人正直，又有才干，虽然一时不得志，但以后能振起家声，光大门户，也是常见的事情。女子则不然，即便是贤惠，也不过是孝顺公婆，帮助丈夫，勤俭持家，亲操井臼，不失妇道之常，便已经足够了。做人莫做女人身，百般苦乐由他人。在男权社会里，妇女没有社会地位，顺从男人便是女人之德了。按理说那时候妇女们已经很悲惨了，但可悲的不是妇女没有社会地位，而是她们自己看不起自己，甚至还同类相残，这在古代的婆媳关系中最为明显。多年的媳妇熬成婆，想当初自己为媳妇的时候，受到婆婆的虐待，在尊卑上下等级森严的社会，也只好忍气吞声，而好不容易自己熬成婆婆，却忘记自己为媳妇时候的辛苦，反过来虐待媳妇。

婆婆邢氏把儿媳妇张氏视为仇敌，没有什么要紧的事情，只要是回话稍有迟疑，做事慢一些，不拘木柴、棍棒，拿起来就是一顿乱打。在这种情况下，如果丈夫能够主持正义，婆婆或许能够收敛一些，但许进才似乎有恋母情结，对其母亲是唯命是从。不管母亲如何打骂媳妇，他都说媳妇做得不对，有时候母亲打不动，要他打媳妇，他也遵从。以邢氏的理论，媳妇就是用来打的，不打媳妇的男人就不是好男人。按理说公公是媳妇的天然盟友，如果婆婆虐待媳妇，公公在旁边说些好话，或许能够制止婆婆虐待媳妇。公公许成平四十多岁，正逢壮年，见张氏年轻，早就不怀好意，所以当老婆打儿媳妇的时候，早就躲在一边，待老婆不在的时候，安抚儿媳妇，想博得儿媳妇好感，实际上是想爬灰。

张氏自叹命运不好，嫁了一个狠丈夫，不但遇上恶婆婆，还有不怀好意的坏公公，有几次实在受不了，便跑回娘家，却被父母劝回。为什么呢？要知道《大清律例·户律·婚姻》"出妻"条规定，若夫无愿离之情，妻辄背夫在逃者，杖一百，从夫嫁卖。没有丈夫的同意，躲在娘家不回去，就算是背夫在逃，不但有罪，还要听从丈夫嫁卖。若是媳妇张氏娘家兄弟子侄很多，也就是说，娘家势力强大，得知女婿虐待女儿，可以合族到女婿家去讨个说法，即便是把女婿家打得落花流水，只要不出人命，官府是不管的。但媳妇张氏娘家宗亲很少，势力孤单，力量薄弱。父亲与哥哥曾经找上门来，却不想婆婆邢氏撒泼，率先喊叫："你们养的好女儿、好妹子，我替你们养活她，现在学会忤逆婆婆、打婆婆了。你们不管教女儿、妹子，却来我这里兴师问罪，我倒问问你们，媳妇背夫而逃是什么罪名？要知道嫁出去的姑娘，泼出去的水，要想强势，你们拿陪嫁来呀！要是有四个老妈子、八个丫鬟伺候，也用不上她来伺候婆婆。既然是没有陪嫁，就别耍大小姐的威风！谁家的儿媳妇不听婆婆的话？谁家媳妇不顺从丈夫的意愿？还没有把她怎么样呢！动不动就回娘家，就不怕我们告官吗？"张氏的父兄都是老实巴交的人，说不过婆婆邢氏，也怕事情闹到官府，只好将女儿送回夫家。

有一天，媳妇张氏把自家的铁锨借给别人，许进才以女人不应该擅自做主为由，开口便骂张氏。张氏认为邻居借一把铁锨用用，也不是不还，这有什么不妥吗？因此顶撞了丈夫几句。婆婆邢氏听见，就骂儿子无能，将许进才的火气激怒上来，抬手便打张氏。张氏认为自己没有错，丈夫听信婆婆的挑唆殴打她，显然是不讲道理，张氏便扭住许进才不放。见夫妻俩打得不可开交，许成平出来，喝令儿子住手，好言安慰媳妇，总算是把他们劝开，但彼此都心怀怒气。许进才一怒之下，不回自己的屋了，就住在父母屋里了。常言道，夫妻没有隔夜仇。如果父母希望儿子婚姻完美，就不应该留儿子在自己身边住，应该好言相劝，使儿子回到媳妇身边，即便是他们争吵，也不应该掺和其中，夫妻矛盾自然就和解了。如今婆婆邢氏不但唆使儿子打媳妇，还故意让儿子冷落媳妇，就是想拆散这桩婚姻。

看到邢氏教唆儿子，许成平也不主持公道，他有他的打算。等到儿子与邢氏都睡熟了，许成平从炕上爬起来，悄悄地溜出屋，紧接着来到媳妇张氏的房间。虽然张氏与丈夫互相殴打，但毕竟是夫妻，所以回到自己的屋里，并没有插门，想等着丈夫困倦了，自然就回来睡觉。谁家的儿子都结婚了，还跟父母在一个炕上睡觉呢？张氏等了许久，不见丈夫回屋，索性便一个人先睡了。突然，张氏觉得有人钻进自己的被窝，以为是丈夫回来，便将之推开后说："你有种就别回来呀！跟你妈睡好了，找我干什么？"她没想到并不是丈夫回来，乃是公公摸上炕来，不由得大惊失色，喊叫起来。许成平见媳妇喊叫，便用手堵住张氏的嘴，把她压在身下。张氏情急之下，用手狠掐公公的肾囊，公公疼痛难忍，蹦了起来，一脚落空，侧身跌到炕下，头正好碰到地上放的板凳，顿时昏死过去。

听到张氏的喊叫，邢氏与许进才都惊醒了，点起灯来却发现许成平不见了。母子俩来到张氏房间，但见张氏蜷缩在炕里，而许成平已经倒在炕下一动不动了。许进才不知所措，而邢氏稍微迟疑一下，喝令许进才将张氏捆起来，然后再让儿子把许成平背回自己的房间，灌汤喂水。许成平已经无法下咽了，显然已经死了。邢氏对儿子说："事已至此，家丑不可外扬，当今要紧的是如何了局。这个老不死的要爬灰，也是该死，但此事若声张出去，许家还有何颜面在此住下去呢？那个小狐狸精也不是好东西，要不是她勾引，老不死的也不会起歪心邪意。罢了！罢了！人死不能复生，且想如何保全我们吧！"

许进才能有什么主见，还不是全听母亲的？在邢氏耳提面命的情况下，许进才当时喊来左邻右舍及保长来到家里。邢氏向众人哭诉说："我那忤逆的儿媳妇，白天因为私自把铁锨借给别人，我儿子管教她，她竟然敢骂丈夫。我儿子气愤不过，就打了她几下，没想到恶媳竟然扭住我儿子不放。我老头看不下去了，就上前去拉劝，想不到恶媳胡抓乱咬，黑暗中竟然把老头的肾囊抓破了。我们来不及救助，如今他已经死了。可恶的儿媳妇，竟然如此忤逆，我们已经将她捆在房里，恳请乡邻与保长为我们做主，看此事如何办理。"

左邻右舍不好说什么。保长所管地界出现人命，若不报官，至少要被杖一百，所以力主报官，众人也不敢反对。天亮以后，保长带着许进才到县衙投告，知县知道是人命案件，也不敢怠慢，当即前往检验。仵作报伤云："肾囊青紫，系抓伤所致，右腮脸颊有磕伤，碰及太阳穴，乃是致命伤。身体其余部分完好无伤，应该是跌伤而死。"知县填写好尸格之后，开始审讯当事人和人证。

那个时候，人们大多数本着救生不救死，救熟不救生的态度。保长与左邻右舍都是听邢氏及许进才所说，根本没有看到当时的情形，却因为张氏私借铁锨是实，夫妻相互打骂是真，证实邢氏与许进才所讲乃是真实的。至于张氏所供是公公爬灰，众人认为，乃是张氏急于脱罪，故意将此丑事安在许家。是可忍孰不可忍，恳请县太爷治恶媳诬陷之罪。

知县碍于众情，不听信张氏的辩解，便按照律例拟罪了。按照《大清律例·刑律·斗殴》"殴祖父母父母"条规定，凡子孙殴祖父母、父母，及妻妾殴夫之祖父母、父母者，皆斩。杀者，皆凌迟处死。张氏要是将公公肾囊抓伤，即便是误伤，也算是殴打夫之父母，公公因此而死，就算是杀者，知县便将张氏拟为凌迟处死，申报各级上司。按照当时审判制度，死刑必须报请皇帝核准。直隶总督袁守侗便将此事奏报，恭请皇帝裁决后，就可以恭请王命，即行正法了。

史称乾隆帝"每秋谳具词，精核再三，勿使畸轻畸重"。也就是说，每当审核司法案件的时候，他都仔细核实案情，从中发现疑点，责令司法仔细核查，不允许有畸轻畸重的事情发生，如果发现有畸轻畸重的现象，除了予以更正之外，还对办案人员予以严厉的处分，以为滥刑诬枉者戒。

乾隆帝看完奏折，当即传谕军机大臣，陈述此案的疑点所在。第一，此案情节上有不少漏洞，没有媳妇张氏的辩解，只有许进才母子的证言及左邻右舍未亲眼看见之证词。第二，此案发生在三月初，乃是寒冷季节，那个时候的北方乡民还都穿厚絮棉裤，如果说张氏误抓公公肾囊，隔着棉裤如何抓得到呢？第三，张氏被许进才殴打倒地，公公前去拉救，应该是将自己的儿子拉开，不应该去拉儿媳妇。第四，即便是张氏在被殴打的时候，一时情急，胡乱拉抓，为什么没有抓伤其他人呢？第五，验伤者仅仅检验伤痕，却没有讲验伤之时，死者当时是下身裸体，还是穿有棉裤。

根据上述五个疑点，乾隆帝指出："看来必有别故。或竟系许成平有逼奸伊媳之事，致被伊媳拒奸抓伤，伊妻邢氏及子许进才，或因许成平颜面攸关，遂尔隐匿饰供，此亦情理所有。但愚民无知，只欲为许成平开脱，遵令张氏罪陷凌迟，司谳者复不为之细心推究，致令节妇含冤莫白，则大不可。"也就是说，这个案件还应该有别的原因。或许是许成平有逼奸媳妇之事，才会被儿媳妇抓伤。许成平老婆邢氏及儿子许进才，或许是因为颜面攸关，才故意进行掩饰，捏造供词，这也是情理之中的事情。要知道愚民往往无知，他们只知道熟人关系，只想为许成平开脱责任，却将张氏陷于重罪，乃至于凌迟处死。司法者对此事不为之细心推究，就会使节妇含冤而不能够讲明，这样就大错特错了。因此乾隆帝要刑部将这些疑点及疏漏之处查明，并对该案进行驳斥，命令直隶总督袁守侗亲自审理此案，将可疑之情节全部弄清楚。乾隆帝认为："朕于庶狱，无不悉心详究，不肯使匹夫匹妇，稍有枉抑。"要知道袁守侗曾经当过刑部尚书，按察使郎若伊也曾经在刑部当过郎官，为什么对这些紧要情节视而不见，竟然敢草草率行定拟呢？责令他们戴罪严审，若再有误，定严惩不贷。

袁总督及郎按察使得到乾隆帝的申斥，他们不敢怠慢，当即由郎按察使带领各府州能干仵作及在省候补官员中善于问案者数人，组成专案组，彻查此案。专案组将相关人证一一予以重审，仵作们寻找许成平倒地碰伤的痕迹。固然案发已经过了三个月，要寻找证据已经很难了。也可能是苍天有眼，仵作们在张氏房间地上发现一些苍蝇总是聚集一处，便在该处取土验之，乃是因为血浸有腥之故。众人供词说张氏抓伤公公肾囊倒地，是在院子之中，许成平死于自家炕上，为何院内及自家炕上没有血渍，却在儿媳妇炕下发现血渍呢？显然其中有伪。专案组掌握证据，认为张氏的供词应该是正确的。再审问原验伤仵作，得知检验时，许成平下身并未穿棉裤，以为是肾囊受伤，邢氏与许进才在进行治疗时才将许成平脱去棉裤，并没想到案发时是否穿有棉裤。

虽然证据有利于张氏，但其他人证众口一词地说是张氏抓伤公公，也不能够确定是在什么情况下抓伤的，只能从知情人下手。郎按察使分别审讯邢氏与许进才，所问都是一些家庭琐事，发现这母子俩在这些琐事上所说情节都不一样，唯独说张氏抓伤公公这件事上出奇地一致，连用语都是一样的，显然是他们事先串通好的，便以此为由，使用了大刑，最终查出许成平图奸儿媳妇的恶行，便可以重新拟罪了。按照《大清律例·刑律·诉讼》"诬告"条规定，诬告应该反坐，张氏未决，按律应该杖一百、流三千里。问题是邢氏为婆婆，许进才为丈夫，按照律例规定，他们是尊长，是应该减等的。即便是邢氏与许进才隐瞒许成平图奸儿媳之事，按照"亲属相为容隐"条规定，也是无罪的。故此，邢氏与许进才的量刑最多也就是杖一百。按照罪坐夫男的规定，邢氏所受刑罚应该由许进才承担，两个刑罚加在一起，将许进才杖六十、徒一年。张氏平白遭受诬陷，应该予以平反，丈夫婆婆如此无情，因此援引"义绝"之条款，准与离异，仍将许姓家财一半断与张氏赡养。这正是：

恶人自有恶人磨，见了恶人莫奈何。

张氏嫁到许家，遇到恶婆婆、狠丈夫、坏公公，身边全是恶人，却因为是媳妇，对他们的所作所为无可奈何。若不是乾隆帝看出可疑之处，张氏恐怕还要背上杀公公的罪名而被凌迟处死。不过恶人也得不到好报，许成平死了，却得了一个"爬灰"的恶名。邢氏虽然没有受到处罚，但"恶婆婆"之名已经为人所不齿。许进才面对父亲图奸自己的妻子，居然不敢仗义执言，却诬陷妻子，薄情寡义，岂可为人夫？面对乡邻们的指责，他们也很难在吴桥县生活了。待许进才刑满释放后，将土地房屋卖掉，母子一起闯西口了，不知所终。张氏被断离以后，得到一些田产，原本可以再嫁，但乾隆帝执意要将她树为节妇，为之修了牌坊，就不允许她再嫁人了，只能够孤身一人，终老此生。乾隆帝批准专案组所拟各罪，但也没有忽略追究相关当事人的责任。直隶总督袁守侗降一级留用，按察使郎若伊降一级调用，知府降二级调用，吴桥知县则发往伊犁效力赎罪，永远不准回籍，以为州县官诬枉者戒。

西单牌楼群殴案

　　清乾隆四十八年（1783），北京西单牌楼前发生一起群殴案件，参与斗殴的，一方是以轿夫傅大为首的满族人，一方是卖羊肉的满廷显及其回民兄弟，双方各持刀枪棍棒，群集近百人互殴，导致多人被砍伤。帝都之内，闹市所在，竟然出现这样的群殴事件，负责京城治安（俗称九门提督或步军统领）急忙调动人马前往弹压，当即捕获几十人。经过审讯，发现为首的轿夫傅大乃是满洲大学士三宝的轿夫，步军统领不敢处置，只好奏请皇帝，请示处置办法。以此案而言，虽然是群殴，但事关满洲大学士及满、回民族，如果处置不好，所造成的后果是难以想象的。乾隆帝面对这个事涉满洲高官，又有民族冲突性质的案件，接二连三地发布谕旨，不但将罪犯严惩，还制定条例，限制满洲官员乘用轿子，这是因为什么呢？且从案情说起。

　　清王朝是依靠八旗兵打下的天下，此后八旗作为军事组织，八旗兵完全由国家包养。随着盛世的来临，没有了战争，这种仅靠国家包养，而没有战争掠夺财产的八旗兵们，生计也就成为问题。八旗粮饷，军官按照九品领取薪俸，旗兵分为五等领取粮饷。以最低的步兵而言，每人每月给银不到二两，每年给米二十一斛，还给地三十亩。出征的时候，国家再给行粮，一个步兵的年收入，在当时乃是中人之产，因为那个时候物价很低。在顺治时期，一亩良田不过二三两银子，到乾隆末年，一亩良田已经五十余两银子，良田上涨二十余倍。在康熙初年米价一升三文钱，到乾隆末年米价已经是一升六十文钱。当上八旗兵，就有粮饷，即便是通货膨胀，也不至于饿死；问题是不可能人人都当八旗兵，没有被选中的称为闲散余丁，不给粮饷，只能靠当八旗兵的人养活，却不允许他们干其他的营生。

八旗人口不断增加，八旗兵数额有限，而随着财政困难，粮饷往往也不能够按时发放。统治者由于错误地估计形势，对满族实行特殊制度，以保住他们在政权中的优势，但统治者万万没想到，这种特殊制度并没有使满族真正得利，结果是反受其害。到了乾隆末年，绝大部分旗人既不会骑马，也不会狩猎了。其中，居住在北京的大多数旗人，成天以饮酒、赌博、斗鸡、架鸟、养花、吃烟、看戏来度日。为了解决八旗生计，统治者一而再、再而三地出台政策，除了救济之外，允许一些闲散余丁到满族官贵家干些杂活，挣些银两以贴补家用，轿夫就是这类人。

满族是靠骑射打下天下，故此入关以后，朝廷不让满族官员乘轿，只准骑马，但满族官员贪图安逸，也学起汉官，纷纷乘轿。用乾隆帝的话说，"年少宗室公等，平日亦皆乘轿""似此希图安逸，亦属非是，此关系我满洲旧习"。为使他们不忘记骑射，时常进行演练，时常督促他们不能忘记满洲旧习，但乘轿现象屡禁不止。不但满洲文职官员乘轿，而且武职官员也乘轿。满洲官员乘轿，不能找汉人轿夫，只能用满洲闲散余丁当轿夫。这些轿夫虽然属于下人，但他们乃是满族人，又是在达官门下，所以也很骄横放纵。达官没有事情很少出门，这些轿夫也不是很忙，而达官之间的往来，也使这些轿夫们互相认识。别看满族轿夫不起眼，但他们在朝廷的恩养政策下，也沾染坏习气，酗酒、赌博乃是经常的事，仗着自己是满族人，欺压老百姓也是常有的事。

且说满洲大学士三宝，伊尔根觉罗氏，满洲正红旗人。乾隆四年（1739）翻译进士出身，一直受到重用，历任内阁侍读、湖北驿盐道、户部郎中、直隶布政使，后升任巡抚、总督，再为东阁大学士兼礼部尚书。进入内阁办事，是上书房总师傅，主管教育各皇子，是当时令人瞩目的人物。大学士官居一品，按照当时的规定，是可以乘轿的，而且是十六人抬的大轿，所以家里养有轿夫三十余人。轿夫里领头的叫傅大，这仅仅是个名字，而不知道姓，因为事涉满族，案卷也没有讲他们的姓氏。满族愿意称大，所以此案涉及的案犯，多是以"大"为称，如蓝大、张大等。

傅大喜欢喝酒，当月例钱，也就是工资发下来的时候，就会找一帮狐朋狗友，都是他们轿夫行当的人一起喝酒，今天你做东，明天我做东，总会喝上十天半个月的。轿夫月例钱有限，如何经得住这样的吃喝，所以经常是寅吃卯粮，靠借贷度日。入不敷出，就会想生财之道，但朝廷又限制满族人干其他的营生，所以他们便想到赌博，轿夫开场聚赌，已经成为远近皆知的事情。为了赚钱，他们不仅诱惑旗人参与，还引诱汉人参与，并且形成团伙，专一敲诈平民。赌博、酗酒与骂人、打架常常是联系在一起的。

　　要是赌博，肯定是十赌九输，即便是今日不输，也保不住明日不输，赌场上没有常胜将军。不过开设赌场，只是抽头，却可以稳赚不输，明清时期称为"抽头"，即向赢钱的人抽取红利。傅大就是专门靠"抽头"赚钱，所以总不吃亏。光赚钱而不出钱，也会被人盯上，所以傅大赚钱之后，定会请一帮狐朋狗友去喝酒。

　　这一日，傅大赚了钱，找来十几个轿夫，一起到西单牌楼喝酒。那个时候的西单牌楼，店铺鳞次栉比，各种买卖云集，是京城第一大热闹之处。傅大等人喝了一些酒，各自已经带有八分酒气。他们从酒馆出来，一路上吆三喝四，途经一家回民饭馆，闻着羊肉的香气，不禁馋虫上来，便走了进去，让店家切上五斤羊肉，来两个白水羊头，准备再尽兴大喝一顿。

　　要知道回民饭馆只卖饭食，不卖酒，也不允许在饭馆内喝酒。所以饭馆掌柜满廷显劝傅大等人带着羊肉到别处去喝酒，却不想傅大等人借酒撒疯，非要在这里喝酒，还让两个轿夫到外面买来两坛子酒，就在饭馆里大喝起来。满掌柜见劝阻不成，便让伙计去找人，想强行把他们赶出去。

　　回民兄弟是很抱团的，大家配合起来很默契。听说一些轿夫在回民饭馆喝酒闹事，纷纷前来，顿时聚集五十余人，齐声喊叫，要傅大等人滚出饭馆。傅大等人平日骄横惯了，如何会被这些回民吓着，便派人去喊自己的弟兄们，很快又来了四十余人，再加傅大带来的十余人，算是旗鼓相当了。如果是结党成群来吵闹，也只是虚张声势，要是官府出来干预，也会平息事态的。要知道北方人都很强悍，特别是满族人，更不会讲什么道理，而回民也不会示弱。在争吵不下的时候，就有人动手了，顿时刀枪棍棒挥舞起来，彼此进行群殴，早就有几个人受伤，鲜血直流，喊骂惨叫声很快惊动了负责维持西单地面安全的兵丁，领催赵德往急忙带人前去制止。领催即"拨什库"，主管佐领内的文书、俸饷之事，属于下级军官。百余人的群殴，领催带来十几个兵丁，如何能够制止住？幸亏步军统领及时调来的二百名兵丁赶到，还是有几个兵丁也被打伤了，领催赵德往的发辫也被轿夫头目王二揪散了。即便是如此，群殴的人对兵丁还是有所忌惮，胆小的趁兵丁还没有下手，便偷偷地跑了，没有跑的全部被兵丁拿下，押送步军统领衙门等候处置。

这时主管步军统领衙门事务的是福隆安，富察氏，字珊林。他是清王朝功臣傅恒的第二子，傅恒四子分别是：福灵安、福隆安、福康安、福长安。傅恒是乾隆朝的名臣，也是乾隆帝的小舅子，福隆安还与乾隆第四女和硕和嘉公主成亲，日常生活中小心谨慎地伺候着公主。福隆安经过审讯，了解到此次群殴的大概情况，因为傅大等人乃是大学士三宝的轿夫，事涉觉罗，也就是宗室，俗称为"红带子"，虽然属于远亲，但也是皇族的一部分，当然不敢做主，便将此事奏报给皇帝。

乾隆帝得知，勃然大怒，当即让步军统领将人犯移交刑部问罪，并下谕旨云：轿夫本系无籍之徒，最易生事，若不严加惩治，无以示儆。著传谕刑部堂官，将此案人犯，即照光棍律定拟具奏。也就是说，这些轿夫最容易闹事，都属于愍不畏法之人，因此应该按照光棍律予以量刑。所谓的光棍，就是流氓，按照清初规定，凡是光棍，不分首从皆斩，后来改为首犯斩、从犯绞，处置也是相当严厉的。不过旗人特殊，当时条例规定，凡八旗内有凶恶光棍，好斗之徒，生事行凶无故扰害良民者，发往宁古塔、乌喇地方分别当差、为奴。其官员有犯，该部奏闻发遣。也就是说，八旗之人犯有光棍罪是不处以死刑的。刑部按照这个条例，将傅大、王二等十余名轿夫，发往乌拉地方给打牲人为奴，蓝大、张大等三十余名发往宁古塔充当苦差。问题是参与斗殴的回民如何处置，在此案中马玉儿等十余名回民被砍伤，虽然将傅大等轿夫全部处置，但斗殴乃是双方的事，若不处置，也未免助长回民的气焰，所以将回民饭馆满掌柜等五人，发往乌鲁木齐给披甲人为奴，而将傅大等人的部分财产没官，给予受伤回民疗伤抚恤。这种恩威并济的做法，也使回民没有怨言。

要真正使回民心服口服，这样做远远不够，因为虽然被处置的满族人居多，但也处置了回民，会给人以各打五十大板的感觉。乾隆帝也意识到这个问题，这些轿夫之所以敢于逞醉打闹而同恶共济，乃是满族大臣纵容所致，所以乾隆帝发下谕旨，要大学士三宝明白回奏，是否纵容。在乾隆帝看来，三宝系满洲大学士，轿夫肆意横行，皆其平日不能严加管束所致。此等目无法纪之轿夫，三宝一有所闻，即应拿交刑部治罪，方为得体。三宝身任阁臣，不能约束轿夫，实属无能。也就是说，三宝要承担一定的责任，如果三宝知情，也要予以治罪。三宝得到乾隆帝的申饬，当即具奏说，轿夫住址，距离他家较远，那天傅大等与回民斗殴时，他并不知道，只是事后才被家人告知。这明显是推卸责任，所以乾隆帝斥责道："此奏尤属非是。三宝身任大学士，所养轿夫，何不令其近处居住？即伊住宅不能容纳，亦应于住宅左近置房数间，令其居住。似此纵令远离，则安保其无赌博等事耶。"也就是说，三宝有不容推卸的责任，身为大学士，住宅应该宽广，即便是不愿意让下人与家眷同住，也应该就近租房安置，以便随时传呼。如今不让傅大等人在附近居住，就不能够保证他们不会有赌博之事。在乾隆帝看来，旗人赌博乃是自甘下贱的开始，如此不但失去满洲人勇敢争先的英勇气概，还会使满洲人意志消磨，最终成为无用之人，所以特别痛恨满洲人参与赌博，一旦发现，往往采取重法处之。按照"赌博"律规定，最高刑罚不过是杖八十，条例规定最高刑罚也仅仅是枷号四个月。满洲人如果赌博，让乾隆帝知道，往往亲自下令予以处死，不允许满洲人沾染这种坏习气。如今乾隆帝说傅大等人有赌博之事，若是奏明皇帝，大学士三宝的责任就重大了，若是再给一个"纵容"的罪名，就不是处分能够解决的事情了。

刑部、步军统领衙门深知此案如果有赌博的行为，不但三宝的官职难保，他们也有连带责任，因为没有查禁。趋利避害，所以一致认为傅大等人就是酗酒闹事，没有赌博之事。到底有没有赌博，乾隆帝在群臣一再保证没有的情况下，也不便于深究，便对他们说："轿夫多开赌场，不独引诱旗人，有碍生计。此等恶习，所关甚巨。"也就是说，赌博这件事如果成为旗人恶习，旗人淳朴勇敢之风将不复存在，这"实伤满洲颜面，朕甚愧之"，而且旗人为流俗所染，最终国势日益衰弱，这是攸关清王朝生死存亡的大事，所以乾隆帝才如此重视。乾隆帝申饬这些满族官员之后讲："惟亲王、郡王、大学士、尚书准其坐轿；贝勒、公、都统及二品文职大臣，俱不准坐轿，违者交部治罪，断不宽宥。"也就是说，满族除了一品以上大员及诸王允许乘轿外，所有的满族文武职官都不许乘轿。这正是：

人心风俗国家运，民风淳朴世道昌。

此案不过是一些满族轿夫寻衅滋事、聚众斗殴，处理起来也不难。乾隆帝却没有将之视为小事，因为此案是满族轿夫与回族民众之间的斗殴，如果处理不妥，会引起民族之间的仇恨。乾隆帝采取恩威并济的方法，并没有偏袒任何一方，力求在公正的基础上安抚满族与回族人民，使彼此之间不再有敌对情绪，这是从大局着眼。从一起斗殴案中，乾隆帝所看到的是满族风俗的变化。在乾隆帝看来，"向来满洲风俗淳朴，居家崇尚节俭，清语及马步射，无不娴熟，从无纷华靡丽之习"。这乃是满洲立国的根基，如今在安逸的情况下，渐渐地染上酗酒、赌博、看戏等恶俗，不但消磨了志气，也使满洲人心涣散，最终会危及自己的统治地位，因此从斗殴想到赌博。说实在的，当时的满洲人确实是赌博成风，就连乾隆帝的近侍人员也参与赌博。如乾隆十年（1745），乾隆帝发现："侍卫官员内，赌博者甚多，该管大臣不惟不行管束训戒，竟有相聚同赌者。"当时将参与赌博的侍卫官员查拿治罪，申饬了该管大臣。此案傅大能够聚众五十余人，若仅仅是酗酒，不可能一下召集这么多的人，肯定与赌博有关，所以乾隆帝一再强调追查赌博之事。如果是赌博，不但大学士三宝要承担纵容的责任，所有与京城治安有关的官员，都要承担责任，所以他们都不肯讲傅大等人赌博。乾隆帝心里也明白，不再追究而强调赌博的害处。满洲大臣们也都心知肚明，至少在此期间严加约束家人下属，虽然不能起到移风易俗的功效，至少也暂时遏制赌博、酗酒之风。乾隆帝规定满洲文武官员不许乘轿，固然有防范轿夫开赌之意，更重要的是保持满洲人尚武习俗，也就保证了满洲的统治地位。

骂官泼妇自取辱

清乾隆五十三年（1788），保定城驻防马甲伊里布，控告闲散兵丁霍纯武及同伍马甲富尔津布强奸其妻，八旗驻防城守尉当即将霍纯武与富尔津布捕获。保定城守尉是正三品武职，独立驻守，管理八旗驻防兵丁，军纪以外的事情，无权处理，所以将霍纯武与富尔津布移交理事厅审理。理事厅是清王朝特设机构，专门负责协调八旗驻军和地方关系，官员也都由旗人担任。旗人之间发生的纠纷则由理事厅处理，地方官是不能办理旗人诉讼的，除了事涉百姓，而且案情重大，才会同地方督抚共同审理之外，其余自行裁决。理事厅按律将霍纯武二人定罪，却不料霍纯武的妹妹大妞，先是到理事厅衙门索要哥哥不成，后是登上城墙詈骂理事厅的官员，惹得城内城外军民人等围观。城守尉怕事情闹大，当即派人把大妞拘押起来。因为此事闹得满城风雨，保定城守尉武宁阿怕承担责任，便在奏折中向乾隆帝汇报此事。乾隆帝因事关满洲名声，所以特命将相关人犯解送刑部审理。霍纯武等人违法犯罪容易定拟，其妹大妞登城詈骂官员，虽然也可以按照辱骂本管官的规定，予以杖一百的处罚，但乾隆帝却认为如此不能够扼杀大妞之刁蛮，居然想出用羞辱大妞的方法来了断此案。在清代妇女骂官有什么罪责？乾隆帝用什么办法羞辱大妞而欲从重治罪呢？且从案情谈起。

清军入关以后，以十万八旗兵驻守京师，十万八旗兵驻防在各省会，设驻防将军、副都统管辖，以监督绿营兵，其中保定、沧州、太原、开封四处以城守尉统领驻防，保定城守尉统领甲兵五百驻防。驻防有单独的衙门，独自的城池，称为满城，除了甲兵之外，其家属及未编入伍的闲散旗人也随同驻守。闲散旗人与甲兵一样除发放钱粮之外，还给予旗地，让他们自行或雇人耕种收获为生，一旦有事则征召入伍。

　　且说保定驻防马甲伊里布，娶妻佟氏，刚刚十八岁，皮肤白细，体态轻盈，看上去，那翠弯弯的新月柳眉，清冷冷的杏眼儿，香喷喷的樱桃口儿，粉浓浓红艳腮儿，足以勾人魂魄。满族的婚俗比汉人要开放一些，新娘揭完盖头，与新郎按照男左女右一起坐在炕上。先由全科人，也就是父母子女双全的妇女，把新郎衣襟压在新娘衣襟之上，寓意男人能压倒和管住女人，然后喝交杯酒，吃半生不熟的子孙饽饽。全科人问：生不生。新娘说生，寓意生子。汉人新娘入洞房之后，一般不见亲友，满族则在完成洞房礼节之后，可以与新郎一起给亲朋好友敬酒。如此貌美的妻子，也难免有人羡慕嫉妒恨，更会有人不怀好意。八旗闲散兵丁霍纯武与马甲富尔津布，都是三十多岁的人，因为家庭穷困，再加上满汉不通婚，至今还没有娶妻。当看到新娘的美貌时，只觉得浑身酥麻，有一种欲火焚身的感觉，不由得神魂颠倒，两双眼睛色眯眯地看着新娘，高声喊叫，要新娘给他们敬酒。大家都是亲朋好友，伊里布也不好说什么，便同新娘一起来到霍纯武的桌前，让新娘替他们满酒。富尔津布故意用脚踩了新娘的脚，而霍纯武则借机扶着新娘的手倒酒。新娘害羞，下面要躲富尔津布的脚，上面要摆脱霍纯武的手，不小心把酒瓶落在地上打碎。众人为了吉祥，高声喊叫："碎碎平安！"寓意为年年平安之意。闹新婚是习俗，只要是不过分，新郎也不能表示不满，只好打个圆场，草草敬杯酒，便到别的桌敬酒去了。

　　婚礼还算顺利，总算是把客人们都送走了。新婚燕尔，伊里布与佟氏正当恩爱之时，也不会计较婚礼时的不愉快。结婚以后，霍纯武、富尔津布因为是伊里布的同事，也时常来往，他们见到佟氏，总是弟妹长、弟妹短地想套近乎。佟氏因为他们是丈夫的朋友，也没有拒客的表示，只是借机躲开，免得他们骚扰。这二人离开后，佟氏对伊里布说："我看此二人无所事事，偌大的年纪了，还没有成家，却总是张家长、李家短地议论人，还总谈男女风月之事，不似是正经之人，你要离他们远一点儿。常言道，近朱者赤，近墨者黑。你是有家室的人，比不上他们那些光棍，还是少与他们来往为好。"伊里布听后，不以为然地说："要知道男人不能没有朋友，我们一起当兵，将来上战场，没有朋友，谁能帮助你呢?"佟氏说："如今世上的朋友，在官场上不过是讲究势力，在民间不过是酒肉而已。若是正经的朋友，从来不会说什么朋友长、朋友短的。你那两个朋友，满口奉承你，也没有见他们替你办过什么事，我看他们心思不正。"伊里布说："你一个女人家，哪里知道我们男人的事情，不是只要替你办事才是朋友。"佟氏说："我也就是劝你小心，知人知面不知心，我总觉得他们看我的眼神不对。"夫妻俩说来说去，就是谈不拢。霍纯武与富尔津布还是时常来往，只是伊里布一直在，他们也不能做什么出格的事情。

　　伊里布身为马甲，除了要正常操练巡守之外，还要轮班值守，在保定满城内外日夜巡逻。这一天，伊里布轮到夜班，留佟氏一个人在家。马甲富尔津布将此事告知霍纯武，二人商议乘夜去找佟氏，若佟氏知趣与他们相好则无话可说，若是不从，以二人之力，不信佟氏能够反上天去。主意已定，二人夜晚来到佟氏住处，说伊里布让他们送些物品前来，且有话要对弟妹讲。佟氏见天色已晚，也没有听说伊里布要送什么东西，所以不开门。霍纯武说："营里今天分发些羊肉，伊里布因为值夜班，怕肉坏了，就让我们带回来。弟妹先煮上，等伊里布回来就能吃上了。"佟氏通过门缝看到富尔津布手里确实拿着一些羊肉，便打开门，却不想富尔津布率先冲进来，把羊肉放在桌上，转身便搂住佟氏。佟氏大吃一惊，高声喊叫，霍纯武上来捂住她的嘴，并拔出刀来要佟氏顺从。佟氏毫不畏惧，伸手便去夺刀，以至于右手受伤。霍纯武只好躲避，而富尔津布也松开双手。佟氏又高喊起来，惊动了四邻。见到四邻已经有人点起灯火，二人害怕，转身逃跑，消失在黑夜之中。

　　街坊四邻们来到佟氏的家，得知有人试图强奸她，便有人去通知伊里布，让他请假回家处理。伊里布得知始末，就到城守尉武宁阿处告状。虽然霍纯武二人强奸未成，但也致佟氏受伤，不能听任不管。武宁阿当即派人把霍纯武二人抓了起来，送交理事厅审理。按照《大清律例》规定，强奸之罪虽然很重，即便是未成，也要杖一百、流三千里；若是已成，就是绞刑。此案虽然是强奸未成，但霍纯武持刀恐吓，致佟氏右手受伤，按照律例规定，还要治以伤人之罪。理事厅官员感觉棘手，难以拟定刑罚，要求城守尉会同直隶按察使商议如何处置，人犯也只好先关押在狱。

霍纯武的妹妹大妞，时年已经三十岁了，尚未出嫁。一是家里贫困，出不起嫁妆，一直没人去提亲；二是大妞恶名在外，身为姑娘，比泼妇还厉害，一口京骂，若是沾染上她，能够骂得别人三佛出世，恶心数月；三是出入军营，与兵丁们打情骂俏，根本不管什么男女有别。这样的姑娘，凡是知道的，谁人敢娶她为媳妇呢？更何况满族是讲身份地位的，非常好面子，也不会有人愿意娶这样的人为妻，她又不能与汉人同婚，生活圈子就在满城，谁人不知晓呢？就这样，没有人上门求亲，媒婆也不敢招惹大妞，她也就成为老姑娘了。

哥哥被捕入狱，是伊里布状告强奸，大妞不服，到伊里布家吵闹，非说佟氏是个狐狸精，勾搭别的男人，还假装贞节烈妇。伊里布夫妇知道大妞是个滚刀肉，若是招惹她，定会弄得鸡犬不宁，所以闭门不理她，等她骂累了，自然会离去。大妞见找佟氏寻衅不成，便来到理事厅吵闹，问理事官为什么祖护佟氏，把哥哥关押不放，说什么一个巴掌拍不响。佟氏要是不犯骚，为什么会有人到她门上，分明就是卖奸以后，怕被别人查出，自己用刀伤手，诬陷哥哥。官厅是官府威严所在，岂容泼妇闹事！理事官令人将大妞驱赶出门去。大妞不走，众人上手把她抬出去，大妞狂喊杀人了、奸人了。众人哪里管她，将其扔到门外，紧关大门。任凭大妞喊破喉咙，也没有人理睬。

大妞哭闹一阵，见没有人理睬她，也觉得没趣，便离开理事厅。沿途一路喊骂，惹得许多人围观。大妞非常得意，便走上城墙，向城内外的人们哭诉，辱骂本管官员。早就有人报知城守尉武宁阿，在武宁阿看来，大妞是满族人，在满城里骂街，众人都知道她撒泼耍浑，只当是耳边风，听过即罢。如今她登上城墙，向外喊骂，使城外汉人都看见听见，会使汉人看不起满人，这可是有关满族尊严的事情，绝不能够听之任之，当即派兵丁把大妞也拘押起来。此事已经闹得满城风雨，满城外的人们议论纷纷，不知事情真相，因此谣言四起，对满人非常不利。武宁阿担心事情闹大，便将此事奏报给皇帝。

乾隆帝极力标榜"满汉一体"，为了维护清王朝的根本利益。无论满人、汉人都一视同仁，但却顽固地要使满人不要沾染汉人习气，认为，若我满洲素风淳朴，今以百余年来未有之事，而忽见此下流败类，实为之愧愤难释。因此要严加惩治，以挽浇风，要刑部派人将一干人犯押到京城审讯。一个普通的强奸案件，由刑部直接审理，也是百余年来未有之事。

刑部按照乾隆帝的旨意，将霍纯武、富尔津布从重拟罪，按律强奸未成，杖一百、流三千里。从重拟罪，发遣伊犁为奴，并削去旗档，以示惩儆。也就是说，将二人满洲户籍除去，并且发遣为奴，从此就不能够享受满人待遇，而成为奴隶。霍纯武之妹大妞，骂辱本管官长，按律应该予以杖一百，系妇人，准赎。也就是说最多罚大妞二千四百文铜钱，然后释放。乾隆帝当然不肯轻饶，认为，霍纯武之妹，年逾三十，尚未遣嫁。今见伊兄犯奸被禁，情急逞刁，詈骂本管官长，恐其中或有乱伦暧昧情事。在乾隆帝看来，大妞不出嫁，与未婚的哥哥在一起，很可能有乱伦之事，要不然为什么不顾一切地为其哥哥喊冤呢？竟然还敢詈骂本管官长。律例虽然不能够予以从重处罚，也不能让她得意扬扬。乾隆帝批示云：著传谕刑部堂官，于解到后，即令诚实稳婆，验明是否处女，从此根究，无难得其实情，朕意不出于此。果有，则另当从重定拟，如果无此等情节，亦当治以应得之罪。也就是说，当大妞被押解到刑部以后，先要稳婆（接生婆）验看她是否是处女，如果不是处女，则要穷追其奸夫何在，如果是乱伦，是可以问斩的。即便是没有乱伦，也可以问其詈骂本管官长之罪。此事与满洲有关，若是真的有这种乱伦事情，未免有损满洲的威信。乾隆帝也知道这样做，刑部官员会有所顾忌，于是传谕云：该堂官等，于此案不可分汉官不办之说，务宜详细究验，审讯明确，再行分别定拟，不使疏纵，以成信谳。也就是说，刑部尚书、侍郎等堂上官，在办理此案的时候，不要存有汉官不办理的偏见，一定要详细推究检验，审讯清楚，然后再分别予以定罪，不能使罪犯逃脱法律制裁，要证据确凿，以成信谳，也就是令人信服的判决。

此案霍纯武与富尔津布不顾"朋友妻不可欺"之古训，参加朋友的婚礼，见新娘貌美，就起淫占之心。却不管新娘是否看得上他们，以为在威逼之下，新娘必然会忍辱负重，遂了他们的心愿，想不到新娘如此刚烈，宁可手夺利刃也不肯受辱，凛凛正气足以威慑小人，更惊动四邻，做贼心虚，所以仓皇逃走，等于是强奸未遂。如果霍纯武没有用刀胁迫，或佟氏没有夺刀受伤，"强奸"的罪名是很难确定的。因为凡是强奸，须有强暴之状，妇人不能挣脱之情，亦须有人知闻，及损伤肤体，毁裂衣服之属，方坐绞罪。如今佟氏手上有伤，凶刀也在，就可以确定是强奸了，即便是未遂，也要杖一百、流三千里。若大姐不去大闹官府，詈骂本管官长，或许可以从轻处置，毕竟是强奸未遂，只伤佟氏一只手而已，若是看在同事的面子上，赔偿些治伤钱，还是可以和解的。就是因为大姐的行为，导致一个普通的强奸案件奏报给皇帝，也就不得不严格按照律例办理了。这正是：

图奸不遂淫心见，恶语伤人是祸源。

乾隆帝自号"十全老人"，其两次平定准噶尔，一次平定回部，两次平定大小金川，一次安靖台湾，一次降缅甸，一次降安南，两次降廓尔喀，共计十次大战役，号称"十全武功"。自称乾纲独断，大权不稍下移。正因为如此，这样一个普通的强奸案，他能够反复权衡。认为，霍纯武、富尔津布俱系满洲人，乃敢乘伊里布该班时，勾约前往，希图轮奸伊妻。这种行为怎么会在满洲人中出现呢？所以他要从严处置。霍纯武之妹，竟然登墙詈骂本管官员，唯恐天下不乱，更伤及满洲尊严，若不严惩，岂不是让天下人看到朝廷姑息吗？乾隆帝以大姐年逾三十而未嫁，居然这样撒泼，实在不是一般姑娘之所能为。皇帝想到让稳婆检验其是否为处女，即便是处女，也身受其辱矣。刑部官员也深知乾隆帝的用意，不是在查大姐是否乱伦，而是借此杀一杀大姐的刁悍，所以没有继续严查，按律将大姐杖赎而已。大姐不但没有救了哥哥，反而害了哥哥，也害了自己。亦可见撒泼不能够解决问题，反而会使问题扩大化。

叔嫂通奸杀亲兄

清乾隆五十四年（1789），直隶总督刘峨奏报一起叔嫂通奸杀死亲兄的案件，乾隆帝对刘峨的处理并没有提出异议，但在批阅之下，不能不引以为愧也。民间发生一起乱伦蔑纪的案件，按律予以严惩也是在法律的范畴内，为什么乾隆帝要引以为愧呢？在惭愧之后，他又对此案的处理发表了什么意见呢？且从案情发生与处理经过谈起。

承德府丰宁县，属于直隶总督管辖地，是乾隆四十三年（1778）才设置的，原名叫四旗厅，县名是乾隆帝御赐的，寓意"丰阜康宁"。丰宁县在直隶北部，与内蒙古接壤，如今是自然资源丰富，旅游资源可观。而在清代这里却是一个穷困而闭塞，以至于匪患无穷的地方，所以乾隆帝期望这里"丰阜康宁"。

却说丰宁县某村有两个兄弟，哥哥名叫张全友，弟弟名叫张全禄。兄弟俩从父亲那里继承的产业有住宅一区，薄田几十亩，二人也没有分家，是兄弟同居。后来，哥哥张全友娶妻张氏。按照《大清律例·户律·婚姻》"同姓为婚"条规定，凡同姓为婚者，主婚与男女各杖六十，离异。妇女归宗，财礼入官。按理说是违法的婚姻，但民不告，官不究。那个时候同姓为婚的人很多，在诸多案例中也常常能够见到，却没有看到官府将同姓为婚者治罪的。固然，同姓不见得同宗，毕竟还有近亲之嫌，也可能正因如此，他们结婚五年了，却没有生下一男半女。

弟弟张全禄娶妻李氏，生有一子，小名六子。李氏生六子的时候因为难产身亡，六子全靠张氏照顾，才得以存活。兄弟俩只有这一个孩子，因此非常宠爱。六子刚刚三岁，就为其找了一个十三岁的童养媳李三妞，照顾孩子的起居，帮助张氏料理家务。

按理说，兄弟各自娶妻，就应该分家另过，但哥哥张全友却认为兄弟如手足，手足虽然各自分开，但不能够断去，若是断了手足，岂不是就残废了！所以不愿意分家。再加上自己没有子嗣，还希望六子将来为他养老送终呢。弟弟张全禄因为死了妻子，孩子又小，无人照看，如今有嫂子照顾，自己少了许多麻烦。这仅仅是其一，更有不可告人的目的，就是他与嫂子早就有染。

同是一母所生，但兄弟差异很大。哥哥张全友身材短小，脸如黑炭，几根黄胡子，浑似铁丝出地；一脸黑麻子，却如羊肚朝天。论脾气秉性，说话难有一句完整的。做事总是慢吞吞，大事做不来，小事做不好。对媳妇、弟弟是唯命是从，自己根本没有什么主见。弟弟张全禄则身材高大，剑眉星目，粉面朱唇，大耳丰颐，身材伟岸，风云气度。论自身气质，聪明伶俐有余，却不正直；才干出众，办事却不稳妥；相貌不凡，却是举止轻浮。所以他的聪明是浮薄的，气质是轻飘的。这张氏虽然说不上有沉鱼落雁之容，闭月羞花之貌，但也是身材窈窕，蛾眉凤眼，杏脸桃腮，玉骨冰肌，别有一番风韵；论其性情，乖巧而善使诈，风流而好淫逸，狠毒而有心计，聪明而善掩饰。这种人最为阴毒，所以敢于内不管丧心，外不管悖理，才能不顾逆伦犯法之事，公然为之，直同儿戏。

弟弟与嫂子通奸，在当时是蔑伦悖理大罪。按照《大清律例·刑律·犯奸》"亲属相奸"条规定，叔嫂通奸便是绞监候，若是强奸则是斩刑。更何况在当时人们的意识里，叔嫂通奸是为人所不齿的行为。即便是没有人揭发检举，也会被人们嘲笑，背后戳脊梁骨的感受，往往使当事人无法面对左邻右舍及亲属熟识。

通奸原本是隐秘之事，若是隐藏得深，一般人是很难发觉的。特别是对相关之人，更不能够让其得知，所以弟弟张全禄与嫂子通奸已经两年多了，哥哥张全友全然不知。叔嫂通奸，避开哥哥，这是在情理之中的事情，但他们只注意哥哥，却忽略了还有旁人。

童养媳李三妞刚刚进门，所照顾的是三岁的孩子。当时，她仅仅十三岁，说不上成熟，但也是"娉娉袅袅十三余，豆蔻梢头二月初"。虽然纯洁天真，但也知道一些男女之事。常见公公张全禄与大妈张氏在一起，特别是当大伯张全友不在的时候，见到两个人打情骂俏，已经觉得脸上发烧，再见到那两个人在炕上滚在一起，更是羞愧难忍。有一次，张全禄与张氏正在亲热，李三妞不知道，到房中取东西，正好撞上，顿时觉得脸红心跳，急忙向外走，却被张氏起身抓住。张氏虽然不是婆婆，但李三妞进门的时候就没有婆婆，张氏也就犹如婆婆一般。李三妞平日害怕张氏，如今被张氏抓住，早已吓得魂不附体，连忙说自己什么都没有看见。张氏先是好言安抚了一番，给李三妞一些好吃的，让她不要把今天的事情告诉大伯，更不要声张；然后用恶语威吓，如果声张出去，定然将其打死。李三妞哪敢不答应，发誓诅咒，张氏才放她出去。

自打李三妞撞破叔嫂的奸情之后，每当他们在一起的时候，李三妞就不敢待在家中。看到大伯张全友下地干活，张全禄与张氏进入房中，李三妞便背着小丈夫六子出门。有一日，李三妞背着小丈夫六子来到地里，想给大伯帮把手，就把六子放在地头。张全友自己没有孩子，却十分喜欢孩子，一直把六子视为己出，总是爱不释手，便来哄六子玩。清代论年龄，都说虚岁，六子时年三岁，也就是现在所说的两岁，刚刚会说话，却也讲不出完整的话。张全友一边哄六子，一边问他为什么不好好在家与大妈玩。小孩子懵懵懂懂，竟然说出大妈与爸爸一起睡觉，不能跟我玩的话。这能不让张全友心疑吗？因此便把李三妞叫来，询问是怎么回事。李三妞只是啼哭，也不敢说出实情。这引起了张全友的怀疑，便抛下他们，独自一人赶回家中。

张全友气呼呼地往家赶，在路上遇到弟弟张全禄，也不搭理，径直往前走。张全禄叫住哥哥，问他有什么急事。张全友没有好气地说："你管不着！"见他急匆匆往家赶，张全禄隐隐约约地感觉到哥哥知道他与嫂子的事情，便来到地头找李三妞，问她到底与大伯说了什么？李三妞说自己什么都没有说，而六子却说是爸爸与大妈一起睡觉。张全禄也就无话可说了，心里开始盘算如何应对这样的局面。

却说张全友回到家中，质问张氏为什么不顾伦理与弟弟通奸。古语云：捉贼见赃，捉奸见双。如今张全友并没有捉奸在床，张氏如何肯承认？反而说张全友诬赖好人，说自己自从嫁给他，不是伺候丈夫，就是照顾小叔子及侄子，起早贪黑，不知道受了多少苦，遭了多少罪，到头来什么都没有，反而被丈夫扣上蔑伦悖理的罪名，真是没有天理了。于是，张氏就千王八、万乌龟地骂了起来，扭住张全友要拼命。张全友开始因为没有拿获现行，被老婆一反驳，也是哑口无言。见老婆越说越不像话，已经是恼怒了，现在老婆又来扭抓自己，更是怒不可遏，抄起一根木柴就打。这一幕恰恰被刚刚赶回来的弟弟看到，张全禄劈手夺下木柴，指责哥哥不应该这样对嫂子。本来张全友因为没有证据而感到理亏，只是老婆不依不饶，才恼羞成怒地要打老婆。却不想弟弟上来打掉木柴，护着嫂子，还指斥自己不该打老婆，便确信弟弟与嫂子一定有奸情，开口便骂弟弟不知廉耻，越骂越气，拾起木柴就打向弟弟。一个身材矮小的哥哥，如何是虎背熊腰弟弟的对手！张全友早被弟弟上前扭住臂膀，按倒在地。哥哥无力反抗，依然喊骂不休。弟弟恼怒，抬手就是几掌，哥哥被打倒在地，奄奄一息。张氏怕出人命，急忙让弟弟住手，然后把张全友抬到炕上。

叔嫂奸情被哥哥看破，再想隐瞒是不可能的了。张氏与张全禄商议善后之策。在张全禄看来，哥哥软弱可欺，就是向他公开自己与嫂子相好，他也不能把自己怎么样。论力气，哥哥全然不是自己的对手；论本事，这个家全靠自己来主持，哥哥根本管不了家；论子嗣，哥哥生不出孩子，将来还不是要靠自己的儿子给他养老送终！哪怕现在就让哥哥当活王八，他也无可奈何。张氏则认为，弟弟确实处处都比哥哥强，哥哥也惹不起弟弟，但哥哥敢言，一旦声张出去，让左邻右舍知道，那就难过了。若是哥哥告到官府，他们叔嫂可都是死罪。再说了，叔嫂之间这样混下去，也不是长久之计。古人云，最毒莫若妇人心。张氏的意思很明确，就是要斩草除根。但她绝不会说出让弟弟杀死哥哥的话，所以将自己的意思表达之后，借故出了房间。出门便看见李三妞背着六子正在门外偷听，她伸手把六子抱了过来，拉着李三妞到后院，对她进行威吓，要她守口如瓶，就当什么都没有看见，什么都没有听见，如若多嘴，定然打死她。看到张氏凶狠的样子，李三妞哪敢不答应！张氏让李三妞发誓诅咒，再三保证，才让李三妞离去。

却说张氏出门之后，张全禄看着奄奄一息的哥哥，此时不知道是什么心情，居然落下眼泪来。可能是想起兄弟从小在一起玩耍，哥哥处处让着他，有苦哥哥吃，有福弟弟享。落泪归落泪，但总不能改变当前的处境，若是哥哥活着，不但自己会死，连嫂子也活不成，留下刚刚三岁的六子，又怎么能够活下去呢？张全禄思量了许久，终于下定决心，找出一根绳子，勒在哥哥的脖子上，将眼一闭，用力勒紧，过了许久才睁开眼，哥哥早就气绝身亡了。

张全禄出来告诉张氏说，哥哥已经死了。张氏要他装出悲伤的样子，然后号啕大哭起来。按照当地的习俗，若是亲人死了，死者的直系亲属要到本村及亲朋好友那里去哭告。于是叔嫂俩都身穿孝服，大哭出门，不管认识不认识，逢人便跪，哭告丈夫与哥哥去世，期望得到村民及亲朋好友来助丧。当时，凡是见到哭告者，大家都是好言相劝，让他们节哀顺变，然后准备丧仪，随同出殡之后，再到死者家中吃白事饭。这在当时物质匮乏、家家不富有的情况下，是很好的互助方式。

家里操办丧事，肯定是忙得不可开交。张氏让李三妞带着六子到张全禄叔奶奶那里住几天，也就是六子的叔祖奶奶。李三妞虽然是童养媳，但伯公公张全友一直把她当成亲闺女一样，对她呵护有加，如今不明不白地死了，她当然很伤心，一个人常常躲在无人之处哭泣，结果被叔祖奶奶杨氏看到。杨氏把李三妞喊来，反复开导，最终使李三妞说出实情。叔嫂通奸，竟然合谋杀死亲夫，这还了得！杨氏的丈夫原本是族长，如今已死去。现在她可是这个村子里最老的长辈，所以当即召集让自己信得过的族人到县里去控告。

蔑伦悖理之事已经是重案了，如今竟敢谋杀哥哥与亲夫，更是罪不容恕。知县当即派捕役捉拿叔嫂及所有相关人证，一一进行审讯，再开棺验尸，确定张全友是被殴伤勒死无疑，便按律予以拟罪，申报各级上司。这时的直隶总督是刘峨（1723—1795），山东单县人，捐纳出身。按理说他很难成为独当一面的大员，但自从当了知县，就屡破大案，引起乾隆帝的重视，所以屡升其官，乃至钦点其为直隶总督，这是居所有总督之首的要职。刘总督接到申文之后，也认为是罪大恶极，当即上奏皇帝，请求将张全禄与张氏凌迟处死。

乾隆帝在读完奏章之后，当即批示此案不必再交刑部复议，直接将他们凌迟处死，并说："乱伦蔑纪之事，定例非不綦严。而尚有淫恶凶戾之徒，敢蹈法网。民俗之未醇，自由教化之未至。朕披阅之下，不能不引以为愧也。"也就是说，对于乱伦蔑纪的行为，朝廷的法律规定并不是不严厉，却还有淫恶凶戾之徒，敢于轻易触犯法网。这固然有民俗不淳朴的原因，也有官员不推行教化的原因，而官员不厉行教化，作为皇帝也有一定的责任。所以朕在看到这种案件的时候，也不能不引以为愧。作为一个皇帝，对于民间发生这样乱伦蔑纪的案件，能够承认自己有责任，这也是难能可贵的。

张全友被杀死了，张全禄与张氏也被凌迟处死了，乾隆帝便想到李三妞和六子今后的生活问题。这个案件，如果没有李三妞说出实情，是不可能破获的。但李三妞讲出实情以后，却导致自己的公公被凌迟处死，便与六子有了杀父之仇，若仍与六子完配，彼此难以相安。因此乾隆帝下旨："李女，著地方官饬令该亲族收留安顿，另为择配，酌给养赡。或即将张全禄名下财产内划给，俾资存活。"也就是说李三妞不能再与六子成婚了，应该断离，由地方官为她另择婚配，还应该妥善安排她的生活，无论是官养，还是用张全禄名下财产，都必须使她能够生活。这正是：

民间罪恶乏良善，移风易俗官有责。

清代在民间发生蔑伦悖理的杀人案件，是比较少的。一旦案件发生之后，影响是很大的，这不但违反了中国传统形成的道德规范，也破坏正常的社会秩序，更是当时法律严厉打击的。乾隆帝深刻认识到蔑伦悖理案件的危害性，而按照传统的理念，君主是道德的表率，应该倡导人们遵循道德，而官府也有移风易俗的责任。确立让人们都能够遵守的道德规范，并且要人们乐于遵守，统治者有责，官府更有责。乾隆帝对在他治理下的国家，如今发生这样淫恶凶戾的案件，对不能除淫恶而使人为良善，除凶戾而使人为平和，在皇帝感觉到羞愧的同时，也让地方官无地自容。孟德斯鸠曾经讲过："中国的著述家们老是说，在他们的帝国里，刑罚越增加，他们就越临近革命。这是因为风俗越浇薄，刑罚便越增多的缘故。"他们重视激励倡导良好的风俗，远比用刑罚镇压有效。要想激励倡导良好的风俗，就必须除去恶劣的风俗，所以乾隆帝清醒地认识到教化之未至的问题。顺人情，循天理。在司法公正的同时，也不忘化导，所以在处决凶犯的同时，也考虑到李三妞今后的生活，更关心的是预防犯罪。

霸产欺孤灭情理

　　清乾隆五十六年（1791），乾隆帝在勾决人犯时，发现绞监候人犯中有一起逼死两条人命的案件，所逼死的乃是孤儿寡母，陕甘总督及刑部，居然对这样的恶人网开一面。乾隆帝在申斥陕甘总督及刑部办案糊涂的同时，写了数百字批示，除了将该犯钦定为斩刑，立即正法之外，还提出修订条例，以为欺孤寡而绝人嗣者戒。该犯是如何逼死两条人命的呢？陕甘总督与刑部为什么没有将该犯拟为斩立决呢？乾隆帝的数百字批示在阐明什么道理呢？且从案发及处理经过谈起。

　　甘肃秦州（今天水市秦州区）乃是清雍正七年（1729）升为直隶州的，管辖秦安、清水、两当、徽县、礼县、成县六县。秦州在清代虽然是地广人稀之地，但在甘肃还是比较富裕的地方，尤其是清水县，素有“陇右要冲，关中屏障”之称。自从明洪武四年（1371）县城修建以后，历经沧桑与战乱，都能够避免灾祸。如李自成攻打清水县，知县率众投降了。清军攻打清水县，知县也率众投降了。多次避免了战争摧残，故此地人称“风水宝地”。县城有一个比较安定的社会环境，人们就可以安居乐业，放心地置买产业了。

　　却说清水县城东有一户人家，丈夫李鸿，妻子韦氏，儿子李仲娃子、李进玉儿。李鸿从祖上继承了一个大大的庄院，良田几百亩，雇了七八个长工耕种，骡马成群，也有长工帮助他贩卖货物，乃是个富家翁。李鸿为人仁慈忠厚，乐善好施，怀有一颗慈善之心。那时候百姓缴纳钱粮，朝廷怕经手官吏为难百姓，中饱私囊，要求百姓遵守自封投柜制度。也就是说，官府将应该缴纳田亩、地丁等项钱粮，制成税单发给百姓，百姓按照税单上所写的额度，自己将银子封好，直接投入钱柜中，不许官吏经手。

钱可以不经官吏之手，但官吏要亲临监督百姓投柜，要检验银的成色与重量，按照税簿查看谁投柜，谁没有投柜。没有投柜就是欠税，按例要进行追比，也就是打板子之后再让其缴纳，如果缴纳不上，就要催逼，即便是卖儿鬻女，官府也毫不怜悯。自封投柜，虽然是百姓自投，但投柜之前，因为官吏要检验银子成色重量，如果成色不足，重量不够，必须补足，才能够投柜。百姓手中都是散碎银两，成色很难保证。若不足十成，比如，你应该交一两银子，成色仅有七成，只能算是七钱，还要补足三钱。在一般情况下，补的不多，但百姓往往没带多余的银子，若是家远，往返需要时日，如果误了期限，也要罚银。每逢自封投柜的时候，李鸿往往将官足色银，包成几十个小包，每包五六分银，放在身边。若遇见跛的、瞎的、年老有病、家远难回者，需要补足银两者，就施舍给他们。李鸿以为救人急难，就是积德。

有一天，县里收完钱粮了，人都散去。李鸿就在自家磨坊店门前闲立，看见对面庙门石鼓旁，倚着一个身穿单薄布衣的穷人，低头流泪，连声愁叹。李鸿问那汉子："你为什么在此愁苦呢？"那汉子说："小子林中萃，河南人士，因远房亲戚在此为官，故此前来投靠，不想亲戚被巡抚弹劾了，已在押往京城治罪的路上。我所带盘缠不多，因为欠了所住客店的房钱和饭钱，被客店老板赶出，如今是进退无路，寻思只能自杀了，所以伤心悲痛。"

李鸿听罢，也觉得可怜，便说："你既然寻找亲戚不成，只能回河南了，不知道此行需用多少路费？"

林中萃说："河南肯定是回不去了，家里遭了灾，就剩下我一个人了，原本想到甘肃找我那个远房亲戚给我找个活儿干，便把所有产业全都变卖了，如今是房无一间，地无一垄，回去也是死。"

听到此，李鸿知道林中萃已经是山穷水尽了，便说："既然河南回不去了，你就在这里等你那远房亲戚回来，如不嫌弃，你就先在我家磨坊住着，顺便帮助我打点磨坊生意，除了管吃管住，每个月给你一钱银子如何？"

林中萃见李鸿肯帮助自己，当即就跪在地上给他磕头说："您老真是大恩大德，只要给我口饭就行了，就不要给工钱了。早晨我被店家赶出来的时候，有几只喜鹊冲我叫，我还说喜鹊在嘲笑我呢！想不到真是灵验，遇上您这样的大善人。"

　　李鸿说："什么善人不善人的，你有难，理应帮助，这也不算什么！"说罢就把林中萃带入磨坊，又到附近的店铺买了锅碗瓢盆和被褥，安顿好了以后，又给了他一钱银子，缺什么就让他自己去买。这个林中萃也真会来事儿，不但能说会道，而且手脚也勤快。没过几个月，林中萃把磨坊生意经营得红红火火的，里里外外，井井有条。李鸿见他特别能干，慢慢地就把家中大小事务交给他办。李鸿家产丰厚，应该缴纳的税也多，而纳税的事情是需要费时间计算清楚的。李鸿见林中萃能写会算，还擅长经营管理，就让他来当管家，也还算是得力。

　　天有不测风云，人有旦夕祸福。没过多久，李鸿忽然得了重病，延医诊治无效，居然身亡了。韦氏是个妇道人家，不懂得管理家里的产业，此时儿子李仲娃子、李进玉儿年纪还小，也管不了事，韦氏只好把家里的事托付给林中萃。这林中萃自从投靠李鸿之后，一味献媚兴谗，假仁假义，见人极尽温和，存心无不奸诈，哄得李鸿欢喜不过，竟认为他是赤心之仆、才干之奴，一切大小事，俱托他管理。哪里晓得林中萃一举一动，件件都在算计李鸿的财产，以中饱私囊。如今李鸿去世，韦氏哪里知道林中萃的奸险狡诈，却把家私都托付给他。

　　眼见得李仲娃子已经十八岁了，韦氏把林中萃喊来，要他把账目移交给李仲娃子，说孩子大了，理应管理家中的产业了。若有什么不熟悉的事情，你就像以前辅佐老主人一样，帮助孩子把家管好。殊不知林中萃欺负韦氏不识字，早就把原来契约的主人更换为自己了，旧的契约早已被他烧毁了，这样李鸿原有的财产已经全部划归林中萃的名下。韦氏与林中萃理论，却不想他翻脸不认人，非要韦氏带着孩子搬出庄院，并说这是他的产业。韦氏只知道这个庄院乃是祖上留下的产业，并没有听丈夫说典卖给他人，分明就是林中萃从中作梗。一个妇人，从来没有管过家产，如今林中萃说庄院归自己所有，但契约上却白纸黑字写着典卖给林中萃了。韦氏欲打官司，李鸿已经去世，手里也没有庄院就是自家的凭证。韦氏又恼又恨，竟然气病在床，医治无效，抛下一对儿子去世了。

李仲娃子、李进玉儿见母亲病死，哭得很伤心，但人死不能复生，只能先将母亲安葬。却不想林中萃欺负他们两个幼小，在丧期未满之时就逼迫他们搬出庄院。此时李仲娃子刚刚十九岁，李进玉儿才十二岁，他们根本就不知道父亲何时把庄院出典，即便是出典，也还是他们的产业呀，交上典金，就可以赎回。林中萃说："你们要赎回，就拿出契约来呀！如今无凭无据，就说是庄院出典，明明就是买断，我这里可有白纸黑字的契约，有你老爹的签字画押。"李仲娃子拿不出凭据，顿时语塞，但不服气，就写了状纸，到清水县衙去告状。清水县知县以李仲娃子拿不出证据为由，非但不受理，还说他无理取闹，竟然一顿乱棒将之打出县衙。

李仲娃子告状不成，林中萃扬扬得意，天天上门逼他搬出庄院。此时的李仲娃子母亲刚刚去世，弟弟年纪尚小，原来那些长工都被林中萃笼络住了，居然没有一个肯出头为他们兄弟说话。若是搬出庄院，他们兄弟俩到何处去住呢？李仲娃子不想搬走，林中萃居然一纸诉状把他告到县衙，县太爷见有凭有据，居然派两个衙役，把李仲娃子兄弟驱逐出庄院。李仲娃子越想越冤，这真是叫天天不应，叫地地不灵。当他觉得前途无望时，竟然先把弟弟李进玉儿勒死，然后自己悬梁自尽了。

这一年又到缴纳钱粮的时候了，四乡八镇百姓都来县城自封投柜。其中有一位名叫唐玉龙的人，前几年来县里缴纳钱粮，因为银子成色不足，必须补交三钱六分银子。唐玉龙当时没有带足银子，若是回家去取，往返需要三日，也就误了缴纳期限。正在他为难之时，李鸿伸出援手，不但替他补足了银子，还给他回家的路费。唐玉龙非常感激，自此每年到缴纳钱粮的时候，都带着礼物来看李鸿，即便是李鸿去世，唐玉龙还是来其家探望。今年唐玉龙来到李家庄院，发现与以前大不相同，刚要进门，就被人拦住。唐玉龙说他是来看望李仲娃子的。看门人说："这个庄院已经不是李家的了，归林家了，李仲娃子与李进玉儿都已经死了，李仲娃子的媳妇也回娘家了！"唐玉龙打听是哪个林家，当得知是林中萃时，顿时怒火中烧地说："好一个没有廉耻的奴才！想当初他流落街头的时候，若不是李鸿收留他，他早就喂了野狗，如今却把李鸿的庄院霸占为己有！我唐某生平最好打抱不平，绝不能够让这个狗奴才坐享其成！"

唐玉龙骂了一会儿，就来到交税现场去找交税的人。唐玉龙知道李鸿曾经帮助过不少人，若是这些人肯出头做证，他们联名告状，县太爷定能够将林中萃治罪。其实本县的人都知道李家冤枉，但没有人敢出头，要知道替人打抱不平是要承担风险的。按照《大清律例·刑律·诉讼·诬告》规定，无籍棍徒，私自串结，将不干己事捏写本词，声言奏告，诈赃满数者，不分首从，俱发边卫充军。替人告状，就是不干己事，即便是没有得财，减等也要发近边充军。唐玉龙一身正气，而一些受过李鸿好处的人也愤愤不平，他们在唐玉龙的鼓动下，当即有二十余人愿意同他一起到县衙去告状。县太爷按例，先对唐玉龙等为首的三人各打二十大板，这是先治他们替人告状之罪，然后才受理此案。县太爷见唐玉龙等人甘心为人首告，而李家又没有人了，想必没有钱财给他们，也就相信他们所控事是实情，于是发出传票，拘捕林中萃到案听审。

林中萃被带到县衙，当然要抵赖，出示自己所有证据。却不想县太爷乃是个古玩家，见契约俱是新纸，并非远年契约。因为这个庄院至少建筑百年以上，没有百年前的凭证，则难以说契约是真的，所以动用了大刑，问出实情，乃是林中萃谋占李家产业，并且逼死二命。按照《大清律例·刑律·人命》"威逼人致死"条规定，凡因威逼人，致死一家二命及非一家但至三命以上者，发边卫充军。若一家三命以上，发边卫，永远充军。仍依律各追给埋葬银两。林中萃虽然没有卖身为奴，但身为管家，谋占主人财产，可以比照卑幼威逼尊长来量刑，因此县太爷将林中萃拟为绞监候，申报各级上司，也没有遭到批驳。直到这年秋天，乾隆帝按例勾决人犯时，才发现此案。乾隆帝认为林中萃威逼人的情节实在太恶劣，所以当即指出："林中萃倚仗曾经代理家务，有意欺凌，挟制窘辱，惨毙二命绝人子嗣，种种狡诈凶残，无复人理。"也就是说，林中萃凭借着曾经帮助李家办理家事之便，有意欺凌孤寡，以假契约挟制，窘迫辱骂，致死二命，绝人后嗣。林中萃种种狡诈阴谋，实在是太凶残了，已经是没有人理了，地方官居然判他绞监候，想全其生。说到此，乾隆帝申斥陕甘总督云："该督审明定拟时，即应将林中萃请旨即行正法，乃仅问拟绞候，归入情实，致使该犯得以稽诛年余，办理殊属轻纵。"也就是说，这样可恶的罪犯，本应该立即正法，陕甘总督竟然仅仅问拟绞监候，归入情实册内等待勾决，致使这个可恶罪犯多活了一年多。于是下旨，要陕甘总督将林中萃即行正法。

乾隆帝决定将林中萃即行正法之后，又提出善后处理办法："至林中萃霸产欺孤，情理灭绝，伊名下所有产业，自不便令其子孙坐享。李仲娃子年已十九，曾否娶妻生子，著该督查明。如李仲娃子已有子嗣，不但李鸿产业，应归其管理，而且林中萃所有产业，亦著给予李仲娃子之子，一并管业。若李仲娃子并无子嗣，亦应查明李鸿之近支亲属，将李鸿及林中萃产业，一并分给承管，以为欺孤绝嗣者戒。至林中萃逼毙一家二命，绝人子嗣，仅将该犯抵法，不足蔽其辜。并令该督查明林中萃子嗣内，再将一人拟绞监候，入于情实，待明年勾到时，再行酌量降旨。"也就是说，既然林中萃十分可恶，他所拥有的财产，就不应该让他的子孙享受。那个李仲娃子已经十九岁了，查一查他有没有儿子，若是有儿子，除了将李鸿产业给他，连林中萃家的财产也给他。如果没有儿子，就从李鸿家族中找近支亲属，把产业给他们，让那些欺负孤寡的人有所警诫。除此之外，还要从林中萃的子嗣之内再选一人，拟为绞监候，入于情实册内，待明年勾决的时候，再看情况下旨处置。这正是：

始知奸险烈如火，到底烧人是自焚。

此案的林中萃确实是奸险之人。他在危难之时，被李鸿救下，凭借李鸿的照顾，得以过上安定的生活，却千方百计地谋夺李鸿的财产。当李鸿死后，面对孤儿寡母，丝毫没有怜悯之心，气病韦氏，逼死李鸿两个儿子，若不是唐玉龙挺身出头，恐怕也是冤沉海底了。乾隆帝疾恶如仇，除了对林中萃的恶行表示愤慨之外，还想到他所得到的不义之财，不能够让他的子孙享受，因此抄没其所有财产，而且按照传统的一命一偿，将林中萃的儿子也拟为死罪。林中萃害人，犹如玩火，最终自焚，算是罪有应得。人常说，好人有好报。李仲娃子的媳妇有一个遗腹子，最终经官府裁断，将李鸿原有财产及林中萃所有财产归他的名下，后来李家子孙繁盛，成为清水县的大族。乾隆帝裁断此案，所讲的是情理，固然是顺了人情，讲了天理，但法外加刑，也未免置法律于不顾。乾隆帝将林中萃即行正法，固然可以算是依情加等，但株连其子嗣，却不是该项罪名所应该有的，也未免有些失之残忍，有失天理。

母杀亲子也问斩

清乾隆五十六年（1791），浙江湖州府乌镇栅南头，发生一起亲生母亲杀死儿子的案件。按照《大清律例》的规定，其子孙违犯教令，而祖父母、父母非理殴杀者，杖一百；故杀者，杖六十、徒一年。作为母亲杀死儿子，无论如何都不能判定是死刑的。刑部核实案情，认为这个母亲罔顾廉耻，因为通奸之故，却不顾母子亲情，将亲生儿子杀死，实属无耻，应该加重处罚，将之发配伊犁给兵丁为奴，奏报皇帝核准。乾隆帝仔细阅读案情之后，认为这位母亲身蹈邪淫，罔顾廉耻，应该按照"义绝"，予以处死，当即写下数百字批示，并且勒令刑部重新制定条例，将这种形同枭獍的恶人处死，以达到惩凶劝善的目的。这位母亲是如何罔顾廉耻的呢？按照法律，夫妻有"义绝"而血缘至亲无"义绝"，乾隆帝因为什么要提起"义绝"呢？刑部最终是如何修订条例的呢？且从案情及处理经过谈起。

清代江南有一种叫作养亲的习俗，就是女孩子无父无母无人照管，或家中贫穷无以养活，得人很少的钱财，到别人家做媳妇。男方家庭自小收养在身边照看，就如女儿一般，容易调教，长大以后成亲，也就是所谓的童养媳。

却说浙江湖州府乌镇栅南头，有一石匠头，名叫邱文，是依靠向嘉兴、湖州的乡宦大户人家发卖石板、条石起家的。那个时候，杭嘉湖一带退休官员及富商老财，都喜欢大兴土木。做善事的，砌墙筑岸，兼造牌坊桥梁；喜炫耀者，修建豪宅，打造园林。这些都需要石材，因此邱文的生意甚好，石材则成为财源，他带领一些石匠去附近山中采贩石板石块，一年常有十个月不在家。

邱文之妻汤氏，是绍兴府人。汤氏生得也有几分姿色，妆妖作态，当然耐不住寂寞，也曾经有几个相好的，趁邱文不在家，暗地往来。汤氏生有一子，名邱方玉，已经十三岁了，父亲也不让他读书识字，就是让他随自己去倒卖石材挣钱。

在乌镇北栅边有家农民，名叫曹双桥，其妻死了，丢下一女大妮，年方七岁，无人看管。曹双桥年纪尚轻，肯定要续娶，怕后娘虐待大妮，便托媒说合，送给邱方玉当媳妇。湖州府的乡下人大多数不缠脚，汤氏因为是绍兴人，故此是一双小脚。如今大妮到来，进门就要缠脚。可怜大妮已经七岁，再如何缠脚，也不可能是三寸金莲，汤氏便称大妮为"村牛"，就是因为其脚大。由于湖州气候宜人，山清水秀，多出丽人，大妮也是生得眉清目秀，齿白唇红。

此时邱文四十有余，汤氏刚刚年满三十，儿子邱方玉随父亲在外倒卖石材，而大妮刚刚七岁，尚不懂人事。汤氏与相好的来往，还是无所顾忌。过了六七年，大妮已经十三四岁了，汤氏养汉子光景，也都看在眼里，再加上左邻右舍风言风语，大妮也觉得羞耻。相好的与汤氏来往久了，也不回避大妮，时常对她说："我是你公公，为什么总叫我们阿伯、阿叔，就叫公公好了。"大妮听了，两颊通红，以后连阿伯、阿叔也不叫了。这些相好的见大妮已经满十三四岁了，应该知道男女之事了，也时常用言语来撩拨。大妮只做不晓，不敢接言。他们开始摸手摸脚，大妮发狠嚷唤。汤氏见了，只是笑道："他们取笑，别当真？"又过两年，大妮已经十五六岁了，邱文与汤氏商议，可以让大妮与邱方玉成亲了。

那个时候成亲，是要择吉日的。邱文找个阴阳先生，选定日子，办了几桌酒席，就算把婚事办了，却没想到邱文得了急症，痰喘而亡。邱文遗下的生意，当然要由邱方玉接替，还要来往山中运送石材，也时常不在家中。

汤氏原来与人偷情，是碍着丈夫和儿子，还有所收敛，如今丈夫死了，儿子在外，原本可以毫无顾忌，但是羞恶之心，人皆有之。如今大妮已经成亲，再也不是小女孩了，也就成为她心中的顾忌。汤氏虽然认为儿媳妇管不了自己，但毕竟碍眼，便想到把儿媳妇也拉入水中。

这年立夏，那平时来往的石匠张云滩，提了一瓶烧酒，拿来一尾鱼，送给汤氏过节。汤氏就留他同吃，这都是常事。汤氏叫大妮去灶间烧鱼，家无别人，大妮只得亲自做饭上菜。张云滩已经与人吃了些酒，有了酒意，看见大妮送上饭菜，脸上带了点微汗，越觉玉色晶莹，托盘这双手，纤洁可爱，就开口道："好一个媳妇，如何还没有长开呢？"张石匠也不怕汤氏吃醋，将手在大妮身上捏了捏说："同坐一坐，吃杯酒。"大妮作色道："不要这样！男有男行，女有女伴，各人也存些体面！"这样的话已经伤了婆婆汤氏脸面，看到汤氏脸沉了下来，大妮急忙托故离开。

张云滩见大妮离开，便毫无顾忌，与汤氏滚成一团。等大妮再上菜时，正好看个正着，一时吃惊，盘子掉落地上，惊起鸳鸯各自飞。汤氏见此情景，也不知羞耻，居然让大妮也上床与张伯伯共效于飞之乐。大妮如何肯从，夺门而出，这下惹恼了汤氏。

当天晚上，邱方玉回家，只见母亲汤氏在痛骂大妮，便问大妮如何得罪了老娘。汤氏哭喊道："你媳妇长大了，公公死了，如今竟然傍着丈夫势，要钳压我这婆婆！小娼妇嚼舌根，你这个不孝的儿子，只知道疼媳妇，眼里哪里还有你老娘呢！"邱方玉问是什么缘故，大妮只是噤口不言。邱方玉道："想是你触恼了老娘也，我拳头也是不饶人的！"便蠢妇、蠢妇地骂了几声，千小心万不是地向母亲道歉。当得知是大妮得罪了张云滩，便说明日把他请来，亲自赔礼，可怜的大妮也被邱方玉逼迫，向张云滩道歉。

丈夫只相信婆婆，根本听不进大妮的苦衷，一旦大妮讲婆婆的不是，丈夫不是辱骂，便是拳脚相加。而面对婆婆汤氏的淫威，大妮也不得不服从，最终也被张云滩所奸淫。婆媳共同侍奉一个男人，只是瞒了邱方玉。

这一日，邱方玉进山运石材回来，见大白天的家门紧闭，觉得奇怪，原本想敲门，但挡不住好奇，就用一个木棍把门闩拨开，直奔后屋。但见媳妇大妮衣衫不整地从屋内走出来，邱方玉开口便骂，抬手要打，却见张云滩也从屋内走出来，而母亲汤氏仅斜披一件衣服跟了出来。目睹此情景，邱方玉似乎明白什么，便对张云滩说："张伯伯，我不在家，你到我家何干?"张云潍说:"你媳妇讲婆婆中了暑气,让我来看望,我因为懂得一些医术,就来你家给你妈刮痧,毕竟刮痧是要从后背开始,怕不相干的人看见,故此闭了大门,想不到贤侄悄无声息地回来,胡乱猜想,想必是误会了。"汤氏也跟着说:"是呀!我头昏脑涨,胸部闷胀,就请你张伯伯来刮痧,怕男女不便,才让你媳妇在旁边伺候,想不到你这时回来,看到了此情景。你还没有吃饭吧!让你媳妇做饭,一是你好久没有回家了,二是也应该谢谢你张伯伯给我治病。"母亲发话,邱方玉也不好说什么,但终究不能解除心中疑惑。一个女人得了痧症,就应该请懂得刮痧的女人来刮痧,哪能让一个男人刮痧呢?刮痧就刮痧,也没有什么见不得人的事,为什么大白天关门呢?邱方玉心里不爽,但也没有理由向母亲发火,只好说石材刚刚运回,还没有安置妥当,便出了门去,来到镇上寻了家酒馆喝闷酒。酒馆从来是世俗闲话之地,汤氏的所作所为,镇里的人多有知晓,见邱方玉一个人喝闷酒,也难免议论纷纷,含沙射影地讲出汤氏婆媳共侍一个奸夫的事情。邱方玉听得好不羞愧,也无颜在那里喝酒,愤愤地离开,回家要问个究竟。

且不讲邱方玉出门在酒馆听到自家的丑事,却说张云潍看到邱方玉愤愤离去,便与汤氏及大妮商量:"方玉这孩子好像是看出我们的事情了,要是他乘我们不备,前来杀奸,我们可有性命之忧。"汤氏说:"看你说的是什么话!从来杀奸都是本夫于奸所杀死奸夫奸妇,没有听说儿子杀母亲的。我们相好,儿子管得了吗?我是个寡妇,就是嫁给你,儿子也管不着。"大妮讲:"儿子是管不了母亲,但丈夫却管得了我,若是方玉回来,得知奸情,还不把我杀了。"汤氏说:"小兔崽子,还反了他不成,别怕,有婆婆给你撑腰呢!"张云潍说:"话是这样说,但我们也不得不防。"大妮说:"怎么防呀!今天他都看在眼里,岂肯善罢甘休?除非他再也别回来,否则媳妇的命就难保了。"千不该、万不该,大妮说出这样的话,便是因奸同谋杀死亲夫的主犯了。

正在张云潍等人商议对策的时候,邱方玉从酒馆回到家中,偷听到他们的谈话。邱方玉顿时冲进门来质问母亲为什么不知廉耻,自己偷人也就罢了，还把媳妇送给奸夫。他痛骂张云澥丧心病狂，举手便打，却不想被张云澥躲过，飞起一脚将他踢倒在地，上前按住。邱方玉挣脱不开，便破口大骂，汤氏怕街坊四邻们听到，竟然拿了一根绳子勒在儿子的脖子上，让大妮拽住绳索，没有想到儿子拼命挣扎，绳子越勒越紧，居然断气身亡了。大妮见丈夫被勒死了，一时间羞愧与害怕起来，便回到自己的房间，悬梁自尽了。

出了两条人命，地方保甲长不得不报官。而人们此前都看到张云澥从邱家出来，当然脱不了干系，保甲长便将张云澥与汤氏一起捆缚起来，送往县衙，交桐乡知县审理。按照律例规定，奸盗、人命案件是可以实施刑讯的，在大刑伺候及众人指证面前，张云澥与汤氏只好坦白交代他们的罪行，桐乡知县便可以按律拟罪了。按照《大清律例》规定，其妻妾因奸同谋杀死亲夫者，凌迟处死，奸夫处斩。大妮可以算是与张云澥同谋，要凌迟处死，但她已经畏罪自杀了。汤氏也是同谋，也是奸妇，但她是死者之母。也就是说，将张云澥问斩，是符合该律规定的，但汤氏则难以按照奸妇量刑，毕竟她是死者之母。桐乡知县不好拟罪，便逐级申报。浙江巡抚则依照《大清律例》规定，亲母因奸谋死子女者，不论是否造意，发往伊犁给兵丁为奴。奸夫仍照律分别治罪。将张云澥按律予以处斩，将汤氏实发伊犁给兵丁为奴，咨请刑部具题，等候圣旨下来，即予执行。

刑部具题以后，乾隆帝仔细阅读案情，认为，汤氏先与张云澥调戏通奸，被儿媳曹氏（即大妮）窥破，恐其泄露，诱令张云澥一并通奸。后因曹氏恋奸情密，商同张云澥，将邱方玉勒毙。除谋杀亲夫罪应凌迟之曹氏，已经畏罪自缢外，其亲母汤氏，虽系尊长致死卑幼，然事起通奸，并诱令儿媳一并奸宿，听从儿媳同谋勒毙，是与邱方玉恩义已绝。向例亲母因奸谋死子女者，不论是否造意，俱发往伊犁给兵丁为奴，原以母子伦纪攸关，不得与凡人一律问抵。若其母身蹈邪淫，罔顾廉耻，已无夫妇之伦，又安有母子之义。在乾隆帝看来，汤氏的行为，既没有夫妇之伦，又没有母子之义，实在是非人类所应有，不由得感叹云："今世风日降，人心更不如古，无怪凶恶之徒，竟至蔑法蔑伦，行同枭獍。"也就是说，现在世风日下、人心不古，所以才会出现这样有如食母的枭鸟，食父的恶獍那样的凶恶之徒，他们藐视法律，不顾伦理，固然有世风日下的原因，也有统治者及官僚们的责任。乾隆帝讲："朕向来遇有此等奏到之件，因系蔑伦重案，概不加以原批，不惟不忍，而且自惭民间风俗日下。既不能导德齐礼，化莠为良，俾不致身罗法网，我君臣皆当引以为愧。惟在明刑敕法，重示创惩，庶凶恶之徒，稍知儆戒，便之勉为善良。朕意各省，如有母杀子女之案，除寻常情节，仍照向例办理外，其有因奸起意，至令绝嗣者，即将其母问拟斩候。"也就是说，在民间风俗日下的时候，身为皇帝不能够扬善去恶，身为官员不能够移风易俗，无论是皇帝，还是臣下都应该引以为愧。如今只能秉承明刑弼教的精神，对这些枭獍之徒予以严惩，才能纠正世风。在乾隆帝看来，汤氏这样的母亲，是属于因奸起意，敢于谋杀自己的亲生儿子，实在不能让她再活在世上，可以将之问拟斩刑，秋后予以处决。不过，乾隆帝还是考虑到亲母与嫡母、继母是有所区别的，特别是继母，因其子本非己出，心怀残忍，所以情罪很重。亲母究系所生，即或因奸致死儿子，也应该与继母有所不同，因此要刑部制定条例。

刑部根据乾隆帝的指示，拟定条例云："嗣后继母因奸将前妻子女致死灭口者，无论是否起意，俱改为拟斩监候。亲母因奸故杀子女之案，亦不论是否起意，俱请拟绞监候。"这样的条例，既有了亲母与继母的区别，也没有违反乾隆帝要将汤氏处决的意图，只不过是将斩刑改为绞刑。这正是：

暗中密事无人晓，门外偏偏有信通。

此案的婆婆汤氏是个无耻淫妇，她与别人偷情，怕儿媳妇知道，居然把儿媳妇也拉下水，来一个婆媳共侍一奸夫。自以为这是在自家暗室中的所作所为，外人不知晓，哪里知道不但人在做、天在看，也有人在做、别人在看。在熟人社会里，要想瞒住别人干一些伤天害理的事情，那是很难的。一个男人出入寡门，岂能不引起别人关注？是以寡妇门前是非多。丈夫经常外出，家里只有寡母娇妻，张云灏出入，而且是经常夜不归宿，也就无怪乎人们看出端倪。在熟人社会里，不能揭人之短，伤人自尊。即便是看到别人的不是，也不会当面提出，却总免不了背后议论他人。邱方玉在酒馆里听到人们的议论，虽然不是直接对他讲，却也句句刺痛他的心，致使他失去理智，不讲策略地去捉奸除奸，最终被母亲、妻子、奸夫共同杀死，导致家破人亡。乾隆帝一直以明刑弼教为己任，对于这样的淫恶蔑伦，居然因奸杀死自己亲生儿子的人，深恶痛绝，认为再也没有母子之义了，但也割不断血缘。因此要明确继母与亲母之别，即便是这样恩断义绝的亲生母，在执行死刑时，也要与继母区分开来。这就是要维护统治者赖以维持统治秩序的伦理，而导之以德，齐之以礼，威之以刑，这是统治者维护伦理的重要手段。

旗人不能滥杀奴

清乾隆五十六年（1791），直隶顺天府三河县发生一起旗人打死家奴的案件，按照清王朝的制度，旗人殴毙家奴最多施以鞭刑，没有抵偿的规定。直隶总督以为该旗人居心不良，手段残忍，实属贪狠凶残，若是从轻处置，恐无以遏制旗人滥杀奴仆之风，便奏请皇帝裁决。乾隆帝览奏之后，认为旗人殴毙家奴虽然没有拟抵之例，但该旗人乃是索诈，也就没有了主奴之分，所以力主将该旗人按照常人一样拟罪。旗人为什么要打死家奴呢？乾隆帝为什么确定没有主仆之分呢？若是按照常人量刑定罪能够抵命吗？且从案情说起。

直隶顺天府三河县，是以泃河、七渡、鲍邱三水为名，是清初圈地最多的地方，也是旗人与汉人杂居的地方。当初圈地的时候，该县的汉人基本上都沦为了奴仆。因为旗人大多数都懒于耕种，所圈之地大多典卖给汉人。而随着八旗生计日渐艰难，作为旗人奴仆的屯居旗下家奴，若是有些钱财，是可以赎身为平人，但是否能赎身，还要由主人决定。可以说这些屯居旗下家奴就是旗人的个人财产，主人可以任意鞭打捶辱，可以转移赠送，甚至出卖；而且屯居旗下家奴的买卖，和土地的买卖无关，屯居旗下家奴不是随土地的出卖而一同转让，而是作为主人的财产单独出卖。即便是屯居旗下家奴从主人那里典买了土地，若是主人将其卖给别人，土地也是不能跟随屯居旗下家奴一起出卖，贩卖屯居旗下家奴也就成为主人霸占其财产的重要手段。屯居旗下家奴没有人身的自由，没有脱籍的自由，甚至根本没有独立的户籍，只能附属在主人户下，实际上就是奴隶，但与奴隶还有所不同，他们是拥有土地耕种及所有权的。即使向主人缴纳高额地租，日子也能过得下去的。因为他们不是国家的编户，所以不向国家缴纳钱粮。

却说三河县方元屯有个旗下家奴，名叫侯振极，是清初祖上被旗人跑马圈地时沦为屯居旗下家奴的，也就变为奴籍，世世代代都不能脱离奴籍了。过了一百多年，到了侯振极这一代，主人何森逐渐穷困了，在难以度日的情况下，就将百余亩土地典卖给侯振极。主人将土地典卖给屯居旗下家奴，虽然家奴身份不能够改变，但拥有土地所有权，除去应该缴纳主人的钱粮之外，收获全归自己所有。这样再攒几年积蓄，征得主人同意，缴纳一些银钱，便可以赎身为平人。做了平人，虽然要向朝廷缴纳赋税，但毕竟是国家的编户，主人就不能够任意欺凌了。

屯居旗下家奴有自己的打算，主人也有自己的打算。如今土地已经归屯居旗下家奴所有了，即便是还需缴纳一些钱粮，也不能高于朝廷的钱粮征收。屯居旗下家奴省吃俭用，心想迟早也会富起来。而主人已经靠典卖祖上跑马圈地的土地度日了，日子越过越艰难，允许屯居旗下家奴赎身是早晚的事情。就这样让屯居旗下家奴脱离奴籍，典卖的土地还归屯居旗下家奴所有，作为主人如何不嫉妒呢？许多人都是看到别人比自己有钱有势，就会生有嫉妒之心。若是一般嫉妒，也不过是发些怨言，抒发一些不满，图个嘴上痛快而已，还不至于给被嫉妒之人带来什么伤害。要是嫉妒人不仅仅停留在口头之上，要付诸行动的话，被嫉妒的人则难免要受其所伤害了。

旗人主人何森是八旗闲散，也就是没有任何官职的人。虽然按例可以得到八旗钱粮，但毕竟是有限的，更何况这些钱粮从清初定下来数额以后，就再也没有调整过。在清初这些钱粮是可以过上富足生活的，到了乾隆年间，随着通货膨胀及物价上涨，这些钱粮显然难以应付，故此出现"八旗生计"的问题。何森无官无职，拿着闲散的钱粮，显然是难以为生，也就不得不出卖祖业。何森的祖业主要是先人在三河县所圈之地，当时总共有万余亩，至其父亲的时候，已经所余不足千亩了。有道是："越卖越穷。"土地少了，旗租也少了，生活来源也就更加捉襟见肘了，只有典卖剩余的土地，才能勉强过下去。恰巧屯居旗下家奴侯振极一直想脱离奴籍，自爷爷那辈就开始积攒钱财，希望有朝一日能够从主人那里赎身，为此已经从主人那里买下十余亩地，这次见主人还要卖地，便找到主人何森，说自己有意买地，所纳主人的钱粮，也比别家要多上一成。何森见有利可图，便把百余亩土地卖给侯振极，由他耕种，自己坐享其成。

却说何森有个堂弟，名叫阿林，也是闲散旗丁，无官无职。他整天提笼架鸟，游荡于酒肆茶馆之间，听戏调侃。有时也包揽一些词讼之事，兴风作浪，借此敲诈些钱财，以为生计。当他听说堂兄何森把土地卖给屯居旗下家奴侯振极时，顿时觉得这可是一笔大财，便请何森到酒肆饮酒，名为兄弟联谊，实际上是另有所图。在酒酣耳热之时，阿林说："我看堂兄脸色不好，鸠形鹄面的，莫非有什么难事？说给小弟听一听，或许可以为你排忧解难。"

何森说："如今这日子难呀！我家人口多，又没有什么事可做，每个月的钱粮哪里够开销的呢？常常是寅吃卯粮，难以度日。不瞒老弟说，二哥我已经有两个月没有到过酒肆喝酒了，若不是老弟请我，恐怕再过两个月也不敢喝酒呀！"

阿林说："二哥何出此言呀！你祖宗的基业可是了得！想当初，土地万亩，奴仆成群，是何等威风，何等富有，怎么会难以度日呢？我祖宗就不如你祖宗了，没有给儿孙留下什么产业，年纪轻轻就战死在沙场了。虽然朝廷有些优恤，但毕竟是没有留下产业。那些优恤的钱还不是花一文少一文，到我这一代，也只有宅院一区了。除了每个月的钱粮，就别无所有了，不像二哥，不仅有旗地的旗租可以贴补，还有田产可以卖呀！真是烧不掉、淹不掉，年年都有进项。"

何森说："老弟快别说旗地了。想当初我父亲以家里用度紧张，已经将旗地典卖了十分之九了。到了我这一代，也没有什么好转，还不是要靠卖祖宗的旗地为生。最近刚刚把百余亩地卖给屯居旗下家奴侯振极，得了银子，都用于还债了，日子还是过得紧巴巴的。再这样下去，恐怕是坐吃山空，祖宗基业在我这一代就会败个精光，愧对祖宗呀！"

阿林说："二哥这样丧气，那可真对不住祖宗了。最好在朝廷谋个一官半职的。要知道有了官就有钱，恢复祖宗基业也就不难了。你如今无官无职的，当然会坐吃山空了，不把祖宗基业败光了，那才算怪呢！"

何森说："老弟说得轻巧，这当官可不是一件容易的事情。我既无出身，又无显赫家世。朝廷怎么会选我这样的人为官呢？如今每个月发放钱粮，还是我朝善待八旗所致，若不是朝廷恩典，恐怕我这祖宗基业早就荡然无存了。"

阿林说："二哥你没有听说用钱可以买官吗？如今朝廷开放捐纳，我们旗人还有优惠，若是二哥捐纳个官职，不就是有官可做了吗？有了官也就有钱了，再以钱进行打点，就可以升官晋爵。官越大就越有钱，还怕你的祖宗基业到时候不能恢复吗？"

何森说："朝廷是开放捐纳了，一个知县要七千两银子，这知县也不是我们旗人可以当的。若是捐个知府以上的官，那就要上万两银子，我就是倾家荡产，也买不起这官呀！"

阿林说："我说二哥你怎么这样糊涂呀！那买官的事情都是汉人干的事情，我们旗人哪里能够买官呢？弄一个捐纳出身，在官场上谁都瞧不起你，即便是你能够弄些钱，却不知道有多少人要寻趁你，弄你一个贪赃枉法，坏了你的官不说，还要抄你的家。到时候不但祖宗基业全部败光，弄不好连你的子孙会被罚没为奴仆，岂不是给祖宗蒙羞？"

何森说："捐纳有如此风险，怎么还会有那么多人买官呢？莫非他们都是执迷不悟？我不去买官，又如何当官呢？"

阿林说："这些汉人为了财去买官，当然也会为财去死。你没有听说过飞蛾扑火吗？他们只想升官发财，却不想会身败名裂，子孙为奴。我们旗人则不同了，谁的祖宗没有建功立业呢？弄个荫袭出身，那可是再容易不过的事情了。这也花不了多少钱，先找旗主给弄个执照，再到吏部贿赂书吏，选个官职，还不是一件很容易的事情吗？不瞒二哥说，老弟我不知道为多少人办成此事了，所得谢礼，喝一喝茶，饮一饮酒，还是绰绰有余的。"

何森说："老弟既然有这样的门路，也想着二哥一些，帮我弄个出身，

走走门路，我也会有谢礼的。到时候咱们就不在这小酒肆饮酒了，大酒楼随便你挑，但不知需要花费多少银子？"

阿林说："我们是兄弟，怎么能够讲谢礼的事情呢？但这门路钱还是要二哥出的。不瞒二哥说，这门路钱要三百两银子，凭老弟的面子，你给我一百五十两银子就可以了，谁让我们是兄弟呢？赚兄弟的钱，是要遭报应的。"

何森说："老弟果然是好兄弟，但这一百五十两银子，不怕老弟笑话，我还真是拿不出来，这谋出身买官职的心思，也只能够作罢了。"

阿林说："我知道二哥缺钱，特地给二哥送钱来了。你把屯居旗下家奴侯振极一家卖给我，不就有银子了吗？不知道二哥打算卖多少银子？"

阿林兜了这么大的圈子，才道出自己的心机，就是要买家奴。说实在的，一个家奴是值不了多少钱的，问题是侯振极已经有百余亩地，每年还要给主人交旗租，他还有子女，这个身价可就不能按照一般家奴来论钱了。何森也心知肚明，但急着用银子，也就顾不得这些了，便一口价，要一百五十两银子，用来谋出身及官职。阿林试图讨价还价，何森就是不松口，阿林只好暂时给付五十两银子，写下卖身契，待拿到官府加盖官印，成为红契，再给付另外一百两银子。

两个人买卖家奴之事，很快就被侯振极得知。按照《八旗则例》规定，土地典卖，要"悉由本主自便"，屯居旗下家奴是无权出典出卖的。如今主人何森将自己出卖给阿林，自己刚刚从何森那里买下的土地，自然也就归阿林所有，自己经过三代的努力所得到的这点财产，也就化为乌有了，侯振极如何甘心？便与儿子侯添禄商议对策。侯添禄认为："与其让新主人霸占全部土地，还不如换成现银。因为土地是不能够隐藏的，而现银藏起来容易。有了银子，将来先用来赎身，再置买土地，成为编户齐民，主人便不能够奈何我们了。"商议已定，父子俩便将土地全部出卖，换成银子埋藏起来。

阿林与何森将卖身契拿到官府盖了官印之后，把另外的一百两银子也给付了，奴仆买卖也就算是成交了。阿林怕侯振极得知而转移财产，拿到契约之后，就来找侯振极，要他把土地契约交出来。侯振极说没有土地，也没有钱财，主人将他们全家出卖给新主人，具体干什么，可以听从新主人安排，他们父子俩也不会什么营生，就会种地，若是新主人同意，就到新主人田地去耕作，除了一身之外，再无多余。

阿林本来就是为侯振极的土地才把他们一家买下来，如今见他们把土地都变卖了，便向他们索要银两。侯振极父子如何肯承认有银两，任凭新主人阿林打骂，就是不承认有银子，特别是侯添禄，竟然敢顶撞说："我们自己的财物，旧主人都没有找我们要，凭什么要给新主人呢？"看起来是抵死也不肯拿出银子来。阿林恼怒起来，喝令奴仆把侯添禄捆绑起来，逼问藏银之处。侯添禄如何肯讲出藏银之处，阿林便手持木棍殴打。那侯添禄自恃身为新主人的财产，还能够为主人干活，主人吝惜财产，也不会下毒手，便更加顶撞起来。阿林恼怒异常，拿着木棍，劈头盖脸地打了过来，也不管哪里是要害之处，一棍打在头颅，侯添禄便应声倒地，居然一命呜呼了。

三河县出现了人命，知县也不敢隐瞒。因为是旗人打死家奴，按例是不能抵偿的，但也不能不承担一些责任，三河县知县便将案情如实申报各级上司。这时的直隶总督是梁肯堂（1717—1801），浙江钱塘人。乾隆二十一年（1756），顺天府举人出身，这样的出身得到了乾隆帝的重用，不到二十年他便升任直隶总督。他特别会窥测上意、拍马逢迎。对这种涉及旗人的事情，当然不能独断专行，奏报皇帝裁决，则是最好的自保。于是，梁肯堂便上奏云："缘何森穷苦日甚，欲将契买家奴侯振极等出卖，阿林贪图侯振极父子有资，应允承买，言定身价银两，两次交足，立契钤印后，阿林随向侯振极声言契买缘由，即向侯振极索诈银两。因侯振极出言回覆，辄将伊子侯添禄用绳捆缚，自持木棍叠殴，伤重殒命。"因为旗下殴毙家奴，原无拟抵之例，但这种贪狠行为，似应予以惩处，所以恭请皇帝定夺。

乾隆帝看到奏章，当即批示云：阿林以甫经置买之人，起意勒索，以致捆殴伤命，实属贪狠，将来定案时，自应照平人例拟抵，方足以昭平允。并且钦定将阿林拿赴刑部审讯，先行将其重责四十板，再行研讯，并且将之纳入情实册内，等待皇帝勾决。

刑部不敢违忤，只好将阿林按照平人来量刑。按照《大清律例·刑律·斗殴》"斗殴故杀人"条规定，凡斗殴杀人者，不问手足、他物、金刃，并绞（监候）。刑部依此条将阿林拟为绞监候，纳入秋审情实册内。乾隆帝则予以勾决，就可以将阿林处决了。为什么会对这样的旗人予以勾决呢？乾隆帝发布谕旨云：向来殴毙家奴，原无拟抵之例，但阿林置买堂兄名下家奴，可知原非其本身家奴，其意本豫为勒索起见。嗣因未遂所欲，辄行捆殴伤命，即主仆之分已绝，自应照平人例拟抵，不得引殴毙家奴之例，稍从末减，是以即行予勾，并将此案情节，详悉宣示，庶使贪暴不法者，知所儆畏。在乾隆帝看来，这种为了勒索起见而买卖的奴仆，若再加以殴打，就是主仆之分已绝。既然没有主仆之分，当然不能够引殴毙家奴之例。之所以将阿林勾决，就是让那些贪暴不法的旗人们知有所儆，知有所畏，不能再随便滥杀家奴了。这正是：

沦为奴隶真可悲，买卖由主任残摧。

清王朝一直允许人口买卖，作为奴仆就是主人家的财产，即便是打死，也不承担任何责任。满族在入关以后，全盘接受《大明律》，按照法律规定，主人故杀奴仆，最重则要承担杖七十、徒一年半的刑事责任，但清代条例则规定旗人故杀奴仆最重则鞭一百，还允许赎免，根本花不了几个钱，故此他们不把奴仆当成人，死生都在主人喜怒之间。乾隆帝能够认识到奴仆也是人命，对这种贪恶的旗人主人，能够以主仆之分已绝来让旗人主人抵命，并且多次指出："家主之于奴仆，虽系名分有关，而人命至重，岂容轻易致毙？"把奴仆的生命当成人命，可见乾隆帝在社会不断发展的情况下，也是顺应历史潮流的。

狠心女婿害岳父

清乾隆五十六年（1791），湖南省平江县出现一起女婿逼迫岳父自杀的案件。按照《大清律例》规定，若卑幼因事逼迫期亲尊长致死者，绞监候；大功以下，递减一等。岳父不是期亲尊长，按照规定，与大功兄姐相同，减一等就不是死罪了。湖南巡抚认为这个女婿太可恶了，若不将其拟为死罪，就对不起死者的冤魂，便按照常人挟仇污蔑，致被诬之人自尽律，将该女婿拟为绞监候，上报刑部核准，奏请皇帝裁决。乾隆帝认为湖南巡抚与刑部都是引律不当，在痛斥湖南巡抚与刑部以后，亲自裁定将该女婿斩立决。该女婿是如何逼迫岳父自尽的呢？乾隆帝为什么会认为湖南巡抚与刑部引律不当呢？亲裁该女婿斩立决又有什么法律依据呢？且从案情谈起。

却说湖南省平江县城中有个旧家子弟，名叫李笑兮，娶妻童氏。这个李笑兮幼时也曾读过几年书，资性也不甚冥钝，只因自小父母姑息，失于教导，及至长成，父母相继死了，无人管束。既不务生理，又不肯就学，整日在外游荡，便有那一班闲人浪子诱引他去赌场中走动。

说起赌钱，最坏不过的坏事，就是初次出手就赢钱，以后一切倾家荡产，都是由第一回赢钱酿成的。如果是一出手就遭遇大败亏输，哪怕是冥顽不灵的人，也要醒悟过来，谁还情愿再去赌呢！赌博也讲究品位，凡是输赢都不上心者，称之为上品，因为他能够见好就收，且不会上瘾。凡是只想赢而怕输者，称之为中品，因为在输的时候也会考虑到自己是否还有钱可输，没有钱也就收手了。凡是只会输而不会赢的，称之为下品，因为这样的人赢了几个钱，便心满意足，就要收场。但越是输越是冒火，赌博也越发可怕，总想翻本，不输得倾家荡产则不会停下来的。李笑兮就是下

品，常常输得赤身裸体，只穿一条短裤，被人赶出赌场。

李笑兮的老丈人名叫童锦安，乃是平江县的秀才。自从考上了秀才以后，童锦安便转运了，接连五次考举人不中，也就心灰意冷，干脆弃儒学医了。没有几年，居然成为平江县的名医。想当初李笑兮是个旧家子弟，若是肯用功，将来有希望考个举人、中个进士。童锦安虽然当了医生，毕竟曾经考上过秀才，自己考不上举人、进士，却希望自己的女婿能够考上，所以把女儿璧娘嫁给李笑兮。璧娘是个知书达礼的人，却不想李笑兮视书文为仇敌，而醉心于赌博，把家里的田地房产都输光了，租了间破草房，还经常是吃了上顿没下顿。璧娘屡次苦谏丈夫，李笑兮哪肯听妻子的话，时常为赌钱这事，夫妻反目。童锦安听说以后，也几次三番正言规训女婿，而李笑兮被那些无赖之徒熏染坏了，反指读书人为撇脚红鞋子，笑老成人为古板老头巾，丈人对他说的好话，当面假意顺从，一转了背，又潜身往赌场里去了。

童锦安的老婆早死，只有璧娘一个女儿，是他把女儿养大，因此特别溺爱她。凡事都对她百依百顺，真是要星星不敢给月亮，不让璧娘干一点家务活、吃一点苦、受一点累，把璧娘当成公主来养。常言道，因溺爱而不明白，又由不明白而越溺爱。见女婿屡教不改，童锦安气愤不过，便与女婿闹了一场，就接女儿回去，并指着女婿立誓道："你今若再不改过，你丈人妻子誓于此生不复与你相见！"李笑兮全不在意，见妻子走了，他索性在赌场安身。

童锦安把女儿接回家。童锦安若是见女儿嫁了一个不争气的丈夫，就应该想着让女儿离婚，凭借自己的医术，挣些钱财，将来给女儿找个上门女婿，等于是坐产招夫。那样的话，既可以给童家留个后人，又可以为自己养老送终。如今童锦安不想让女儿离婚，却把女儿接回家中，李笑兮岂肯善罢甘休？

按照《大清律例·户律·婚姻》"出妻"条规定，若夫无愿离之情，妻辄背夫在逃者，杖一百，从夫嫁卖。李笑兮以此为由，将璧娘告到官府，童锦安也无可奈何，还要听从女婿处置女儿，即便是把女儿卖了，他也不能说什么。李笑兮不是没有动这个心思，在缺少赌资的情况下，曾经想把璧娘给卖了，童锦安如何能同意？他把女儿看得紧紧的，不允许李笑兮动嫁卖璧娘的心思。

说实在的，李笑兮若是把童锦安告到官府，把璧娘要回来，再以背夫而逃为名，把璧娘给卖了，这完全是有可能的。不过，衙门口朝南开，有理没钱莫进来。按照当时的制度，告状的费用要先由原告缴纳，若将来胜诉，再由官府裁断败诉者缴纳诉讼费用。李笑兮因为赌博，早就穷得一文不名了，哪有钱告状呢？

清人认为，狠毒莫若讼师。这平江县有个讼师，名叫魏三元，也是赌场的常客，与李笑兮是赌友。闲暇之时，也未免谈及自家之事。李笑兮讲到岳父要他痛改前非，不要再赌博了，要不然这辈子都别想见到他女儿了，并且把他女儿接回家中。如今自己缺少赌资，想把璧娘告到官府，说她背夫而逃，就可以将她嫁卖了。无奈手头没钱，不能够告状，就请魏三元给他出个主意。魏三元得知之后，笑着说："你就是乾纲不振，连个老婆都拿捏不住，还怕什么老岳父，真是个没用的东西。要是我，不但可以把老婆嫁卖了，还可以把老岳父的家产全占了。"

李笑兮说："人家说讼师就会吹牛皮、说大话，我看你也就是嘴上的功夫。我赌博把家给败光，老岳父把老婆接回去了，我并不是不知道。我是想告老婆背夫而逃，但我赌博之事要被官府得知，那也是有罪的。我自己有短处在老岳父手中。故此，我即便是有钱，也是犹豫告还是不告，怕官府治我赌博之罪，更何况老岳父是当着我的面把他女儿接走的，也算不上是背夫。我连'背夫'的罪名都加不到老婆的身上，更别说老岳父的财产了，我怎能占为己有呢？"

魏三元说："无毒不丈夫。你若是肯听我的，不但可以把老婆嫁卖了，还可以得到老岳父的财产，到时候你再娶个顺从的媳妇，岂不是更好！"李笑兮说："你就别吹牛皮了。你给我说说，怎么样才能够既嫁卖老婆，又得到岳父的财产呢？"魏三元说："你且附耳过来。"便如此这般地把自己的计谋讲出。李笑兮则连连点头。

第二天，李笑兮与魏三元一起，来到童锦安家，进门以后，不由分说，就把童锦安捆了起来，将嘴堵住。璧娘见状，扯着李笑兮大骂。魏三元则上前捂住璧娘的嘴，让李笑兮把璧娘也捆了起来，并把她的嘴也堵住，让他们父女俩都喊不出来。此时，魏三元让李笑兮把童锦安与璧娘的衣服都给扒了，将他们赤身放在床上，说他们父女通奸，要童锦安写立犯奸字据。虽然童锦安嘴被堵住，但绝对不会承认是父女通奸的，当然不答应写立字据。李笑兮见岳父不答应，便打破一只碗，用瓷片刮童锦安的左右腮肤。童锦安虽然疼痛难忍，但就是不承认父女通奸，死活都不肯写立字据。魏三元见状，便让李笑兮住手，让他出外去喊街坊四邻，说童锦安父女通奸，被他抓个正着。

　　这天底下的事情，最难说的就是奸情。街坊四邻闻讯赶到，见童锦安与璧娘赤身裸体，也不好说没有父女通奸。事到如今，街坊四邻既不愿意到官府做证，因为一旦当了证人，就会在官府候审，肯定会影响到自己的生计，弄不好官府还会对他们用刑；又不愿意把人家弄得声名狼藉，把人家的家庭给毁了。基于这种心理，街坊四邻都愿意充当和事佬，便纷纷进行劝解，说什么家丑不能外扬之类的话，要他们私了。李笑兮如何肯同意？坚称是父女通奸，定要告官裁断。见到此况，魏三元说："笑兮呀，我看街坊四邻说得对，还是私了为好。我说童医生，你如今被女婿抓个正着，现在父女双双被捆在床上，即便是跳进黄河也洗不清了。我看不如这样，童医生你就出些钱给你女婿，让女婿把你女儿给休了，我想笑兮现在正缺钱用，也是不会再抓住你们父女不放的。"说着便把童锦安嘴上的破布拿下，要他出个价钱。童锦安高声喝骂女婿与魏三元无耻，声称一定要将他们告到官府，让官府给个说法。魏三元听罢，冷笑一声说："我们想私了，你却想告官，你也不打听打听，我魏三元是何许人也！众位街坊四邻，你们可都看见了。如今他们父女赤身在床，是你们亲眼所见，告到官府，你们也脱不了干系，这证人不想当都不成了。我这就写下状纸，众位街坊四邻都要在上面画押。否则我就告你们包庇乱伦重犯，到时候你们都要吃不了兜着走，别怪我事先没有告诉你们。"街坊四邻都知道魏三元是出了名的讼师，他要让人三更走，绝不留人到五更，只好听从魏三元的主意，便都在诉状上画押。魏三元将诉状交给李笑兮，让他到县衙去投告，认为此告必然获胜。按照《大清律例·刑律·犯奸》"亲属相奸"条规定，父女通奸要"各斩"，父女都是死刑，这父女都被杀了，童家的财产自然全归李笑兮所有。

见李笑兮与魏三元走了，街坊四邻便给童锦安与璧娘松了绑，让他们把衣服穿上。童锦安向街坊四邻解释，是李笑兮与魏三元故意陷害自己，父女怎么会通奸呢？常言道，越描越黑。童锦安的解释，更让街坊四邻相信就是父女通奸，毕竟他们都在诉状上画了押，因此便纷纷离去。童锦安越想越生气，当即写了诉状，声称李笑兮与魏三元诬执其父女通奸，并且捆绑殴打，逼写字据，要挟街坊四邻为证，恳请县太爷查出实情，还他们父女以清白。

按照当时的规定，县太爷不是每天都办理词讼，只是在规定的日期内，才会集中审理各种案件，所以并没有马上审理此案。平江县城没有多大，童锦安父女通奸的事，犹如长了脚一般，很快就在平江县城传扬开来，童锦安真是跳进黄河也洗不清了。人言可畏，县太爷还没有审理，童锦安父女通奸的事情已经被传得沸沸扬扬，这童锦安如何受得了呢？便趁璧娘不注意，自己悬梁自尽了，以死来证明自己的清白。

县城出现人命，县太爷即便再忙，也要勘验尸体，尽快办理，要不然就会受到处分。平江知县检验完尸体，找到童锦安的诉状，再讯问街坊四邻。童锦安都为此事自尽了，街坊四邻也后悔当初被魏三元胁迫在诉状上画押，更见平江知县也同情童锦安，便纷纷改口说是李笑兮与魏三元诬执，他们见到童锦安父女在床之时，是双双被捆住，至于李笑兮是否捉奸在床，他们也是没有亲眼看到。这个平江知县是个老知县了，特别痛恨讼师，早就打听到魏三元经常挑拨词讼，一直想将他法办，就是找不到由头。平江知县先给李笑兮来一个大刑伺候，这夹棍一上，李笑兮马上招认了，被打入了死牢。平江知县再审问魏三元，先给他四十迎风板，再取一面大枷，将之打入重囚牢。

平江知县痛恨李笑兮诬捏童锦安父女通奸，最终使童锦安愤激自缢，便引用常人挟仇污蔑、致被诬之人自尽律，将李笑兮拟为绞监候，申报各级上司。湖南巡抚浦霖并没有仔细核实案情，便按照平江知县所拟的罪名申报给刑部。刑部官员也没有仔细查核，便依所拟，将李笑兮纳入本年秋审办理，而秋审册按例要由皇帝审阅。乾隆帝看到此案认为，童锦安系李笑兮妻父，乃以斥阻嫁卖其妻，辄起意商谋，将父女通奸情事，装点污蔑，并捆缚手足，划伤腮肤，以致伊妻父羞愤投缳，实为凶狡。对于这样凶狡的恶人，湖南巡抚浦霖怎么能够按照常人对待呢？刑部官员为什么不予以驳饬呢？要知道虽童锦安系自缢身亡，但与谋杀无异。况父女通奸，如果属实，照乱伦重律问拟，父女俱当立决。今李笑兮设谋诬陷，即照诬告人父女通奸，治以反坐之罪，亦应按律予以立决。也就是说，按照诬告给李笑兮量刑，因为童锦安已经死了，就应该反坐，将之斩立决。再说了，童锦安系李笑兮的外姻尊长，怎么也不能按照常人来对待。按照威逼人致死律，应该在绞罪上减一等，但毕竟是尊长，不是常人，再加上诬告反坐，理应在绞罪上加一等。故此湖南巡抚浦霖与刑部官员要承担失当的责任，所以乾隆帝对他们进行了申饬。基于此，乾隆帝钦裁，李笑兮，著即绞决。魏三元，著从重发往黑龙江给兵丁为奴。这正是：

无情无义恶女婿，狼心狗肺刁讼师。

常言道，一日夫妻百日恩。李笑兮娶璧娘为妻，璧娘虽然痛恨丈夫赌博败家，却也没有提出离婚，应该说还是有些夫妻感情。童锦安身为岳父，痛恨女婿甘为下流，并没有对女婿采取断然措施，逼迫其与自己女儿离婚，将女儿带回家中，也是希望女婿能够改好。这李笑兮全不念这父女对他的一片苦心，却与讼师魏三元密谋，非要置这父女俩于死地，居然用"乱伦"的罪名，要把他们全部杀死，霸占岳父的财产。乾隆帝说他凶狡，也是恰如其分的。平江知县以李笑兮威逼岳父致死，按律则仅仅是杖一百、流三千里，便按照常人挟仇污蔑、致被诬之人自尽律，将李笑兮拟为绞监候，以为这样便可以让李笑兮抵命，却没有想到引用诬告律予以量刑，这样便可以让李笑兮马上抵命。史称乾隆帝"每逢秋谳具词，精核再三，勿使畸轻畸重"。可见其是精通法律的，故此我们看到湖南巡抚与刑部引律不当，而亲自予以改正，将李笑兮定为斩立决，可以慰藉童锦安的冤魂。童锦安的自尽，与其说是女婿的诬陷，还不如说是死于流言蜚语。这父女通奸之事的传扬，让他无以自白，才以死明志，最终证明自己的清白。璧娘的父亲自尽了，丈夫李笑兮被斩立决，如今她孤身一人，欲追从父亲于地下，怕人说她是殉夫，反而留下骂名。再说了，父亲只有她一个女儿，总不能够让童家绝了后嗣，所以她坐产招夫。后连举三子，都姓童，其中一子考中了举人，后来当了知县，给母亲请封，璧娘则成为七品太孺人，算是母以子贵，成为诰命夫人。若是当初童锦安力主女儿离婚，早来一个坐产招夫，也就不会被恶女婿诬执父女通奸了，还可以看到自己的孙子长大成人。一念之差，酿成惨剧，亦可见人无远虑，必有近忧。

守门兵丁纵贼犯

清乾隆五十六年（1791），在京城宣武门外枷号的窃贼张三，居然趁黑夜挣脱脚镣木枷潜逃了。在京城之内，一个由满洲兵丁看守的枷号贼犯，竟然能够潜逃，这在京城可不是件小事。因为民间传闻被满洲王公听到，肯定会告知皇帝，所以内务府大臣金简不敢怠慢，先将看门的三个满洲兵丁革役，然后奏闻皇帝，试图蒙混过关，却不想明察秋毫的乾隆帝，严究此事，一面令刑部严审看门的满洲兵丁，一面令内务府务必捕获逃跑的枷号贼犯，最终查出贼犯并不是私自潜逃，而是有人帮助他脱逃。乾隆帝是如何发现内务府大臣敷衍了事的呢？又是如何看出贼犯不是私自潜逃的呢？查出帮助贼犯逃脱的人以后，又是如何处置的呢？且从案情经过说起。

北京城是五方杂处的热闹繁华之地，清初将所有汉人驱赶出京城。北京城的九门分别是德胜门、西直门、阜成门、宣武门、前门、崇文门、朝阳门、东直门、安定门。九门之内居住的都是满洲人，汉人只能够居住在九门之外。九门把守归九门提督负责，而九门之内的安全则由内务府负责。有人居住，就要生活，开门七件事，柴米油盐酱醋茶，样样不能少，还有穿衣用具，都要有人供应。因此九门之内，除了挂名旗下开设的一些店铺之外，小商小贩也经常走街串巷贩卖货物。那时候实行门禁制度，鸡鸣三遍开城门，太阳落山关城门。按照《大清律例·兵律·宫卫》"门禁锁钥"条规定，凡各处城门应闭而误不下锁者，杖八十；非时擅开闭者，杖一百。京城门各加一等。因此京城门禁最严，若是不待城门开闭，偷越京城者，则要杖一百、流三千里。九门看守者都是满洲兵丁，除了朝廷发放他们的钱粮之外，能得到额外的生活补贴，也就是向需出入城门的人索贿。除此之外，在京城犯罪的人，往往要发往各城门枷号，也由兵丁看守，勒索枷号人犯，也是兵丁们的重要经济来源。

却说直隶保定府徐水县有个名叫张三的人，全家在灾荒时逃荒到京城，不幸染上时疫都死了，只剩下张三一人，暂住在菜市口一带贫民窟，靠给别人打短工度日。那时候，四方逃荒到京师谋生的人很多，想打短工也不容易。无以为生的张三，便干起小偷小摸的勾当。当小偷也是有组织的，小偷除了要给贼头上交部分所得之外，还要给负责治安的兵丁、番役等上交例钱。若是单独偷窃而隐藏偷窃物品，被发现以后，贼头会将小偷的手指剁掉一个，兵丁、番役会用私刑把他收拾一番，弄不好会送到衙门治罪。按照《大清律例》，窃贼初犯于左臂刺字，二犯于右臂刺字，惯犯于脸上刺字，三犯以后则判以杖流之刑，而盗窃赃达一百二十两银子以上，就要被判绞刑了。

在九门城外盗窃很不容易，那是贼头与兵马司番役的地盘，若没有他们的许可，想当小偷也不行。九门之外不能干小偷勾当，张三便想到九门之内，这里居住的都是满洲人，负责治安的是内务府番役，看守城门的是满洲兵丁。张三之所以出入京城无所顾忌，就是因为缴纳足够的利钱，因此与内务府番役及看守宣武门的小头目混得很熟，万一出事，他们还能帮助自己打圆场。宣武门的门军德成、德福与张三是结拜兄弟，而监门甲和特亨额也愿意从张三那里得到钱财，因此允许张三在宣武门内外行窃讹诈。

宣武门外的琉璃厂是个热闹的场所，京城的古玩书籍多在这里交易，来往的达官贵人也很多。有一天，一位王爷身穿便服，想到琉璃厂去看看古玩，刚刚走到宣武门，张三左手挟了两匹锦缎，右手拿着一个紫檀匣子，撞了王爷一下，紫檀匣子掉在地上。王爷不好表明身份，连声喊"对不起"，低头拾起紫檀匣子还给张三。张三打开匣子一看，里面有一只雪白的玉碗，已经碎成两半。于是扭住王爷说："这只玉碗价值二百余两银子，是我家的传家宝。因为母亲病了，想拿到琉璃厂去换钱救命呢！如今被你打碎了，我母亲如何治病呢！"宣武门是热闹之地，很快就围上几百人看热闹。有怨王爷不小心打碎人家的传家宝，理应赔偿人家；有怨张三太大意，这样贵重的东西为什么拿在手上，不用包袱背在身上呢？应该自认倒霉；也有的说双方都有责任，各认倒霉，王爷少赔一些银子，也算是各自引以为戒吧。在张三与王爷争论不休、围观之人七嘴八舌论说之际，监门甲和特亨额带着几个门军赶来，将众人驱赶走，把王爷与张三带到门房。张三只是哭泣，说母亲这次肯定难以活了，定要王爷赔偿。王爷则说不是我撞他，而是他撞我，为什么要赔偿呢？和特亨额则两面调解，要张三让一让，王爷也出些钱，毕竟这是救命的东西。王爷见说不过他们，只好把随身携带的散碎银子拿出，也就是三两多，说算是倒霉，就这些银子，作为补偿吧。张三哪里同意，和特亨额也嫌太少，便劝王爷把玉碗收下，给一百五十两银子，算是买个残品。王爷见他们一唱一和，心知他们是串通一起来讹诈，便很爽快地答应了，要张三与自己一起到家里去取银。张三哪里知道这位是王爷，以为是讹诈成功，便随着王爷去取银，刚到王府门前，王爷高喊拿贼，十余个王府家丁出来，便把张三拿下。王爷令家丁把张三送兵马司问罪，说他碰瓷讹诈。王爷送来问罪的人，兵马司岂敢不认真办理？张三挨了一顿板子后，便说出实情，那个玉碗原本就是两半，就是用来讹诈人的。按照《大清律例·刑律·贼盗》"诈欺官私取财"条规定，凡用计诈伪欺瞒官私，以取财物者，并计诈欺之赃，准窃盗论，免刺。若是王爷已经按照和特亨额调解的一百五十两银子给付了，其赃就达一百二十两银子以上，就应该判处绞监候，只是银两没有给付，所以从轻发落，将张三杖责四十，在犯事地点枷号三个月。

俗话说，常在河边走，哪能不湿鞋。在宣武门一带张三行窃讹诈，屡屡得手，没有想到这次碰上个王爷。好在枷号地点在宣武门，门军德成、德福又是他的结拜弟兄，也会照顾一些。枷号就是在城门口接受往来之人参观，若是枷号三个月，城里城外的人们大多数都会认识他，张三再想在这一带行窃讹诈，显然是不可能了。想想这几年在京城行窃讹诈所得也不算少了，既然京城难以为生，不如回徐水老家，置办些田地房产，娶个老婆，安心度日，可问题是如何脱身呢？

那个时候的枷号，要身戴二十五斤木枷，每天在枷号地点，任凭过往之人辱骂唾弃，官府还不管伙食，需要家属送饭。张三如今是孤身一人，虽然也结识了一些狐朋狗友，但在他遇难之时，又有谁来照看他呢？门军德成、德福虽然是结拜兄弟，但自己被枷号在那里，不能给他们缴纳利钱，怎么又肯每天花钱供给他伙食呢？自己要是出钱请他们替自己买饭，三个月下来，自己行窃讹诈的钱财恐怕要为之一空。想来想去，张三还是觉得早些逃回徐水，才是上策。于是对德成、德福讲："兄弟，我如今在宣武门被枷号，看来不能在这里谋生了，我想回老家，望二位关照一下。"

德成说："你是枷号罪犯，要我们关照，也不能给你解开木枷脚镣，那是犯法的事情。若是照顾你伙食，我们都是穷门军，伙食钱也出不起，你最好求助你的亲朋好友吧。"

张三说："我现在是孤身一人，在京城根本没有亲朋好友，只有你们两个是过命的兄弟，你们若是照顾我，兄弟也不会亏待你们。"

德福说："我们兄弟照顾你，这是兄弟情分，但如今你是罪犯，我们是看守罪犯的；若是照顾你，让别的看门弟兄看到，禀报上司，会把我们革役的，饭碗就会丢掉。看来你还要再找别人给你送饭，我们兄弟只能放松看管而已，要我们兄弟给你买饭，恐怕不妥。"

张三说："我哪敢让你们兄弟买饭呢？就是有劳你们到门外小饭馆订饭，钱由我出，也不会少你们的辛苦钱。只是这脚镣扣得太紧，有劳二位替我松一松，要不然脚踝磨坏了，将来连路都走不了。"

德福说："脚镣是官府给你戴的，钥匙不在我们手中。这样吧，我用些破布把脚镣缠上，你会舒服一些。脚镣是不能松的。"

张三说："德福兄，你别骗我了。脚镣木枷是官府给上的，钥匙就放在门房，由监门甲看管。凡是被枷号的人犯，白天戴上脚镣木枷，晚上松开，这是惯例，你怎么能说脚镣不能松呢？"

德福说："要知道惯例是例，这个例你是明白的，少不了的是钱财。钱多了，不但晚上可以去掉脚镣木枷，而且白天也能把脚镣木枷松开放在身上，连锁都不用上。你能够出多少例钱呢？要知道这看宣武门的有二十多人，除了人人有份，头头还要加倍，我看你还是趁早死了这份心吧！"说完便转身离去。

张三见德成还在，便对他说："德成兄弟，你若愿意照顾我，小弟愿意出八千文钱；若是能够松动脚镣木枷，再加两千文钱，这十千文钱是我全部的家当了。"

见张三答应给钱，德成不由得心动地说："张三兄弟，这话就显得生分了，别说你给钱了，就是没钱，哥哥我也不能看着兄弟饿死呀！常言道，家家都有一本难念的经。哥哥我也有难处，还望兄弟谅解。只是这十千文钱，哥哥我也不能独吞，还要上下打点，看在结拜兄弟的面上，我就替你打点，哥哥我就算是白忙活了，谁让咱们是兄弟呢！"

德成的弦外之音是嫌钱少，张三如何会不知道？张三说："我哪里能让哥哥白忙活呢，若是哥哥替我打点好了，再送二千文钱答谢如何？"德成说："兄弟这样说就见外了，为兄弟帮忙，义不容辞，哪敢希望酬谢？这事情包在我身上了。"德成得到张三的许诺，便与德福及监门甲和特亨额商量，答应给他们各自三千文钱。德成自己独吞六千文钱后，便把脚镣木枷的钥匙交给张三，让他在晚上无人的时候，自己解脱脚镣木枷，以便休息。

有了德成等人的关照，张三少受不少罪，但他可不想等到枷号期满。这一天，是监门甲和特亨额与德成、德福兄弟值夜班，并没有锁上监房。张三便脱去脚镣木枷，趁着月黑风高夜，爬上城墙，借助一根绳索，翻出城来，回家收拾东西。拂晓时分，趁广安门刚刚开启，张三便离开京城，往家乡徐水逃去。

次日鸡叫，德福来开城门，顺便到监房喊张三到城门枷号，却发现张三不见了，急忙禀报监门甲和特亨额。负有看管枷号人犯之责的监门甲和特亨额情知不妙，急忙上报，消息很快传到内务府大臣金简那里。金简怕御史们得知而弹劾自己，马上将此事奏报皇帝，认为自己已经将监门甲和特亨额等人革役，足可以交差。却不想乾隆帝得知后，当即下旨云：张三脱下铐锁枷号，越墙逃走，其脱枷之时，岂竟无声息？和特亨额等三人，岂有同时睡熟、竟无知觉之理？恐有知情故纵情节，不可不严行审讯。著刑部将监门甲和特亨额等，严切讯鞫，务得实情，定拟具奏。也就是说，守城值夜，怎么可能同时睡觉呢？恐怕是看门之人知情故纵，所以应该从严审讯。因此要刑部审讯和特亨额等三人，得到实情以后，进行拟罪，然后奏闻请旨。看门之人有不可推卸的责任，而最重要的是捕获在逃罪犯，才能够确认事实。故此又下旨云：其在逃之贼犯张三，并著金简饬派员弁番役人等，严缉速获，一并送部，从重究办，无任远扬。

金简原本想革去和特亨额等三人之兵役，就可以塞责，却没有想到乾隆帝把和特亨额等三人交刑部审讯，还要缉捕张三，这就成为钦案了。如果不能将张三抓捕，想必内务府大臣之位难保，于是严饬内务府官兵，务必捕获张三到案。内务府大臣亲自督阵，内务府上下不敢怠慢，当即发文周边各府县协助缉捕。乾隆帝亲自下旨，内务府大臣临阵督办，各府县及内务府官兵都很卖力，很快就在涿州鲁坡村附近将张三抓获，押解进京，交刑部审讯。

张三自知难以隐藏，便从实招供，说自己给了德成十二千文钱，德成把脚镣木枷钥匙交给他，所以自己能在五更时分逃脱，却没有想到刚刚逃到涿州，就被内务府番役捕获。此案事实清楚、证据充分就可以进行拟罪了。按照《大清律例》规定，张三即使是犯罪脱逃，因为是窃贼，只有三次脱逃才是死刑。如今只是初次脱逃，即便是加重处罚，也不至于是死刑。按照《大清律例·刑律·断狱》"与囚金刃解脱"条规定，给予罪囚解脱枷锁之具，致囚在逃，杖六十、徒一年。德成也不是死罪，即便是与囚同罪，也只不过是杖徒而已。乾隆帝认为，著将德成，永远枷号于各城门，轮流示众，俾得共知儆畏。也就是说，德成与张三一起，要永远被枷号，并且在京城各城门轮流示众。本来是建立在利益基础上的结拜兄弟，如今却成为难兄难弟了，身戴枷锁，一直到死。这正是：

利心偏比良心盛，恩将仇报胡乱行。

此案张三被捕获之后，如果只承认自己解脱脚镣木枷脱逃，按律也不过是枷号一年，如今他招认行贿得脱，也就把德成拉下水了。幸亏德成仅

承认自己受贿，没有牵连别人，所以仅是他与张三一起永远枷号。乾隆帝
不相信仅仅是德成一个人有问题，所以指示金简说，其一同该班之门甲门
军等，有无通同贿纵情弊，并著严行确讯，定拟具奏。奖赏一定要分明，
因此令将拿获张三之番子等，酌量奖赏，以示鼓励。金简则见好就收，并
没有因此牵连更多人，只是以门甲门军尚知廉谨，草草结案了。

失火案变谋杀案（上）

清乾隆五十七年（1792），山东省武定府惠民县发生一起烧死一家三命案件，官府已经裁断是因为火灾导致的。却不想三年以后，烧死者家属起诉说一家三命是有人故意杀死，然后纵火焚尸灭迹的。一个三年前发生的火灾案件，尸体已经完全腐烂，如何确定是被人杀死，且故意纵火焚尸灭迹呢？若是真的有人杀人，然后纵火焚尸，此前承办此案的知县及上司知府、道台、按察使、巡抚，都要被追究责任，因此官府不予受理。想不到受害人的儿子，上控至山东巡抚，因巡抚奏闻，使乾隆帝得知，也就成为御案。在乾隆帝亲自干预下，终于审出那起失火案，是一桩谋杀案，不但将罪犯绳之以法，而且处分了此前一大批经办此案的官员。失火案为什么能够成为谋杀案呢？乾隆帝是如何从复杂的案情中发现真相的呢？且从案情谈起。

却说山东省武定府惠民县某村有阎姓一族，他们是聚族而居，建有祠堂，供奉历代祖先，族中老少，每岁春秋，同聚祠内，按照长幼分别站立，宣讲族规。凡族人有红白喜事，合族共同相助，相爱相亲，在要求忠君爱国、孝顺父母、兄友弟悌、勤于劳作、生活节俭、尊师爱友、扶助贫穷、尊老爱幼的原则基础上，引导族人向善，也对一些酗酒、赌博、游手好闲、不务正业的人予以惩处。祠堂有族产，是先世富户捐赠的田产，每年所收田租，除了祠堂春秋祭祀费用之外，还在祠堂两侧廊庑开设学堂，聘请两名私塾先生，教育本族子弟。本族子弟若是能考上生员，则另有资助。清人感叹："世有弃祖宗而不顾，视族党如仇雠者，其不见摈于祖宗也，鲜矣！"也就是说，这世上确实有舍弃祖宗于不顾，把族人视为仇敌的，但不被祖宗所摒弃的人实在太少了。话又说过来，祖宗是过去人，如何能够管活着的人呢？又如何能够摒弃后人呢？后人不把祖宗之坟墓挖了，就算是祖宗们的大幸了。那些不以祖宗为念、不和睦族党的人，大多数都是因为财产问题。他们因富贵而欺凌贫贱，以贫贱而嫉妒富贵，更有人想将族产据为己有，相争相夺，甚至闹出人命，也是常有的事情。

阎氏的族长名叫阎锡，掌管本族的公产，他严格按照族规，不许其他族人染指。其族弟阎镐与他是同辈，一直想争得族长的位置，试图利用族产来牟私利。怎奈阎锡人缘好，族人信服，阎镐多次提出改选族长，都没有得到族众的响应。在阎镐看来，同辈就阎锡一人，若是阎锡不在了，他就能够顺理成章地成为族长，因此把阎锡当成眼中钉肉中刺，必欲除之而后快，却总找不到机会。

这一年，阎镐的女儿要出嫁了，需要陪嫁，而家中银两不多，一时难以置办各种首饰衣服。他便找到阎锡，想从本族公产中借一些银两，以解燃眉之急。阎锡认为族中公产，自己无权支配，需要本族长老公议，才能决定借与不借。结果长老公议，认为族产只能够救助贫困、祭祀先祖、教育子弟，不能够挪作他用。如果结婚能够借公产，那么丧葬借不借、生子借不借、祝寿借不借呢？毕竟公产有限，借出之后，万一族中有急用，拿什么来应付呢？所以认为不能够开此先例。长老们不同意借钱，阎锡也不能独断，只好告知阎镐，公产不能借，让他另想办法。

阎镐家里有田地，自己又是木匠，农忙时在田地干活，农闲时给人做些木匠活计，在族内也算是个富户。所以他认为自己借钱，又不是不还，待秋后有了收成，连本带利归还，又有什么不可以的呢？这点小事，还不是族长一个人说了算吗？想必是族长不想借，却拿什么长老公议来推辞，明明就是故意给他难堪。阎镐越想越气，就从工具箱内拿了一把锛子，来找阎锡理论。

阎锡有两个儿子，大儿子去济南做买卖，二儿子结婚以后分家另过，因此家中仅有他们夫妇俩及老母。当阎镐找上门来胡闹时，阎锡很是气愤，认为自己身为一族之长，做事公道，岂能任人辱骂？阎锡便呵斥阎镐太不懂事，你可以向族里借钱，但族里有族里的规矩，谁也不能随便破坏。长老公议认为不能借给你公产，也不是我一个人能够做主的，你有怨言应该向长老们去理论，到我家来无理取闹，也不怕族人笑话。阎镐哪里服气，依然胡搅蛮缠，他见说不过族长，就举起锛子劈头便砍。阎锡往旁边一躲，锛子砍在左臂膀上。木匠的锛子十分锋利，一锛下去，阎锡左臂膀应声而落，疼得他浑身哆嗦，喊叫的声音都变调了。阎镐怕人听见，上前又是一锛，割断喉咙，眼见就要没命了。阎锡妻子听到丈夫的喊声，从里屋出来，见状大惊失色，正要高喊，却被阎镐赶上前来，挥锛砍断喉咙。

当时已经是黑夜，阎镐怕天亮以后，被族人察觉，便从柴房搬出柴草，放在门前及窗前，再把油灯打破，将灯油洒在柴草上，从灶台内取来火种，放起火来，然后反插院门，翻墙出来。他躲在不远处的一段废弃土墙后面观看火势。村内起火，惊醒睡梦中的人们，于是人声鼎沸，有哭叫的，有呼救的，也有提来水桶救火的。这时候风很大，火焰呼呼上升直透屋顶，借着风势，又扑向邻近之家，眼见得大火蔓延起来。呼哭之声与救火抢水之声，再加上子呼娘，娘喊子，真是惊天动地。这时候，在外边空地及街上，穿梭着有抬东西的，有取水的，有指挥的，有提灯的，有逃难的，有寻子觅女的，有肩荷布囊索帐看热闹的人们，现场一片混乱。

保长带着几个保丁赶来，在现场巡察督救，指挥弹压。为了防止延烧邻房，保长指挥众人，打开一条隔离带，却没有急着扑灭阎锡家的大火。眼见得火势越烧越旺，不多时，阎锡家的房子倒塌了，却没有见到家中有人跑出来。眼见大火吞没了阎锡家的房子，阎镐偷偷地回到自己的家中，因为其家离阎锡家较远，所以没有遭受火灾。天刚蒙蒙亮，阎镐再次来到火灾现场，但见遭遇火灾的男女，在附近的场院之内，有穿着单衣的，有没有穿衣而披着棉被的，男女老少在寒风下瑟瑟发抖。这场大火共计焚烧房屋二十余间，累及五六家人。被烧过的房屋已经成为残垣断壁，现场还是烟雾腾腾的迷人眼目，火味熏蒸。遇难各家男女老少均在火场上哭泣，好不凄惨。

保长查点受害之家的人数，只是少了族长阎锡夫妇及其老母，显然是出了人命，所以立即向县衙禀报失火烧死人命。知县王修龄带领衙役、仵作前来检验，看到阎锡家房倒屋塌，令人搬开砖石，发现烧塌的墙下压着三具尸体，已经烧得不成模样。仵作断定是一男二女，与保长呈报烧死阎锡夫妇及母亲相吻合。因此王知县当场就确定是火灾造成的，令保长督促同族人将尸体安葬，官府各赐棺材一具，受灾之家各给粮食五斗，以示赈恤。

阎锡的二儿子闻讯赶到，其父母及奶奶经仵作检验，已经入殓进棺，打开棺盖，看见父母及奶奶已经烧得不成模样，失声痛哭，也无济于事。因为父母房屋已经被烧毁，二儿子痛哭之后，恳求族人将棺材抬到自己的家，在院子里搭个席棚，将棺材安置在内，立刻托人到济南报信，让大哥阎培麟回家主丧。等大哥赶回惠民县，已经过了二七了，应该择地挖穴，准备在三七时下葬了。坟地就在阎家祖坟，阎培麟请来一些和尚做道场，然后雇人把棺材抬到坟地安葬。水火无情，自家起火，还延烧邻居，阎培麟已经觉得对不起族人，故此安葬父母、奶奶以后，还摆宴席感谢诸位，代替父亲向遭受火灾的乡亲们赔礼，还送上一些慰问品。人死为大，受灾之家见阎锡全家遇难，也没有提出什么过分要求，此事就算过去了。阎培麟依旧回济南做生意。

在阎锡夫妇与母亲验尸、装殓、搬棺、安葬的过程中，阎镐忙前忙后，自己先捐粮二十石，并号召族人帮助被火延烧之家，共捐助粮食三十余石，衣物被褥等物数十件，其中数阎镐捐助最多，受到族人们的赞许。家不可无主，族也不能没有族长，如今族长死了，就应该选新的族长，族中数阎镐辈分最大，这次又乐于捐助，应该是族长的不二人选。那时候族长选举，固然要看辈分，但热心助人，以族务为先的人，也是族长的人选，可以不按辈分。也就是说，族长选举要得到族众大多数人支持。为此，阎镐串东家、走西家、拉拢族人，总算是获得大多数族众的认可，被选为族长。

阎镐当上族长以后，率先以长老议事总是不能一致为由，遇事便召开族众大会，拉拢一些人。他们专门与长老们对着干，长老渐渐失去作用，阎镐便乘机取消长老会，如此就可以独断专行了。如今族内的公产他随便挪用，不用和任何人商量，赚了钱归自己，赔了本算公产，家中更加富足起来，因此他也扬扬得意。

　　阎镐没有儿子，只有两个女儿，大女儿已经出嫁，二女儿不能再嫁出去了，要不然谁给他养老送终呢？阎镐如今富足了，找个上门女婿是延续阎家香火的必要，所以招赘了李朝宗为女婿。李家子女多，本来就是穷人，如今让儿子给人家当上门女婿，人家还给彩礼，有什么不愿意呢？只当是白生一个儿子吧。那个时候，上门女婿地位极为低下，在家庭的地位还不如娶来的媳妇。作为媳妇，当本生父母寿辰，提出回娘家去祝寿，婆家也没有理由反对。上门女婿则不同了，没有岳父母的同意，无论自己家里出了什么事，都是不能回家的。上门时签有契约，俗称"死契"，等于是卖给妻家，根本没有独立的人格。

　　李朝宗自从进了阎家的门，阎镐就没有给过他好脸，什么苦活累活都让他干，干得不好就会挨骂，弄不好还要挨打。阎镐还振振有词地说："哪家婆婆不打骂儿媳妇呢？这上门女婿就是儿媳妇，只不过是个男的，岳母不好出头露面，只有我来当恶人，权当是婆婆了。凡是婆婆都认为不管教，就没有好媳妇，我这女婿当然要管教了。"常言道，人穷志短，马瘦毛长。李朝宗家里穷困，等于是阎家用彩礼买来的女婿，还立了死契。对于岳父的打骂，只有逆来顺受，好在妻子与岳母对他还不错。每当阎镐打骂他的时候，妻子和岳母常常替他打圆场，有时候还背着阎镐给他一些好吃的。有一次，阎镐的外孙，因为姓阎，所以称为孙子。在周岁的时候，办了几桌酒席，请亲朋好友来家庆贺。按照惠民县的规矩，妇女是不能上桌的，李朝宗虽然是女婿，但因为是倒插门女婿，按规矩也不能上桌。女儿觉得过意不去，毕竟是他俩的儿子，如今儿子过周岁，父母都上不了桌，未免说不过去。于是好说歹说，阎镐才同意李朝宗上桌吃饭。

　　大凡喝酒的人都知道，特别高兴及特别伤心时喝酒是容易醉的，心情舒畅者不容易醉，心里压抑者则容易醉。李朝宗平日一直受岳父打骂，也只能打不还手，骂不还口，但心里一直很委屈，却没有地方去诉说，再加上其平日很少喝酒，所以没有喝几杯就醉了。人的醉态是千奇百怪的，大致可以分为两大类：一是酒后话多，什么都敢讲，口无遮拦，算是酒后吐真言；二是酒后昏睡，伏在桌上，不管四周多么嘈杂，也浑然不知。若是出得门来，卧倒在路边能够睡到天亮，要是天冷，若是没有人发现，会被冻死的。李朝宗属于第一种类型，喝些酒便口无遮拦，却没有想到会因此将岳父送上刑场。

却说阎培麟在济南经商，发了大财，在那里买了房产与土地，就决定再也不回惠民县了。他先把弟弟一家接到济南，然后把惠民县的产业全部出卖了，也不希望自己的祖先孤零零地埋在惠民县，就决定迁坟。原来的棺材大多数已经腐烂，不能够搬移。阎培麟备办了新的棺材，把祖先的骨殖分别放在新棺材之中。当搬移阎锡骨殖的时候，发现少了左臂的骨殖，再看断处，有明显的砍断痕迹，觉得可疑。联想到当初大火灾时，五家二十余间房屋被焚烧，别人家一个人没有死，连受伤的都不多，是不是当时有人已经将父亲杀害，然后纵火焚尸灭迹呢？以前自己回来晚了点儿，父母及奶奶已经收殓入棺，按照风俗是不能开棺验看的，所以听信了官府裁断。如今因为搬移骨殖，发现父亲尸体缺少左臂膀，且有明显的断痕，就不能不重提往事了。这正是：

天高水深人难测，峰回路转事易成。

早在三年前，阎培麟因为从济南赶回来奔丧，没有目睹官府检验尸身，也没有亲眼看到父母及奶奶被装殓入棺，所以一直怀疑父母与奶奶不是被烧死的。他向邻居及族众打听，也没有听说父母与谁争吵过，更没有听说阎锡得罪过什么人，所以就没有穷追下去。如今因为迁葬，搬移骨殖，发现父亲少了左臂膀，且有砍断的痕迹，但是被何人砍断的呢？事情已经过去了三年，总要找到人证物证，才好向官府控告，为父母与奶奶申冤。那么阎培麟如何寻找人证物证呢？即便有了人证物证，一件三年前官府已经裁断的案件，还能够翻案吗？

失火案变谋杀案（下）

自阎培麟回乡迁移父母的骨殖，发现父亲没有左臂膀，且肩上有清晰的切断痕迹时，三年前的疑心更加沉重了。他想到告官翻案，但苦于无人证物证。本来告官翻案就不容易，若没有过硬的人证物证，连告状都难。三年前阎培麟刚刚创业，钱财不多，又逢父母与奶奶同日出殡，实在没钱，也没有闲暇去解自己的疑惑。今非昔比了，自己成了有钱人，便想到钱可通神，想着大把银子花出去，没有办不成的事情。

阎培麟借迁葬之机，把族众们都请到祠堂来，告诉他们自己从此以后就不再回惠民县了，连本支的先祖骨殖也搬移走，特地感谢族众们多年来对本家的照顾。杀了几头猪，弄了数坛老酒，在祠堂院内摆下宴席，让族众吃饱喝足。那个时候，女人是不能进入祠堂的，阎培麟也没有忘记她们，在祠堂前空场也设了宴席，让本族男女老少数百口都来吃席。这是本族前所未有之事，何人不想来占些便宜呢？

族众们依长幼顺序入座，族长阎镐率先致辞，追忆前族长阎锡所做的好事，正因为父祖行善积德，子孙才能兴旺发达。如今培麟发了大财，将本家迁移到省城，将来子孙也一定会繁荣昌盛。即便是富贵了，也不能忘记祖宗，若没有祖宗，怎么会有我们呢？今后族人不论是谁，迁往何处，都不要忘惠民县祠堂里供奉着你们的祖先，也不要忘记这里的族人，都是血脉相通的。一番声情并茂的演说，其真实的目的就是要阎培麟给宗族捐钱。

阎镐要阎培麟捐钱，殊不知阎培麟另有心事。当阎镐让他说话的时候，阎培麟说："本人是阎氏子孙，当然不会忘记阎氏宗族，如今有了一些钱，帮助族人是本分，只不过这次前来迁葬，所带银两有限，一时也拿不出来许多银两。今天在祠堂摆宴席，就是向大家表个态，我是不会忘记族人的，现在大家就尽情吃喝。至于捐给族里多少钱，待我回到济南查查账目再看可以捐出多少钱，我会想方设法地让人把钱带过来。"说完便端起酒杯先向族长阎镐敬酒，然后再向族众敬酒，族众们也就大吃大喝起来。

有道是，酒是迷魂汤，醉了便乖常；失态便出丑，也能诉衷肠。本来祠堂是不准外姓人进来的，但倒插门的女婿是可以进入的。当年阎镐嫁女，实际上是招上门女婿，给了彩礼，写了死契，生是阎家的人，死是阎家的鬼。上门女婿地位虽然低下，但是男性，因此得以进入祠堂之内赴宴。阎镐女婿李朝宗平日里在家犹如小媳妇，什么都不敢说，更别说喝酒了。如今宴席有酒有肉，随便吃喝，岳父身为族长，坐在主桌，妻子又不能进入祠堂，等于是无拘无束，所以喝了很多酒。当阎培麟来他所在桌敬酒的时候，连舌头都伸不直了，还语无伦次地对阎培麟说："培麟呀！你发财了，请族众吃酒席，还要给族里捐钱，你仁义呀！好人呀！你们一家都是好人呀！可惜你爹当了一辈子好人，到头来还是不能看到你兴旺发财，却死于非命，惨啊！惨啊！"

阎培麟听李朝宗说自己父亲死于非命，便知他一定知道什么秘密，又敬了他一杯酒，然后说："家父死于火灾，确实是死于非命。奇怪的是，五六家都被大火烧了，却没有死一个人，唯独我家，父母及奶奶都被烧死了。你说别人家都能从房里跑出来，还搬出不少东西，我们家却一件东西没有搬出来，这是为什么呢？要说我奶奶年纪大了，跑不出来，我信；可我父母还不到五十岁，身体都很强壮，你说他们为什么跑不出来呢？即便是我父母为了救奶奶，也只能一个人去救，不可能一起都被烧死呀！"

李朝宗借着酒胆，不管不顾，附在阎培麟耳边说："培麟，我告诉你一个秘密吧。去年，我曾经偷偷听过岳父与岳母说悄悄话，岳母说岳父的族长，要不是阎锡被烧死，这辈子都别想当上。岳父说是呀，要不然我为什么把他杀死呢？岳母说莫非那火是你放的？岳父说与阎锡谈论不洽，就用锛子把他杀了，想不到阎锡的老婆也出来了，所以便将他们一起杀了。杀人以后，怕被知道，就故意放火焚尸灭迹。培麟，你想啊，你奶奶一直卧病在床，大火起来，怎么能自己跑出来呢？这个事情谁都不知道，要不是我看你仁义，我才不会说呢。培麟你千万保密，要是让我岳父知道，肯定会要我的命的。"

阎培麟听到父母不是被烧死的，正想询问详情，却不想阎镐见女婿与阎培麟耳语，怕他说什么坏话，已经从主桌过来，呵斥道："朝宗，你喝多了，胡说八道什么！还不快滚回家去，看回去我怎么收拾你！"当下喊来两个保丁，把李朝宗拉出祠堂，转身对阎培麟说："别听我那不争气的女婿胡说八道，你父母与奶奶死的时候，他还没有倒插门呢，知道什么！要知道连官府都裁断是失火所致，别人怎么能胡乱猜疑呢？你父母与奶奶都死三年多了，他们九泉有知，是我主办的丧事，合族之人都有捐助，他们都可以为我做证。不要听信外姓人胡说八道，明日我定将我那不中用的女婿给休了，让他滚回老家去！"

阎培麟见状，知道在这种场合谈此事，自己讨不得半点便宜。虽然阎培麟也是本族，但族人只是看到他有钱，根本就没有把他当族人看待。如今连家族骨殖都搬走了，要是不拿钱给族人，何人又会帮助他呢？所以说："族长老爷，当年我也知道是官府裁断的，也感谢您及族人帮助，所以才摆宴席感谢大家。常言道，酒后无德。我怎会不知道这些呢？哪会相信酒鬼的话。族长老爷，我们还是劝大家喝酒吧，不要扫了大家的兴。"阎培麟权当什么事都没有发生，与族人们喝酒猜拳，直到天黑宴席才散。待族众们都离去以后，阎培麟便与阎镐告别，连夜赶回济南，到巡抚衙门去告状。

一个官府已经裁决的案件，事情也已经过了三年，如今有人要翻案。这不仅仅是简单地要阎镐抵命，而是要当年办理这个案件的知县、仵作、衙役承担刑事责任。知府、道台、按察使，乃至巡抚更要承担失职的责任，弄不好也会丢官卸职。阎培麟虽然有钱，但没有官职，在官官相护，且都关系到自己政治前程的时候，是否愿意为一个民人翻案呢？

此时的山东巡抚是玉德，瓜尔佳氏，满洲正红旗人。乾隆年间官学生出身，历任内阁中书、衡州知府、山东按察使、安徽布政使、山东巡抚。虽然身为满洲正红旗人，有优越的出身，但官运亨通至此，也不是没有关系，他与乾隆帝的宠臣和珅往来密切。此时玉德刚刚升任山东巡抚，若要再升官，不但要有政绩，还要有功劳。如何能够得到政绩与功劳呢？当然要有参照物了，总应该比前任做得好一些。若是能够把前任毁得一塌糊涂，不但凸显自己的能力，也说明自己肯于办事。除此之外，钱可通神，贿赂乾隆帝宠臣和珅，是各省大员要想保位，乃至升迁的必然手段。贿赂就要有钱财，审理这样一个案件，既能够得到翻案人的钱财，也能够从所有受牵连的人那里得到钱财。这种既可以彰显能力，又能够得到钱财的事情，玉德如何不受理呢？

玉德接到阎培麟的诉状，当即就将此件事情用密折上奏了。乾隆帝看到密折，当即指示其将相关人证与物证带到济南，由玉德巡抚会同按察使及府道官亲审，然后把承办此案的府州县官，全部革职解任，送到济南待审。此案已经过去三年多，办理起来并不容易，涉案的官民人等都力持原供，坚称是火灾导致阎锡一家三人被烧死。因为当时参与救火的人很多，也都看到和听到阎培麟的奶奶曾经呼救，只是火势太大，无法进屋去营救，既然是有人喊叫，显然不是被人杀死的。原来承审的王知县，因为此案关系到一家三命，且阎锡又是族长，与服制关系密切，所以不敢独断，曾经上报道府复检，也都认为是失火所致。

供词不是没有破绽，众人听到呼救，是奶奶的喊声，却没有听到阎锡夫妇的喊声，显然不能证实他们之前是否没有被杀死。与此案关联的官员，都说复检了，却没有一个到现场检验的，全是听王知县的申报。因此此案要想取得突破性进展，一是重新检验尸骨，二是李朝宗的供词。因为阎培麟已经将尸骨移到济南，玉德巡抚可以调集本省各府州有经验的仵作会检，以确定尸骨是否是被砍伤。在阎培麟告状的时候，因为听到李朝宗说砍人的锛子尚在阎镐家中，当捕役们到惠民县拘捕人证的时候，已经搜查阎镐的家，将木匠工具也全部带到。仵作们在确定尸骨的左臂膀是被砍断以后，找到锛子比对痕迹，可以确定锛子就是凶器，但也无法确认这就是行凶的锛子。阎镐用锛子杀人之后，曾经将锛子清洗研磨，以为可以清除血迹，殊不知血液渗透力很强，仵作用白梅汁浸泡锛子，血迹便在木柄与锛子孔之间显示出来，这样就可以确定是行凶的凶器了。

李朝宗开始是抵赖，说自己酒后狂言，也不知道说了什么，不能作为证言。玉德巡抚如何相信这些话，当即与按察使、道台、济南知府共同会审，大刑伺候，李朝宗只好承认是偷听到岳父岳母私语。再提审阎镐夫妇，阎镐深知这是一家三命，若是承认，不但是凌迟之罪，还会连累家族，即便是被夹棍将脚踝都夹碎了，也不承认自己杀人。阎镐妻则不同，本来就没有见过什么世面，早被公堂的气势吓得半死，再给她上了栳指，这十指连心，她如何能忍住疼痛呢？只好说出实情。有了阎镐妻的证词，再加上锛子被确认为凶器，也就人证物证齐全了，阎镐再想抵赖也无济于事。

按照《大清律例·刑律·人命》"杀一家三人"条规定，凡杀一家非死罪三人及支解人者，凌迟处死，财产断付死者之家，妻子流二千里。因此，玉德巡抚将阎镐拟为凌迟处死，而阎镐没有儿子，李朝宗是上门女婿，按照该律规定，妻与子是不包括女儿的，可以不被流放。按察使提出异议，认为女儿招赘，就应该按照儿子看待，他提议将阎镐的女儿予以流二千里。按照律例规定，应该金妻发遣，李朝宗按照妻来对待，也应该与阎镐的女儿一起发遣。济南知府则不同意，以为民间风俗是上门女婿与出嫁女一样，但律例并没有明文规定上门女婿就是妻，也没有讲招赘之女就是儿子，因此不能将他们发遣。在争执不下的情况下，玉德巡抚只好把两议之词奏报给皇帝。

其实这些官员是想分散乾隆帝的注意力，想引到犯人量刑方面，进而忽略追究以前参与此案审理官员们的责任。却不想乾隆帝早就看透官员们的心思，并没有在阎镐女儿该不该流放问题上纠缠，只想追究承办官员们的责任。因此批示道：何以原检之知县王修龄称，系生前火烧墙塌压死，而节次委审复检之府州县各员，均未究出实情，扶同详报。案关服制，且尸子阎培麟之祖母，因火起墙倒，一并被压身死，关涉服制三命，而先后检验委审各员，又何值为之袒护，率据原详完结。也就是说，为什么原来负责检验的王知县说阎锡夫妇及老母是因为大火烧塌房屋被压死的，而数次参与复检的府州县官员们，都没有查究出实情来，反而都同意王知县的说法，并签字上报了。这个案件与服制有关系，阎培麟的祖母是因火烧房屋倒塌而被烧死，是一家三条人命，凌迟大罪，先后派出的检验审问的各委员们，又有什么值得为他们进行袒护的呢？却都按照王知县的详文进行结案，显然责任重大。巡抚玉德上奏中不讲这些事情，显然也是有所回避。要知道此案皆系前任之事，玉德无所用其偏袒，亦不可有心即完此案，以致屈害无辜。唯当秉公审究，据实速奏，毋得稍存回护，致有屈抑也。也就是说，这个案件都是前任官员所办的，玉德用不着进行偏袒，也不可以草草予以结案，以致屈害无辜之人，只有秉公审问，追究罪责，按照实际情况火速上奏，不许稍存半点回护之心，才不能让人有屈抑也。

直到此时，玉德巡抚才明白，无论如何都不能再袒护前任那些官员了。此前承办此案的官员不难查找，详文之中都有他们的签字及意见。玉德巡抚按照详文所载各官，哪怕是已经升迁调动，甚至退休人员，一个没有放过，全部开列在参劾名单之内，全部予以革职，奏请皇帝定夺。所留下来的官缺，咨行吏部进行铨选。道府以下的官员比较好办，纳入弹章，由皇帝裁决即可。问题是前任的巡抚、按察使，都是大员，尤其是此案前任巡抚是觉罗吉庆，如今已经调任浙江巡抚，兼署提督及盐政，手握军政财大权，又是宗室成员，不是自己能够轻易检举的，更不敢提取他们到案听审，只好说奴才不敢擅断，恭请皇上亲断。果然，乾隆帝没有追究觉罗吉庆的责任，次年还升任为两广总督。这正是：

官官相护倚亲属，皇亲国戚权势高。

乾隆帝能够看出官场上的官官相护，也敏锐地察觉到山东官员以案件量刑的末节来转移自己的视线，所以抓住初审官员错误不放。如果初次检验的王知县有误，为什么复检的各级官员都没有看出呢？即便是不说他们互相包庇，至少可以说他们办事漫不经心，甚至根本没有进行复检，只是听王知县详报而草草了案。无论如何都要追究他们的责任，对一些人予以重处，对最初承办此案的王知县，钦定将之发往乌鲁木齐军台效力赎罪，这是仅次于死刑的刑罚。其余道府以下的官员均予革职，但对原巡抚，这位宗亲觉罗吉庆，乾隆帝还是手软了，并没有追究其责任，不得不说乾隆帝也有私心。

女婿误杀丈母娘

清乾隆五十七年（1792），乾隆帝在审阅刑部具题广西民人麻六成杀死岳母黄氏的案件时，发现刑部是按照误杀尊长将之拟为斩监候，但仔细阅读情节以后，便认为即便是故意将岳母杀死，也只不过是绞监候，何况还事出有因，显然是从重处罚了。所以训斥刑部及广西办理此案的官员，要他们一定要理解《大清律例》的精神，并且亲自裁定将麻六成改为杖九十，予以释放。《大清律例》强调尊卑有等，岳母是尊长，辱骂殴打尚且有罪，何况是杀死了。为什么乾隆帝舍尊卑等级而不顾，不但没有按照杀尊长定罪，而且轻罚开释呢？对此乾隆帝又有什么解释呢？且从案情经过说起。

世上知人甚难，能够辨别人的心思最难。要说天下的奇玩珍宝，虽然造假的很多，但还是有人能够看得出真假。唯独人之善恶，却一时识辨不出来，即便有明眸慧眼，今日以他为好人，明日就有可能变成坏人。这是因为奇玩珍宝是死物，人却随着生活环境及人为因素的影响而不断变化。譬如妓女，未出道时也是个良家，经过老鸨乌龟的调教，也就有了手段。嫖客来到，便与之如胶似漆，山盟海誓，无非是看中嫖客的钱财，一旦嫖客钱财用尽，自然也就形同陌路了。妓女是后天调教的，若是自小家教不好，恶习难改，则似有先天生成的一般。

却说广西桂林府阳朔县有一个名叫黄氏的寡妇，与女儿翠姑一起生活。一个寡母带着孩子，确实是不容易。桂林山水甲天下，阳朔更是山美水美，天下游客去桂林必到阳朔，难以为生的黄氏就做起暗娼的生意。母亲做了暗娼，如何瞒得住女儿，眼见翠姑已经十四岁，也懂得男女之事了。黄氏半老徐娘，往往拢不住嫖客的心，为了赚钱，黄氏居然让女儿也接客，母女俩都做皮肉生意。过了几年，眼见得翠姑已经二十多岁了，再不出嫁，难免招人议论，所以在媒婆的说合下，嫁给住县城六十里外的麻六成。

麻六成以务农为生，因为家里穷困，直到三十岁才迎娶翠姑，也是因为翠姑名声不好，远近的人都不愿意娶她。既然难以出嫁，好歹找个人家，也算是女有所归吧。虽然麻六成知道翠姑已经不是处女了，但三十娶妻，原本不易，也没有什么可挑剔的，还算是夫妻和顺吧。

一个农民之家，过得都是穷日子。翠姑，现在应该称为罗氏了，哪曾过过这种苦日子呢？整日闹着要回娘家。麻六成初时还是同意，时不时让罗氏回娘家住些日子，然后再去把她接回。后来罗氏自己回娘家，不让麻六成接，一去就是两三个月，弄得麻六成还是犹如单身一样，常常一个人过活。有的邻居觉得麻六成太窝囊了，便时常开导他说："三朝的新妇，月子的孩儿，不可娇惯她。你这样惯媳妇，活该你受罪。等你媳妇回来，她再说回娘家，你就不准。她若要吵闹，你就把她痛打一顿，把她打服了，她也就死心塌地地伺候你了。"耐不住你说他说，等罗氏再提出回娘家的时候，麻六成不同意，罗氏便哭闹起来。麻六成抬手就是一巴掌，打了罗氏一个满天星，脸上顿时就出现五个手指印。罗氏从小就没有挨过打，如今就因为回娘家之事，丈夫居然动手打她，如何肯答应，便扑上前去，要与麻六成拼命。一个弱女子，如何是强壮丈夫的对手，早被麻六成按倒在地，用鞋底在臀部猛打。罗氏开始还是挣扎喊叫，渐渐忍不住疼痛，只好讨饶。麻六成住手，用麻绳把罗氏捆住，扔在床上，然后就下地干活去了。

邻妇听到两口子打架，本来要来劝架，却被丈夫拦住。等麻六成下地干活去了，邻妇才过来看看情况，只见罗氏被捆绑在床上，便将之解开，劝慰道："你就安心认命吧！你难道没听人说，'嫁鸡随鸡，嫁狗随狗'，万事顺从一些，总是没有亏吃，等将来有了孩子，你就有依靠了。"

罗氏说："我长这么大，父母从来没有打过我一巴掌。如今嫁了人，反受丈夫毒打，这日子没法过了，让他休了我好了，我才不伺候这样的狠丈夫呢！"

邻妇说："别说那种气话！夫妻打架不成仇，打是疼，骂是爱，不打不骂是祸害。你说你过门都两年了，回娘家的时间就有一年半，哪家丈夫受得了你这样呢？这女人一嫁人，就应该以丈夫为主，不能再管娘家的事了。如今麻六成打你，就是不让你回娘家，也没有什么不对的。"

罗氏说："你也是女人，怎么向着男人说话呢？我回娘家怎么了，我妈是寡妇，孤身一人，不要人照顾吗？谁不是父母生的，我照顾我妈，有什么错吗？他不让我回娘家，我偏回去，看他还能要我的命吗？"罗氏与邻妇谈不拢，收拾衣服就径自回娘家了。

麻六成下地干活回来，见罗氏已经不在家了。邻妇过来解释，连说对不起，自己原本只是想劝劝，才给她松绑，却不想她因为生气，拿着衣服回娘家了，拦也拦不住。人家也是好心，麻六成也不能说邻妇不对，却也有些后悔，不该下手过重，把媳妇打跑了。心想等过几天，媳妇消消气，再把她接回来。这男人对女人千般好，万般容忍，就是因为女人有归属感，以丈夫为天。若是女人背叛了男人，尤其是女人另有所属，一般的男人就不能忍受了，要是性格刚烈的男人，肯定会采取极端手段对付女人。

麻六成也算是性格刚烈的人，对女人也很好。本来结婚两年，媳妇回娘家一年半，要是一般小心眼的男人，还不闹翻天？何况当时的律例还规定妻背夫而逃，杖一百，从夫嫁卖，夫权至上。麻六成对媳妇经常回娘家，虽然有些不满，但想到一旦媳妇生了孩子，也就会照顾自己的家了，所以一直耐心等待着，却没有看到老婆怀孕。这次打老婆，是邻居激劝所致。麻六成当时下手虽然狠一些，后来还是有些后悔，所以听任老婆自己回娘家，并没有到老婆家去理论，更没有去官府告状。若是告到官府，丈夫打妻子，只要是没有伤残，丈夫是没有罪的；而妻子没有告诉丈夫就自己回娘家，就算是背夫而逃，除了杖一百之外，还要从夫嫁卖。也就是说，最终妻子的命运还是掌握在丈夫手中。常言道，一日夫妻百日恩。夫妻吵闹，毕竟是两个人的事情，又有谁肯因夫妻吵架而闹到官府呢？在熟人社会里，一旦闹到官府，往往是为人所不齿的。

大凡男人都不能容忍妻子别抱琵琶，特别是知道妻子与别人有染，且为周围的人所知。无论是面子，还是情感上都很难接受，往往会因此有一些极端行为。更何况《大清律例·刑律·人命》"杀死奸夫"条规定，凡妻妾与人通奸，而本夫于奸所，亲获奸夫奸妇，登时杀死者，勿论。这是法律允许杀奸，若是男人知道妻妾与人通奸而无动于衷，在当时会被社会所不齿的，因此杀奸案件层出不穷。罗氏之所以常回娘家，主要是丈夫家生活太穷苦，更因为丈夫不懂风情，远比她原来当暗娼时辛苦。本来她母亲就做暗娼生意，回娘家之后，母女联手，生意就更好做，若是碰上年轻又有钱的公子哥，既懂风情又大方，吃喝穿用都不用发愁了。果然，有一个财主子弟看上了罗氏，他就是梁奇保。

梁奇保幼年也曾经读过几年书，资性也不愚钝，只因自小父母姑息，失于教导，以至于年已弱冠，书没有读成，生意也没有学会，却染上嫖赌的坏毛病，成为花柳场中的子弟，赌博场上的浪子，凭借父母留下来的钱财，尚且可以支撑过活。梁奇保在妓院行走惯了，也看不上那些打情骂俏，只知道赚钱的妓女，却在黄氏的勾引下，与罗氏相识了。常言道，放赌窝娼只为钱，软引硬勾苦相缠。以前的妓女所贪的是钱，根本没有什么情。罗氏则不同了，因为自己婚姻不幸，又因为曾经当过暗娼，见到梁奇保年少有钱，且懂风情，真的把自己一腔情感全部倾注进去，也感动了梁奇保。从此，他再也不去妓院赌场了，整天在黄氏家住着，与寡妇母女混成一团，犹如一家人一样。

麻六成等了十几天，不见老婆回来。却从邻居那里听说老婆与一个财主子弟同居了，顿时怒火中烧，痛恨老婆。你以前回娘家，总是说寡母无人照应，我可怜你寡母，放你回去照顾，谁承想你们母女都不是好东西，哪里是什么照顾寡母呀！分明是母女一起卖奸。既然是卖奸，当初就别嫁给我呀！如今嫁人了，却还干这营生，让我的脸往哪里放呢？麻六成最先想到休妻，却不想邻居说："你现在休妻，正中她的下怀，人家巴不得呢！一是你的彩礼收不回来了，二是让自己的老婆投入别人怀抱，你都无动于衷，不是成了缩头乌龟了吗？"麻六成说："我已经打了她，不休了她，也不会有好日子过，不如放她一条生路，只怪当初我择偶不慎，怨不得别人。"邻居说："要知道朝廷允许杀奸的，你若将奸夫、奸妇登时杀死于奸所，是没有罪的。你怎么能看着别人过好日子，却把自己的好日子拱手相送呢？"耐不住邻居的蛊惑，麻六成决定杀奸。

那一天，麻六成来到阳朔县，在街上逛到很晚，才来到岳母家，看看自己的老婆在干什么。走到老婆住的房子前，隔窗便听到老婆与一个男人调笑，淫秽之声实难入耳，顿时义愤填膺，抬脚就把门踹开。梁奇保正与罗氏搂抱在一起，猛然见有人闯了进来，急忙推开罗氏，想与麻六成厮打。梁奇保哪里是麻六成的对手，很快就被麻六成用绳子捆了起来。在两个男人厮打的时候，罗氏见势不妙，夺门而出，跑到母亲黄氏房间躲避。邻居早就告诉麻六成，杀奸要杀双，若单杀一个人，或者两个人没有在一起，哪怕是有一个人跑出门外，再将那个人杀了，都是有罪的。因此，麻六成将梁奇保捆缚以后，就手执铁尺去追赶罗氏，黑夜之中只见一个人影从黄氏的房间出来，以为就是自己的老婆，举起铁尺，劈头便打，人影应声倒地。麻六成将尸体拖到老婆住房，欲将梁奇保也一并杀死，等拖入房间一看，死者却是岳母黄氏，便有些不知所措了。此时罗氏高喊杀人了，左邻右舍纷纷拿着灯笼火把赶来。见邻舍们到来，麻六成也不敢造次，只好答应与众人一起到县衙自首，决不连累众人。

阳朔知县勘验完现场，分别审讯各当事人及人证，确定麻六成是捉奸，因黑夜看不清楚，误杀了岳母黄氏，就可以按照律例拟罪了。按照《大清律例·刑律·人命》"杀死奸夫"条规定，本夫捉奸误伤旁人，问拟绞监候。因为所杀岳母，是尊长，按例应该加等，所以将麻六成拟为斩监候，申报各级上司，咨行刑部具题，奏请皇帝核准。各级上司及刑部都没有看出问题，却不想乾隆帝看出了问题。

在乾隆帝看来，黄氏纵使女儿与人通奸，已经不顾及什么女婿名分，应该是恩断义绝了，就不能再按什么尊长来看待。按照律例规定，麻六成属于可以捉奸之人，即便是出于气愤，将黄氏殴死，也只不过按照擅杀罪人例问拟绞监候，因为麻六成所杀的乃有罪之人。麻六成追赶老婆，于黑暗之中难以分辨清楚，误杀了黄氏，也不是出于本心，地方官与刑部为什么还拘泥尊长与捉奸之事，非要将麻六成拟为斩罪呢？如果黄氏没有纵女卖奸，麻六成将其杀死，最多也就是绞监候。但这样卖奸之事与名节风气关碍甚大，作为妻子岂能听从母亲的意愿而置丈夫于不顾，更何况其母黄氏之死，都是因为罗氏与人通奸所造成的。按照一般惯例，父母因子孙奸情败露而羞愧气愤自杀者，其子孙要问拟绞立决。此案的罗氏，因为是母亲纵容卖奸，可以减一等，拟为绞监候。广西巡抚为什么将罗氏按照通奸量刑，仅仅予以杖九十呢？刑部不仔细审阅案情，居然按照广西巡抚所拟罪名具题，实属轻重倒置。

乾隆帝斥责广西巡抚与刑部以后，钦定刑罚原则为："罗氏应改为绞监候，麻六成应改为杖九十，如此两相互易，庶情罪各得其平。"在乾隆帝看来，麻六成与罗氏的刑罚相互调换，就可以使案情与罪责各自得到公平，既符合律例精神，也罚当其罪。这正是：

人生何事太匆忙，多行不义定遭殃。

就这样，麻六成被杖九十释放，梁奇保按照通奸罪也被杖九十，罗氏拟绞监候，秋后处决了，母女都因此案送了命。想当初麻六成在娶妻之时，应该已经知道罗氏此前曾经当过暗娼，既然将之娶为妻，也就容忍了她以前的行为，问题是结婚以后，再有这种行为，一般的男人往往不会容忍，更是当时社会所不能容忍的。麻六成最初听到妻子背着自己，重操旧业，所想到的是休妻，但邻居却认为这样的男人太窝囊，应该去杀奸，因此对于此案邻居也有不可推卸的责任。夫妻之间有说不完的话题，彼此之间出现的矛盾，应该让他们自己去解决，别人最好不要横加干涉。如果按照麻六成的意愿，将妻休掉，也就不会出现人命案件。此案的麻六成没有供出是邻居让他杀奸，若是供出，按照《大清律例》，邻居要承担教唆犯罪的责任。古人云，宁可夫妻千日好，不要伉俪一时仇。作为邻居，对于别人的家庭，应该是往好处去维护，而如果以拆散甚至破坏别人家庭为己任，那就是大错特错了。

恶霸谋财县官赔（上）

　　清乾隆五十八年（1793），浙江巡抚觉罗长麟上奏本省新城县（今新登镇）民人许观保在富春江谋杀路过客商及船户四人，因为是图财害命，许观保被捉拿之后，没有查出所获之赃。按照《大清律例·名例·给没赃物》规定，在京在外问过囚犯，但有还官赃物值银一十两以上，监追年久。因为许观保是杀死四命人犯，应该决不待时，但查不到赃物，无法给付受害人家属。浙江巡抚长麟奏请皇帝，要将许观保监追一年，如果追不出赃物，就要地方官赔补钱财，给予失主。结果被乾隆帝写了数百字朱批，除了大骂长麟糊涂，还要将许观保于犯事之处凌迟处死。清代图财害命的人犯予以追赃是有法律规定的，浙江巡抚长麟按例奏请，为什么会被乾隆帝痛骂呢？且从案发及审理过程谈起。

　　新城县素有"千年古县，罗隐故里"之称。早在三国时期，吴黄武五年（226），新城就已经设县。后梁开平元年（907），因避梁太祖父名讳，改为新登，宋元明清都称新城。直到1914年因国内有县名重复，再改为新登，如今是新登镇。罗隐是唐代著名诗人，其诗《蜂》中的"采得百花成蜜后，为谁辛苦为谁甜"至今仍然家喻户晓。新城有"二水襟带万山朝"的美誉，双溪过县，流入富春江，也使当时的水路交通比较发达。

　　却说新城中有一个人，名叫许观保，是个恶棍，生得矮小面麻，两膀却可以力敌十余人，外号人称"雁过拔毛"。因为他贪财而不讲信义，但凡有钱可赚，即便是坑人害人的事，他都可以挺身而出，是个敢作敢为的光棍。比如，城中有个赵姓的财主，因仇家算计，被敲诈了几十两银子，恼恨气愤，就请许观保替他报仇。许观保慨然应允，凭着自己打斗的本事，就把赵财主的仇家打个半死，勒逼仇家写下供状，永远不敢找赵财主报复。赵财主因此大喜，谢银十两，谁想到许观保不依不饶，便讹上了赵财主，声称他教唆杀人，时不时地就来索要酬谢，前后讹诈二百余两银子，还是不肯罢休，逼得赵财主只好变卖了房产和田地，搬到杭州去住。有一次，乡下两户人家因为小事斗殴，被打败者气愤不过，居然上吊自杀了。许观保得知，当即冒充尸亲，先拿住被告，一顿拳头，将被告打成重伤，苦主大喜，认他为至亲，给其谢礼。许观保并不满足，却两边拨弄是非，分别讹诈原告、被告各三四十两银子，才肯罢休。自此以后，县中只要有了官司，许观保都要染指，讹诈银两，教唆词讼。如果不给钱，则千方百计地伪造证据，以至于官府不断提审，使原告、被告都受刑讯，直到两家因为诉讼之事，倾家荡产，方才罢休。等到案情大白时，原告、被告才知道是许观保所为，但惹不起他，也只能忍气吞声。可以说许观保所作坏事甚多，说也说不尽，他却因此发了大财，不但住有七进院的大瓦房，养了十几个打手，还干起盗贼窝主的营生。远近的盗贼一旦有偷来的衣服财宝，都窝藏在他家内。比如，盗贼们偷来的耕牛，只要进了他的门，也不管是什么上好的精壮肥牛，马上牵到后屋宰杀灭迹，当即垫银与偷牛贼，再把牛肉、皮张转卖到外县或省城，因此他宰杀的牛，也不计其数。金银财宝则更不消说了，可以通过自己渠道转手，其家也就成为销赃的窝点。因为许观保有钱有势。捕役也都畏惧，不敢捉拿他，更何况他为人好狡诡谲，残忍刻薄，恃了势力，专一欺邻吓舍，陷害良善，触着他的，风波立至，非要弄得那人破家荡产，方才罢手。

却说临清州有个客商，名叫张摇年，专做珠宝生意。这一日张客商带着伙计袁沆友路过新城县。袁沆友本是新城县人，随着父亲到京城任官，不想父亲在半路上被强盗杀了，自己只身逃出，流落到临清州，给张客商当伙计，已经二十年没回家乡了。张客商毕竟是在危难的时候收留了他，如今自己路过家乡，总不能让恩人受到冷落。

袁沆友的父亲被杀，家道已经败落，四处打听，才找到自己的堂兄袁阿大。这个袁阿大如今开了一家船行，大小船只也有几十艘，艄公、水手也有百余名，在新城县也算是有些势力的人物。船行码头藏污纳垢，走私

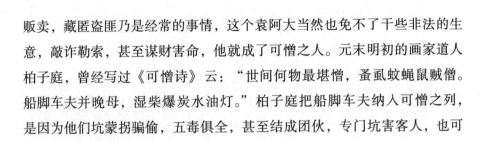

贩卖，藏匿盗匪乃是经常的事情，这个袁阿大当然也免不了干些非法的生意，敲诈勒索，甚至谋财害命，他就成了可憎之人。元末明初的画家道人柏子庭，曾经写过《可憎诗》云："世间何物最堪憎，蚤虱蚊蝇鼠贼僧。船脚车夫并晚母，湿柴爆炭水油灯。"柏子庭把船脚车夫纳入可憎之列，是因为他们坑蒙拐骗偷，五毒俱全，甚至结成团伙，专门坑害客人，也可见古时船行码头之一斑。

袁阿大得知堂弟回来，虽然说不上是衣锦还乡，但能劫后余生，也算是不幸中的大幸，值得庆祝，也应该感谢恩人。袁阿大为堂弟及其恩人张客商接风，宴席果然丰盛，八碟八大碗，还有两个汤，外加两大坛二十年陈酿绍兴老酒。张客商与堂弟是客，袁阿大又找了三个陪客，一共六个人，聚在一起喝起酒来。

文人喝酒好消愁，闲人喝酒好吹牛。这六个人都应该是闲人，所以免不了要吹些牛，一是可以找个由头能敬酒，二是东拉西扯显得有学问，三是借机套话以窥探对方的底细。袁阿大先是无话找话说："临清州那个地方，我曾经去过，水路码头，热闹得很。我曾经在一家酒馆，听到两个京师的人在一起吹牛，姓名我不知道，只听他们相互称呼老大、老三，因为京城人最不愿意被人称为老二了。我听老大说：'北京请客排场特别大，他曾经被人请去看戏吃酒，那个戏台就有七十里，戏子到台上去，都要带行李。'老三问：'为什么要带行李呢？'老大说：'这一去一来一百四十里，半路上不要住夜吗？'老三说：'你明明就在撒谎，天底下哪里会有这样大的戏台呢？那你们喝酒的桌子有多大呢？'老大说：'桌子一丈见方。'老三说：'酒杯有多大呢？'老大说：'犹如装五斗酒的大缸，要用勺子舀着喝。'老三说：'碗碟有多大呢？'老大说：'乃直径三尺的大木盆。'老三说：'这样大的盆，如何用筷子夹菜呢？'老大说：'筷子有七八尺长呢。'老三说：'这么长的筷子，就是夹了菜，怎么放得到嘴里呢？'老大说：'我夹了菜送到别人嘴里，别人夹了菜，送到我嘴里。'你们说他们吹牛可笑不可笑？"众人大笑，各自把酒一饮而尽。

笑话归笑话，酒醉以后就不一样了。从来酒就是迷魂汤，醉了便乖常，坏尽人间事，且慢夸杜康。见大家都吹牛，张客商也忍不住了，讲自己在广州所见到的洋人，都是红毛蓝眼睛，不知廉耻，男女手拉手走在一起，有男的还搂着女的腰，大摇大摆地在马路上行走，真是有伤风化。与洋人做生意，他们听不懂中国话，只能够用手比画，大凡值十两银子的，你给他二三两银子，他就高兴得屁颠屁颠的，要知道他们手里有国内稀少的宝石、琥珀、香料、小玩意儿等，都是很值钱的。我这次带的银子不够，要不然就会多进一些宝物。把这些宝物送到京城，至少是十倍的利润，等赚到银子，就再到广州，有两个往返，挣的钱就是三代也花不完。

见张客商酒醉吹牛，袁沅友使个眼色给他，他也看不见，在桌下用脚踢，他还恼火。袁沅友实在忍不住，便对大家说："我的东家醉了，别听他胡说，那些洋人个个都比猴还精，专门骗我们中国人，运来许多鸦片烟，若是人吸上那玩意儿，就会上瘾，想不吸都不成。我曾在广州见有人吸了鸦片，每天开销要一二两银子，许多人都因此倾家荡产，又因鸦片消耗精神，再也没有了上进心，这人也就废了。曾经有一个富翁，因为吸了鸦片，就百事不管了，家中妻妾七八人，整天在外面花枝招展，与相好的公然同居，他也毫无觉察，那几个小妾拐带财产与人私奔了，他也不管，整天抱着烟灯睡。吸了鸦片后他也就不做生意了，坐吃山空，又被人骗了钱财，百万家产很快就化为乌有，后来贫病交侵，竟然死在鸦片烟榻上。你说这些洋人坏不坏。"本来袁沅友是想转变话题，不要张客商露财，谁想众人都不爱听鸦片之害，却都关心起宝物来，便齐声说张客商吹牛，不相信洋人有什么宝物。

张客商是个好面子的人，见众人讥笑自己，便从随身携带的皮箱里，拿出一块琥珀、两块磁石、一盒沉香木。这沉香是历经千百年才结成的，分成十几种，有铁骨沉、生结沉、四六沉、中四六沉、下四六沉、油速沉、磨料沉、烧料沉、红蒙花铲、黄蒙花铲、血蒙花铲、新山花铲、铁皮速等。铁骨沉亦称黄沉、乌角沉，是从泥土中取出，至少埋地下千年以上，带泥而黑，心实而沉水。张客商打开木盒，都是价值连城的铁骨沉，顿时满室生香，沁人肺腑，在座之人无不惊异。龙为阳而虎为阴，龙为魂而虎为魄，琥珀乃松香而成，上等的内有昆虫，埋于地下几千年以上者为珍品。但见这块琥珀约有三寸大小，中有蜘蛛，形状如生，是绝世珍宝。现在人人皆知同电相斥、异电相吸的道理，而那个时候的人们却对此知之甚少，但见这两块磁石有红黑两面，红面相对便相互排斥，黑面相向则相互吸引，在座者无不称奇。

常言道，人前莫露财。袁阿大见张客商箱内的珍宝，怦然心动，也就生了占有之念。古人云，螳螂捕蝉，黄雀在后。在袁阿大盘算如何占有张客商的珍宝时，也有人惦记这些珍宝。袁阿大所请的客人中，有许观保的眼线，得知张客商随身携带珍宝无数，便向许观保汇报，且打听到张客商已经雇好袁阿大的船只，从新城县前往杭州，袁阿大与艄公陈小四亲自驾船，顺流经富春江，前往太湖搭乘官船，就可以穿太湖，入运河，北上临清州了。许观保闻之大喜，当即带领八名亲信，驾着自家的大船，前往富春江口等待，伺机下手。

艄公陈小四是袁阿大的亲信，两个人原准备在富春江宽阔无人之处，把张客商捆了，沉到江中，夺取珍宝，却不想刚刚驶入富春江，迎面就来了一条大船挡住了他们的去路。袁阿大从船舱走出来观看，但见大船上站着一个人，仔细一看，是许观保。袁阿大知道此人是雁过拔毛，肯定知道了些什么，看来是要破费一些了，便举手打拱说："许兄，好久不见了，如今可好？"许观保说："你少跟我来这些虚招子，上我船来有话说。"说罢令人把悬梯放下来。袁阿大没有办法，只好顺梯爬了上去。

袁阿大进了大船的船舱，许观保开门见山地讲："听说老弟得了一个大买卖，那些可都是价值连城的珍宝呀，你有好处也不能忘了大哥我吧！"

袁阿大说："大哥不要取笑，有了买卖当然不会忘记您呀，可我哪里有什么大买卖，更没有价值连城的珍宝。若是有，兄弟我能不告诉大哥吗？"

许观保说："你就别跟我拐弯抹角了！我早就知道你船上的客商随身携带不少珍宝，你打算在什么地方下手呀！"

袁阿大说："大哥有所不知，那个客商是我堂弟的东家，也是他的恩人，所以我才亲自护送他们去杭州，什么下手不下手呀。"

许观保说："你就别给我胡编了，天底下哪里有见财不起心的人，什么亲戚、恩人，看见银子都会六亲不认的。你要做好人，我也管不着，但见面分一半，这个客商的珍宝，我必须要得一半！"

袁阿大说："大哥不能这样吧！要是我得了财，与大哥分一半，那是理所当然的，但我没有得财，只是护送我堂弟恩人到杭州，固然银子是人人爱，但总要君子爱财，取之有道吧！这客商是我堂弟的恩人，与我无冤无仇，且给了船钱，我为什么要夺人珍宝呢？"

许观保说："你既然顾恋堂弟恩人，就别怪我不顾念你了！"说着便从腰后抽出斧头，当头劈了过去。袁阿大不曾防备，被劈中头颅，顿时倒地身亡。杀了袁阿大，许观保顺悬梯下到小船，用斧子随手将艄公陈小四砍下水中。张客商见状，急忙抱着珍宝箱跳入江中。袁沅友大声喊叫救命，被许观保连砍三斧，也跌入水中。许观保摇起橹来，追上张客商，劈头就是一斧，那珍宝箱沉入水中，而张客商则漂浮水面。许观保命令手下，将所杀三人连同袁阿大的尸体，都绑上大石，沉入江中，然后让会水的手下到江下去打捞珍宝箱。

或许是上天的报应，手下几乎把张客商沉珍宝箱的地方摸了个遍，就是找不到。许观保不甘心，便亲自跳入江中，沉入水中摸索寻找。就这样，几个人足足寻了一个时辰，也没有打捞上来，却看到江面上驶来一艘官船，上面高悬旗帜，船舷两边竖立两个高大的牌子，一边写着"钦定二甲进士及第"，一边写着"知新城县七品正堂"。原来是新任新城县知县张许，在省城拜见督抚藩臬等大员之后，前来新城县上任。这正是：

得意扬扬钱财主，垂首丧气矮县官。

这个张知县非同小可，曾经被浙江巡抚长麟委署办理本省疑案，不但能顺着蛛丝马迹，寻找证据，还能抽丝剥茧，获取实情，最终把罪犯绳之以法，使人人称奇。张知县见有人在江上打捞什么，便令手下停船询问究竟。许观保不敢说是打捞珍宝，只说是见有小船翻了，有人落水，他们正在打捞落水之人。张知县发现许观保等人打捞时，仅在一地反复下潜，不像是在捞人，却像是在捞什么东西，也就起了疑心。想到船翻了，固然乘船的人会落入水中，但船上有艄公、水手，水性都是了得，怎么会沉入江中呢？张知县觉得可疑，便喝令护送兵丁及迎接他的衙役，把许观保等人都带回县里，定要问个究竟。这个张知县万万没有想到因此能破获一起重大谋杀案，更没有想到因为审理这个案件，自己也受到牵连，成为垂首丧气的矮县官。

恶霸谋财县官赔（下）

张知县上任，在富春江上发现许观保等人打捞沉船落水之人，想到艄公、水手的水性极好，不可能沉入江中，这些人肯定是在打捞什么东西，觉得可疑，便让兵丁、衙役把许观保等人带回县衙，再问个究竟，进而破获一起谋杀大案，却没有想到自己会受到牵连，成为垂头丧气的矮县官。为什么知县破获了大案，还要受到牵连呢？且从张知县破获案件及上报过程谈起。

张知县把许观保等人带到县衙，关押起来，办完上任交接事宜之后，便开始审理。一般的知县要是审理这样的案件，大多数是刑讯逼供，张知县则不然。他将许观保等人分别问讯，不问什么撞船捞人之事，只问家长里短、亲友相识之类的事情，然后将这些事情放在一起比对，就发现是谁说了真话，是谁说了假话。便断定撞船是许观保所指使，他们所捞的并不是人，而是一只皮箱，至于皮箱内装的什么东西，他们也不知，想必只有许观保一人知晓。恰恰此时，地方来报，在富春江漂出四具尸体。张知县带领衙役、仵作前往勘验，发现四个人身上都有伤口，且都是致命之伤，显然是被人杀死，再投入水中。因为江水湍急，尸体最终被冲到岸边，张知县断定是谋财害命。为了寻找证据，张知县到许观保的船上去查看，发现了血迹及行凶的斧头，便有了证据。

张知县有了证据，便可以使用大刑。在严刑与证据面前，许观保承认将袁阿大等人杀死，绑石投尸江中。因为张客商随身携带的珍宝箱沉入江中，故此与同伙在那里打捞，没有想到珍宝箱没有捞上来，却被新上任的知县看出疑点，带到县衙审讯。可能是上天不放过恶人，想不到绑有大石的尸体能够被冲到岸上，也想不到张知县能够查到血迹及凶器，如今只能供认不讳了。

许观保谋财而害死四命，就可以按律拟罪了。按照《大清律例》规定，凡杀一家非死罪三四命以上者，凶犯依律凌迟处死。将许观保拟为凌迟处死，应该是没有什么问题的。想不到就在此时，张客商的儿子张宝从漕船水手那里听闻富春江发生谋死客商的案件，而事先曾经得到父亲的书信，按理说早就应该回到临清州，却久久没有见到父亲回来，想必被谋死的客商就是父亲。他带着父亲的书信，来到浙江巡抚衙门鸣冤告状，而信中还有张客商开具的珍宝清单，其意是让儿子先寻找到买主，一旦到达临清州，就可以马上出货。如今听说父亲在浙江遇害，便恳请巡抚抓获凶手，为父报仇，且寻回被抢劫的珍宝。浙江巡抚长麟，刚刚接到张知县的申报，说他在富春江访获杀害四命的罪犯，已经审实，将罪犯拟为凌迟处死，报请巡抚核准。既然抓到了罪犯，就应该追赃，将赃物还给失主，浙江巡抚长麟让张知县申报所获赃物情况，然后申请定夺。

许观保供称没有捞到珍宝箱，也就没有赃物可追，巡抚长麟不关注罪犯如何处置，却关注赃物的去向。在巡抚长麟看来，这些价值不菲的珍宝，不可能会无影无踪了。不是罪犯隐藏起来，就是知县中饱私囊，所以严令张知县必须起获赃物，申报上来，如果找不到这些珍宝，就让张知县赔补。巡抚长麟为什么要张知县赔补呢？这有什么法律依据吗？

按照《大清律例》规定，凡是谋财害命者，定要追赃，而杀四人以上者，除凌迟处死外，还要将其财产一半给付死者之家，更要将凶犯之子，无论年岁大小俱交内务府一体阉割。如今苦主之子到巡抚辕门告状，财产问题必须解决。要不然苦主之子因为得不到财产，就会不停地控诉，乃至进京控诉，不把事情闹到皇帝那里，是绝不肯善罢甘休的。张知县严审许观保及同伙，他们都说没有捞出珍宝箱，而张客商之子却有明细的清单，这些珍宝价值不菲，若是没有个交代，恐怕是难以让巡抚信服。张知县能够找到珍宝箱吗？若是找不到珍宝箱，许观保会被监禁追赃吗？

按照《大清律例》规定，盗劫之案，查出盗贼名下资财、什物，俱给事主收领。其有已经获犯而原赃未能起获，数在一百两以内者，著落地方官罚赔。如数百两至千两以上者，令地方官罚赔十分之一二。也就是说，发生盗窃，或者抢劫案件，可以将盗贼名下的钱物及各种财产给付失主收领。特别是盗窃与抢劫案件罪犯被抓获，而盗窃与抢劫的财物没有查获，价值在一百两银以内，由地方官罚赔，要是超过千两银以上，地方官也要罚赔十分之一二。这些珍宝价值不菲，即便是让张知县赔上十分之一二，也足以让他倾家荡产。张知县查获一起重大谋财害命案件，不但没有得到巡抚的夸奖，却要被罚赔赃物的十分之一二，岂不是飞来横祸？如今张知县能够解决问题的办法，只能从罪犯身上寻找，若是查获赃物最好，不能查获，尽可能地在罪犯名下追赔，这样便可以免去自己的赔累。

　　这个许观保是视钱如命的人，更得知只要他赔不出赃物来，即便是杀死四命，也可以苟延残喘。当张知县逼迫他交出赃物及隐寄的财产时，他便打定了主意，要我的心头血，你就拿尖刀来刺；要我的天灵盖，你就拿闷棍来敲，要钱可是断断不行的。若是没有失主告状，张知县大刑伺候，按照许观保的罪责，即便是把他打死，也不会承担什么刑事责任。如今则不成了，巡抚明令要追缴赃物，如果追不出赃物，自己就要罚赔，要是把许观保打死了，又找谁去寻找赃物呢？号称能吏的张知县，如今是大刑不能用，利诱不能施，而许观保犹如茅厕的石头，又臭又硬，只要涉及钱财，就缄口不言，一副死猪不怕开水烫的样子，弄得张知县束手无策，只好派人到富春江上去寻找珍宝箱。

　　想当初，许观保等人在沉船处打捞一个时辰，都没有寻找到珍宝箱。如今已经找不到沉宝地点，在宽阔的富春江，找一个珍宝箱，当然不是一件容易的事情。半个月过去，张知县动员数百人在江里寻找，依然见不到珍宝箱的踪影，而巡抚的催促文书又下来了。张知县无奈，只好如实向巡抚讲，珍宝箱沉入富春江中，如今打捞半个月也不见踪影，而所查抄许观保的财产，也不足以抵上珍宝的价值，请求巡抚按照赃物已经毁失处置，可以少赔补失主一些银两。

　　富春江不是大海，数百人居然寻找不到，谁能够相信呢？张客商之子不相信，巡抚长麟也不相信，认为这些价值不菲的珍宝之所以无影无踪，不是罪犯藏匿，便是地方官故意报失，想中饱私囊。于是，将张知县召回省城软禁，要他赔偿失主的银两，而另外委员署理新城县知县事。此事事关杀死四命罪犯是不是马上要凌迟处死的问题，也关系到张知县不能够赔补要革职监追的问题，故此巡抚长麟写奏折向皇帝请示。

乾隆帝看到奏折，很是气愤，当即传军机大臣指示云，许观保见客商张摇年携带钱物，雇坐袁阿大船只，辄起意诱骗袁阿大过船，用斧砍伤，推落水中，并将袁沅友等及客商张摇年砍毙，丢弃入江，实属凶恶已极，自应立予凌迟，以昭炯戒。也就是说，对于许观保这样凶恶已极的罪犯，应该立即予以凌迟处死，问题是罪犯的赃物，巡抚长麟声称没有起获的赃物藏匿何处？张知县应该按照条例规定，进行罚赔。在乾隆帝看来，这是毫无道理的。于是接着说："此案系署新城县知县张许，访获禀报，尚属留心，该抚方当予以嘉奖，俾地方官共知劝励，认真缉捕，乃转以未获盗赃，罚令赔出。如此是非倒置，必致地方官畏惧赔累，遇有盗案，不肯上紧查拿，甚或有疏纵讳饰之事。"也就是说，此案乃是张知县用心破获的案件，他应该是很有能力的地方官，禀报巡抚之后，巡抚就应该予以嘉奖。这样才能使地方官们相互勉励，认真缉捕罪犯。巡抚长麟接到禀报，非但不予嘉奖，反而以没有查获强盗之赃为名，让张知县罚赔。要是这样是非倒置，一定会使地方官畏惧赔累，再遇到强盗案件，就不肯用心去破获案件，甚至放纵罪犯，掩饰事情真相，使罪犯逍遥法外，更会使地方官讳盗为窃，地方将会因此难以得到治理，岂能说是小事。于是，乾隆帝斥责说，长麟平日尚系晓事，何办理此案，糊涂至此。将此谕令知之。

巡抚长麟得到申饬，只好按照乾隆帝的旨意办事，给了苦主张宝一些安慰钱，说珍宝箱已经没有踪迹，按理说是不应该赔偿的。如今念其可怜，动用官银以略作补偿，乃是皇恩浩荡，若是不服，定治妄诉之罪。张宝无可奈何，只得自认倒霉，将父亲尸骨运回临清州安葬。

处理完苦主之事，巡抚长麟当即恭请王命，将许观保凌迟处死，并且通令全省，嘉奖张知县，还给他加了五品知州衔，升任杭州仁和县知县，今后还要重用他，却不想张知县被人暗杀于杭州客舍，这是因为什么呢？

原来，袁阿大有个结义兄弟，名叫李雷，湖州府长兴县人。生得身长八尺，腰阔三停，长了一脸麻子，人称"李大麻子"，外号"黑飞神"。这个李雷，臂力绝伦，能够举起数百斤大石，还有一项本领，能飞身远纵，可高数丈，乘风而行。李雷原本渔家出身，在太湖中打鱼度日。一日捕鱼完了，泊船岸边，挑鱼往村中去卖，没有想到卖了半日，才卖去一半，只好把剩下的鱼挑回船中，烹炮沽酒，自作夜宵之乐。到了夜半时分，李雷听到水响，抬头看时，只见有四五只双橹快船，船头上立有数人，飞奔而来。船上一人道："此渔翁这时候还点灯未睡，反而在那里看我们，不要走漏了消息，先把这渔翁发落了再说。"言毕，那船飞抢拢来，一人手执利刃，跨过渔船来捉李雷。李雷着了急，推摊芦栅，将身一纵，跳上岸去，三步两步蹿到一棵古松树上伏着。众人见之都面面相觑。一人道："此人既有此绝技，何不邀他入伙？"遂一起来到松树下抬头看，但见那树高有数寻，益觉惊服，遂相率环拜于地，说："吾辈肉眼，不识壮士，万望恕罪，乞壮士下来，吾等情愿与你结为兄弟。"李雷在树上听得入神，自思打鱼辛苦，不如且从他们去，落得快活，且看此光景，下去也不会害我。遂将身往下一跳，挺然直立于地。众人复罗拜，请他到船中。各通问了姓名，得知这伙人的头目是袁阿大，是新城县码头的大当家，见李雷一身本领，便想请他当大当家的。李雷如何肯当，袁阿大便退而求其次，让李雷为二当家，专门负责打探郡城乡宦、往来官员的情况，以便乘机劫掠。

那日袁阿大与张客商一起饮酒，看到其珍宝箱内的宝物，趁着张客商酒醉沉睡，早就把宝物全部偷出来，将砖石放在箱中。因为自己不便在码头杀人灭口，便与亲信艄公陈小四护送，派人通知李雷，让他就在方便时动手，以免引起官府的怀疑，却不想袁阿大被许观保杀害了。

李雷知道珍宝所在，想不到张知县的消息灵通，早就查出隐藏珍宝之事，人不知鬼不觉地将珍宝起获，却大张旗鼓地逼迫许观保交出赃物，在富春江上打捞半个月，实际上是遮人耳目。千里当官只为财，张知县知道自己破获谋杀四命的大案，是有功的，不能获赏，总不能因此获罪，却想不到巡抚长麟也盯着这些珍宝不放，要他罚赔。有了这些珍宝，区区罚赔应该不算什么。若是张知县甘心认罚，也就露了财，他如何肯认罚赔呢？幸好乾隆帝明白事理，认为让地方官罚赔，不利于缉捕盗贼，没有让他罚赔，还予以嘉奖，加五品知州衔，为杭州府仁和县知县，得财又升官，好不快活。

却说李雷得知张知县起获了珍宝，非但没有交出来，还因此升官受赏。李雷如何肯甘心，便只身一人来到杭州，访问到张知县寓所大概所在。当天夜里，李雷在过街处蹿上屋顶，走过十余处住宅，来到张知县的寓所，只听得更鼓正敲，已经是二更时分，而那梆子敲得当当响，巡夜人高喊："月黑风高，谨防盗贼；天干物燥，小心火烛。"往前看去，看到前面一个高大的照壁，画得花花绿绿的，却看不明白画的什么。照壁之后，有一个高高的大府门，门前挂着两个纱灯，上面写着"仁和县正堂"五个大字。再看院落四周，约有十几个巡更的更役，手执军器，左右巡逻，知道定是张知县的寓所，便纵身过去，伏在屋顶上观看。却见院内也有四五个人巡逻，知道不好下手，就来到后院，看到有一处马厩，旁边堆满草料。李雷想："在此放火，巡逻之人必来救火，到时候趁乱，能够找到珍宝最好，即便是找不到，将张知县杀了，也不枉我大当家的为财丧命。"李雷打起火镰，引着草料，火就呼呼地烧起来，然后他再转身蹿上屋顶观望。火光冲天，更役逻卒急忙丢了梆子兵器，都前往救火。李雷趁机跳下房来，到院落正屋，看见张知县衣衫不整，走出屋来喊叫救火，也不招呼，冲上前去，将刀一抹，就割断了他的喉咙，然后进屋，但见床上有一个没有穿衣服的女人，一问才知是张知县新纳的小妾。李雷逼迫小妾说出珍宝所在，小妾怕死，讲明所在。李雷取到后，走出屋来，蹿上房顶，借着火光，跳过十余个屋顶，消失在黑夜之中。这正是：

人术不如神术好，暗起亏心天不容。

张知县虽然有办事能力，因为贪财，私吞珍宝，本以为今后可以荣华富贵，却不想因财丢命，最终人被杀死，财被抢走。可惜这样的人才，终究逃不过贪念。古人云，贪财必横死。这李雷自以为人不知鬼不觉地杀了张知县，窃取了珍宝，就可以逍遥法外，却不想在官府缉捕的时候，率众拒捕，被官兵一顿乱棒打死，那些珍宝也就不知所终了，可见不义之财不能妄取，因果报应丝毫不差。

监狱牢头轮奸案（上）

清乾隆五十九年（1794），盛京八旗牢狱里发生一起牢头与狱卒轮奸犯罪妇女的案件，盛京将军琳宁奏请交盛京刑部审理。乾隆帝认为，在八旗牢狱竟然出现这种事情，是盛京将军与八旗副都统等官不能严加管束所致，在申饬盛京将军琳宁之后，让他与盛京刑部侍郎共同审理此案。当盛京将军与盛京刑部侍郎把审拟结果上奏之后，乾隆帝甚是不满，认为他们甚属姑息，还特派钦差前往审理。牢头与狱卒是如何轮奸犯罪妇女的呢？盛京将军琳宁为什么要上奏皇帝请交刑部审理呢？乾隆帝为什么斥责盛京将军琳宁甚属拘泥呢？且从案情发生与处理经过谈起。

却说盛京小北边门外五里许，有一个教书先生，是满洲正蓝旗人，郭络罗氏，名叫伊昌。这伊先生才疏学浅，连四书都读不懂，却也是识字之人，成为私塾先生，哄得几个学生，骗些束脩度日。伊先生夫妇只生一女，小名丁香儿，貌美如花，夫妇极爱。因媒来说满洲正黄旗九品笔帖式富察氏海宁家婚姻。海宁父亲是九品笔帖式，级别不高，他既是官，又是办理文件、文书的人，很容易升迁，号称"八旗出身之路"，将来前程看好。伊先生亲自到盛京城中探访，得知海宁生得标致，家有余财且前程看好，也就满口应允了。择日行礼，娶到海宁家。伊先生是个穷教书先生，即便是倾其所有，也拿不出什么像样的嫁妆。海宁父母原本想伊先生就一个女儿，论旗分，海宁家是上三旗，伊先生是下五旗；论姓氏，富察氏是满洲八大姓之一，郭络罗氏则是地处偏远，后来归附满洲的姓氏；论身份，海宁父亲为九品笔帖式，伊先生是一个白丁。海宁父亲是城里人，伊先生是乡下人，海宁父母之所以同意这门婚事，就是贪图伊先生家的厚赠，如今见嫁妆如此寒酸，就失望了。海宁也很失望，因为丁香儿虽有绝世仪容，但不会撒娇作痴，海宁说些风流话儿，丁香儿马上就会羞涩难言。若是对她动手动脚，更是不主动配合，以至于海宁常以"村姑"称之。丁香儿虽然不善妖媚，却也性格温柔，举止端雅，做事又小心谨慎，因此也能讨得海宁父母的欢喜，家中自然上下相安。

如此生活半个月，海宁见丁香儿总是惦记自己的父母，便说："你这样惦记你父母，我就替你看一看他们，也尽我这个半子之孝。"丁香儿见海宁如此说，很是高兴，为海宁准备衣衫，洗烫平整，让他风风光光地出门。海宁平常出门都不告诉自己的父母，这日出门，依然也不告诉自己的父母，就独自往伊先生家去了。刚刚来到城门口，就遇到自己的朋友请他去喝酒。海宁本来就嗜酒，见有酒喝，早把看望岳父母的事情忘了。

常言道，酒肉的朋友，年节的礼物。今天你请一顿，明天我请一顿，过节的礼物，你送一盒子来，我送一盒子去。都有如欠下他人债，须还他人钱。平日海宁也没少请人喝酒，酒肉朋友大多数是势利之交，知己的并不多，在酒酣耳热的时候，也难免夸下海口。海宁的朋友讲自己在京城有朋友，以海宁这样身在正黄旗，又是富察大姓，到京城谋个差事，应该不在话下，将来一定是高官得做，骏马得骑。说得海宁心直痒痒，不由得不动心，当下就请朋友帮忙，与自己一起到京城，所有开销他全负责，等谋到官以后，另有重谢。那位朋友正准备去京城，见海宁肯出钱，便趁热打铁邀海宁前往。海宁原本要去看望岳父，身上正好带有银钱，竟然也不回家，便同朋友一起去京城了。

一连三天，海宁父母没有见海宁的面。海宁父亲也不好说什么，毕竟儿子已经娶妻，而海宁的母亲却免不得要埋怨儿媳妇说："我儿子平日是有些不好，常常在外面放荡，有一些三朋四友，时常不回家。我满指望为他娶房媳妇，收他回心，你日后可拘收他，怎么这三四日，全然不见他的踪影？"丁香儿说："四天前，他说去看望我父母，也不知道为什么不回来，我也很急，您让公公派个人去我家打听一下，看看到底出了什么事。"

海宁父亲托人去问，伊先生说："从来就没有见过海宁来过，我们还怨恨呢！女儿嫁了人，自打三日回门，就再也没有音讯了。女婿怎么说也是半个儿子，时常过来看我们才是，如今把我们的女儿娶走了，就肉包子打狗——一去不回头了。"询问人回报，海宁父母并没有上心，只是认为儿子与狐朋狗友一起鬼混，不知道住到哪个娼家里了，便对丁香儿说："那个浑小子平日野惯了，过几天他回来，你一定要把他看住了，不要让他再去找狐朋狗友了。"丁香儿连连承诺，但不见海宁回家，心里也是着急，就时常催公婆去寻找。

却说伊先生自打女儿出嫁以后，老两口孤孤单单，便从哥哥那里过继了一个侄子，以便将来为他们养老送终。这个侄子名叫留住，已经二十岁了，生得丰仪俊秀，宛如一个美人。眼见得女儿出嫁一个月了，女婿也没有带女儿回门。而女婿家又曾经来人问过女婿是否来过，伊先生不放心，就让留住进城去找丁香儿问问情况，孰料留住刚刚来到海宁家，就被海宁的父亲一把扭住，向他要自己的儿子。留住不知发生了什么事，目瞪口呆，一句话也说不出来。丁香儿出来解围说："公公，这是我父亲过继的儿子，好意前来看望我们，海宁不见了，与他何干？"海宁父亲说："你休得多嘴，你也脱不了干系，就是你们串通一气，谋杀了我的儿子，你们想做长久夫妻，天理不容！"这一番话，气得丁香儿不能言语，也不知道如何争辩。

海宁父亲把留住扭送佐领衙门，要佐领治留住谋杀儿子之罪。佐领原为牛录章京，入关后，改为汉名称佐领，正四品，也是八旗基本的户口军事编制单位，佐领兼行政与军事职能，旗人犯罪则由佐领审理，旗人与民人发生纠纷，地方官要会同佐领审理，而民人犯罪，佐领则不能审理。这个佐领，清廉正直，但有一个毛病，就是认为："人若不是有深冤，怎么会来告状呢？"因此，他判定凡是原告一定赢，所以来告状的人越来越多。

海宁父亲把留住扭送到佐领衙门，佐领当即就审问。海宁父亲说："小儿子海宁，娶媳方才半月，说到丈人家中去，一去不回，到他家去问，他们说没有见到。留住是儿媳妇堂兄，如今成为兄妹。小儿子明明去了他家，他却说小儿子根本没有来过，明明是他们兄妹平日通奸，如今谋杀我小儿子，以图夫妇长久，只求老爷正法，为我小儿子雪冤。"佐领问留住："你为什么谋杀他的儿子？"留住说："老爷，小人妹子方嫁半月，妹夫并不曾来，未尝见面，如何赖小的谋害？"佐领再问海宁父亲："你儿子去他们家，都谁知道？"海宁父亲说："是媳妇说的。"佐领说："你儿子与别人有仇吗？"海宁父亲说："小儿子，年方十九岁，平日杜门读书，并无仇家。"佐领再问留住："你有妻子吗？"留住回答："不曾。"佐领点了点头说："你家中还有什么人？"留住回答："只有义父母及小的。"佐领当即下令："且将留住收监，海宁父亲先回家待审，立刻拘拿伊昌夫妇与媳妇丁香儿一起审问。"

次日，人犯全部拘拿到案。佐领先审问丁香儿，但见其貌美如花，便起了疑心，心想："这样一个漂亮的女子，又当新婚燕尔，丈夫如何肯舍得呢？肯定是谋杀。"于是厉声问道："你丈夫哪里去了？"丁香儿说："他出门时原说到我父母家里去，不知怎么至今不回。"佐领说："就你这个不知，可以饶你一个不是同谋，免了你凌迟之罪，恐怕头颅不保！"再审问伊昌夫妇说："你们为什么要纵容女儿与留住通奸，又谋杀女婿呢？"伊昌夫妇齐声喊冤道："老爷，天理良心。女儿在家，读书知礼，留住本是女儿堂兄，女儿在家时，一年相会不过一两次。女儿嫁后，才过继到我家，女婿从不曾来，怎么能凭空诬陷我们呢？"佐领根本不理睬，又审讯留住道："你这奴才，如何奸了人家妻子，又谋人家命？尸体藏在何处？"留住喊冤道："老爷，实是冤枉。妹夫实不曾来，求老爷明察。"佐领讲："你说没有谋杀，要是海宁去娼家妓馆，也不可能久住，如今过了二十日还没有回来。若说海宁出远门了，岂有成婚半月，就舍去这样花枝般妇人远去！"于是不由分说，就给丁香儿上了拶指，给留住和伊先生上了夹棍。可怜，他们在衙门里不曾用钱，所以他们三人宁肯受刑折磨，也不招供。佐领叫兵丁把拶指、夹棍敲了又敲，也问不出实情，便把丁香儿发送女监，留住和伊先生送入大监，丁香儿母亲取保回家待审。丁香儿母亲平白无故遭此横祸，又亲眼看到丈夫、女儿、义子遭受酷刑，怎能承受得了，回到家中便投井而死了。留住和伊先生因为受刑过重，又没有钱财给看守兵丁，也得不到救助，没过几天就死在狱中。丁香儿被人诬告通奸，还扣上"谋杀亲夫"的罪名，本来就很凄惨了，又因她貌美被人惦记，之后却给她带来了灾难。

却说看守监狱的兵丁存柱等人，得知一个漂亮的新媳妇因为与人通奸而谋杀亲夫，便将此事传扬开来，引得牢头筘德色心顿起。牢头是犯人中选出的头目，要他们协助看守共同管理罪犯。能够充当牢头者，不是年久的罪犯，便是身体强壮，武艺高强，能将所有罪犯制服的人，现代则称为狱霸。牢头筘德原本就是无赖的八旗子弟，身为闲散兵丁，也没有什么事干，依靠朝廷发放的钱粮过活，虽然日子不宽裕，但也能够生活。筘德本不是安心过日子的人，与一帮恶少在街市游荡，干一些抢男霸女的坏事，屡次被逮捕入狱，却因为罪责太轻，不足以杖流，关一阵子，也就释放了。这次是因为打架斗殴，伤了人，佐领见他屡教不改，就把他关进狱中，迟迟不审理，要消磨他的气性，却不想他凭着自己打架的本事，在监狱里当上牢头。按理说牢头也是犯人，但他是头，可以与看守们狼狈为奸，欺压其他因犯。《清稗类钞》中记载，同治年间，山东人张某在京城杀了人，判为绞监候，关押在刑部狱十年，每年能将几千两银子寄回老家，让妻子放高利贷。后来因为光绪皇帝登基，大赦天下，他被释放回家，干什么都赚不到钱，便郁郁不乐。不久发生一起群殴致死人案件，张某通过行贿，把自己纳入从犯之中，又进了刑部狱，照样当牢头赚钱，却不想遇到光绪帝大婚，又大赦天下，张某再次被递解回籍，携妻子囊万金出都门，还非常悲伤地说："想在监狱里赚钱，却总是天不遂愿。"可见牢头在监狱里多么猖狂，不但能发财致富，还可以过着奢侈的生活。牢头筘德就是这样的人，在监狱里乐不思蜀，每天有酒有肉，时不时还招个妓女来伺候自己，高兴了还让妓女慰劳因犯，如今听说丁香儿的事，岂能不起了歹心！

牢头筘德对兵丁存柱等人说："听说那个女囚犯十分有姿色，让我们看看怎么样？"存柱说："那可不行，她是与人通奸，谋杀亲夫的要犯，如今还没有拟罪呢！若是佐领大人审讯，得知我等让你们与女犯人见面，就有我们好看的了，轻则笞杖，重则革役，弄不好还会销除我们的旗档，连满洲人都做不成了。"牢头筘德说："她谋杀亲夫，就是凌迟大罪，当官的能信这样人的话吗？我们就是把她奸了，她若到官指证我们，官肯定会想到她欲求生，卸罪于他人，这有什么可怕的！"存柱说："理是这个理，事却不是这个事。听说她丈夫是走丢了，如今活不见人，死不见尸。万一哪天她丈夫出头，就不是死罪了，尔等把她祸害了，就不怕她丈夫不饶你们？那时候即便是官不信她的话，也不会不信其丈夫的话，还是要追究尔等罪责的，而我们也会受牵连。"牢头筠德说："老兄你也太多虑了，哪个女人愿意把自己被人强奸的事情说给人听呢？如今她进了监狱，就是上天赐给我们的仙女，我们不受用，也对不起上天呀！再说了，我不是常常招妓女来监狱吗？你们也没有少占便宜，这事要是张扬出去，恐怕你们都会被革役。就你们的所作所为，把你们发落乌鲁木齐充军都不冤枉。不是我筠德夸口，你们把那小妮子交给我等，绝对不会让你们吃亏。存柱这小子，处处好占先，这个小妮子，先让你受用，随后再交给我们，保证让这个小妮子从此顺从，绝不敢把此事张扬出去。再说了，我也不会让你们白忙活，这里有五两银子，你们均分，要知道招个妓女也不过二钱银子，这些银子够招二十多次妓女了，我不就是图个新鲜吗？你们还有什么顾忌呢？其实你们也没有少干这些事。"兵丁存柱等人见有利可图，又被牢头筠德抓住一些把柄，也就同意了。这正是：

民瘼奚关痛痒心，忍教三命把冤沉。

此案审理原本不难，只要找到海宁，一切问题都可以迎刃而解。海宁父亲因为找儿心切，见到留住年轻标致，比自己儿子英俊潇洒，就以为儿媳妇看不上自己的儿子而怀疑儿媳妇与人通奸，更觉着是留住谋杀了儿子。这本来是无凭无据的事情，却告到佐领衙门。没想到佐领自恃清廉正直，便不管不顾，甚至认为告状必有冤。这种先入为主的偏见，已经使他的审讯很难公正，再加上去本求末，专门问一些与案情无关，却能将人治罪的事，然后以刑讯求供，不管当事人的死活。自己清廉，却不关心人民的痛痒，已经害死了三命，还致使丁香儿羁押在狱。丁香儿已经是冤屈了，如今又被一帮看守兵丁及囚犯惦记上了，可怜的丁香儿，不知道还要受多少苦，有没有申冤的可能。

监狱牢头轮奸案（下）

　　丁香儿的新婚丈夫海宁与朋友一起，不与家人告别而跟他人去了北京。海宁的父亲则认为丁香儿与义兄留住有奸情，便怀疑他们因奸杀死自己的儿子，将丁香儿义兄留住扭送佐领衙门。佐领听信一面之词，草率问案，致死二命，自杀一命，还把丁香儿关进监狱，却不想因为丁香儿生得貌美，引起看守兵丁及牢头的惦记，图谋奸占。可怜的丁香儿，正不知还要受多少苦楚。

　　却说牢头筠德威逼利诱，要看守兵丁存柱等人把丁香儿交给他处置，存柱等人不敢不从，便把丁香儿带进牢头筠德所在的牢房。一个柔弱女子，落在凶狠的兵丁及犯人之手，能有什么好结果，被残忍地轮奸之后，送回女监。

　　身背有"奸谋杀亲夫"的罪名，又被众多兵丁与犯人轮奸，丁香儿还有什么理由再活在这个世上呢？同监的女犯对她说："如今夫家是你的死对头，你娘家又没有人了，你早晚也是死路一条，现在又被那些兵丁与犯人糟蹋了，与其将来是死，还不如现在就死，免得再受折磨。"丁香儿说："我并不怕死，只是我父亲与义兄确实没有杀人，丈夫海宁至今没有音讯，我要是死了，我一家三口该如何申冤呢？我一定要等海宁回来，还我父母及义兄的清白，那个时候我即便是死了，也能够瞑目。要是现在就死了，不但我冤，我娘家及婆家都冤，因此我一定要等个明白。贱身不可惜，名声更重要。"同监女犯见丁香如是说，也不好再说什么。

　　先不说丁香儿在监狱中如何受苦，且说海宁随着朋友前往京城。这个所谓的朋友根本不是什么好人，属于满嘴跑马车、专门说大话的人，说什么认识朝廷的权贵，实际上就是一个人贩子，专门给门头沟煤窑找挖煤苦力，所以把海宁卖给窑主，自己便逃之夭夭了。

从辽金时期开始，门头沟的煤就已经开挖了，在明代则成为北京城居民做饭取暖的主要能源，至清代发展更为迅猛。除了官发执照的煤窑之外，还有许多私家小煤窑偷偷开采，这些窑主需要有人替他们挖煤，便四处招骗挖煤人，然后把他们看管起来，白天赶入煤窑去挖煤，晚上把他们关进地窖里，称之为煤黑子、臭苦力、黑窑鬼。一旦进入私人煤窑，根本就别想活着出来。海宁稀里糊涂地被所谓的朋友卖到门头沟煤窑，此时想跑已经不可能了，但他不死心，家里有父母娇妻，若是死在异乡的煤窑，岂不愧对父母娇妻？好在海宁并不愚蠢，在监工严密地监督下，还是寻找到了出逃的机会。

海宁每天下煤窑挖煤，发现运煤的驴车都是晚上装煤，凌晨起运，并没有人看守。门头沟到阜成门外煤场的路程有五十多里，驴车要走一天才能到。那时候拉煤的车都是平板车，用高粱秸秆编成席，围在平板车上，用绳子捆住，卸车的时候，把绳子解开，煤就很方便地卸下来。门头沟的煤是无烟煤，有块煤和渣煤。块煤价钱高一些，渣煤价钱低一些，但渣煤和上黄土可以制成煤球，那时候北京人多烧煤球，故此渣煤的需求量很大。渣煤呈粉末状，犹如沙土，海宁发现若是藏在渣煤里，或许能够逃出窑主魔爪，便找到一根竹管，趁人不注意，钻入渣煤之内，把竹管放在高粱秸席边，可以进行呼吸，又不容易被人发现。驴车走起来以后，海宁估摸着已经走出门头沟，便奋力从渣煤中站了起来，挣扎一下，跳下车就跑。赶车人吃了一惊，见有人逃跑，也没有去追，海宁因此得以脱身。海宁从煤窑逃了出来，也无处可去，便一路行乞，赶往盛京，不知道吃了多少苦，终于回到家中。

就是因为海宁出走，致使伊先生一家三人死于非命，新婚妻子被打入死牢。众乡邻见海宁回来，没有人可怜他的遭遇，都十分憎恨他，不由分说就把他扭送到佐领衙门。这时候的佐领已经升迁调往他处，新佐领也没有急着审理丁香儿的案子，丁香儿也因此少受不少酷刑。如今海宁回来，也就真相大白了。新佐领将海宁重责四十，丁香儿无罪释放。

海宁父母见儿子回来，知道诬陷了儿媳妇一家人。虽然新佐领以情有可原为由，没有追究他们的责任，但也非常惭愧。他们得知儿子受刑，儿媳妇被释放回家，也只好厚着脸皮来接。丁香儿在公堂上见到新佐领、公婆和丈夫。她先对海宁说："我与你已经恩断义绝了。我父亲及义兄有什么罪？就是因为你的出走，使他们凭空受到诬陷，父兄被夹打致死，母亲投井而亡。这两年间，我在牢狱，被人欺凌，万种苦楚，无人倾诉，之所以苟活到今日，就是等你回来，以还我父母、义兄及我的清白。你也好忍心呀！你若出远门，怎么也应该告诉家里一声，如果告诉家里，就不会有冤枉大害。你更好狠心呀！新婚妻子你可以不顾，但年老的父母你不能不管吧！舍妻子而抛父母，算是什么男人。你真是不孝、不慈、无仁、无义的畜生，虽有人皮裹着，真个禽兽不如。"然后对海宁父母说："我与你儿子已经义绝，与你们也应该没有什么关系了，可我还再叫你们一声父母，但我也不配再称你们为父母了。这两年不光是你们，包括衙门上下、城里城外的人，哪个不说我是淫妇？我原本不是淫妇，为了给父母义兄申冤，苟且偷生，如今已经是淫妇了，今日就与你们诀别了。"最后对新佐领说："我两载蒙冤，苟活到今日，就是为了还我父母与义兄的清白，如今他们的清白已经得到证实了，我的清白却丢失了。在监狱里，那可恶的兵丁存柱与该死的牢头筲德等人，将我轮奸，我还能有什么清白！如今真相大白，我愿已足，不会再苟活于世了！"说罢，将早就准备好的毒药放入口中，当即口鼻流血，倒地身亡。

海宁全家追悔莫及，而此事在盛京几乎是家喻户晓，他们也没有脸面再在盛京生活下去。海宁的父亲便托人，想到新疆谋个差事。新疆因路途遥远，没有人愿意到那里去，海宁父亲要去，盛京将军巴不得呢！因为当时各省八旗都要抽调一些人去支援新疆。海宁一家离开盛京，前往新疆，也就不知所终了。

再说新佐领眼见得丁香儿当堂自杀，临死前讲出兵丁存柱与牢头筲德等人轮奸之事，实际上就是以死明志。如何处理这件事呢？显然是前佐领草菅人命，不详查案情，就乱用刑罚。但前佐领有清廉正直的名声，如今已经升为副都统，要是追究他的责任，一是自己没有权力；二是会给人以新任整治旧任的感受，影响自己的声誉；三是不知道前任佐领有什么政治关系，如今升任，显然是朝里有人，皇帝看重，因此追究前佐领责任不是上策。前佐领的责任可以不追究，但民情不得不关注。此事已经激起民愤，将海宁一家调往新疆，固然可以安抚一些人。但看守兵丁及牢头轮奸丁香儿的事，已经家喻户晓，若是不处置这些人，显然不能平息众人之口，因此将兵丁存柱与牢头筠德等人拘拿，送到盛京刑部大狱，然后申报盛京将军琳宁。

琳宁，满洲镶蓝旗人，清朝宗室，历任宗人府经历、礼部给事中、副都统、黑龙江将军、吉林将军等职。乾隆五十六年（1791）改为盛京将军，本来深得乾隆帝的信任，但在盛京将军任上，所办各种事务，都不如乾隆帝的心意。诸如，奏修昭陵前木栅，乾隆帝认为他"甚属卑鄙，将欲浮冒渔利乎"。上奏捕渔船只章程只用汉文而不用满文，而遭到乾隆帝的申饬。因人参局协领亏帑累民案件而被降三级，从宽留任。因为屡遭乾隆帝的斥责，琳宁办事便处处小心，所以接到新佐领的申文之后，不敢擅自做主，便具折上奏，恭请皇帝裁决。

乾隆帝览奏以后，非常恼火，当即批示云：门监、牢头、步甲，于所交监守人犯，自应用心看守，不得于法外肆行不法，乃筠德等胆敢与犯妇奸宿，皆由该将军、副都统等，未经严行管束所致。琳宁等系管辖之人，又与该刑部侍郎同城，理应即行会审定拟具奏，乃请旨交部审办，甚属拘泥，著严行申饬。仍著该部将军、副都统，及该协领、佐领等，分别严加议处。也就是说，监狱看守人犯，不但有明确的章程，律例之内也有处罚规定，任何人都不能在法外肆行不法，如今牢头筠德等人竟然胆敢轮奸女犯人，都是你们这些将军、副都统等不能严行管束所造成的。琳宁身为盛京将军，这件事本来就归他管辖，又与盛京刑部侍郎同城，理应马上就与刑部侍郎会审，定拟罪名具奏，现在却来请旨交刑部审理，甚属拘泥，著严行申饬，再将该监狱所有的狱官：将军、副都统、协领、佐领等，分别严加议处。

有了皇帝的严旨，琳宁不敢怠慢，当即会同盛京刑部侍郎审理。轮奸丁香儿的罪证清楚，按照《大清律例·刑律·断狱》"凌虐罪囚"条规定，凡狱卒（纵肆）非理在禁陵虐殴伤罪囚者，依凡斗伤论，因而致死者，不论囚罪应死不应死，并绞监候。按照《大清律例·刑律·犯奸》"犯奸"条规定，强奸者，绞监候。琳宁与盛京刑部侍郎按律将为首的牢头筠德、兵丁存柱拟为绞监候，其余从犯分别发遣新疆等处效力赎罪，然后具折上奏，以为可以交差了。孰料乾隆帝极为不满，当即批示云：筠德等身系旗人，又属牢头，胆敢将犯妇首先奸宿，以致无耻之徒，肆行轮奸，理应从重办理，以示惩戒。乃琳宁等，将为首之筠德、存柱，仅拟绞候，其余人犯分别发遣，甚属姑息。琳宁等著交部严加议处。也就是说，筠德等作为旗人，又是牢头，公然违法强奸犯妇，以致无耻之徒，肆行轮奸，情节甚为恶劣，就应该从重办理，以儆效尤。琳宁等人，居然仅仅将为首的筠德、存柱拟为绞监候，还想让他们幸逃于勾决，实在是姑息养奸。乾隆帝先将琳宁等著交部严加议处，之后派遣钦差审理此案。

钦差到了盛京，并没有避开盛京官员而单独提审人犯，却先拜会盛京五部官员及将军、副都统、协领、佐领等高官，收获了不少程仪土产，吃了无数次宴席，然后才去提审人犯，其官官相护之心由此可见。审拟筠德等人之罪容易，因为皇帝有旨从重办理。《大清律例》没有轮奸定罪的规定，但"犯奸"条内小注云："如一人强捉，一人奸之，行奸人问绞，强捉问未成，流罪。"也就是说，在强奸时，只要是行奸者，就可以问绞，因此所有轮奸之人都免不了被判绞刑。按照《大清律例》条规定，犯奸者，律虽不言皆，亦无首从。也就是说，犯奸之罪可以不分首从，所有轮奸之犯都可以处以绞刑。不过按照《大清律例》条规定，若有为从减、自首减、故失减、公罪减等，总能将一些人减罪，故此钦差将筠德、存柱定为绞立决，其余人为绞监候，毕竟不能因为一个轮奸案而将所有行奸的人都处决吧！那样也未免失之残忍。钦差是持有王命旗牌的人，拟罪以后，便可以恭请王命，立即正法了。

钦差为了平息民愤，张贴告示，于闹市处决笃德、存柱。前来观看的人很多，有人举着丁香儿的牌位，想让丁香儿在天之灵看到恶人被处决。其中有知情人，认为虽然处决轮奸人犯，但害丁香儿一家人，将丁香儿置于被欺凌之地的佐领却逍遥法外，显然还是不能使丁香儿一家的灵魂得到慰藉。不知道是谁，喊出了杀死狗官的口号，于是群情激奋，一起高喊。钦差原本想以处决人犯来平息民愤，却不想因此激起了民愤，急忙让兵丁维持秩序，然后对人们说："与此案有关的各级官员已经都被议处了，圣旨也会很快下来。当今皇上圣明，不会冤枉一个好人，也不会放过一个坏人，尔等百姓应该相信皇帝。"一番苦口婆心，总算让观看行刑的人们安静下来，钦差则趁机让兵丁将他们驱散，然后回京交差。

钦差深知盛京将军琳宁已经失去民心，回京并没有替他说好话。恰巧此时又发生黑龙江将军舒亮、副都统安庆等，贱价收买、勒索官貂案，乾隆帝借此为由，将琳宁予以革职。而相关的官员都被降级，特别是承办丁香儿案件的佐领，被发放新疆军台效力赎罪，丁香儿案算是终结了。这正是：

官官相护多故旧，皇帝易欺由喜怒。

此案追其原本，是海宁不告而别，离家出走。由此导致婆家人猜疑娘家人，似乎海宁应该是最大的罪人，但真正酿成惨案，致死一家三命，致使丁香儿被看守兵丁及牢头轮奸的罪魁祸首，却是前佐领。新佐领虽然纠正冤案，但没有追究前佐领的责任，又失于防范，导致丁香儿当堂服毒自杀，也有不可推卸的责任。盛京将军琳宁，避重就轻，以兵丁、牢头轮奸女犯奏请，却省略丁香儿服毒自杀的情节，更不提前佐领造成冤案的事情，其官官相护之行昭然若揭。乾隆帝虽然也看到了官官相护，一而再、再而三地要将相关的官员予以从严议处，却不知道这些官员隐瞒了重要的情节。乾隆帝不相信官员，也不得不依靠官员，派出钦差去审理，不想钦差也是官官相护之人，不用心办理案件，反而拜会各级官员，收取程仪土产，岂能追出实情？若不是民愤，恐怕琳宁等人依然会好官得做任逍遥。

乾隆帝将琳宁革职，也只是暂时平息民愤。次年依然让他担任盛京将军，可见乾隆帝在晚年已经怠于政务，事事姑息。也难怪《清史稿》论曰：惟耄期倦勤，蔽于权幸，上累日月之明，为之叹息焉。耄期就是说他在八十岁以后就不再勤政了，受到和珅等人的蒙蔽，只有圣明君主，没有贤能的臣下的传统认识，殊不知在专制政体下，必然会存在官僚政治。

知县弟弟逞凶顽

清乾隆六十年（1795），两江总督苏凌阿奏报一起知县弟弟在监狱强奸妇女致死人的案件，乾隆帝对苏凌阿的拟罪颇有非议，认为情节甚为可恶。特别是知县弟弟与该县的衙役串通一起为恶，更不能容忍了，因此提出重处的意见。知县为朝廷命官，其弟弟只不过是亲属，却敢在哥哥的治下肆行奸恶，乾隆帝是如何看待的呢？他所认为此案发生值得关注的重点是什么呢？且从案情谈起。

却说大挑知县周濂被选为安徽庐州府舒城县知县，什么是大挑知县呢？那个时候，进士出身的知县，称为即用知县；举人出身经过三次科举没有考中进士者，可以进行挑选，便是大挑知县；地方优秀生员由学政推荐贡入国子监，称为拔贡生，每十二年考试一次，考为二等的可以为知县，称为拔贡知县；地方府州县每三年选拔文行俱优的生员，贡入国子监，经过朝考一等可以选拔为知县，称为优贡知县；立有军功、修理河堤等经过保举为知县的，称为劳绩知县；花钱买的知县，称为捐班知县。可以说是名目繁多，不同出身的知县，在上司及民众眼里是有很大区别的。时人称进士出身的官是铜打铁铸的，举人贡生出身的是铅铸锡灌的，劳绩知县是没皮没脸的，捐班知县是满身铜臭的。

那时候的知县上任，除了要聘请刑名、钱谷、书启等师爷之外，还要带上几十名家人去分管三班六房事务，这是朝廷允许的。明清以前，地方官上任不许带家属，后来虽然没有明令允许带家属，却是人人都带家属，因此在地方上出现了"三爷"，即老爷或少爷（父亲称老爷，儿子称少爷）、舅爷、姑爷。他们倚仗官势，说事过钱，无恶不作，凭借血缘婚姻关系，参与官府政务，进而成为令上下瞩目的污浊势力。这位周知县上任，不但"三爷"具备，还把自己的弟弟周渭也带到任上。人称周知县为"老太爷"，称周渭为"周二太爷"。

周二太爷，不仅贪财，而且好色。大凡贪财者多有贪心，有贪心再有权力，就容易收受贿赂，也难免贪赃枉法。周二太爷因为哥哥当知县，为人打点官司，谋求利益，只要能得到钱，哪里管他人生死。好色乃是人之常情。因此，孔子曰："吾未见好德如好色。"孟子亦曰："知好色，则慕少艾。"美色人人爱，但不能有非礼的行为，乃是发之于情，止乎于礼，应该是正常追求。周二太爷好色则不同，见有美色就图淫占，也不管人家愿意不愿意。以金钱利益引诱的，即便是刁奸，也可以权且称为愿意，毕竟没有要对方性命。若是以强威逼，以势迫人，则是强占他人妻女，甚至闹出人命，也就只能说不愿意了。

古人云，好色贪花生恶计。这周二太爷平日里出入青楼妓院，即便是那些妓女们打扮得花枝招展，惯会打情骂俏，也勾不起他的兴趣，却喜欢闯寡妇门、霸民女。周二太爷是县太爷的弟弟，虽然不是官，却也有钱有势。本县捕快孔昇，看到周二太爷的权势，又见他贪财好色，觉得有机可乘，便如苍蝇见到荤腥一般迎了上来。

孔昇二十多岁，顶替其父亲为捕快，而自其曾祖父开始就在县里为捕役，可以说是捕快世家，熟悉衙门事务，善于打点官司，营私舞弊是能手，但毕竟仅仅是捕役，其地位低贱，若要营私舞弊，总要得到当官的信任，把官伺候好了，便可以借助官势以遂己愿了。一个小小的捕役，要走官的门路，也不是一件容易的事，而周二太爷是一个很好的门路，若是把他拉下水，还怕官不听自己的吗？于是，孔捕快刻意接近周二太爷，先是请客吃饭，借酒醉之机，谈些私事，也就摸准了周二太爷的脾气秉性。这周二太爷因为有钱，虽然贪财，却对财的事情看得淡薄。周二太爷家中有妻有妾，却贪淫好色，专门喜欢猎艳。既然你有所好，孔捕快当然就会投其所好了。

有一次，孔捕快抓了一个窃贼，非要说他是强盗，让他说出窝家；而孔捕快早就打听到本县毛财主非常富有，就让窃贼攀咬毛财主为窝家。这毛财主虽然没有什么权势，但有亲戚在广东省为道台，也算是有后台的人，再加上毛财主平日也不为恶，时常出些钱财，倡导一些公益及慈善之事，在县里口碑甚好。若是说他家为盗贼窝主，全县的人都不会相信，这周知县也不会完全不顾舆论，听一个窃贼的一面之词。毛财主刚刚纳了一个小妾，名叫杨柳，是远近闻名的美人，只因她父亲欠了别人的债，被债主逼得无奈，才把女儿卖给毛财主为妾。小妾银面似雪，桃腮朱唇，修眉俊目，秀色可餐，冰肌玉骨，亭亭玉立。孔捕快知道周二太爷好色，便把杨柳的美貌添枝加叶地描述一番，把那周二太爷听得口水直流，恨不得即刻就把杨柳弄到手，也就不得不靦着脸问如何才能一亲芳泽。

见周二太爷入彀了，孔捕快把攀咬毛财主为盗匪窝家之事说出，只要周二太爷能出头露面，这毛财主一定害怕，到时候还怕他不把杨柳献出来？那个时候，周二太爷您不就可以搂娇娘而度销魂夜了吗？常言道，色胆包天。周二太爷听闻杨柳美色，哪里还管什么是非曲直，当即就找哥哥要了张拘票，随同孔捕快等一行人来到毛财主家。孔捕快让窃贼指认毛财主是窝主，说县太爷非常重视此案，特派其弟弟周二太爷前来，如果抵赖，定然将你们全家问斩。

这毛财主家有钱财，让他做些公益慈善事业，往往不吝惜钱财，唯独不愿意行贿，更不怕官员借势勒索，认为自己从来不做犯法之事，也没有必要结交官府。如今看到孔捕快与周二太爷前来，虽然有拘票，但周二太爷毕竟不是官，是官就要讲理，自己身正不怕影子斜，见官就见官，将来三堂对案，就不信弄不明白是是非非来，所以他毫不畏惧。所谓的"三堂对案"，是知县审完之后，知府要复核，按察使还要复核。毛财主坚信朗朗乾坤，自有王法，当官的不可能人人都贪赃枉法，总会有说理之处，却忘了"灭门刺史，破家县令"的历史现实。

周二太爷见毛财主竟然敢顶撞自己，不由得勃然大怒，喝令孔捕快等人，将毛财主全家都逮捕入狱，看毛财主还敢嘴硬否？事到如今，毛财主真的成了煮熟的鸭子，就剩下嘴硬了，不知道自己是否能见到官。

按照律例规定，妇女是不能到公堂的，即便是男人犯罪，也不能拘捕妇女，但律例却申明"奸盗"除外。孔捕快诬陷毛财主是强盗窝主，就是"强盗"，以此罪名论处，按照律例规定，是可以拘捕妇女的，所以周二太爷命令孔捕快等人连妇女一起全部拘捕，送入本县大牢。

清代的州县虽然设有监狱，却不见得都设有女监，罪行特别重的女犯则转到府里看管，一般的罪犯及人证，都发本县官媒看管。官媒可以说是婚姻介绍所，但主要职责是拍卖及看管犯罪妇女，其官媒婆也是由县太爷任命的，官府却不发她们工钱，全靠拍卖及看管妇女抽头打秋风。这些官媒婆平日管押身染官司的女人，闲时也替人说媒，讨几个喜钱。若是妇女到堂听审，她们还负责押送到堂，并且在一旁站立；若是县太爷下令掌嘴，一般不用衙役，而是官媒婆执行。故此这些官媒婆个个都是狠心的妇人，为了钱财，什么丧尽天良的事情都能够做出来。被看管的妇女家里若是没有钱财，也就少不了要受官媒婆的污秽之气。这些官媒婆想尽办法折磨被看管的犯妇，非要把该妇女弄得满身疔疮，流脓淌血，腥臭逼人，使人见人恶，方才罢休。

毛财主的家眷被送到官媒那里看管，杨柳也在其中。一般新到官媒的妇女，官媒婆都要打听这些妇女的来历。官媒婆得知是毛财主的家眷，而毛财主在本县口碑甚好，更何况是有钱之家，所以官媒婆们并没有拿出整人的架势，而是和颜悦色，打扫几间洁净的房间，让她们住下。官媒头儿姓薛，人称"薛婆头"，不到四十岁，不但能说会道，而且是半老徐娘，有几分姿色，能歌善舞，会跳大神，手里有几个秘方，给人跳神治病，骗些钱维持生计。薛婆头与孔捕快是老相好。孔捕快向薛婆头交代，要把杨柳单独关押，因为周二太爷看上了她，今天晚上要她来陪周二太爷睡觉，要薛婆头准备些好酒好菜，千万别怠慢了。交代完了以后，给了薛婆头一两银子，让她准备迎接周二太爷。

傍晚，周二太爷换了件新衣服，与孔捕快一起来到官媒。薛婆头迎了他们进来，请周二太爷入席，斟酒布菜，竭力讨好。薛婆头固然有几分姿色，也会搔首弄姿，但周二太爷对她根本就没有兴趣，更何况他还知道薛婆头是孔捕快相好的，所以急不可耐地要薛婆头把杨柳叫来陪酒。薛婆头无奈，只好去叫杨柳。

杨柳糊里糊涂地被孔捕快等人带到官媒，薛婆头不让她与家人住在一起，而是单独安排一个房间，自知不是什么好事，便四处寻找可以防身的东西。官媒看管犯妇，都怕犯妇自杀，所以屋里除了被褥之外，连茶壶茶碗都是铁的，哪里有什么可以防身的东西呢？杨柳正在发呆，却见薛婆头进来，要她陪周二太爷喝酒。杨柳说自己根本就不知道什么周二太爷，也不知道自己犯了什么罪，凭什么把她抓到官媒，又凭什么要她去陪酒，所以死活不肯去。薛婆头见她好言不听，便拿出官媒婆的看家本领，在杨柳身上乱拧起来，使之疼痛难忍。此时杨柳已经抱着必死的信念，任凭薛婆头如何狠拧，就是一声不吭，宁死也不去。薛婆头也没有了办法，只好向周二太爷说明情况。

周二太爷听说杨柳不肯来，又得知薛婆头动了手段，也没有逼迫她前来，不由得大喜说："好贞烈的女子，我喜欢，若是她肯前来陪我，我还看不上呢！咱们先喝酒，过一会儿看我如何收拾她！"薛婆头、孔捕快轮流敬酒，周二太爷喝得微醺，便让薛婆头、孔捕快陪同自己到杨柳的房间，先让二人把杨柳的衣服扒了，然后将四肢绑在床上。看着薛婆头、孔捕快收拾停当，周二太爷让他们出去，独自奸淫起来，杨柳越是喊叫，他越有兴头，足足折腾了一个时辰，才心满意足地离去。

周二太爷走了，薛婆头与孔捕快又欢乐一番之后，薛婆头才来到杨柳的房间，将绳子解开。薛婆头一边解、一边说："你就是敬酒不吃吃罚酒，你要是听我的，也不会受这个罪了。你又不是什么黄花大闺女，装什么贞节烈妇呀！到了官媒，即便是黄花大闺女，也会变成娼妇的。"薛婆头连数落带骂，把绳子解开之后，将门锁上，就离开了。

杨柳平白无故地遭受侮辱，此时又羞又恨，想一想薛婆头所说的话，正不知道今后还要受什么罪，既对不起毛财主，也对不起自己的父母，更坏了自己的名声，还有何面目面对家人与世人呢？越想越觉得无颜再活在这个世上，就想到寻死。要是撞墙而死吧，又恐怕自己身体柔弱，万一头不能撞死，还要活受罪。要是用铁茶碗砸头吧，一下肯定不行，再忍不住疼痛住手了，还是活受罪。要是上吊自杀，薛婆头又把绳子拿走了。杨柳反复想如何死法，最终觉得上吊最好。没有绳子，她就把棉被拆了，将被里被面撕成条，搓成绳子，然后踩着板凳，把绳子系在房梁上，将脖子伸入套中，用力一蹬，一缕香魂便随风而去。

出了人命，薛婆头不敢隐瞒，急忙告诉孔捕快，再转告周二太爷，让他们想办法。周二太爷认为，既然出了人命，就要把毛财主窝盗的事情坐实，这样便可以算杨柳畏罪自杀了。周二太爷毫不隐瞒地告诉了哥哥周知县，要他想办法平息此事。周知县听后，连说："你害了我，你害了我！"事到如今，也不得不为弟弟隐瞒实情，便将毛财主定为强盗窝主，申报各级上司。

当官的可以封住当事人之口，却不能封住世人之口。因为毛财主做过许多善事，本县人都觉得他冤枉，特别是周二太爷强奸杨柳，致使杨柳自杀之事，更是惹人愤慨。于是，几个生员写了连名状，直接呈递给了两江总督苏凌阿。

苏凌阿（1717—1799）举人出身。因为走了和珅的门路，得以接连升官，也深得乾隆帝的信任。苏总督深知，此事若是处理不好，那些好事的生员们要赴京控告的话，即便是和珅也保不住他。苏总督当即发出旗牌，委派候补道台李某，前往舒城县，摘去周知县的官帽，收回印信，将之押送江宁府听候圣旨审讯。

李道台调集卷宗，重新审理，得知毛财主乃是遭到诬陷，便将其无罪释放，而将周二太爷及孔捕快、薛婆头打入死牢。按照《大清律例·刑律·人命》"威逼人致死"条规定，若因行奸为盗而威逼人至死者，斩监候。但周二太爷、孔捕快、薛婆头攻守同盟，死活不承认强奸杨柳，只承认调戏，也只够罪减一等，所以李道台将周二太爷拟为绞监候。孔捕快引诱周二太爷，再减一等，杖一百、流三千里。薛婆头再减一等，杖一百、徒三年。李道台拟罪之后，申报上去，苏总督具奏。

乾隆帝览奏之后，认为苏总督拟罪不妥，当即批示云：周渭系知县之弟，半夜私往官媒家，调戏收管妇女，致令自缢，情节甚为可恶。这样可恶的人，怎么能仅仅判绞监候呢？因此要苏总督改为绞立决。引诱周渭前往，致酿人命之快役孔昇，仅于周渭绞罪减一等拟流，所办殊为未当。要苏总督改为绞监候，秋后处决。余如议。作为知县，不能管束弟弟，弟弟惹事之后，还千方百计地掩饰，出入人罪，也是酷虐糊涂，著革职，发往新疆军台效力赎罪。这正是：

官亲倚仗官权势，百姓所恃民心向。

此案周二太爷倚仗哥哥的权势，与捕快、官媒婆相勾结，无恶不作，为了贪财好色，不惜诬陷人罪，若不是毛财主口碑甚好，百姓也不会人人觉得他冤屈，生员们也不会替他出头诉冤，弄不好就会使毛财主与杨柳冤沉海底，亦可见民心不可欺，民意不可违。乾隆帝此时已经年老，也不复最初当皇帝之时，对此案也仅仅听下面奏报而已，固然也能找出一些错处，毕竟难得实情。其年轻之时，若是遇到类似的案件，他绝不会轻信，会委派亲信大臣彻查，以凸显本朝家法，威权从不旁落，而现在却蔽于权幸，不似当年励精图治了。其子嘉庆帝深知其弊，所以在乾隆帝死了以后，当即将苏凌阿革职，让他去为乾隆帝守陵。

无辜儿子受宫刑

清嘉庆元年（1796），陕西省商州山阳县发生一起罪犯惨杀一家五命的案件，按照《大清律例》一命一抵的原则，罪犯杀了五人，就要以罪犯家五人抵命。因为罪犯仅有一个儿子，一是不足以抵五命，二是其儿子也是受害人，三是罪犯还卸罪于儿子。显然，罪犯儿子乃情有可原，是否还让其抵命，陕西巡抚则不宜做主，便恭请皇帝裁决。嘉庆帝仔细研读案情以后，虽然也觉得其子情有可悯，但毕竟是穷凶极恶的罪犯之子，可以不让儿子抵命，但这种穷凶极恶的罪犯是绝对不能留有后代的，便钦裁将其子处以宫刑，发往黑龙江与披甲人为奴。这个穷凶极恶的罪犯因为什么事情而惨杀一家五命呢？又是怎样祸害而卸罪于亲生儿子的呢？嘉庆帝认为其子情有可悯却又为什么要给其施以宫刑呢？且从案发及处理经过谈起。

却说陕西省商州山阳县城内有一间杂货铺，老板赵成，时年四十多岁，是山阳县城内有名的无赖。赵成少年时便凶猛好斗，欺男霸女，横行于市，看谁不顺眼，就纠结同伙进行犯案，轻则咒骂，重则群殴，不打不骂，也要用污秽之物涂抹于人，将粪便泼在人家大门上。赵成自恃身有千斤牛力，专要放刁打诈，把那城中几个争强好胜的少年都打服了，也就成为山阳县老大，要县城里的人呼他为赵大官人。当时山阳县的官宦与富豪并不多，赵成横行于市，众人也只好侧目而视，避之唯恐不及，见之也敢怒不敢言。

这样的无赖，也能娶妻生子，则有一段故事。那是本县开点心铺的张小三母亲死了，无钱殡葬，无可奈何，只好借银十两以葬母，却是借的高利贷。一年间，利滚利，总算起来，连本带利欠银三十两。债主逼债，张小三无力偿还，愿意把女儿送给债主。债主说："我只要银子不要人，况且一个女孩子哪里值三十两银子？我如今宽你两日，你自己去把女儿卖了，将银子还于我。"张小三寻思道："我女儿容貌平平，怕也卖不出三十两银子。除非卖到妓院里去，或许可以多得些银子，那等于是把女儿推进火坑，为父者岂能忍心？"正在苦恼之时，赵成来了，说他愿意出银三十两娶张小三女儿为妻。张小三正苦于还债，见赵成肯出钱，而且是娶妻，如何不同意？当即成交。张小三哪里知道这是赵成的圈套，因为债主不是别人，乃是赵成的结拜兄弟，听从赵成的建议放高利贷给张小三，知道他还不起，自己便可乘人之危找张小三卖女儿。要知道《大清律例·户律·钱债》"违禁取利"条规定，凡私放钱债及典当财物，每月取利并不得过三分，年月虽多，不过一本一利。违者笞四十，以余利计赃。放高利贷是非法的，张小三所借十两银，即便是利滚利，也只能是一本一利，最多也就是还二十两银。该条还规定："若准折人妻妾子女者，杖一百。"不允许债主将人家妻妾子女折债。故此赵成并不出头，而让结拜兄弟出头，到时候自己可以来买张小三的女儿，就不算是让人家的子女折债了，而实际上这债就是赵成自己放的。

赵成的心计何止于此，他还想图谋张小三的点心铺。按照当时的规矩，无论是借贷，还是现银交易，都要打折扣。想当初张小三借银十两，是按照九五扣给的。这是故意给张小三留些债尾巴，让他不能全部归还银子，以便将来再利滚利，逼迫他把点心铺卖给自己，可谓心狠手辣。

张氏嫁给赵成以后，生了儿子赵友谅。没有几年，债主逼债，张小三无力偿还，只好把点心铺出卖了，变得一无所有。张小三找女婿来帮助，赵成则袖手旁观，眼睁睁看着老丈人被人赶出点心铺。张氏也曾经哀求赵成帮助自己的父亲，赵成如何肯管？还说老婆是花钱买的，与老丈人已经没有关系了。张氏争辩两句，赵成开口就骂，举手便打。事已至此，张氏也就不敢再说什么了，后来知道买她及陷害自己父亲的，都是赵成所为，心里非常郁闷。张氏既不能救父亲，又斗不过恶丈夫，心情不好，也容易生病。张氏生病，赵成非但不给她请医治疗，还骂她故意装病，时常打骂，连病带气，张氏不久便离开了这个世界，留下未成年的儿子。

赵友谅从小就畏惧父亲的淫威，如今又失去母亲的庇护，养成懦弱而胆小怕事的性格。十八岁那年，其父为其娶妻李氏，年方十七岁。这李氏虽然说是个小户人家，但体态模样儿，出挑得越发标致。少年夫妻，恩恩爱爱，自不必说，却不想赵成给儿子娶媳妇，却另有打算。

有一天，赵成把儿子赵友谅打发出去进货，却把杂货铺给关了，拿着一包酱牛肉和一瓶老酒，来到后屋找到儿媳妇李氏一起喝酒。丈夫不在，儿媳妇如何能与正在壮年的公公一起喝酒呢？李氏借故要出去，赵成则把门关了，非要李氏陪他喝酒。李氏说："如今我丈夫不在，与公公在一起喝酒，恐怕别人嚼舌头，传出去，不但对公公不好，也让友谅不好见人。"赵成说："我怕什么呀！你也不打听打听，我赵成在这山阳县也算是数得上的人物，别人都叫我赵大官人，要是有人敢对我嚼舌头，被我得知，看我不把他脑子打出来。你别怕，我赵大官人就是喜欢你这个儿媳妇，陪我喝酒怎么了，就是陪我睡觉，看谁敢说我赵大官人的不是！"李氏说："公公您是不是喝醉了，怎么能说这样的话呢！要是这样，那可是乱伦呀！"赵成说："我还没有喝酒，怎么就醉了呢！我可不管什么乱伦不乱伦，我就是喜欢你，谅别人不敢胡乱嚼舌头，就是我那不争气的儿子，也不敢放个屁！"李氏说："公公可不能这样说，儿媳妇可不愿意做那些乱伦的事，也不能对不起您儿子。"赵成说："你休要给我推三阻四的，公公我今天就要睡你，现在可不管你愿意不愿意！"说着，上前就把李氏推倒在床上，撕扯衣服，李氏挣扎，赵成拔出刀来，恶狠狠地说："你要是不从，我现在就把你杀了，若是把我惹急了，就把你们全家都给杀了！"见赵成如此凶狠，李氏不敢再挣扎了，只好听任赵成侮辱玩弄。

等到晚上，李氏对丈夫赵友谅说："今天你父亲逼奸了我，以后这日子还怎么过呀！我若不顺从，你父亲凶恶，不但会伤了我，弄不好也会伤了我全家，恐怕连你他也不会放过。再说了，这事要是传出去，你父亲不怕，我们可受不了。你说这种乱伦的事情，谁受得了呀！为今之计，我们惹不起你父亲，还躲不起吗？我手里还有一些嫁妆，足够我们过上一段时间了。在城外三十里的寨子沟村，我有一个舅舅，名叫牛廷辉，住在山里，我们到那里盖两间草房，买几亩山地，男耕女织，足以度日，远比依靠你父亲度日要自在些。再说了，你现在不离开这里，你父亲凶恶，既放不过我，也放不过你。"见媳妇说得有理，赵友谅也就同意了。第二天，趁赵成外出，夫妻俩便带着细软，偷偷地出了城，前往寨子沟村投奔李氏的舅舅。因为他们有钱，舅舅牛廷辉也不好不收留他们，便请人帮忙，在山边盖了三间草房，与自己比邻而居，又替他们买了几十亩山地。夫妻俩因此得以安居，日后也好与舅舅相互照应。

赵友谅夫妇潜逃出城，以为能逃过赵成的魔爪，却不想赵成在山阳县当流氓无赖几十年，其耳目也广布山阳县，更何况赵友谅夫妇不过离开县城三十里，怎么能够不为赵成得知呢？

赵成得知李氏到了寨子沟村其舅舅牛廷辉的家，就带着酒肉赶来。远来的都是客，更何况赵成是自己外甥女的公公，当然要热情招待。乡村里请客，总要请几个邻居来作陪。酒席之间，也难免谈些闲话。乡邻严七与牛廷辉寒暄，问他最近日子过得如何？都是邻居，也没有什么嫌隙。牛廷辉讲："日子过得不怎么样，最近刚刚卖了两头驴，得银三十两，这修房子、买米就用银十两，家里仅仅剩余二十两银。明年还要给儿子娶个媳妇，这二十两银也不知道够不够娶媳妇的，乡下人过日子就是艰难呀。"牛廷辉这样说，实际上是向人炫富，总不能日子过得不如乡邻吧！却不想说者无意，听者有心。本来赵成就想把儿媳妇带回县城，以便长期奸占，因为有儿子在，也不好说出来。当他听到牛廷辉家有二十两银子，就觉得有机可乘。赵成环顾宾客，看到一个叫孙四的人，长相凶恶，很有臂力，说话做事都很专横，村里的人似乎都很怕他，便记在心里。

酒席散后，赵成来到孙四家中，与其商议杀人抢钱之事。常言道，兔子不吃窝边草。抢本村人的钱，还要杀人，孙四如何能够答应呢？赵成见利诱不成，便说："你也看到了，我那儿媳妇长得有多么漂亮，恐怕这整个山阳县也找不到这样的美人了。若是四哥能够帮我把牛廷辉杀了，嫁祸给我那儿子赵友谅，让赵友谅去抵罪，我就把儿媳妇许配给你。我儿媳妇还有嫁妆，到时候你所得的银子就不是我们均分的这十两了，你意下如何?"本来银子已经让孙四有些动心了，但还顾念是邻居，如今见美女可得，连顾念都没有了，便慨然答应与赵成一起去杀牛廷辉。

当天晚上，赵成与孙四持刀闯入牛廷辉家。赵友谅见势不妙，便从后门逃出，躲在一个山洞里。这赵成与孙四果然凶狠，冲入屋内，竟然将牛廷辉一家夫妇子女五口人都给杀了。赵成把儿媳妇李氏交给孙四，把她锁在地窖里，然后与他一起到县衙首告赵友谅惨杀牛廷辉一家五人。

此时的知县是路学宏，举人出身，也是老知县了。他见是如此大案，岂敢怠慢?除了带领仵作勘验尸身之外，还严令捕役务必将"凶手"赵友谅拿获归案。捕役们不敢违忤，便撒开大网搜山，发现赵友谅藏在山洞中，觉得形迹可疑，便将其拿获到县听审。这是五命大案，按例是可以使用大刑进行刑讯的。这赵友谅明明知道是父亲黑夜杀人，但身为儿子，又怎么能指称父亲犯罪呢?交代不出别人，当然免不得大刑之苦，无奈之下，也只能屈打成招，承认是自己杀人。

不是说承认杀人，就可以予以定罪，还必须要有人证、物证。你说自己杀了人，有没有人看见，所用凶器藏在哪里?赵友谅是黑夜逃入山洞的，并没有杀人，如今承认杀人，就要交代出凶器何在?杀人的刀是孙四家的，赵友谅所交代的刀如何能与孙家的刀一样呢?刀不一样，就不能够与伤痕吻合，也无法确认是真正的凶器，路知县只好再三逼问赵友谅。在大刑之下，赵友谅胡乱交代凶刀所藏之地，派人押着他去搜，就是找不到凶刀。路知县认为，凶器没有得到，就不能确认是赵友谅杀人，只好扩大牵连，不但把那日在酒席上饮酒乡邻都抓了起来，连李氏也不能够逃脱，都被牵连下狱。既然染上官司，就要上下打点，十余家因此破产，沦落为穷人。

赵友谅胡乱交代凶刀所藏之地，原本是信口胡说，却不想在信口胡说之时，却也说对了隐藏地方，最终找到了凶刀，也就算是有了物证，赵友谅的杀人之罪也就坐实了。得知案件即将了结，赵成沾沾自喜，居然在狱中哼唱起歌来。这秦腔调门很高，狱内的人无不听到，其儿媳妇李氏听到以后，便破口大骂赵成说："虎毒不食子。你身为父亲杀了人，却嫁祸给儿子，还拖累乡邻受罪。不以为耻，反以为乐，居然还快活地高声唱曲呀！一人做事一人当，当官的能饶了你，天地鬼神能饶了你吗？"儿媳妇李氏这一骂，赵成也不由得面红耳赤，不敢哼唱了。禁卒见到此况，急忙禀告给路知县。直到此时，路知县才想到赵成应该是杀人凶手，便严刑审讯孙四，才得知实情。路知县认为儿子被诬而不揭发父亲，乃尽其儿子之义，也是一种孝行，值得尊重。

路知县提审赵成，依然是大刑伺候，却不承想赵成是个老无赖，特别能够熬刑。面对这种无赖，路知县只好拿出狠毒的手段，先是以毒烟熏其鼻，然后以辣椒水灌其喉，之后以火烛灼其背，犹如熬鹰一般，让他三天三夜不能够睡觉。赵成最终顶不住了，便招认杀人诬陷的经过，并且交代出证据，路知县便可以按律予以拟罪了。

按照《大清律例·刑律·人命》"杀一家三人"条规定，杀一家四命以上，致令绝嗣者，凶犯凌迟处死。其子无论年岁，概拟斩立决，妻女发伊犁给厄鲁特为奴。也就是说，赵成与孙四杀牛廷辉一家五人，他们家也应该出五个人去抵命，而孙四本身就是独身一人，这样的话，还缺三条人命，就要由赵友谅充数了。赵友谅不但被父亲诬陷，而且身受酷刑也不供出父亲，乃是孝子。在当朝以孝治天下的当时，诛杀孝子，也就是逆天之举。路知县按例不能给赵友谅免罪，杀孝也不是其所愿，便申报各级上司决断。陕西按察使与巡抚明知赵友谅冤枉，但按例要杀人抵命，也只好将其拟为斩刑，却也不想承担杀孝罪名，就把情有可原的事情奏报上去，恭请皇帝裁决。

嘉庆帝此时虽然已经是皇帝了，但其父乾隆帝还为太上皇，这个条例是其父在位时制定的。他若是格外开恩，将赵友谅赦免了，显然是对父亲的不尊重；更何况太上皇虽然说让位了，但还是大权独掌，大事小情，都必须恭请太上皇来决定。在这种情况下，嘉庆帝也不能没有顾虑，于是下旨云：赵友谅情似可悯，然赵成凶恶已极，此等人岂可使之有后！赵成，著凌迟处死，其子友谅可加宫刑，百日满后，充发黑龙江。也就是说，赵友谅虽然值得怜悯，但赵成这样的凶犯是不能留有后人的，所以按例将赵成凌迟处死。赵友谅虽然可以因为情有可原而免死，但毕竟他是赵成的后人，就将其阉割了，也就不会有后了。这正是：

愚忠愚孝亲儿子，穷凶极恶狠父亲。

此案作为父亲的赵成真是无耻至极，谋娶张氏，逼死岳父，老婆得病不给治，死了也不伤心。给儿子娶了媳妇，却想自己霸占，儿子和儿媳妇惹不起他，潜逃到山村去，他还不放过，居然找上门来寻衅。就是因为儿媳妇舅舅牛廷辉收留了他的儿子和儿媳妇，就想到杀人嫁祸，最终把儿媳妇强占，不仅无耻，而且凶残，可以说是死有余辜。问题是赵友谅，其本身就是受害人，为了保护父亲，居然自认杀人之罪，想替父亲去死。若不是李氏在监狱里道出实情，恐怕被凌迟处死的就是赵友谅了。乾隆帝以杀人者惨杀多人，大不了拼自己一死而全无顾忌，所以制定条例。按照传统的一命一抵，要杀人者的家人抵命，虽然很难说是法顺人情，但去追求所谓的天理，涉及具体案例，也就很难关注情节。嘉庆帝在大权尚未在握的情况下，不敢否定父亲所订的条例，能够免去赵友谅一死，已经是对父亲进行否定了，而将赵友谅阉割，没有违背父亲所制定条例的精神。嘉庆帝是善于用权者，故史称嘉庆帝受之于高宗纯皇帝，至于能继志，能述事。其所作所为并不比乾隆帝逊色。

滥刑毙命酷知县（上）

　　清嘉庆五年（1800），直隶承德府滦平县知县以缉捕强盗为名，滥用酷刑，以至于本县三名良民因此而毙命。知县视民如草芥，原本以为不过是打死几个小小的百姓，即便是冤枉了他们，大不了给几个钱就可以安抚了，却没有想到死者家属并不好欺。你当官有钱可买命，我穷百姓无钱也不卖命，凭什么无缘无故地就把人打死，又凭什么要让家属接受这种残酷的现实呢？愤怒的家属们不顾一切地到京城呈控，最终被嘉庆帝得知，将该知县交刑部予以问罪。刑部认为该知县虽然使用了酷刑，因为他是承办公事，是情有可原的，以为将该知县革职，即可让其抵罪了。嘉庆帝认为这样不妥，在指斥刑部之后，力主要从严处置该知县及捕役们。滦平知县是如何使用酷刑的呢？受害者家属又是如何进行呈控的呢？在嘉庆帝力主从严的情况下，滦平知县与捕役们能够活下来吗？且从案发及处理经过谈起。

　　却说直隶承德府滦平县知县福庆上任了，这是一名满洲知县。本来在清初的时候，州县官这样的官职是不选用满洲人的。但到了乾隆以降，满洲人口增多，八旗生计也出现了问题，这种州县官不选满洲的禁例也就不复存在了。但他们大多被选到北方为官，很少有被选到南方为官的。那个时候，州县官就是父母官，在子女一切都要由父母决定的当时，这个父母官的好坏，便会在很大程度上影响当地的民生。故此当时人们认为，若是苍天有眼，朝廷能够拣选那一等极清廉、极慈爱、极循良的善人来本地当州县官，便是本地人的福气。要是朝廷拣选了恶官，本地人就犹如遇着一个魔君，不但会使本地成为魔神、魔鬼、魔风、魔雨、魔日月、魔星辰、魔雷、魔露、魔雪、魔霜、魔雹、魔电的妖魔世界，而且围绕着这个妖魔头，还会有一班魔外郎、魔书办、魔皂隶、魔快手、魔狱卒等群魔，也就是那些书吏、门子、民壮、捕快、皂隶、甲首、青夫、舆人、番役、库子、禁卒等，都会成为妖魔头的喽啰。在这种情况下，本地的黎民也就成为唐僧、猪八戒、沙悟净、孙行者，这伙妖魔鬼怪们蒸着吃、煮着吃。这位名叫福庆的知县，就是这样一个妖魔头，上任时带着五个师爷，二十名家人，还不忘了带上"三爷"：少爷、姑爷、舅爷。这样一大群人，都要讨生活，个个都要发财，与当地势力勾结在一起，盘剥百姓也就在所难免了。

滦平县位于现在的河北省东北部，原为喀喇河屯厅。乾隆四十三年（1778）正式建县，以滦河无患，人民平安而得名。县内满族人口居多，因此一直选用满洲人为知县。滦平是皇帝前往承德避暑山庄往返的必经之路，因此维持该县的社会治安则是首要任务。福庆知县要想作出政绩，也就不在于如何发展经济，而在于剿灭盗贼多少了，所以其上任伊始，便制订了剿贼计划。

滦平县是八山一水一分田的浅山区，高山不多，但也是山峦重叠，通往蒙古地区的交通要道，都在这些山沟之间。嘉庆初年，白莲教横行数省，朝廷派大军前往镇压，抽调各处的军队，导致各地的防范力量随之削弱，地方社会治安普遍不好。虽然滦平县是皇帝前往避暑山庄的必经之路，也是前往蒙古的重要通道，更是官府重点防范地区。但也免不了有几个匪徒在山路上打劫来往客商，也就算是小小蟊贼，还不至于影响本县的社会安定，只要地方官严督保甲清查户口，蟊贼也难以安身，根本用不着派兵去围剿。

这年在该县白草洼人头山附近的山路边，死了一个人，布衣布鞋，两手是用棉线带捆住，下身的卵子被割去，血流而死。地方保甲报案以后，福庆知县带领仵作前往勘验，却没有苦主前来认领尸体，也就很难查到凶犯。福庆知县便认为这一定是盗匪所为，就让家人与捕役督同保甲，严加缉拿，也就给他们敲诈百姓提供了方便。

清人有诗云："捕人养贼如养鼠，县官养捕如养虎。虎掠食人官不识，知而故纵虎而翼。鼠兮鼠兮何足道？有虎有虎当道立。"说的是捕役豢养盗贼犹如养老鼠一样，老鼠的繁殖力很强，当然是越养越多。县官豢养捕役有如养老虎一样，不但人们畏惧老虎，就是县官也是畏惧老虎的。这些老虎吃人，当官的不管不顾，即便是知道了，也是睁一只眼闭一只眼，无异于使老虎添翼。那些老鼠虽然可恶，但还不至于直接威胁到人们的生命，而当道而立的老虎则不一样了，随时随地都可以索要人的性命。福庆知县的家人与捕役就有如这些添翼的老虎，如今放出去让他们捕盗贼，岂能不惹是生非！

那个时候的人们取暖做饭都需要柴草，靠山的人家可以上山打柴以供家用，而城居的人们则要靠城外运来的柴草度日了。滦平县城的柴草，都是脚夫们挑卖的，价钱当然要比乡村高一些，而靠扁担为生的挑夫们，得些脚银，也是用辛苦赚来的，人们也就不觉得柴草贵了。在这挑担的人群中，有一个名叫刘三的人，生得壮实有力。每日五更早起，从山里挑柴到滦平县城里发卖，他因极力孝母，远近都称他为"刘孝子"。也因为此故，人们买他的柴，从来也不跟他讨价还价，他也是公平交易，仅仅赚些脚钱，也不多收一文钱，生意很好，柴一挑进城卖，很快就出手，每日都有进项，母子生活也就无忧了。

同是天涯沦落人，却都不是同道人。与他一起干挑夫生意的人，见刘三的柴卖得好，价钱又低，认为是影响了他们的生意，也不无怨恨，曾经让刘三略微提高些价钱，以便有钱大家赚。刘三也不懂人情世故，以为自己价钱公道，各自生意，人家愿买，自己愿卖，何必要人多出银钱呢？毕竟大家生活都不容易，自己多赚几个钱，别人就要多出几个钱。自己多赚几个钱，也不会富裕到哪里，而别人多出几个钱，就有可能影响生活。说实在的，这样为别人着想的生意人，确实也不多见，但不能代表所有的生意人都有这种想法，更有可能会因此得罪其他生意人。

刘三一意孤行，已经招惹了同行们的怨恨。恰巧白草洼人头山附近出现了人命案，福庆知县要家人与捕役们严加缉捕，怨恨刘三的人便诬控他可能是杀人凶手。知县家人与捕役们见有人指控，也乐得敲诈些钱财，便将刘三抓捕了。自古强盗见了捕役，就如土鼠遇猫一般，百依百顺，有银子出银子，有珠宝拿珠宝，比阎王吩咐小鬼还灵验。若是一般人被捕役拿获，肯定会主动出钱洗清自己，当时称为"买贼名"。刘三靠挑脚为生，公平交易，所赚的辛苦钱，能够维持母子生活，已经是不容易了，哪里有钱来"买贼名"呢？没有钱，也就难免被捕役们收拾一番。

捕役们把刘三带到班房，用绳子把他的手腕紧紧捆住，一直捆到转弯的肘子上头，两只手臂已是笔直，不能转动了。捕役捆完手臂，又来捆腿，从大腿捆到小腿，犹如捆粽子一般，勒得很紧。刘三不由得大声喊救命，但是这个地方很荒僻，没人听见，就是有人听见，也晓得是捕快们收拾盗贼，没有人敢前来多管闲事，所以任你喊破了嗓子，也是枉然。刘三喊了一会儿，两只手臂已是酸麻疼痛不堪，两条腿也失去了知觉，手脚竟成了冰冷的，全然不是自己的一样。捕役们并没有因此住手，却取来几根竹筷子，一根一根地往绳子靠肉的地方去塞，越塞越紧，筷子都嵌到肉里去了。一会儿塞一根，不多一刻，已经塞了七八根。刘三便如同杀猪一般地喊叫起来，两眼直冒金星，便哭着哀告，可那些捕役们就是不理。刘三没有办法，只好说："诸位爷，我就是一个穷挑夫，母子勉强度日而已，实在是没有银钱，你们要怎样就怎样，说明白了，我也好依着办。"捕役们听了这话，方才问了他名姓，知道他家里仅有老母一人，甚是喜欢，便告诉他，这是让他做贼盗的见面礼。刘三道："贼盗是干什么的，我也不知道，为什么要说我是贼盗呢？我也不会做贼盗的。"捕役们说："你不做也来不及了，谁叫有人说你在白草洼人头山杀人呢？"刘三道："我一个挑夫，如何敢杀人呢？肯定是有人诬告我，你们把告我的人找来，我与他当面对质！"捕役们说："有人告你，就让他与你对质，以后还有谁肯当我们的眼线呢？你休想。要不然你就承认杀人，罪责你一个人承担，谁也救不了你。要不然你就交代出同伙，罪责由他们来承担，至于你能否脱罪，还要看你的同伙们懂事不懂事。"刘三道："我挑柴从来都是独来独往，从不与人合伙干，怎么会有同伙？"捕役们说："那你只有一个人承担罪责了。别怪我们没有告诉你，等你见官以后，就招认你杀人，免得再受痛苦。"刘三此时只想摆脱当前之苦，便一口应承，心想等见到官以后，自然能够说得明白，却没有想到捕役们之所以敢这样做，就是因为有官为后台。

刘三被带到大堂，福庆知县当堂审理。刘三以为知县能够为自己洗清罪名，便极口喊冤，说自己不知道被何人诬控杀人，恳请县太爷明察秋毫，严惩诬告恶人，并且控告捕役们私刑逼供之事。捕役们早就防着刘三翻供，所以在禀告知县的时候，就已经讲明刘三为人狡诈，屡屡诡供，到堂以后定然反悔。强盗之罪是死刑，知县也没有决定权，若是知县秉公执法，使刘三狡诈无以得逞，让他承认了杀人，拟了他的罪，上司还是要复审的。那时候刘三再翻供，恐不利于知县也。正因为如此，福庆知县一听说刘三不承认是杀人强盗，就认为他就是狡诈之人，便不由分说地让皂隶们给刘三上刑。

福庆知县也不知道从哪里学来的医术，知道人体的曲池部位最不耐疼痛。福庆从小在京城长大，早就听到京城达官贵人们讲，刑部要是审讯狡诈的罪犯，往往会用竹片刮罪犯的曲池穴。罪犯不但疼痛难忍，而且会大小便失禁，忍受不住痛苦，也就招认了，因此学会了用竹片刮人的曲池穴。福庆知县没有想到皂隶们狠狠地在曲池之处刮了几十下，刘三居然一命呜呼了。这究竟是什么原因呢？

原来，曲池位于人体上肢手臂弯曲之处及下肢大腿弯曲之处，这四处的皮肉比较细嫩，刮起来自然会疼痛难忍。这上肢正中有一个曲池穴，经常按摩，对肩肘关节疼痛、上肢瘫痪、高血压、荨麻疹、流行性感冒、扁桃体炎、甲状腺肿大、急性胃肠炎等病症有一定的疗效，但也不是没有副作用。特别是妇女，无论是针灸，还是按摩曲池穴，很容易造成流产。这下肢正中有一个委中穴，经常针灸与按摩，可以治疗腰背痛、腹痛、小便不利等症状。强烈刺激此穴也有风险，不但容易引起此处动脉与静脉的血肿，而且会导致气血虚脱，甚至死亡。因此为医家所戒之穴，特别是对于体质素虚、精血不足、病久体衰、孕妇、贫血、一切虚脱之症和习惯性流产、失血、易于出血的病人禁用。无论是曲池穴，还是委中穴，虽然可以治病，但很容易伤人。皂隶们狠狠地刮这个穴位，当然是要命的，这刘三也就难逃一死了。

福庆知县使用这种刑罚，接连致死了三条人命，还说他们都有盗匪嫌疑，罪有应得。仅是嫌疑，并没有坐实，便各自给埋葬银十两，让他们的家属领尸安葬。一具不知道被何人所杀的无名尸体，还不知道是否就是盗匪行劫杀人，福庆知县就听信捕役们的无据之词，居然使三个无辜的人死于非命，三十两银子就想打发家属。即便是下民易虐，他们也不应该是任人宰杀的羔羊。刘三的母亲吴氏，痛失爱子，岂能让福庆知县安生为官，便一路行乞，来到京城都察院击打登闻鼓呼冤。按照惯例，都察院要将喊冤者呈控的情况奏报皇帝。嘉庆帝得知以后，担心是百姓虚空不实，便派遣自己的贴身侍卫为钦差，前往滦平县去核实情况。这正是：

寄语世人休作孽，害人还自害其身。

嘉庆帝所派的钦差，是正白旗的音登额，瓜尔佳氏，时任大内蓝翎侍卫。他少年时便跟随在嘉庆帝左右，所以深得信任，嘉庆帝常常让他调查一些疑难案件。此时受命，当然要认真办理，不辱使命，便身带钦差敕书印信，换上便服，只带着一个随从，就星夜赶往滦平县微服私访。音登额能够查出福庆知县滥刑毙命之事吗？查出实情以后，福庆知县与捕役们的命运又是如何呢？

滥刑毙命酷知县（下）

　　滦平县县民刘三被福庆知县酷刑致死，其母吴氏为了给儿子雪冤，来到京城控告福庆知县滥用酷刑，嘉庆帝得知以后，特派蓝翎侍卫音登额前往调查核实。音登额为了不辱皇命，怀揣钦差敕书印信，只带了一个随从，换上便服，就前往滦平县微服私访，最终查出实情。奏报嘉庆帝，福庆知县的命运也就要由嘉庆帝来决定了。音登额是如何查出实情的呢？嘉庆帝得到实情又是怎样决断的呢？还要从音登额在滦平县的遭遇讲起。

　　且说音登额来到滦平县，在西门外寻找饭店，见一家挂着招牌，名为"盛老实老店"，觉得有趣，便停下来向里面张望，但见里面走出一个人来招呼道："寻店的这里来，咱小店极洁净，上等的汤饭，可口的小菜，请进来看，中意便住下，不中意再寻别家不迟。"音登额即随他进去，只见店中住得满满的，便对他说道："我从京城来，带了些货，准备送往口外。我是打前站的，不出一两日，马帮就会赶到，还要在这里住上几日，因此我要宽敞的好房子。至于饭钱，可以不论，有好吃的尽管拿来，我们是不会少钱的。"那主人家说："既然如此，您随我到里面来，请老爷您住下就是了。"随即把音登额引到内边，打开一间厢房让他看。那房果然与外面不同，既宽敞，又明亮。音登额中意，便在椅子上坐下，然后问："大号可就是老实吗？"那人道："不敢，爷您休笑话，在下名叫盛忠，因老实可靠，不说虚谎，故此外边人就顺口叫我盛老实，久而久之也就出了名，故此以盛老实做招牌，爷您见笑了。不瞒爷您说，县里开店的虽多，来往的爷们，都知道在下老实，故此光顾小店的人也多，比别家不同些。"音登额说："如此说来，你就是名下无虚了。"盛忠说："不敢、不敢。"说罢，即叫跑堂的过来，拿茶拿水擦桌扫地，满面堆下笑来，就是见了亲戚，也没有这样热情的，这是店家旧套，不足为奇。

音登额住下以后，每日出去，各处察访事情。人人都说那福庆知县贪酷虐民，纵容家人与捕役，滥抓平民，酷刑逼供，以至于该县监狱人满为患，便一一记在心中，回到店中就记在纸上。这天晚间回店，盛老实问："爷您去何处玩了？"音登额说："哪里都没有去，只是在县衙门前看看。"盛老实说："咱告诉爷，切不可往衙门里去，这县太爷最好拿获闲人，不可去犯他。"音登额说："原来如此，我在外面看看不妨。"盛老实说些闲话，自去忙了。

次日起来，音登额让随从买些点心吃了以后，对随从说："我到县里去看看，若是有人拿着我的条子来找你，看到条子以后，你就可以同他前来找我。这钦差敕书印信你可要看好了，捆在身上，切不可以丢失，那是咱们的身家性命。"嘱咐之后便出门，径直来到县衙门，正值福庆知县坐堂听审，音登额趁着忙乱混了进去，直挨到丹墀下观看。却好审完了一起事，夹了一个犯人，发出收监命令。音登额故意挨上去，忽被福庆知县见到，喝叫皂隶："那月台下窥探的是什么人，拿过来！"皂隶听令，冲下来就把音登额推到大堂。音登额站立不跪，福庆知县便喝问："你是什么人，敢在此窥探审事，到了官府面前，还敢抵抗不下跪！"音登额说："生员是吉林人，姓安名才，往口外去看亲戚，有些货物还在后面，故在此等候，因为看到衙门听审，便前来观看。"福庆知县说："你是秀才，就敢如此放肆，况又系是外省人氏，未知秀才是真是假，一定是个流棍、假秀才名色，以对抗官府的人。叫禁卒带去收监，待本官明日详文给学政，查一查你是否为秀才。"当下便吩咐值日禁卒来带人。音登额也不言语，跟了禁卒便走。

俗话说，阎王好见，小鬼难当。谁是阎王？坐在堂上能打得人、夹得人，那个官儿就是阎王。你看他把惊堂木一拍，好不惊人，不要等到开口，人已被他吓昏了。谁是小鬼？一个衙门里头，小鬼却多得很。头一个原差是无常鬼，票子一到，链条一套，拉了就走，拖了就跑，未曾提审，先往牢里一送。有钱的只要花上几文，家里的人就准进去探望，商量着替他打点；无钱的只好坐着呆等。所以这牢狱，有个外号叫"望乡台"。常言道，上有天堂，下有地狱。阴曹的地狱只在雕像中见过，那是虚构的。人间的地狱则到处皆是，特别是那个时候的州县监狱，乃活地狱，其黑暗龌龊，只有你想不到的，没有他们做不到的，那就是禁卒牢头们的勒索，他们都以犯人为衣食。

音登额刚进监狱，众禁卒便取来铐锁刑具之类，过来讲公事钱。只见带头的禁卒说："来到这个去处，是做不出好汉的地方，不论罪之轻重，只问钱之有无；到了此地，就是靛缸里拉不出白布，猫儿见鼠，定无慈悲之理的。看你斯斯文文，必然是知些道理之人，及早料理起来。"音登额说："不须列位讲，但我初到，身边并无钱钞，少待等我寄信到寓中，就会有人前来料理。"众禁卒说："既然如此，就先别给他上镣铐了，先关进去，等我们有空再来谈公事。"众禁卒把音登额推入牢中，大家便各自走开了。

音登额环顾牢房，但见那些犯人，个个是鸠形鹄面，三分像人、七分像鬼的模样，问他们所犯何事，大概都是户婚、田土、斗殴牵连的小事。只见旁边有一人，倒在那里低声呼唤，看他就是刚才在衙门内被夹打的那个人。音登额当即走近前去，问他所犯何事？那人垂泪道："我叫王渊，是保定府人，前往口外做买卖，路过此地，恰巧白草洼人头山地方有一个人被杀死了。县太爷令捕役缉拿强盗，他们见我不是本地人，就把我抓了起来，非说我是拦路抢劫的强盗，是杀人凶手，将我一通折磨，才带到大堂听审。我想县太爷应该是青天，为民做主是本分，便向他哭诉冤枉，却想不到县太爷说我狡诈翻供，便给我上了大刑。这大刑的滋味，您是没有尝过，那可是生不如死，我只好招认是杀人凶手，县太爷说我是拦路抢劫的强盗，定要交出盗赃及同伙。我哪里是什么强盗！明明是被冤枉的。因为朝廷有规定用刑不得过三度，而今日已经用过刑了，故此县太爷暂先放过我，明日肯定还要用刑。听说县太爷因为此事，已经打死三个人了，看来我就是那第四个冤死鬼了。可怜我家中尚有年老的父亲，我若死于异乡，连个报信的人也没有，如此黑冤，何处去申诉呢？"说罢，他又哭了起来，同监人犯可能是同病相怜，也随之哭泣，一时间哭声震天，早就惊动了禁卒。

禁卒们赶来，用棍棒敲打着监门，吼道："你们哭什么丧！是不是活得不自在了，想让我们给你们上重镣不成！"见到禁卒发怒，众犯人都忍住哭声，蜷缩在墙根。只见禁子头说："姓安的，你自己的事还顾不过来，管他人的事干什么？你跟我出来，到前面去说话。"然后打开监门，音登额便跟随他出来，到禁卒休息之处。禁子头说："我们弟兄不消说了，你该作速料理就是，老爷处也该打点。"音登额说："列位的礼，安某自当奉送，只是老爷处，叫我如何打点呢？大堂听审原本不是朝廷所禁，前去观看也是允许，更何况我也不曾犯法。"禁子头："你说你没有犯法，那官府的事你还不知道吗？欲加人罪，何患无辞。更何况你是个外乡人，也经不得监押在此，耽误你的正事。依我所见，你还是花钱消灾。那福庆知县身边有个舅爷，名叫德成，是知县的心腹，你央求他送个礼进去，今日便可以释放，这不好吗？"音登额说："这当然好了，但不知道需要送多少礼？"禁子头说："需要十二两银子，还要有其他的使费，再给德成舅爷三两银子，共计十八两六钱银子，你认为如何？"音登额说："既然承阁下指点，就是这个数，安某还是能够拿出来的，但不知道这可是真的？"禁子头说："我叫陆仁甫，是极为忠厚的人，从来不晓得哄人，我这就接德成舅爷来，你当面与他说好了。只是我们的礼也轻不得！"音登额说："既然如此，那就事不宜迟。我写一封信，就烦老哥拿到西门外盛老实店中，交与我的随从，叫他到这里来。只是不可叫店家知道，恐他见笑。"陆禁子头说："你现在就写来，我一面让人去送信，一面让人把德成舅爷找来，当面锣对面鼓地把事办了如何？"音登额说："如此甚好！"随即借了纸笔，急急写完，交与陆禁子头。

却说那随从在店内等候音登额，大半天没有音信，也是着急，但主人有令，也不敢出门寻找，便在店门前张望，见到有人前来送信，拆开一看，也就明白主人的意图，带着银子，跟随来人赶到监狱。音登额先把四两一封，送与众禁卒说："些许薄礼，还请笑纳。"众禁卒见他体面，接了也就不言语了。过了一会儿，德成舅爷到了，众禁卒就替音登额把上项事说了。德成舅爷担当说："绝不敢欺，就是我放个屁去，也不怕我那姐夫不依的。你只管安心，我如今便送进去，少停即有回音。"音登额说："若是如此，在下感恩不尽。"就把银子一一交给德成舅爷，送他出去。果然钱可通神，天将傍晚，县里便来人传话，让禁卒把音登额给释放了。

音登额回到店中，就思量如何完成钦命。第二天一早，便与随从一起赶往承德府，将钦差敕书与印信交知府验看，要求知府派人与自己一起前往滦平县去摘福庆知县的官印，先行将其革职看管，再听候皇帝处置。承德知府见是钦差，岂敢怠慢，当即让本府知事带领三十人骑马与音登额一起赶往滦平县，进了县衙之后，就把官印收了，将福庆知县与家人及本县捕快们都关押在仓房，由知事署理滦平县事。音登额便星夜赶回京城，奏报给皇帝。

嘉庆帝接到音登额的奏报，当即让刑部派人到滦平县去提相关人犯到京，严加审讯。刑部派差官协同承德府一起，将福庆知县一行人押到京城，分别进行审讯，福庆知县滥刑毙命之事也就坐实了。按照《大清律例·刑律·断狱》"故禁故勘平人"条规定，若致死至三命以上者，文官发附近，武官发边卫，各充军。福庆不但故意勘问平人，而且使用非刑致死三命，就应该予以加等处罚。故此刑部将福庆知县加等拟为杖一百、流三千里，先行在京城门前枷号三个月，然后择地流放，并且上奏皇帝核准。

嘉庆帝看到刑部的拟罪之后，认为刑部有从轻故纵之嫌，当即批示道：此案福庆于刘三等不肯承认行劫，动刑严讯，辄用竹片刮两曲秋。此种刑法，唯审讯叛逆案内罪应凌迟处死之犯，间一用之，本非正刑。况刘三等甫经到案时不肯供认，何致辄用非刑拷问，连毙三命，殊属酷滥。也就是说，在这个案件之中，因为刘三等人不肯承认行劫杀人，福庆知县便动用了严刑，竟然用竹片刮他们的上下曲池。这样的刑法，只有在审讯叛逆案内，对那些原本应该予以凌迟处死的罪犯，才会偶尔使用一次。这不是朝廷规定的正式刑法，更何况刘三等人还没有到案的时候，就不肯供认行劫杀人，又怎么能够保证他们就是真正的罪犯呢？为什么不问青红皂白就使用非刑进行拷问呢？而且竟然连毙三命，显然就是滥用酷刑。对于这种人，即便是将他加等拟为杖一百、流三千里，枷号三个月，也不足以惩处其罪。因此嘉庆帝下旨云：福庆著于枷号满日，发往军台效力赎罪。也就是说，将福庆在京城枷号三个月以后，发往新疆军台效力赎罪，才能足以当其罪。

清代对官员的惩处，多是按例予以拟罪，很少有按律拟罪的。若是按照《大清律例·刑律·人命》"杀一家三人"条规定，凡犯支解人罪者，为首者凌迟处死，财产断付死者之家，其妻、子流二千里。按律福庆就应该予以凌迟处死，还要罚没财产，牵连家族。但条例规定，官员勘问犯人，即便是杀一家非真犯死罪三人，也不是死刑，最重的是发边远烟瘴地区充军。嘉庆帝认为将福庆枷号三个月，发往新疆军台效力赎罪，已经是格外加重，却从来没有想到按律处置。

对于官员往往是网开一面，对于捕役则不会手软。清王朝继承明代重典治吏的原则，对于那些诈赃逼死人命的捕役、衙役、皂隶、禁卒等，不是予以即行正法，就是予以立毙杖下。故此嘉庆帝下旨云：所有蠹役诈赃致毙人命，情节均重，著照所拟，即行正法。其余各犯，著暂缓正法，仍入于本年秋审情实黄册内，待秋后予以勾决。那些参与诈赃的捕役及禁卒，最终则没有逃过一死。这正是：

只图买好本官喜，不管良民死共生。

此案的缘起是福庆知县急于立功，想借白草洼人头山无名尸体案，清理一下本县拦路打劫的蟊贼，借此声称剿灭盗匪，便可以向朝廷邀功请赏。却不想聪明反被聪明误，殊不知盗匪屡剿不灭，是捕役豢养的结果。这些捕役只知道欺压百姓，不会用心缉捕盗匪，而他们为了讨地方官员的欢心，就不会管人民的死活，诬良为盗是他们的看家本领。地方官往往信任捕役，不问青红皂白，采取刑讯逼供，不知道致死多少良民。善良的百姓面对官府的强横，无处说理。即便是他们相信有圣明的皇帝可以为自己做主，不顾一切地到京城呈控，期望得到皇帝的眷顾，但他们能够得到什么呢？此案刘三的母亲吴氏，为了儿子到京城呈控，最终得到嘉庆帝的关注，皇帝处置了福庆知县及捕役们，但她得到了什么呢？从嘉庆帝前前后后的谕旨中，根本没有看到给刘三等人平反之说，也没有看到安抚苦主吴氏的一句话。最终吴氏也只能算是为儿子报了仇，但她失去儿子的痛苦，还让儿子背个罪名，等于是一无所得，亦可见在君主专制政体下，人民是毫无权利可言的。

寡廉鲜耻法难容

清嘉庆九年（1804），湖北省黄州府麻城县发生一起和尚与儿媳妇掐死婆婆的案件。杀人者按律予以处斩是没有争议的，问题是其子犯有奸盗，是否予以拟罪呢？刑部按照《大清律例·刑律·诉讼》"子孙违反教令"条规定，子孙犯奸盗，致纵容袒护之祖父母、父母畏罪自尽，发黑龙江给披甲人为奴。将其子拟罪为奴。嘉庆帝看到题奏以后，认为其子寡廉鲜耻，应该予以绞立决。刑部按例拟罪为什么遭到嘉庆帝的批驳呢？寡廉鲜耻能够作为加重处死的理由吗？且从案情说起。

却说湖北省黄州府麻城县二十里许，有个九龙寺，位于九龙山，是自唐代就建成的寺院，寺院里有数十名和尚。清人认为，天下最讨便宜的，莫如和尚。因为这些和尚不耕而食，不织而衣，偏自穿得暖，吃得饱，扪腹逍遥，无忧无虑，而且还住在名山胜境，高堂曲室，镇日清清净净，自由自在。也就是说，和尚都是不劳而获，却也讲经颂佛，苦行焚修，也是不容易。其实和尚也分很多等级，挑水、打柴、喂牲口的算是最低等的和尚；会应酬的能够为值客和尚；会算计可以做当家和尚；若道行深、学问好、能诗能文、能讲经说法的，可以当住持方丈。那也不是论资排辈而来，需要花很大气力去争取。

却说九龙寺有个游方和尚，法名文瑞。这游方和尚是没有寺院所归属，却可以巡游天下，来到寺院，就可以成为挂单和尚。即可以在寺院干些扫地、烧饭、砍柴的工作，也绝不会以这种工作为卑贱，却以为是神圣而可以养成谦让人格的修养。因为没有归属，也是自由自在、单纯朴素、身心调柔，流动无滞，属于问禅求道，追求禅的最高境界。当然了，这是游方和尚的最高境界，却不是每个游方和尚所能够达到的。这个僧文瑞是从福建游方过来的，挂单在九龙寺，却也不在寺里干活，而是到四乡八寨去募化。

僧文瑞募化有术，劝人捐输，也不是狮子大开口，只是要施主一个月捐助一文钱，一年不过是十二文钱。因为所要不多，众人也无不应承，但人多力量大，这麻城县有三万多善信家，每家一年出十二文钱，就是三百六十两银子，这也是其聪明之处。不多要则示人不贪，化缘众则积少成多。谁也不会想到一个游方和尚会因此腰缠万贯，若然布施能回护，菩萨原来是盗家。把人家的钱财揽入腰包，却给人以廉洁向善的印象，亦可见其很高明。

和尚虽系出家，却与俗人一样，他身上并不曾少生些欲望。既具了五行，也就有了酒、色、财、气。若说和尚不该擅动色念，就应该予以阉割，既然没有阉割，也就与正常的男人一样，难免好色。这个文瑞，年纪也就是二十五六，正是风华正茂、意气风发、热血沸腾之时，见到女人也难免春情荡漾，不能自持。

有一次，僧文瑞来到麻城县城南十里铺，见到一个名叫田文潮的人，二十多岁，生得聪明俊俏，很招人喜欢，便上前搭讪云："阿弥陀佛，我看施主眉清目秀，相貌端庄，面带喜色，莫非刚刚新婚？"这田文潮刚刚娶妻邹氏，还未到一个月，如今见僧文瑞一眼看出来，便认为他是真活佛，于是说："佛爷您真是神人，你怎么知道我刚刚结婚呢？"僧文瑞说："这算什么？我还知道你妻是潢川县人，姓邹，今年刚刚十八岁。你母亲余氏，现年三十九岁，只有你一子，如今寡居。家有水田十五亩，水牛一头，鸡八只，猪两头，尚有桑田二亩，养蚕六箔。所缫之丝，婆媳纺织，足供一家生活，是男耕女织的小康之家。施主您看我说得对不对，若是对了，您就施舍一文钱，我按月到您府上来取，要知道一文钱不多，却可以与佛结缘，岂不善哉！"田文潮见僧文瑞所说无误，施舍一文钱也不为过，但在田里干活，这一文钱也是拿不出，便邀僧文瑞去家里做客。寡母余氏出来迎接，僧文瑞看过去，但见：年纪近四十，貌非倾国，却态尽妖娆，可谓是"芙蓉娇面翠眉颦，秋水含波低溜人"。僧文瑞一见，身体顿时酥了半边。余氏知道僧文瑞是来取施舍的，当即取出五十文钱递了过来。僧文瑞双手合十道："女菩萨，贫僧乃是游方和尚，从不让人多施舍，一文足矣，不要这许多。"余氏说："哪里有嫌施舍多的和尚呀！这五十文钱，高僧还是收了吧！"僧文瑞说："贫僧只取一文，并不多要，而且每月一文，意在结缘，非有他图。我佛慈悲，普度天下众生，若女菩萨这样的人，长得漂亮，心也敞亮，乃是有佛缘的人。"见和尚奉承自己，余氏也有些不好意思，便说："寡妇心死如灰，每日孤灯只影，心苦神伤，岂能敞亮？淡妆不施，何来漂亮？"僧文瑞说："女菩萨何出此语？你乃是如花似玉貌，体态轻盈姿，属于天生丽质，你不自觉，人自觉耳！若不是贫僧出家，定然要娶女菩萨为妻。女菩萨没有听说过'牡丹花下死，做鬼也风流吗'？见到您之后，我还俗的心都有了。"这种话说得很直白，余氏能够听不出来吗？毕竟女人是爱听奉承的，有人夸自己，余氏心里还是美滋滋的。

嘉庆时期放松了对农村的管控，以前朔望宣讲的制度已经荡然无存。农民也就不知道朝廷的纲领，没有了信仰，也就容易受到别人的蛊惑，相信某些宗教。那个时候的人们信重佛法，并不是信重佛的教义，而是寻求某种保佑。到寺院烧香点烛，就有如到官府去行贿，我给你烧了香，你就应该保佑我，为我做一些事。特别是一些庸蠢之徒，见了一个和尚，不管好歹，就认为是活佛，礼敬有加。田文潮就是这样一个人，不但对僧文瑞唯命是从，而且供他有如神仙。余氏见僧文瑞很会说话，便产生了好感，也就给了僧文瑞可乘之机。

余氏乃是个好贪小便宜的人，僧文瑞便投其所好。今天送来一些稻谷，明天送来一些衣服，还时不时送些钱来，总期望与余氏单独相处。这好占小便宜的人，与好色之人，各有所图，也各取所需，最终二人奸好了。最初僧文瑞与余氏还对田文潮有所顾忌，偷偷摸摸，而有意回避他。后来被田文潮看到，他并没有什么过激的行为，居然睁一只眼闭一只眼，权当没有看见。僧文瑞也就不怕了，便在田文潮家住下来。

田文潮妻邹氏，看到婆婆与僧文瑞同吃同住，非但没有鄙夷，却感觉到好奇，居然对丈夫田文潮说："婆婆与那僧文瑞在一起，你就不怕人说吗？"田文潮说："人家僧文瑞是得道高僧，乃是金刚不坏身，母亲与他在一起修炼，将来就能成为神仙。"邹氏说："你就别骗我了，和尚也是男的，这男女在一起能修炼什么？"田文潮说："你这就是'以小人之心，度君子之腹'。那僧文瑞没有来以前，母亲病歪歪的，整日没精打采，现如今精神矍铄，犹如年轻了二十岁，看上去比你还年轻呢！这不是修炼之功吗？"邹氏说："若是如此，我也应该找那个僧文瑞去修炼修炼，我再年轻二十岁，岂不是又回到娘胎里了。"本来僧文瑞就有得陇望蜀之意，想不到田文潮却没有丈夫之气，不但对母亲与人相好不置可否，对妻子的玩笑之言也没有加以指斥，也就无怪乎僧文瑞身拥二美，将她们婆媳都霸占了。

有道是，一山难容二雄虎，却也有二雌不共立。这个邹氏与僧文瑞好上了，却嫉妒起婆婆余氏来。若是美之妒美，是因为自恃其美，不容天下更有美于我者也。若丑之妒美，不谓之妒，直谓之不识羞耳。这婆媳二人，共侍一个情夫，已经是无耻至极，却还争风吃醋，真是很难让人理解。作为丈夫及儿子的田文潮，看到妻子与人奸好而不怒，母亲与人共眠而不恼，真是愧称为男人。这一家人贪图一个游方和尚的小利，居然都变得这样无耻，却不想那个和尚究竟能给他们家带来什么利益。

一个游方和尚，靠兜揽布施为生，哪里会有这样多的稻谷衣服及银钱呢？又如何满足这个贪欲之家呢？无奈之下，僧文瑞想到了偷窃。在乡村里，家家户户都不富有，即便是有少许钱财，也都藏得很隐秘，对难以藏起来的粮食衣服等，也看得很紧，大多数人家都养着狼犬守护，见了生人就狂吠不止，凶恶的犬还会咬人，所以去人家里偷盗，并不是一件容易的事。乡村的家不好偷，乡村田地里的农作物则比较容易偷，一般人不可能日夜不睡觉去看守那些稻麦瓜果。僧文瑞四处化缘，得知哪里农作物即将成熟，主人看管疏忽，便唆使田文潮去偷，而且每次都能够成功，且颇有所获。对于这种偷窃，田文潮一家不以为耻，却认为这是有道高僧的神机妙算，因而更加信服他了。

俗话说，常在河边走，哪能不湿鞋。有一次，僧文瑞看到一处稻田，稻子已经成熟，却无人看守，便告诉田文潮，让他去偷割，没想到被田主发现，将田文潮捆缚起来，来到家里索赔。按照《大清律例·刑律·贼盗》"盗田野谷麦"条规定，凡盗田野谷麦、菜果及无人看守器物者，并计赃，准窃盗论，免刺。这些稻谷，价值有限，若是按照一两以下计算，也就是杖六十，故此民间解决此事，都是采取加倍赔偿的办法。田文潮家并不富裕，若是按照事主要求罚赔十倍，显然是拿不出来，但人家找上门来，且把田文潮扣留，就不得不想办法先救人了。

余氏要僧文瑞想办法救救儿子，毕竟这些年的募化，应该还有些钱财。僧文瑞好言安慰，却想出更狠毒的计谋，那就是借尸图赖。在当时民间社会普遍存在"架尸图赖"的做法，即纠纷当事人自杀，说是别人所逼，其手段之奸伪刁诈令人咂舌，以至于朝廷不断制定条例以实行"严打"政策。图赖的方式也是多种多样的，诸如，以老病之人图赖、妇女撒泼图赖、借路遇之尸图赖、自杀图赖、杀亲图赖等。这种图赖，就使原本户婚、田土、钱债等小事，变成了人命大案，从而致使对方畏惧讼途，最终花钱息事宁人。

僧文瑞知道田文潮妻邹氏与婆婆余氏关系微妙，特别是僧文瑞把邹氏弄到手之后，婆婆余氏甚是愤恨。婆媳间不时争吵斗骂，连僧文瑞也被余氏斥骂，骂他得陇望蜀，看到年轻的，就不管老的了，无情无义，以至于僧文瑞与邹氏都怨恨余氏，恨不得她从眼前消失。僧文瑞与邹氏相商说："田文潮如今被人关押，若是罚赔，肯定会倾家荡产。我们绝对不能让那家人得逞，非但不赔罚给他们，还要他们乖乖地把田文潮送回，再给我们一些银子。"邹氏说："天底下哪里有这样的好事呢？田文潮偷割人家稻谷，被人当场抓住，乃是人赃俱获，人家要我们罚赔，已经是给了很大的面子了，怎么还会给我们银子呢？"僧文瑞说："要知道凡因户婚、田土、钱债之类，威逼人致自尽死者，杖一百，并追埋葬银一十两。要是我们这里有人命，就是他们威逼致死的，不但要予以杖刑，还要追埋葬银。他们怕官，肯定多给银钱，即便是告到官府，我们也不会输，因为有人命嘛！"

邹氏说："哪里去找人命呀！莫非你看到有饿死的乞丐，拿乞丐的尸体去讹诈？"僧文瑞说："哪里有现成的乞丐尸体呢？只能够从自家里找，不是有一个多余的人吗？"邹氏说："谁多余呀，莫非是我婆婆不成？"僧文瑞点点头，便与邹氏商议弄死余氏的事情。他们也真够残忍的，一个是儿媳妇，一个是旧情人，居然全不念亲与情，活生生地把余氏给掐死了。二人以其尸体去讹诈对方，却不想对方也不是省油的灯，也不知道在哪里找到一个尸体来图赖，这样便双方各有人命，谁也不肯服输，只好告到官府。

麻城知县素知该地民人好以尸图赖，所以亲督仵作勘验尸体，不允许仵作接触尸亲，使他人很难受贿谎报伤痕。这一招果然有效，仵作马上就看出余氏并不是自尽而死，乃是被人掐死的，僧文瑞与邹氏便不能够摆脱嫌疑了。麻城知县严加拷讯，得到实情，就可以按律拟罪了。按照"谋杀人"律规定，僧文瑞是杀人主谋，即为造意者，应该将之斩首；邹氏是从而加功者，按律应该绞，但其属于卑幼，也应该加等处斩。问题是田文潮，不但任凭伊母与僧文瑞有奸，还纵容伊妻邹氏与僧文瑞通奸，更听从僧文瑞偷窃他人稻谷，属于身犯邪淫。若因此致使其父母轻生者，将以犯奸盗之子发黑龙江给披甲人为奴。麻城知县将所拟申报各级上司，刑部具题请旨。嘉庆帝披览案情之后，认为死者余氏有纵奸、纵窃图利的行为，其本身就是无耻的，与例里规定并未纵容与忧愤的情况不同；而田文潮也寡廉鲜耻，可以改为绞监候，秋后处决。为此嘉庆帝还让刑部修订条例，对于祖父母、父母纵令子孙犯奸犯盗，以致被人殴死，或被谋故杀害者，均问拟绞候。然后批示云：总之明刑所以弼教。凡问拟罪名，必当将案情详细研求，期于无枉无纵，以扶风化而儆凶顽，不可意为轻重也。在嘉庆帝看来，祖父母、父母纵容子孙犯罪，即便是被人杀死，其子孙也不能免于被处死，这就是扶持风化而惩儆凶顽，也是明刑弼教的根本。这正是：

无损于世称善人，有害于世为恶人。

此案的当事人都是寡廉鲜耻的，其所作所为与当时社会所崇尚的道德格格不入，特别是母亲容忍儿子犯奸盗，儿子容忍母亲与僧奸宿，这已经寡廉鲜耻了；还不顾母亲的感受，让自己的妻子与僧文瑞通奸，更属于无耻至极者。嘉庆帝认为这种寡廉鲜耻不是一个人可以促成的，特别是母亲纵奸图利与儿子无耻至极是有密切的关系。这样的母亲即便是被人杀死，当儿子的也难免其责，所以力主将其子判以绞刑，并且认为这是扶持风化的必然举措，却不想将世人公认的道德理念予以发扬光大。要知道彰良善而惩奸顽，乃是一个国家的正气得以维护的根本，不是靠惩治几个寡廉鲜耻的人所能够达到的，而是要天下人尽知廉耻。

无耻丈夫杀妻案

清嘉庆十年（1805），嘉庆帝在阅览刑部秋审册时，发现河南省一起丈夫杀妻案。按照《大清律例·刑律·人命》"夫殴死有罪妻妾"条规定，凡妻妾因殴骂夫之祖父母、父母，而夫不告官，擅杀死者，杖一百。如果是妻妾打骂父母，丈夫将之杀死，最重的罪责也就是杖一百。按照《大清律例·刑律·斗殴》"妻妾殴夫"条规定，夫殴妻至死者，杖一百、徒三年。若是妻妾没有殴骂父母的行为，丈夫殴死妻妾，也是没有死刑的。河南省这起杀妻案以这个丈夫逼自己的妻子卖淫，妻子不从，便将妻子打死，已经不能再按丈夫对待了，应该予以斩立决。上报刑部以后，将此人纳入秋审勾决之列。嘉庆帝查阅案情，认为河南巡抚及刑部审理都有误，在申饬各官之后，亲自裁决将该丈夫予以绞立决。该丈夫为什么要逼妻子卖淫呢？清代丈夫勒逼妻子卖淫犯法吗？清代律例规定丈夫殴死妻子不是死刑，嘉庆帝为什么要钦裁将该丈夫处死呢？且从案情及处理经过谈起。

管子云："礼义廉耻，国之四维。"孟子云："无羞恶之心，非人也。"可见这廉耻之心是最要紧的。如果不顾廉耻，仅把一生精神智虑都用在铜钱眼子里，必至无所不为，害得人家冰消瓦解，弄得自己身败名裂。

却说河南省开封府祥符县城内，有一个叫赵芳的人，在县里乃是数得着的人物，好结识朋友，拜盟弟兄，倒是个四海春风的人。邻里乡党中有事，拉他出来，说三言两语，人都信服，且推崇他。但他好色无常，喜欢猎艳，以强占人家妻女为乐，若是看到有几分姿色的女子，定要谋划到手，却也不贪恋，再看到美色，便移情别恋了。声称古者天子有后，三夫

524

人、九嫔妃、二十七世妇、八十一御妻，也不过一百二十一个妻妾，在下不是天子，不用独占一百二十一个妻妾，却要与三百女子有情有爱，逍遥快活，天子也不如我也。

在祥符县城西有家杂货铺，掌柜叫胡约，年方二十岁，因其父早逝，才承继家产。其母赵氏，刚刚三十八岁，是中年妇女端庄模样，翠鬓如裁俏面颜。平日她穿着鲜艳，浓妆艳抹，在杂货铺照看生意，犹如倚门娼妇甚是招摇。

胡约幼时曾读过几年书，天资也不甚冥钝。只因自小父母姑息，失于教导，及至长成，父亲却死了，母亲对他是百依百顺，等于是无人拘管，既不务正业，又不肯就学。杂货铺因为有母亲打理，自己觉得无事可做，便在外面游荡，被那些闲人浪子诱引到赌场。从来赌钱一事，进去容易出来难，胡约入了这个道儿，也就没有了志气。赵氏为了管束胡约，凭媒娶了卖烧饼的向老二之女，与胡约为妻。这个向氏，时年十八岁，因为是小户人家出身，自小随父亲干活，不懂得什么梳妆打扮，却也有少妇风韵。生得不长不短，美在自然，两眼水汪汪的，顾盼起来，犹如秋水盈盈，别有一种娇姿媚态，妙笔难描，却也恪守妇道。她在后屋烧火做饭，承担家务，从不出头露面，虽然已婚，也如待嫁闺中的少女，见到别的男人，居然感到脸红。

新婚燕尔，胡约还是老老实实地在家。三个月过后，恋妻的心情淡了一些，便又出去赌博。在清代赌博是违法的，一旦发现赌场及赌徒，就要予以杖刑，所以赌场都是地下的，赌徒大多数也是固定的。胡约所去的赌场，乃是赵芳所设，一贯以哄骗人来赌钱为主，赌场抽头，不但能够从中获利，而且在赌徒急于翻本的情况下，出借高利贷。赌场赚了钱，也不能独占，既要打点官府，向捕役兵丁行贿，又要养一帮打手保护赌场，追债讨债，只有这样赌场才能生存。赵芳因开赌场而结交许多狐朋狗友，与官府也有关系，更重要的是，他放高利贷，以打手威逼还贷，使借贷者卖房卖地，甚至卖儿鬻女。一旦当了赌徒，就没有什么人性，为了能够赌博，赌徒们往往置妻子儿女于不顾，这也恰恰遂了赵芳要猎艳三百女子的愿望。

但凡赌徒还不上钱，他总要以其人妻女还债，也不知道他淫占了多少妇女。

这一日，胡约在赵芳赌场赌钱，不知不觉输了许多钱，因为急于翻本，便借了高利贷，又输了个精光，若再要借贷，则要抵押。胡约把自己的杂货铺押了出去，结果本没有翻回来，杂货铺便要易主了。赵芳带着打手，押着胡约，拿着借据，前去接收杂货铺，却看到赵氏在铺内打点，便把来由讲了。

赵氏开铺子久了，也算是见过世面。她早已得知赵芳好色，声称猎艳三百女子，故此使出浑身解数，以狐媚之态诱之，只要能保住一家赖以为生的杂货铺，自己情愿侍奉赵芳，以身还债。别看赵氏已经快四十岁了，却也是姿容白嫩，号称"赛西施"。只因为自小娇生惯养，父母怕她受罪，没有裹脚，乃有一双天足。在当时这被认为是妇女的缺陷，即便是长得貌美如花，也常常被人称为"半身观音"，就是因为女人有一双大脚。赵氏如今守寡已经五年，时时想要嫁人，却因儿子的缘故，不好直接讲明。人们常说能引诱年轻人的就是狐媚子，只要是腰似蛇儿柳样柔，万种妖娆骨相轻，就能吸引男人拜倒在你的石榴裙下，何人还会计较你是否有一双大脚呢？更何况赵芳乃是喜欢猎艳的人物，这双天足反而招他喜欢。当赵氏主动提出以身还债时，他也就欣然同意，撕毁借据，还给胡约一些钱，让他到赌场捞本，自己则与赵氏共赴巫山。这算什么儿子！把自己的母亲送到别人手中抵债，居然也能够隐忍，还高高兴兴地拿着钱再去赌博，可见赌徒真是没有人性。

赵芳与赵氏鬼混了一些日子，看到向氏年轻貌美，便提出让向氏也伺候他。赵氏先骂赵芳得陇望蜀，辜负她的一片痴情，却耐不住赵芳哀求，便对向氏讲此事。向氏见婆婆不顾廉耻与赵芳同居同处，已经觉得脸上无光，碍于婆婆是长辈，也不敢说什么，如今见婆婆劝自己侍奉赵芳，如何肯答应？便头也不回地回到自己房间，把门锁起来，再也不出门，连一家饭食也不做了。

赵芳见赵氏不能说服向氏，便直截了当地对胡约讲，要他把向氏献给自己，否则所欠钱债定然追还，还不上的话，就把杂货铺收回，将他们一家赶出祥符县。胡约是一个连自己母亲都肯出卖的人,又如何能心疼媳妇?回家以后便逼向氏去侍奉赵芳。向氏说:"我出身小户人家,但从小父母就教我妇人有三从之义,即嫁从夫,可是我从来没有听说哪个丈夫要把自己的老婆送给别人,甘愿当缩头乌龟的。"

胡约说:"你还知道即嫁从夫呀!如今你丈夫要你侍奉赵大官人,你为何不从呀!要知道赵大官人是我们的恩人,没有他就没有我们一家,因此我愿意当缩头乌龟。你马上去见赵大官人,给他赔礼道歉。"

向氏说:"你妈妈不是已经侍奉赵大官人了吗?哪里有婆媳共同侍奉一人的道理?要是让我干这样蔑伦悖理的事情,绝对不成。"

胡约说:"你这个小贱人,敢骂我妈!要知道媳妇骂公婆犹如子女骂父母,按照律例可是绞罪的。"

向氏说:"谁骂你妈了,她是寡妇,朝廷也没有规定寡妇不准嫁人,她要是嫁给赵大官人,还是我婆婆,我照样会侍奉她。如今她与赵大官人不清不楚,就是通奸。那赵大官人是我什么人呢?若是他娶了我婆婆,就是我公公,你要我侍奉公公,这成何体统?反正我没有骂你妈,我誓死也不会去侍奉那赵大官人。"

胡约不能说服向氏,但告诉赵芳,说向氏愿意侍奉他。当天晚上向氏睡熟后,胡约把赵芳引至房间,亲自按住她,让赵芳强奸向氏。向氏无端受辱,如何肯从,便高声喊叫:"奸人了!杀人了!街坊四邻们快救命呀!"以向氏的意思,只要街坊四邻能够帮忙,定能解救其于危难,但清官难断家务事,又有谁愿意干涉别人家的事情呢?赵芳却怕街坊四邻们听见,就喝令胡约,要他制止向氏喊叫。胡约先是捂住向氏的嘴,却没有想到向氏情急,咬了他一口。胡约急了,顺手拾起一根木桌腿,当即打伤向氏的左右胳膊,向氏更加拼命喊叫。赵芳则骂胡约废物,不能让向氏住口。胡约听从,当即用木桌腿殴打向氏左耳根,这乃是致命之处,向氏当即殒命。

打死人命,街坊四邻就不能不管了。按照《大清律例·刑律·人命》规定,凡是知道有人被害而不首告者,就要杖一百。街坊四邻都听到向氏的喊叫，如今向氏被打死，他们都是知情者，若不去首告，都要承担杖一百的责任。所以街坊四邻马上告知坊长，派几个坊丁把胡约捆缚起来，送到县衙交县太爷问罪。

祥符县知县带领仵作检验完尸身以后，按例对胡约进行刑讯，而胡约一口咬定向氏辱骂自己的母亲，自己气愤不过，失手将向氏打死。若是听信胡约的供词，向氏便成为有罪之人了。按照《大清律例·刑律·骂詈》"骂祖父母父母"条规定，凡骂祖父母、父母，及妻妾骂夫之祖父母、父母者，并绞。这样向氏便是死罪。而按照《大清律例·刑律·人命》"夫殴死有罪妻妾"条规定，凡妻妾因殴骂夫之祖父母、父母，而夫不告官，擅杀死者，杖一百。胡约最重的刑罚也就是杖一百，按律还准赎，也就是罚几个钱算完事。向氏到底有没有骂胡约之母，现在只有胡约及其母亲赵氏为证，祥符县知县如何能够相信，便拘押街坊四邻进行审讯。街坊四邻多本着救生不救死的原则，大多数附和胡约、赵氏，讲向氏确实骂了赵氏。祥符县知县大怒，当即令衙役掌嘴，令他们讲实话。祥符县知县为什么敢给证人用刑呢？因为《大清律例·刑律·断狱》"狱囚诬指平人"条规定，若官司鞫囚，而证佐之人有所偏徇，不言实情，故行诬证者，减罪人罪二等量刑。对证人也是可以实施刑讯的。在威逼利诱下，街坊四邻也只好讲出实情，祥符县知县当即派捕役将赵芳捕获，最终问明实情，便可以按律拟罪了。

以赵芳的罪行而言，其强奸向氏不从，主使本夫胡约将向氏殴伤身死，且与胡约之母赵氏通奸，乃是乱人伦纪，淫凶不法，按律当斩，因此拟为斩监候，申报各级上司，由刑部归入情实册，等待皇帝勾决。以胡约罪而言，先经赵芳与伊母赵氏通奸，因利其资助，并未阻止，已属丧心蔑礼。此后为了钱财，逼令其妻卖淫，因为其妻不从，听从主使，将妻殴毙，乃是逼奸故杀的无耻之徒，但毕竟他是向氏的丈夫。按照《大清律例·刑律·人命》"妻妾殴夫"条规定，其夫殴妻至死者，杖一百、徒三年。因为其无耻，加重处罚，也只能够加一等，改为流刑，故此将胡约拟为杖一百、流三千里，定地发遣。赵芳与赵氏有奸，且同意赵芳奸污其儿媳，也只是奸罪，加等处罚，只不过是杖九十，系妇人，按例准赎释放。

刑部按例进呈秋审勾决册，嘉庆帝看到此案，不由得动怒，认为乱人伦纪，淫凶不法的赵芳不应该予以斩监候，应该予以斩立决。而丧心蔑礼、无耻已极、逼奸故杀、实非人类的胡约，怎么能够仅仅予以杖流呢？嘉庆帝认为："寻常故杀妻之案，尚当问拟绞候，其或有因卖奸等项别情起衅者，秋谳时无不予勾。"也就是说，一般故意杀妻案件，按律都应该问拟绞监候。如果有卖奸等别的事情，在秋审的时候没有不予以勾决的，而如今这样可恶的人，怎么能够仅仅问拟流罪呢？各级官员实在是有轻纵之嫌。为此，嘉庆帝批示云：夫明刑所以弼教而教化首重伦常。朕钦慎庶狱，凡遇救亲情切、致毙人命者，往往原情贯宥，不予勾决，正所以扶植人伦。至背弃伦理之案，尤当严示创惩。今此案情节，实于风化有关，若仅照原议办理，是寡廉鲜耻之徒，罔知儆畏，何以明罚敕法？也就是说，明刑弼教的首要原则就是实行教化，而要实行教化，就必须注重伦常。朕对刑狱之事特别慎重，大凡是遇到为了援救亲族而出现的命案，往往予以原情，不予勾决，使他们得以免死，就是为了扶植人伦。至于那些背弃伦理的案件，尤其应该予以严惩。如今这个案子，实在是有关风化，如果仅仅按照各官及刑部所拟办理，就会使寡廉鲜耻之徒不知道警诫畏惧，怎么能够申明处罚而敕令法律呢？基于此，嘉庆帝下令将赵芳斩首示众，查明胡约现在流放到什么地方，就在配所将之绞立决。除此之外，凡是经审此案的各级官员，都予以处分。并且申明：嗣后，问刑衙门遇有似此案件，即将本夫问拟绞候，不得仍照凡人同谋共殴律，分别首从定拟，以昭平允而维风教。这正是：

丧心病狂淫婆母，无耻至极狠丈夫。

此案固然始于胡约赌博借贷，为了还高利贷，作为母亲甘愿出卖色相，作为儿子不但欣然接受，还逼迫自己的妻子卖淫，妻子不从，他竟然听人指使狂殴妻子而致死。这种人一方面在债主门前献媚求怜，犹如三孙子一般；另一方面犹如豺狗一般，将母亲送与他人还不算，硬要把妻子也送给别人。妻子不从，竟然大逞淫威，殴打妻子致死，还指称妻子骂其母亲，其母亲也诬告媳妇辱骂，试图逃脱法律制裁。街坊四邻但求明哲保身，争做老好人，救生不救死。若不是祥符县知县明察秋毫，三人成虎，几乎使向氏带着骂婆婆的坏名声而白白丢了性命，纵使恶人得意。面对这样逼奸故杀的无耻丈夫，各级官员还以什么丈夫来量刑，看起来是明尊卑，实际上是助纣为虐。嘉庆帝深知这样判刑不利于倡导风化，力主将无耻丈夫处死，并且申明今后有类似这样的丈夫，都予以处死。只有这样才能彰显公平正义，才有利于维持与倡导风化，但他没有引夫妻"义绝"之条，还是承认丈夫的地位，亦可见嘉庆帝所讲的风教，还是在于男尊女卑。

亲母怒杀不孝儿

清嘉庆十一年（1806），盛京刑部侍郎穆克登额在审理一件亲母勒死儿子的案件时，以亲母擅自杀死儿子，将亲母拟罪为杖一百，题请刑部，允许亲母赎免。刑部认为穆克登额引律有误，题请皇帝将穆克登额审拟驳回。嘉庆帝仔细研读案情，在同意刑部意见的同时，指出驳斥穆克登额的理由，要主管刑狱的臣工在审理有关伦理纲常的案件时，一定要秉承明刑弼教的精神。清代父母故意杀死子女应该承担什么罪责呢？穆克登额为什么会引律有误呢？嘉庆帝为什么对有关伦理纲常的案件特别关注呢？且从案情谈起。

唐代白居易《咏燕》诗云："新燕长成各自飞，巢中旧燕望空悲。燕悲不记为雏日，也有高飞合母时。"这是一首借燕而劝人行孝的诗。常言道，养儿方知父母恩。父母抚养子女千辛万苦，不知道费了多少心力，好不容易等到子女长大成人了，儿子娶了媳妇，女儿嫁了人，就把父母撇在一边。每每到这个时候，父母往往嗔怪子女不孝，却不想自己当初为人子女的时候，也曾经得到父母爱养，正与如今我爱子女一般。想一想当初你在父母面前曾经尽孝与否，如今你又有什么可以怪罪子女不孝呢！这是白居易借燕子为喻，儆劝世人之意，还算是人之常情。若是子女不孝，还敢虐待父母，则有失天理人情了。

却说清代奉天锦县有一处官庄，乃是八旗权贵所有，由庄头管理，每年向主子缴纳年物银两。庄头统领许多庄丁，耕种土地，经营生意，除了每年缴纳租银之外，庄丁们所得也足以为生。这个官庄有沈姓一家，老两口生了三个儿子，老大沈国连，老二沈国仲，老三沈国荣。老沈头英年早逝，老伴杜氏独自抚养三个儿子长大。东北的女人比较泼辣能干，家中大事小情都由她做主，孩子稍微不听话，轻则两巴掌打在屁股上，留下两个红手印；重则家法伺候，牛皮鞭子在屁股大腿上一顿猛抽，留下无数血条印。杜氏之所以这样做，是秉承沈家"棒打出孝子"的理念，认为不打不成才，不打孩子就不长记性，殊不知孩子也会记仇。

转眼间老大沈国连二十岁了，老二沈国仲十八岁，老三沈国荣十六岁，都成了大小伙子。杜氏再用家法教训时，三个儿子便按照古训"小杖则受，大杖则走"，每逢此时，他们抬腿便跑。杜氏如今也四十余岁了，即便是强悍，也很难追上他们。俗话说，两个人是伴儿，三个人是乱儿。兄弟三人难以形成一条心，杜氏便拉拢这个教训那个，再给那个好处来压制这个，对儿子讲起驾驭之术，以确定自己的权威。却不知道儿子终究会长大，以后也要娶妻生子，如何与老母相伴一生呢？

常言道，家有长子，国有大臣。杜氏从小就对老大沈国连另眼相看，若是老大犯了错，她不打老大，却打老二、老三，声称是杀鸡给猴看。没想到养成老大骄横之势，性格暴戾，不听教训，时常还敢顶撞自己，杜氏已经很难再管教他了。有一次，老大在外面与本庄一帮恶少喝酒，大醉而归，杜氏以他年纪轻轻不学好为由，就动用家法要教训他。却不想老大年轻力壮，家法还没有拿出，早就夺门而出，一连五日没有回家。杜氏心疼儿子，叫老二、老三去寻找，好说歹说，才把他请回家。自此以后，只要杜氏发怒，老大就外出不归，与本庄恶少一起鬼混，还经常惹是生非，以至于庄头经常责怪杜氏管教孩子不严。

孩子大了不由娘，眼见得老大不听话又不学好，杜氏也很着急，不止一次地教训他，他不但不听，还时不时地出言顶撞。杜氏在恼怒之时，也曾经想以家法伺候，可他早就一溜烟似的逃跑了，反正有庄里的恶少可以收留他。杜氏实在管不了了，便以老大出言不逊，顶撞母亲为由，禀告庄头，请求依法处置。庄头乃是一庄之主，凡是户婚、田土、钱债等小事都可以直接处置，只是出现盗贼、人命、犯奸等案件才会禀官处置。《大清律例·刑律·诉讼》"子孙违犯教令"条规定，凡子孙违犯祖父母、父母教令，及奉养有缺者，杖一百。只要是祖父母、父母告到官府，就要将子孙杖一百。按照清代规定，一般民人施以杖刑，旗人施以鞭刑。因此庄头将老大沈国连鞭一百，并警告他说，若再违反母亲教令，定将其禀官处置，那个时候便不是简单的鞭刑了，因为忤逆父母的行为是属于"十恶"大罪，弄不好会杀头的。

有人会说了，一百鞭子还不把人打残废了。要知道中国古代一直是以蒲鞭示辱为原则，所用的鞭子并不是用牛皮编成的鞭策牲口的那种，而是几十条牛皮散捆在一根木棍上，犹如掸土的拂尘。虽然打起来声音很响，却也不太伤人，其意在于让受刑者知辱而改正错误。即便如此，身上也会有伤，这一百鞭子打下去，后背肯定红肿，只是不会皮开肉绽。

经过庄头的教训，老大沈国连虽然表面上老实了许多，但内心里却更加怨恨母亲。之后两三个月时间没有惹是生非，后来便故态复萌，不但时时顶撞母亲，而且经常欺负弟弟。他声称，母亲若是再把他送给庄头惩治，定然先把两个弟弟打死，自己即便是被官府杀头，到时候连给老娘送终的人都没有，让沈家绝了后。这话气得杜氏发昏，病倒在床。老二、老三只得好言宽慰母亲，一连十天，兄弟俩衣不解带，小心服侍。杜氏见这般光景，叹口气道："都是一个母亲生的，为什么老大那样浑蛋呢？幸亏还有你们两个孝顺儿子，要不然为娘我该怎么活呢？"老二、老三说："哥哥是一时糊涂，误听匪人之言，等他将来娶妻生子，就会知道孝敬您了，养儿方知父母恩嘛！"杜氏说："话是那么说，那个浑小子如今已经是臭名昭著了，哪家的姑娘肯嫁给他呢？"老二、老三说："反正您儿子多，到时候让哥哥入赘人家，既可以省些彩礼，又可以不在您身边气您，岂不是两全其美？"以老二、老三的意思，让哥哥入赘，他们可以多得些财产。可杜氏却不这样看，在她看来，因为老大经常欺负他们，所以他们不喜欢哥哥。家有长子，国之大臣，按照传统的嫡长继承习惯，老大理当承下沈家的门户。所以杜氏没有说什么，不过心里却盘算起来，与其让一个忤逆不孝的长子继承，还不如选一个孝顺的儿子在自己身边，将来也有个依靠。

转眼间就到了正月初一，东北称为过新年，为一年之首，家家户户都穿新衣服。这一个月，看社火、听唱戏、庆新春、放烟火，往来拜节，摆酒宴客。即便是一家人，也是有酒有肉地吃团圆饭，笑语喧哗，喜气洋洋。这天老大沈国连不知道去哪家拜年，杜氏左等不见他回来，右等看不见他的踪影，眼见得一家团圆饭就少老大一个人，老二、老三有些不耐烦，就提出到外面去寻找。杜氏讲："找那个没良心的王八羔子干什么！不等他了，我们现在就吃饭。老三，你把酒都给我们满上，先给你爹的牌位前放盅酒，我们一起敬你爹一盅，然后再喝。"娘儿三个敬完老爹，兄弟俩又敬母亲，三个人便吃喝起来。过了一会儿，老大沈国连酒气熏熏地回到家中，见娘儿三个不等他吃团圆饭，这气便不打一处来，便吆喝老二、老三说："你们两个小浑蛋，还懂不懂尊卑长幼？大哥我还没有回来，你们就先吃喝起来了，太不像话了！"老二、老三不敢说话。杜氏有些恼怒，该吃饭的时候不回来，刚刚回来就挑礼，便说："你先别说老二、老三了，说说你吧！你懂什么尊卑长幼，在外面喝多了才回家，不问候你老娘则罢了，也不敬你死去的老爹。吃饭的时候，你到哪里去了？等你许久，不见你回来，是我不让他们等你的，我就不是你的长辈了吗？你还有脸说你两个弟弟！"

老二沈国仲怕老大沈国连犯浑，便拿出一个酒盅斟上酒，送到老大面前说："既然大哥回来了，我们就一起吃团圆饭吧。母亲你也少说几句，大哥刚才说的都是酒话，您也别往心里去。"

此时杜氏正在气头上，不让老二倒酒，气呼呼地说："你看他醉成什么样子了，还让他喝酒！老三，你扶老大睡觉去，别让他在这里烦我们。"老大沈国连听罢，借酒撒疯地把酒盅摔在地上，然后大骂道："你这个老太婆，就是看不上我，不让我喝酒，你们也别想喝。你是什么样的母亲呀！把儿子送到庄头那里挨鞭子，你多解气呀！你不怕丢脸，因为你是外姓人，我们沈家的脸都让你丢尽了。有本事你再把我送到庄头那里呀！到时候我就说，我不是你亲生的，所以你才那样狠心，让我去挨鞭子。"杜氏如何能够忍受，起身过来，照着老大的脸上就是两个嘴巴。老大被打急了，竟然破口大骂："老不死的，你竟然敢打我，你以为你是母亲，就可以胡作非为吗？别以为我怕你，我是让着你。老不死的，今天我让你打个够。"说着便扑上去，把杜氏推倒在地，将其双手按住，杜氏动弹不得。老大把脸伸过去说："老不死的，你打呀！你打得着吗？"老二、老三见状，急忙扯开老大，将杜氏扶了起来。此时杜氏气愤不过，喝令老二、老三把老大捆起来。老二、老三碍于母命，也怕老大伤了母亲，便合力将老大捆了起来，准备交庄头送官法办。老大身子被捆，嘴却骂个不休，讲什么定要拼一个鱼死网破，不让他好好地活着，他也不会让老太婆和两个混账弟弟好好活着。杜氏听到这些，想到这一年多来，老大不是骂她，便是打弟弟，若是送到庄头那里，再打一顿鞭子，老大肯定会更加记仇，说不定会做出什么难以想象的事情，这浑小子说得出，也做得到。杜氏越想越觉得留下这个逆子，终究会使阖家得不到安宁，便取来一根布带，绕在老大的脖子上说："今天你若是向两个弟弟赔个不是，在老娘面前服个软，我就饶了你，要不然就勒死你！"老大如何肯认错，依然骂声不绝。杜氏实在气恼，勒紧布带，却不想用力过猛，居然将老大勒死了。

大过年的出了人命，庄头虽然觉得晦气，但也不敢隐瞒，只好让庄丁们把杜氏及老二、老三捆缚起来，送交锦县县衙，由县太爷来审理。锦县知县弄清事情始末，在人证物证齐全的情况下，便可以按律拟罪了。按《大清律例·刑律·斗殴》"殴祖父母父母"条规定，其子孙违犯教令，而祖父母、父母不依法决罚而横加殴打，非理殴杀者，杖一百；故杀者，杖六十、徒一年。锦县知县认为杜氏乃是故杀，将她拟为杖六十、徒一年，申报各级上司。

东北地区的案件，例由盛京刑部定拟罪名，盛京刑部侍郎穆克登额认为按照父母故杀量刑不合适，因为律注有无违犯教令之罪，为故杀。显然老大沈国连不听其母亲管教，应该是违犯教令，其母将其勒死，是不依法决罚，属于非理殴杀，将杜氏杖一百，就足以蔽其辜了，因此改拟为杖一百，按例还应该准赎，题报刑部核准。

刑部认为穆克登额拟罪有误，因为沈国连一犯，不特违犯教令，竟敢酗酒无状，殴詈伊母，经伊母气愤勒毙，律得勿论。也就是说，按照律例规定，沈国连有殴打詈骂母亲的行为，已经是有罪之人，按律本应该是死罪，其母亲在气愤之时将其勒死，按律不应该论罪，便将应请改正之处奏请皇帝。嘉庆帝认为刑部改正得有理，当即批示云：夫非理殴杀之条，原以为子者并无干犯情事，或父母行止不端，逞忿殴杀，致死其子，方得谓之非理。今杜氏管教沈国连，该犯辄敢肆骂推倒撤按，实犯忤逆，经伊母气愤勒毙，有何不合，何得转科父母之罪，虽所拟止于满杖，且亦照例收赎，然明刑所以弼教，似此伦纪攸关之案，岂可不加详核，率引例文，致失协中之义乎。穆克登额原拟失当，著传旨申饬，仍交部察议。也就是说，律内规定的非理殴杀，原本是为儿子并没有干犯父母之事，或许是父母行为不端，凭借父母之尊，逞一时之愤而殴杀其子，这才是所谓的"非理"。如今杜氏管教其儿子沈国连，他竟然敢肆行辱骂母亲，还敢把母亲推倒擒按在地，乃是实实在在的忤逆之子，他母亲因为气愤把他勒死，有什么不对的吗？为什么还要治母亲之罪呢？虽然所拟之罪仅仅是杖一百，按例是允许收赎的。但明刑弼教，像这样有关伦理纲常的案件，岂能不仔细予以核查，草率地引用例文定罪，以至于失去律从中道的根本吗？穆克登额原所拟罪失当，著传朕旨予以申饬，仍交吏部查检有关条例，予以应得处分。这正是：

有子不教父之过，宠儿随意母之责。

此案是儿子詈骂母亲，并且将母亲推倒擒按在地，看是一时之事，责任全在儿子，殊不知其父母也有责任。这个老大沈国连，从小得到父母宠爱，要风得风，要雨得雨，父母无不顺从，使他只知道有自己，不知道有他人，等他长大成人，父母再要管教，岂能够再让他听话？故此古人认为，子不教、父之过。子女娇惯母亲有责，与其子女长大忤逆不孝，不如从小养成尊重长辈之心，教其孝顺友爱之义。嘉庆帝以明刑弼教为名，对于这种违反伦理纲常的案件，从不轻易下裁断。只要不是因为父母的过失，凡是父母杀死子女都科以轻罪，若是子女有不孝行为，无论是父母采取什么手段将子女致死，都不予以治罪。本来律文规定是子孙违犯教令，其祖父母、父母不依法决罚而横加殴打，方才称为"非理"。嘉庆帝则理解为是祖父母、父母自己有过失，不听子女劝说而殴打子女是为"非理"。皇帝之言就是圣旨，刑部只好据此修订条例云："若卑幼并无干犯，尊长挟有嫌隙，非理毒殴。"也就是说子孙卑幼没有干名犯义之事，祖父母、父母、尊长若是挟嫌殴打，就是非理。

"严打"迷拐查迷药

清嘉庆十一年（1806），京师北城兵马司拿获一起用药迷拐幼孩的团伙，按例交刑部审讯。主管承审此案的是刑部侍郎金光悌，他没有按照一般的审讯套路，不问迷拐的过程，却穷追不舍地查找迷药的来源，追出药方，查获制造迷药的窝点，然后奏请皇帝裁决。金光悌为什么要严查迷药来源呢？查获迷药与破获迷拐幼孩案件又有什么关联呢？且从案发及处理经过谈起。

清王朝拐卖妇女儿童的现象比较严重，不但在富足的省份频有发生，而且在边远穷困的省份也屡见不鲜，就连在天子脚下的帝都也时有发生。在京城发生的案件，一般都会奏请皇帝，在皇帝亲裁处置以后，就会成为条例或事例，直接影响类似案件的判决，故此京城犯罪的影响最大。

却说在北京东城棉花胡同住着一户人家，丈夫叫杨四，妻子杨氏。这杨姓夫妇是房无一间，地无一垄。杨四靠卖苦力为生，杨氏则给人缝洗衣服，如今在棉花胡同租了间西房居住，生活很是艰难。若是天气好，有短工可打，有衣服可缝洗，日子还算过得去。要是阴天下雨，短工打不成，衣服不能洗，日子也就艰难了。

这一年，北京遇上罕见的连阴天，牛毛细雨下个不停，说大也不大，说小也不小。不大是细雨绵绵，不小是昼夜不停，杨姓夫妇也因此断了生计。这一日，邻居的大黄狗也不知道从哪里抓住一只老鼠。按理说是狗拿耗子多管闲事，偏偏这只大黄狗就喜欢抓老鼠。但见这只老鼠足有一斤多重，乃是耳朵小，尾巴长，穿古壁，跳高粱。蛇来也不怕，猫来也不慌。偷油不变黑蝙蝠，拖鸡不弱黄鼠狼。常言道，鼠不满斤。这老鼠居然有一斤多重，杨四觉得新奇，便从狗嘴里把老鼠夺了过来，仔细打量之后，觉得这老鼠便是他们两口子的商机。一只死老鼠能带来什么商机呢？别说，这杨四还真是脑子好使，他当即找来一把裁纸刀，将这老鼠的皮细细剥下来，把肉喂了黄狗，也算是给黄狗一个报酬吧！杨四从炕上的稻草垫子里，扯出两把稻草，把老鼠皮撑了起来，让杨氏用针线缝将起来，将老鼠做成一个活生生的标本。事情准备到这里还不算完，还有其他的东西要准备。杨四看看家里只有十文钱，便到外面药铺买了些朱砂，回家后从院子里挖了两锹黄泥，把朱砂拌了进去，然后与杨氏一起，将这些泥搓成弹球大小的丸子，放在炉子上烘干，不大工夫就制成五六百丸，找个布口袋装了起来。

第二天，正好天气放晴，杨四把杨氏的梳头匣子拿来，把烘干的黄泥丸子装进去，带着那只老鼠标本，出门以后就来到人烟辐辏之处。只见他用根竹竿把老鼠标本悬挂起来，手里拿着梳头匣子，高声吆喝道："老鼠药，老鼠药，买了家家睡得着。锦诗书，绣衣裳，美珍馐，不用藏！天上天下老鼠王，惹着些儿断了肠！"有这样大的老鼠，肯定会引起小孩子们的关注，转眼间就围上几十个孩子，争先恐后地看老鼠，也就吸引了孩子家长们的注意。那个时候的北京城，乃是老鼠为患，不仅家家有老鼠，而且大白天可以看到老鼠在搬家。这些老鼠不是咬坏衣箱，就是祸害食粮，还传播疫病，故此让人痛恨。人们见这样大的老鼠都被药死了，也就相信老鼠药灵验，一问价钱，一文一丸，也不觉得贵，只见你三丸、我五丸地抢购起来。仅仅半天，杨四就卖了五六百文钱，便暗暗叫好，心想："连这黄泥都能卖钱，真的要感谢这只老鼠了。鼠哥、鼠哥，亏了你也！没些来由，将你剥皮实草！得罪、得罪，待我发了大财，给你修庙建坟，奉你为神。"就这样，夫妻俩开始走街串巷地卖他们制作的老鼠药，既然是假药，也不能总在一个地方卖，好在北京城大，也足够他们卖一阵了。

常言道，贪心不足蛇吞象。杨氏夫妇靠卖假老鼠药，挣了许多钱，不但买了一处四合院，还开起一间药铺。杨氏夫妇哪里懂得什么医药？请来张五、孙大两名医师来撑门面。而这两个医师并不是什么好人，原在湖北武昌当草头医生，专卖打胎药、长生不老药、迷药等，因为害了人命而染上官司，畏罪潜逃，来到京城。杨氏夫妇卖假老鼠药，岂能瞒过他们？见杨氏夫妇赚了钱，他们一方面以卖假老鼠药要控告到官府作为威胁；另一方面以开药铺能够赚大钱作为引诱，让夫妻俩出钱开药铺。杨氏夫妇当然是趋利了，拿了一笔本钱，开了个药铺，他们当老板，而让张五、孙大在铺面打点。

虽然说没有不开张的油盐店，也没有卖不出的苦口良药，但毕竟人们所看重的是品牌，没有品牌，也就没有口碑，要想盈利是很难的。眼见药店开了半年多，非但没有赚钱，还赔了不少钱，杨氏夫妇便有了知难而退的心思。若是不开药铺，张五、孙大如何在北京谋生呢？便把他们在湖北当草头医生的本事拿出来。北京的达官权贵多如牛毛，他们一是妻妾成群，在"色"上下功夫，因此春药成为他们的必备品；二是达官权贵都梦想永远富贵，延年益寿，因此长生不老药最受欢迎；三是达官权贵生活靡乱，妻女偷情也非常普遍，一旦不慎，暗结珠胎，怕丑事张扬，因此打胎药也颇受青睐。张五、孙大决定主打这几种成药，也得到杨氏夫妇的赞许。

中医药的医疗效用毋庸否定，但一些草头庸医将迷信的内容加入中医药中，既没有科学性，也没有什么显著疗效，弄不好还会留下后遗症，真是害人害己。张五、孙大制作的长生不老药中加有一味药，那就是从小孩身上取来的。其特等药用小孩的脑，上等药用小孩的心肝，中等药用小孩筋肉，下等药用小孩皮骨。谁家肯把小孩卖给药铺做药材呢？于是，杨氏夫妇通过人贩子，买了一个幼童，居然残忍地给杀了，制成长生不老药。当然这药里也加有不少提神的药，无非是鸦片之类的刺激神经的药，服了还会使人上瘾，也就能够保证药的销路了。

杨氏夫妇本来就没什么文化，虽说是靠坑蒙拐骗起家的，但也免不了自己被骗子所骗。一桩是被骗开药铺，也就是亏了些钱财；另一桩却让他们差点丢了性命，那就是相信了两个江湖大夫的谎言。杨氏已经结婚多年，没有生孩子，得知这种长生不老药，既可以养生，又可以生子，便也服用起来，结果得了一种怪病，不吃小孩肉，就没有精神，痛苦难忍。实际上这是中了鸦片毒，杨氏不知，以为是必须吃小孩肉才能够好。当迷拐

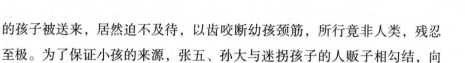

的孩子被送来，居然迫不及待，以齿咬断幼孩颈筋，所行竟非人类，残忍至极。为了保证小孩的来源，张五、孙大与迷拐孩子的人贩子相勾结，向他们提供迷药，凡是迷拐的孩子，都送到他们的药铺来。

迷拐人贩子王九、冯六，一直干拐卖人口的活计，叠拐男女幼童不计其数，俊者卖之远方，蠢者杀食其肉，炙骨为丸，十分残忍。如今又与杨氏夫妇勾结起来，越加放手大干，以至于京师五城常常接到丢失孩子的报案。此事引起步军统领，即九门提督的注意，奏请皇帝。嘉庆帝得知，异常恼火，天子脚下的帝都竟然接连丢失孩子，成何体统，因此严饬步军统领、五城御史、大兴宛平二县，务必在十日之内，捕获迷拐孩子的罪犯，否则拿他们是问。有了皇帝的严旨，负责京城治安的大小官员都不敢怠慢，严令属下，务必于七日内将罪犯捕获，否则立毙杖下。这当然是威胁，也保不住要杀鸡给猴看，但不知道谁是这只鸡，故此人人奋勇，也人人自危。

却说北城兵马司番子头目张忠，已经五十多岁了，干番役这一行有三十多年了，不但对北城各个胡同了如指掌，而且还了解胡同所住人户的各种情况，曾经破获不少大案、要案。因为他的番役身份不能改变，所以不能将之升迁为官，也只能让他当个番子头目。兵马司的指挥、副指挥都知道张忠的本领，都很尊重他，不到万不得已，是不派他查案的，如今圣上催得紧，也只好请他出山了。

张忠把北城有可能干此事的人都进行了排查，发现王九与冯六最可疑。去年他们曾经诱骗幼童，被幼童家长捉获，送兵马司法办，因为诱拐未遂，也没有查到前科，兵马司指挥仅将他们各打二十大板，在城门口枷号一个月，如今已经有半年多没有犯事了。这两个人平日靠给人送水度日，勉强为生而已。最近居然不再送水了，还经常出入酒馆青楼，出手大方，想必是发了什么不义之财。张忠便锁定这二人为嫌疑人，派两个番役把他们带到私宅，使用私刑审讯。说起这些番役的私刑，可以说千奇百怪，绝对不能让受刑人有外伤，却使受刑人难以忍受，不得不交代罪行，而且不敢反悔。张忠先让番役给王九、冯六洗足，让他们交代罪行。所谓的洗足，就是用细毛刷子刷脚心，使之大笑不已，实在忍受不住，也就交代了。若是能扛住洗足，则该用探阴了，也就是用猪鬃毛探入阴茎，在痛痒难挨的情况下，不得不交代。至于将辣椒水灌入口中或肛门，更是痛苦不堪。在一番收拾之后，王九、冯六交代迷拐幼孩的罪行，两个人居然合伙干有五案，王九单独干五案，冯六单独干一案，共计迷拐十一个幼孩，卖给不知名的人贩子，看来他们不想交代自己的下线，显然是受到某种威胁。既然他们已经招认，且搜出迷拐孩子的迷药，张忠便可以把他们交官处置，等着领赏银了。这样的重犯，兵马司按例是要交刑部审理的，北城兵马司指挥便将王九、冯六移送刑部。刑部按例奏请皇帝，嘉庆帝委派刑部侍郎金光悌亲审此案，将罪犯明正典刑。按照圣旨审讯迷拐人犯，按律将人犯处置便可以完差，但这位金侍郎的审理却出人意料。

金光悌，湖北英山县人。乾隆四十五年（1780）考中进士，嘉庆十年（1805）由山东布政使升任刑部侍郎，深得嘉庆帝的信任，屡次派他为钦差，办理各种大案要案。金侍郎提审王九、冯六，按例给他们上拶指、夹棍等大刑。金侍郎不问他们迷拐的过程，因为他们已经交代了，兵马司审讯记录得很明白，而是追问其迷药来自何方，所拐幼童的去向。死罪好受，活罪难挨。本来王九、冯六怕供出提供迷药的人及接收幼童的下家，马上就会被杀人灭口的，如今他们已经知道死罪难免，又何必再受活罪呢？便把张五、孙大卖药，杨姓夫妇收购幼童之事招出。金侍郎当即下令，速将案中有名人犯擒获，不得走漏一人。然后依旧大刑伺候，审问明白，奏闻皇帝。《清史稿》称"金光悌治事尤厉锋锷，号刻深云"。可见其雷厉风行，而清人则将之称为"大清包公"，也可以得知其办案之无私。

嘉庆帝披阅奏章，认为这些人均属罪大恶极，自应立置重辟，以儆凶残。因此钦裁杨四、杨氏、王九、冯六予以处斩；张五、孙大绞监候，秋后处决。然后表彰刑部云："刑部为刑名总汇，近来谳理讼狱，事件较繁，各堂官办理一切事务，均属细心允协。即如用药迷拐之案，从前事犯到官，不过照例完结，未能将该犯如何配制药方，究出底里。今刑部于迷拐一案详细研鞫，将该犯所用药方彻底查出，俾惨刻凶徒，明正典刑，不致幸逃法网，且使配制此等药方之人，知罪干重辟，有所畏而不敢，从此幼孩免遭惨毒，所活实多，阴功实大。彼以开脱凶犯为积阴功之见者，所见相去霄壤矣！是刑部审办此案，实为认真。"也就是说，刑部在最近一段时间，办案还是很认真的，以这个迷拐幼童之案而言，若是按照惯例，将他们处决就可以结案了，不会追查迷药的来源和配方。如今刑部官员在审讯迷拐案件时，将犯人所用的药方彻底查出，使这样惨刻的凶徒得以被明正典刑。不仅不至于让他们幸逃法网，还能使那些配制这样药方的人知道自己触犯法律会被杀头，因此有所畏惧而不敢再制作迷药，从此可以使幼童免遭惨毒，所存活的人很多，阴功实在大。那些以开脱凶犯死罪为积阴功之见者，与这种见识相比，乃是霄壤之别呀！这是刑部审办此案的认真之处，因此应该予以嘉奖。所以将刑部尚书、侍郎及郎中、员外郎等官，凡是有处分在身的，均予以豁免，而金光悌等人则记录三次，各加一级，以示奖励。这正是：

欲要擒贼先擒王，思得原罪须原始。

此案的罪犯可以说是惨刻，若是为了赚钱，弄个假老鼠药，老鼠可以选择不吃，吃了也不会死，虽然没有良心，但是不至于害人。制造什么春药、堕胎药、长生不老药，却是人们自己选择吃的，则难免害人，再加上制造者自身的愚昧，居然想到用人来入药，不但杀害入药之人，还害了用药之人，乃是双重加害，于情、于理、于法都说不过去。刑部审理此案，不仅看到了犯罪的表面，而且也找到了犯罪的源头，查出迷药的制造点及药方，揭示其虚妄。不但将罪犯绳之以法，而且昭示虚妄，使选择用药者得以警醒，则验证了有买卖则有伤害，没有买卖则没有伤害这样简单的道理。如果人们都知道春药、堕胎药、长生不老药是虚假的，不去买，制造者也不会有钱赚，当然也就绝迹了。俗话说，是药三分毒。不相信自然，而相信什么神药，当然会给犯罪分子以可乘之机。嘉庆帝对刑部穷追迷药制造及药方的源头，揭示药物虚妄的做法表示满意，大概也是基于这种最普通的道理吧。

昏官乱审轮奸案

　　清嘉庆十二年（1807），山东省栖霞县发生一起盗匪轮奸少女案。按照当时的律法，强奸已经是死罪了，轮奸更是法所难容。中国古代妇女重视名节，被轮奸已经是名节扫地，妇女能够活下来已经不易，却不想官府听信盗匪之言，非要该少女当堂对质，导致该少女自杀。嘉庆帝得知此事以后，非常恼火，在指斥地方官以后，钦定将轮奸盗匪全部处死。嘉庆帝为什么要指斥地方官呢？清代的轮奸犯是否都要全部处死呢？且从案情谈起。

　　却说山东省栖霞县，有三个蟊贼，名叫王三、宋二、毕晓子。他们原来在徐州府砀山县徐姓匪帮为匪，被官军围剿，自觉难以逃脱，便缴械投降了。官府念他们是初犯，便将他们遣送回乡，交地方保长严加管束。不当土匪而要成为平民，谈何容易？在家种地，风吹日晒，土里刨食，面朝黄土背朝天，指掌磨烂，皮肤焦黑，百般劳苦，还要靠天吃饭，所收粮食要缴纳赋税，所余除了一家吃食，再换些油盐酱醋茶及日用品，已经算是好的了，如何比得上在山寨里，大碗喝酒，大块吃肉呢？没过几年，王三等人因不擅长耕作，把家里的田地卖了，躲过保长的耳目，又干起了盗贼的生意来。

　　这一天，王三等三人结伴同行，来到栖霞县西北一个村庄外的小路，准备打劫孤身行走的客人，却见村内走来一个姑娘，臂挽竹篮，手持铁铲，去山上挖野菜。王三等人举目望去，但见姑娘也就是十六七岁，面非黛粉，却也娇艳；腰岂小蛮，亦称柔弱；稀稀几点雀斑，自有牵云之处；弯弯的两道蛾眉，尽多觅雨之妖。王三说："世间有这样的女子，生得如此姿色，若娇妆梳整，真有闭月羞花之容。不知道她有人家没有，若是没有，就托媒去说，以我王三的容貌及钱财，还怕娶不上这个村姐？"宋二说："为什么好事都让你王三得到呢？论容貌，你不如我；论气力，你更不成；论钱财，我们得财都是均分，我也不比你少。这个美女若是没有人家，要娶她的也应该是我呀！"

三个人当中，毕晓子看上去迷迷糊糊，却最有心计，也最阴狠。见王三与宋二争执不休，便说："自从我们山寨被官军围剿，山寨已经是树倒猢狲散，你们要是有本事，就重新拉起大旗，占山为王，当上寨主，把那个姑娘抢去当压寨夫人，谁也不敢说什么。如今我们三个人凑在一起，还没有确定谁能够当家做主，就想什么娶媳妇，岂不是让人寒心？"

王三说："我早就想重新拉起大旗，可招兵买马，不是要钱吗？如今找你们二人前来，就是准备先弄些钱财，然后上山当寨主，你们两个便是二当家、三当家的，岂不是快活？"

毕晓子说："凭什么你当大当家的呀！大当家的干事，不但要智谋出众，而且要义重如山，更要与弟兄们有福同享，有难同当，你行吗？都两个月了，我们才打劫两三起，都是孤身客人，能有什么钱财，能度日就不错了，还想招兵买马当寨主，乃是白日做梦。"

宋二说："我们不是人少吗？只能打劫孤身客人，若是客人势众，再有保镖的，我们也敌不过人家呀！别老想着要发大财，这钱是慢慢攒起来的，聚沙成塔，早晚我们都会有钱的。至于将来谁当寨主，那就要看他的本事了，得要众人心服口服。"

王三说："老毕要有福同享，老宋要心服口服，我王三今天就给你们做件事，保证让你二位满意。至于以后谁当寨主，咱们得学梁山好汉，谁抢钱多，谁本事大，我们就推他为寨主如何？"

宋二与毕晓子问王三今天要做什么事，王三指着那个姑娘说："我们没有占山为王，都不能够娶压寨夫人，但也不妨碍我们找个女人乐呵乐呵。今天就把那个姑娘抢了，我们三个人就来一个有福同享如何？"这三个人一拍即合，当即跟随那个姑娘，来到村庄，见其家中无人，便将姑娘劫持到他们在深山建盖的草屋之内，恣意奸淫。

却说这个姑娘，姓柳，小名红玉，许配给邻村赵财主的儿子，就等着来年迎娶。父亲柳儒，世代务农，有田十余亩，与儿子柳开生一起耕种，也还算是小康人家。

红玉不见了，村里有人看到她被三个人劫持了，柳家父子岂能坐视不理？当即通知亲族相知们帮助寻找，一时间凑起百余人，成群结队地到附近的山里寻找，鸣锣吹号，相互联络，务必要活着见人，死了见尸，其动静也就大了。常言道，做贼心虚。王三等人听到柳家亲族们的喊叫声，生怕被他们发现，便舍弃红玉，四散而逃。

农家辛苦，红玉平日与母亲一起操持家务，养了几头猪，经常进山采野菜，打猪草，因此身体非常壮实。在饱受蹂躏之后，居然还能生存下来。见王三等人逃跑了，红玉强忍着疼痛，拄着一根木棍，向有人烟的地方走去。饱受了两天蹂躏，却没有吃什么东西，实在走不动了，便靠爬行往前走，好不容易才找到大路，见有行人，费尽最后的力气说出自家住址，便昏死过去。

路人见是个姑娘遇难，便抬起来送她回家。柳儒千恩万谢，给了路人一些钱。送走路人之后，给红玉灌汤灌水，好不容易才将其救醒，便仔细询问这两天的遭遇。一个待嫁的姑娘，竟然被三个歹人劫持到深山轮奸了，哥哥柳开生如何能咽下这口气，当即就到县城，找代书手写了状纸，呈送上去，要县太爷缉拿凶恶淫贼，予以严惩，为妹申冤。

栖霞县知县见是重大案件，当即传令捕役，限他们十日之内将王三等人捕获，至期不获，各打二十大板；再限十日，至期不获，则各打四十大板；每限增杖加倍，直至捕获为止。因此这些捕役，只得多派伙计，到四乡里去乱捕，直到吵得鸡犬不宁，最终总算把王三捕获了。

轮奸乃是三人，如今捕获仅仅一人。按照处分例的规定，捕获不及一半，官要革职戴罪限期缉捕，捕役要受杖刑勒限缉捕，无论是官是役，都要受到牵连。捕头褚忠怕受杖刑，同时也想借机敲诈原告些钱财，便用了手段，使用私行，给王三来了一个"二龙吐须"。

什么是"二龙吐须"呢？就是先给王三吃两碗面条。这面条如小指头粗，煮得半生不熟。已经被饿了一天的王三，见有面条吃，便狼吞虎咽起来，转眼之间，两碗面条吃个精光。此时褚捕头正颜厉色地说："如实交代你的罪行吧，宋二、毕晓子逃到何处？"王三说："乃是我们三个人轮奸，如今宋二、毕晓子逃到何处，我也不知。"褚捕头说："既然说不出宋二、毕晓子的去处，你就要自己承担罪名，只说你强奸好了。"王三说："轮奸还要分首从，我不是首犯，可能不死；若是强奸，我则必死无疑，不是我强奸。"褚捕头说："你既不承认是首犯，又不承认是强奸，难道是我们抓错了你吗？"王三说："你们就是抓错了，我根本没有干过坏事，轮奸是那两个人，我根本没有参与。我是一句虚话没有，要说有一句虚言，嘴上害个大疔疮。"褚捕头说"诅咒发誓没有用，告诉你实话，县太爷逼得紧，没有办法，你只能够按我所说去办，到堂上不许反悔。"说罢，让两个捕役取来一条席子、两根绳子，把席子平放在地下，将王三卷了起来，捆上绳子，然后扛起来，头朝下竖在门后边。不到一袋烟工夫，王三被控得眼睛发昏，百脉颠倒，所有的血似乎都冲到脑门子上来，刚才吃的那两碗粗面，便一根一根地从眼耳鼻口中淌了出来。王三顿感天旋地转，那一阵阵难受，真是要比碎剐凌迟还要难受好几倍呢！捕役把这两个鼻孔当作龙口，淌出来的面算是吐须，所以称为"二龙吐须"。王三痛苦难忍，只好答应按照褚捕头所教供认，绝不反悔。

　　栖霞县知县审讯王三，他不承认是强奸，也不承认是轮奸。只是说红玉与他们平日相好，不愿意嫁给赵财主的儿子，让我们协助逃婚，没有想到柳家人追得紧，我们只好弃她而逃，委实没有奸污她。如若大老爷不相信，就把红玉带来当堂对质，其事自明。

　　栖霞县知县不仔细分析口供，居然发出传票，要拘拿红玉来县衙对质。柳开生认为罪犯已经捕获，就应该严审，再捕获另外两名罪犯，其罪自明，不应该让妹妹出头露面来县衙对质。栖霞县知县不听，还是派人去拘拿红玉。柳儒怎么能答应县太爷这种无理要求呢？便率族众拦住捕役，不让他们带走红玉。这红玉自从受辱之后，整日以泪洗面，寻死觅活，而被轮奸之事早就不胫而走。赵财主已派人来退婚，如今县太爷又让她当堂对质，把自己受辱之事讲给众人听，这种羞辱，如何能够忍受？听到父母在前面与捕役们争吵，此时更加羞愧难当，趁人没有注意，便悬梁自尽了。轮奸凶犯还没有绳之以法，女儿又被县太爷逼迫自杀了，柳儒如何能够咽下这口气，便与儿子柳开生一起来到济南按察使衙门控告栖霞县知县逼死女命。

此时的山东按察使是石韫玉，他是乾隆五十五年（1790）科举状元，虽然他笃信儒学，严于律身，学问做得好，但当官不是做学问，学问好不见得官做得好。按理说柳儒呈控栖霞县知县草菅人命，并且涉及轮奸之事，按察使就应该提取相关人证亲审。石按察使以儒者自居，居然不亲自提审，批交栖霞县知县审理，批词中居然还有"恐系和诱同逃"之词，也就是说，恐怕是红玉与罪犯同谋出逃，竟然没有提轮奸之事。柳儒更是不服，便来到京城，到都察院呈控。

都察院以"臬司石韫玉于此案并未亲提研审，即以恐系和诱同逃污词率行批饬，实属草率粗疏"，因此请将石韫玉交部严加议处，并且把他批示原呈进呈给皇帝。嘉庆帝仔细分析案情，认为，此案柳开生之幼妹年甫十七岁，突被贼匪三人入室硬行拉至深山，轮奸两夜，爬伏回家，情节甚为可悯。迨经该县勘明通缉，将案犯王三盘获，业据供认同在逃之宋二、毕晓子二犯强抢轮奸属实。即应将该二犯上紧严拿，按律究办。乃该县转差传柳氏到案质对，以致该氏羞愤自缢。办理已属错谬。也就是说，一个不到十七岁的女孩子被三名贼匪强行劫持，轮奸两个昼夜，历尽艰辛才爬回家中，已经是让人可怜了。后来经过栖霞县勘验明白，进行通缉，将案犯王三捉获，已经供认与在逃罪犯宋二、毕晓子一起实施强抢轮奸，就应该抓紧时间去捉拿其他两名在逃罪犯，将他们绳之以法。栖霞县知县不这样做，反而派人传受害人到案对质，进而导致受害人羞愤自杀，这种办理方法已经是错误的了，却没有想到地方官还会一错再错。那就是该臬司率以该氏不死于被奸之时，而死于奸夫获案之后，难保其非和诱同逃，羞愧而死等词批饬。是何言耶！试思，"奸夫"二字原指奸妇听从和诱而言。今柳氏系幼年处女，猝为强暴所污，本非奸妇。安得据指强暴为奸夫。况该犯王三等同伙三人轮替行强，又将指何人为奸夫乎！是石韫玉提弄笔锋，措辞失当，咎无可辞。也就是说，石按察使在审理上控案件时，自己不亲自审讯，反而以受害人没有死于被轮奸之时，而是死于罪犯被捕获之后，也难保不是受害人与罪犯合谋出逃，最终被抛弃，因而感觉到羞愧才自杀的。对于此批示，嘉庆帝特别恼火，轮奸罪犯怎么能够称为奸夫呢？要知道奸夫乃是指与奸妇通奸，并不是指强奸和轮奸罪犯。如今受害人乃是幼年处女，突然遭到强暴，她根本不是什么奸妇，又怎么能指称强暴者为奸夫呢？更何况王三等乃是同伙三人，这是轮奸，你又将指称谁是奸夫呢？想必是石按察使卖弄学问，难逃措辞失当的责任。

嘉庆帝在指斥各地方官办案不力之后，就要都察院彻查，红玉之死是在其父亲上控之前，还是上控之后，如果是上控之后，则石韫玉之获戾益重矣！似此玩视命案，凭空捏臆，岂可复膺臬司之任。石韫玉，著交部严加议处，即著来京候旨。最终都察院查明，红玉乃是死于其父亲上控之前，石按察使则免去逼死人命的责任，但也不能再让其复任，予以革职。因为他是状元，就让其在国史馆效力行走，发挥其学问的特长。这正是：

奸恶人办奸恶事，糊涂官断糊涂案。

既然查出红玉是在其父亲上控前自杀的，栖霞县知县则难辞其咎，除被革职之外，还将其发往乌鲁木齐军台效力赎罪。按照《大清律例·刑律·犯奸》规定，如一人强捉，一人奸之，行奸人问绞，强捉问未成流罪。这是指强奸而言，若是轮奸则不分首从。嘉庆帝钦定，待宋二、毕晓子被捕获之后，三名罪犯都被拟为绞刑，于秋后处决了。这算是给柳家一个交代，也算是安慰红玉死者之魂。事情原本应该过去了，但众口铄金，当地人非但不同情柳家的遭遇，却风言风语，说什么红玉被人轮奸，就不应该活着回来，其哥哥柳开生也不应该去告状，把自家的丑事张扬出去。也就是说，柳家官司是赢了，但舆论却对他们不利，敢于告状却成为不知廉耻，让自家女儿无颜活在世上，与其说官府逼迫红玉自尽，还不如说其父亲及哥哥逼她自尽。一个没有出门的大姑娘，被人轮奸了，还敢张扬，可见那个时候人们的落后观念。如果妇女受辱，别无选择，只能以死明志，才能受到赞扬，否则便是终身污点，跳进黄河也洗不清。栖霞县知县不相信受害人敢于张扬，石按察使更是以儒者自居，非但不同情受害者，反而想出是"和诱"，即彼此愿意，非要受害人当堂对质，还把罪犯视为"奸夫"。还是嘉庆帝明白事理，奸夫与奸妇是彼此愿意，强奸与轮奸乃是违背妇女意志，怎么还能按照奸夫来对待呢？所以力主惩治罪犯，但世人却不理解，不但对柳家议论纷纷，还迫使柳家把田地卖了，阖家迁往他乡，不得不去逃避当地人们的议论。这也难怪，一旦出现强奸及轮奸的事情，受害人家往往只能选择隐忍，不敢告状。

贪心县官被挟制

　　清嘉庆十六年（1811），山西省泽州府凤台县（今晋城市）知县陈绍贵自杀了。在任知县自杀，对朝廷来说，乃是大事。嘉庆帝派钦差前往调查，发现该知县是被民人杜子海挟制讹诈，恐怕东窗事发，一时悔恨，才上吊自杀的。嘉庆帝得知，非常气愤，除了将挟制讹诈罪犯立即处绞之外，还亲题八个大字，要天下官员引以为戒。身为知县，乃是一县的父母官，在本县原本应该是说一不二的人，为什么会被民人挟制讹诈呢？对于这种讹诈官员的事情，嘉庆帝是如何看待的呢？嘉庆帝所题八个字的寓意又是什么呢？且从案情谈起。

　　山西省泽州府凤台县知县陈绍贵，乃是举人出身，京师宛平县人。乾隆五十七年（1792），大挑为知县，吏部掣签，发往山西，先为长子县知县。遇上父亲去世，按例要丁忧三年，丁忧之后回山西省待用，好不容易才补授凤台县知县，乃是本府的首县，又是府县同城，也就是说，知府衙门与知县衙门建在一个城池之内，其地位当然重要。清人曾经给各府的首县知县填了一首词云："红，圆融，路路通；认识古董，不怕大亏空；围棋马吊中中，梨园子弟殷勤奉；衣服齐整言语从容，主恩宪眷满口常称颂；座上客常满樽中酒不空。"从这首词中可以看到身为首县知县乃是知府面前的大红人，之所以能够成为红人，是因为他做事圆滑通融，各种门路都能够打通。打通门路就要送礼，古董是最佳选择，盛世玩古董嘛！上司得到贿赂，肯定能够庇护你，所以不怕府库亏空。除此之外，还要经常和上司下棋打牌，你不能赢，也不能输太多，更要多请戏班子让上司开心，衣服要得体，言语要中听，开口就是皇恩浩荡，上司眷顾，竭尽拍马之能事，还要经常大摆筵席，吃吃喝喝，可见首县忙于应酬的目的，就是要自己官运亨通，这是需要大量钱财的。

应酬归应酬，但身为知县，必定要办理刑名钱谷之事，而这些也直接关系到知县自身的收入。大凡聪明的知县，都会尽力办理钱谷之事，也就是发展经济，不但可以从中收取许多陋规，而且风险不大。刑名则不同了，人家打官司，想要获胜，就希望知县能够为其做主，这个时候让他拿多少钱，打官司的人往往都不在乎。一旦官司打赢了，原被告便会心疼起钱来，反过来要挟知县，毕竟知县所得乃是不义之财，若是闹起来，丢官卸职算是小事，弄不好还会被抄家判刑，最终是人财两空，贻害子孙。

却说本县有个名叫杜子海的富商，年已四十有零，是个心胸狭窄的小人，柔媚多奸。其族弟杜子江，轻浮愚昧，家中却比杜子海富有。杜子海见杜子江生性愚钝，又喜欢喝酒，便常常请他喝酒，彼此对斟对酌，此唱彼和，号称是莫逆之交。杜子江大事小情，无不告知杜子海，而杜子海也无不倾心帮助，时常挑唆他与人争讼，从中赚些昧心钱，使杜子江家道日衰。

杜子海只有一子，名叫杜德，天生呆傻，只知道吃喝，连生活都不能自理。人都二十多岁了，还不识数，疯疯傻傻的，只知道玩耍，还常常被儿童戏弄。即便是傻子，也承担着杜家传宗接代的责任，杜子海花了很大的价钱，为傻儿子娶了一个媳妇。这个媳妇乳名叫香梅，生得眉弯春山，目泓秋水，肤凝腻脂，脸晕朝霞。嫁给一个傻丈夫，人事不懂，哪里会有夫妻之乐呢？见儿子不能让媳妇怀孕，杜子海也是着急，居然李代桃僵，干起爬灰的事情。怎奈他也没有本事，半年多也没有让儿媳妇怀上孕，便想到借种之事。

借种之事不能公开与人言明，也不能因为借种之事而赔钱财，更希望通过借种而赚些钱财，杜子海便想到了族弟杜子江。这天他们两个人一起喝酒，在酒醉之后，杜子海将杜子江搀扶到儿媳妇的房间，让儿媳妇侍寝。约莫五更时分，杜子海与老婆一起，将杜子江擒获在床，并喊来街坊四邻为见证，将其绑缚官府，控告其强奸堂侄媳妇。

这就奇怪了，儿媳妇被强奸本是丢人的事情，这杜子海为什么还要大张旗鼓地公之于众呢？当然是看上了杜子江的钱财。那么强奸与钱财又有什么关系呢？谁也不知道杜子海的葫芦里到底卖的是什么药？

却说陈知县受理此案，因为是公婆亲自捉获，又有邻居做证，再看侄媳妇香梅又是貌美倾城，满堂聚观，啧啧叹赏，因此将杜子江确定为强奸。按律拟为斩监候，押进死牢，准备申报各级上司。却不想杜子海连夜造访，说什么杜之江乃是其堂兄弟，如若将之斩首，自己会有杀弟之名，恳请陈知县放他一马。陈知县说："此案当堂审问，你们公婆捉奸，邻居做证，而香梅又指认为强奸，可以说是证据确凿，如何能放他一马呢？"杜子海说："我知道大人乃是菩萨心肠，如今还没有申报上司，应该还有转圜之地。若是大人修改供词，把强奸改为调奸，不就没有死罪了吗？若是如此，在下愿意以千两白银为杜之江脱死罪。有道是，救人一命胜造七级浮屠。这事在大人看来不过是举手之劳，还请大人三思。"陈知县原本想推辞，但听到有白银千两，心想此案还没有申报，改一改供词并不是什么难事，也就默许了。

杜子海为救杜子江，居然肯出白银千两，这岂不是天大的笑话？其实在杜子江被押入死牢以后，杜子海便来探监，千不是万不是地向杜子江说："为兄我原本不想将你送官法办，怎奈你奸了侄媳妇，既不肯承认，又不肯出钱，无奈之下，才把你送官，想让你吃些苦头。却不想被县太爷问拟为死罪，为兄我实在不忍。以当前的形势，我们只能够央求大人，但不知道老弟能够出多少钱？"杜子江平日就相信杜子海，如今被他害成这样，却感激起来，竟然动情地说："老哥，还是你对我好。那日我喝多了，也不知道怎么会跑到侄媳妇的房间，待我酒醒，却见侄媳妇搂着我睡觉，我一时糊涂，干了对不起老哥的事。你和嫂子捉奸的时候，我恳求过你们，但嫂子不肯放过，非要把我送官。我原以为送官也不过是打上八十大板，按例准赎，也花不了几个钱，却没有想到官会判我死罪，如今后悔不已。要是当初听你的话私了，给嫂子及侄媳妇一些赔偿，也许不会有今天。如今身在大牢，全靠老哥帮忙。家里现银不多，田产有几百亩，房产有三所，除了给我们留一所房产，全部交给老哥替我拉

拢关系，事到如今，总不能要钱不要命吧！"杜子海来到杜子江家，把田
契房契都取来，找了两个中人，就在牢房内更改了契约。到官府过户，契
约写明是给银八千两，却一文未给，口头声明是以此银去拉拢关系，脱至
杜子江死罪，如若不能脱至死罪，便还给田契房契，或给付现银。如今杜
子海仅仅给了陈知县千两白银，自己实际上所得却是价值二万余两银的房
产和田地。

陈知县得了银子，即更改供词，将强奸改为调奸。调奸若是男方使用
手段，便是刁奸；若是男女合意，则为和奸。按照《大清律例·刑律·犯
奸》规定，凡和奸，杖八十；有夫者，杖九十。刁奸者，无夫、有夫，杖
一百。乃是男女同罪。陈知县按照和奸量刑，按律杜子江与香梅应该各杖
九十。按照律例规定，这类罪是妇女准赎，男子折杖，故此将杜子江杖三
十五，香梅折赎银九钱，即每十杖银一钱。杖赎以后，男女各自释放
回家。

杜子江逃得死罪，便来感谢杜子海，而为了今后的生活，也不得不问
拉拢关系到底花了多少钱，总不能把八千两银子都花完了吧！如果有结
余，也不必给银，退回一些房产和田地就可以了，毕竟是当时急用银子，
价格很低。杜子海一口咬定："八千两银子根本不够，为兄我不但花时间、
赔小心，还赔钱，哪里有什么结余呢？念老弟吃了官司，如今已经穷困，
我所花的，权当救穷了，谁让我是你老哥呢？"

杜子江讲："老哥费心，为弟我感激不尽。要知道亲兄弟还明算账呢，
老哥花费，总要有个账目吧。若是账目明确，给付清楚，老弟我无话可
说。要是老哥花超支了，老弟我也不能让老哥替我花销呀。"

杜子海说："老弟，你糊涂呀，这行贿的钱能够有账目吗？八千两银
子都给县太爷了，他能给我打收条吗？你要不信，就找县太爷去讲，为兄
我没有办法给你账目。"

杜子江见要不出钱来，并不甘心，就到县衙状告杜子海骗奸儿媳妇，
反诱自己与其儿媳妇奸好，栽赃陷害，并且将自家房产和田地换银八千
两，行贿陈知县。要知县告诉他，到底收了多少钱，以治杜子海昧心之

罪。自己原本就不是强奸，即便是断为强奸，将来上司还会复审，总会是真相大白的。把强奸改为调奸，县太爷动动笔就可以了，总不能要八千两银吧！

常言道，拿人家的手短，吃人家的嘴短。陈知县确实收了人家的银子，但不是八千两银，乃是千两银。如今杜子江找上门来，口口声声要个交代，如若不讲明白，除了让全县尽知之外，还要到府里呈控，就更难收场了。

明明是给知县千两银，杜子江却说是八千两银，显然是杜子海从中赚了昧心钱。陈知县把杜子海找来，问他这是怎么回事？没有想到杜子海说：暮夜之金，天知、地知、你知、我知，原本无凭无据，如今让杜子江得知了，他手里还有以房产和田地换银的凭据，显然这八千两银都到了知县手里，如今却怪别人从中赚昧心钱，你拿出凭据来呀！若没有凭据，就是诬赖好人。这番话让陈知县心里也发虚。

杜子海振振有词，陈知县反而没有了主意，竟然要他给自己想办法。杜子海说："为今之计，只有安抚杜子江，给他一些银子，让他住口，或许可以脱罪，否则如今他是个穷光棍，定会弄得满城风雨。"陈知县说："我并没有得到他八千两银，他却说给了我八千两银，我刚刚上任，也没有这么多银子呀！你说给他多少，才能够让他住口呢？"杜子海说："不可能给他八千两银，毕竟他也是有罪的，若是深究起来，他也得不到什么好处。依在下的意思，您拿出四千两银，我跟他去讲，保证他从今往后，决不会再提此事。"陈知县说："明明是千两，却要我出四千两银，他未免也太心黑了！"杜子海说："您如果不肯出四千两银，我也没有办法了。您还是好好想一想，我再去跟杜子江说一说，看他是否还能够让你一些。三天以后我听你们俩的准信，如果谈不拢，只好听任他到府里控告了，让知府审问明白，该是谁的罪责，就谁承担。"说完便告退了。

杜子海走后，陈知县左思右想，总觉得这不是一件好事。银子可以出，但毕竟把短处放在别人的手里。花钱买平安，若是能够买到平安，也还算是好。如今改供词之事，受贿之事，杜子海都知道，再加上杜子江因为失财，也不肯善罢甘休。此事早晚也会泄露出去，那时候不但自己要倒霉，弄不好还会被抄家，那样的话，不但这些年所得的钱财都会化为乌有，还有可能殃及子孙。陈知县越想越害怕，居然想到一死了之，在衙署内悬梁自尽了。

一个知县自杀，无论是知府，还是巡抚，都不敢隐瞒，因此立即奏报皇帝。嘉庆帝得知，当即派工部右侍郎成格为钦差，前往调查此案。成格侍郎来到泽州府以后，提审各方面人证，弄明事情的原委，当即上奏皇帝，请示如何处置。嘉庆帝接到奏报之后批示云：此案杜子海，本系蔑伦重犯，被控到官，该管知县陈绍贵，意存姑息，改写供词，从轻审办。该犯不知感愧，转藉端讹诈索银，多至数千，以致本官被逼自缢，情节殊为可恶，秋录应入情实，亦必予勾。杜子海，著即处绞，以昭炯戒。也就是说，杜子海原本是蔑伦重犯，犯案到官以后，陈知县意存姑息，改写了供词，给予从轻处理。杜子海竟然不知道感谢而羞愧，却借端讹诈勒索数千两银，以至于陈知县被逼无奈而自缢身亡，这种情节特别可恶。在秋审的时候，按例应该纳入情实册内勾决，肯定会将其勾决的。因此不必再等秋审，当即将杜子海绞决，以昭示炯戒。有感于陈知县所作所为，有失官体，嘉庆帝让军机处大臣将自己所题："公正廉明，敬慎勤敏"八个字传谕天下官员得知，认为，此八字时存于心，则思过半矣。如遇奸民煽惑之事，宁严毋纵，官懦民玩，所损者大，志之勿忽。这正是：

世上之人当戒淫，何惧鬼来何怕神。

钦差工部右侍郎成格接到圣旨，当即将杜子海押赴市曹予以绞决。在绞决之前，杜子海把房产和田地契约还给杜子江，让他帮忙拉拢关系，希图免死。如今乃是皇帝亲裁，再有钱财，也不可能送到皇帝手中。杜子海花了许多钱，终究没有买下命来，还写了休书，将香梅嫁卖。此时香梅怀有身孕，乃是杜子江的，杜子江便将之买下，生下自己的儿子。杜子海的老婆及傻儿子，失去依靠，杜子江看在香梅的面子上，将他们抚养起来，算是善终吧！此案原本不难判决，按照亲属相奸，无论是公公，还是叔公，都是难逃其罪，陈知县不能公正廉明，却受贿随意更改供词，以至于将把柄落入人手，被逼无奈，选择了上吊自杀，也算是好结果了。如果陈知县能够公正廉明，按律治罪，将罪犯绳之以法，也不会将把柄落在罪犯手中。嘉庆帝要官员们"公正廉明，敬慎勤敏"，认为官员要牢牢地记住这八个字，至少能保全自己，更不用怕什么奸民乱政了，还是值得赞赏的。

恨计灭家恶弓兵

　　清嘉庆十六年（1811），湖北省发生一起巡检司弓兵教唆妇女诬控公公调奸的案件，最终导致该妇女的丈夫自杀。按照律例规定，儿媳妇诬告公公调奸乃是死刑，教唆人犯罪乃是发近边充军。此案奏请皇帝定夺的时候，嘉庆帝却钦定将教唆的弓兵处死，反而对诬告的儿媳妇予以从宽处置，这到底是什么原因呢？且从案情谈起。

　　《诗经》开篇便讲："关关雎鸠，在河之洲。窈窕淑女，君子好逑。"而古人制礼，也是以婚为首，认为夫妇乃是人伦之始。以为夫妇能够在一起，乃是千年修来的道行，所以是百年修得同船渡，千年修得共枕眠，绝非是无因而合的。虽然如此，夫妇之间的恩怨也是不一的。有夫爱妻的，视妻如珍宝，言听计从，百依百顺的；也有妻爱夫的，敬夫如父母，解衣推食，你恩我爱的。这些都是人之常情，不足为异，而那些不正常的夫妻关系，却也形同仇人。如妻忌夫的，做丈夫的原本没有什么不好，不知什么缘故，见了他，有如眼中钉、肉中刺，随你百般趋奉，也难遂其意。只道是嫁个丈夫不用愁，不是分床独宿，就是吃斋念佛，哪里管丈夫的感受。还有夫怨妻的，做妻子的，或荆钗裙布，或粉白黛绿，也没什么惹厌丈夫之处，不知道是什么原因，做丈夫的见了妻子竟然是千憎万厌。妻子老实的，丈夫骂她蠢笨；妻子活泼的，丈夫说她轻薄。妻子无论如何做，都不能让丈夫满意，毫无一丝恩爱之情。这些还算是好的，发展到极端，必定是相互冷落，彼此折磨，以至于有以骂当说话的，以打当商量的，夫妇形同水火。可以说夫妻关系有说不完的事情，也很难以大道理来讲明，这个案件就属于难以理喻的。

　　却说湖北省黄州府黄梅县有一对夫妇，丈夫谢宗贤，妻子姚氏。这个谢宗贤生性猜忌多疑，而且傲睨纵性，家里家外都要别人奉承他，自己却不肯奉承别人。谢宗贤以父母之命，媒妁之言，娶了姚氏。姚氏身材俊俏，言语伶俐，不但深得父母喜欢，连众亲戚也称赞其贤惠。但谢宗贤觉得她怠慢了自己，不由得心生醋意，竟然不与姚氏同床，结婚当夜就独自到书房去睡，让新媳妇独守空房。按照心理学的分析，猜忌多疑是一种心理疾病，而傲睨纵性则容易自负，两种心理合在一起，往往是难以理喻。自己媳妇受人称赞，他竟然会不满，怪哉，怪哉！

谢宗贤的母亲见儿子自从成亲，见了妻子就如同陌路，终日在书房里睡觉，全无缱绻之情，心里也很着急，毕竟她急于抱孙子，但此事很难劝说。正好她侄子李酉前来看望姑姑，谢母便让他去劝劝儿子。

李酉来到书房见到谢宗贤，还未开口，谢宗贤便说："表哥你不用说了，我就知道，一定是母亲让你劝我回到姚氏的房间。"李酉笑道："回媳妇的房间，还用人劝吗？我想天下哪有得到美妻而不进房者，除非是木石之人，若还有一窍，恐怕也不会如此。"谢宗贤说："我原非木石，不知道因为什么，一见到那个婆娘，这气就不打一处来，就是想骂她。你看她见了别人，欢容笑口，见了我就像铁面夫人。所以我觉得她面目可憎，语言无味。"李酉大笑道："你好没正经，少年夫妇，有什么冤仇呢？我如今特来劝你。这为人处世，都是要用心的，心里觉得好，也就事事都好了。譬如说吃东西，心里想着好吃，吃起来就会觉得有滋有味，若是心里先厌烦，吃起来肯定没有味道。你这样想，我与她前世无冤，今世无仇。她长得标致，又不粗蠢，更何况即嫁从夫，心里也就会好许多，再进你媳妇的房中，我包你心情一定会好起来。"李酉好说歹说，连哄带劝地把谢宗贤送进姚氏房间。

谢宗贤原本不愿意，进了房间也没有给姚氏好脸色，往椅子上一坐，便高喊："我要喝酒。"姚氏只好弄了几个菜，拿来一坛酒放在桌上。谢宗贤也不客气，竟然独自喝起闷酒来，等一坛酒喝完了，见姚氏没有再送上来，开口便骂。姚氏此时也无好气，接口道："你这个臭王八，臭乌龟，你欺负我就够了，为什么今日喝了这些黄汤，又来骂我。"谢宗贤说："不要说我骂你了，就是打死你这个娼根，你又能怎样？"姚氏骂道："那我也要说个明白，你为什么要打我，找你爹妈去评评理。"谢宗贤骂道："臭淫妇，你见我做这鬼脸，见了别的男人，便满脸堆笑，你当我不知道，你心里根本就没有我。"姚氏大怒道："你这个臭乌龟，我见哪个男人笑了？见了你爹的话，我能不笑吗！刚刚嫁过来，就给你们家亲戚脸色看，你愿意，你爹妈还不愿意呢！"两个人你一句，我一句，没想到谢宗贤酒在肚子里，事在心头上，竟然一巴掌打了过去。姚氏不曾防备，更兼脚小，所以跌倒在地。谢宗贤顺势上去，骑在姚氏的身上，举拳便打，把姚氏的头饰都打落下来，头发披散开来。姚氏号啕大哭道："我爹娘从小把我养大，一根手指头都没有动过我，何曾受过这样的凌辱？如今我也没脸活了，你就打死我吧！"便一头撞到谢宗贤怀里，又撕又咬。

夫妻间打骂，早就惊动了谢宗贤的父母及李酉，他们破门而入，婆婆拉开姚氏，公公和李酉拉开谢宗贤，让他们有话好商量。谢宗贤见父母前来，便千娼根、万淫妇地骂着，头也不回地回书房去了。那姚氏此时羞辱万分，寻死觅活地找了把剪刀，就要剪自己的头发。其婆婆急忙拦住，公公上前把剪刀夺了过来。姚氏见剪发不成，又找了条汗巾，往房梁上就拴，要寻个自尽。婆婆慌了，忙让李酉和公公把能够寻死的东西都拿走，又找来邻居妇女劝慰及看守，姚氏也因此叫天叫地，哭个不停。她恨一回，骂一回，怨一回，哭一回，眼见得已经是下半夜了，渐渐地困倦起来，在邻妇的安慰下，她和衣躺在床上。眼见得她睡着了，邻妇方才离去。

天刚蒙蒙亮，姚氏醒来，见房间一片狼藉，桌椅板凳倒在地上，也没有人扶起，想到昨天谢宗贤殴打自己，觉得这日子已经没有办法过下去了，便收拾一下自家的东西，悄悄地溜出门，往娘家方向走去。刚刚出了镇口，但见几名巡检司弓兵走来，他们见一个妇女身背包袱，匆匆行走，便上前盘问。

巡检司始于五代，盛于两宋。元代主要为州县所属的捕盗官，明清则为州县衙门之下的基层组织，主要设置在关津要道及矿产、商贾辐辏之地、民族交错地方、州县交边区域、距治所遥远之地、流民往来集聚之处等紧要地区，以维持治安为主，类似现代的派出所。巡检司一般设有弓兵四十名，由巡检、副巡检率领，负责所在地方的盗贼缉捕、治安巡防、震慑甚至镇压寇乱等事务，而盘获非法是他们的主要任务。

姚氏孤身一人，身背包袱，巡检司弓兵发现，当然要询问了。这为首的弓兵，名叫向宁，原本是个村农子弟，祖上遗有两顷田地，一处小宅院，菜园五亩。本来可以过上富足的生活，但他好舞弄拳棒，又贪上赌博，便把一份祖业折腾干净了，无以为生，便到巡检司当了弓兵，总算有份口粮。因为其身体强壮，又多心计，所以便成为弓兵的小头目。

向宁盘问姚氏，为什么孤身一人，身背包袱匆匆行走，莫非是背夫而逃？要知道按照《大清律例·户律·婚姻》"出妻"条规定，若夫无愿离之情，妻辄背夫在逃者，杖一百，从夫嫁卖。背夫而逃乃是有罪的。姚氏交代说自己遭丈夫毒殴，不堪虐待，故此要回娘家。向宁说："如此说来，你就是背夫而逃了。按律你应该被杖一百，还要从夫嫁卖，罪责可不轻！如今你携带包袱，等于是拐带财物出逃，看样子你得跟我们到巡检司了，要把你交官处置，从重治罪！"姚氏连呼冤枉，说自己没有背夫而逃，是不堪虐待，而所带物品乃是自己的陪嫁。

向宁见姚氏害怕，觉得可以讹诈一些钱财，便说："无论你丈夫如何打你，要是不经过你丈夫准许，私自出逃，就是背夫而逃。按律当杖，而拐带财物，不论是否为陪嫁，都要按偷盗计赃量刑，若达到一百二十两以上，就是死刑，看来你是惹上大麻烦了！"

听向宁这么一说，姚氏没有了主张，便向弓兵们求助。向宁见此，便诱导姚氏说："除非你是因为别的原因出逃，才能无罪。"姚氏便问什么原因才能够免罪呢？向宁狡黠地一笑说："除非是你公公调奸，你出逃才能无罪，且能把你那狠毒的丈夫治得服服帖帖的。"姚氏急忙问："什么叫作调奸？我公公可是好人，不会干什么坏事的。"见姚氏不肯听从，向宁劈面就是一掌，打了姚氏一个满脸花，然后恶狠狠地说："你别敬酒不吃吃罚酒，你要不说调奸，定然将你送官法办！你知道什么叫调奸吗？就是动手动脚。你不是讲你要用剪刀剪自己的头发吗？是你公公上来把剪刀夺了下来，夺剪刀时能不动你的手吗？动你的手，就叫作调奸，明白吗？"姚氏原本害怕，看弓兵们凶恶，也只好说："你这样说，我就明白了，是公公调奸。你们放我走吧，我要回娘家，让我娘家人找他们评理。"向宁说："你还是走不了，我们要核实事情的真假。咱们到谢家去问问，你就说是公公调奸，你不堪羞辱，才带着嫁妆回娘家的，到时候我自然会给你讨回公道。"姚氏哪里知道这事的轻重，因为急于脱身，更怕弓兵们殴打，竟然答应了此事。

　　向宁等人带着姚氏来到谢家敲门，姚氏公公开门，却见几个如狼似虎的弓兵，押着姚氏回来，刚想问是怎么回事，却不想向宁把一根铁索套在他脖子上，要带他去见官。公公不知道什么原因，急忙喊叫，却听姚氏讲是公公调奸，才带着嫁妆出逃。按照《大清律例·刑律·犯奸》"亲属相奸"条规定，公公要被杖一百、徒三年的。判刑事小，若是让街坊四邻知道公公调奸儿媳妇，这蔑伦悖理之事张扬起来，整个谢氏宗族都抬不起头来。公公哪里能承认调奸儿媳妇？婆婆也出来帮助辩白，向宁却不依不饶，非要带他见官不可，实际上是想敲诈一些银两。谢家从来没有遇到过此事，也不知道花钱消灾，只知道自己没有做亏心事，就不怕鬼叫门。哪承想向宁非要把事闹大，高声喊嚷，把镇上的百姓都招来，以至于人们议论纷纷，不知情者都认为谢家公公无耻，居然爬灰，当儿子的却能够隐忍不言。常言道，流言能杀人。谢宗贤在书房听到外面喊嚷，走出来观看，见弓兵扭住他父亲，说是公公调奸儿媳妇，又听到众人的议论，认为以此事去见官，乃是天大的羞辱，一时想不开，居然回书房拔刀自杀了。

　　向宁等扭住姚氏公公不放，却不见他儿子出来，便要人把谢宗贤找来，等来到书房，却见他已经死在血泊之中了。见逼死人命，向宁等人也胆怯了，放开姚氏公公，想溜之大吉。此事激怒了谢氏宗亲，他们纷纷赶上前来，将向宁等人及姚氏扭捉起来，送往县衙，请县太爷审问明白。

　　黄梅知县审问明白，便可以拟罪了。按照《大清律例·刑律·犯奸》"诬执翁奸"条规定，凡男妇诬执亲翁，及弟妇诬执夫兄欺奸者，斩监候。

因此将姚氏拟为斩监候。按照《大清律例·刑律·诉讼》"诬告"条规定，蠹役诈赃十两以上者，不分首从，俱发边卫充军。将向宁等弓兵拟发边远充军，然后申报各级上司。湖北巡抚按例咨报刑部具题，奏请皇帝核准。

嘉庆帝仔细阅读案情，批示道：此案姚氏因被夫谢宗贤殴打，奔诉伊叔，途遇向宁，诱令捏控伊翁调奸不从，将其殴伤，该氏系乡愚无知，并不知调奸系何罪名，受人愚弄，随口叫喊，与罔顾伦常自行干犯者有间。至其夫谢宗贤自戕身死，亦由向宁诈赃吓逼所致。向宁构衅诈赃，吓毙人命，实属险恶。向宁，著即处绞。姚氏，著从宽改为绞监候。也就是说，姚氏因为被丈夫殴打，逃出家中，是想找自己叔叔帮助，在路上遇到弓兵向宁，威逼利诱姚氏凭空捏造其公公调奸不从，将其殴伤。姚氏原本是乡愚无知，并不知道调奸是什么罪名，乃是受人愚弄，随口叫喊的，与那种不顾伦常廉耻而自行干犯的尊长者不同。至于姚氏的丈夫谢宗贤自戕身死，也是因为向宁诈赃吓逼所致。很显然，这是向宁讹诈贪赃，吓毙人命，实属险恶，应该予以绞立决。姚氏愚昧，著从宽改为绞监候。这正是：

人生自有相投处，恩爱夫妻永不分。

中国古代的婚姻，男女都不能够做主，全凭父母之命，媒妁之言。固然是父母爱孩子，替他们选择了伴侣，大部分还是能够白头到老的，但以父母的意志强加于子女身上，并不意味着子女都能够幸福。将根本没有见过面的两个人，强行地凑到一起，至于他们是否幸福和相爱，则不是父母考虑的事，他们只知道让子女传宗接代，传送香火，更认为他们也是这样过一辈子的，子女为什么不成呢？殊不知为此出现过多少悲剧。此案谢宗贤娶姚氏，刚进门就看她这也不是，那也不是，居然新婚之夜独自躲进书房，父母也管不了，表兄相劝，讲一些大道理，根本不能让他从内心接受姚氏。结果夫妻吵骂互殴，导致姚氏离家出走，才给弓兵向宁等可乘之机。究其原因，乃是法律的不公平。妇女受到虐待，离开家门，则称为背夫而逃，除了要杖一百之外，还要从夫嫁卖，也难怪弓兵向宁等逼迫愚弄姚氏了。嘉庆帝固然能够原情，将姚氏从宽改为绞监候，属于情有可原，将来也可以免勾，但至少要在监狱蹲上十年，其被夫家抛弃，而将来即便出得牢狱，又有谁敢娶这样的女人呢？这个也不用担心，因为这样的妇女即便是加恩免死，也不会释放宁家的，而是要由官媒发卖，为奴为妻为妾，则要看她的造化了。一个小小的弓兵，竟然敢借端讹诈，在清代把他们称为"蠹役"，也就是蛀虫。嘉庆帝认为这些蠹役犯罪，重则立真典刑，轻则分别发遣，才能使地方官得以自振，不为其所牵制，而刁民无所倚恃，良民亦免为欺凌。因此，凡是涉及兵丁、衙役犯罪的，无不加重处罚，向宁当然也就难逃一死了。

岳母教唆毒女婿

清嘉庆十六年（1811），广东省广州府番禺县发生一起岳母教唆女儿毒死女婿及女婿之兄的案件。按照《大清律例·刑律·人命》"谋杀祖父母父母"条规定，凡是妻妾谋杀丈夫，都应该凌迟处死，更何况还是毒杀二命，因此女儿在拟罪上应该没有什么歧义。问题是岳母教唆女儿毒死丈夫及大伯，应该承担什么罪责，量刑毕竟困难。两广总督松筠以岳母教令女儿毒杀人，应该予以斩监候，奏请皇帝裁决。嘉庆帝则认为，该岳母实属凶残之人，便钦定将其斩立决。岳母为什么要教唆女儿毒死女婿呢？清代教唆别人犯罪应该承担什么责任呢？嘉庆帝对教唆犯罪的岳母予以斩立决有法律依据吗？且从案情谈起。

却说广州府番禺县有一个名叫朱氏的寡妇，乃是中年丧夫，与女儿爱莲相依为命。老伴留下的财产不多，除了住房之外，别无他物，母女俩只能靠给人家缝缝补补度日，生活很辛苦。好在女儿爱莲长大了，如今十九岁了，生得不长不短，不瘦不肥，眉目儿极疏朗，心性又极灵变，袅娜身材俊，妖娆玉面娇。陈寡妇把女儿当成奇货可居，不肯嫁与平常人家，必要嫁与有钱之人，最好能入赘在家；即使是不入赘，也不能扔下她这个寡母不管。爱莲可以说是高不成，低不就，都十九岁了，还没有许配人家，这在当时已经快被人称为"老姑娘"的年龄了。那时候女子二十岁没有许配人家，就称为老姑娘。

虽然女儿肤白貌美，但家道贫寒，谁肯娶一个媳妇，还要养一个丈母娘呢？再加上陈寡妇挑剔，一般人家就是愿意，她还不愿意呢！一来二去，连媒人都不愿意上门了，陈寡妇好不烦闷。常言道，姑娘大了不中留，留来留去留成仇。见母亲总是挑三拣四，爱莲也有些不高兴，时常对母亲发点小脾气，也经常怨天尤人。陈寡妇也不得不心急起来，就找到本县有名的王媒婆，让她替女儿寻个好人家，也不再提什么必须入赘的事了。

王媒婆先来看爱莲，但见其乌发垂肩，眉儿弯弯，眼儿水灵，面泛红光，身材姣好，便说："如此标致的女儿，我看了都怜惜，若是男人看了，还不眼中冒火！"爱莲虽然很想出嫁，但也不愿意听媒婆这样说她，便狠狠地瞪了王媒婆一眼。王媒婆也不恼火，却笑着说："你不要恼我，如今我为你寻个标致后生，做你丈夫，无拘无束的，比让你妈管着舒服，到那时你还得感谢我哩！"陈寡妇说："你一个媒婆拿姑娘家取笑什么！你一定要给她寻个老实可靠，家里又有钱财的人家，只要是将来女儿吃穿不愁，我也就有指望了。"王媒婆说："那是自然，您就瞧好吧！保证给您找个称心如意的女婿。"王媒婆谈好了酬谢，拿了定金，方才离去。

过了两个月，王媒婆来回话，说在番禺城内有一邹姓人家，兄弟两个，老大邹陇章，已经娶妻；老二邹阿齐，如今二十一岁，乃是个精壮后生，为人忠厚老实。兄弟俩从父亲那里承继下偌大的产业，有茶庄、米铺、绸缎庄，可以说是金银用车载、珠玉以斗量，不但是个大户人家，而且前途不可限量。陈寡妇说："这个邹家我略有所闻，只知道他们兄弟俩合开了一个杂货铺，怎么会金银用车载、珠玉以斗量呢？根本不是什么大户人家，且看他们今后能不能发达了。您老也别给我花言巧语了，就实话实说吧！我们看着合适，你就再去说合，不合适的话，您老也就免开尊口吧！"王媒婆只好实话实说："邹家兄弟俩确实是合开一家杂货铺，也挣了一些钱。如今老大结婚了，他们打算再开一家米店，虽然不是什么大户人家，却也十分富裕，也配得上你们家世。您想啊，你们寡妇孤女，又没有财产，要嫁到官宦大户人家也不容易呀！要想嫁也可以，给人家去当小妾呗！人家邹家老二，乃是个俊俏后生，又擅长经营，哪一点配不上你家姑娘呀！你若再挑三拣四的，这媒我也就不做了，把定金还给你，另找别家去吧！"见王媒婆生气了，爱莲从后面拽了拽母亲的衣服，陈寡妇便知是女儿听着中意，因此笑着说："跟你开个玩笑，婆婆你还当真了。要知道如今做媒婆的，比往常时更加奸险了，没有一个不会脱空说谎做营生的。我信任你，才找你说媒，你要实话实说。我们不是富贵人家，官宦大户我们也高攀不起，但也不能让女儿嫁个穷鬼吧！"王媒婆说："看你说的是什么话，要是穷鬼，我还不给他保媒呢！当媒婆的不就是图些谢礼吗？穷鬼怎么能够给谢礼呢？你要愿意，就给个话，邹家老二已经同意了，如今给银二十两聘礼，就在我手中，你若收下，这事就算定了。待选定吉日，邹家再送银一百两彩礼，算是感谢你这个岳母对他媳妇的养育之恩。"陈寡妇见到银子，眼睛直冒火，又听说还有银一百两彩礼，心里也已经答应这门亲事，便让王媒婆等一等，把女儿爱莲带到另外一个房间，询问她的意思。爱莲认为，只要邹家老二身体强壮，生理没有缺陷，就可以嫁给他，所以要母亲抽空去看一看邹家老二的长相如何。真是年轻的姑娘爱才貌，年老的婆婆爱钱财。

邹陈两家的婚事办成了，邹家因为娶得爱莲，把原本打算开米店的本钱都花光了，邹家兄弟还得一起经营杂货铺。兄弟俩从小一起长大，小的时候，弟兄玩耍，大的或欺负小的，小的或有些出言不逊，都不是什么成心，争过便好，好过便争，也不至于有什么嫌隙，结成什么仇恨。等到兄弟俩都娶了媳妇以后，情况就大不一样了，特别是兄弟俩还在一起生活，妯娌之间的关系，也势必影响兄弟之间的关系。妯娌之间，有把家世自矜的，有挟人品自是的，有拥妆资自尊的，有恃才技自满的，本来就难以相处，如果是家世悬殊，更是家世显赫的欺负家世贫寒的。爱莲如今已嫁给邹家老二了，家有寡母而乏钱财，邹家又是花了大彩礼才娶了进来的。大嫂乃是个富家之女，光陪嫁就有九大抬，如何看得上陈氏？更何况原本要开个米店，便可以兄弟分家另过，而如今开米店的钱都给老二娶媳妇了，大嫂心里哪里能够高兴呢？因此大嫂对陈氏未免颐指气使，横挑鼻子竖挑眼。陈氏也不是个省油的灯，属于无理搅三分的人，得理就更不会饶人了，故而妯娌之间形同水火。

在寡母调教下，陈氏是个吃不得半点亏的人，一旦得理，肯定不饶人。她借新婚之时，丈夫对自己言听计从，也时常吹枕边风。一天，陈氏对丈夫说："人家都说兄弟同心，其利断金，我看你们兄弟就不是一条心。这个杂货铺是你老爹留下的，你们兄弟俩都应该有份，而如今铺子由你哥哥管，银钱由你嫂子拿，我嫁到你家都三个月了，一两银子都没有见过。结婚三天，你嫂子就让我下厨房，侍候一家的饭食，柴米油盐，鱼肉蔬菜，都是嫂子去买，少了根黄瓜，她都要刨根问底，你说这日子还怎么过呀！"丈夫邹阿齐只好安慰媳妇说："原本大哥、大嫂为我攒了些银子，准备给我开个米店，而如今为了娶你，把这些本钱都花光了。当初说好了，杂货铺是大哥、大嫂的，等开了米店就分家另过。也就是说，杂货铺本来就是他们的，他们打理也是应该的。再说了，大哥大嫂也不是不管我们，如今还在攒钱，将来再开个米店，我们就可以分家另过了。"陈氏说："原本以为你是个堂堂男子汉，想不到你这样没有志气。即便是你娶我花光了本钱，那也是你老爹的钱，你哥嫂凭什么要独占杂货铺呢？"邹阿齐说："你休得唠叨，我哥嫂不会不管我们的，赶紧睡觉吧。"陈氏说："睡什么睡，要睡你就独自睡吧！"说完便抱着被子到另一张床上去睡，理也不理丈夫了。

邹阿齐虽然很生气，但也不是没有听进陈氏的话，第二天便与哥哥邹陇章说关于分管杂货铺及厨房的事情。邹陇章知道这是弟媳的意思，便与妻子商量，让她们妯娌俩各管半个月账目，厨房做饭也是各管半个月。嫂子虽然不愿意，但碍着哥哥的面子，也只好同意。谁知道陈氏虽然结婚了，却一直挂念着寡母，借管杂货铺及厨房采买之便，时常给寡母送钱送东西。这种行为，在清代就算是盗窃，犯了女人"七出"之条。所谓的"七出"，乃是无子、淫逸、不事舅姑、多言、盗窃、妒忌、恶疾。一直耿耿于怀的嫂子，岂能放过陈氏？在陈氏给寡母送东西的时候，让她抓个正着，扭着陈氏，就让他们兄弟俩定夺。邹阿齐这些天一直与陈氏分床，想要在一起都被她拒绝，已经是怨气冲天了，如今见哥嫂抓住媳妇偷盗，一时气愤，也同意休妻，居然把陈氏赶回了娘家。

陈氏被逐回家，寡母感觉事态严重。女儿是因为偷盗而被夫家驱逐，将来女儿还能嫁谁呢？谁还敢要这样的女人呢？屈尊去求女婿，身为丈母娘，又放不下面子，居然想出一条狠计，要女儿毒死丈夫，将来就说丈夫是暴毙而成为寡妇，无儿无女。趁年纪尚轻，再嫁人也不成问题，弄好了还能继承丈夫的财产，将来坐产招夫，岂不是更好？常言道，头发长见识短。这个寡母朱氏，想到这个计谋，实在是缺乏见识。

寡母朱氏找到江湖医生买来一些砒霜，问明多少剂量可以让人半个月以后再死，就交给了女儿陈氏，然后再托王媒婆，让她把邹陇章、邹阿齐请到家中，声明要赔礼道歉。女儿没有经过丈夫允许，私自往娘家送钱送东西，确实是犯了"七出"之条，即便是出妻，也应该讲得明明白白的。这是女儿之错，即使是被丈夫休妻，也没有怨言，按道理还应该退还彩礼。媒婆传话，邹陇章、邹阿齐听说能够退还彩礼，也就听信寡母朱氏的邀请，如期来到其家。寡母又是端茶送水，又是上点心，还让女儿准备宴席，此时陈氏却忘记寡母让她放砒霜的剂量，将一包砒霜都放在菜肴之中。兄弟俩见她们母女不断赔不是，而且愿意退还彩礼，也没有多想，居然与她们母女推杯换盏，却不想中了砒霜之毒，当时就死在寡母之家。寡母朱氏大吃一惊，当问到女儿时，才知道她把一包砒霜都用上了，想让他们兄弟半个月以后身死的计谋也就落空了。

出了人命，再想掩饰，已经是不可能的了。地方坊长将她们母女二人捆缚起来，送到县衙问罪。番禺知县率领仵作前往勘验尸身，确定兄弟俩乃是中砒霜毒而死。知县刑讯母女俩，问她们从何处买来的砒霜，寡母朱氏一口咬定是从不知名的江湖医生那里买的，知县也就无法追究卖毒药人的罪责了。谋杀亲夫，按律已经应该凌迟处死了，而如今除了亲夫之外，还有亲夫的哥哥，等于是二命，凌迟处死，已经是情重法轻了。问题是教令女儿下毒的母亲如何定罪？番禺知县自己也拿不准，便陈述理由，申报各级上司。两广总督松筠认为，按照《大清律例·刑律·人命》"造畜蛊毒杀人"条规定，若用毒药杀人者，斩监候。或药而不死，依谋杀已伤律，绞。买而未用者，杖一百、徒三年。知情卖药者，与犯人同罪。如今查不到知情卖药者，而寡母朱氏买药时已经知道是毒药，让其女儿下毒，就应该按知情卖药者量刑，拟为斩监候。松筠在与广东按察使商议妥当以后，自己领衔上奏，恭请皇帝裁决。

嘉庆帝反复研读案情，认为寡母朱氏实在是死有余辜，当即批示云：此案朱氏，因挟邹阿齐、邹陇章斥逐之嫌，辄商令伊女陈氏，毒死其夫及夫兄二命，致令邹姓绝祀。除陈氏业已凌迟处死外，朱氏造谋陷伊女于极刑，实属凶残，著即处斩。也就是说，寡母朱氏因为挟邹阿齐、邹陇章弟兄斥逐其女儿之嫌，便商议令其女儿陈氏毒死其丈夫邹阿齐、丈夫之兄邹陇章二条人命，还导致邹姓绝了后嗣，实在是滔天大罪。女儿陈氏已经被凌迟处死了，而寡母朱氏也不能轻饶，就是因为她造谋，才使女儿被凌迟处死，实在是太凶残了，因此应该将其立即予以处斩，以儆凶顽。这正是：

无知无耻娇生女，狠毒凶残丧心娘。

此案究其原因，乃是寡母朱氏以女儿为奇货，不但想通过嫁女儿赚钱，还想让女儿必须为她养老送终，视女儿为财物，根本就没有为女儿着想。寡母朱氏从小不是教育女儿如何与丈夫和睦持家，却教导女儿只想着娘家，如何拿捏丈夫。她将女儿以一百二十两银子身价嫁给他人的时候，已经是卖女儿了，还不教女儿好好在夫家生活，时时惦记夫家的财产。女儿往家送钱送东西，她也不问这些钱物是否征得了丈夫同意，除了照单全收之外，还鼓励女儿往家拿东西，已经是埋下祸根了。女儿被丈夫逐回家中，寡母还不知道悔过，若是此时寡母亲自上门赔礼道歉，取得女婿的谅解，女儿的婚姻或许还是能够挽救的。但她不是想着女儿今后的幸福，却是想到女儿将来永远不要离开自己，出毒计要毒死丈夫的兄弟，以便继承丈夫财产，将来坐产招夫。真是机关算尽太聪明，反算了卿卿性命！不但害死女婿兄弟，而且害得女儿被凌迟处死，最终自己也难逃身首异处。嘉庆帝认为，对这种凶残的人犯，非从重办理，不足惩儆凶顽。凡是凶残之人，除了自己钦裁处死之外，还要地方督抚遇有凶残命案，罪应监候者，俱立正典刑，不必请旨，以为这样才能达到快人心而纾众愤的目的，却不去想使人人知法而不敢再犯的问题。

淫荡泼妇闹京城（上）

　　清嘉庆二十年（1815），直隶宁津县民妇孙氏来京城控告其两个女儿被人强奸了，知县舍强奸人犯于不顾，致使两个女儿难以为生。一个强奸案有什么不好办理的？知县为什么要对强奸犯予以姑息呢？嘉庆帝得知，非常恼火，当即将该知县予以革职，特派钦差前往调查核实。却不想查出孙氏乃是一个淫荡泼妇，殴打公公，驱逐丈夫，纵女卖淫，居然以强奸妄控，要挟本管知县，前来京控，大闹京城。一个民妇如何敢这样猖狂呢？受到民妇京控愚弄的嘉庆帝又是怎样钦定处罚的呢？且从案情及处理经过谈起。

　　却说清代直隶河间府宁津县有一户迟姓人家，父亲迟子礼，儿子迟象臣，娶妻孙氏，生有一子二女，男孩名叫迟东岳，女孩分别名叫二姐、坤姐，一家六口生活在一起，全凭父子俩的木匠手艺，开有一家木匠铺。这个孙氏乃是个泼辣的妇女，倚仗娘家是土财主，欺夫虐子，也不把公公放在眼里，俨然是一家之主。眼见得迟子礼年老了，干不了木匠活计，而迟象臣手艺有限，难以支撑门面。孙氏见儿子迟东岳已经十五岁了，学木匠不成，读书也不成，便要把木匠铺改成杂货铺，由她与儿子共同经营。这个木匠铺是迟家祖传的，迟子礼不同意，孙氏便撒起泼来，冷嘲热讽地说："祖传的又如何？要知道自古以来，将无三代后，相无五世荣。子孙要想光宗耀祖，就要寻变，不能死守祖业，坐吃山空，等着饿死。你儿子木匠手艺一般般，孙子根本没有手艺，你又干不了了，操那些闲心干什么！不少你吃，不少你喝，你就吃饱了混天黑吧，少管家里的闲事！"见父亲才说一句，媳妇就滔滔不绝地数落半天，丈夫迟象臣觉得有些不像话，便说："这木匠铺毕竟还是父亲的，改不改杂货铺，他老人家还是能

571

够做主呀！"孙氏见丈夫向着公公说话，便怒吼道："你少说废话！这个木匠铺要没有我娘家投入本钱，早就不知道卖给谁了！你没有本事营生，靠你老婆养活，还有什么脸说话？滚一边去！"

孙氏在家横行霸道惯了，丈夫迟象臣见了她，犹如小鬼见了阎王。孙氏要打十板，打到九板他也不敢起来；要跪一天，跪到半天他也不敢起来。若是论起来怕老婆，迟象臣堪坐宁津县第一把交椅。人们说他怕老婆，他诡辩道："大丈夫岂有怕老婆之理？这人做事哪有十全十美的，如果有一差二误的，得贤惠的老婆在身边点醒一下，也算是内助之功，怎么能不听老婆的呢？就是老婆打几下，也不过是闺房中淘情插趣儿，你说那嫩嫩松松的小手儿，见响不疼的，难道你把老婆当仇敌，非要和老婆打个输赢不成？"他嘴上这样说，实际上是老婆家财大气粗，所带陪嫁很多，娘家人还时不时资助一些。一个靠老婆养活的人，怎么能拿出丈夫气来。凡是迟姓亲戚前来，不用说酒肉招待了，就是一杯清茶，孙氏也不肯给，迟象臣也不敢留人，更别说朋友了。如今迟象臣除了老婆之外，没有一个亲戚来往，在宁津县成为孤家寡人。现在见孙氏发火，也只好当缩头乌龟，再也不敢说话了。

迟子礼毕竟是公公，虽然年老，但也算是一家之主。见儿媳要把自己的木匠铺弄黄了，他当然不愿意了，又见儿子这样怕老婆，不由得动起火来："我还没有死呢！这木匠铺是祖上留下来的，我的手艺在宁津县也算是有名的。再说了，木匠铺是我的，我还没有说传给儿子呢！你凭什么做主呀！"

见公公如此说，孙氏毫不相让："就算木匠铺是你的，你也带不进棺材里，还不是要给你儿子，你儿子还不是要传给孙子，又有谁能管得了子孙呢？我看您老就省省心吧，手艺再好，也挡不住年纪不饶人。您老都这把年纪了，就别管事了好不好！"迟子礼说："我怎么老了，每天不是也干活挣钱吗？还不至于让你们养活吧。"孙氏说："你挣钱够这一大家子的生活吗？还不是要靠我操持！你不让我们养活，好呀，打今日起，你自己做饭洗衣服，别再和我们一起吃住了。"丈夫迟象臣觉得孙氏有些太不像话，插话说：“你少说几句好不好，要把木匠铺改为杂货铺，总得大家商量吧。”孙氏见丈夫没有向着自己说话，抬手就给他来了个大嘴巴，迟象臣的脸上顿时起了五个红手印。俗话说，当面教子，背后教妻。当面教子是为了让儿子知道社会崇尚的是什么，可以看一看人们的反应。夫妻之间难以用是非来论，需要相互理解，讲明道理，不能把夫妻矛盾闹得人人皆知。如今孙氏竟然不给丈夫面子，当着公公的面打丈夫，丈夫能够忍受，公公如何忍受，便喊道：“反了，反了，泼妇居然殴打丈夫，岂不是逆了天！”孙氏说：“什么天不天的，我打我家的男人，还要您老批准不成！你有本事，就来打我呀！”迟子礼说：“你别以为我是公公，就不能打你，要知道我才是一家之主！”说罢拿起一根木条就抽了孙氏一下。孙氏也不甘示弱，抄起一把厨刀就砍，伤了公公的手指。丈夫迟象臣见状，急忙抱住孙氏，让父亲赶紧离开。公公见势不妙，恐怕出了人命，捂住伤口跑出门外，去找医生疗伤。见父亲离去，迟象臣唯恐孙氏报复，也逃之夭夭，自此不敢回家，跑到南皮县给别人当佣工去了。

丈夫逃跑了，公公被厨刀伤了手，唯恐别人知道，也不敢声张，毕竟是家丑不可外扬嘛！你越怕，人家越欺负你。孙氏把木匠铺的东西都给卖了，改成了杂货铺。一个妇人，也没有经营过杂货铺，连进货的渠道都没有，未免要找人来帮忙，就找到开牙行的贾克行，也就是居间行商，现在称为中间商，鄙称为“二道贩子”。

俗语说，艄、皂、店、脚、牙。艄是艄公，皂是衙役，店是当槽的，脚是赶脚的，牙是开牙行的。天下这几行人，聪明得很，阅历极丰富，只要是见了钱，即便是五十分，也要做成一百二十分。这个贾克行不但钱上算得紧，还是一个贪淫好色的人，家中有妻有妾，犹为未足，专在外边做些寻花问柳的勾当。他见孙氏虽然已经四十有余，语言伶俐，举止风骚，待人接客，尤其识机知趣，也就起了邪心，如今见她有事求自己，也觉得机会来了，便以利挑之。大凡女人都好利，见有利可图，也就顾不上廉耻，孙氏竟然与贾克行好上了。

君王好色失天下，官员好色误前程，买卖好色伤血本，财东知道把你轻。若是一般好色，乃是人之常情，若是见一个爱一个，则不是正常的好色了。贾克行与孙氏相好了一段时间，便成为孙氏家门常客，却发现孙氏之女迟二姐已经是十五岁了。东家有女初长成，养在深闺人未识。贾克行看迟二姐，是个瓜子脸，眉目俊秀，鼻梁稍陷，樱桃小口，颐颔甚阔，未语先笑，却甚有丰致，衣饰亦甚鲜明。因为贾克行常来常往，已经懂人事的迟二姐在不经意的时候，也看到过他与母亲孙氏同床共枕，所以看到贾克行，不由得有些羞涩。在贾克行看来，乃是娇羞媚态，含情退避。看到这种轻盈举止，风神飘逸，不觉酥呆了半天，便生了得陇望蜀之心。

贾克行看上了迟二姐，却不敢告知孙氏，便以给迟二姐找个婆家为名，把自己的侄子贾九儿带来。这个贾九儿刚刚十四岁，生得面如冠玉，唇若涂朱，标致胜过美女，很招孙氏喜欢，也愿意将迟二姐许配给他。因为年纪尚小，婚事等过几年再说，但没有明说此事。谁家的父母不愿意女儿攀高枝呢？若是哪一天，遇上个中意的人，岂不是更好？见孙氏满意，贾克行便时常带贾九儿来孙氏家。贾九儿虽然尚未成年，隐约也知一些男女之事，也不知道叔叔想让他娶比自己大一岁的迟二姐，却与十岁的迟坤姐很合得来，两个人总在一起玩耍，也算是两小无猜。贾克行常带贾九儿来孙氏家，原本就是想遮人耳目，实际上是想偷得迟二姐。而此时的迟二姐已经情窦大开，自从见了贾克行与孙氏滚作一团，也萌生了这个念头，再加上贾克行擅长挑逗，迟二姐居然也投怀送抱了。

《礼记·内则》篇讲到男女七岁不同席、不共食，八岁九岁教之以礼数，十岁出就外傅，居宿于外，学书计，十三岁学诗书礼乐骑射，二十行冠礼，三十而室，始理男事。也就是说男子从七岁到三十岁结婚，都不许其见到女子。女子到十岁就不能出门了，在闺中学习女红；十五岁时把头发盘起来，插上簪子，乃是女子成年之礼；二十岁而嫁，如果家庭出了变故，则二十三而嫁，聘则为妻，奔则为妾。六礼皆备而聘的是妻，六礼不备而私定终身者为妾。也就是说，古代男女自七岁以后一直到结婚，是不能够在一起的，这是所谓的防闲，避免男女在未婚之前发生关系。其实越防越不容易防，不让孩子了解性、懂得性，反而会使他们更好奇。

却说迟坤姐刚刚十岁，这个小鬼头儿正是不教而善，又是晓得又不晓得之时，未免在床头偷听到贾克行与孙氏及姐姐的所作所为，便觉得津津有味。只是认为这样的事情，是人人知晓，个个可做的事。恰恰贾九儿常常与之玩耍，两个不经事的孩子在一起，居然模仿贾克行与孙氏所为，两个人作弄起来。

　　有一天，孙氏见坤姐走路不对劲，拉过来一看，但见所穿的白绸裙儿猩红点点，情知不妙。刚刚十岁的女孩子，不可能来例假，便把其裙子脱了下来验看，发现其已经破瓜了，当即拿了一根大柴，让坤姐跪在面前，细细盘问。那坤姐只道这事是人人可做的，说也无妨，竟一五一十地不打自招。孙氏气得十生九死，也舍不得打这女儿，便寻贾克行说理，却不想又把迟二姐来一个捉奸在床。好无情的男人，吃着碗里，看着锅里，把母亲弄到手，又把女儿给糟蹋了，孙氏岂肯甘休？非要找贾克行叔侄拼命。贾克行自知理亏，带着贾九儿逃之夭夭，以为孙氏丈夫不在家，也翻不了天，却不想孙氏泼辣异常，根本不知道隐忍，居然以强奸到县衙去控告。

　　县太爷办理强奸案件最不容易，因为按照《大清律例·刑律·犯奸》规定，凡问强奸，须有强暴之状，妇人不能挣脱之情，亦须有人知闻，及损伤肤体，毁裂衣服之属，方坐绞罪。若以强合以和成，犹非强也。也就是说，最初是强奸，但日后妇女还与强奸犯有来往，就不算是强奸了。即使有强暴之状和妇人不能够挣脱的情况，也必须有人看到或听到。除此之外，还要看是否损伤皮肤及身体，衣服是否被撕毁之类的情况，才能够确定是否为强奸。

　　孙氏呈控贾克行，县太爷按例拘捕贾克行叔侄到案问讯。贾克行只承认和奸，按律也不过是男女各杖八十。孙氏则坚称是强奸，乃是自己亲眼所见，还带来两件被撕毁的衣裙，以确定强奸属实。县太爷见各自说的话都有道理，也无法确定是强奸，还是和奸，便让一个年轻力壮的衙役，上前把迟二姐的衣服扒下来。只见迟二姐一边杀猪般叫喊，一边双手护住衣服，拼命挣扎，衙役费了九牛二虎之力，也没有把衣服扒下来。见到此情况，县太爷让衙役住手，对孙氏说，应该不是强奸，乃是和奸。孙氏当即

撒起泼来，高喊道："既有人证，又有物证，为什么不是强奸？"县太爷大
怒道："你女儿若是肯守贞节，一个壮汉都扒不下她的衣服来，如何实施
强奸！"孙氏不服说："即便如此，也保不住贾克行是胁迫，这不是强奸
吗？"县太爷更加恼怒地说："是你懂得律例，还是本官懂得律例！要知道
即便是胁迫，也只算是刁奸，男的加一等，也就是杖九十，女的依然要杖
八十，本官念迟二姐年幼，故免其杖，将贾克行杖九十结案。"孙氏无法
争辩，便说："即便是二姐算是被贾克行刁奸了，那么坤姐刚刚十岁，被
贾九儿那厮奸了，也不算强奸吗？"

按照《大清律例·刑律·犯奸》规定，奸幼女十二岁以下者，虽和，
同强论。贾九儿的强奸罪名是铁定的，县太爷见其不过是一个十四岁的孩
子，以为他是无知所为，便有意为其开脱。按照《大清律例·名例·老小
废疾收赎》规定，年十五以下，除犯十恶大罪以外，是可以收赎的。县太
爷一是恨孙氏刁蛮，二是也不能将一个十四岁的孩子问拟绞罪，三是有律
可依，便按律允许贾九儿收赎。

这样的判决，贾克行的杖九十也可以赎免，贾九儿又准许收赎，等于
是贾家出几个钱，便可以没事了。孙氏则不同了，两个女儿都没有找到婆
家，如今被人玷污，已经张扬到全县都知道，这让孙氏的面子往哪里搁？
让她两个女儿无颜见人，岂能认输？但县太爷就这样判了，任你喊破喉
咙，也是毫无办法。孙氏平日在家霸道惯了，当然不能咽下这口气，便打
点行装，带着两个女儿到省城去上控。此时的直隶总督是那彦成。

那彦成（1763—1833），章佳氏，满洲正白旗人，内阁大学士阿桂的
孙子。三岁成为孤儿，在母亲那拉氏的抚育下，发愤图强。他于乾隆五十
四年（1789）考中进士，深得嘉庆帝的信任。常言道，官官相护。那彦成
在官场打拼几十年，也深知这个道理。那彦成仔细看过上控状纸及宁津县
知县的审问笔录，发现两个问题：一是律例规定妇女不得上公堂，孙氏还
有丈夫在，为什么她丈夫不出头，而知县还受理此案呢？二是按照律例规
定，十五岁以下虽然可以收赎，但犯有死罪，必须奏闻请旨定夺。强奸是
死罪，贾九儿固然按律可以收赎，但也要奏闻请旨，而宁津县知县没有请

旨，便妄自裁断收赎。即便是查出这些问题，那彦成也认为乃是小事，便维持了宁津县知县的判决，将孙氏驱逐回宁津县。这正是：

官官相护自古有，民纵有冤也难申。

对于直隶总督那彦成的判决，孙氏更是不服，便又带着两个女儿到京城进行京控。不但到都察院击打登闻鼓鸣冤，还在京城热闹去处哭诉知县及总督审判不公，致使良民幼女被人横加奸污，却无冤可申，恨不得让全北京城的人都知道此事。既然击打登闻鼓，都察院就要向皇帝奏闻，而五城御史也不允许孙氏聚众，便将孙氏母女都关押起来，等候皇帝的旨意。无论是都察院，还是直隶的大小官员，都没有想到嘉庆帝会指斥内外官员心存大事化小、小事化了，而要将所谓的"淫凶棍徒"大加惩创。嘉庆帝到底颁发了什么谕旨呢？按照谕旨穷究责任，又查出什么样的问题，而导致嘉庆帝连发两次谕旨，竟然将孙氏予以处斩了呢？

淫荡泼妇闹京城（下）

　　孙氏因不服宁津县知县的判决，到省会进行上控，直隶总督那彦成维持知县原判，将孙氏驱逐回宁津县。孙氏不服，携带两个女儿大闹京城，击打登闻鼓，此事便奏闻皇帝。大小官员都没有预料到嘉庆帝会指斥他们，力主要为孙氏申冤。嘉庆帝是如何批示的呢？大小官员又是如何处理此案的呢？且从嘉庆帝的批示谈起。

　　直隶宁津县民妇孙氏击打登闻鼓，都察院按例奏闻皇帝，请旨处置。嘉庆帝批示云：此案迟二姐，被贾克行强奸已成。伊妹坤姐年仅十岁，复被贾克行诱令伊侄贾九儿强奸。如果属实，此等淫凶棍徒，将良民幼女横加奸污，若不加以惩创，何以彰法纪而安良懦。地方官积习相沿，于承审命盗重案，往往自顾考成，存化大为小之见。此案即按律剖断，于该令并无处分，尚复如此迁就，则但有干涉处分之案，其延搁消化，置民间是非曲直于不顾者，不知其几矣！无怪奸宄肆行，不畏官长，干犯法令者，实繁有徒，此皆地方州县因循不职之所致。也就是说，这个案件中的迟二姐被贾克行强奸了，坤姐年仅十岁又被贾九儿强奸了，如果是属实的话，便是淫凶棍徒将良民幼女横加奸污，如果不加以严惩，怎么能够彰显法纪而安抚善良及懦弱呢？那些地方官一直延续一种坏习惯，在承审人命、强盗等重案时，往往只是关注自己的考核业绩，存在大事化小的意念。以此案来说，要是按律剖断，对该知县并没有什么处分规定，为什么还如此迁就呢？要是干涉到处分的案件，未免要耽搁拖延。这样置民间是非曲直于不顾者，真不知道有多少呢！也无怪乎现在盗贼奸宄横行无忌，那些不畏惧官长，干犯法令者实在是太多了，这都是地方州县官因循苟且，不认真履行职务的缘故。基于此，嘉庆帝令直隶总督那彦成立即将宁津县知县革职，锁拿到省城问罪，并且要他亲自审理此案。

那彦成接到圣旨，当即批示按察使及河间府知府，委派专官迅速审办此案，然后将进展情况申报。嘉庆帝得知孙氏曾经到过总督衙门呈控，那彦成既然知道是强奸幼女重案，不予审理。居然拖延八个月之久，固然彼时该督即因扈跸须赴差次，亦应专委臬司迅速提讯，乃仅批饬河间府委员办理，辗转稽延，以致孙氏负冤莫诉，赴京呈控，实属因循疲玩。犯此四字，朕必不恕，著那彦成遵照前旨。也就是说，那个时候，那彦成因为扈从皇帝到避暑山庄，不能亲自审理，也应该专门委派按察使迅速提讯相关人犯进行审问，乃仅仅批饬河间府知府委派专员办理，因为辗转拖延，以至于孙氏觉得无法申冤，前来京城呈控，实在是因循疲玩。要知道你们若是犯了这四个字，朕是绝对不会饶恕你们的。让那彦成遵照前面的旨意办理。言下之意，若再不认真办理，定会严惩不贷。

在嘉庆帝严旨的情况下，那彦成不得不认真彻查。原本那彦成就觉得孙氏告状，违背妇女不得到公堂的规定，如今彻查，发现孙氏丈夫迟象臣还在，只不过是被孙氏逐出家门，至今无影无踪。还发现孙氏淫荡悍泼，曾经用刀划伤其公公。因为找不到其丈夫迟象臣，此案难以进展。那彦成将此情况奏报之后，嘉庆帝非常恼怒，下旨云：罪关伦纪，自应确切严究。那彦成率以被逐无踪一语具奏，实属草率。那彦成及臬司盛泰，俱交部察议。著将此案再行详悉研鞫具奏。有了嘉庆帝再次的严旨，那彦成知道必须要查个水落石出，因此严令直隶各属，务必查出孙氏丈夫迟象臣的下落，将其解拿到省进行审讯。

却说迟象臣自从其妻刃伤其父迟子礼之后，原本想斥责孙氏，却不想被孙氏殴打，在既怕父亲怪罪，又怕孙氏报复的情况下，只身出逃了。当他走到南皮县堤桥村时，正好遇到该村张老财家招募长工，就谎称自己家人都死绝了，如今无以为生，只要给口饭吃就可以了。张老财见迟象臣虽然已是中年人，但身体还很强壮，也就把他留下来替自己养一养马匹，管一管马车。

这张财主的祖上原是卖布的商人，因为擅长营运，生意兴隆，财源茂盛，到了张财主手里，已是田连阡陌，牛马成群，光景很好。常言道，天不足西北，地不满东南。这张财主在发财的道路上事事顺心，就是子嗣之事令他苦恼，如今都五十岁了，老婆还没有给他生个一男半女的。按照《大清律例》规定，男子四十无子，是可以纳妾的。张财主的老婆虽然不愿意让他纳妾，但不孝有三，无后为大，总不能让张家绝后吧！张财主的老婆千选万选，花了一百两银子给张财主买了一个丑村姑，但见其眉粗不似柳叶，口阔难比樱桃。夜叉母仰面观天，亦能使雁惊而落；罗刹女临池看水，亦能使鱼惧而沉。以至于逢人见惜，惜她枉做妇人身。好在是年轻力壮，没有几个月便暗结珠胎，大老婆便让丑村姑与张财主分居，安心养胎，足月则产下一男，张财主夫妇都很欢喜。丑村姑没有奶水，眼见得孩子没有奶吃，大老婆还是觉得丑村姑碍眼，居然背着张财主，以十两银子的身价就把丑村姑给卖了，自以为赔了九十两，得了一个儿子，也算是值了。张财主认为留下其子而卖其母，未免也太无情，却不想大老婆寻死觅活，要和他拼命，还要把新生的孩子摔死，也只好隐忍了。

孩子总要吃奶，张财主夫妇便请了个奶妈廉寡妇。说起这个廉寡妇，也是命苦之人，生了三个儿子，老大十岁，老二七岁，老三不满周岁，丈夫就去世了。她为了养活另外两个孩子，只好把老三过继给人家，来张财主家当奶妈。好在廉寡妇奶水充足，张财主的孩子也渐渐长大了。以大老婆的意思，应该把奶妈辞了，而张财主则认为孩子尚小，大老婆也不会带孩子，还不如留下廉寡妇，毕竟她还要养活两个孩子。大老婆的心思是怕张财主偷腥，但见廉寡妇的两个孩子与张财主的孩子很是和睦，而且两家孩子经常不离左右，张财主想要偷腥，也没有那么容易，故此勉强留下了廉寡妇。正在此时，迟象臣出逃来到张财主家当佣工。

有道是，流泪眼观流泪眼，断肠人惜断肠人。迟象臣与廉寡妇可以说是同病相怜，一个家有悍妇如虎，有家不敢回；一个家少了丈夫，只身养活两个不懂事的孩子。正因为如此，两个人在闲暇之时，也未免互吐苦水，渐渐地变成互诉衷肠。廉寡妇温柔体贴，说话轻声细语，从没有见过她发火。迟象臣为人木讷，虽少些丈夫气，却也知道心疼人，因此他们相爱了，便住在一起了。大老婆见状，心也就放了下来，免得每天像防贼似的看着张财主了。

却说那彦成严令各署，务必将迟象臣找到，送往省城听审，各署不敢怠慢。在熟人社会里，外来的人很容易被找到。南皮县捕役在堤桥村发现了迟象臣，便禀报了知县。南皮知县怕迟象臣再次潜逃，发出牌票，要捕役火速将迟象臣捕获。捕役怕打草惊蛇，乘黑夜来到堤桥村，也没有敲门，翻墙进去，在廉寡妇的房间把迟象臣拿获。迟象臣以为是别人来捉奸，跪在地上苦苦求饶。廉寡妇也在为其辩解，说自己是愿意的，既不是刁奸，也不是和奸，也求捕役们放过他们。

捕役原本缉捕嫌疑人，却不想捉了奸，就想敲诈一笔。怎奈迟象臣是个佣工，廉寡妇是个奶妈，都是一贫如洗，即便将他们敲骨吸髓，也弄不出二两油来，便想到敲诈张老财。捕役们喊醒张老财，不由分说地把铁链子套在他的脖子上，说他在家窝娼而私自抽头，非要拉他见官不可。别看张老财饶有家财，但从未与官府打过交道，更不知道窝娼是什么罪名，也不知道官府如何处置，如今纵然是有百口，也说不清楚。大老婆平日持家，能够花百两银子给张老财买个丑村姑，还能以十两银子价格再把丑村姑给卖了，就是想让孩子只知道她才是亲妈，所以她知道银子的效用。事到临头，只有破财消灾了，被捕役们足足敲诈了五十两银子，心疼的不得了。

花钱消灾，捕役原本就不是来捉奸，而是缉捕嫌疑人的，当捕役把迟象臣带走，张财主才知道是他老婆孙氏犯事了，根本与他们没有关系。银子被敲诈了，想要追回来是不可能的了，大老婆也不想自己承受损失，反正孩子早已经断奶，也用不着奶妈，便把廉寡妇逐出张家，却将其大儿子卖身为张家之奴。失去生活依靠的廉寡妇，也只好带着二儿子流落他乡。

迟象臣被带到省城，那彦成与按察使会审，弄清其出走的原因，而他对出走以后家里发生的事情，则全然不知。再提审迟子礼，发现其手上刃伤尚有疤痕，孙氏刃伤公公的罪名也可以成立。按照《大清律例·刑律·斗殴》"殴祖父母父母"条规定，凡子孙殴祖父母、父母，及妻妾殴夫之

祖父母、父母者，皆斩。孙氏应该问拟斩刑。至于强奸迟二姐及坤姐的贾
克行及贾九儿，宁津县知县基本上审拟无误，只是贾九儿所奸乃是十二岁
以下幼女，无论是和，还是诱，都算是强奸，按律应该是处绞，因贾九儿
未满十五岁，按例应该奏闻请旨，不应该擅自决定收赎，也算是有误，而
将该知县革职，足以蔽其辜。会审之后，那彦成领衔具奏，恭请皇帝
裁决。

嘉庆帝原以为凡是来京控者，必定是冤屈难申，不得已而为之，如今
得知孙氏乃是淫荡泼妇，不但刃伤公公，还殴打丈夫，将之逐出家门，因
此非常恼火，当即批示道：闾里小民，因妻室不守妇道，教训不悛，将其
休弃，是为事所常有。今孙氏淫凶不法，迟象臣不能约束，竟至为妇所
逐，无能无耻已极。且远避不归，置伊父迟子礼于不顾，尤为不孝。著那
彦成传提迟象臣到案讯明，即将全案人犯照律办理。先将迟象臣提到法
场，令孙氏眼看重责四十板。再令迟象臣看视，将孙氏斩决，以为惧内庸
夫之戒。仍将迟象臣解回原籍，令其奉养伊父迟子礼，勿许外出。也就是
说，在乡村城市的百姓们，因为妻子不守妇道，屡次教训就是不改，就把
妻子给休了，这乃是常有的事情。如今孙氏淫荡凶恶不法，身为丈夫的迟
象臣不但不加以约束，竟然还被妻子驱逐出门，已经是无能无耻到了极
点，而且还远避他乡不回来，置其父亲迟子礼于不顾，尤为不孝。传讯提
审迟象臣到案，讯明实情之后，即将全案人犯按照律例办理。除此之外，
要先将迟象臣带到法场，让其妻孙氏看着重责其丈夫四十板子。然后再让
迟象臣看着将孙氏斩决，可以使那些惧内庸夫引以为戒。执行之后，仍将
迟象臣押解回原籍，令其好生奉养其父迟子礼，不准许他外出谋生。

有了皇帝的圣旨，那彦成等不得不遵旨执行，就这样在孙氏面前打了
迟象臣四十板子。那孙氏已经知道自己要被斩首，看到丈夫挨打，非但没
有一丝怜悯之心，反而高声叫好，让行刑皂隶用力打，打死了才解气。若
不是丈夫无能，逃避外乡，自己怎么能够被人骗奸，女儿们又怎么能够遭
受到侮辱呢！事到如今，孙氏还不检讨自己，乃是天下人负她，她却无负
天下人。倒是迟象臣，在挨打时听到孙氏的喊骂，也不恼火，反而觉得愧

疚，心想："如果当时忍受一些，或许妻子不会被人骗，两个女儿也不会被人奸，更不会闹出这样惊动皇帝的大案。"因此默默忍受杖责，一声也没有喊叫，而孙氏的头颅被砍下的那一瞬间，迟象臣落泪了。

迟象臣东借西借，凑了些钱，把孙氏的尸体安葬了，然后被押回原籍，叫地保严加看管，让其侍奉其父迟子礼。老父虽然有一身好手艺，但年事已高，已经干不动了，而自己想当初也没有好好地跟父亲学习手艺，不可能再开木匠铺。好在孙氏当初将木匠铺改为杂货铺，铺面还在，而迟二姐被奸之事又全县家喻户晓，也不好再嫁，只好给贾克行当妾，还能照顾他杂货铺的生意，使一家人不至于饿死。那廉寡妇被张财主老婆逐出之后，带着二儿子，一路乞讨，来到宁津县寻找迟象臣。此时孙氏已经被处决，迟象臣便娶廉寡妇为妻，后来又让廉寡妇的二儿子娶坤姐为妻，亲上加亲，总算还是好下场吧。这正是：

夫妻恩爱心牵挂，反目成仇狠毒人。

此案暴露出嘉庆时期司法存在很严重的问题，特别是皇帝不顾既定的法律，任意裁决，不但使法律失去应有的尊严，也使大小官员更加唯上是从。孙氏京控以后，嘉庆帝并没有仔细调查，就认为是地方官往往置民间是非曲直于不顾，将宁津县知县革职拿问。随着案件的不断审理，发现孙氏京控不实，而且有刃伤公公、驱逐丈夫的行为，更是恼羞成怒，力主将孙氏斩决。如果说将孙氏斩决是有法律依据的，因为"殴祖父母父母"条有明确的规定，这还是按照法律执行，那么将迟象臣当着孙氏的面重责四十板子，以为惧内庸夫者戒，这就没有什么法律依据了。这样不按照法律进行裁决，其结果只能使人们不相信法律，只相信皇帝圣明，也无怪乎京控与日俱增。难道地方官就不按《大清律例》裁断吗？轻易地否定下级的裁断，也使人们不再相信州县官，也无怪乎凡是州县官裁决的案件，大多数当事人都要上控了。社会之大，无奇不有，夫妻之间也有说不完的事情，但法律是不允许相互虐待的。按照《大清律例·刑律·斗殴》"妻妾殴夫"条规定，其夫殴妻，非折伤勿论；至折伤以上，减凡人二等。须妻自告乃坐。先行审问夫妇，如愿意离异者，断罪离异；不愿离异者，验所伤应坐之罪收赎。仍听完聚。可以说，无论是丈夫殴打妻妾，还是妻妾殴打丈夫，法律都是禁止的，只不过法律偏向男子，因为妻妾殴夫，即便是没有伤，也要杖一百，丈夫还有离异主动权。如夫殴妻妾，只要是没有折伤，是不问罪的，折伤也减常人二等。夫殴妻妾，虽然妻妾有离婚主动权，但在男尊女卑的社会里，女人还是不愿意走到这一步的。连嘉庆帝都认为被妻子逐出的丈夫是惧内庸夫，因此当丈夫真正被妻妾殴打以后，是不敢到官府告状的。如果去告状，就得不到官府的同情，往往会以乾纲不振为由，将丈夫予以责打，也就无怪乎清代夫殴妻妾而告官的案件很多，而妻妾殴夫的案件却凤毛麟角了。

杀死丈夫成烈妇

清嘉庆二十一年（1816），直隶赵州发生一起妻子刺杀丈夫的案件，按律妻子应该予以凌迟处死，所以直隶总督便一面将该妻即行正法，一面奏闻。嘉庆帝仔细分析案情，认为该妻不应该是杀人罪犯，应该是烈妇，非但不能判刑，还应该予以旌表，当即命令刑部官员进行更正，但该妻已经被处决多日了。嘉庆帝除将审理此案的当事人分别予以议处和治罪之外，还令礼部拨银为该妻修建牌坊，钦定其为烈妇。妻子因为什么缘故要刺杀丈夫呢？按照《大清律例》规定，不管妻子因为什么原因而杀死丈夫，哪怕是戏杀、误杀，都是死罪。嘉庆帝为什么认为该妻不是杀夫凶犯而是烈妇呢？且从案情及审理经过谈起。

按照《大清律例》规定，凡是开设赌场及参与赌博的人都要杖八十。为了严禁赌博，清王朝还出台了许多条例，对各种赌博的行为都加重处罚。如凡赌博，不分兵民，俱枷号两个月，杖一百。偶然会聚，开场窝赌，及存留之人抽头无多者，各枷号三月，杖一百。官员有犯，革职枷责，不准折赎。对于造作贩卖赌具、开设赌场者，则可以加重处罚至杖一百、流三千里，仅次于死刑。条例规定非常严厉，但地方官们往往将之视为具文，不但对赌博不予以严查，还有亲自参与赌博的，以至于城镇赌场星罗棋布，连一些偏僻村庄都有人开设赌场。清代赌博之风甚盛，以至于所有的皇帝都一而再、再而三地申明严查赌博，还掀起过几次大规模查禁赌博运动。但总是雷声大雨点小，以至于运动过后，赌场又如雨后春笋般成长起来，来势更猛。

却说在直隶赵州有一家赌场，乃是豪绅祝奉山所开。祝奉山在家排行老三，人称"祝三爷"。从来开场窝赌之家，必养娼妓，必养打手，必养帮闲。娼妓是赌饵，帮闲是赌线，打手是赌卫。所以膏粱子弟一入其圈套，定然弄得个水尽鹅飞。凡是好赌的人，如被赌场里摄了魂魄一般，受打受骂总无怨心，早上被殴打，晚上还是去赌，根本不长记性。要是家里有人规劝他，就是他的冤家对头。赌徒对于家中日用所费，以及与亲戚往来酬酢，朋友缓急借贷，都是十分吝啬的，但他们一到赌钱的时候，就是成千上百地输了去，也不懊悔。这还是一般的赌徒，没有本事逞强好胜。若是输光了的赌徒，输红了眼，往往会出现极端的行为。

常来光顾祝家赌场的一个赌徒，名叫罗得汉，因知道祝奉山有势力，所以非常惧怕他。平日在祝奉山面前总是谨小慎微的，生怕有什么地方得罪了他，会将自己弄得倾家荡产。祝奉山见罗得汉很会奉承，因而很喜欢他，时不时地还请他喝酒闲聊。这一日，两个人在一家酒馆靠窗的地方喝酒，祝奉山向窗外看去，只见有一个淡妆少妇在路上行走，但看那少妇生得不长不短，两道蛾眉新月样，杏眼含春暗有情，秋波回盼，含笑而走。祝奉山不由得起身，出了酒馆，来到街上，伫望良久，顿觉神魂飘荡，痴态迷离，遂手舞足蹈地说："真乃是花容月貌，果然是仙姿国色也。"此话被那个少妇听到，回过头来一看，见一个男人色眯眯地看着自己，不由得恼怒，狠狠地瞪了他一眼，便头也不回地飞快离开了。

祝奉山目送少妇离去，直到看不见了，才进酒馆问罗得汉："那个女子是谁家的媳妇，我怎么没有见过呀！"罗得汉早就看见那个少妇，因为怕她看见，才躲了起来，此时见祝奉山询问，便说："三爷，那是小的媳妇，早晨回娘家了，如今刚刚回来，路过于此。幸亏没有被她看见，要不然会平添不少麻烦。"祝奉山呵呵一笑说："想不到你小子有这么漂亮的媳妇呀！让三爷我今天晚上到你家住一晚上如何？"说罢从腰间解下一串二千文钱送给罗得汉。看见这些钱，罗得汉面露难色，收也不是，不收也不是，只好对祝奉山说："我媳妇性格刚烈，恐怕不容易让她侍候三爷，容小的回去与媳妇商量一下好不好？这钱我先收下，谈得成的话，我就笑纳了，谈不成则完璧归赵如何？"祝奉山听了一笑说："悉听尊便，我只等着你的好消息，只许成功，不许失败。"

罗得汉回家以后，跟媳妇说祝奉山今天请他喝酒的事，还没有谈及祝奉山要媳妇陪睡之事，其妻李氏便勃然大怒："你就是不务正业，每天与强暴为伍。今天在酒馆门前虎视眈眈看我的就是他呀！看他色迷心窍的样子，根本就不是什么好人！你马上就和他断绝来往，要不然你就离死不远了！"看到李氏这个气势，罗得汉被震慑住了，更不敢说起陪睡之事了，便找个由头出门，告诉祝奉山，恐怕这事情办不成了。祝奉山把脸一沉说："我给你二千文钱，不是施钱赈贫者，现在再给你二千文钱，你马上回去对你媳妇说，如果你媳妇不陪我睡，你也不用再见我了，会有你们好瞧的！"说罢扬长而去。罗得汉情知不妙，也不敢去追。

　　罗得汉带着四千文钱回到家中，对李氏说："今天我赌赢了钱。"李氏从来没有见丈夫赌博赢过，因此一直控制他的花销，手里不能让他多过十文钱。没有大的本钱，怎么能够赢得这样多的钱，便穷追不舍地追问这钱自何处来。罗得汉死也不敢承认是祝奉山给的，但做贼心虚，总是回避李氏的眼光，以至于李氏更加怀疑，猜想这钱一定是他从祝奉山那里得来的，再联想到白天祝奉山看自己的那个样子，不由得害怕起来。到了晚上，出于防卫，李氏找来一把匕首放在身边，又把自己的内衣上下都用针线缝纫起来，然后关上房门，躺在床上假寐，以观其变。

　　半夜时分，隐隐约约听得外面有敲门的声音，罗得汉对李氏说自己要上茅房，便起身出门而去。李氏也急忙起来，尾随丈夫之后。但见罗得汉开启院门，接进一个人来，乃是祝奉山。李氏听到丈夫对祝奉山说："在床上躺着的就是我媳妇，三爷你就假装是我进去，干完事之后马上出来，千万不要说话，要她以为是我就没有事了。"当时月缺星稀，天色昏暗，李氏只见有两个黑影向她房间走来，就急忙拔匕首在手，躲在了门后边。罗得汉拉着祝奉山的手，为其当向导，推门而入。李氏以为走在前面的一定是祝奉山，便用匕首用力猛刺，罗得汉惨叫一声，倒在地上，祝奉山则急忙逃去。

　　听到丈夫的喊声，李氏知道可能是刺错了人，急忙点起灯来，但见丈夫倒在血泊之中，身体尚在抽搐，便大哭起来，也就惊动了左邻右舍。当邻居们赶来，见罗得汉已经死在地上了，而李氏手里还拿着匕首，便好言安慰她，从其手中拿走匕首，然后几个壮汉冲上前来，先把李氏按倒在地，然后将她捆缚起来，等到天亮，就送往赵州衙门去审问。

赵州知州审讯李氏，她便把实情讲出：乃是丈夫收了祝奉山的钱，要自己陪祝奉山睡觉，自己不从，丈夫便趁黑夜引祝奉山前来行奸，因为自己有备，却不想黑夜误杀丈夫。邻居们却以为是奸杀之案，便将自己捆送州衙。既然事涉祝奉山，赵州知州便派捕役将其带到大堂审讯。祝奉山很狡猾，只是承认与罗得汉曾经有过戏谑之言，自己并没有去过罗得汉的家，而左邻右舍也都没有见到祝奉山来过，所以不能仅仅听李氏一面之词，就诬赖好人。

祝奉山乃是赵州豪强，开设赌场。本州的三班六房胥吏，也有不少参赌的，还有一些常常到赌场打秋风的，他们大多数都接受过祝奉山的好处，因此纷纷担保祝奉山绝不会干这种淫人妻女之事。邻居们则深知祝奉山豪横，也害怕他报复，因此一口咬定没有看到祝奉山去过罗得汉家，在黑夜之中，也只听到了一声喊叫，接着便是李氏的号哭，等他们到罗家一看，那罗得汉已经死于地上，而李氏尚手持匕首。所有人证物证都对李氏不利，而祝奉山是否去过罗家，也不能够确定，赵州知州只好将祝奉山释放，只得拿李氏是问了。

既然是奸罪，又涉及刺杀亲夫，赵州知州按例便可以使用大刑审讯。先是使用拶指，要知道十指连心彻骨疼，这样的刑具一上，便是可怜如花白玉指，皮飞肉落淌鲜红。拶过之后，接着便是吊打，把李氏的手足都翻到背后，攒作一团，叫作四马倒攒蹄，再将头颅也往后仰转，紧紧地靠在手足之上，其痛苦可知。那种哀号痛楚，实在是惨不可言。即便是铁打的汉子、铜铸的身躯，也难以忍受，更何况李氏乃是个弱女子。忍受不住酷刑，李氏也就只好按照知州的意思，承认自己是因奸杀死丈夫。此时的李氏只求速死，也不想再活受罪了。

既然承认有奸，必须有奸夫。李氏一直谨守门户，哪里认得什么男人？说是祝奉山吧！知州不相信，又是一顿酷刑，李氏便又回到前供，乃是丈夫勾结祝奉山意欲奸污她，不想黑夜误刺了丈夫。无可奈何，知州也只好作罢，以因奸谋杀亲夫定案，以后缉获到奸夫，再另案处置，然后申报各级上司。对于这种敢于杀夫的蔑伦悖理的要犯，朝廷是允许督抚们一面奏闻，一面即行正法的。直隶总督得到申报，当即让旗牌官带着王命旗牌，到赵州监视执行。可怜的李氏，就这样不明不白地被凌迟处死了，还背上一个"谋杀亲夫"的罪名，以至于娘家人都不敢收殓她的尸首，乃是由施棺所找了两个叫花子，用一领草席将尸体裹起来，埋在城外乱葬岗子，连个木牌子也没有立。

直隶总督的奏折送到皇帝手中，嘉庆帝看过以后，把刑部官员找来，非常感慨地说："好人诚难做乎！"刑部官员们有些疑惑不解，只好恭请皇帝讲明原因。嘉庆帝说："李氏是烈妇也，奈何刑之？祝奉山欲强奸，罗得汉殆卖奸，祝奉山不强则罗得汉不卖，罗得汉不卖则李氏不杀，李氏之杀祝奉山，非杀罗得汉也。罗得汉之死，虽李氏杀之，实祝奉山杀之，不诛祝奉山而诛罗得汉之妇李氏，可谓平乎？且未得奸夫主名，而即坐人以极刑，何以风示天下！使妇女知保全名节之可贵耶？宜以刑李氏者刑祝奉山，而旌妇以彰其烈，庶足蔽祝奉山之辜而服罗得汉之心。"也就是说，李氏应该是个烈妇，为什么要杀掉她呢？此案是祝奉山想强奸，罗得汉想卖奸，若不是祝奉山强横霸道，罗得汉也不会卖奸，要是不卖奸，李氏也不会杀人，更何况李氏要杀的是祝奉山，而不是自己的丈夫。从表面上看，罗得汉之死乃是李氏所杀，其实乃是祝奉山所杀，不诛杀祝奉山而诛杀李氏，这能够称为公平吗？再说了，并没有问出奸夫是谁，就先将李氏处以极刑，怎么能够风示天下呢！使妇女们都知道以保全名节为可贵呢？应该以处死李氏的刑罚处死祝奉山，而旌表李氏以表彰其贞烈，或许可以惩祝奉山之罪而服罗得汉之心。

刑部官员们听完嘉庆帝这些话，个个冷汗透背，跪在地上不敢抬头，谁也不敢说话，直到嘉庆帝让他们平身，方才敢抬起头来。之后便是遵旨将判决更改过来，对承办此案的人员分别予以降级、罚俸的处分，赵州知州则被革职，并且发往乌鲁木齐军台效力赎罪。礼部遵旨对李氏予以旌表，补发银三十两，派礼部郎中前往赵州监造牌坊，所发银两不够，则以抄没祝奉山的家资凑补，还为李氏修建一座坟茔，将其尸骨重新安葬，前立烈妇之碑，并请翰林院学士撰写碑记，勒石于牌坊之前，对李氏大加颂扬。刑部改判以后，派一名员外郎前往，随同该省道府州县官员，在赵州查抄了祝奉山的家产，在闹市将其凌迟处死，并且以其心祭奠李氏。这正是：

> 凶淫豪强太凶淫，无耻丈夫更无耻。

此案乃是豪强祝奉山看见罗得汉的妻子，便起了淫占之心，凭借强势，给了罗得汉二千文钱，便想让其把妻子送到他手中。罗得汉劝妻不成，试图回绝，但祝奉山再给二千文钱，来一个送也得送，不送也得送，其凶淫之态足以震慑懦弱的罗得汉，使其挖空心思将妻子送给人奸。罗得汉是无耻的丈夫，这种无耻主要是染上了赌博。常言道，赌场上面无父子。赌徒无良心，赌到急处，把老婆孩子都押上也是常有的事，这种无耻往往还能让人理解，赌徒嘛！根本就不是人类。罗得汉则不同，他并没有输得连裤子都没有，人家给二千文钱，就愿意把妻子拱手相让，妻子不愿意，居然想到李代桃僵，趁黑夜让祝奉山假装自己去奸淫其妻，乃是属于丈夫中更无耻者。在这里也不得不说当时的地方官草菅人命，赵州知州以为妻子刺杀丈夫，非奸即盗，以酷刑逼供，屈打成招，没有查出奸夫是谁，便以因奸谋杀亲夫申报各级上司。而各级上司接到申报以后，也不认真核实，即按谋杀亲夫先将李氏正法，根本不管当事人的死活。还不得不说当时的左邻右舍，能够坚持正义的人确实不多。这既有制度的失误，也有人的素质问题。制度失误是为人做证要承担身受刑讯的风险，因此能不做证便不做证，能做证也不做证。人的素质乃是社会使然，各扫门前雪，哪管他人瓦上霜，再加上畏惧势力，不愿意为他人出头，在当时也是一种习俗。凡此，都是促成李氏冤案产生的原因，而嘉庆帝能够细心分析案情，查出冤屈，也还算是比较能干的君主。

宗室丑事也张扬

清嘉庆二十四年（1819），盛京宗室喜福的嫡妻塔他拉氏死了，其娘家人非要验看尸体，喜福不同意，为此两家人大打出手，惊动了官府，却不想审出喜福父子共同宠幸一个情妇的事情。盛京将军按例奏闻请旨，嘉庆帝居然不顾他们是宗室，钦定将他们处死。清代宗室是有一定特权的，非犯谋反大逆大罪，是没有死罪的。嘉庆帝为什么不维护宗室体面而将他们处死呢？且从案发及处置经过谈起。

却说嘉庆二十三年（1818）四月，正黄旗四品宗室喜福，向驻盛京管理宗亲事务的宗人府主事告称，自己的妻子塔他拉氏在家中自缢身亡了。塔他拉氏乃是满洲正红旗人，其娘家人不依不饶，定要开棺验看，而喜福不同意，两家人便因此大打出手。宗人府主事感觉事态严重，当即禀报盛京将军赛冲阿。

赫舍里·赛冲阿是满洲正黄旗人，袭云骑尉世职。曾经率兵征战，赐"斐灵额巴图鲁"称号（意即天神一般的勇士），因此深得嘉庆帝的信任，钦选其为盛京将军。两家人因为塔他拉氏自杀而互相斗殴，弄不好还会引起正黄旗与正红旗的冲突，赛冲阿当然不敢轻视，除了派兵进行弹压之外，还会同盛京刑部侍郎瑞麟一起审理此案。

清代北京设有六部，盛京作为陪都，除吏部之外，设置有五部，称为盛京五部，凡是东三省的刑事案件，都是由盛京刑部审拟，再报中央刑部。瑞麟也是正黄旗人，身为盛京刑部侍郎，正黄旗众不敢在他面前撒野。为了安抚正红旗众，瑞麟力主开棺验尸。当仵作打开棺椁，却发现塔他拉氏颈上勒痕乃是平行的，显然不是自缢身亡。再看两臂，则是伤痕累累，便禀报瑞麟，是否再验全身？瑞麟同意全身验看，却发现全身上下竟然有一百二十多处伤痕，显然不像喜福所说是自缢身亡，其中必有隐情。在证据确凿下，瑞麟也不能袒护喜福，只好将其押入盛京刑部大牢，告知盛京将军赛冲阿，请示如何审理。

按照清代规定，爱新觉罗氏称为本支宗室，系金黄带；觉罗氏称为旁支宗室，系红带。本支宗室犯罪，是要宗人府会同刑部审理的，且不能进行刑讯，赛冲阿只能奏请皇帝明示。嘉庆帝同意对喜福严加审讯，务令供吐实情。一直养尊处优的喜福如何能够忍受住大刑，只好如实交代，却不想是一个骇人听闻的蔑伦悖理案件。

喜福在盛京东边的八家子屯有自家旗庄，田地由庄头李禄带领庄丁们耕种收获。喜福在盛京为官，旗庄的事宜则由两个儿子敦贤、敦柱照管，兄弟俩轮流到庄上看看庄稼长势，催促应纳钱粮，查查庄头账目。这年春天，轮到老二敦柱到庄上去，正好赶上庙会，他当然不会错过这个机会。

在去庙会的路上，敦柱遇到一个少妇，看上去也就二十余岁，乃是面非黛粉，却也妖娆；腰岂小蛮，亦称柔弱；朱唇嫣然笑，俏眼欲勾魂，是一个美貌风骚的尤物。敦柱看了，不禁垂涎三尺，便上前去搭讪。没有想到该少妇并不扭捏，有问必答，你有来言，我有去语。经过闲聊，敦柱得知那少妇乃是自家庄头李禄之妻康氏，不由得大喜。李禄即便是庄头，其身份也是喜福家的奴仆，敦柱就是少主人了。进香之后，敦柱来到李禄家，李禄见少主人来了，少不了要备酒款待，没有想到敦柱却指名道姓地要康氏陪他喝酒，李禄也不敢争辩。本来康氏见敦柱生得顶平额阔，齿白唇红，秀眼八字眉，堂堂一表人才，已经是暗暗称羡，如今见丈夫让自己去陪他喝酒，席间敦柱又以言语调戏，康氏更是心有所属了。李禄也知趣，见康氏与敦柱打得火热，竟然托故以庄内有事，躲避开来，成就了他们的好事。如此三番两次，敦柱要回盛京，却舍不得康氏，便提出要康氏到盛京给他们家当厨娘。身为奴仆哪敢与主人争执，李禄不得不同意，却也争得了一些钱财，实在不行，自己可以另娶他人，妻子如衣服嘛！

敦柱把康氏带回盛京家中，根本不是让她去当厨娘，而是与自己同居同宿。一个宗室子弟，与一个奴仆之妇同居，岂不是有失体统？母亲塔他拉氏让敦柱把康氏送回旗庄。敦柱如何肯听？塔他拉氏没有办法，便告知喜福，让他管一管儿子，却不想喜福居然别有心思，竟然指斥塔他拉氏多管闲事。儿子跟一个不清不楚的奴仆之妇在一起，塔他拉氏哪能忍受？想不到丈夫喜福趁两个儿子不在家，竟然与康氏勾搭成奸了，塔他拉氏岂肯甘休？

　　这一天，大儿子敦贤、二儿子敦柱有事外出，喜福居然没有到衙门去点卯。塔他拉氏情知他不怀好意，也借故自己要回娘家看看，出门不久就返回来，意在捉奸，而喜福不知，结果被塔他拉氏来了一个捉奸在床。两口子为此争吵，塔他拉氏非要把康氏赶回旗庄去，喜福不答应，敦柱也不愿意。恰巧此时老大敦贤要娶媳妇了，若是将此事张扬开来，既影响他家的声誉，也于婚姻有碍，此事便没有闹大。老大媳妇乃是正白旗人，属于上三旗，也算是大家闺秀。喜福碍于脸面，也不好意思与康氏续奸，家内暂时风平浪静，却暗藏着更大的危机。

　　那个时候，女人所要过的鬼门关就是生孩子，一是因为妇女结婚较早，身体还没有完全发育；二是因为医疗技术不发达，若遇难产，全凭接生婆处置，很少请医生来诊治。生死有命，即便是神仙也无可奈何。老大媳妇怀孕了，乃是横胎难产，接生婆从来没有见过，只好问老大敦贤，是保孩子，还是保大人。孩子还可以再生，老大敦贤力主保大人；父亲喜福要抱孙子，力主保孩子。父子俩争执不休，结果耽误了时间，大人和孩子都没有保住。老大敦贤一气之下，便离家出走，到北京找亲戚朋友去谋个差事。毕竟是宗室，总是有机会的。

　　老大敦贤走了，旗庄的事情则由敦柱一个人照管。他时不时地要到庄里住上十天半月的，而康氏还在家中，喜福又来了机会，完全置塔他拉氏于不顾，公然与康氏奸宿。塔他拉氏虽然出身于正红旗，但喜福乃是宗室，家世地位悬殊，再加上当时是夫为妻纲，丈夫自身具有优势，所以塔他拉氏再吵闹，喜福抬手便打，开口便骂，动不动就要把塔他拉氏给休了，反而把塔他拉氏给慑服了。

敦柱发现父亲与康氏的奸情，不想与父亲共享一个女人，便把康氏送回旗庄，反正自己也经常要去庄里办事。康氏走了，喜福不怪罪儿子，却认定是塔他拉氏搞的鬼，便对塔他拉氏又打又骂，然后让奴仆到旗庄去接康氏来盛京。

因为康氏，喜福竟然全不念夫妻之情，居然大打出手，塔他拉氏不敢与丈夫争执，却恨康氏入骨，便想寻机报复，寻找其短处而以主母之威驭之。却不想康氏是个极会生事的妇人，当她陪喜福睡觉的时候，就说塔他拉氏的坏话，说她想让敦柱娶自己为妻，当公公的就不好意思爬灰了；当陪敦柱睡觉的时候，又说其母亲不希望她与敦柱相好，想让老爷把自己纳为妾，这样敦柱就不能与她往来了，因为她就将成为敦柱的小妈了。经过康氏的谗言挑唆，这父子俩都痛恨塔他拉氏。

过了几天，喜福又与康氏在一起。恰巧敦柱回家，塔他拉氏以为有儿子在，可以给自己撑腰，便把敦柱找来，又一次捉奸在床。亏塔他拉氏也想得出这种办法，子捉父奸，并且是儿子的情妇，其场面会有多难堪！可想而知，喜福一定会恼羞成怒的。塔他拉氏竟然敢在儿子面前暴露自己的丑事，喜福便大骂起来。塔他拉氏因为有儿子在场，也回骂起来。看到父母互骂，敦柱竟然说："这事我管不了，随你们闹去吧！"便躲了出去，在门外偷听。好浑蛋的儿子，要不然就别同母亲一起去捉奸，既然去了，就应该有一定的主见，居然认为这个事与自己毫无关联。既然没有关联，你又何苦在门外偷听？而且对之后父亲的所作所为，不管不问，眼睁睁地看着亲生母亲遭受毒打，实在是连畜生都不如！

喜福见儿子走了，更觉得丢了面子，当即抄起一根烧红了的铁条，劈头盖脸地殴打塔他拉氏，连烫带抽，打了一百多下，直至塔他拉氏倒地昏死过去，方才住手。此时的喜福还不解气，要康氏拿绳子把塔他拉氏勒死。康氏早就把塔他拉氏视为眼中钉、肉中刺，见喜福发话，根本不管什么尊卑等级，主奴有别，竟然用绳子把塔他拉氏勒死了。

塔他拉氏死了，怎么也要通知娘家人。喜福用棺材把塔他拉氏收殓起来，让敦柱通知母亲的娘家说，因为母亲偷窃父亲的宝物，被父亲抓住，这宝物乃是先皇御赐物品，价值连城，母亲畏罪，居然自缢身亡了。捉贼见赃，是何宝物？本是夫妻，有必要偷窃吗？即便是偷窃，也必须卖掉或送到娘家才算是偷窃。如今没有买宝物之人，娘家又没有见过宝物，怎么能够算是偷窃呢？既然不是偷窃，塔他拉氏又何必自缢呢？塔他拉氏娘家人不依不饶，一定要验看尸首。喜福不让，让家奴驱赶娘家人，一时间双方各自叫来自己的宗亲，两家人的纠纷，演变成正黄旗与正红旗的斗殴。盛京将军赛冲阿不得不派兵进行弹压，控制住局面，火速奏明皇帝，请示如何处置。嘉庆帝特命赛冲阿与盛京刑部侍郎瑞麟一起审理此案，终于弄清原委。

原来这是一起蔑伦悖理的凶杀大案，但如何量刑，赛冲阿与瑞麟还是不敢做主，毕竟喜福是宗室，便把案情如实奏报给皇帝。嘉庆帝览奏，极为震撼，在宗室中居然出现这种蔑伦伤化、玷辱宗盟的事情。于是，下旨云：此案喜福，身系宗室，父子聚麀，无耻已极。其妻塔他拉氏，劝以正言，乃逞忿殴伤至一百二十余处之多，惨毒异常。复主使康氏，将妻勒毙。似此淫恶之徒，即应问拟绞决。也就是说，作为宗室的喜福，却犹如野鹿一般，父子共同拥有一个母鹿，是父子聚麀，真乃是无耻已极。就是因为其妻塔他拉氏以正言规劝他，便逞忿殴伤至一百二十余处之多，已经是惨毒异常了，还主使康氏把塔他拉氏勒死，可以说是淫恶之徒，应该将之拟为绞立决。

对于敦柱，嘉庆帝下旨云：至敦柱，先与康氏通奸，迨康氏向其告知伊父令将伊母勒死，乃并无一言阻止，转以随你们闹去之言回答，并帮同移尸装缢，即与谋毙母命无异，按律罪应凌迟。惟宗室向无凌迟之例，著赛冲阿等传集移居各宗室，并喜福一同看视，先将敦柱重责一百板，打至血肉溃烂，再将喜福、敦柱一同绞决。当然，康氏也不能够免死，嘉庆帝下旨云：康氏下手勒毙塔他拉氏，以邪淫陷害三命，著即行斩决。

有了皇帝的圣旨，赛冲阿等就应该按旨执行，但毕竟喜福、敦柱是宗室，若是让父亲看着儿子被打至血肉溃烂，也未免太残忍，万一皇帝顾念宗室之情，有所反悔，岂不是得罪了皇帝？赛冲阿等便再次请旨，先是颂扬皇帝乃是国家的道德楷模，继而讲喜福和敦柱禽兽之行理应重处，然后再讲什么亲亲之谊、宗亲之义之类的道理，希望皇帝能够重新考虑如何处罚此事。

嘉庆帝再次接到赛冲阿等的上奏，不由得勃然大怒，皇帝的旨意，你们都敢拒不执行，这还了得！于是又下旨云：此案前据赛冲阿等审讯大概供情具奏，朕即将各犯罪名一一指示，令赛冲阿等于复审后奏明分别办理。今该将军等复讯供情无异，自应遵旨。一面具奏，一面即将各犯分别正法。乃犹奏请训示遵行，且系差人赍奏，不由驿递。设各犯内有闻风自尽者，岂不幸逃显戮！该将军等何等糊涂不知事体轻重若此。在申饬赛冲阿等人之后，嘉庆帝让他们遵照前旨执行，并且申明："嗣后当认真稽查，随时管束，务令诸宗室各知戒惧，免蹈刑章。"这次圣旨乃通过驿递，以日行四百里明发送到盛京的，是让天下人都知道：身为皇帝，乃是疾恶如仇的，即便是身为宗室，也难逃重处，更不能法外留情。这正是：

心似蛇蝎喜狠毒，行如禽兽好邪淫。

此案若是一般人，完全可以按照《大清律例》予以量刑，即便是情节恶劣，也不可能是一命三抵。喜福毒殴而令康氏勒死其妻，即便是故意的，按律也不过是杖一百、流三千里。康氏虽然是听命于主人而勒死主母，但按律也是要处以斩刑的。敦柱没有参与殴打及勒毙，但属于共犯，按律要在喜福罪上减一等，最多也就是杖一百、徒三年。也就是说，塔他拉氏的死，只有一个人抵命。在讲究尊卑有等、长幼有序的当时，只有卑幼抵命，以康氏抵命就可以结案。如今嘉庆帝钦裁敦柱就是谋杀母亲的主犯，原本应该凌迟处死。因为是宗室成员，不能实施凌迟，便采取打至血肉溃烂以替代凌迟，而且是一命三抵，显然是违背《大清律例》的规定。赛阿冲等按照法律规定，依据司法程序，要嘉庆帝慎重考虑，原本也无可厚非，却遭到嘉庆帝的斥责，要他一定要遵旨执行。说实在的，喜福父子的行为确实令人痛恨，所作所为也玷污了宗室的身份，但按律不应该是一命三抵。而按照司法程序，盛京将军会同盛京刑部的审拟，中央刑部还应该负责核实复奏，嘉庆帝舍去一切程序与法律，直接钦裁，固然是为了维护宗室的体面，确保正黄旗与正红旗不能因此成为仇敌，但也破坏了正常的司法程序与法律，也反映了在君主专制的情况下，法律与制度本身就缺乏应有权威的特点。